FINNISH-ENGLISH
ENGLISH-FINNISH
DICTIONARY

Aino Wuolle

D0954071

HIPPOCRENE BOOKS
New York

For information, address:
HIPPOCRENE BOOKS, INC.
171 Madison Avenue
New York, NY 10016

ISBN 0-87052-813-0

Printed in the United States of America.

FINNISH-ENGLISH

A

aakkoset *alphabet*, (kuv.)*ABC*
aakkosjärjestys *alphabetic(al) order*
aallokko *swell, rough sea*
aallonharja *crest (of a wave)*
aallonmurtaja *breakwater*
aallonpituu|**s** *wave-length;* 16 mm. **-della** *in the 16 mm. band*
aalto *wave;* lyhyillä **aalloilla** *on short wave;* keskia-**lla** *on the medium wave transmitters*
aalto|**illa** *undulate,* (tukka) *wave;* **-ileva** *surging, rolling;* (tukka) *wavy*
aalto|**levy** *corrugated iron;* **-pahvi** *c. cardboard*
aalto|**pituus:** samalla **-pituudella** *on the same wave length*
aamiai|**nen** *breakfast,* (lounas) *lunch;* syödä **-sta** *(have) breakfast;* **-stunti** *lunch break*
aamu *morning;* **~lla** *in the m.;* aikaisin **~lla** *in the early m.;* tänä **~na** *this m.*
aamujuna *early train*
aamunkoitto *dawn, daybreak*
aamupäivä *forenoon;* **~llä** *in the morning*
aamurusko *morning glow*
aamutakki *dressing gown*
aapinen *spelling-book*
aarniometsä *primeval forest*
aarre *treasure*
aarreaitta *treasury*
aasi *donkey,* (kuv.) *ass*
Aasia *Asia*
aasialainen *Asian, Asiatic*
aate *idea*
aateli(sto) *nobility*
aatelinen *noble*
aatelismies *nobleman*
aatelisnainen *noblewoman*
aatelissuku *noble family*
aateloida *raise to the nobility;* (kuv.) *ennoble*

aatteellinen *intellectual,* (ihanteellinen) *idealistic*
aatto *eve*
aava *open, wide, vast;* **~lla** merellä *on the high seas*
aave *ghost, spectre*
aavemainen *ghostlike*
aavikko *vast plain,* (ruoho-prairie;* (autiomaa) *desert*
aavistaa *have a presentiment (that), foresee;* (odottaa) *anticipate;* kukapa olisi voinut **~** *who would have thought ...*
aavistamaton *unforeseen*
aavistamatta: ennalla **~** *unexpectedly;* pahaa **~** *suspecting no evil*
aavistus *presentiment,* (paha) *foreboding;* ei **~takaan** *no idea*
abbedissa *abbess*
abortti *(legal) abortion;* (laiton) *criminal abortion*
absoluuttinen *absolute*
adjutantti *aide(-de-camp)* (lyh. A.D.C.)
adoptoida *adopt*
adressi *greetings card,* (suru-remembrance card*
Afrikka *Africa*
afrikkalainen *African*
agitaattori *agitator*
agronomi *agriculturist*
ahavoitunut *weather-beaten*
ahdas *narrow,* (tiukka) *tight;* täällä on **~ta** *it is crowded;* we are cramped for room here*
ahdasmielinen *narrow-minded*
ahdinko *distress, plight;* **~on** asti täynnä *packed (with people)*
ahdistaa *press; harass, torment*
ahdistus *oppression, anxiety;* hengen **~** *breathlessness*
ahertaa *work hard, toil*
ahjo *forge;* (kuv.) *nest*

ahkera *diligent, hard-working, industrious*

ahkerasti *busily, diligently,* (to work) *hard*

ahkeroida *be busy (at work)*

ahkeruus *diligence*

ahma *wolverine, glutton*

ahmatti *glutton*

ahmia *devour* (m. kuv.), *eat ravenously;* (silmillään) *gloat (over, upon), feast one's eyes on*

ahnas *voracious*

ahne *greedy*

ahneus *greed(iness)*

aho *clearing, glade*

ahtaa *pack, cram*

ahtaaja *stevedore*

ahtaus *narrowness, tightness,* (tilan-) *lack of space*

ahtojää *ice-pack, pack(-ice)*

ahven *perch*

ai! *oh! oh dear!*

aidata *fence (in)*

aie *intention;* on aikeissa ... *is going to, ... intends to*

aihe *subject, theme,* (taulun) *motif;* (syy) *cause, reason;* antaa ~tta *give rise to, give ground for;* ei ole ~tta *there is no reason to ...;* tästä ~esta *on this subject*

aiheellinen *justifiable;* (se) ei ole -stä *there are no good grounds (for it); it seems unnecessary*

aiheeton *unfounded, groundless, uncalled-for;* on aivan ~ta *there is no reason whatever (to)*

aiheuttaa *cause, bring about*

aika s *time;* (et hist.) *age;* (työym) *hours;* (kesto) *period;* ajan mittaan *in the course of time;* ajoissa *in time;* ~ ajoin *at times;* jnk ~na *during;* sillä ~a *meanwhile;* sillä ~a kun *while;* siihen ~an *at that time;* jonkin ~a *(for) some time;* mihin ~an *(at) what time?* aikoja sitten *long ago*

aika adv *fairly, quite;* ~ hyvä *fairly* (t. *pretty*) *good,* (huononpuoleinen) *rather good;* ~ tavalla *a lot, a great deal*

aikaansaada *bring about, produce accomplish*

aikaansaannos *accomplishment, achievement*

aikai|nen, -sin *early*

aikaisemmin *earlier, previously*

aikaisintaan *at the earliest*

aikakausi *period; age, era*

aikakauslehti *periodical, magazine, journal*

aikakirja *chronicle*

aikalainen *contemporary*

aikamuoto *tense*

aikanaan *in due time* (t. *course*); (hänen) *in his time;* vrt aikoinaan, ajoissa

aikataulu *time-table, schedule*

aikoa *intend, be going to;* aikomattaan *unintentionally*

aikoinaan (kerran) *at one time;* ~ hän ... *in his day*

aikomus *intention*

aikuinen *grown-up; adult*

aina *always;* ~ siitä lähtien *ever since*

ainainen *constant, perpetual*

ainais- *permanent*

ainakaan: ei hän ~ *at any rate not he*

ainakin *at least, at the (very) least;* ~ voit yrittää *anyhow (anyway) you can try*

aine *material;* (kem.) *substance;* (oppi- ym) *subject;* (kirjoitus) *composition, essay*

aineellinen *material*

aineenvaihdunta *metabolism*

aineeton *immaterial*

aineisto *material; subject-matter*

ainekirjoitus *composition*

aines (osa) *component (part), constituent; material;* **ainekset** *ingredients*

ainiaaksi *for ever*

ainoa *only;* ei ~kaan *not a single (one);* tämän ~n kerran *(for) this once*

ainoalaatuinen *unique*

ainoastaan *only; merely*

airo *oar*

airut *herald,* (juhlassa) *usher*

aisa *shaft, pole;* pitää aisoissa *keep ... in check*

aisti *sense;* (maku) *taste*

aistiharahdus *illusion*

aistiharha *hallucination*

aistikas *tasteful, elegant*

aistillinen *sensual*

aistimus *perception, sensation*

aistin *(organ of) sense*
aistiviallinen *person with a sensory defect*
aita *fence,* (urh.) *hurdle*
aitajuoksu *hurdles*
aitaus *enclosure;* (karja-) *pen,* Am *corral*
aitio *box*
aito *true, genuine;* (hopea ym) *real*
aitta *storehouse,* (jyvä-) *granary*
aivan *quite; altogether, totally;* ~ *heti right away;* ~ *hyvin perfectly well;* ~ *ilman apua without any help whatever*
aivast|aa, -us *sneeze*
aivo- *cerebral;* **aivot** *brain*
aivohalvaus *apoplexy, stroke*
aivokasvain *brain tumour*
aivotärähdys *concussion of the brain*
aivovienti *brain drain*
ajaa (autoa ym) *drive;* (pyörällä ym) *ride;* (riistaa) *hunt;* ~ *autossa motor;* ~ *jtk aatetta advocate;* ~ *pois drive away, expel;* ~ *takaa pursue, chase;* ~ *ulos turn out;* ~ *yhteen collide;* ~ *yli run over,* (kumoon) *knock down*
ajaja *driver*
ajallinen *temporal*
ajanhukka *waste of time*
ajanjakso *period*
ajankohta *moment in time, point of time*
ajankohtai|nen ... *of current interest, topical;* **-slähetys** *current affairs programme*
ajankuluksi *to pass the time*
ajanmukainen *up-to-date, modern*
ajanmukaista *bring up to date*
ajanviete *pastime;* ~**kirjallisuus** *light reading*
ajatella *think (about); think ... over, consider;* **en ajatellut** (tullut ajatelleeksi) **sitä** *I didn't think of it;* **en voisi ~kaan** ... *I shouldn't think of (doing that);* **ajateltavissa** (oleva) *conceivable*
ajatelma *maxim, aphorism*
ajattelematon *thoughtless; inconsiderate*
ajatus *thought, idea*
ajatusviiva *dash*

ajautua *be driven,* (rantaan) *be stranded;* vrt. seur.
ajelehtia *drift*
ajelu *drive, ride*
ajettua *swell (up);* **ajetuksissa** *swollen*
ajo *driving, drive;* (mets.) *chase*
ajoissa: tulla ~ *be in time*
ajoittain *at times, from time to time*
ajoittainen *occasional*
ajokaista *lane*
ajokoira *hound*
ajokortti *driving licence*
ajomaksu *fare*
ajoneuvo(t) *vehicle*
ajonopeus *speed;* **sallittu** ~ *speed limit*
ajos *abscess*
ajotie (kadulla) *roadway*
akanat *chaff*
akateeminen *academic(al)*
akatemia *academy*
akileija *columbine*
akka *old woman*
akku *accumulator*
akseli *shaft,* (rattaiden) *axle;* (kuv. & geom.) *axis*
aktiivi|nen *active;* **osallistua -sesti jhk** *take an a. part in*
akustiikka *acoustics*
akvaario *aquarium, tank*
ala *area,* (laajuus) *extent* (toimi-) *field, branch, line,* (ammatti) *profession, occupation;* (esim. elokuva-) *film industry;* **ei minun ~ani** *not in my line;* **voittaa ~a** *gain ground*
ala-arvoinen *inferior*
alahuone (parl.) *the House of Commons*
alaikäinen ... *not of age,* s *minor*
alai|nen *subject to, liable to;* **hänen -sensa** *his subordinates;* **käsittelyn -sena** *under consideration*
alakerta *ground floor;* **-kerrassa,** ~**an** *downstairs*
alakuloinen ... *in low spirits depressed*
alakuloisuus *melancholy*
alakunnossa *in low condition*
alakynsi: joutua -kynteen *come off the loser*
alaleuka *lower jaw*

alamainen *subject*, (kansalainen) *national*
alamäkeä *downhill*
alanko *lowland(s)*
Alankomaat *the Netherlands*
alaosa *lower part (portion), bottom*
alaosasto *subdivision*
alapuolella *under(neath) beneath; below*
alas *down;* ~ portaita *down the stairs*
alasin *anvil*
alaspäin *downward(s)*
alaston *naked,* (tait). *nude*
alati *constantly; ever(-)*
alava *low-lying*
alaviite *foot note*
alemmuus *inferiority*
alempana *lower down;* ~ mainittu ... *stated below*
alempi *lower, inferior*
alennus *reduction, discount;* alennuksella *at a reduced price*
alennusmyynti *sale*
alentaa *lower; reduce cut;* (kuv.) *degrade*
alentua (jhk) *condescend*
aleta *fall, drop; decrease*
alhaalla *(down) below*
alhaalta *from below*
alhainen *low,* (kuv.) *vile, mean*
aliarvioida *underestimate*
alikulkutunneli *underpass*
alin *lowest*
alinomaa *constantly, perpetually*
alistaa *submit to, refer to*
alistua *yield,* jhk *submit to*
alistuminen m. *resignation*
alitajunta *the subconscious*
alitse *under*
alituinen *constant*
aliupseeri *non-commissioned officer* (lyh *N.C.O.*)
alkaa *begin, start, commence; originate in;* hän alkoi tupakoida *he began to smoke, he started smoking;* siitä alkaen *since (then), ever since*
alkeellinen *primitive*
alkeet *elements*
alkeis- *elementary*
alkeiskirja *primer*
alkio *embryo*
alkoholi *alcohol;* ~ n vaikutuksen alaisena *under the influence of drink*

alkoholijuoma *alcoholic drink*
alkoholisti *drink addict, alcoholic;* asunnoton ~ *dosser*
alku *beginning, start;* aluksi *at first, to begin with;* ~aan *originally;* saada ~nsa jstk *arise from, originate in, have (find) its origin in;* alusta *alkaen right from the beginning*
alkuaine *element*
alkuasukas *native;* -asukkaat *aborigines, natives*
alkukesä: ~stä *early in the summer*
alkukirjain *initial (letter)*
alkulause *preface*
alkuperä *origin*
alkuperäinen *original*
alkusoitto *prelude*
alkuunpanija *initiator*
alla, alle *under, below*
allas *basin,* (uima-) *swimming pool*
allekirjoittaa *sign*
allekirjoittanut *the undersigned*
allekirjoitus *signature*
allergia *allergy*
alleviivata *underline*
alliko: ojasta ~on *from bad to worse.*
almanakka *calendar*
almu *alms*
aloite *initiative,* (eduskunta-) *private member's bill*
aloittaa *begin, start, commence;* hän aloitti työn *he began (started) the work*
aloittelija *beginner*
alokas *recruit, conscript*
Alpit *the Alps;* alppiaurinko *artificial sun (treatment)*
alppilajit (urh.) *alpine ski-ing*
alta *from below*
altis *susceptible, liable, to* jllek: (halukas) *willing;* alttiina jllek *exposed to;* panna alttiiksi *risk*
alttari *altar*
alttaritaulu *altarpiece*
alttius *willingness; susceptibility, liability (to* jllek); (antaumus) *dedication*
altto *(contr) alto*
alue *area, territory, district, region*
aluesuunnittelu *area planning*
aluevedet *territorial waters*
alumiini *aluminium (Am -inum)*

alus (laiva) *vessel*
alushame *slip, petticoat*
alushousut *pants, drawers*
alusmaa *dependency, possession*
aluspaita *vest*
alussa *at (in) the beginning, at the start, in the early part of..*
alusta *base, foundation* (auton) *chassis;* (kannun ym) *stand,* (lasin) *coaster*
alustaa *mix;* (kysymys) *introduce a subject (for discussion)*
alustava *preliminary; provisional, tentative;* ~sti *provisionally*
alustus *introduction*
alusvaatteet *underwear*
ambulanssi *ambulance*
Amerikka *America*
amerikkalainen *American*
amiraali *admiral*
ammatil·nen *professional*
ammatinvalinta: -valinnan ohjaus *vocational guidance*
ammatti *occupation; trade,* (henkisen työn) *profession*
ammattientarkastaja *factory inspector*
ammattikoulu *vocational school*
ammattikunta *craft,* (hist.) *gu.'ld*
ammattilainen (urh.) *professional*
ammattiliitto *trade union*
ammattitaito *craftsmanship*
ammattitaitoinen *skilled*
ammattitauti *occupational disease*
ammattiyhdistys *trade union (branch),* (local branch of) *t.u.*
amme *tub, vat;* (kylpy-) *bath*
ammentaa *ladle, scoop; bail (a boat);* (kuv.) *acquire*
ammoi·n *long ago;* -sista ajoista *from time immemorial*
ammollaan *wide open;* suu ~ *gaping*
ammottava *gaping,* (kuilu) *yawning*
ammua *low, moo*
ammunta (sot.) *firing, fire*
ammu·s (tykin) *shell;* -kset *ammunition*
ampiainen *wasp*
ampua *shoot; fire*
ampua *shot*
ampuma-ase *firearm*

ampumahaava *bullet t. shot -(gun) wound*
ampumahauta *trench*
ampumahiihto *biathlon*
ampumamatka: ~n päässä *within range*
ampumarata *shooting range*
analyysi *analysis*
analyytikko *analyst*
ananas *pineapple*
anarkia *anarchy*
anastaa *seize;* (valta) *usurp annex*
ane (kirk.) *indulgence*
anemia *an(a)emia*
angiina l.v. *tonsillitis*
ani *very, extremely*
anis *aniseed*
anjovis *anchovy*
ankara *severe, strict; tough with* jklle; *intense, violent, strong*
ankaruus *severity sternness rigour*
ankea *cheerless, dreary*
ankerias *eel*
ankka *duck;* (lehti-) *canard*
ankkur·i, -oida *anchor*
annos *portion,* (esim. päivä-) *ration;* (lautaselle) *helping, serving,* (lääk.) *dose*
annostelu *dosage*
anoa *ask (for), apply (for) petition*
anomus *application, petition*
anoppi *mother-in-law*
ansa *trap snare;* mennä ~an *be trapped*
ansaita *earn; deserve;* ~ (paljon) *rahaa make money, earn good money;* ei ansaitse! (ei kestä!) *oh not at all,* (Am.) *you're welcome*
ansaitsematon *unmerited*
ansio *earnings, income,* (arvo) *merit;* lukea jkn ~ksi *give ... the credit for;* jnk ~sta *thanks to*
ansiokas *meritorious*
ansioluettelo *qualifications*
ansiotulot *earned income*
antaa *give;* (sallia) *let; allow;* (suoda) *render, grant;* (käsitys) *convey;* (arvoa) *attach (great importance to);* mitä hän antoi sinulle? *what did he give (to) you?* hän antoi kirjan *he gave me a book*

antaja *giver, donor*
antaumuksellinen *dedicated*
antaumus *devotion, dedication*
antautua *give o.s. up, surrender,
yield (o.s); (omistautua) de-
vote o.s. (to)*
antautuminen *surrender, ca-
pitulation*
anteeksi *excuse me! (I am)
sorry! (en kuullut) I beg your
pardon;* antaa ~ *forgive;*
anna ~! *forgive me!* pyytää ~
apologize (to a p. for)
anteeksiannettava *pardonable,
excusable*
anteeksiantamaton *unpardon-
able*
anteeksianto *forgiveness*
anteeksipyyntö *apology*
anteliaisuus *generosity*
antelias *open-handed, generous,
liberal*
antenni *aerial*
antibiootti *antibiotic (drug)*
antiikkiesine *antique, curio*
antiikkinen *antique*
antikvariaatti *second-hand book-
shop*
antoisa *(kuv.) rich, rewarding*
antura *sole*
apea *dejected, depressed*
apila *clover*
apina *monkey,* (hännätön) *ape*
apostoli *apostle*
apotti *abbot*
appelsiini *orange*
appi *father-in-law*
aprikoosi *apricot*
aprilli|narri *April fool;* -päivä
All Fools' day
apteekkari *(pharmaceutical* t.
dispensing) chemist, Am. *drug-
gist*
apteekki *chemist's (shop),
pharmacy*
apu *help, aid, assistance;* (hyö-
ty) *use;* (parannus) *remedy;*
avulla *by the aid of, by means
of; with (his) help;* antaa ~a
(render) help; huutaa ~a
call for help; olla avuksi *be
of use, be helpful;* tulla ~un
come to a p.'s assistance, (vaa-
rassa) *come to the rescue*
apujoukot *auxiliary troops*
apukeino *expedient, means*
apulainen *assistant*

apuraha *grant*
arabi *Arab;* ~maat *A. countries;*
~ystävällinen *pro-Arab*
arabialainen *Arabian*
arabian kieli *Arabic*
arastelematon *not timid*
arastella ks. arkailla
aresti *custody, guard-room*
Argentiina *Argentina, the Ar-
gentine*
argentiinalainen *Argentine*
arina *grate*
aristaa; jalkaani ~ *my foot is
tender (to touch)*
arka *sensitive,* (pelokas) *timid*
(kipeä) *sore;* ~ kohta (kuv.)
tender spot
arkailematon *bold, unshrinking*
arkailla *be shy; hesitate*
arkaluontoinen *delicate*
arki *weekday*
arkihuone *sitting-room*
arkikieli *colloquial language;*
-kielessä *colloquially*
arkipuku *informal dress,* (mie-
hen, m.) *lounge suit*
arkipäivä *weekday;* ~inen
everyday, (kuv.) *commonplace*
arkisin *on weekdays*
arkisto *records, archives files*
arkistoida *file*
arkki *sheet;* (raam.) *ark*
arkkipiispa *archbishop*
arkkitehti *architect*
arkku *chest,* (matka-) *trunk*
(ruumis-) *coffin*
arkuus *timidity,* (kipeys) *tender-
ness, soreness*
armahdus *pardon,* (yleinen) *am-
nesty*
armahtaa *have mercy (on(,
pardon*
armas *dear, beloved*
armaani *my darling*
armeija *army*
armeliaisuus *mercy, charity*
armelias *merciful*
armo *mercy; grace;* ~sta *out
of mercy;* Jumalan ~sta *by
the grace of God*
armollinen *gracious, merciful*
armoton *merciless, uncharitable*
aro *steppe;* Am. *prairie*
aromi *flavour, aroma*
arpa *lot, lottery ticket;* määrätä
arvalla *decide by lot, allot (to
jklle)*

arpajaiset *lottery*
arpajaisvoitto *(lottery) prize*
arpanoppa *die*
arpeutua *heal (over)*
arpi *scar*
arpinen *scarred*
arpoa *draw lots; (sell by a) raffle*
artikkeli *article*
artisokka *Jerusalem artichoke,* (latva-) *globe a.*
arvaamaton *incalculable; un-foreseen;* -ta *unexpectedly;* -toman kallis *invaluable*
arvata *guess; (odottaa) anti-cipate, foresee;* arvaan, että ... *I expect ...*
arvatenkin *presumably, very likely*
arvella *think, suppose;* (empiä) *hesitate;* mitä arvelet *what do you think (of it)?*
arveluttava *precarious;* (epäi-lyttävä) *doubtful, suspicious;* minua -tti lähteä *I hesitated (t. was reluctant) to leave*
arvio *appraisal, estimate;* ~lta *roughly*
arvioida *estimate, appraise, evaluate; value, at* jhk sum-maan; ~ liian suureksi *over-rate, overestimate*
arviokaupalla *at random, ap-proximately, roughly*
arvo *value;* (virka-) *rank,* (oppi-) *degree;* (merkitys) *im-portance;* antaa ~a *appreci-ate;* pitää suuressa ~ssa *esteem highly, think highly of*
arvoaste *rank*
arvoesineet *valuables*
arvohenkilö *dignitary;* ~t *no-tables, VIPs*
arvoinen *worth*
arvoisa *esteemed, honoured,* (kirjeessä) *Dear (Sir,* herra!)
arvoituksellinen *puzzling*
arvoitus *riddle; puzzle*
arvokas *valuable; dignified*
arvokkuus *dignity*
arvolähetys *insured* (m. regis-tered) *postal matter*
arvonanto *esteem*
arvonimi *title*
arvonta *drawing of lots, raffle*
arvopaperit *securities, stock*
arvosana *mark;* suorittaa ...

hyvin -sanoin *pass ... with credit*
arvossapidetty *respected*
arvostelija *critic*
arvostella *criticize, judge,* (koe) *mark*
arvostelu *criticism;* (kirjan) *review;* hyvät ~t *good notices* a good press
arvostelukyky *good judgment*
arvostelukykyinen *judicious*
arvostelukyvyttömyys *lack of judgment* (t. *discrimination)*
arvoton ... *of no value, worth-less*
arvovalta *authority; prestige*
ase *weapon;* ~et *arms;* ~issa *under arms;* riisua ~ista *disarm*
aseellinen *armed*
aseeton *unarmed*
aseistakieltäytyjä *conscientious objector; draft resister*
aseistariisunta *disarmament*
aseistus *armament*
asekelpoinen ... *fit for military service*
aselaji *branch of service;* kaikki ~t *all types of armed units*
aselepo *armistice*
asema *position,* (sijainti) *site, location;* (tilanne) *situation;* (rautat. ym.) *station;* (yhteis-kunn.) *status, standing;* sinun ~ssasi *in your place*
asemakaava *plan*
asemapäällikkö *station-master*
asemasilta *platform*
asemasota *trench warfare*
asemesta *instead of*
asenne *attitude*
asennoitua *adopt an attitude take a stand (a position)*
asentaa *fit (up); mount; instal*
asentaja *fitter*
asento *position, posture;* (sot.) *attention!* seistä asennossa *stand to (t. at) a.*
asepalvelus *military service*
asetella *arrange, adjust*
asetelma *still life*
aseteollisuus *armaments in-dustries*
asettaa *place, put, lay;* (järjes-tää) *arrange;* (kohdalleen) *place ... in position;* (vekseli)

make a draft on; (virkaan) instal(l) (in office)
asettua place o.s., station o.s.; (tuuli) abate, lull; (asumaan) settle (down), take up one's residence at (t. in); (ehdokkaaksi) present o.s. as a candidate, run for
asetus decree
asevelvollinen conscript, national serviceman
asevelvollisuus conscription, compulsory military service
asevoima force of arms
asfaltti asphalt, bitumen
asfalttitie paved road
asia matter, thing; cause; (toimitettava) errand; ~ ei kuulu minulle it is no business of mine; ~in näin ollen under the circumstances; mitä teillä on ~a? what can I do for you? itse ~ssa in fact, as matter of fact; ~sta toiseen by the way; mennä suoraan ~an go straight to the point
asiaankuuluva pertinent relevant, appropriate, due
asiaintila state of affairs
asiakas customer
asiakirja document
asiallinen matter-of-fact, to the point; (asiaankuuluva) pertinent
asiallisesti in a matter-of-fact way, pertinently
asiamies (authorized) agent
asianajaja lawyer, solicitor
asianhaara circumstance
asianlaita: miten ~ kulloinkin on as the case may be
asianmukajnen due, proper
asianomainen the ... concerned
asiantuntemus expert knowledge
asiantunteva well informed
asiantuntija expert
asiaton irrelevant; pääsy a-ttomilta kielletty (sakon uhalla) trespassers will be prosecuted
askare job; ~et (m.) chores
askarrella busy o.s., be busy
askarruttaa occupy
askartelu hobby crafts, hobbies
askel step; ~ ~eelta s. by s.
askelma step

aste degree; (kehitys-) stage; (taso) level
astei|kko scale; -koila varustettu graduated
asteittain by degrees, gradually
asti: jhk ~ till, until, up to (paikka) to, as far as; jstk ~ since, (paikka) (right) from; tähän ~ thus far, (aika) hitherto, until now
astia vessel, (ruoka-) dish; (säiliö) container
astiakaappi cupboard, (ruokahuoneen) sideboard
astianpesu washing up; ~kone dishwasher
astiasto service, set
astma asthma
astua step; tread, walk; (huoneeseen ym) enter; ~ alas step down, descend; get off (the bus); ~ maihin disembark; astukaa sisälle come in please!
asu (puku) dress, clothing; (esim. urheilu~ sportswear)
asua live, reside, (oleskella) stay, be staying (with a p. jkn luona)
asuinrakennus dwelling-house
asukas inhabitant; ~ta kohti per head of population
asukasluku population
asumalähiö suburb
asumaton uninhabited, unoccupied
asumus dwelling; ~ero separation
asunto residence, dwelling, apartment; home; (majoitus) accommodation; ~ni (m.) my place
asuntokanta housing
asunto-osakeyhtiö house-owning company, build-and-buy company
asuntopula housing shortage
asuntovaunu caravan
asusteet accessories; lasten ~ children's wear; urheilu~ sportswear
asuttaa populate; settle (in)
asuttava habitable; -ksi kelpaamaton uninhabitable
asuttu inhabited
asutus settlement
Ateena Athens

ateljee *studio*
ateria *meal*
aterioida *have a meal*
Atlantti *the Atlantic Ocean*
atomi *atom*
atomikausi *the atomic age*
atomipommi *atom(ic) bomb*
auer *haze*
aueta *open; become unfastened,* (nappi ym) *come undone,* (avautua) *unfold*
aukaista *open,* (lukosta) *unlock*
aukea *open;* vrt. seur.
aukeama *open place,* (metsän) *glade;* (kirjan) *double page*
auki *open;* (virka) *vacant;* kiertää ~ *unscrew*
aukio *open place, square*
aukioloaika *office* (t. *shop*) *hours*
aukko *opening, aperture; gap*
auliisti *readily, freely*
aulis *willing, ready,* (antelias) *liberal*
aura, -ta *plough,* Am. *plow*
auringonlasku *sunset*
auringonnousu *sunrise*
auringonpaiste *sunshine*
auringonpimennys *eclipse of the sun*
auringonpisto *sunstroke*
auringonsäde *sunbeam*
aurinko *sun;* ~ paistaa *the s. is shining*
aurinkoinen *sunny*
aurinkokello *sun-dial*
aurinkokunta *solar system*
australialainen *Australian*
autio *waste, desolate,* (hylätty) *deserted*
autioittaa *devastate*
autiomaa *desert*
auto *(motor-)car,* (vuokra-)*taxi;* ajaa ~lla *go by car, motor*
autoasema *taxi stand*
autoasentaja *auto mechanic*
autohurjastelija *reckless motorist,* (-gangsteri) *hit-and-run driver*
autohurjastelu *dangerous driving*
autoilija *motorist*
autokorjaamo *(motor car) repair shop, garage*
autolautta *car ferry, drive-on ferry*
automaatti *slot-machine vend-*

ing *machine;* makeis~ *candy-machine;* raha~ *coin machine*
automaattinen *automatic;* (puhelu) *dialled*
automerkki *make (of car)*
autonkuljettaja *driver; chauffeur*
auto-onnettomuus *motor accident, crash*
autotalli *garage*
autotie *motor road*
autovuokraamo *car rental (agency)*
auttaa *help, assist, aid; lend a hand;* se ei auta asiaa *that's (of) no use;* auttaisitteko ... *I wonder if you could help me?*
auttamaton *incorrigible*
auttavasti *tolerably (well)*
autuas *blessed blissful*
autuus *bliss*
avaimenreikä *keyhole*
avain *key*
avainasema *key position*
avainkimppu *bunch of keys*
avajaiset *opening (ceremony)*
avanto *hole in the ice*
avantouimari *winter bather*
avara *wide; vast, extensive*
avartaa *widen, enlarge*
avaruus *space;* a-uudessa *in s.*
avaruusalus *spacecraft* (pl= sg)
avaruusmies *astronaut, cosmonaut*
avaruuspuku *space suit*
avata *open,* (kääröstä) *unwrap,* (vesihana) *turn on,* (radio) *switch on;* (lukko) *unlock;* (haka) *unhook,* (nappi) *unbutton; untie, undo (a knot solmu)*
avioelämä *married life*
avioero *divorce*
avioliitto *marriage;* mennä ~on *marry*
aviollinen *matrimonial, marital*
aviomies *husband*
aviopari *married couple*
aviopuoliso *spouse, wedded wife* (t. *husband)*
aviorikos *adultery*
avioton *illegitimate*
aviovaimo *wife* (pl. *wives)*
avoin *open,* (virka) *vacant*
avojaloin *barefoot*
avokaulainen *low-necked*
avomielinen *open(-hearted)*

A

avomielisyys *openness, frankness*
avopäin(en) *bare-headed*
avosylin *with open arms*
avu *good quality,* (hyve) *virtue,* (taito) *accomplishment*
avulias *helpful*
avulla ks. apu
avunanto *assistance*
avunhuuto *cry for help*

avustaa *assist;* (tukea) *support,* (valtio, m.) *subsidize;* (lehteä) *contribute to*
avustaja *assistant; contributor*
avustus *assistance, support; contribution, to* jhk; (valtion, m.) *subsidy*
avuton *helpless;* (tökerö) *incapable, awkward*
avuttomuus *helplessness*

B

baari *bar;* kahvi~ *cafeteria*
Baijeri *Bavaria*
bakteerit *bacteria*
baletti *ballet*
banaani *banana*
barbaari *barbarian*
barbaarinen *barbarous*
barokki *baroque*
barytoni *baritone*
basilli *bacillus*
baskeri *beret*
basso, -laulaja *bass*
bassoviulu *double bass*
Belgia *Belgium*
belgialainen *Belgian*
bensiini *petrol,* Am. *gas(oline);* (puhdistus-) *benzene*
bensiiniasema *filling station*
betoni *concrete*

biljardi *billiards*
biljardikeppi *cue*
biologi *biologist*
biologia *biology*
biologinen *biological*
boikotoida, boikotti *boycot*
boksi *digs*
brasilia *Brazil*
brasilialainen *Brazilian*
Britannia *Britain*
brittiläinen *British; s Briton;* -set *the British*
brokadi *brocade*
brutto *gross*
budhalainen *Buddhist*
budjetti *budget*
bulevardi *avenue*
bulgarialainen *Bulgarian*
buuri *Boer*

D

daalia *dahlia*
debet *debit*
dekkari* (puhek.) *whodunit*
delfiini *dolphin; porpoise*
delta *estuary*
demokraatti(nen) *democrat(ic)*
demokratia *democracy*
desinfioida *disinfect*
devalvoida *devalue*
diagnoosi *diagnosis*
dia-kuva *transparency, slide*
diakonissa *deaconess*
diftongi *diphthong*
diktatuuri *dictatorship*
diplomaatti(nen) *diplomat(ic)*
diplomatia *diplomacy*

diplomi *diploma*
diskantti *treble*
diskata* (urh.) *disqualify*
disko *discotheque*
diskontto *discount;* ~korko *bank rate*
dokumenttifilmi *documentary film*
dominopeli *dominoes*
dosentti *(university) lecturer*
draama *drama*
draamallinen *dramatic*
duetto *duet*
duuri *major;* C ~ C *major*
dynamiitti *dynamite*
dyyni *dune*

E

edelle *ahead of, in front of*
edelleen *further; ... on;* ~ tehdä jtk *continue to ...;* lue ~ *go on (reading)!*
edell|inen *previous, foregoing;* lähinnä ~ *preceding;* ~ ... jälkimmäinen *the former ... the latter;* -isenä päivänä *the day before*
edellyttä|lä *(pre)suppose assume;* (varmana) *take ... for granted;* -en että *provided that*
edelly|tys *prerequisite for, (pre)condition;* -tykset jhk (m.) *qualifications for (the work)*
edellä *before;* prep. *in front of;* kelloni on ~ *my watch is fast;* ~ mainittu *... mentioned above, aforesaid*
edelläkävijä *precursor* (kuv.) *pioneer*
edeltäjä *predecessor*
edeltäpäin *beforehand, in advance*
edeltää *precede*
edempänä *farther on,* (kauempana) *farther off*
edes *at least;* ei ~ *not even*
edespäin: ja niin ~ *and so on, etc.*
edessä *in front (of)*
edestakaisin *to and fro back and forth*
edestä *from the front (of);* (puolesta) *for;* ~ auki *open at the front*
edesvastuu *responsibility*
edesvastuuton *irresponsible*
edetä *advance*
edistys *progress, advance*
edistyä *progress, advance,* (suuresti) *make great strides*
edistäminen *promotion*
edistää *further, promote;* (kello) *be fast*
edullinen *advantageous; favourable;* (tuottava) *profitable*
eduskunta *(national) Parliament*
eduskuntatalo *Parliament house*
edusta *front*

edustaa *represent*
edustaja *representative,* (liik.) *agent; delegate; spokesman*
edustava *representative,* (huomattava) *distinguished*
edustus *representation*
eebenpuu *ebony*
eepos *epic*
eetteri *ether*
eettinen *ethical*
Egypti *Egypt*
egyptiläinen *Egyptian*
ehdo|kas *candidate;* asettuu -kkaaksi *...will stand as a (Liberal ym) c.*
ehdokkuus *candidacy*
ehdollepano *nomination*
ehdolli|nen *conditional;* sai -sen tuomion *was given a c. discharge* (t. *a suspended sentence),* (nuori m.) *was placed on probation*
ehdoton *absolute*
ehdottaa *propose, suggest*
ehdottomasti *absolutely, positively; decidedly, by far (the best,* paras)
ehdotus *proposition, proposal suggestion*
eheä *whole, entire; intact;* ehjin nahoin *unhurt*
ehkä *perhaps; possibly*
ehkäi|stä *prevent, hinder; impede;* -sevä *preventive*
ehkäisy *prevention;* ~väline, ~pilleri *contraceptive (pill)*
ehostus *make-up*
ehtiä *have time; arrive in time;* ~ junalle *catch the train;* ehditkö puhua hetken? *can you spare me a moment?*
ehto *condition;* ehdot (liik.) *terms;* saada ehdot (koul.) *be moved up conditionally;* ehdoin tahdoin *deliberately;* ehdolla että *on condition that;* ei millään ehdolla *on no account*
ehtoolli|nen *Holy Communion;* käydä -sella *partake of H. C.*
ehtymätön *inexhaustible, unfailing*

ehtyä (kuv.) *be exhausted*
ei *no;* (en, et jne) *not;* ~
... eikä *neither ... nor;* eikö:
hän on sisaresi, ~ olekin? *she
is your sister, isn't she?*
eilen *yesterday*
eili|nen *yesterday's;* -sestä viik-
ko *yesterday week*
eittämättä *undeniably*
eittämätön *indisputable*
eksyttää *mislead, lead astray*
eksyä *lose one's way, get lost*
elanto *living, livelihood*
elatu|s *subsistence, mainte-
nance;* ansaita -ksensa *earn
one's living*
ele *gesture*
eleetön *expressionless; demure*
elehtiä *gesticulate*
elementti *prefabricated unit*
eli (tai) *or;* imp *lived*
elimellinen *organic*
elimistö *organism, system*
elin *organ*
elinaika *lifetime*
elinehto *vital condition*
elinikäinen *lifelong*
elinkautinen *life (sentence,* van-
keus)
elinkeino *source of livelihood;
occupation, trade*
elinkorko *life annuity*
elinkustannukset *cost of living*
elintarvikkeet *food(stuffs)*
elintaso *standard of living;* ~
kilpailu *keeping up with the
Joneses; rat race*
elintila *living space*
elintärkeä ... *of vital importance*
elinvoima *vitality*
ellei (ellen, ellet jne) *if not, un-
less*
ellottava *nauseating*
elo *life;* (vilja) *corn,* Am. *grain;*
olla ~ssa *be alive;* jäädä ~on
survive (a p., jkn jälkeen); ~
on jääneet *the survivors*
elohopea *mercury*
eloisa *lively, vivacious; vivid*
elokuu *August*
elokuva *film, (motion) pic-
ture;* ~t *the pictures,* Am.
movies
elokuvakamera *cine-camera*
elokuvaosa *screen role*
elokuvateatteri *cinema*
elokuvata *film*

elollinen *living; organic*
elonkorjuu *harvest*
elonmerkki *sign of life*
elostelija *fast man, rake rip*
elostelu *dissipation*
eloton *lifeless*
elpyminen *recovery*
elpyä *revive, recover*
eltaantunut *rancid*
elukka *beast*
elvyke *stimulus*
elvyttää *stimulate;* (henkiin)
resuscitate; (elähdyttää) *inspire*
elähtänyt *worn out (through
dissipation)*
eläimellinen *animal; bestial
brutal*
eläimistö *fauna*
eläin *animal*
eläinkunta *animal kingdom*
eläinlääkäri *veterinary surgeon
vet*
eläinoppi ks. -tiede
eläinrata *zodiac*
eläinsuojeluyhdistys *society for
the prevention of cruelty to
animals*
eläintarha *zoological garden(s)
zoo*
eläintiede *zoology*
eläintieteilijä *zoologist*
eläke *pension;* siirtyä eläkkeelle
retire
eläkeikä *pensionable age*
eläkeläinen *pensioner*
eläköön *hurrah! (three) cheers
for ...*
eläköönhuuto *cheer*
elämys *experience*
elämä *life* (pl. *lives);* (melu)
noise; koko ~ni (ajan) *all my
life*
elämäkerrallinen *biographica*
elämäkerta *biography*
elämänhalu *love of life*
elämänilo *joy of life*
elämäniloinen *cheerful*
elämänkatsomus *outlook on life*
elämäntehtävä *purpose in life*
elämäntyö *life-work*
elämänura *career*
elämänvaiheet *events of life*
elämöidä *make a noise*
elättää *support, provide for*
eläytyä jhk *put one's soul into*
elävä *living,* (eläin ym) *live;*
(kuvaus) *vivid*

elävöittää *animate, enliven*
elää *live;* (olla elossa) *be alive;*
~ jllak *live on,* (varojensa mukaan) *live within one's means,*
(... vuotiaaksi) ... *to the age of ...*
emakko *sow*
emalji *enamel*
emi *pistil;* (-lehti) *carpel*
empiä *hesitate*
emulgoida *emulsify*
emä *dam,* vrt. kohtu
emämaa *mother country*
emännöidä *manage the household*
emännöitsijä *housekeeper*
emäntä *hostess;* (perheen-) *housewife;* (vuokra-) *landlady*
emäs *base*
en, et, ei, emme, ette, eivät *not;* en voi *I can't;* et tullut *you didn't come;* emme halua *we don't want* (t. *like) to;* he eivät ole täällä *they aren't here*
enemmistö *majority*
enemmän *more;* pitää jstk ~ kuin *prefer ... to, like ... better than;* kaksi kertaa ~ *twice as much*
enempi *more;* hintojen ~ nousu *a further rise in prices*
energia *energy*
enetä *increase*
englanninkieli *English;* ~nen ... *in E., English-language ...*
Englanti *England;* englannin opettaja *teacher of English;* Englannin suurlähetystö *the British Embassy*
englantilainen *English(man, -woman);* e-laiset *the English*
enimmäkseen *mostly*
enin *most;* -tään *at (the) most;* enimmät äänet *the most votes*
enkeli *angel*
ennakko *advance, pre-;* -olta *in advance, beforehand*
ennakkoluulo *prejudice, bias*
ennakkoluuloinen *prejudiced, biassed*
ennakkoluuloton *unprejudiced, unbiassed*
ennakkomaksu *advance (money)*
ennakkotapaus *precedent*
eniten *most;* ~ tarjoava *the highest bidder;* pidän tästä ~ *I like this best*

ennakoida *foreshadow;* (arvata) *anticipate*
ennakolta *in advance*
ennallaan *unchanged, as before;* palauttaa -een *restore (to its former condition)*
enne *omen*
ennemmin *earlier; sooner (or later);* (mieluummin) *rather*
ennen *previously;* m. prep *before;* ~ kaikkea *above all;* ~ mainittu ... *already mentioned;* ~ pitkää *before long;* ~ vanhaan *formerly*
ennenaikainen *premature*
ennenkuin *before*
ennenkuulumaton *unheard*
ennestään: he tiesivät ~ *they already knew (about it)*
ennustaa *predict; foretell,* (pahaa) *forebode;* (korteista) *tell a p.'s fortune;* (säätä) *forecast*
ennustaja *prophet;* (povari) *fortune-teller*
ennuste *forecast*
ennustus *prophecy; prediction*
ennälttää ks. ehtiä; ~ ennen jkta *anticipate, forestall sb.;* -timme juuri junaan *we just caught the train*
ennätys *record*
eno *uncle*
ensi *first; next;* ~ kerralla *next time;* ~ kerran (for) the *first time;* ~ kädessä *in the first place;* ~ viikolla *next week*
ensiapu *first aid*
ensiesiintyminen *debut*
ensi-ilta *first night*
ensiksi *(at) first;* ~ ... toiseksi *first(ly) ... second(ly)*
ensiluokkainen *first-rate*
ensimmäinen *first;* -set kaksi *the first two*
ensin *(at) first;* ei ~kään *not at all*
ensin mainittu *the first (mentioned), the former*
ensinnäkin *first(ly); for one thing*
enteellinen *ominous*
entinen *former; ex-; one-time;* jäädä -selleen *remain unchanged;* -sellään *as before*
entistää *restore*
entisyys *past*
entä: ~ sitten *what then;*

~ hän ... ? *what about him?*
enää: ei ~ *no longer, no more*
epidemia *epidemic*
epäaistikas ... *in bad taste* (t. *style*)
epäasiallinen *unbusinesslike*
epäedullinen *disadvantageous, unfavourable*
epähieno *ungentlemanly, unladylike; ill-mannered, rude*
epähuomio *oversight;* ~ssa *inadvertently*
epäilemättä *no doubt, without doubt*
epäilemätön *unquestionable, undoubted*
epäilevä *suspicious*
epäilijä *sceptic*
epäillä *doubt;* (rikoksesta ym) *suspect (sb. of);* (ei luottaa) *distrust*
epäily(s) *doubt; suspicion*
epäilyttävä *suspicious; doubtful*
epäinhimillinen *inhuman*
epäitsekäs *unselfish*
epäjohdonmukainen *inconsistent, illogical*
epäjumala *idol*
epäjärjestys *disorder, confusion;* (arkik.) *mess*
epäkiitollinen *thankless,* (tehtävä, m.) *unrewarding*
epäkohta *defect, drawback;* -kohdat *bad conditions, ills, grievances, abuses*
epäkunto: -kunnossa *out of (working) order*
epäkunnioittava *disrespectful*
epäkäytännöllinen *impractical*
epälojaali *disloyal; unfair*
epälukuinen *innumerable, countless*
epäluotettava *unreliable*
epäluottamus *distrust;* antaa ~lause *pass a vote of no confidence (in)*
epäluulo *suspicion;* joutua ~n alaiseksi *be suspected of ...*
epäluuloinen *suspicious*
epämieluisa *undesirable*
epämiellyttävä *disagreeable unpleasant*
epämukava (esim. tuoli) *uncomfortable; inconvenient*
epämukavuus *discomfort; inconvenience*
epämuodostuma *deformity*

epämuodostunut *deformed*
epämääräinen *indefinite, vague*
epänormaali *abnormal*
epäoikeudenmukainen *unjust, unfair*
epäoikeutettu *unjustified*
epäonni *bad luck*
epäonnistua *fail, not succeed*
epäonnistuminen *failure*
epäpätevä *incompetent*
epärehellinen *dishonest*
epäröi|dä *hesitate;* -mättä *without hesitation*
epäröinti *hesitation*
epäselvä *indistinct*
epäsiisti *untidy;* (ulkonäkö, m.) *slovenly, bedraggled*
epäsikiö *monster*
epäsointu *discord*
epäsopu *disagreement*
epäsovinnainen *unconventional*
epäsuhde *disproportion*
epäsuhtainen *disproportionate*
epäsuora *indirect*
epäsuosio *disfavour*
epäsuotuisa *unfavourable*
epäsäännöllinen *irregular*
epätaloudellinen *uneconomical*
epätarkka *inexact*
epätasainen *uneven*
epäterveellinen *unhealthy*
epätietoinen *uncertain*
epätietoisuus *uncertainty,* (tuskallinen) *suspense*
epätodellinen *unreal*
epätoivo *despair*
epätoivoinen *desperate*
epätyydyttävä *unsatisfactory*
epätäsmällinen *inexact; unpunctual*
epätäydellinen *incomplete*
epäusko *unbelief*
epävakainen *unstable, inconstant; changeable*
epävarma *uncertain*
epävirallinen *unofficial*
epäystävällinen *unfriendly*
epäämätön *indisputable*
erakko *hermit*
ereh|dys *mistake;* -dyksestä *by m.;* -dyttävä *misleading*
erehtymätön *infallible*
erehty|ä *make a mistake; be mistaken, be wrong;* ~ luulemaan jkta jksk *mistake sb. for* olemme -neet ovesta *we've mistaken the door*

eri *separate; different; extra;* **olen ~ mieltä** *I do not agree;* **se on aivan ~ asia** *it's quite another matter*

erikoinen *special, particular;* (epätavallinen) *extraordinary, singular*

erikoisala *speciality, special line*

erikoisasema *privileged position*

erikoisesti *particularly*

erikoislaatuinen *extraordinary*

erikoistapaus *particular* (t. *exceptional*) *case*

erikoistua *specialize* (*in*)

erikoistuntija *expert, specialist*

erikoisuus *peculiarity*

erikseen *separately; individually*

erilai|nen *different;* **-sista syistä** *for various reasons*

erilleen, erillään *apart*

erillinen *separate*

erillään: he asuvat ~ *they have separated*

erimielisyys *difference* (t. *division*) *of opinion, disagreement*

erinomainen *excellent*

erinäköinen *dissimilar*

erioikeus *privilege*

eripuraisuus *discord, disagreement*

eriskummallinen *curious, peculiar, queer*

erisnimi *proper noun*

eristin *insulator*

eristyneisyys *isolation*

eristys *insulation;* **~nauha** *insulating tape*

eristäytyä *keep aloof, keep o.s. to o.s.*

eristää *isolate;* (tekn.) *insulate*

erite *secretion; excretion*

eritellä *analyse; specify*

erittely *analysis*

erittäin *very, exceedingly;* (**~kin** *particularly*)

erityi|nen *special;* **ei mitään -stä** *nothing* (*in*) *particular;* **-sesti** *especially*

eritys *secretion; excretion*

erivärinen ... *of different colour*

eriytyminen *differentiation*

ero *parting;* (-tus) *difference;* (virka-) *retirement, resignation;* (avio-) *divorce;* **pyytää ~a** *resign;* **päästä ~on jstk** *get rid of*

eroamaton *inseparable*

eroavaisuus *difference, divergence*

eroanomus *resignation*

erota *part* (*with* jstk, *from* jksta), (puolisosta ym) *separate from, get divorced;* (olla erilainen) *differ;* (työpaikasta) *leave one's job,* (virasta) *resign;* **he ovat eronneet** *they are divorced*

erottaa *separate;* (osata ~a) *distinguish;* (työpaikasta) *dismiss,* (puhek.) *sack, fire;* (koulusta) *expel*

erottaminen (toimesta) *dismissal, discharge*

erotuomari *referee,* (tennis ym) *umpire*

erotus *difference*

eroraha *severance pay*

erä (tili-) *item, entry;* (määrä) *amount, quantity,* (tavara-) *consignment, lot;* (urh.) *heat* (tennis) *set,* (nyrkk.) *round,* (jääkiekko) *period;* **tällä ~ä** *for now*

erämaa *wilderness, the wilds*

eräs *a, an, one, a certain;* **eräänä päivänä** *one day*

eräänlainen ... *of a certain kind, something of a* ...

erääntyä *fall due, mature*

esihistoriallinen *prehistoric*

esiin *forward, out;* **astua ~** *come forward, step forth;* **kaivaa ~** *dig out;* **tuoda ~ bring up,** (lausua) *state*

esiinpistävä *projecting*

esiintyminen *appearance,* (käytös) *conduct*

esiintyä *appear;* (jssk osassa) *act* (t. *perform*) *the part of;* (sattua) *occur, happen*

esi-isä *ancestor, forefather*

esikaupunki *suburb*

esikko *cowslip, primrose*

esikoinen *first-born* (*child*)

esikunta *staff*

esikuva *example; pattern;* **~llinen** *exemplary*

esiliina *apron,* (lapsen) *pinafore* (essu) *pinny,* (kuv.) *chaperon*

esille ks. **esiin;** **ottaa ~** *take out, produce;* (käsiteltäväksi) *take up*

esillä *on view;* **~ oleva asia**

the matter in hand (t. *under consideration*)
esimerk|ki *example;* -iksi *for e., for instance (e.g.)*
esimies *principal chief*
esine *object; thing*
esipuhe *preface*
esirippu *curtain*
esirukous *intercession*
esitaistelija *champion*
esite *leaflet, prospectus*
esitellä *introduce*
esitelmä *lecture,* (esim. radio-) *talk;* ~npitäjä *reader of a paper, lecturer*
esitelmöidä *lecture*
esittely *presentation;* -kirje *letter of introduction*
esittää *put forward, present; state;* (ehdottaa) *propose;* (näytelmä) *perform* (t. *produce*) *a play; perform (on the piano,* soittoa); (kiitos ym) *extend, offer;* ~ kysymys *put a question,* (keskusteltavaksi) *bring up (for discussion);* kuva ~ ... *the picture represents*
esitys (kokouksen) *motion, proposal;* (teatt. ym) *performance,* (kuvaus) *description*
esityslista *agenda*
esivalta *the authorities*
esivanhemmat *ancestors*
eskaaderi *squadron; fleet;* (ilm.) *group*
Espanja *Spain;* e-n kieli *Spanish*
espanialainen *Spanish;* s *Spaniard, Spanish woman*
este *obstacle;* (urh.) *hurdle;* laillinen ~ *lawful excuse*
esteellinen (jäävi) *disqualified*
esteetön *free*
este|juoksu, -ratsastus *steeplechase*
estellä *make excuses*
esto *inhibition*
estoton *uninhibited*
esty|ä: hänen matkansa -i *he was prevented from leaving*
estää *prevent, hinder; obstruct;* (liikennettä) *block, disrupt*
etana *slug,* (kuori-) *snail*
etappi *stage*
eteen: jnk ~ *before;* katsoa ~sä (kuv.) *look ahead*
eteenpäin *ahead, forward;* suoraan ~ *straight on*

eteinen *hall, vestibule*
etelä *south;* ~än jstk *(to the) s. of*
Etelä-Eurooppa *southern Europe*
eteläinen *southern*
Etelämanner *Antarctica*
etelänapa *South pole*
etelätuuli *south(erly) wind*
eteneminen *advance*
etenkin *especially, ... in particular*
etevyys *ability; proficiency*
etevä *proficient, able; prominent;* olla ~mpi *be superior (to,* jkta), *surpass*
etevämmyys *superiority*
ethän ks -han, -hän; ~ mene sinne *you're not going there, are you?*
etiketti *label*
etikka *vinegar*
etsaus *etching*
etsintä *search;* ~kuulutettu *wanted by the police*
etsivä *detective*
etsiä *look for, seek*
ette *you don't;* ~ tulleet *you didn't come*
ettei (etten jne) ks. *jottei*
että *that,* (jotta) *so that;* siksi että *because;* sekä hän ~ minä *both she and I*
etu *advantage;* (hyöty) *benefit;* valvoa jkn ~ja *protect ...'s interests;* on ~jesi mukaista *it is in your interest;* muuttua edukseen *change for the better*
etuajo-oikeus *right of way; priority* (esim *a road having p.)*
etualalla *in the foreground*
etuhammas *front tooth*
etuilija *pusher*
etujalka *front leg, foreleg*
etukumarassa *bent forward*
etukäteen *in advance, beforehand*
etumatka *lead (a l. of 10 metres)*
etumainen *first*
etunenä: olla ~ssä *be at the head, lead*
etunimi *Christian name*
etuoikeus *privilege*
etuoikeutettu *privileged; preference (share,* osake)
etupermantopaikka *seat in the stalls*

etupäässä *chiefly*
eturivi *front row*
etusija *preference; priority;* antaa jklle ~ *place ... first*
etusormi *forefinger, index (finger)*
etuvartio *advance guard; outpost*
etäinen *distant, remote*
etäisyys *distance;* ~mittari *range-finder*
etäällä *far away*
etääntyä *draw away*

eukko *old woman*
Eurooppa *Europe*
eurooppalainen *European*
evakuoitu (henkilö) *evacuee*
evankelinen *evangelical*
evankeliumi *gospel*
eversti *colonel;* -luutnantti *lieutenant-c.*
evä *fin*
eväs *provisions; snack*
eväskori *lunch basket*
evästys *instruction*
evätä *refuse; decline*

F

faarao *pharaoh*
fagotti *bassoon*
fajanssi *faience*
faktori *foreman*
fanaattinen *fanatical*
fanfaari *fanfare*
farisealainen *Pharisee*
farmariauto *estate car* Am *station-wagon*
farmarihousut *jeans*
farmaseutti *pharmacist*
fasaani *pheasant*
filmata *film*
filmi *film;* ~kamera *movie camera;* ~kasetti *cartridge*
filologi *philologist*
filosofi *philosopher*
filosofia *philosophy;* suoritti ~n kandidaattitutkinnon *took the degree of Cand.phil.*
finaali (urh.) *final(s)*
finni *pustule;* ~t m *spots*
Firenze *Florence*
flaamilainen *Flemish*
flanelli *flannel*

floretti *foil*
fluori *fluoride(s)*
fluorisoida *fluoridate*
flyygeli *grand piano*
folio (koko) *foolscap;* (alumiini) ~ *foil*
fonetiikka *phonetics*
forelli *brown trout*
fosfaatti *phosphate*
fosfori *phosphorus*
frakki *dress coat*
frakkipukuinen ... *in evening dress*
frangi *franc*
fresko *fresco* (pl ~es)
frotee *terry cloth*
froteepyyhe *Turkish towel*
fuksi *freshman*
fuusio *fusion*
fuusioida *fuse*
fysiikka *physics*
fysikaalinen *physical*
fyysikko *physicist*
fyysinen *physical*
Färsaaret *the Faroe Islands*

G

galleria *gallery*
gallialainen *Gaul*
galvaaninen *galvanic*
galvanoida *galvanize*
gaselli *gazelle*
geeni *gene*

Geneve *Geneva*
genetiivi *genitive, possessive (case)*
geologi *geologist*
geologia *geology*
geometria *geometry*

gepardi *cheetah*
germaaninen *Teuton, Germanic*
Golf-virta *the Gulf Stream*
gondoli *gondola*
goottilainen *Gothic*
grafiikka *graphic art, graphics*
graafinen *graphic;* ~ kuvio *diagrammatic drawing, diagram*

gramma *gramme, gram*
graniitti *granite*
greippi *grapefruit*
grillata *barbecue, (spit-)roast*
grilli *(spit-) roaster*
gynekologi *gyn(a)ecologist*
Grönlanti *Greenland*
Göteborg *Gothenburg*

H

Haag *The Hague*
haahka *eider*
haaksirikko *shipwreck*
haaksirikkoutua *be wrecked, suffer shipwreck*
haalari *dungarees, overalls;* ~työntekijä *blue-collar worker*
haalea *tepid, lukewarm*
haaleus *tepidity*
haalia *scrape together, get ... together, rustle up*
haalistu|a *fade;* -nut *faded*
haamu *ghost, apparition*
haapa *aspen*
haara *branch; (-utumiskohta) fork; bifurcation*
haaraliike *branch (office)*
haaraosasto *branch*
haarautua *branch (off)*
haaremi *harem*
haarniska *armour*
haarukka *fork*
haaska *carrion, carcass*
haaskata *waste*
haastaa *speak;* (oikeuteen) *bring an action against, sue;* (todistaja) *summon as a witness;* (taisteluun) *challenge;* ~ riitaa *pick a quarrel*
haastat|ella, -telu *interview*
haaste *summons;* (taistelu- ym) *challenge*
haava *wound; cut;* (esim. sääri-) *ulcer;* tällä ~a *at present*
haave *fancy; illusion*
haaveellinen *dreamy*
haaveilija *dreamer*
haaveilla *(day)dream*
haavi *(hoop) net, butterfly net*
haavoitt|aa *wound;* -unut *wounded;* -umaton *invulnerable;* -uva *vulnerable*
hahmo *shape, figure;* jnk ~ssa *in the guise of*

hahmotella *sketch, outline*
hahmottua *take shape*
hai *shark*
haihatella *day-dream;* (häälyä) *shilly-shally*
haihduttaa *evaporate;* ~ haaveet *disillusion*
haihtua *evaporate; be dispelled vanish;* (sumu) *clear*
haikara *heron,* (katto-) *stork*
haikea *sad; poignant*
haiku *puff, whiff*
haima *pancreas*
hairahdus *error; lapse; illusion* vrt aisti-
hairahtua *commit an error* (t. *indiscretion), err*
hais|ta *smell (of);* -ee pahalta *smells bad*
haistaa *smell;* haistoin heti käryn *I smelled a rat*
haistella *sniff, snuff (at)*
haitallinen *harmful, injurious*
haitata *inconvenience, give trouble;* (ehkäistä) *hamper;* se ei haittaa *it won't do any harm*
haitta *disadvantage, drawback; difficulty;* (vamma) *handicap;* olla haitaksi (m.) *cause a p. inconvenience*
haitta-aste *degree of disability*
haiven *hair;* ~et *down*
haja: ~llaan *scattered,* (tukka) *brushed out, hanging down;* hujan ~n *lattialla lying about on the floor*
hajaannus *dissolution; split*
hajaantua *break up; scatter, disperse*
hajalle: mennä ~ (äänet) *scatter*
hajamielinen *absent-minded*
hajanainen *(puhe ym) incoherent, disconnected*

hajareisin *astride (of)*
hajataitteisuus *astigmatism*
hajaääni *stray vote*
hajustaa (parfymoida) *scent*
hajota *break up*
hajottaa *disperse*; (esim. parl.) *dissolve; scatter*; (osiin) *take to pieces, break up*, (purkaa, m.) *demolish*
haju *smell, odour*
hajuaisti *(sense of) smell*
hajuherne *sweet pea*
hajuvesi *scent*
haka *hook*; (laidun) *pasture ground; paddock*
haka|nen *hook*; (sinkilä) *staple*; -set (sulkeet) *bruckets*
hakaneula *safety-pin*
hakata *hew*, (kiveä) *cut*, (pilkkoa) *chop*
hakea *seek, search; look for*; (paikkaa) *apply for*; (noutaa) *fetch*; tulen hakemaan sinua *I'll call* (t. *come round*) *for you*
hakemisto *index*
hakemus *application*
hakija *applicant*
hakkailla *pay court to, make love to; flirt with*
hakku *pick(axe)*
hakkuu (metsän) *logging*
haksahdus *blunder*
hakusana (pää-) *head-word*
hakuteos *reference book*
halata *embrace, hug*
haljeta *burst*, (lohjeta) *split*
halkaisija *diameter*
halkaista *split, cleave*
halkeama *cleft*, (pieni) *crack; crevice, fissure*
halki *through*; ... *in two*; puhua asiat ~ *speak plainly*
halko: halot *firewood*
halla *frost*
halli *hall; market-hall*
hallinnollinen *administrative*
hallinta: menettää jnk ~ *lose control of*; ottaa ~ansa *take possession of*
hallinto *administration*; ~ neuvosto *board of directors*
hallit|a *rule*, (kuningas, m.) *reign; control*; (kieltä) *have command of*; -seva *governing; commanding, dominating*
hallitsija *ruler*; -suku *dynasty*

hallitus *government*; **h-uksen** jäsen *cabinet member*
hallituskausi *reign*
hallitusmuoto *(form of) government*
hallituspula *cabinet crisis*
hallituspuolue *party in power*
hallussa *in (sb.'s) possession*
halpa *cheap; inexpensive*; halvalla hinnalla *at a low price* *cheap(ly)*
halpamainen *mean, base*
halstari *gridiron*
haltija (lak.) *occupant, holder; bearer (payable to b.)*; (hyvä) *guardian spirit*, (paha) *goblin; gnome*
haltijatar *fairy*
haltioi|ssaan: olla ~ *be highly enthusiastic*; joutua -hinsa *go into ecstasies; be thrilled*
haltu: ottaa ~unsa *take possession of*
halu *desire, wish*; minulla ei ole ~a ... *I don't like to ...*
halukas *willing, ready (to)*; erittäin ~ *eager, anxious to*
haluta *desire, want, like (to ...)*; haluatteko ... *would you like (a cup of tea)?* haluaisin tietää *I should like to know*; haluaisin mieluummin *I'd rather (have ...)*; tee kuten haluat *(you may) do as you please!*
halvaus *paralysis*, (aivo-) *stroke, apoplexy*
halvautua *be paralysed*
halveks|ia *despise, scorn*; -ittava *despicable, contemptible*
halveksivasti *scornfully*
halveksunta *contempt*
halventaa *reduce (the price)*; (mainetta) *disparage; belittle*
halventua, halveta *become cheaper*; hinta halpeni *the price dropped*
hame *skirt*, (puku) *dress*
hammas *tooth* (pl. *teeth*); paikata ~ *fill* (Am. *stop*) *a t.*
hammasharja *tooth-brush*
hammaslääkäri *dentist*; minun on mentävä ~lle *I must see a dentist*
hammasmätä *caries*
hammasproteesi *denture*; (silta) *bridge*, (kruunu *crown cap*

hammasratas *gearwheel, cogwheel*
hammassärky *toothache*
hammastahna *tooth-paste*
hammasteknikko *dental technician*
hampaankolo *cavity;* olla jtk ~ssa (kuv.) *have an old score to settle (with)*
hampaaton *toothless*
hamppu *hemp*
hamstrata *hoard*
-han, -hän: tunnethan hänet? *you know him, don't you;* onkohan ... *I wonder if ...*
hana *tap, faucet;* (aseen) *cock*
hangata *rub;* (harjalla ym) *scrub;* (kenkä) hankaa *chafes*
hangoitella vastaan *struggle against, resist*
hanhenmaksa (pasteija) *gooseliver paste*
hanhi *goose* (pl geese) (koiras) *gander*
hanka, -in *rowlock, oarlock*
hankala *difficult,* (käsitellä) *awkward,* (sopimaton) *inconvenient*
hankauma *chafed place, abrasion*
hankaus *friction*
hanke *plan, project undertaking;* olla hankkeissa ... *be about to, be preparing to ...*
hanki *crust of snow*
hankinta *acquisition, purchase;* (kaupp.) *delivery*
hankkia *get, procure;* (itselleen) *acquire,* (saada) *obtain*
hankkija *supplier*
hanko *pitchfork*
hansikas *glove;* pari hansikkaita *a pair of gloves*
hanuri *accordion*
hapan *sour; acid*
hapantua *turn* (t. become) *sour*
haparoida *grope (after t. for)*
hapattaa *sour; leaven*
happi *oxygen*
happo *acid*
hapset *hair*
hapsut *tassels*
hapuilla *grope;* -eva *fumbling, awkward; uncertain*
harakka *magpie*
harallaan *spread out*
harav[a, -oida *rake*

harhas *delusion;* vrt. hairahdus aisti-
harhaan: ampua ~ *miss (the mark);* johtaa ~ *lead ... astray, mislead;* joutua ~ *stray*
harhaanjohdettu *misguided*
harhaanjohtava *misleading*
harha-askel *false step, lapse*
harhailla *wander (about)*
harhaisku *miss*
harhaluoti *stray bullet*
harhaluulo *wrong idea; delusion*
harhanäky *optical illusion*
harhaoppi *heresy*
harhaoppinen *heretic*
harhauttaa *mislead*
harja *brush;* (hevosen) *mane;* (vuoren ym) *ridge;* (aallon) *crest*
harjaantu[a *become trained, have practice (in);* -maton *untrained; inexperienced*
harjanne *ridge*
harjannostajaiset *topping-out celebrations* (Am.)
harjas *bristle*
harjata *brush*
harjoitella *practise (writing, on the piano);* (osaa ym) *rehearse; be learning (to)*
harjoitelma (tait.) *study*
harjoittaa *practise, exercise;* (liikettä ym) *carry on, pursue; engage (in -ing); train*
harjoitus *practice, exercise, training;* (näytelmän) *rehearsal;* (marssi- ym) *drill*
harjoitustehtävä *exercise*
harju *ridge*
harkinta *deliberation, consideration; judgment*
harki[ta *consider; think ... over;* -ttavana *under consideration;* -ttu *deliberate*
harkitsematon *unconsidered, unpremeditated*
harkko *bar;* (gold, silver) *bullion;* ~rauta *pig-iron*
harmaa *grey,* Am. *gray*
harmaantua *turn grey*
harmahtava *greyish*
harmi *annoyance; trouble*
harmillinen *annoying*
harmistua *be annoyed, be vexed (at; with a p.);* -stunut m. *displeased, resentful*

harmiton *harmless, inoffensive*
harmittaa *annoy, vex*
harott|aa: -ava (tukka) *ruffled up; standing on end, straggling*
harpata *str!de*
harppi *(a pair of) compasses, dividers*
harppu *harp*
harppuuna *harpoon*
harras *devoted; warm, fervent; earnest;* toivon hartaasti *I sincerely hope (you can come, että voit tulla)*
harrastaa *take an interest in, be interested in ...;* ruveta h-tamaan jtk *take up*
harraste ks. harrastus
harrastelija *amateur, dilettante*
harrastus *interest,* (erityis-) *hobby*
harsia *baste; tack*
harso *veil*
harsokangas *gauze*
hartaasti *earnestly; devoutly; with great interest*
hartaus *devotion;* (-hetki) *devotions, prayers*
harti|a *shoulder;* hän on otta-nut vastuun -oilleen *he has shouldered the blame*
hartiahuivi *shawl*
hartiakas *broad-shouldered*
hartsi *resin*
harva *not dense, sparse;* (kudos) *loose;* (tukka) *thin;* ~t *few;* ~ssa *far apart;* ~an asuttu *thinly* (t. *sparsely) populated*
harvalukuinen ... *small in number, small*
harvapuheinen *taciturn*
harvemmin *less often less frequently*
harvennus (kirjassa) *spacing out*
harventaa (kirjap.) *space (out);* (metsää) *thin*
harvinai|nen *uncommon, unusual; rare;* -sen hyvä *exceptionally good*
harvinaisuus *rareness, rarity;* (esine) *curiosity*
harvoin *seldom, rarely, infrequently*
hašiš *hashish*
hassu *silly; foolish; crazy*
hassutella *fool*

hassuttelu *foolery*
hatara *flimsy, poorly constructed*
hattu *hat;* nostaa ~a *raise one's h.;* pani hatun päähänsä *(he) put on his hat;* ilman ~a *hatless*
hatunkoppa *crown (of a hat)*
hatuntekijä *hatter*
haudantakainen: ~ elämä *life beyond*
haudata *bury*
haude *compress,* (lämmin) *fomentation*
haukata *(take a) bite;* (väli-palaa) *have a snack*
hauki *pike*
haukka *hawk*
haukkua *bark;* (kuv.) *abuse*
haukkumanimi *nickname*
haukkumasanat *abuse, invective*
haukot|ella, -us *yawn*
haukunta *bark(ing)*
haulit *shot*
haulikko *shotgun, fowling piece*
hauras *brittle, fragile*
haureellinen *lewd*
haureus *fornication; prostitution*
hausk|a *pleasant, delightful; amusing;* ~ kuulla *I am glad (pleased) to hear (it);* on hyvin ~a ... *it is great fun (to);* meillä oli ~a *we had a good time;* pitää ~a *enjoy o.s.;* pidä ~a *have a nice time;* on ~n näköinen *is good-looking;* ~a joulua! *Merry Christmas!*
hauskuus *pleasure amusement*
hauta *grave, tomb;* on haudan partaalla *has one foot in the grave*
hautaholvi *crypt*
hautajaiset *funeral*
hautakappeli *cemetery chape*
hautakivi *tombstone*
hautaus *burial*
hautauskassa *burial fund*
hautausmaa *cemetery*
hautaustoimisto *undertaker's*
hautoa *bathe, apply (hot) compresses to;* (lintu) *hatch, sit on eggs; brood* (m kuv.); *harbour (thoughts of revenge,* kostoa)
hautoma-aika *incubation period*
hautomakone *incubator*

hautua ruoka) *steam,* (tee) *brew*
havahtuminen *awakening*
havainnollinen *graphic, clear*
havainto *observation*
havainto-opetus *object-lesson(s)*
havaita *perceive; observe; see, notice; realize*
havu *sprig of spruce (pine)*
havumetsä *coniferous forest*
havunneulanen *needle*
havupuu *conifer*
he *they;* heitä, heidät, *them*
hede *stamen*
hedelmä *fruit;* ~t *fruit*
hedelmällinen *fruitful; fertile*
hedelmällisyys *fruitfulness; fertility*
hedelmäpuutarha *orchard*
hedelmäsokeri *fructose*
hedelmätön *unfruitful; barren*
hedelmöittää *fertilize*
hedelmöityä (nainen) *conceive*
hehku, -a *glow*
hehkulamppu *incandescent lamp, (electric) bulb*
hehkuva *glowing, red-hot,* (kuv.) *burning, ardent*
hehtaari *2 471 acres, hectare*
hei *hello,* Am. *hi*
heidän *their,* (subst.) *theirs*
heijastaa *reflect*
heijastin *luminous badge;* (tekn.) *reflector,* vrt. seur.
heijastus *reflection*
heijastuskoje *projector*
heikentyä *weaken, grow weaker; abate*
heikentää *weaken,* (uuvuttaa) *debilitate;* (huonontaa) *impair*
heikko *weak;* (ääni ym) *feeble;* (tuuli) *light,* (toivo ym) *faint;* ~ näkö *poor (eye)sight;* ~ terveys *delicate health*
heikkomielinen (lääk.) *moron*
heikkous *weakness, feebleness;* (hentous) *frailty;* (heikko puoli) *weak point*
heila *girl (boy) friend*
heilahdus *swing; oscillation*
heille *to them, for them;* annoin ~ ... *I gave them ...*
heiltä *from them*
heilua *swing, sway*
heiluri *pendulum*
heiluttaa *swing;* (kättä) *wave;* (häntää) *wag (its tail);* (kenuttaa) *rock*

heimo *tribe;* (kasv. ym) *family*
heimolainen *kinsman*
heimokuntaisuus *tribalism*
heimopäällikkö *(tribal) chief*
heinä *hay, grass*
heinähanko *hayfork*
heinäkuu *July*
heinäseiväs *hay pole*
heinänteko *haymaking*
heinäsirkka *grasshopper*
heisimato *tapeworm*
heistä *about them, of them*
heitellä *toss, fling*
heitteelle: jättää ~ *abandon*
heittelehtiä *toss,* (auto) *skid, swerve*
heittiö *scoundrel, rascal*
heitto *throw; toss*
heittoistuin *ejector-seat*
heittomerkki *apostrophe*
heittovapa *spinning rod*
heittäytyä *throw o.s. (down, maahan);* (kuv.) *abandon o.s. (to despair), take to (drink)*
heittää *throw;* (verkko) *cast;* (singota) *fling, hurl;* ~ arpaa *cast lots,* (rahalla) *toss up;* ~ henkensä *draw one's last breath*
hekuma *lust*
hekumallinen *voluptuous*
hekumoida *indulge (in)*
hela(t) *mounting*
helakanpunainen *scarlet*
helatorstai *Ascension Day*
heleä *bright;* (ääni) *clear*
helikopteri *helicopter*
helinä *tinkle*
helistä(ä) *tinkle, jingle*
hella *range,* (sähkö- m.) *electric cooker*
helle *heat, hot weather*
hellekypärä *sun helmet*
hellitellä *fondle, pet*
hellittämätön *persistent, persevering,* (vaativa) *insistent*
hellittää *loosen,* (höllentää) *slacken, ease;* (päästää) *let go*
helliä *cherish*
helluntai *Whitsuntide;* -päivä *Whit Sunday*
hellyttää *soften, make ... relent*
hellyys *tenderness; affection*
hellä *tender; affectionate;* (kipeä, m.) *sore*

helläsydäminen *tender-hearted*
hellätunteinen *tender; sensitive*
hellävarainen *considerate*
hellävaroen *gently*
helma *hem*, (syli) *lap;* luonnon
  ~**ssa** *out in the open*
helmasynti *besetting sin*
helmeillä (juoma) *sparkle*
helmi *pearl*, (puu-, lasi- ym)
  bead
helmikuu *February*
helminauha *pearl necklace,*
  (string of) beads
helmisimpukka *pearl oyster*
helmiäinen *mother-of-pearl*
helottaa *shine*
helposti *easily; without diffi-*
  culty
helpottaa *ease; facilitate;* (ki-
  pua) *relieve*
helpotus *relief;* (hinnan) *re-*
  duction
helppo *easy*
helppohintainen *cheap*
helppotajuinen *popular*
helteinen *sultry, hot*
heltymätön *unmoved, inexorable*
heltyä *soften, relent*
helvetillinen *infernal, hellish*
helvetti *hell*
hely *trinket*
heläh|dys, -tää *ring, clang*
hemaiseva *gorgeous*
hemmotella *coddle, pamper*, (pi-
  lalle) *spoil*
hemmottelu *overindulgence*
hempeä *sweet, charming; soft*
hemppo *linnet*
hempukka *bird(ie);* (lutka) *slut*
hengellinen *spiritual*
hengenahdistus *difficulty in*
  breathing
hengenheimolainen *kindred spir-*
  it, soul-mate
hengenlahjat *mental faculties*
hengenpelastus *life-saving;*
  rescue
hengenvaara *deadly peril;* ~**ssa**
  in danger of losing one's life
hengenvaaralli|nen: (hän) sai
  -sia vammoja *was seriously*
  hurt (injured); hänen tilansa
  on ~ *he is in a critical condi-*
  tion
hengetön *lifeless*
hengillepantu *registered (as re-*

siding) *in* t. at ...
hengittää *breathe;* sisään, ulos,
  (m) *inhale, exhale*
hengitys *breathing, respiration;*
  ~**elimet** *respiratory organs;*
  ~**laite** *respirator*
hengähdys *breathing;* ~**tauko**
  b.-spell
hengähtää *take breath*
hengästy|lä *become breathless;*
  -nyt *breathless, ... out of*
  breath, short of breath
henkevyys *esprit*
henkevä (älykäs) *intellectual;*
  bright-minded; animated,
henkeäsalpaava *breath-taking*
henki *spirit;* (elämä) *life;* (hen-
  käys) *breath;* (hengetär) *genius*
  (pl *genii*); viisi henkeä *five*
  persons; ... hengeltä *per per-*
  son, per head; hengissä *alive;*
  henkensä edestä *for one's dear*
  life; henkensä uhalla *at the*
  risk of losing one's life; jäädä
  ~**in** *survive;* ottaa hengiltä *do*
  away with, sl. *bump off;* pidät-
  tää henkeään *hold one's breath;*
  vetää henkeensä *inhale;* Pyhä
  ~ *the Holy Spirit*
henkiinherättäminen *resuscita-*
  tion
henkikirjoittaja *registrar*
henkikirjoitus *census*
henkilö *person;* ~**t** (näytelmän)
  cast
henkilöauto *(passenger) car*
henkilökohta|inen *personal;*
  -isesti *personally, ... in person;*
  mennä -isuuksiin *become per-*
  sonal
henkilökunta *staff, personnel*
henkilöllisyys *identity;* ~**todis-**
  tus *i. card*
henki|nen *mental; intellectual;*
  -sen työn tekijä *nonmanual* (t.
  white-collar) *worker*
henkipatto *outlaw*
henkirikos *capital crime*
henkitore: olla ~**issa** *be brea-*
  thing one's last
henkitorvi *windpipe, trachea*
henkivakuutus *life insurance*
henkivartija, -vartio *bodyguard*
henkäys *breath*
hennoa *have the heart to* ...
hento *delicate; slender*
hentomielinen *soft-hearted*

hentorakenteinen ... *of slender body build*
hepenet *frills, frippery*
heppu sl. *guy, bloke*
heprea, -lainen *Hebrew*
hera *whey*
hereillä *awake*
heristää (nyrkkiä) *shake one's fist at,* (korvia) *prick up one's ears*
herjata *revile, abuse,* (pyhää) *blaspheme*
herjaus *abuse,* (lak.) *libel*
herjetä *cease, stop* (...-*ing*)
herkeämättä *incessantly*
herkku *delicacy*
herkkupala *titbit*
herkkusieni *mushroom*
herkkusuu *gourmet*
herkkyys *sensitiveness, sensitivity*
herkkä *sensitive;* (erittäin vastaanottavainen) *susceptible;* (taipuvainen) *inclined to;* (vaikutteille) *impressionable;* ∼ loukkaantumaan *easily offended*
herkkäuninen s *light sleeper*
herkkäuskoinen *credulous*
herkullinen *delicious*
herkutella *feast* (*upon*)*; eat well*
hermo *nerve*
hermokohtaus *fit of nerves*
hermoromahdus *nervous breakdown*
hermosto *nervous system*
hermostu|a *get nervous; become irritated;* -nut *irritated*
hermostuneisuus *irritableness*
hermostuttaa *set ...'s nerves on edge, irritate*
herne *pea;* ∼keitto *pea soup*
herpaantua *slacken;* (ruumis) *go limp*
herpaista *unnerve; weaken,* (kuv.) *paralyse*
herra *gentleman, man;* (isäntä) *master;* (nimen ed.) *Mr.* [mistö]; (kunnioittava puhuttelu) *Sir* (esim. *yes, Sir!*); hyvät ∼t (kirjeessä) *Dear Sirs,* Am. *Gentlemen*
herraskartano *manor* (t. *country*) *house*
herrasmies *gentleman*

herrasväki *people of good family; master and mistress*
herruus *authority; supremacy, domination*
hertta *hearts;* ∼kortti *heart;* ∼rouva *queen of hearts*
herttainen *sweet, nice*
herttua *duke*
herttuakunta *duchy*
herttuatar *duchess*
hervoton *limp, inert*
herännäisyys *pietism*
heräte *impulse, stimulus*
herättää *wake* (*up*)*, waken;* (hotellissa, m.) *call;* (kuv.) *arouse, awaken; inspire* (... *with*)*; älä herätä vauvaa don't wake the baby!*
herätys (kuv) *awakening,* (usk) *revival*
herätyskello *alarm-clock*
herätä *wake* (*up*)*,* (et kuv.) *awake;* (henkiin) *be restored to life;* heräsin kello 7 *I woke* (*up*) *at* 7; onko vauva jo herännyt *has the baby waked* (t. *woken*) *yet?*
heti *at once, immediately instantly*
hetkellinen *momentary*
hetki *instant, moment;* hetkeksi *for a while;* hetken kuluttua *after a while, in a little while;* tällä hetkellä *at present; for the time being, at the moment;* ensi hetkestä *from the first*
hetkinen: ∼, olkaa hyvä! *just a moment, please!*
hevillä: ei ∼ *only with difficulty*
hevo|nen *horse;* (voim.) *side horse;* nousta -sen selkään *mount* (*a horse*)*;* astua -sen selästä *dismount*
hevosenkenkä *horseshoe*
hevosjalostus *horse-breeding*
hevosvoima *horse-power* (lyh. *h.p.*)
hidas *slow*
hidasjärkinen *dull*
hidastaa *slow up, slow down, retard*
hidastua *slow up* (t. *down*)*, be slowed up, become slower*
hieho *heifer*
hiekka *sand*
hiekkajyvä *grain of sand*
hiekkainen *sandy*

hiekkalaatikko (lasten) *sand pit*
hiekkaranta *beach, sands*
hiekkasärkkä *sand dune,* (veden alla) *sand-bank*
hiekoittaa *sand*
hieman *slightly; a little*
hieno *fine; elegant, chic;* (ohut) *thin; delicate;* ∼n näköinen *distinguished-looking;* ∼n hieno *exquisite,* (esim. laite) *sophisticated*
hienontaa *grind ... fine; pulverize, powder;* (murskata) *crush*
hienopyykki *delicates*
hienosteleva *snobbish*
hienostelu *showing off*
hienosto *the smart set, Society*
hienostuneisuus *refinement*
hienostunut *refined, polished*
hienotunteinen *considerate*
hienotunteisuus *consideration*
hienous *fineness*
hieroa *massage;* (hangata) *rub;* (kauppaa ym) *negotiate*
hieroja *masseuse; masseur*
hieromakone *massage machine*
hieronta *massage*
hiertyä *be chafed*
hiestyä *get sweaty*
hietikko *sands*
hievahtiaa *stir, budge;* -amatta *without stirring* (t. *moving*)
hiha *sleeve;* ∼naukko *armho e;* ∼nsuu *wristband, cuff*
hihaton *sleeveless*
hihittää *giggle, snicker*
hihna *strap, band,* (koneen) *belt;* panna koira ∼an *put the dog on a lead*
hiihto *skiing (ski-ing, ski'ing)*
hiihtokeli: on hyvä ∼ *skiing is good*
hiihtokilpailu *ski-race*
hiihtäjä *skier*
hiihtää *ski;* mennä hiihtämään *go skiing*
hiili *coal;* (kem.) *carbon*
hiilihanko *poker*
hiilihappo *carbonic acid*
hiilihappojää *dry ice*
hiilihydraatti *carbohydrate*
hiilikaivos *coal-mine, colliery*
hiilipaperi *carbon paper*
hiillos *embers*
hiiltyä *become charred*
hiipivä (tauti) *insidious*

hiipiä *sneak; slip, steal (into the room), slink (away)*
hiippa *m tre*
hiippakunta *diocese*
hiiri *mouse* (p lmice); ∼lavantauti *mouse typhus*
hiisi: mitä hiidessä *what the hel (the dickens) ...?*
hiiskula: älä h. sanaakaan *don't breathe a word (about it);* olla -matta *not tell a soul*
hiiva *yeast*
hiiviskellä *lurk (about)*
hiki *sweat;* olla hiessä *be in a sweat,* (ikkuna) *be steamed*
hikihuokonen *pore*
hikinen *sweaty*
hikipisara *bead of sweat*
hikoilla *sweat, perspire*
hiljaa *quietly;* (matalalla äänellä) *in a low voice;* (hitaasti) *slowly;* ∼\ *be quiet!* olla ∼ *keep quiet,* (ääneti) *be silent;* istua ∼ *sit still*
hiljainen *low; quiet;* (tyyni) *still;* (vaitelias) *taciturn*
hiljaisuuis *quiet(ness), stillness, silence;* vaatia -tta *ask for silence*
hiljentää *quieten;* (vauhtia) *reduce, slacken;* (ääntä) *subdue; lower;* ∼ vauhtia *slow down*
hiljetä *become quiet, quiet down;* vauhti hiljenee *the speed slackens*
hilkka *hood, cap*
hilliitä *check, restrain; suppress;* (hallita) *control;* -tse itsesi *control your temper!* c. *yourself;* -tty *restrained, well-controlled, composed;* (väri) *subdued, discreet,* (ääni ym) *quiet*
hillitön *unrestrained, unchecked; immoderate; uncontrollable*
hillo *jam*
hillota *make jam, preserve*
hilpeys *cheerfulness, gaiety mirth*
hilpeä *cheerful, merry, jolly*
hilse *dandruff*
hilseillä *scale, peel (off)*
himmennin (valok.) *diaphragm*
himmentää *dim, darken*
himmetä *become dark(er), (grow) dim;* (metalli) *tarnish*

himmeä *dim; obscure, lustreless, dull*

himo *lust, craving, desire (for);* (ahneus) *greed (for)*

himoinen: jnk ~ *greedy (for), addicted (to)*

himokas *libidinous,* vrt. ed

himoruoka *favourite dish*

hinaaja *tug (boat)*

hinata *(have in) tow;* ottaa hinattavakseen *take in tow*

hinkalo *bin,* (lehmän) *stall*

hinkuyskä *whooping-cough*

hinnasto *price-list, catalogue*

hinnoitella *fix the price*

hinta *price;* mikä tämän ~ on? *how much is this (one)?* ei sillä hinnalla *not at that price;* 15 markan hinnasta *at 15 marks*

hintai|nen: minkä -sia nämä ovat *what is the price of these?*

halpa~ *low-priced*

hintelä *slim,* (hontelo) *lank*

hioa *grind,* (jalokiveä) *cut;* (kovasimella) *whet; sharpen*

hiomaton (kuv.) *unpolished, crude,* (timantti) *rough*

hiostava *sultry*

hiottu (kuv.) *polished, smooth*

hipaista *touch lightly*

hipiä *complexion, skin*

hipoa *almost touch, verge on*

hirmuinen *dreadful, frightful*

hirmumyrsky *hurricane; typhoon*

hirmutyö *atrocity*

hirmuvalta *tyranny, terrorism*

hirmuvaltias *tyrant, despot*

hirnua *neigh, whinny*

hirsi *log, beam*

hirsipuu *gallows*

hirssi *millet*

hirtehishuumori *grim humour*

hirttää *hang*

hirvenliha *venison*

hirvensarvet *antlers*

hirveä *hideous, dreadful, terrible*

hirvi *elk,* (koiras) *stag;* Am. *moose*

hirvittää *frighten;* minua ~ *I am scared*

hirvittävä *horrible*

hirviö *monster*

hissi *lift;* Am. *elevator*

historia *history*

historiallinen *historical;* ~ hetki *a historic moment*

historioitsija *historian*

hitaus *slowness*

hitsata *weld*

hitto *(the) devil, (the) deuce*

hitu|nen: ei -stakaan *not a bi*

hiukan *a little, a bit, slightly*

hiukkanen *particle*

hius *hair;* hiukset *hair*

hiusharja *hair brush*

hiuskarva: oli ~n varassa *it was touch and go (whether)* ... hung by a hair*

hiuskiinnite *setting lotion*

hiuslakka *hairspray*

hiuslaite *coiffure. hair-do*

hiusneula *hairpin*

hiusraja *hair line*

hiussoiki *hair-slide*

hiustenleikkuu *haircut*

hiusvesi *hair lotion*

hiutale *flake*

hivellä *touch gently;* (turhamaisuutta) *flatter, tickle (one's vanity)*

hiven: ~en verran *a trifle*

hohde *gleam. shimmer*

hohkakivi *pumice (stone)*

hohottaa *guffaw roar with laughter*

hohtaa *shine, shimmer*

hohtimet *(a pair of) pincers*

hoidokki *ward,* (laitoksessa) *inmate*

hoikka *slender, slim*

hoilata *yell*

hoiperrella *stagger, reel*

hoippua *totter*

hoitaa *take care of, look after; attend to (a matter,* asia*); see to; be in charge of, run (a business,* liikettä*); manage;* (hoivata) *tend; nurse (a patient,* potilasta*);* (lääk.) *treat;* ~ virkaa *occupy an office;* ottaa ~kseen *take charge of*

hoitaja (sairaan ym) *nurse*

hoitamaton *uncared for,* (asu) *unkempt*

hoito *care;* (sairaan ym) *nursing;* (lääk.) *treatment;* (liikkeen ym) *management;* laitos~ *institutional care*

hoiva *care*

hoivata *tend take good care of*

hokea *say again and again*

hoksaava .. *quick in the uptake*
hoksata *grasp. Am. sl. dig*
holhooja *guardian*
holhota *take care of; be the guardian of*
holhotti *ward*
holho|us *guardianship;* olla -uksen alaisena *be under tutelage*
Hollanti *Holland;* h~ (kieli) *Dutch*
hollantilainen *Dutch;* s *Dutchman, -woman*
holvi *vault,* (-kaari) *arch*
holvikatto *vaulted roof*
home *mould, mildew*
homehtua *get mouldy*
homeinen *mouldy*
honka *pine*
hontelo *lank(y)*
hopea *silver*
hopeahäät *silver wedding*
hopeatavarat *silverware*
hopeinen *silver*
hopeoida *silver-plate*
hoputtaa *urge ... on*
horjahdus *stumbling*
horjahtaa *stagger*
horjua *totter, totter;* (kuv.) *vacillate;* ~ päätöksessään *be irresolute*
horjumaton *unshaken, immovable*
horjuttaa (kuv.) *cause to waver, sway;* (uskoa ym) *shake*
horjuva (epävakaa) *unsteady, unstable*
horro|s *torpor, stupor;* olla -ksissa *lie dormant,* (talviunessa) *hibernate*
hortensia *hydrangea*
hosua *fuss, scamp;* (ympärilleen) *throw one's arms about*
hotelli *hotel;* varata huone ~sta *book a room at a h.*
houkka *fool, idiot*
houku|tella *entice, allure;* (suostutella) *persuade;* -tteleva *tempting, attractive (offer tarjous)*
houkuttelu (taivuttelu) *persuasion*
houkutus *enticement, allurement; lure; temptation*
hourailla *be delirious, wander*
housunkannattimet *braces, Am. suspenders*
housut *trousers; pants;* (nais-

ten, alus-)*underpants, knickers, mini-pants,* (bikini-) *briefs,* (mikro-) *hot pants*
housuliivit *pantlwaist*
hovi *court;* ~ssa *at c.*
hoviherra *courtier*
hovimestari *head waiter*
hovinainen *lady in waiting*
hovioikeus *Court of Appea*
hovipoika *page*
huhmar *mortar*
huhtikuu *April*
huhu, -illa *rumour*
huijari *swindler, cheat*
huija|ta, -us *swindle*
huikenteleva *fickle, flighty; fast;* ~ elämä *gay life*
huilu *flute;* ~nsoittaja *flutist*
huimaava *dizzy;* (ero) *vast*
huimapäinen *daring, foolhardy*
huimapäisyys *recklessness*
huimapää *daredevil*
huimata: päätäni huimaa *I feel giddy*
huimaus *giddiness*
huipentua *culminate (in)*
huippu *top, peak, summit;* ~ (tason) *kokous summit conference;* kohota ~unsa *reach its peak*
huippuhinta *top price*
huippukohta *climax, culmination*
huippukuormitus *peak load*
huisku (puuteri-) *puff*
huiskuttaa *wave*
huitoa *wave (one's arms about)*
huivi *scarf, head scarf;* (hartia-) *shawl*
hukata *lose,* (aikaa ym) *waste*
hukka: olla hukassa *be lost;* mennä ~an *be wasted*
hukkua *be (t. get) drowned;* (kadota) *be lost*
hukuttaa *drown*
huligaani *hooligan, rough, hoodlum*
hulina *disturbance, hullabaloo*
hulinoi|da *be disorderly;* -nti *disorderly conduct*
hulivili *gay fellow*
hullaantu|a: -nut jkh *mad (t. crazy) about*
hullu *mad, crazy;* s *madman;* elokuva~ *film fan*
hullunkurinen *(extremely) funny, ludicrous droll, comical*

hullusti *wrong(ly)*; meni ~ *went wrong*
hullutella *play the fool*
hulluttelija *madcap*
hullutus *folly*
hulluus *madness*
hulmuta *flutter*, (lippu) *fly*
humala *intoxication*, (kasvi) *hop*; olla ~ssa *be drunk* (t. *intoxicated*); ~päissään *under the influence of drink*
humina *murmur(ing)*
humista *murmur, hum*
hummeri *lobster*
humpuuki *humbug*
hunaja *honey*
hunnin|ko: joutua -golle *go to rack and ruin (to the dogs)*
huntu *veil*
huoahtaa (hengähtää) *get one's breath*
huoata *sigh*
huohottaa *pant*
huojennus *relief*
huojentaa *ease;* (hintaa) *reduce; unburden (one's heart)*
huojua *rock; sway*
huoka|lista, -us *sigh*
huokea *cheap*
huokoinen *porous*
huokonen *pore*
huolehtia *take care of, attend to; be anxious (about)*
huolellinen *careful*
huolellisuus *care(fulness)*
huolenpito *care*
huolestua *get anxious* (t. *worried*)
huolestutt|aa *make anxious, alarm, worry;* -ava *alarming*
huoleti: ole ~ *set your mind at rest! don't worry*
huoleton *care-free, unconcerned; non-caring (way of life)*
huolettomuus *unconcern*
huoli *care, worry, anxiety;* huolella *carefully;* jättää huoleksi *leave (it) to;* olla ~ssaan *feel anxious, be worried (about)*
huoli|a *care;* hän ei -nut sitä *she didn't care to have it, she didn't want it;* älä h. mennä *you'd better not go, please don't go*
huolimaton *careless,* (työ tyyli m.) *slovenly*

huolimatta: jstk ~ *in spite of*
huolinta *forwarding*
huoliteltu (työ) *carefully finished,* (miehen ulkoasu) *well-groomed*
huollettava s *dependant*
huoltaa *maintain, service;* (elättää) *support, provide for*
huoltamo ks. huoltoasema
huolto *welfare, care; service;* (sot. ym) *maintenance*
huoltoasema *service station, garage,* Am. gas(oline) *station*
huomaamaton *unnoticeable, imperceptible;* (tarkkaamaton) *inattentive*
huomaamatta *unnoticed,* (epähuomiossa) *inadvertently*
huomaavainen *attentive;* (kohtelias) *polite*
huoma|ta *notice, observe, note;* (keksiä) *discover; see;* se jäi häneltä -amatta *it escaped his notice, he overlooked it*
huomattava *noticeable;* (merkittävä) *remarkable;* (melkoinen) *considerable;* (etevä) *prominent, outstanding; distinguished*
huomauttaa *remark; point out*
huomautus *comment, remark*
huomen: hyvää ~ta! *good morning!* ~ aamuna *tomorrow morning*
huomenna *tomorrow*
huomio *attention;* (havainto) *observation;* ~n arvoinen *worth noticing;* ottaa ~on *take into consideration;* jättää ~on ottamatta *ignore, disregard;* herättää ~ta *arouse attention;* kiinnittää ~ta jhk *pay (t. give) attention to*
huomioida *take into consideration (into account)*
huomioitsija, huomioija *observer, commentator*
huomiokyky *power of observation*
huomiotaherättävä *conspicuous striking*
huone *room*
huoneisto *flat,* (kahdessa tasossa) *maisonette;* Am. *apartment*
huonekalu *piece of furniture;* ~t *furniture*

huono *bad; poor;* ~mpi *worse*
(laadultaan) *inferior (to* kuin); ~in *worst, poorest;* ~ terveys *poor health, ill-health;* ~na, sairaana *in a serious condition*

huonokuuloinen *hard-of-hearing*

huonomaineinen ... *of bad reputation, notorious*

huonommuus *inferiority*

huonontaa *make worse, impair*

huonontua *get worse, deteriorate*

huonosti *badly, poorly, ill;* ~ kasvatettu *badly brought up*

huonovointinen *unwell, indisposed;* olen ~ *I don't feel well*

huopa *felt;* (-peite) *blanket*

huopahattu *felt hat*

huora *harlot, prostitute*

huosta: ~ssa *in the care of;* ottaa ~ansa *take charge of*

huotra *scabbard*

huovata *back water*

hupailu *comedy, farce*

hupaisa *amusing, jolly*

hupakko *scatter-brained (girl)*

huppu(kaulus) *hood*

hupsu *foolish, silly*

hurja *wild; ferocious, violent;* (rohkea) *foolhardy, reckless*

hurjapää *madcap*

hurjastella *lead a wild life*

hurjistua *become furious*

hurma *fascination*

hurmaava *charming*

hurmata *charm, fascinate*

hurmaus *charm, enchantment*

hurmio *ecstasy*

hurskas *pious, devout*

hurskaus *piety*

hutiloi|da *do carelessly, scamp,* -tu *slipshod*

hutilus *careless fellow*

huudahdus *exclamation*

huudahtaa *exclaim, call out*

huuh|della, -toa *rinse;* (meriym) *wash;* (suihkulla) *flush*

huuhkaja *eagle-owl*

huuhtelu *rinsing, rinse;* (lääk.) *irrigation*

huuhtoa ks. huuhdella; ~ kultaa *pan for gold*

huuli *lip;* (sutkautus) *quip, witticism, joke;* heittää huulta *crack a joke*

huuliharppu *mouth-organ*

huuliparta *moustache*

huulipuikko, -puna *lipstick*

huuma *ecstasy (of joy* riemun)

huum|ata *stun, stupefy;* (urh. ym) *dope;* -aantunut (m) *dazed*

huumaus *stupor, stupefaction;* (lääk.) *light anesthesia*

huumausaine *drug,* sl. *dope;* ~en käyttäjä *drug-addict;* ~en vaikutuksen alaisena *under the influence of drugs.* (»pilvessä») *high (on pot etc)* (urheilija, hevonen) *doped*

huumori *humour*

huumorintaju *sense of humour*

huurre *white frost, hoarfrost*

huurteinen *rimed with frost*

huuru *vapour, steam*

huutaa *call (out), shout;* apua *call for help*

huuto *shout, cry, call;* (kirkaisu) *yell;* (huutokaupassa) *bid;* viimeistä huutoa *the latest craze*

huuto|kauppa *auction;* myydä -kaupassa *sell by auction*

huutomatka; ~n päässä *within call*

huutomerkki *exclamation mark*

huvi *fun, pleasure;* ~n vuoksi *for fun*

huvila *villa, cottage,* (yksikerroks.) *bungalow*

huvinäytelmä *comedy*

huvipuisto *amusement park*

huvipursi *luxury yacht*

huviretkeilijä *excursionist*

huviretki *excursion*

huvitel|la *amuse o.s.; celebrate*

huvittaa *amuse, entertain;* minua huvitti *I was (very) much amused (at* t. by)

huvittelu: ~nhaluinen *pleasure-loving*

huvitus *amusement, entertainment*

hyasintti *hyacinth*

hyeena *hyena*

hygieeninen *hygienic*

hylje *seal*

hylkiä *reject*

hylkiö: yhteiskunnan ~ *outcast; drop-out*

hylky (mer.) *wreck*

hylkytavarat *waste, defective goods*

hylly *shelf;* ~kkö, ~t *shelves*

hylsy *cartridge*

hylätä reject; (jättää) forsake, leave, abandon; (tarjous ym) decline
hymy, -illä smile
hypistellä finger (at jtk)
hyppiä jump, hop
hyppy jump; uima~ dive
hyppyri take-off (board)
hyppyrimäki ski jump
hyppysellinen a pinch (of ...)
hypätä jump, leap, spring; (esim sivun yli) skip
hyrrä top
hyrsky surge, spray
hyräillä hum
hyssyttää hush; (uneen) lull
hysteerinen hysterical
hytistä shiver (with cold)
hytti cabin; ~paikka berth
hytty|nen mosquito (pl ~es), gnat; -sen purema mosquito bite
hyttysverkko mosquito net
hyve virtue
hyveellinen virtuous
hyvin well; (sangen) very; ~ paljon a great deal, lots of; ~ moni a great many; ~ hoidettu well cared for, well-kept (esim puisto) neatly kept
hyvinvointi (aineellinen) prosperity; well-being; ~valtio welfare state
hyvinvoipa prosperous well-to-do
hyvittää make up (to sb. for ...), make good; compensate (for); (tiliä) credit (sb.'s account with)
hyvitys compensation; recompense
hyvyys goodness, kindness
hyvä good; kind; (etu) benefit, good; ole, olkaa hyvä ... please, (open the door!) (annettaessa) here you are; ei oikein ~ä (How are you?) Not too well, I am afraid; pidä ~näsi you are welcome! hyvillään pleased; jkn -ksi for ..., for the benefit of ...; ~ä uutta vuotta Happy New Year! ~ä matkaa (I wish you) a pleasant journey! tarkoittaa ~ä mean well; ~ työ good deed, (palvelus) a good turn
hyväillä caress, fondle

hyväily caress(es)
hyväksikäyttö utilization
hyväksyminen approval
hyväksyä approve (of), (kutsu, vekseli) accept; (tutkinnossa) pass
hyväluontoinen sweet-tempered
hyvämaineinen ... of good repute
hyvänahkainen good-natured
hyvänen: ~ aika! my goodness! good heavens!
hyvänhajuinen sweet-scented, fragrant
hyvänlaatuinen benign
hyvänmakuinen palatable, tasty; on ~ tastes good
hyvän|suopa, -tahtoinen benevolent
hyvänsä: mitä ~ anything; mitä ~ hän tekee ... whatever he does ...
hyväntahtoi|nen kind, well-meaning; -sesti kindly
hyväntahtoisuus benevolence; goodwill
hyväntekeväisyys charity
hyväntekijä benefactor
hyvästellä take leave of ...
hyvästi good-bye, (bye)bye
hyvästijättö parting, farewell
hyväsydäminen kind-hearted
hyytelö jelly
hyytyä congeal, (veri) coagulate clot; (hyytelö) set
hyödyke commodity
hyödyllinen useful
hyödy|ttää be of use (to); se ei -ttäisi it would serve no purpose
hyödyttömyys uselessness
hyödytön useless, ... of no use (t. avail)
hyökkäys attack, (maahan) invasion, (-retki) raid
hyökkäysvaunu ks. panssari-
hyökyaalto breaker, roller
hyökkääjä aggressor; (urh.) forward
hyökätä attack, (maahan-) invade; ~ jkn kimppuun (m.) assault; fall upon; poliisit hyökkäsivät mielenosoittajien kimppuun the police charged the demonstrators; hyökkäävä aggressive
hyönteinen insect
hyöri|nä, -ä bustle

hyöty *use(fulness); benefit;* (voitto) *profit;* olla hyödyksi *be useful* (t. *helpful); siitä ei ole ~ä it is (of) no use, it is no good*

hyötyä *profit, benefit (by), derive benefit (from)*

hyötää *force*

hädin *tuskin narrowly, just;* hän ~ pelastui *he had a narrow* (t. *hairbreadth) escape*

hädissään *alarmed*

hädänalainen *destitute;* ~ asema *distress*

häijy *bad, malicious,* (lapsi) *naughty*

häikäilemätön *unscrupulous;* on ~ *has no scruples*

häikäis|tä *dazzle;* -evä *dazzling*

häilyä *swing; waver*

häipyä *vanish,* (rad., elok.) *fade (out);* sl. *push off*

häiri|tä *disturb, interfere with, hamper;* (rad.) *jam;* -tsevä *disturbing*

häiriö *disturbance;* (rad). *interference, atmospherics;* (tekn.) *breakdown, trouble,* (esim. liikenne-) *disruption*

häkki *cage*

häkä *carbon monoxide*

hälinä *noise, clamour, hubbub; fuss*

hälistä *make a noise*

hälvetä *be dispelled clear; fade away*

häly *commotion;* siitä nousi ~ *it created a sensation*

häly|ttää *give the alarm, alert (the police);* -ttävä *alarming*

hälyty|s *alarm, alert;* ~ annettiin kello 10 *the alarm was sounded at 10;* he saivat -ksen kello 10 *they received the alert at 10;* väärä ~ *false alarm*

hälytystila *alert*

hämilleen: saattaa ~ *embarrass*

hämillään: olla ~ *be embarrassed;* ~olo *embarrassment*

hämmennys *bewilderment, perplexity*

hämmentyä *be(come) confused* (t. *bewildered*)

hämmentää *mix, stir;* (kuv.) *upset; confuse*

hämminki *confusion, disorder*

hämmästys *surprise, astonishment*

hämmästyttävä *surprising*

hämmästyttää *surprise, astonish,* (suuresti) *amaze*

hämmästyä *be astonished (surprised, amazed)*

hämy *twilight,* (ilta-) *dusk*

hämähäk|ki *spider;* -in seitti *cobweb*

hämärtää *grow dusky*

hämärä *dim, dark;* (kuv.) *obscure vague;* vrt. hämy; ~sokeus *night blindness*

hämä|tä, -ys *bluff*

hän *he,* (fem) *she;* hänen *his, her;* hänelle *to him (her);* annoin hänelle kirjan *I gave him a book;* häneltä *from him (her);* hänestä *about him (her)*

hännystakki *swallow-tailed coat tails*

hännystellä *fawn on*

häntä *tail*

häpeä *shame;* olla ~ksi *be a disgrace to, bring discredit on;* olla häpeissään *be ashamed be abashed*

häpeällinen *shameful, disgraceful*

häpeämätön *unashamed, shameless, brazen*

häpeäpilkku *stain, taint, disgrace*

häpäistä *disgrace, dishonour* (pyhää) *profane*

härkä *ox* (pl *oxen*)

härkäpäinen *pig-headed*

härkätaistelu *bull-fight*

härnätä *tease, chaff*

hätähätää *hastily*

häti|köidä *be in (too great) a hurry;* -köity *over-hasty, slipshod (work)*

hätistää *chase (away) shoo*

hätkähtää *(give a) start*

hätyytellä (esim. tyttöjä) *molest*

hätyyttää *harass, worry*

hätä *distress, anxiety;* (kiire) *hurry;* hädän tullen *in the hour of need;* mikä ~nä? *what's wrong? what's the trouble?*

hätähuuto *cry of distress*

hätä|illä *act rashly;* (tuskailla) *be anxious;* en halua ~ *I*

won't be rushed; älä ~ile!
don't worry!
hätäilemätön *composed*
hätäinen *hasty hurried*
hätäjarru *emergency brake*
hätätilassa *in case of emergency,
in an emergency*
hätävalhe *white lie, fib*
hätävara *makeshift*
hätävarjelus *self-defence*
hätään|tyä *become alarmed;*
(kuljettaja) -tyi *lost his (her)
head*
häveliäs *modest, diffident*
hävettää: minua ~ *I feel
ashamed*
hävetä *be ashamed (of)*
hävittäjä *destroyer,* (lentok.)
fighter
hävittää *destroy;* (autioksi) *lay
... waste, devastate;* (juuri-
neen) *eradicate*
hävitys *destruction, devastation,
ruin*
hävitä *disappear, vanish;* (pelissä
ym) *lose;* (kaupassa, m.) *incur*
(t. *sustain) a loss*
häviämätön *indelible, inefface-
able, imperishable*
häviö *ruin; destruction;* (kukis-
tuminen *(down)fall;* (tappio)
loss, (taistelussa) *defeat;*
joutua ~lle *lose*
hävyttömyys *insolence*
hävytön *insolent, impudent*
häväistys *dishonour;* (loukkaus)
insult; (pyhän) *blasphemy,
profanation*

häämatka *wedding trip*
häämöttää *loom, be dimly
visible*
häät *wedding;* häissä *at a w.*
häätää *evict*
häätö *eviction*
hökkeli *hovel, shack*
hölkkä, juosta ~ä *trot*
höllentää *slacken, loosen*
höllä *loose, slack;* (kuv. m.) *lax*
hölmistyä *be amazed* (t. *dumb-
founded)*
hölmö *(silly) fool,* (kuv. m.)
idiot
hölynpöly *nonsense*
höperö *muddled (in the head)
cracked (up),* (vanhuuttaan,
m.) *senile*
höpistä *mumble, prattle;* älä
höpise *don't be silly!*
höristää *prick up (one's ears)*
höyhen *feather*
höyhenpeite *plumage*
höyhentää (kuv.) *give ... a good
licking*
höyhentöyhtö *plume*
höylä *plane*
höyläpenkki *carpenter's bench*
höylätä *plane, dress*
höyry *steam, vapour*
höyrykaappi *vapour bath*
höyrykattila *boiler*
höyrykone *steam engine*
höyrylaiva *steamship, steamer*
höyrytä *steam*
höyste *seasoning, flavouring*
höystää *season spice* (m. kuv.)

I

iankaikkinen *eternal*
iankaikkisuus *eternity*
ideologinen *ideological*
idyllinen *idyllic*
ies *yoke*
ihailija *admirer,* (filmitähden
ym) *fan*
ihailijaposti *fan mail*
ihailla *admire*
ihailtava *admirable*
ihailu *admiration*
ihan *perfectly, entirely,* (aivan)
quite

ihana *love y, delightful*
ihanne *ideal*
ihannoida *idealize*
ihanteellinen *ideal;* (aatteelli-
nen) *idealistic*
ihanteellisuus *idealism*
ihanuus *loveliness*
ihastua *be charmed with, take
a fancy to, take to, be taken
with, get stuck on*
ihastu|s *delight, enchantment;*
(hullaantuminen) *infatuation*

ihastuttaa *delight*
ihastuttava *charming*
ihme *wonder, marvel;* (-työ)
miracle; ~ekseni *to my
astonishment;* ei ole ~ että
(it is) no wonder that; ~en
hyvin *extremely* (t. *remark-
ably) well;* mitä ~essä *what
on earth ...?*
ihmeelli|nen *wonderful, marvel-
lous;* -stä kyllä *strangely
enough;* ei ole -stä *it's no
wonder (that)*
ihmelapsi *infant prodigy*
ihmetellä *wonder, marvel (at)*
ihmeteltävä *astonishing, sur-
prising*
ihmettely *astonishment*
ihmetyttää *astonish, surprise*
ihmi|nen *man, human being,*
(henkilö) *person;* -set *people;*
kaikkien -sten on kuoltava
all men must die; ~ on kuole-
vainen *man is mortal*
ihmisarka *shy, unsociable*
ihmiselämä *human life*
ihmisikä *lifetime*
ihmiskunta *mankind*
ihmisruumis *human body*
ihmissyöjä *cannibal*
ihmistuntija *judge of human
nature*
ihmisvihaaja *misanthrope*
ihmisystävä *philanthropist*
ihmisyys *humanity; humaneness*
iho *skin*
ihojauhe *powder*
ihomaali *make-up*
ihotautilääkäri *dermatologist*
ihottuma *eczema; rash, eruption*
ihra *(animal) fat*
iilimato *leech*
ikenet *gums*
iki-ihastunut *overjoyed*
ikiliikkuja *perpetual motion
machine*
ikimuistoinen *immemorial*
ikinen: joka ~ *every single
(one)*
ikinä: ei ~ *never;* kuka ~
whoever; en ~ni ole nähnyt
sellaista *never in my life have I
seen anything like that*
ikioma *very own*
ikipäivinä: ei ~ *never in the
world, not for the whole world
(would I ...)*

ikivanha *ancient*
ikkuna *window*
ikkunalauta *window ledge, w.-
sill*
ikkunaluukku *shutter*
ikkunaruutu *window-pane*
ikkunaverho *curtain*
ikoni *icon*
ikui|nen *eternal, everlasting;*
-sesti *for ever*
ikuistaa *perpetuate*
ikuisuus *eternity*
ikä *age;* (elin-) *lifetime;* 20
vuoden iässä *at the age of 20;*
koko ~nsä *all his life*
iäksi *for life, for ever*
ikäinen: minkä ~ ... *what age
(is he)?* 40 vuoden ~ (attr)
40-year-old, (a man) of 40
aged 40, *(he is) 40 years
of age*
ikäkausi *period of life*
ikäloppu *aged, decrepit*
ikäluokka *age class*
ikävystyttää *bore*
ikävystyä *get bored,* (jhk) *get
tired* (t. *weary) of*
ikävlyys *tediousness;* -yydet
troubles, difficulties
ikävä a *tedious;* dull, *uninter-
esting;* (epämieluisa) *unpleas-
ant;* s *tedium; boredom;* onko
sinun häntä ~? *do you miss
him?* ~kseni ... *I regret (I am
sorry) to ...;* ~ kyllä *unfortu-
nately,* (... en voi) *Sorry, but I
can't;* kuinka ~ä! *what a pity!*
ikävöidä *long (for); miss*
ikäänkuin *as if*
ikääntynyt *elderly, of advanced
age*
ilahdutt|aa *gladden, cheer (up);*
minua ~ *I am delighted* (t.
pleased); -ava *pleasing, joyful*
iljanne *sheet of ice*
ilje|ttää *fill with disgust;* -ttävä
nauseous, sickening
iljetä *have the impudence to*
ilkamoi|da *make fun;* -va
facetious, (pilkkaava) *flippant*
ilkeys *wickedness, malice*
ilkeä *bad, wicked, evil; malicious*
ilkialaston *stark naked*
ilkityö *outrage*
ilkivalta *mischief*
ilkiö *rascal, villain*
ilkkua *scoff, jeer (at)*

illallinen *supper*
illanvietto *evening entertainment, social evening*
illastaa *have supper*
ilma *air;* (sää) *weather;* minkälainen ~ on? *what's the weather like;* on kaunis ~ *it is fine*
ilmaantua *appear*
ilmahyökkäys *air-raid*
ilmahälytys *air-raid alarm, alert*
ilmailu *aviation*
ilmai|nen *free (of charge);* -seksi (m.) *for nothing, gratuitously*
ilmaisin *indicator; detector*
ilmaista *express; reveal, disclose;* (osoittaa) *show*
ilmaisu *manifestation expression*
ilmajohto *aerial wire; air conduction*
ilmakehä *atmosphere*
ilmakirje *air letter*
ilmakivääri *air-gun*
ilmakuoppa *air pocket*
ilmalaiva *airship*
ilman *without;* olla ~ jtk *go without;* tulla toimeen ~ *do without;* ~ muuta *without any more ado,* arkik. *just like that;* ~ sinun apuasi olisin epäonnistunut *but for your help I should have failed*
ilmanala *climate*
ilmankostutin *humidifier*
ilmanpaine *atmospheric pressure*
ilmanpitävä *air-tight*
ilmansuunta *point of the compass*
ilmapallo *balloon*
ilmapuntari *barometer*
ilmapuolustus *air defence*
ilmarata *elevated railway*
ilmarosvous *hijacking of planes, air piracy*
ilmasilta *air lift*
ilmasota *aerial warfare*
ilmasto *climate*
ilmastoitu *air-conditioned*
ilmastollinen *climatic*
ilmatorjuntatykki *anti-aircraft gun*
ilmaus *expression*
ilmava *airy*
ilmavalokuva *aerial photograph*
ilmavoimat *air force*
ilme *expression*

ilmeetön *expressionless*
ilmeikäs *expressive*
ilmei|nen *obvious, evident;* -sesti *obviously, evidently, clearly*
ilmenemismuoto *manifestation*
ilmentää *express, give expression to ...*
ilmestyminen *appearance; publication*
ilmestys *revelation,* (näky) *vision*
ilmestyä *appear; be published*
ilmetty: ~ (isänsä) *the very image of ..., a chip off the old block*
ilmetä *appear; turn up, emerge;* siitä ilmenee että *from this it is apparent that ...*
ilmi: tulla ~ *be brought to light, be discovered;* antaa ~ *inform (against);* kävi ~, että hän ... *he turned out to be ...;* ~sodassa *at open war;* ~ liekissä *all ablaze*
ilmiantaja *informer*
ilmiö *phenomenon*
ilmiömäinen *phenomenal*
ilmoittaa *inform (sb. of), notify, let know, announce;* (sanomalehd.) *advertise*
ilmoittautua *report; enter (o.s.) for,* jhk
ilmoitus *advertisement;* (virallinen) *announcement; notice;* (tieto) *information*
ilmoitustaulu *notice-board;* vrt. mainos-
ilo *joy, delight, pleasure;* ~sta *for* (t. *with) joy*
iloinen *glad (of ..., to ...) cheerful, gay*
iloisuus *cheerfulness, gaiety*
iloita *be glad, rejoice*
ilomielin *with pleasure*
ilosanoma *good news*
ilostua *become delighted*
ilotulitus *fireworks*
ilta *evening;* illalla *in the e.;* hyvä ~a! *good e.!* tänä ~na *tonight;* eilis~na *yesterday e. last night*
iltahämärä *twilight*
iltaisin *in the evening(s)*
iltajuna *night train*
iltapuku *evening dress*
iltapäivä *afternoon*
iltarukous *evening prayer*
iltarusko *sunset glow*

ilve *antics, prank*
ilveilijä *jester, clown*
ilveillä *jest, make fun* (t *a fool*) *of*
ilves *lynx, bob-cat*
imarrella *flatter*
imartelu *flattery*
imelä *sweet* (m. kuv.) *sugary*
imettäjä *wet nurse*
imettäväinen ks. nisäkäs
imettää *breast-feed, suckle*
imeväinen *infant, suckling*
imeytyä *be absorbed*
imeä *suck* (itseensä) *take up, absorb*
impi *maid(en), virgin*
imu *suction*
imuke *mouthpiece, (cigar-) holder*
imupaperi *blotting-paper*
imupilli *drinking straw*
imuri *blotter,* (pölyn) *vacuum cleaner*
imuroida *vacuum*
inflaatio *inflation;* ~kierre *the inflationary spiral*
indeksi *index*
influenssa *influenza, »flu»*
informoida *inform (sb.), give ... information (on, about)*
inhimillinen *human,* (ihmisystä-vällinen) *humane*
inho *disgust, loathing*
inho|ta *feel a loathing (for), abhor, loathe;* -ttava *disgusting, loathsome, detestable*
inkivääri *ginger*
innoitt|aa *inspire, inspirit;* -unut *inspired*
innoitus *inspiration*
innokas *eager, enthusiastic, keen*
innostu|a *get enthusiastic;* -nut *enthusiastic, (very) interested (in)*
innostus *enthusiasm (for)*
insinööri *engineer, graduate in engineering*
intendentti* (museon) *curator*
internaatti(koulu) *boarding school*
Intia *India*
intialainen *Indian*
intiaani *American* (t. *Red*) *Indian*
into *eagerness, enthusiasm, zeal*
intohimo *passion*
intohimoinen *passionate*

intoilija *enthusiast, zealot*
intoilla *be enthusiastic*
invalidi (sota-) *disabled soldier*
invaliditeetti *disability*
Irlanti *Ireland, Eire;* Pohjois-~ *Northern I.*
irlantilainen *Irish(man, -woman)*
irrallaan *loose;* tukka ~ (*with her hair) hanging down* (t. *around) .... brushed out*
irralleen: *loose;* päästää ~ *let l.;* (kytkyestä) *unleash*
irrallinen *loose; disconnected;* (erillinen) *detached*
irrottaa *loosen, unfasten;* (ote) *let go;* irrotettava *detachable, removable*
irrottautua *disengage o.s.*
irstailija *libertine*
irstailla *lead a loose* (t. *dissolute*) *life*
irtaimisto *movables, personal property*
irtautua *come loose*
irti *loose;* päästä ~ *become unfastened, work loose,* (va-paaksi) *get away;* päästää ~ *unfasten, let loose, let go* (one's *hold);* sanoa ~ *give notice*
irtokaulus *loose collar*
irtolainen *vagrant; layabout*
irtolaisväestö *floating population*
irtonumero *single copy*
irtoripset *false lashes*
irvikuva *caricature*
irvistys *grimace*
irvistää *grin, make faces (at)*
iskelmä (*song) hit, pop tune;* ~ *laulaja pop singer*
iskevä (kuv.) *incisive*
iskeä *strike, hit (hard);* (maa-han) *knock down;* sl. (= tutus-tua) *pick up;* ~ päänsä seinään *bump one's head against the wall;* ~ yhteen *come to blows,* (autot) *collide, crash (head on* nokat vastakkain), (mielipi-teet) *clash*
iskias *sciatica*
isku *blow;* raskas ~ (m.) *severe shock*
iskujoukko *shock troop(s)*
iskunvaimennin *shock absorber*
iskulause *slogan, catchword*

Islanti *Iceland;* **i-lainen** *Icelandic,* **s** *Icelander*
iso *big, large;* ~ **kirjain** *capital;* Iso-Britannia *Great Britain*
isonlainen *rather big*
isoisä *grandfather*
isorokko *smallpox*
isotäti *great-aunt*
isovarvas *big toe*
isoäiti *grandmother*
israelilainen *Israeli,* (raam.) *Israelite*
istua *sit;* (puku) istuu hyvin *is a good fit*
istualleen: nousta ~ *sit up*
istuin *seat*
istukas *cutting, slip*
istukka *placenta*
istumalakko *sit-down strike*
istumapaikka *seat;* -ssa on ... ~a ... *will seat ... people*
istumatyö *sedentary work*
istunto *session;* ~kausi *term*
istuttaa *plant*
istutus *planting;* (sokeri- ym) *plantation*
istuutua *sit down, take a seat*
isyys *paternity*
isä *father;* (isi) *dad(dy)*
isällinen *fatherly*
isämeidän *the Lord's Prayer*
isänmaa *native country*
isänmaallinen *patriotic*
isänmaanrakkaus *patriotism*
isänmaanystävä *patriot*
isännistö (laivan) *shipowners*
isännöitsijä *(general) manager*
isäntä *master,* (vieraitten) *host;* (vuokra-) *landlord*
isäntäväki *master and mistress; host and hostess*
isäpuoli *stepfather*
isätön *fatherless*
isäukko *dad, the old man*
Italia *Italy;* i~ (kieli) *Italian*
italialainen *Italian*
itara *stingy, niggardly*
itikka *insect*
itiö *spore*
itkettää: minua ~ *I feel like crying*
itkeä *cry, weep;* ~ ilosta *weep for joy*
itku *crying, weeping;* ~silmin *with tearful eyes*
itse *myself, yourself, himself*

jne; minä ~ *I myself;* he näkivät sen ~ *they saw it themselves;* ~ puolestani ... *I for my part ...;* ~ kukin *each one;* en saanut heitä uskomaan ~äni *I couldn't get them to believe me*
itsehallinto *self-government, autonomy*
itsehillintä *self-control*
itsekeskeinen *self-centred*
itsekseen *by oneself;* itsekseni *by myself;* hän puhuu ~ *he speaks to himself*
itsekkyys *selfishness, egotism*
itsekunnioitus *self-respect*
itsekäs *selfish*
itseluottamus *self-confidence*
itsemurha *suicide;* tehdä ~ *commit s.*
itsensä elättävä *self-supporting*
itsenäinen *independent; autonomous*
itsenäisyys *independence*
itseoppinut *self-educated*
itsepalvelu *self-service*
itsepetos *self-deception*
itsepintainen *stubborn, persistent*
itsepuolustus *self-defence*
itsepäinen *stubborn, obstinate, headstrong*
itsepäisyys *stubbornness, obstinacy*
itserakas *conceited*
itserakkaus *conceit*
itsestään *of itself, spontaneously;* ~ selvä *self-evident* (asia) *a matter of course*
itsesuggestio *autosuggestion*
itsesuojeluvaisto *instinct of self-preservation*
itsesytytys *spontaneous combustion*
itsetietoinen *self-assertive*
itsetoimiva *automatic*
itsevaltias *autocrat*
itsevarma *self-confident, self-assured*
itu *shoot, sprout*
itä *east;* idästä *from the e.* (aurinko nousee) *in the e.;* ~än (päin) *to the e. (of)*
itäinen *east(ern)*
itämaat *the East* (t. **Orient**)
itämainen *Oriental*

Itämeri *the Baltic*
itämisaika (taudin) *incubation period*
itätuuli *east(erly) wind*
Itävalta *Austria*
itävaltalainen *Austrian*

itää *germinate, sprout*
iva *mockery, derision; irony*
ivallinen *mocking, sarcastic*
ivata *scoff, jeer (at)*
iäkäs *aged, old, advanced in age*
iäti *for ever, eternally*

J

ja *and*
jaaritella *talk nonsense*
jaaritus *idle talk*
jae *verse*
jaettava *dividend*
jakaa *divide (by jllak), (jaella) distribute; share (with jkn kanssa); portion out; (kortit) deal; (posti) deliver*
jakaja (mat.) *divisor*
jakaus *parting*
jakautua *divide, fall (into ...)*
jakautuma *distribution*
jakelu *distribution, (postin) delivery*
jakkara *footstool*
jakku *jacket*
jako *division, distribution*
jakoavain *adjustable spanner, monkey-wrench*
jakolasku *division*
jakomielitauti *schizophrenia*
jaksa|a *have strength enough to, be able to;* en j. tehdä sitä *it is too much for me, I can't manage it;* en j. enempää (ruokaa) *I can't manage any more;* kuinka -tte? *how are you?*
jakso *series,* (ajan) *period,* (kierto) *cycle;* yhteen ~on *in succession, at a stretch*
jalankulkija *pedestrian*
jalankulkutunneli *subway*
jalanrinta *instep*
jalansija *footing, foothold;* saada ~(a) *gain a foothold*
jalas (reen) *runner,* (keinutuolin) *rocker,* (lentok.) *skid*
jalava *elm*
jalk|a *foot* (pl *feet*) ; *leg;* panna kengät -aansa *put on one's shoes;* -aisin *on foot;* -ojen hoito *pedicure*

jalkakäytävä *pavement,* Am. *sidewalk*
jalkalamppu *standard lamp*
jalkamatka *walking tour, hike*
jalkapallo, -ilu *football;* ~ottelu *football match*
jalkapohja *sole*
jalka|väki *infantry;* -väensotilas *infantryman*
jalkeilla: olla ~ *be up (and about)*
jalkine *shoe;* ~et *footwear*
jalo *noble, high-minded*
jaloitella *take a walk*
jalokivi *jewel, precious stone gem*
jalomielinen *magnanimous, generous*
jalomielisyys *generosity*
jalopeura *lion*
jalopuu *hardwood(s)*
jalostaa (kuv.) *ennoble,* (kasv.) *cultivate;* (rotua) *breed;* improve; (tekn.) *work up, process refine*
jalostus *refining, working up;* ~laitos *manufacturing plant*
jalosukuinen ... *of noble family*
jalous *nobleness*
jalusta *stand, pedestal; base*
jalustin *stirrup*
jankuttaa *harp on (the same string)* (nalkuttaa) *nag*
jannu sl *bloke*
jano *thirst;* minun on ~ *I am thirsty*
janoinen *thirsty*
janota *thirst (for)*
janottaa: minua janotti *I felt thirsty*
jaollinen *divisible*
Japani *Japan;* j~ (kieli) *Japanese*
japanilainen *Japanese*
jarru *brake*

jarruraketti *retro-rocket*

jarruttaa *brake, put on the b.,* (kuv.) *obstruct*

jarruvalo *stop light*

jatkaa *continue, go on;* (pidentää) *extend;* ~ *lukemista read on go on reading;* hän jatkoi *he went on* (to say ... *he continued* (by saying ...)

jatke *extension*

jatko *continuation;* (kirjan) *sequel;* ~aika *extension,* (urh.) *extra time*

jatkokertomus *serial story*

jatkokurssi *follow-up course*

jatkos *lengthening piece; extension;* (liitos) *joint, seam*

jatkua *be continued, continue, go on*

jatkuva *continued continual,* (keskeytymätön) *continuous;* (pysyvä) *constant*

jatkuvasti *continually*

jauhaa *grind*

jauhatus *milling;* hieno ~ (kahvin) *drip grind*

jauhe *powder*

jauho(t) *flour,* (karkea) *meal*

jauhoinen *mealy*

jo *already;* ~ silloin *as early as that;* ~ lapsena *even as a child;* ~ vuonna 1950 *as early as 1950;* tiesin ~ *I already knew ...;* vrt. joko

jodi *iodine;* ~suola *iodized salt*

jogurtti *yoghourt*

johan: ~ olette tavanneet *you have met before, haven't you?* ~ nyt *nonsense!* ~ nyt jota-kin! *you don't say so! really!*

johdannainen *derivative*

johdanto *introduction*

johdattaa *lead, conduct,* (opastaa) *guide;* ~ mieleen *suggest* (to a p.)

johdatus *introduction; guidance*

johdin *wire;* (kiel.) *suffix*

johdinauto *trolley bus*

johdonmukai|nen *consistent;* -sesti *logically*

johdonmukaisuus *consistency*

johdosta *in consequence of, on account of, because of, owing to;* sen ~ m. *therefore,* onnitteluni jnk ~ *my good wishes*

---

on the occasion of *(your birthday, your wedding)*

johtaa *lead;* (fys., mus.) *conduct* (ohjata) *direct;* (liikettä ym) *manage;* (kiel. ym) *derive;* (sukujuuret) *trace one's family back to;* (toisaalle) *divert;* ... ~ 10 metrillä *is leading by 10 metres*

johtaja *manager; leader;* (koulun) *head(master)*

johtajatar *manageress,* (koulun) *head(mistress),* (sairaalan) *matron*

johtava *leading;* (asema m.) *managerial*

johto *leadership;* (vesi- ym) *pipe,* (puhelin- ym) *line,* (sähkö-) *wire; cord, flex;* olla johdossa (urh.) *lead, head; be in charge (of affairs)*

johtoaate *guiding principle*

johtohenkilöt (firman) *executives*

johtokunta *board of management, trustees,* (yhdistyksen) *executive committee*

johtolanka (kuv.) *clue*

johtopäätös *conclusion;* tehdä ~ *reach* (t. *draw*) *a c.;* vrt päätellä

johtu|a *be caused by, arise from; follow from; be due to;* mieleeni -i *it occurred to me;* (sana) -u ...sta *is derived* (t. *comes*) *from;* ~iko se siitä että *was it because ...*

joka *who, which; that:* ~ kerran kun tapasimme *each time we met;* ~ paikassa *everywhere;* ~ toinen *every other every two* (years, vuosi); ~ tapauksessa *in any case, at any rate;* ne, jotka *those who;* kirjat, jotka annoit *the books* (that) *you gave me;* ~ elää *he who lives* (will see)

jokainen *every* (one), *each*

jokapäiväinen *everyday; daily*

jokavuotinen *yearly, annual*

jokeltaa *babble*

joki *river;* joen varrella: *on the r.;* (rannalla) *by the r.;* jokea alas *down the r., downstream*

jokin *some, any;* jotakin *something;* ~ päivä sitten *a day*

or two ago; jonakin päivänä *some day (or other)*
joko: ~ olet lounastanut? *have you had lunch already?* ~ posti on tullut *has the postman already been?*
joko — tai *either* — *or*
jokseenkin *fairly*
joku *some, some|body, -one;* tietääkö ~ *does anyone know?* vrt. kukaan, ketään; jotkut heistä *some of them;* jotkut sanovat *some (people) say*
jollainen *such as*
jolloin *when*
jolti|nen: -sella varmuudella *with reasonable certainty*
jomotus *dull pain*
jompikumpi *either*
jonka (pl joiden) *whose;* mies ~ kanssa (äsken) puhuit *the man you were speaking to*
jonkinlainen *some kind* (t. *sort) of; ... of a sort*
jonkin verran *somewhat, to some extent*
jonne *where;* ~kin *somewhere*
jono *line, queue;* (sot.) *rank,* (pari-) *file;* (vuori-) *range*
jonottaa *queue (up),* Am. *line up*
jopa ~
Jordania *Jordan;* j-lainen *Jordanian*
jos *if, in case, provided that;* ~ jotakin *all sorts of things;* ~ kohta *even if;* ~ hän tulisi, kertoisin hänelle *if he came, I would tell him*
joskin *even though*
joskus *sometimes, at times*
jospa: ~ tietäisin *if only I knew;* ~ hän tulisi pian *if only she would come soon!*
jossa *where*
jossakin *somewhere*
josta *about which;* asia ~ soitin *the matter I telephoned about*
jota: onko tuo kirja ~ tarkoitat *is that the book you mean?* ~ vastoin *whereas*
joten *(and) so, and thus*
jotenkin *fairly, rather;* ~ sama *much the same*
jotenkuten *somehow (or other)*
jotka ks. joka

jotta *in order that, so that;* ~ oppisi(n) ... *in order to learn ...;* ~ saisin *so as to get*
jottei *so as not to ...*
jouduttaa *hasten; speed up,* (askelia) *quicken*
jouhi (*horse-)hair*
joukko *crowd, mass;* (sot.) *troop, force; a number of* (people, ihmisiä); jnk joukossa *among;* koko joukon *a great deal, considerably, much, far* (better, parempi); suurin joukoin *in great numbers*
joukko-osasto *unit*
joukkotiedotusvälineet *mass media*
joukkotuotanto *mass production*
joukkue *team;* (sot.) *platoon;* (rikos- ym) *band, gang*
joulu *Christmas;* ~na *at C.;* hauskaa ~a! *Merry C!* missä vietät ~a *where are you going to spend C.?*
jouluaatto *Christmas Eve*
joulukuu *December*
joulukuusi *Christmas tree*
joululahja *Christmas present*
joululoma *Christmas holiday*
joulupukki *Santa Claus, Father Christmas*
joulupäivä *Christmas Day,* (toinen) *Boxing Day*
jousi *bow;* (joustin) *spring;* jouset (mus.) *strings*
jousiammunta *archery*
jousimies *archer*
jousiorkesteri *string orchestra*
jousipatja *spring mattress*
joustava *elastic,* (m. kuv.) *flexible*
joustavuus *elasticity, resilience; flexibility*
joustin *spring*
joutaa *have* (t. *find) time;* joudatko ... *can you spare the time to ...*
joutava *idle, useless;* ~ puhe *idle* (t. *empty) talk*
joutilaisuus *inactivity*
joutilas *free, disengaged, at leisure*
joutoaika *leisure, spare time*
joutokäynti ks. tyhjä-
joutsen *swan*
joutu|la *get into (difficulties trouble), be involved in (war);*

fall to, jklle; (kiirehtiä) make haste; ~ epäkuntoon get out of working order; ~ epätoivoon be filled with despair; mihin hän on -nut what has become of him?
joutuisa quick
Jugoslavia Yugoslavia
juhannus Midsummer
juhla festival celebration; ~t m. party
juhla-ateria banquet
juhlakulkue procession
juhlallinen solemn
juhlallisuus festivity
juhlamenot ceremonies
juhlanäytäntö gala performance
juhlapuku full (evening) dress
juhlasali great hall; (esim. koulun) assembly hall
juhlatilaisuus festive occasion
juhlavalaistus illumination, (julkisivun) flood lighting
juhla celebrate
juhta beast of burden
julistaa declare; announce, proclaim; (oppia ym) preach; ~ tuomio pronounce sentence
juliste poster, placard, bill, sticker
julistus declaration, proclamation
juljeta have the impudence to
julkaista publish; announce
julkaisu publication
julkea impudent, insolent; kuinka ~a! what cheek!
julkeus impudence, effrontery
julki: lausua ~ express (publicly); tulla ~ be disclosed, become known
julkinen public
julkisivu front
julkistaa make ... public, make ... known; release
julkisuu|s publicity; -den valokeilassa in the full blaze of p.; saattaa -teen make public
julma cruel
julmistua become infuriated
julmuus cruelty
jumala god; J~n kiitos thank God!
jumalallinen divine
jumalaistaru myth
jumalankieltäjä atheist

jumalanpalvelus (divine) service
jumalanpelko fear of God
jumalanpilkka blasphemy
jumalatar goddess
jumalaton godless
jumaloida idolize, adore, worship
jumaluus divinity
jumaluusoppi theology; -opin tohtori Doctor of Divinity
jumaluusoppinut theologian
juna train; ~lla by train; nousta ~an get into (t. on) a train; poistua ~sta get out of (get off) a train
junailija (train) guard, Am conductor
junanmuutto change of train
juntta ram, pile-driver; (esim. sotilas-) junta
juoda drink; juomme teetä kello 4 we have tea at four; ... ratkesi juomaan took to drink
juoksennella run about
juokseva (virtaava) flowing; (nestemäinen) liquid, fluid; ~ tili current account; ~t asiat current matters, routine business; ~t menot running expenses
juoksija runner, (pika-) sprinter; (hevonen) trotter
juoksu run(ning); (elämän) course; ~jalkaa at a run
juoksuaika: -lla on ~ (the bitch) is in season, (she) has come on heat
juolahtaa: ~ jkn mieleen strike a p., occur to a p.
juoma drink, beverage
juomahimo addiction to drink
juomalasi drinking glass, (jalaton) tumbler
juomaraha tip; antaa ~a tip a p.; tässä on ~a this is for you
juomari drunkard, hard drinker
juomavesi drinking-water
juomingit (a) booze, (vanh.) spree; (kapakoissa) pub crawl
juoni plot (m. näytelmän) intrigue; punoa ~a plot
juonitella intrigue
juonittelija plotter, schemer
juonittelu plotting, intrigues
juontaa (ohjelma) compère; ~

alkunsa derive (its origin from)
juontaja compère; announcer
juopotella drink, (arkik.) booze
juoppo drinker, drunkard
juoppous drunkenness
juopu|a become intoxicated get drunk; -nut drunk
juopumus intoxication; drunkenness
juoru, -ta, -akka gossip
juosta run, (virrata) flow
juotava drinkable, fit to drink; jotakin ~a something to drink
juottaa water, (tekn.) solder
juottopaikka watering place
juova stripe, streak
juovikas striped
juovuksissa intoxicated; under the influence of drink
juovuttaa intoxicate
juovutusjuoma intoxicant
juro sullen, surly, unsociable
jurottaa sulk
jutella chat, talk
juttu story; (lak.) case; ikävä ~ a sad business; etusivun ~ front-page news; hieno ~ a fine thing!
juureton rootless
juur|i|s root; adv just; (vuoren) -ella at the foot of ...; hävittää ~neen destroy root and branch; ~ nyt right now; ~ sillä hetkellä at the very moment; riittää ~ ja ~ barely suffices; -ta jaksain in detail, thoroughly
juurikasvi (edible) root; ~t root crop
juurtu|a take (t. strike) root; syvälle -nut deeply rooted, deep-rooted
juusto cheese; ~kupu c. cover
juutalai|nen Jew(ish); -snainen Jewess; -svaino Jew-baiting
juuttua stick
jykevä sturdy; massive
jylhä wild, rugged
jylinä rumble
jymähdys boom, bang
jymäyttää (puijata) fool
jyri|nä, -stä thunder
jyrkkä steep; sharp; (ankara) strict, rigorous, radical
jyrkkäsanainen sharply worded
jyrkänne precipice

jyrsijä rodent
jyrsiä gnaw
jyrä (steam-)roller
jyrähdys peal (of thunder)
jyrätä roll
jyske noise, (jyminä) boom; (koneen) pounding, thud
jyskyttää pound (on the door ovea); (sydän) throb
jysähdys thud
jyvä grain, corn; päästä ~lle get wise (to)
jähme|ttyä solidify; become stiff (with cold, kylmästä); hän -ttyi kauhusta he was petrified, his blood ran cold
jähmeä solid
jäidenlähtö breaking up of (the) ice
jäinen icy
jäkälä lichen
jäljelle: jäädä ~ be left (over)
jäljellä left; ~ oleva(t) remaining the rest (of); ei ole mitään ~ there is nothing left
jäljen|nös, -tää copy; -nöksen oikeaksi todistavat certified by
jäljessä after, behind, (kello) slow
jäljettömiin leaving no trace
jäljitellä imitate
jäljitelmä imitation
jäljittää track trace
jälkeen after; jäädä ~ (muista) be left behind; sen ~ after that, then, (kun) after, since
jälkeenjääneisyys backwardness
jälkeenpäin afterwards, later
jälkeinen: jnk ~ subsequent to following ...; sodan~ postwar
jälkeläinen descendant
jälki trace, track; (merkki) mark; imprint; olla jäljillä be on the track of; seurata jkn ~ä track a p., (esim. isän) follow in ...'s footsteps
jälki-istunto: jäädä ~on be kept after school
jälkihoito after-care
jälkijoukko rear
jälkikirjoitus postscript
jälkimaailma posterity
jälkimmäinen latter; second
jälkinäytös (kuv.) sequel
jälkipainos reprint; ~ kielletään all rights reserved

jälkiruoka *sweet, dessert*
jälkisäädös *will*
jälkivaatimuksella *cash on de-livery (C.O.D.)*
jälkiviisaus *wisdom after the event*
jälleen *again; re-*
jälleenmyyjä *retailer*
jälleennäkeminen *meeting a-gain, reunion*
jälleenrakentaminen *recon-struction*
jänis *hare*
jäniskoira *beagle*
jänistää *funk; show the white feather*
jänne *tendon;* (jousen) *string*
jänneväli *span*
jännite *tension, voltage*
jänni|ttyä *tighten;* -ttynyt *tense, excited*
jänni|ttää *strain;* -ttävä *ex-citing, thrilling*
jännitys *tension*
jännäri *thriller, »whodunit»*
jäntevä *muscular*
järeä *rough;* (tykki) *heavy*
järistä *shake, quake; tremble*
järjellinen *reasonable, rational*
järjenvastainen *unreasonable*
järjestelmä *system*
järjestelmällinen *systematic*
järjestely *arrangement*
järjesty|s *order;* -ksessä *in o.;* panna -kseen *put in o.;* val-voa ~tä *keep* (t. *maintain) order*
järjestysluku *ordinal*
järjesty|jä: -nyt työväki *orga-nized labour*
järjestäytyä *organize;* (kokous) *come to order*
järjestää *put in order; settle,* Am. *fix; arrange, organize, stage (a demonstration),* (juh-lat) *throw a party*
järjestö *organization*
järjettömyys *unreason(able-ness), absurdity*
järje|tön *unreasonable; sense-less, absurd;* puhua -ttömiä *talk nonsense*
järkeillä *reason, argue*
järkevä *sensible, reasonable;* ~ *harkinta sober judgment*
järk|i *reason sense;* menettää -ensä *go out of one's mind;*

tulla -iinsä *come to one's sen-ses;* siinä ei ole mitään -eä *it doesn't make sense*
järkiperäinen *rational*
järkkymätön *immovable, stead-fast*
järkkyä *shake*
järkytt|ää* (mieltä) *agitate, up-set;* -ävä (m.) *shocking*
järkytys *shock*
järkähtämätön *unshaken, im-movable, firm*
järvi *lake;* on hauskaa olla jär-vellä *it's fun being out in a boat*
jäsen *limb;* (kuv.) *member*
jäsen|kortti (-maksu) *member-ship card (fee)*
jäsentää *analyse;* (puhe ym) *outline*
jäsenyys *membership*
jäte *remnant;* vrt. jätteet
jätehuolto *refuse disposal*
jätetuote *waste product*
jätkä *lumberjack,* (kulkija) *loafer*
jätteet *refuse, rubbish,* Am. *garbage;* (tehtaan ym) *waste(s);* (ruoan) *table scraps*
jättiläinen *giant*
jättiläismäinen *gigantic*
jättäytyä: ~ jälkeen *fall behind*
jättää *leave; hand over,* (si-sään) *hand in;* ~ pois *leave out, omit;* ~ tekemättä *leave undone, fail to (do sth);* ~ sikseen *give up, drop*
jätättää *be slow, lose*
jäykis|tyä, -tää *stiffen*
jäykkyys *stiffness*
jäykkä *stiff; rigid*
jäykkäkouristus *tetanus*
jäytää *gnaw,* (kuv. m.) *prey on*
jää *ice;* olla ~ssä *be frozen;* putosi jäihin *fell through the ice*
jäädä *remain, stay;* ~ ilman *be left without;* ~ kesken *be left unfinished;* ~ tulematta *fail to appear;* ~ päivälliselle *stay for* (t. to) *dinner;* ~ yöksi *stay overnight*
jäädyttää *freeze*
jääeste(et) *ice obstacles*
jäähdytin *cooler;* (auton) *radiator*
jäähdyttämö *cold-storage cham-ber*

jäähdytys *refrigeration*
jäähtyä *(get) cool*
jäähy: ~ilä (urh.) *on the penalty bench*
jäähyväiset *parting, farewell;* sanoa ~ jklle *take leave of*
jääkaappi *refrigerator*
jääkarhu *polar bear*
jääkausi *Ice Age*
jääkiekko *ice hockey*
jääkylmä *ice-cold, icy*
jäälautta *(ice) floe*
Jäämeri: Pohjoinen (Eteläinen) ~ *the Arctic (Antarctic) Ocean*
jäämistö *estate (of deceased person)*

jäänmurtaja *ice-breaker*
jään|ne *relic, rudiment;* ~vti; -teet (m.) *rests remains*
jäännös *remainder;* ~pala *remnant*
jääpalloilu *bandy*
jääpuikko *icicle*
jääräpäinen *stubborn*
jäätelö *ice(-cream)*
jäätikkö *glacier*
jäätymispiste *freezing-point*
jääty|ä *freeze;* -nyt *frozen*
jäätävä *icy*
jäävi *disqualified*
jäävätä *challenge (the competence of)*
jörö *sullen, sulky*

K

kaakao *cocoa*
kaakattaa *cackle,* (ankka) *quack*
kaakeli *(glazed) tile*
kaakko *south-east*
kaali *cabbage;* -nkerä *c.-head*
kaamea *ghastly*
-kaan, -kään: et tullut ~ *you didn't come after all;* (hän ei tullut), etkä sinäkään ... *nor did you*
kaaos *chaos*
kaapata *capture,* (lentokone) *hijack;* vrt. siepata
kaapeli *cable*
kaapia *scrape,* (hevonen) *paw*
kaappaus *coup,* (lentokoneiden) *hijacking (of planes)*
kaappi *cupboard,* (vaate-) *wardrobe,* Am. *closet*
kaapu *gown; cloak*
kaareva *bent, curved*
kaari *curve;* (rak.) *arch*
kaarilamppu *arc lamp*
kaarna *bark, rind*
kaarre *bend, curve*
kaarroke (puvun) *yoke*
kaartaa *bend; turn a curve;* (äkkiä) *swerve*
kaartua *curve*
kaarti *guards*
kaartilainen *guardsman*
kaasu *gas;* lisätä ~a *accelerate, step on the gas*

kaasujohto *gas pipe*
kaasulaitos *gasworks*
kaasuliesi *gas-range*
kaasumainen *gaseous*
kaasumittari *gasmeter*
kaasunaamari *gas-mask*
kaasutin *carburettor*
kaataa *overturn;* (maahan) *knock down;* (puu) *fell, cut down;* (nestettä) *pour,* (kuppeihin) *pour out;* (läikyttää) *spill;* (kumoon) *upset (a glass);* (hallitus) *bring down, overthrow;* sataa kaatamalla *it is pouring*
kaatopaikka *rubbish dump*
kaatosade *downpour*
kaatu|a *fall; be upset (overturned, overthrown);* (mer.) *capsize;* ~ taistelussa *fall in battle, be killed in action;* loukkaantui -essaan *was injured in a fall*
kaatumatauti *epilepsy*
kaava *pattern, model;* (mat) *formula*
kaavailla *plan, outline; figure envisage*
kaavake *form*
kaavamainen *formal; stiff; set (in one's ways)*
kaavio *scheme, diagram*
kadehdittava *enviable*
kadehtia *envy*

kadetti cadet; ~koulu military academy

kadoksiin: joutua ~ be lost

kadoksissa missing

kadota disappear be lost, vanish

kadottaa lose

kadotus damnation

kadunkulma street corner

kadunlakaisija street- sweeper

kadunristeys street crossing

kaduttaa: minua ~ I regret ...

kahakka skirmish

kahdeksan eight

kahdeksankymmentä eighty

kahdeksantoista eighteen

kahdeksas (the) eighth

kahden: olemme ~ (kesken) we are alone (t. by ourselves); olla ~ vaiheilla be uncertain, be in two minds; kahden hengen ... double (room, bed)

kahdenkeskinen confidential

kahdentaa double

kahdesti twice; ~ kuussa t. a month, (ilmestyvä) biweekly

kahdestoista (the) twelfth

kahi|na -sta rustle

kahinoida riot

kahinointi rioting, (street) disturbances

kahlaaja (lintu) wader

kahlaamo ford

kahlata wade

kahle|et irons, (kuv.) fetters, shackles; panna -isiin put in irons

kahlehtia shackle, chain, fetter

kahnau|s rub; -ksetta without a hitch

kahtia in two; in half

kahva handle, (miekan) hilt

kahvi coffee; kupillinen ~a a cup of c.; keittää ~a make c.; olla ~lla (jkn luona) have c. with

kahvikalusto coffee set

kahvikuppi coffee-cup

kahvila café, cafeteria

kahvileipä coffee bread (t. cakes), fancy bread; (pulla) bun

kahvinkeitin coffee percolator, coffee-maker

kahvinselvike clarifier

kahvipannu coffee-pot

kahvinporot coffee grounds

kai probably (ehkä) perhaps,

minun ~ täytyy ... I suppose I must

kaide: kaiteet railing, balustrade, (sillan ym) parapet

kaidepuut banisters, (käsi-) band-rail

kaihdin curtain; (kierre-) blind

kaihi cataract, (viher-) glaucoma

kaiho longing

kaihoisa longing, wistful

kaihota long, yearn, languish (for)

kaih|taa ks. karttaa; ei -da ... (keinoja) does not shun ...

kaikenlainen all kinds of, ... of every description

kaikkein ... of all; ~ suurin the very largest, the biggest of all; ~ vähimmin least of all

kaikki all; everything; me ~ we all, all of us; kaiken ~aan in all, altogether; kaiken päivää all day long; kaikin tavoin in every (possible) way; tehdä kaikkensa do all in one's power, do one's utmost; ~, mitä hänellä oli all (that) he had

kaikkiaan in all, all told

kaikkia|lla, -lle everywhere; ~ maailmassa all over the world the world over

kaikkitietävä omniscient

kaikkivaltias almighty

kaikkivoipa omnipotent

kaiku echo; ~luotaus e.-sounding

kaikua echo, resound

kaima namesake

kainalo armpit; ... ~ssa with ... under one's arm; panna käsi jkn ~on take a p.'s arm; **kainalosauv|a** crutch; -oilla (go about) on crutches

kaino shy, bashful

kainostelematon unconstrained

kainoste|lla be shy; ei -llut lainkaan was quite at his ease

kainostelu timidity

kainous bashfulness

kaipaus longing

kaira, -ta drill

kaisla bulrush, reed

kaista strip; (ajo-) lane; (sot.) sector

kaistale strip

kaistapäinen cracked muddleheaded

kaita *narrow;* (kaitsea) *tend*
kaitafilmikamera *18 mm movie camera*
kaitselmus *Providence*
kajutin *loud-speaker*
kaivaa *dig;* (etsien) *excavate, dig up;* (maahan) *bury;* (haudasta) *exhume, disinter;* (hampaita ym) *pick*
kaivata *miss, long for;* (tarvita) *require*
kaivaus *excavation*
kaive|lla *pick;* mieltäni -lee *it frets me*
kaiverrus *engraving; inscription*
kaivertaa *engrave*
kaivinkone *excavator*
kaivo *well*
kaivos *mine, pit*
kaivoskuilu *shaft*
kaivosteollisuus *mining*
kaivosonnettomuus *mine disaster*
kajahtaa *clang, ring, resound*
kajota *touch*
kajuutta *cabin*
kakara *kid,* (halv.) *brat*
kakistella *clear one's throat*
kakku *cake*
kaksi *two;* ~ kertaa *twice;* ~n verroin *doubly;* kahden puolen *on both sides (of)*
kaksikerroksinen *two-storey -(ed);* ~ bussi *double-decker*
kaksikielinen *bilingual*
kaksikymmentä *twenty*
kaksimielinen *ambiguous*
kaksimielisyys *ambiguity*
kaksinaamainen: ~ peli *double-dealing, duplicity*
kaksinainen *twofold, dual*
kaksinkerroin: kääntää ~ *fold double*
kaksinkertainen *double;* ~ ikkuna *double-glazed window*
kaksinnaiminen *bigamy*
kaksinpuhelu *dialogue*
kaksio *two-room flat(let)*
kaksiosainen ... *in two parts,* ... *in two volumes*
kaksirivinen *double-breasted*
kaksipuolinen *bilateral; two-way (traffic)*
kaksiraiteinen *double-track*
kaksiteräinen *two-edged*
kaksitoista *twelve*
kaksoiskappale *duplicate*

kaksoisolento *double*
kaksoispiste *colon*
kaksoissisar -veli *twin sister (brother)*
kaksoset *twins*
kaktus *cactus*
kala *fish;* on ~ssa *is out fishing;* mennä ~an *go fishing*
kalakauppa *fishmonger's*
kalakukko *bread with pork and muikku (fish) cooked inside*
kalalokki *(common) gull*
kalanviljely *fish-breeding*
kalaporras *fish ladder*
kalastaa *fish, catch fish*
kalastaja *fisherman*
kalastus *fishing*
kalavedet *fisheries*
kalenteri *calendar*
kali|na, -sta *rattle clatter;* (hampaista) *chatter (with cold kylmästä)*
kalistin *rattle*
kalja *beer*
kalju, -päinen *bald*
kaljupäisyys *baldness*
kalkioida *trace*
kalkita *lime,* (seinää) *whitewash*
kalkkarokäärme *rattle-snake*
kalkki *lime,* (poltettu) *quick-lime,* (sammutettu) *slaked lime;* (kuv.) *chalice, cup*
kalkkikivi *limestone*
kalkkuna *turkey*
kalkutus *pounding (of a hammer)*
kallellaan *tilted,* ... *on one side;* olla ~ *incline, lean, tilt*
kalleu|s *expensiveness; costliness;* -det *valuables, jewelery*
kalliinajanlisäys *cost-of-living allowance*
kallio *reck,* (ranta-) *cliff*
kallioinen *rocky*
kalliomaalaus *rock-painting*
kallioperusta *bed-rock*
kall|is *dear, expensive;* -lilla hinnalla *at a high price;* käydä jklle -iksi *cost* ... *dear;* maksaa ~ hinta jstk (kuv.) *pay dearly for*
kallistaa *lean, incline, tip;* (hinta) *raise;* ~ korvansa *lend one's ear (to)*
kallistua *lean incline;* (laiva)

heel over, list; (kieppua) *lurch;*
(hinta) *rise (in price)*
kallisvuokrainen: asuntomme
on ~ *we pay a high rent*
kallo *skull, cranium*
kallonmurtuma *skull fracture*
kalmankalpea *deathly pale*
kaloria *calorie*
kalossi *galosh*
kalotti *skull-cap*
kalpa *sword,* (miekk.) *épée*
kalpaten: kävi ~ *things went
badly (for him)*
kalpea *pale*
kalpeus *pallor, paleness*
kalske *clanking, clash (of arms)*
kaltainen *like, similar to*
kalteva *leaning, sloping;* ~
pinta *inclined plane*
kaltevuus *inclination*
kalus|taa *furnish, fit up;* -teet
fittings, fixtures
kalusto *furniture*
kalvaa *gnaw,* (kuv. m.) *prey on*
kalveta *go* (t. *turn*) *pale*
kalvo *film;* (anat.) *membrane*
kalvosin *cuff*
kalvosinnapit *cuff-links*
kama *junk*
kamala *ghastly, frightful*
kamari *chamber*
Kambodža *Cambodia*
kamee *cameo*
kameli *camel;* ~nkarva *c. hair*
kamferi *camphor*
kamiina *stove*
kammata *comb, do one's hair*
kammio *chamber; cell*
kammo *dread, horror*
kammota *dread*
kammot|taa *fill ... with dread;*
-tava *dreadful, uncanny*
kampa *comb*
kampaaja *hairdresser, hair sty-
list;* minun on mentävä ~lle
I must have my hair done
kampaamo *hairdresser's, hair-
dressing saloon*
kampaus *hair-do, hairstyle;* pe-
su ja ~ *shampoo and set*
kampela *flounder, flat-fish*
kampi *crank*
kamppailla *struggle*
kamppeet *rig, outfit, things*
kampurajalka *club-foot*
kamreeri *chief accountant*

kana *hen*
kanaali: Englannin ~ *the (Eng-
lish) Channel*
kanahäkki *hen-coop*
kanadalainen *Canadian*
kanala *henhouse; poultry farm*
kananpaisti *roast hen*
kananpoika *chicken,* (herkku-)
broiler
kanarialintu *canary*
Kanariansaaret *the Canary
Islands*
kanava *channel,* (kaivettu) *canal*
kanavoida *canalize; channel*
kaneli *cinnamon*
kanerva *heather*
kangas *material stuff;* (-maa)
heath, moor
kangaskauppias *draper*
kangaspuut *handloom*
kangastaa *loom*
kangastus *mirage*
kangertaa *stumble in one's
speech*
kangistua *stiffen*
kaniini *rabbit*
kankea *stiff, rigid,* (kylmästä)
numb (with cold), (esim. kään-
nös) *wooden*
kankeus *stiffness, rigidity*
kanki *bar, rod*
kannas *isthmus, neck of land*
kanna|ttaa *support,* (kuv. m.)
back (up); (tuottaa) *be pro-
fitable, pay (its way),* (maksaa
vaivan) *be worth (...ing);* -tan
(puhujaa) *I agree with;* ei -ta
puhua *it is no use speaking*
kannattaja *supporter, adherent*
kannattamaton *unprofitable*
kannattava *remunerative, pro-
fitable*
kannatus *support,* (suosio) *ap-
proval*
kanne *action;* nostaa ~ *pro-
secute, bring an action
(against)*
kannella *bear* (t. *tell*) *tales*
kannettava *portable*
kannikka *crust (of bread)*
kannu *jug; pitcher;* (kahvi-
kastelu-) *pot;* vrt. termos
kannus, -tin *spur*
kannustaa *spur on, stimulate*
kanootti *canoe*
kansa *people;* (-kunta) *nation;*
yhteinen ~ (rahvas) *the*

common p.; paljon ~a *a lot of p.*
kansainliitto *League of Nations*
kansainvaellus *migration of peoples*
kansainvälinen *international*
kansainyhteisö: (brittiläinen) *the Commonwealth*
kansakoulu *primary school, elementary school*
kansakunta *nation;* Yhdistyneet -kunnat *the United Nations*
kansalainen *national; citizen*
kansalaisoikeudet *civil rights*
kansalaissota *civil war*
kansalaistaa *naturalize*
kansalaistieto *civics*
kansalaisuus *citizenship*
kansallinen *national*
kansalliskiihkoinen *nationalist*
kansallislaulu *national anthem*
kansallispuku *regional dress*
kansallisruoka *national dish*
kansallistaa *nationalize, socialize*
kansallisuus *nationality*
kansanedustaja *member of parliament* (Engl. *M.P.*); *deputy*
kansanjoukko *crowd*
kansanlaulu *folk-song*
kansanmurha *genocide*
kansannousu *(up)rising*
kansanomainen *popular*
kansanopisto *people's high school, adult education college*
kansanrintama *popular front*
kansanrunous *folk poetry,* (-tietous) *folklore*
kansansatu *folk-tale*
kansantajuinen *popular*
kansantajuistaa *popularize*
kansantalous *economics, political* (t. *national*) *economy*
kansantanhu *folk dance*
kansantasavalta *people's republic*
kansantulo *national income*
kansanvalistus *public education*
kansanvalta *democracy*
kansanvaltainen *democratic*
kansanäänestys *plebiscite*
kansi *lid, cover;* (laivan) *deck;* kannesta kanteen *from cover to cover;* kannella, -lle *on deck*
kansio, -ida *file*
kansleri *chancellor*

kanslia *offices*
kanssa *with*
kanssakäymi|nen *dealings,* (ajatusten vaihto) *communication;* olla -sissä *associate (with)*
kanta *base,* (kengän) *heel,* (naulan) *head;* (kuittivihon) *counterfoil, stub;* (asenne) *attitude, stand(point),* (näkö-) *point of view;* määrittää ~nsa *take a position (in a matter);* ottaa vakavalta kannalta *take a serious v ew (of the matter);* minun kannaltani *from my point of view*
kantaa *carry;* (kuv.) *bear;* (veroja) *levy;* jää ~ *the ice bears;* niin kauas kuin silmä ~ *as far as the eye can reach*
kantahenkilökunta *regulars*
kantaisä *progenitor*
kantaja *porter;* (lak.) *plaintiff*
kantakirja *pedigree-book*
kantamus *burden, load*
kantapää *heel*
kantavieras *regular visitor*
kantavuus *capacity, tonnage;* (kuv.) *scope*
kantele *Finnish zither*
kantelu *blabbing;* (lak.) *complaint*
kanto *stump, stub*
kantokassi *shopping bag, tote bag*
kantomatka *range*
kantoraketti *carrier* (t. *booster*) *rocket*
kantotuoli *sedan (chair)*
kanttori *precentor*
kapakka *public house, pub drinking shop,* Am. *saloon*
kapakoitsija *public-house* (Am) *saloon-) keeper*
kapalo, -ida *swaddle*
kapea *narrow;* ~raiteinen *n.-gauge*
kapellimestari *(orchestral) conductor*
kapina *rebellion, mutiny, insurrection*
kapinallinen *rebellious;* s *rebel*
kapineet *things, effects*
kapinoida *rebel, revolt, mutiny*
kapiot *trousseau*
Kapkaupunki *Cape Town*
kappa(mitta) l.v. *gallon*

kappalainen *curate* (hovi- ym) *chaplain*
kappale *piece, bit;* (siru) *fragment;* (kirjoituksen) *paragraph;* (kirjoja ym) *copy;* ~elta *each, apiece;* ~ittain *by the piece*
kappaletyö *piece-work*
kappeli *chapel*
kapris *capers*
kapse *clatter*
kapseli *capsule*
kapteeni *captain*
kapula *stick;* (suu-) *gag*
karaatti *carat*
karaista *harden* (m. tekn.); (mielensä) *steel o.s.*
karanteeni *quarantine*
karata *run away, escape* (sot.) *desert*
karavaani *caravan*
kardemumma *cardamom*
karhea (ääni) *hoarse, husky*
karhi *harrow*
karhu *bear;* ~npentu *(bear) cub*
karhuta *dun*
kari *(sunken) rock;* ajaa ~lle *run aground, strike a rock, ground,* kuv. ks kariutua; ~lla *aground;* irrottaa ~lta *refloat*
karikko *reef*
karilleajo *running aground, grounding*
karitsa *lamb*
kariutua *run aground,* (kuv.) *founder*
karja *livestock,* (nauta-) *cattle*
karjakko (nais-) *dairymaid*
Karjala *Karelia*
karjanhoito *livestock rearing, animal husbandry*
karju *boar, hog*
karjua *roar*
karkaaminen *escape*
karkaista *harden; temper*
karkausvuosi *leap year*
karkea *coarse, rough,* (kuv. m.) *rude, harsh;* kohdella ~sti *treat roughly*
karkeakarvainen *wire-haired*
karkeus *coarseness, roughness*
karkottaa *drive away; expel;* (maasta) *banish* (m. kuv.), *deport*
karkotus *banishment;* ~paikka *place of exil*

karku: lähteä ~un *run away;* päästä ~un *(manage to) escape*
karkuri *runaway,* (sot.) *deserter*
karmaiseva *spine-chilling*
karmea *grisly, gruesome*
karpalo *cranberry*
karsaasti: katsoa~ *look askance at*
karsas|taa, -tus *squint*
karsia *lop (off), prune;* (kuv.) *eliminate*
karsina *pen*
karsintakilpailut *trials*
karsintaottelu *qualifying (eliminating) match*
karski *harsh, stern*
karsta *card;* (lääk.) *crust*
karstata *card*
kartano *estate*
kartanpiirtäjä *cartographer*
kartio *cone;* ~mainen *conical*
kartoittaa *map*
kartonki *paperboard* (rasia) *carton*
kartta *map;* ~pallo *globe*
karttaa *avoid; shun (publicity* julkisuutta)
kart|tua *increase; accumulate;* -tunut korko *interest accrued*
kartuttaa *increase augment add to*
karu *bare barren;* (kuiva) *arid*
karuselli *merry-go-round, roundabout*
karva *hair*
karvainen *hairy*
karvalakki *fur cap*
karvas *bitter*
karviaismarja *gooseberry*
kas! *look! why! oh; you see ...* ~ noin *there you are,* (pää pystyvn) *come now, cheer up!* ~ tässä, ole hyvä *here you are!*
kasa *stack, pile, heap*
kasaantua *accumulate*
kasakka *Cossack*
kasari *saucepan*
kasarmi *barracks*
kasata *pile, heap (up)*
kasetti *casette,* (valok) *cartridge*
kaski (maa) *burn-beaten land*
kasku *anecdote*
kassa *cash;* (myymälän) *paydesk; pay-office*
kassaholvi *strong-room*
kassakaappi *safe, strong-box*
kassakirja *cash-book*

kassakuitti *cash receipt*
kassanhoitaja *cashier*
kassi *string bag, shopping bag*
kastaa *wet;* (lapsi) *baptize*
kastaja: Johannes K~ *John the Baptist*
kastanja *chestnut*
kaste *baptism;* (maassa) *dew*
kastella *water; wet; irrigate;* (suihkuttaa) *sprinkle;* kastelin jalkani *my feet got wet;* vauva on kastellut *the baby has wetted (its bed)*
kastelu *watering,* (viljelysmaan) *irrigation; sprinkling*
kastemalja *font*
kastemato *earthworm*
kastepisara *dewdrop*
kasti *caste*
kastike *sauce, dressing;* (liha-) *gravy*
kastua *get wet*
kasukka *chasuble*
kasvaa *grow;* (lisääntyä) *increase;* (korkoa) *yield (interest);* ~ isoksi *grow up*
kasvain *growth; tumour*
kasvattaa *grow; rear, raise,* (lapsia, m) *bring up;* (jalostaa) *breed;* (opettaa) *educate;* hyvin -tettu *well brought up*
kasvattaja *educationist;* (karjan) *breeder*
kasvatti *foster-child*
kasvatus *upbringing, nurture; raising, rearing,* (karjan, m.) *breeding;* (opetus) *education*
kasvatusisä *foster-father*
kasvatuslaitos *correctional institution;* ks. koulukoti
kasvatusneuvola *child guidance clinic*
kasvatusoppi *pedagogy*
kasvi *plant;* (kasvain) *tumour*
kasvihuone *greenhouse*
kasvikset *vegetables*
kasvikunta *vegetable kingdom*
kasvillisuus *vegetation*
kasvioppi *botany*
kasvisruoka *vegetable food*
kasvissyöjä *vegetarian*
kasvisto *flora*
kasvitarha *kitchen garden*
kasvitieteellinen *botanic(al)*
kasvitieteilijä *botanist*
kasvo|t *face;* -npiirteet *features*
kasvu *growth; increase*

kataja *juniper*
katala *mean, base, vile*
kate *cover*
kateellinen *envious, jealous (of)*
kateenkorva *thymus,* (ruoka) *sweetbread*
kateu|s *envy;* -desta *out of e.*
katkismus *catechism*
katkaisin (sähk.) *switch*
katkaista *break (off), cut off; sever;* (keskeyttää) *interrupt*
katkarapu *shrimp*
katkeamaton *unbroken, uninterrupted, continuous*
katkelma *fragment*
katkera *bitter;* ~ mieli *resentment*
katkeroi|ttaa *embitter;* -tunut *bitter, embittered*
katkeruus *bitterness*
katketa *break (off),* (naksahtaen) *snap; be interrupted*
katkonainen *broken; discontinuous*
katkoviiva *broken (t. dotted) line*
kato *failure (of crops),* (-vuosi) *bad year;* tuli ~ *the crops failed*
katolinen *Catholic*
katolisuus *Catholicism*
katos *roof,* (vaja) *shed, lean-to*
katsahtaa *glance (at)*
katsantokanta *viewpoint,* (-tapa) *way of looking at things*
katsastaa *inspect;* (sot.) *review*
katsastus *inspection; survey*
katsaus *review,* (yleis-) *survey;* luoda ~ jhk *survey*
katse *look; glance;* (kiinteä) *gaze*
katselija *spectator, onlooker* (TV ym) *viewer, watcher*
katsella *look (at),* (tarkaten) *watch;* ~ ulos ikkunasta *look out of the window;* ~ ympärilleen *look about one*
katselmus (sot.) *review*
katso|a *look (at);* (pitää jnak) *consider, think; view;* (pitkään) *gaze;* (kirjasta ym) *look up;* käydä -massa *visit;* ~ hyväksi *see fit;* jhk -en *in view of considering;* jhk -matta *irrespective of, regardless of;* -kaamme *let us see;* k. eteesi *look ahead,* (varo) *watch out! mind (you don't fall)*

katsoja *spectator*
katsomo *auditorium;* täysi ~ *full house*
kattaa *cover roof;* (pöytä) *lay the table; ... on katetu (dinner) is served*
katteeton (šekki) *bad, dud*
kattila *saucepan, pot, (fish-) kettle;* (höyry-) *boiler*
katto *roof,* (sisä-) *ceiling*
kattoteline (auton) *roof rack*
kattotiili *(roofing) tile*
kattolamppu *ceiling light*
katu *street;* kadulla *in the s.;* kadun mies *the man in the s.* kadun toisella puolella *across the s.*
katua *repent; regret*
katukahvila *pavement (t. kerbside) café*
katukäytävä *pavement,* Am. *sidewalk*
katulamppu *street lamp*
katumus *repentance, penitence*
katuoja *gutter*
katupoika *street arab, guttersnipe*
katusulku *barricade*
katutyttö *street-walker*
katuva(inen) *penitent, remorseful*
katuvalaistus *street lightning*
kauan *long, a long time;* ~ aikaa sitten *long ago;* niin ~ kuin *as long as*
kauas *far (away)*
kauaskantoinen *far-reaching*
kauemmin *longer*
kauempana *further away,* (matkan päässä) *in the distance*
kauha *ladle, dipper*
kauhakuormaaja *loader*
kauhea *terrible, awful*
kauhistua *be terrified*
kauhistus *horror*
kauhistu|ttaa *terrify;* -ttava *appalling*
kauhtana *caftan; gown*
kauhtua *fade*
kauhu *horror, terror;* ~n valtaama *terror-stricken;* ~kseen *to his (her) horror*
kaukaa *from far (away), from afar from a (great) distance*
kaukainen *distant, remote*
kaukana *far away, far off*

kaukalo *trough*
Kaukoitä *the Far East*
kaukojuna *long-distance train*
kaukonäköinen *long-sighted* (kuv) *far-sighted*
kaukopuhelu *trunk call long-distance call*
kaukoputki *telescope*
kaukovalot *high beam*
kaula *neck*
kaula-aukko *neckline*
kaulahuivi, -liina *scarf*
kaulakoru *necklace*
kaulanauha (panta) *collar*
kaulin *rolling pin*
kaulu|s *collar;* -ksen nappi *stud;* korkeakaulauksinen *high-necked*
kauna *grudge;* kantaa ~a *have* (t. *bear) a g. against;* ei kanna ~a kenellekään *bears no resentment against anyone*
kauneudenhoito *beauty treatment;* -aine *cosmetic*
kauneus *beauty;* ~kilpailu *b. contest;* ~salonki *b. parlour*
kaunis *beautiful; good-looking handsome;* on ~ ilma *it is fine weather*
kaunistaa *beautify, embellish*
kaunistella (kuv.) *colour*
kaunistus *adornment*
kaunokirjallisuus *(imaginative) literature, fiction*
kaunokirjoitus *penmanship; calligraphy*
kaunopuheinen *eloquent*
kaunopuhuja *orator*
kaunotaiteet *fine arts*
kaunotar *beauty, belle*
kaupaksikäymätön *unmarketable*
kaupaksikäyvä *marketable saleable*
kaupallinen *commercial*
kaupanhoitaja *manager (of a shop)*
kaupanpäällisiksi *into the bargain, for good measure*
kaupata *offer for sale*
kauppa *commerce, trade;* Am. *shop,* Am. *store;* (myymälä) *shop, business;* hyvä ~ *a (good) bargain;* käydä ~a *do business with,* (tavaralla) *deal in ...;* päättää ~ *strike a bargain;* mennä hyvin kaupaksi *sell wel*

kauppa-apulainen *shop-assistant, salesman, saleswoman*
kauppahalli *(market) hall*
kauppahinta *purchase price*
kauppakaupunki *commercial city*
kauppakirja *contract*
kauppakorkeakoulu *School of Economics*
kauppakoulu *commercial school*
kauppakumppani *trade partner*
kauppala *market town, borough*
kauppalaiva *merchant ship*
kauppalaivasto *merchant fleet* (t. *service*)
kauppamatkustaja *commercial traveller, travelling salesman*
kauppapolitiikka *trade policy*
kauppasopimus *trade agreement* (pact, treaty)
kauppatase *balance of trade, foreign-trade balance*
kauppatori *market square*
kauppatavarat *merchandise*
kauppavaihto *turnover*
kauppias *merchant, tradesman;* (pikku-) *shop-* (Am. *store-*) *keeper*
kaupunginosa *district, part of a town*
kaupungintalo *town-(city-)hall*
kaupunginvaltuusto *city* (t. *town*) *council*
kaupungistuminen *urbanization*
kaupunki *town,* (iso) *city*
kaupunkilainen *town resident,* pl. *townspeople*
kaupunkilaistua *become urbanized*
kaupustelija *pedlar, hawker*
kaupustella *peddle*
kaura *oats;* ~ jauhot *oatmel*
kaurapuuro *porridge*
kauris *(mountain) goat,* (metsä-) *roe-deer*
kausi *period; season*
kausilippu *season ticket,* Am. *commutation ticket*
kausiluontoinen *seasonal*
kautta *through; by, via;* ~ maan *throughout the land (the world,* maailman); ~ aikojen *through the ages;* ~ rantain *in a roundabout way*
kauttaaltaan *thoroughly; all over*

kauttakulku *passage through;* ~tavara *transit goods*
kavahtaa *start up,* (varoa) *beware (of)*
kavala *treacherous*
kavallus *embezzlement, defalcation*
kavaltaa *betray;* (varoja) *embezzle, misappropriate*
kavaltaja *traitor;* (varojen) *embezzler, defaulter*
kavaluus *treacherousness, falseness*
kaventaa *narrow;* (pukua) *take in*
kaveri *chum pal; fellow,* Am *guy*
kaveta *narrow*
kavio *hoof*
kavuta *clamber*
kehdata *not be ashamed to have the face to*
kehittymätön *undeveloped*
kehittyä *develop*
kehittää *develop;* (lämpöä) *generate*
kehitys *development*
kehitysalue *depressed area*
kehitysapu *development aid*
kehityskykyi|nen *likely to develop;* -syys *capacity to develop*
kehitysmaa *developing country*
kehitysoppi *theory of evolution*
kehitysvammai|nen *(vajaamielinen) mentally defective;* -suus *mental deficiency*
kehno *bad, poor*
keho *body*
kehottaa *urge, tell (sb. to)*
kehotus *exhortation;* (rohkaisu) *encouragement;* jkn -tuksesta *at sb.'s suggestion*
kehrätä *spin;* (kissa) *purr*
kehräämö *spinning mill*
kehto *cradle*
kehtolaulu *lullaby*
kehua *praise;* (kerskata) *boast (of)*
kehys, -tää *frame*
kehä *circle;* (ympyrän) *circumference;* (lapsen) *playpen*
kehätuomari *referee*
kehlas *oasis*
keihäs *spear;* (urh.) *javelin;* -änheitto *javelin-throw*
keijukainen *fairy*

keikahtaa: ~ kumoon *topple*
(t. *tip*) *over*
keikari *fop, dandy*
keikka *job*
keik|kua, -uttaa *swing, rock;*
-uttaa (päätään) *toss*
keila *pin, tenpin; ninepin, skittle;*
-peli m. *skittles*
keilailla *bowl, play tenpins*
keilailu *bowling, tenpins*
keilarata *bowling-alley*
keille *who, whom;* ~ sen an-
noit? *who did you give it to?*
keiltä: ~ sen kuulit? *from
whom did you hear about it?*
keimailija *coquette*
keimailla *flirt*
keino *means, way expedient;*
viimeisenä ~na *in the* (t.
as a) *last resort;* tällä ~in
by this means; hätä ~n kek-
sii *necessity is the mother of
invention*
keinotekoinen *artificial*
keinotella *speculate*
keinottelija (sota-ajan) *profiteer*
keinottelu *speculation*
keinu *swing*
keinua *swing;* (laiva) *roll;*
(laudalla) *seesaw*
keinuttaa *swing, rock*
keinutuoli *rocking-chair*
keisari *emperor*
keisarikunta *empire*
keisarileikkaus *caesarean section*
keisarillinen *imperial*
keisarinna *empress*
keitin *cooker*
keittiökitchen, (kalustettu) *fitted
k.;* ~astiat *k. utensils*
keitto *soup*
keittokirja *cookery book*
keittokomero *kitchenette*
keittokoulu *cookery school*
keittolevy *hot-plate*
keittotaito *culinary art* (*art of*)
cookery
keittäjä *cook*
keittää *boil;* (valmistaa ruokaa)
cook; ~ kahvia *make coffee;*
kovaksi keitetty *hard-boiled*
keitä: ~ tarkoitat? *who do you
mean?*
kekkerit *feast*
kekseliäisyys *power of invention*
kekseliäs *inventive, ingenious;*
(neuvokas) *resourceful*

keksi *boat-hook;* (leipä) *biscuit*
keksijä *inventor*
keksintö *invention*
keksiä *invent;* (suunnitella)
devise; (löytää) *find out
discover*
kekäle *firebrand;* ~et *embers*
kelata *reel, wind, coil*
keli: hyvä ~ *good going*
kelju *unpleasant,* (kiero)
crooked, fishy; kuinka ~a!
how annoying!
kelirikko *bad state of the roads*
(*in spring*)
kelkka *sledge, toboggan*
kelkkailu *bobsleigh*(*ing*)*, bob-
sled*(*ding*)*;* (ohjas-) *toboggan-
ing*
kelkkamäki *toboggan-slide*
kellari *cellar*
kellarikerros *basement*
kellastua *turn yellow*
kellertävä *yellowish*
kello *clock;* (ranne-, tasku-)
watch; (soitto-) *bell;* pal-
jonko ~ on *what's the time?*
(*Excuse me, but*) *could you
tell me what time it is?* ~
on 13 *it is one o'clock* (*p.m.*)*;*
~ on kymmentä vailla 2 *it is
10* (*minutes*) *to two;* ~ on
puoli 5 *it is half past four;*
~ kuudelta *at six* (*o'clock*)
(*in the morning* aamulla)*;*
kuin ~ *like clockwork, with
clockwork precision;* ~n ym-
päri *round the clock*
kellonkoneisto *works* (*of a
watch*)
kellonkuori *watch case*
kellonsoittaja *bell-ringer*
kello(je)nsoitto *tolling of bells*
kelloseppä *watchmaker*
kellotaulu *dial*
kellotorni *belfry*
kellua *float*
kelmu *film*
kelpaamaton *unfit;* (ei pätevä)
unqualified for; (lippu ym)
not valid; syötäväksi ~ *not fit
to eat*
kelpaava *valid; qualified; fit*
kelpo *decent;* ~ lailla *a lot,
considerably;* ~ mies *a fine
fellow*
kelpoinen (virkaan) *qualified*
keltainen *yellow*

keltanokka (fuksi) *freshman*
keltasieni *chanterelle*
keltatauti *jaundice*
kelvata *do be good enough;* (lippu ym) *be valid;* se ei kelpaa *that won't do,* (... mihinkään) *it is no good*
kelvollinen *fit, good proper*
kelvoton *worthless, good-for-nothing; incompetent*
kemia *chemistry*
kemialli|nen *chemical;* pesettää -sesti have ... *dry-cleaned*
kemisti *scientific chemist*
kemut *feast*
kenelle *who, whom;* ~ sen annoit? *who did you give it to?*
kenenkään: ei ~ *nobody's;* ei ~ maa *no man's land*
kengänkiillottaja *shoeblack*
kengännauha *(shoe) lace*
kenkä *shoe,* (varsi-) *boot*
kenkävoide *shoe polish* (t. cream)
kenno (sähk.) *cell*
kenraali *general*
kenties *perhaps, maybe*
kenttä *field,* (urh. ym) *ground*
kenttäkeittiö *mobile kitchen*
kepeä *light*
keppi *stick*
keppihevonen *hobby-horse,* (kuv. m.) *fad*
kepponen *trick, practical joke;* tehdä jklle ~ *play a trick on*
kerettiläinen *heretic(al)*
kerho *club,* (opinto-) *circle*
keripukki *scurvy*
keritsimet *shears*
keritä (lampaita) *shear;* en kerkiä *I have no time*
keriä *wind*
kerjuu *begging*
kerjäläinen *beggar*
kerjätä *beg*
kerma *cream*
kermavaahto *whipped cream*
kernaammin *rather*
kernaasti *with pleasure, willingly*
kerrallaan ... *at a time*
kerran *once;* ~ päivässä *once a day;* ~ toisensa jälkeen *over and over again;* ~ vielä *once again* (t. *more);* toisen ~ *for the second time;* toisella kerralla *another time*

kerrankin *for once,* (vihdoin) *at last*
kerrassaan *entirely altogether, simply, absolutely*
kerrasto *set of underwear*
kerrata *repeat,* (pääkohdin) *recapitulate*
kerro|s *layer,* (tiet. m) *stratum;* (talon) *storey,* et. Am. *story;* kolmannessa -ksessa *on the third floor;* nelikerroksinen *four-storey(ed)*
kerroshyppy *high dive*
kerrostalo *block of flats*
kerrostua *be(come) stratified*
kerrostuma *stratum* (pl *strata)*
kersantti *sergeant*
kerskaileva *boastful*
kerskailla *boast, brag;* sl. *swank*
kerskuri *braggart*
kerta *time;* ~ kaikkiaan *once for all;* ~ kerralta *each time;* ensi ~a *for the first time;* samalla ~a *at the same time;* tällä ~ *this time; for now;* 2 ~a 6 on 12 *twice six is twelve*
kertakäyttöinen *disposable*
kertaus *recapitulation;* (toistaminen) *repetition;* ~kurssi *refresher course*
kertoa *tell; relate,* (kuvata) *describe;* (mat.) *multiply (by* jllak); kerrotaan, että ... *it is reported* (t. *said) that*
kertoja *narrator;* (mat.) *multiplier*
kertolasku *multiplication*
kertomus *story, tale; account report*
kertotaulu *multiplication table*
kertyä *accumulate*
kerä *ball*
keräilijä *collector*
keräillä *collect*
kerätä *collect, gather;* (ääniä ym) *canvass*
keräys *collection;* ~lista *list of contributions*
kerääntyä *collect, gather assemble*
kesakko *freckle;* ~inen *freckled*
kesanto: olla ~na *lie fallow*
kesiä *scale* (t. *peel) off*
keskeinen *central*
keskellä (-lle) *in* (*into) the middle of, in the centre of;*

~ päivää *in the m. of the day;*
~ kesää *at the height of sum-
mer*
kesken *among,* (välillä) *be-
tween;* työ on ~ *the work is
unfinished;* meidän ~ *between
you and me ...;* ~ kaiken
in the midst of all; by the way
keskeneräinen *unfinished, not
completed*
keskenmeno *miscarriage*
keskenämme: vietimme illan ~
*we spent the evening by our-
selves;* jaoimme sen ~ *we
divided it among ourselves* (jos
vain 2, *between us)*
keskenään *together;* he sopivat
~ *they agreed among them-
selves;* kommunikoida ~ *in-
tercommunicate*
keskeyttää *interrupt; disconti-
nue, stop*
keskeytys *interruption, break*
keskeytymätön *continuous, un-
broken*
keskey|tyä *be interrupted;* -tyä
mättä *without a break, without
intermission*
keskiaika *the Middle Ages*
keskiaikainen *medieval*
keskiarvo *average*
Keski-Eurooppa *Central Europe*
keski-ikä *average* (t. *mean) age*
keski-ikäinen *middle-aged, ...
of middle age*
keskikohta *middle, centre*
keskikokoinen *medium-size(d)*
(henk.) *... of medium height*
keskikoulu *first five forms of
secondary education, Am. ju-
nior high school*
keskiluokka *middle class*
keskilämpö *mean temperature*
keskimmäinen *(the) middle
(one)*
keskimäärin *on an average;* on
~ *... averages ...*
keskinkertai|nen *medium, mod-
erate; mediocre;* -sta huo-
nompi *below (the) average*
keskinäinen *mutual;* ~ suhde
interrelation(ship)
keskipiste *centre*
keskisarja *middle weight*
keskisormi *middle finger*
keskitalvi *midwinter*

keskitaso: ~a parempi *above
(the) average*
keskitie *middle course;* kultai-
nen ~ *the golden mean*
keskittyä *concentrate (on,
upon), centre, be centred upon*
keskittää *concentrate, focus
(on); centralize*
keskitys *concentration;* ~kyky
power of c.; ~leiri *c. camp*
keskiverto(-) *average, mean*
keskiviikko *Wednesday*
keskivälissä *midway* (t. *halfway)
between*
keskiyö *midnight;* ~llä *at m*
keskonen *premature baby*
keskoskaappi *incubator*
keskus *centre;* puhelin~ *tele-
phone exchange*
keskuslämmitys *central heating*
keskusta *centre*
keskustella *converse, talk; dis-
cuss (sth.* jstk)
keskustelu *conversation, talk;
discussion;* ~n alaisena *under
discussion*
kestit *entertainment, party*
kestitä *entertain; treat (... to*
jllak)
kesto *duration*
kestokampaus *permanent wave,*
(arkik.) *perm*
kestopäällystää *pave*
kestämätön (kuv,) *untenable,
not durable*
kestävyys *durability;* (kuv.)
*staying power, endurance, per-
severance;* ~ juoksija *long-
distance runner*
kestävä *durable,* (väri) *fast,*
(kasvi) *hardy;* (kuv.) *enduring,*
(pysyvä) *lasting; ...* on ~ *...
will wear well*
kestä|lä *last;* (sietää) *bear,
stand, endure;* (esim. myrsky)
withstand; (vaatteet) *wear
(well);* ei k. *kiittää!* *oh,
not at all! you're welcome!
don't mention it!* se ei k. kauan
it won't take long; jnk -essä
during
kesy, -ttää *tame*
kesä *summer;* ~llä, ~isin *in
(the) s.*
kesähuvila *summer villa* (t,
cottage)
kesäinen *summer(like)*

kesäkuu *June*
kesäkäyttö: ~ön *for summer wear*
kesäloma *summer holidays*
kesäyliopisto *university summer course*
ketju *chain;* ~kolari *multiple collision;* ~polttaja *chain smoker*
ketterä *agile, nimble*
kettu *fox*
ketä *who, whom;* ~ tarkoitat *who do you mean?* ei ~än *no one;* onko täällä ~än? *is there anybody here?*
keuhko *lung*
keuhkokuume *pneumonia*
keuhkoputkentulehdus *bronchitis*
keuhkosyöpä *lung cancer*
keuhkotauti *(pulmonary) tuberculosis*
keula *bow(s);* ~n puolella *ahead*
keulakansi *foredeck*
keulakuva *figure-head*
kevennys (kuv.) *relief*
keventää *lighten; ease, relieve;* ~ mieltään *unburden o.s. (to, jklle)*
keveys *lightness, ease*
kevyt *light, easy;* ~ sarja *light-weight class;* ottaa asiat keveältä kannalta *take things easy*
kevytkenkäinen *(woman)* of *easy virtue*
kevytmielinen *frivolous;* (irstas) *wanton, loose*
kevytmielisyys *frivolity; wantonness*
keväinen *spring-like*
kevät *spring;* keväällä *in the spring, in spring*
keväkesä *early summer*
kide *crystal*
kidesokeri *caster sugar*
kidnappaus *abduction,* vrt. siepata
kidukset *gills*
kidu|ttaa, -tus *torture*
kiehauttaa *(bring to the) boil, parboil*
kiehkura *coil,* (kutri) *curl*
kiehtoa *fascinate*
kiehua *boil*
kiehumispiste *boiling point*

kiek|ko *disk;* (urh.) *discus;* -onheitto *discus-throw*
kiekua *crow*
kieleke: kallion~ *projecting rock*
kielellinen *linguistic*
kielenkäyttö *usage*
kielenkääntäjä *translator*
kielevä *garrulous, glib*
kieli *tongue;* (puhuttu) *language;* (soittimen) *string;* pyörii kielelläni *is on the tip of my tongue;* millä kielellä *in what language*
kielikello (kuv.) *telltale*
kielikuva *metaphor*
-kielinen: suomen~ ... *in Finnish,* (henkilö) *Finnish-speaking,* (lehti) *Finnish-language*
kielioppi *grammar*
kieliopillinen *grammatical*
kielisoitin *stringed instrument*
kielitaito *knowledge of languages, linguistic abilities*
kielitaitoinen: on ~ *can speak many languages,* (hyvin ~) *has a great command of languages, is an accomplished linguist*
kielitaju *(natural)* **language** *sense*
kielitiede *philology*
kielitieteilijä *philologist, linguist*
kielivirhe *error* (t. *mistake) in language*
kieliä *tell tales*
kielo *lily of the valley*
kielteinen *negative*
kieltenopettaja *language teacher*
kielto *refusal, denial; ban (on)*
kieltolaki *prohibition*
kieltosana *negative*
kieltotavara *contraband*
kieltämätön *undeniable, indisputable*
kieltäymys *privation; self-denial*
kieltäytyä *refuse;* (tarjouksesta ym) *decline;* (luopua) *give up renounce*
kiel|tää *refuse, decline;* (ei sallia) *forbid, prohibit;* (ei myöntää) *deny;* -letty *forbidden, prohibited;* vastata -tävästi *answer in the negative;* -si jyrkästi, että *categorically denied that ...*
kiemurrella *wind, twist;* (käär-

me) *wriggle;* (tuskissa) *writhe;* (joki) *meander*
kieppua *swing,* (laiva myrskyssä) *lurch;* (roikkua) *dangle*
kieri|ltää, -ä *roll*
kiero *not straight, twisted,* (m kuv.) *crooked,* (esim. lauta) *warped;* katsoa ~on *squint*
kieroilla *scheme, palter*
kierosilmäisyys *squint*
kierre (ruuvin) *thread; spiral*
kierrekaihdin *blind*
kierre|llä *circulate; wander about;* (kuv.) *beat about the bush;* -llen kaarrellen in a *roundabout way,* vrt. kiertää
kierros *round; turn;* (pyörän) *revolution;* (mutka) *detour;* (juoksussa) *lap;* (satelliitin) *orbit*
kierto *cycle;* (veren ym) *circulation; rotation*
kiertokirje *circular (letter)*
kiertomatka *round trip; tour*
kiertopalkinto *challenge cup*
kiertoportaat *winding stairs*
kierto|tie *detour;* -teitse in a *roundabout way*
kiertotähti *planet*
kiertue *touring company*
kiertyä (get) *twist(ed), coil;* (vääräksi) *become distorted*
kiertää *turn, twist,* (kelata) *wind;* intr. *circulate, revolve* (around, jnk ympäri); *go (walk ym) about* (t. around); (välttää) *dodge, evade;* ~ Maata *circle* (t. *orbit*) (*round*) *the Earth*
kierukka *spiral;* (ehkäisy-) *diaphragm*
kietoa *wind, fold, wrap (up)* in jhk; (sotkea) *involve in;* ~ pauloihin *ensnare*
kihara a *curly, wavy;* s *curl, lock*
kiharrin *curler*
kihelmöidä *itch; tingle*
kihistä (vilistä) *be teeming with*
kihla: olla kihloissa *be engaged (to be married)*
kihlajaiset *betrothal party*
kihlakunta *jurisdictional district (in rural areas)*
kihlasormus *engagement ring*
kihlaus *engagement*
kihla|utua *get* (t. *become*)

engaged (to); -utuneet *the engaged couple*
kihomato *pinworm*
kiho|ta: vesi -aa kielelleni *my tongue waters*
kiihdyksissä in a *state o excitement*
kiihdyttää *excite;* (nopeutta) *accelerate, speed up*
kiihkeä *impetuous, violent, heated, ardent;* ~sti *hotly*
kiihko *vehemence, impetuosity fury, heat*
kiihkoilija *zealot, fanatic*
kiihkoton *dispassionate*
kihoke *stimulus*
kiihottaa *agitate; stimulate; excite; incite*
kiihotus *agitation; instigation;* ~aine *stimulant*
kiihtymys *excitement*
kiihty|ä *get excited, become agitated;* tuuli ~y *the wind rises* (t. *grows stronger*)
kiikari *binoculars,* (teatt.) *opera-glasses*
kiikarikivääri *rifle with telescopic sight*
kiikastaa: mistä ~? *where does the shoe pinch? where's the rub?*
kiikku, -a ks. keinu, -a
kiila *wedge*
kiilata *wedge (in);* (arkik. autosta) *cut in*
kiille *mica*
kiilloke (shoe) *polish*
kiillottaa *polish*
kiilto *lustre, gloss*
kiiltomato *glow-worm*
kiiltonahka *patent leather*
kiiltävä *shiny, glossy; bright*
kiiltää *shine, glisten,* (kiilua) *glow*
kiima ks juoksuaika
Kiina *China;* k-n kieli *Chinese*
kiinalainen *Chinese*
kiinnekohta *hold*
kiinnelaastari *sticking plaster*
kiinnelaina *mortgage loan*
kiinni (suljettuna) *shut, closed;* ottaa ~ *catch;* saada ~ *catch up (with);* panna ~ *close;* joutua ~ *be caught,* sl. *be pinched;* pitää ~ jstk *hold on (to), keep hold of* (kuv.) *adhere* (t. *stick*) *to*

kiinnittää *fasten, fix* (m valok.); (liimalla) *stick (on);* (lak.) *mortgage;* ~ huomiota *give* (t. *pay) attention,* (jkn huomio jhk) *draw* (t. *call sb.'s) attention to*
kiinnitys *fastening, attachment,* (lak.) *mortgage*
kiinnos|taa *interest, be of interest to;* -tava *interesting*
kiinnostua *become interested in, take an interest in*
kiinnostus *interest*
kiinteistö *real estate*
kinteä *firm, fixed; solid;* (tark-kaava|suus) *close*
kiintiö *quota*
kiintotähti *fixed star*
kiintymys *devotion, attachment*
kiintyä *become attached to*
kiipijä (m. kuv.) *climber*
kiire *hurry,* (kuumeinen) *rush;* minulla on ~ *I am in a hurry;* ~estä kantapäähän *from top to toe;* lähtö~essä *in the hurry* (t. *scurry) of leaving*
kiireellinen *urgent, pressing*
kiireesti *hurriedly. in haste, quickly*
kiire|htiä *hurry, hasten, make haste;* (jouduttaa) *expedite;* -hdi! *hurry up! be quick!*
kiireinen *hurried, rushed;* olin niin ~, että *I was in so much of a hurry that ...*
kiiruhtaa ks kiirehtiä
kiista (sana-) *dispute,* (riita) *quarrel;* (kynä-) *controversy*
kiistanalainen ... *in dispute, ... at issue;* (kiistelty) *controversial*
kiistellä *argue*
kiistämätön *indisputable, unquestionable*
kiistää *dispute,* (kieltää) *deny*
kiitettävä *praiseworthy;* (arvosana) *excellent*
kiitolinja-auto *long-distance lorry, freight-liner*
kiitollinen *grateful;* (yleisö, m.) *appreciative,* (tehtävä, m.) *rewarding;* ~ *maaperä good ground;* olen hyvin ~ (liik. & Am.) *I am much obliged (to you for)*
kiitollisuu|s *gratitude;* olen s+u-ressa -den velassa *I owe much*

(to him); vrt **kiittää**
kiitorata *runway*
kiito|s *thanks;* (ylistys) *praise;* paljon -ksia *many thanks, thank you very* (t. *so) much;* ei ~ *no, thank you!* kyllä, ~! *yes, please;* ~ hyvää (t. hyvin) *very well, thank you! fine thanks*
kiitoskirje *letter of thanks*
kiittämättömyys *ingratitude*
kiittämätön *ungrateful*
kiittä|ä *thank;* (kehua) *praise;* minun on -minen häntä *I am indebted to him (for);* ei -mistä *don't mention it!* oh, *not at all!*
kiitää *speed, fly*
kiivas *hot-tempered, quick-tempered;* (esim **vastustus**) *hot, violent;* kiivaat **sanat** *sharp* (t. heated) *words;* ~tuk-sissaan *in a fit of rage* (t. *anger)*
kiivastua *get into a* (t. *lose one's) temper*
kiivaus *violence, hot temper*
kiivetä *climb*
kikka (niksi) *gimmick*
kili|nä, -stä *jingle, tinkle, clink*
kilistää: ~ lasia *clink* (t. *touch) glasses*
kiljua *yell;* (ulvoa) *roar howl*
kilo *kilogram(me)*
kilometri *kilometre*
kilpa: juosta (ajaa) ~a *run* (t. *ride) a race*
kilpa-ajot (horse) *race*
kilpa-ajorata *racecourse*
kilpa-auto *racing car*
kilpailija *competitor; rival;* (urh. m.) *entrant*
kilpailla *compete*
kilpailu *competition; contest* (urh. m)*event,*(kilpailut)*match, tournament,* (nopeus-) *race;* julistaa ~kieltoon *suspend*
kilpajuoksu *race*
kilpapurjehdus *regatta*
kilpasoutu *boat-race*
kilpavarustelu *armaments* (t. *arms) race*
kilpi *sign(board),* (ovi-) *door-plate;* (suojus) *shield;* (vaa-kuna-) *coat of arms*
kilpikonna *tortoise,* (meri-) *turtle*

kilpirauhanen *thyroid gland*
kiltti *good(-natured), kind*
kilvoitus *struggle,* (raam.) *fight*
kimalainen *bumble-bee*
kimallella *glimmer, glitter, sparkle*
kimeä *shrill, high-pitched*
kimmoinen *elastic*
kimmoisuus *elasticity*
kimmota *bounce back, rebound,* (luoti) *ricochet*
kimpale *lump, chunk*
kimppu *bundle, bunch;* käydä ~un *attack*
-kin *also, ... too,* (jopa) *even*
kina *squabble, wrangle*
kinastella *argue (about)*
kinastelu *bickering*
kiniini *quinine*
kinkku *ham*
kinnas *mitten;* hän viittasi kintaalla *he snapped his fingers at (it)*
kinos *(snow)drift*
kintereillä *at sb.'s heels*
kioski *stall,* (puhelin-) *call-box*
kiperä *complicated, knotty; tricky*
kipeä *sore,* (sairas) *ill, sick;* (kuv.) *urgent, pressing; tender (spot,* kohta); tehdä ~ä *hurt;* kipeästi *sorely; badly*
kipinä *spark*
kipinöidä *(emit) spark(s)*
kippiauto *tip-up lorry*
kippis! *cheers!*
kipsi *plaster (of Paris)*
kipsijäljennös *plaster cast*
kipsiside *plaster cast* (t. band-age)
kipu *pain*
kirahvi *giraffe*
kireä *tight;* (m kuv.) *tense, taut;* ~t välit *strained relations*
kiri *spurt*
kiristellä: ~ hampaita *gnash one's teeth*
kiristys *extortion,* (uhkauksin) *blackmail*
kiristyä *tighten;* (kuv.) *become strained* (t. *more critical)*
kiristää *tighten;* (rahaa ym) *extort;* (vaatimuksia) *make ... more stringent*
kirja *book;* (paperia) *quire;* pitää ~a *keep the accounts;*

hyvissä kirjoissa *in (sb.'s) good books*
kirjailija *writer, author*
kirjailijanimi *pen name*
kirjailla *write;* (ommella) *embroider*
kirjaimellinen *literal*
kirjaimisto *alphabet*
kirjain *letter;* (iso) *capital*
kirjakaappi *book-case*
kirjakauppa *book-shop*
kirjakauppias *bookseller*
kirjakieli *literary* (t. *written) language*
kirjallinen *literary,* (koe ym) *written*
kirjallisuus *literature*
kirjaltaja *typographer*
kirjamyymälä (-koju) *bookstall*
kirjanen *booklet*
kirjankansi *cover*
kirjanoppinut *scribe*
kirjanpainaja *printer*
kirjanpito *book-keeping*
kirjanpitäjä *book-keeper, accountant*
kirjansitoja *bookbinder*
kirjapaino *printing office;* ~taito *(art of) printing*
kirjarengas *book club*
kirjasin *type*
kirjasto *library*
kirjastonhoitaja *librarian*
kirjata *register;* (viedä kirjaan) *enter (in the books)*
kirjatoukka *bookworm*
kirjava *(multi)coloured, variegated*
kirje *letter;* ~ellisesti *by l.;* kirjoitin hänelle ~en *I wrote him a l.* (t. *a l. to him)*
kirjeenkantaja *postman*
kirjeensaaja *addressee*
kirjeenvaihtaja *correspondent*
kirjeenvaihto *correspondence;* ~toveri *pen friend, pen pal*
kirjekuori *envelope*
kirje|laatikko, -luukku *letter-box*
kirjelmä *letter,* (written) *communication;* (lak.) *writ*
kirjepaperi *note paper*
kirjevaaka *letter-balance*
kirjoittaa *write;* (koneella) *type* ~ lasku *make out a bill;* miten se kirjoitetaan? *how do you spell (the word)?* ~ muistiin

make a note of write down; ~ *nimensä* jhk *sign;* ~ *puhtaaksi make a clean* (t. *fair*) *copy of;* ~ *uudestaan rewrite;* koneella kirjoitettu (teksti) *typescript*

kirjoittautua (yliopistoon) *register at the university*

kirjoitus *writing; article*

kirjoituskone *typewriter;* kirjoittaa ~ella *type*

kirjoituspöytä *desk*

kirjoitustarvikkeet *stationery, writing materials*

kirjoitusvihko *exercise book*

kirjoitusvirhe *mistake in spelling,* (koneella) *typing error*

kirjoituttaa: ~ koneella *have ... typed*

kirjolohi *rainbow trout*

kirjonta *embroidery*

kirjuri *clerk*

kirkaista (*give a*) *scream*

kirkas *clear, bright*

kirkastua *become clear, be clarified,* (sää) *clear* (*up*), (kasvot) *light up*

kirkkaus *brightness, clarity; splendour*

kirkko *church;* kirkossa (jumalanpalveluksessa) *at c.*

kirkkoherra *rector, vicar;* ~nvirasto *church registry office*

kirkkohistoria *church history*

kirkollinen *ecclesiastical*

kirkolliskokous *synod, Church Assembly*

kirkonkello *church-bell*

kirkonkirjoissa *registered (in the parish of)*

kirkonmenot *church service*

kirkonkylä *village with a church*

kirkonpenkki *pew*

kirkontorni *church-tower,* (suippo) *steeple*

kirkua *scream, shriek*

kirnu, -ta *churn*

kirnupiimä *buttermilk*

kiroilla *swear*

kirosana *swear-word;* ~t *bad language*

kiro|ta, -us *curse;* -ttu *damned*

kirpeä *bitter, pungent*

kirppu *flea*

kirsikka *cherry*

kirstu *chest;* (ruumis-) *coffin*

kirurgi *surgeon*

kirurgia *surgery*

kirurginen *surgical*

kirvellä *smart*

kirves *axe*

kirvesmies *carpenter*

kisa *play;* (kisat) *games*

kiskaista *snatch*

kisko *rail;* ks. suistua

kiskoa *pull, jerk, tug;* (liikaa maksua) *overcharge* ,(nylkeä) *fleece*

kiskoauto *rail-car*

kiskurihinta *extortionate price*

kissa *cat*

kissanpoika *kitten*

kisälli *journeyman*

kita *jaws*

kitalaki *(hard) palate*

kitara *guitar*

kitarisat *adenoids*

kiteinen *crystalline*

kiteytyä *crystallize*

kitka *friction*

kitkerä *bitter, acrid*

kitkeä *weed* (*out*)

kitsas *niggardly, stingy*

kitti *putty*

kitua *languish*

kitukasvuinen *stunted*

kiuas *bath-house stove*

kiukku *anger, crossness*

kiukkuinen *cross, angry*

kiukutella *be in a tantrum* (t. *in a temper*)

kiulu *pail*

kiusa *nuisance,* (ärsytys) *annoyance;* ~lla *out of spite;* tehdä ~a *tease*

kiusaaja *tempter*

kiusallinen *troublesome, annoying*

kiusanhenki *tormentor*

kiusankappale *nuisance*

kiusata *worry, bother; vex annoy;* (houkutella) *tempt*

kiusaus *temptation*

kiusoitella *tease*

kiva *jolly good,* (nätti) *cute;* ~a! *fine! how nice (that...)*

kivenhakkaaja *stonemason*

kivennäinen *mineral*

kivennäisvesi *mineral water*

kives *testicle*

kivettymä *fossil*

kivetty|lä: kauhusta -neenä *petrified with terror*

kivetä *pave (with stones);* ki-

vetty laakakivillä *metalled with flagstones*
kiveys *stone paving*
kivi *stone*
kiviastiat *stoneware, earthenware*
kivihiili *coal*
kivijalka *stone foundation*
kivikausi *Stone Age*
kivikko *stony soil*
kivikunta *mineral kingdom*
kivinen *stone,* (maasto) *stony*
kivistää *ache*
kivitaulu *stone tablet,* (lasten) *slate*
kivittää *stone*
kivulloinen *ailing, sickly*
kivuton *painless*
kivääri *rifle*
klassikko *classic; classicist*
klassinen *classical*
kloori *chlorine*
klosetti *lavatory; water-closet* (*W.C.*), (vessa) *loo;* ~**paperi** *toilet tissue*
knalli *bowler*
-ko, -kö *if, whether;* saitko sen? *did you get it?* tuleeko hän *will he come?* tiedätkö, tuleeko hän *do you know if* (t. *whether*) he will come?
kodikas *cosy, snug, homelike;* Am. *homey*
kodinhoitaja (*welfare*) *household help*
koditon *homeless*
koe *trial,* (m. koul.) *test; experiment;* tehdä kokeita *experiment*
koeajo *trial* (t. *test*) *run*
koe-erä *trial heat*
koekaniini *guinea-pig*
koekirjoitus *written test*
koelentäjä *test pilot*
koeputki *test tube*
koetella *try sth. out,* vrt. seur.
koettaa *try, attempt;* (laatua) *test;* (pukua) *try on;* ~ *parastaan do one's best*
koettelemus *trial, ordeal*
koetus *trial;* panna -kselle *put to the test;* kestää ~ *stand the test*
koevuosi *year of probation*
kofeiini *caffeine*
kohauttaa *shrug* (*one's shoulders*)

kohdata *meet; encounter, come across;* (vaikeuksia) *meet with*
kohde *object, objective*
kohdella *treat;* ~ huonosti *ill-treat, mistreat*
kohden *toward(s)*
kohdistaa *direct,* (sanoja, m.) *address*
kohdistua *be directed to; apply to; be concerned with*
kohentaa *touch up,* (tulta) *poke* (pielusta) *shake up*
kohina *rush, roar*
kohista *murmur, roar*
kohju *hernia*
kohme: ~essa*numb* (*with cold*)
kohmelo *hang-over*
koho (ongen) *float;* ~lla *raised*
kohokohta (kuv.) *highlight*
kohota *rise,* (hinta, m.) *go up*
kohott|aa *raise; lift up;* (mieltä) -ava *elevating*
kohta *point, place;* (kirjan ym) *passage,* (kappale, m. lain-) *paragraph;* (pian) *soon* (heti) *directly*
kohtaan *toward(s), to*
kohtalai|nen *moderate, fair;* -sen *fairly, moderately, tolerably,* (... iso) *of medium size*
kohtalo *fate; lot, destiny*
kohtalokas *fateful*
kohtaus *meeting,* (sovittu) *appointment;* (teatt.) *scene;* (taudin) *attack, fit;* panna toimeen ~ *make a scene*
kohteliaisuus *politeness; compliment;* ~käynti *courtesy call*
kohteli|as *polite;* -aasti *politely*
kohtelu *treatment;* huono ~ *ill-usage*
kohti *toward(s);* henkeä ~ *per person*
kohtisuora *perpendicular*
kohtu *womb, uterus*
kohtuullinen *moderate, reasonable*
kohtuus *moderation;* kohtuuden rajoissa *within reason*
kohtuuton *unreasonable, immoderate;* (liiallinen) *excessive, exorbitant*
kohu *sensation, hullabaloo;* siitä nousi ~ *it created a sensation*
koi *moth;* ~n syömä *m.-eaten*
koillinen *north-east*
koira *dog,* (ajo-) *hound*

koirankoppi *kennel*
koirankuje *dirty trick*
koiranpentu *pup(py)*
koiras *male,* (lintu) *cock; he*
(*-bear* ym)
koiravaljakko *dog team*
koittaa: päivä ~ *the day is dawning (is beginning to break)*
koitu|a *result in, come of;* minulle -i menoja *I incurred expense*
koivu *birch*
koje *appliance, apparatus*
koju (kauppa-) *booth, stall;* (makuu-) *bunk, berth*
kokea *experience; undergo*
kokeellinen *experimental*
kokeilla *experiment (on, with), try (sth.) out (on)*
kokeilu *experiment(ation)*
kokelas *candidate*
kokematon *inexperienced*
kokemattomuus *inexperience*
kokemus *experience*
kokenut *experienced*
kokka *bow*
kokkare *lump*
kokki *cook*
kokko *bonfire, midsummer pyre*
koko a *(the) whole; adv fairly, rather;* (suuruus) *size;* ~ päivän *all (the) day;* ~ joukon *quite a lot, a good deal;* ~ Helsinki *all* (t. *the whole of) H.*
kokoelma *collection*
kokoinen *... of the size of*
kokojyväleipä *whole-corn bread*
kokolattiamatto *wall-to-wall carpet(ing)*
kokonaan *wholly, entirely*
kokonainen *whole, entire*
kokonais- *total; over-all, general*
kokonaismäärä *total (amount)*
kokonaisuu|s *whole; totality;* -dessaan *in its entirety*
kokoomus *composition ,consistency;* (pol.) *coalition*
kokoon *together;* kääriä ~ *roll up;* ~ käännettävä *collapsible, folding;* panna ~ *compose;* vrt. koostua
kokoonpano *composition*
kokoontua *assemble; meet; gather, get together*
kokous *meeting; conference;* (esim. luokka- *reunion*

koksi *coke*
kolahdus (m. kuv.) *blow*
kolahtaa *bump*
kolari *crash, collision*
kolea *raw, bleak*
kolehti *collection*
kolera *cholera*
kolhaista *knock (against)*
kolhaisu(vamma) *bruise*
kolhia *batter; damage*
kolhoosi *kolkhoz, collective farm*
kolhu *knock,* (kuv.) *blow*
kolina *noise; clatter*
kolistella *rattle*
kolkata *clobber,* (tappaa) *bump off*
kolkka *corner; part(s)*
kolkko (päivä) *dismal, gloomy, dreary,* (kolea) *raw;* (autio) *desolate*
kolku|ttaa, -tus *knock, rap (at)*
kollega *colleague*
kolli *package, piece;* (kissa) *tomcat*
kolmannes *(a) third*
kolmas *(the) third*
kolme *three*
kolmekymmentä *thirty*
kolmesti *three times*
kolmetoista *thirteen*
kolmikerroksinen *three-storey*
kolmikulmainen *triangular*
kolmiloikka *triple jump,* (vanh.) *hop, step and jump*
kolminkertai|nen *triple, treble;* -sesti *threefold, trebly*
kolminkertaistaa *treble*
kolminaisuus *trinity*
kolmio *triangle*
kolmisointu *triad, the common chord*
kolmiulotteinen *three-dimensional*
kolmivuotias *three-year old*
kolmoset *triplets*
kolo *cavity, hole*
kolottaa *ache*
kolpakko *tankard*
kolttonen *trick*
komea *grand, stately; splendid, fine, imposing; good-looking*
komeilla *make a display (of) show off*
komennella *push ... around*
komentaa *command, be in command*
komentaja *commander*

komento *command*

komero: vaate~ *built-in wardrobe*

komeus *magnificence, stateliness, state*

komitea *committee;* asettaa ~ *appoint a c.*

kommellus *mishap, blunder*

kommunikea *communiqué*

kommunismi *communism*

kommunisti(nen) *communist*

kompakysymys *tricky question*

komparatiivi *comparative (degree)*

kompassi *compass*

kompastu|a *stumble;* -skivi *stumbling block*

komppania *company*

kone *machine; engine*

koneellinen *mechanical*

koneenkäyttäjä *machinist*

koneistaa *mechanize*

koneisto *machinery; mechanism;* (kellon) *works*

konekirjoittaja *typist*

konekirjoitus *typing*

konekivääri *machine gun*

konemestari *engineer*

konepaja *engineering works* (t. *shop)*

konepelti *bonnet,* (Am.) *hood*

konepistooli *submachine gun*

Kongo *the Congo;* k-lainen *Congolese*

kongressi *congress*

konjakki *brandy*

konjunktiivi *subjunctive*

konkurssi ks. vararikko

konna *villain, scoundrel*

konsepti *rough draft; notes*

konsertti *concert;* ~sali *c. hall*

konservatorio *conservatoire*

konsonantti *consonant*

konstaapeli *policeman,* (police) *constable;* yli~ *police-sergeant*

konsulaatti *consulate*

konsuli *consul*

kontata *crawl*

kontrabasso *bass(-viol)*

kontti *container*

konttoripäällikkö *office manager*

kontrolloida *control; check*

koodi *code*

kookas *big, large,* (pitkä) *tall*

kookospalmu *coconut palm*

kookospähkinä *coconut*

koo|lla *assembled;* tulla -lle *come together, assemble*

koominen *comic(al)*

koossa: pysyä ~ *hold together*

koostu|a *consist of;* jstk -va *consisting composed, made up (of)*

koostumus *composition*

koota *collect; gather;* (rahaa m.) *raise;* (tekn.) *assemble;* (kasaan) *accumulate;* (varastoon) *lay up;* kootut teokset *complete works*

kopea *haughty, arrogant*

kopeilu *arrogance*

kopeloida *grope (after), fumble*

kopeus *haughtiness*

kopio *copy,* (valok.) *print;* vrt. valo~

kopla *gang, band*

koppa *basket*

koppava *high and mighty*

koppi *cell;* sain kopin *I caught the ball*

kopu|ttaa, -tus ks. kolkuttaa

korea *showy, bright,* (väri) *gaudy*

koreilla *show off*

koreus *finery, show*

kori *basket;* (auton) *body* ~teokset *wickerwork;* ~huonekalut *osier furniture;* ~työ *basketry*

korina *rattle*

koripallo *basket-ball*

koristaa *decorate; adorn;* (hattua) *trim;* (ruokaa) *garnish*

koriste *ornament,* (puvun, joulukuusen) *trimming;* ~kasvi *ornamental plant*

koristeellinen *decorative*

koristelematon *artless, unaffected*

koristemaalari *decorator*

koristus *adornment, ornament*

korjaamo *repair shop;* auto~ *garage*

korja|ta *repair,* Am. *fix;* (parsia) *mend;* (koe) *mark;* (oikaista) *correct; amend (a law);* (puku) *alter;* ~ ruoka pöydästä *clear the table;* ~ eloa ym *harvest (the crop);* -ttu painos *revised edition*

korjaus *repair(s) (to jnk); correction, alteration*

korjausluku *proof-reading*

korjauspaja *repair shop*
korjauttaa *have ... repaired*
korkea *high;* (puu) *tall*
korkeakorkoinen *high-interest,*
(kenkä) *high-heeled*
korkeakoulu *college, institute
of university standing*
korkealentoinen *high-flown*
korkealla, -lle *high (up)*
korkeapaine *high pressure;*
(~en alue) *anticyclone*
korkein *highest top(most);*
(oikeus) *Supreme*
korkeintaan *at (the) most*
korkeuls *height;* Teidän -tenne
Your Highness; millä -della
at what altitude?
korkeushyppy *high jump*
korkki *cork,* (tulppa) *stopper,
bottle top*
korkkiruuvi *corkscrew*
korko *interest;* (kengän) *heel;*
(paino) *stress;* kasvaa ~a
yield interest; 5 % korolla *at*
5 %; ~a korolle *compound
interest*
korkokanta *rate of interest*
korkokuva *relief*
korkuinen: jnk ~ ... *in height*
koroke *platform, dais;* (katu-)
island; ~keskustelu *panel
discussion*
koronkiskuri *usurer*
korostaa *stress, lay stress on,
emphasize;* (painottaa) *stress;*
(ominaisuutta ym) *accentuate,*
(vastakohdan kautta) *set off*
korostus (puheen) *accent*
koroton *free(of interest);* (kiel)
unstressed
korottaa *raise, increase;* pro-
mote (to the rank of, jhk ar-
voon)
korotus *rise, increase*
korpi *backwoods, wilderness*
korpilakko *wildcat strike*
korppi *raven*
korppikotka *vulture*
korppu *rusk*
korppujauho *breadcrumb*
korpraali *corporal*
korsetti *corset*
korsi *stem of grass, straw;* kan-
taa kortensa kekoon *give
one's contribution, do one's bit*
korskea *haughty*
korskua *snort*

korsu *dugout*
kortisto *file, card-index*
kortistoida *file*
kortteli *block*
kortti *card;* pelata ~a *play
cards;* -pakka *pack of cards,*
Am. *deck*
kukkurainen (lusikka) *heaped*
koru *ornament;* ~t *trinkets,*
(arvo-) *jewellery*
koruompelu *fancy needlework*
korupainos *de luxe edition*
korusähke *greetings telegram*
koruton *simple, artless*
korva *ear;* tarkka ~ (mus.)
a good ear (for pitch); pelk-
känä ~na *all ears;* korviaan
myöten *over head and ears
(in debt);* ei ota kuuleviin
korviinsa *turns a deaf ear to*
korvaamaton *irreplaceable, ir-
reparable*
korvalehti *auricle*
korvakuulolta *by hearsay*
korvalääkäri *otologist*
korvannipukka *ear lobe*
korvansuojus *ear protector*
(pakkas-) *ear muff*
korvapuusti *box on the ear*
korvarengas *ear-ring*
korvasieni l.v. *morel, moril*
korvasärky *ear-ache*
korvata *compensate, make good;
replace (by* jllak), *substitute ...
for,* jk (jllak)
korventaa *singe, scorch*
korviahuumaava *deafening*
korviasärkevä *ear-splitting*
korvike *substitute*
kosia *propose, to* jkta
kosija *suitor*
kosinta *proposal*
kosiskella *woo* (m. kuv).
koska *because since;* (milloin)
when?
koskaan *ever;* ei ~ *never*
koskea *touch;* (kipeästi) *hurt;*
(tarkoittaa) *refer to, concern,
apply to;* koskivat pikkuasioi-
ta *related to minor details*
koskematon *intact, untouched*
koskemattomuus *inviolability;*
alueellinen ~ *territorial in-
tegrity*
kosketella *touch upon* (käsi-
tellä) *treat of*
kosketin *key* (sähk.) *wall-socket*

koskettaa *touch*
kosketus *touch* (m. mus.) *contact*
koski *rapids*, (putous) *waterfall*
kosmetologi *cosmetician; beauty specialist*
kostaa *avenge, revenge* o.s., *on*
kostea *damp, moist*
kosteus *dampness; humidity, moisture*
kosto *revenge*
kostonhimoinen *vindictive*
kostua *get damp*
kostuttaa *damp(en), molsten*
kota *Laplander's hut, tepee;* (kasv.) *capsule*
kotelo *case;* (pistoolin) *holster;* (eläin.) *chrysalis*
koti *home;* kotona *at home;* mennä ~in *go home;* kotoa *from home;* ~ni m. *my place;*
kodissani *in (at) my home*
kotiapulainen *home help*
kotiaresti: on ~ssa *is under house arrest*
kotiaskareet *housework*
kotieläin *domestic animal*
koti-ikävä *homesickness*
kotiin *home;* jäädä ~ *remain at h.;* ~ päin *homeward(s)*
kotinpaluu *return home*
kotikaupunki *home town*
kotikissa (kuv.) *stay-at-home*
kotimaa *home country*
kotimainen *domestic, home*
kotiopettaja *(private) tutor* (-tar) *governess*
kotipaikka *home locality,* (asuin-) *place of residence*
kotirouva *housewife*
kotitalous *home economics;* ~koneet *household appliances*
kotiteollisuus *rural crafts*
kotitarkastus *house search*
kotiuttaa *disband*
kotiutua *come home; make* o.s. *at home, feel at home*
kotiväki *(my) people, family*
kotka *eagle*
kotoisin: ~ jstk *a native of ...;* on ~ ...-sta *is (t. comes) from ...*
kottarainen *starling*
kottikärryt *wheelbarrow*
koukistaa *bend, bow*
koukistua *bend; become crooked*
koukku *hook; hanger*

koukkuinen *bent, crooked*
koulu *school;* ~ssa *at s.;* mennä ~un *go to s.;* käydä ~a *attend s.*
kouluikäinen ... *of school age*
koulukoti *approved school,* Am. *detention home*
koulukunta *school*
koululainen *schoolboy,* -girl
koululaitos *school system, public education*
koulumaksu *school fee*
koulukunkäynti *school attendance*
koulupakko *compulsory school attendance*
koulupinnaus *truancy*
kouluradio *school broadcasting*
koulutodistus *school report*
koulu|ttaa *educate, train;* (taimia) *rear (in a nursery);* -tettu *trained; qualified*
koulutoveri *school|fellow,* -mate
koura *(hollow of the) hand*
kouraantuntuva *palpable*
kourallinen *handful*
kouristus *convulsion;* kirjoitus- ~ *writer's cramp*
kouru *channel,* (katto-) *gutter;* (lasku-) *spout*
kova *hard;* (ankara) *severe, harsh; intense;* (tuuli) *strong; heavy (storm);* ~lla äänellä *in a loud voice loud(ly);* ~ onni *hard luck;* ~ vatsa *constipation;* ~ vauhti *great (t. high) speed*
kovakourainen *rough*
kovakuoriainen *beetle*
kovaosainen *unlucky*
kovapäinen *thick-headed*
kovasin *whetstone, hone*
kovasti *severely; greatly, very much;* tehdä työtä, yrittää ~ *work (t. try) hard*
kovaääninen *loud;* (kaiutin) *loudspeaker*
kovera *concave*
kovertaa *hollow (out)*
kovettaa (m. kuv.) *harden*
kovettua *harden; become solid, set; become callous*
kovin *very,* (ylen) *extremely*
kovistaa *bring pressure to bear upon, press*
kovuus *hardness; severity*

kranaat|ti *shell*, (käsi-) *hand-grenade;* -inheitin *mortar*
krassi (kukka) *nasturtium*
Kreeta *Crete*
Kreikka *Greece;* k~ (kieli) *Greek*
kreikkalai|nen *Greek;* -skatoli-nen *(Greek) Orthodox*
kreivi *count*, (Engl.) *earl*
kreivitär *countess*
Kreml *the Kremlin*
kreppinailon *crepe nylon*
kriisi *crisis* (pl *crises*)
kriittinen *critical*
Krim *the Crimea*
kriminnahka *Persian lamb*
kristalli *cut glass;* (kide) *crystal*
kristikunta *Christendom*
kristi|llinen, -tty *Christian*
kristin|oppi, -usko *Christianity*
Kristus *Christ;* e. Kr. s. *B. C.;* j.Kr.s. *A.D.*
krokotiili *crocodile*
kromi *chromium*
kromitettu *chromium-plated*
kronikka *chronicle*
krooninen *chronic*
kruunata *crown*
kruunaus *coronation*
kruunu *crown;* heittää kruunua ja klaavaa *toss (up) a coin;* ~ vai klaava? *heads or tails?*
kruununperijä *heir to the throne*
kruununprinssi *Crown Prince*
kude *woof, weft*
kudin *knitting*
kudonnaiset *woven fabrics, textiles*
kudos (anat.kuv.) *tissue*
kuha *pike-perch*
kuherrella ks. rakastella
kuherruskuukausi *honeymoon*
kuhertaa *coo*
kuhilas *(corn)stook*
kuhmu *bump, lump;* ~inen *buckled*
kuhnail|la *loiter, lag, dawdle;* -eva *dilatory*
kuhnuri (eläin) *drone*
kuhnus *sluggard*
kuihtua *wither (away), wilt*
kuikka *black-throated diver*
kuilu *gorge, cleft;* (hissin ym) *shaft*
kuin *as;* vanhempi ~ *older than;* yhtä iso ~ *as big as;* ei niin iso ~ *not so big as*

kuinka *how;* ~ suuri *how big?* *of what size?* sehän on tarkoi-tuksesi, vai ~? *that's what you mean, isn't it?* vaikka suuttui-sin ~ *however cross I get*
kuiskaaja *prompter*
kuiska|ta, -us *whisper*
kuisti *porch*
kuita|ta *receipt;* -taan **saaduksi** *received (with thanks)*
kuitenkaan: ei ~ *not ... how-ever;* (hän lupasi) eikä ~ tul-lut ... *and yet he did not come*
kuitenkin *however;* (virkkeen alussa) *still, yet, but; after all;* kiitoksia ~ *thank you just the same;* se on ~ jotain *it is something, anyway*
kuit|ti *receipt, acknowledgement (in writing);* olemme **kuitit** *we're quits*
kuitu *fibre*
kuiva *dry*
kuivat|a *dry* (pyyhkiä) *wipe;* (ojittamalla) *drain;* -ut he-delmät *dried fruits*
kuivaus|hylly, -teline *(astioi-den) draining board*
kuivauslinko *spin-dryer*
kuivua *dry (up), become dry*
kuivuus *dryness,* (sää) *drought*
kuja *lane, alley*
kuje *prank, trick*
kujeilla *be up to tricks* **(t.** **mischief),** *play pranks on*
kuka *who;* ~ heistä *which of them;* ks. kenen, kenet ym
kukaan: ei ~ *no one, nobody;* ei ~ heistä *none of them*
kukikas *flowered*
kukin *each (one)*
kukinta *flowering*
kukistaa *suppress; overthrow*
kukistua *be overthrown; fall*
kukka *flower, blossom;* olla kukassa *be out, be in bloom,* (et. hedelmäpuu) ... *in blos-som;* puhjeta ~an *come out, burst into blossom*
kukka-asetelma *flower arrange-ment*
kukkakaali *cauliflower*
kukkakauppa *flower shop, flo-rist's*
kukkakimppu *bunch of flow-ers, bouquet*
kukkamaljakko *vase*

kukka|maa, -penkki *flowerbed*
kukkaro *purse*; liikaa minun ~lleni *beyond my pocket*
kukkaruukku *flower-pot*
kukkia *flower, (be in) bloom*
kukko *cock*
kukk|ua: käki -uu *the cuckoo is calling*
kukkula *hill*
kukkura: ~llaan *brimful;* kaiken ~ksi *to crown all*
kukkurainen (lusikka) *heaped*
kukoist|aa (kuv) *flourish, prosper;* -ava *flourishing, thriving*
kukoistus (kuv.) *bloom, prime*
kulaus *gulp*
kulho *bowl, dish*
kulissi *scene, wing;* ~t *scenery*
kulje|ksia, -skella *wander (about), roam, rove, stroll*
kuljettaa *transport, convey*
kuljettaja (auton) *driver;* junan~ *train-driver*
kuljetus *transport(ation) carriage;* maantie~ *road haulage*
kulkea *go,* (jalan) *walk;* (ohi) *pass (by),* (suuntautua) *run (east to west);* kuljettu matka *the distance covered;* kuljin toista tietä *I took another road*
kulku *course*
kulkue *procession*
kulkulaitos *communications*
kulkunen *(sleigh-)bell*
kulkuneuvo *vehicle, conveyance;* vrt. liikennevälineet
kulkupuhe *hearsay, rumour*
kulkuri *vagabond, tramp*
kulkutauti *epidemic*
kulkuvuoro *service*
kulkuväylä *thoroughfare* (meri-) *waterway*
kullankaivaja *gold-digger*
kulla|ta *gild;* -ttu *gilt*
kulloinenkin ... *at any given time*
kulma *angle;* (nurkka) *corner*
kulmahammas *canine (tooth)*
kulmakarvat *eyebrows*
kulmakivi *corner-stone*
kulmikas *angular*
kulo *forest fire,* (-valkea kuv) *wildfire*
kulovaroitus *forest fire warning*
kulta *gold;* (rakas) *darling*
kultahäät *golden wedding*

kultainen *gold, golden*
kultakaivos *gold-mine*
kultakala *goldfish*
kultakanta *gold standard*
kultaseppä *goldsmith,* (myymälä) *jeweller's*
kultaus *gilding, gilt*
kulttuuri *culture, civilization*
kulu|a *wear;* (aika) *pass; go by;* ~ loppuun *become worn out; be used up;* siihen -u aikaa *it takes time;* ajan -essa *in the course* (t. *process*) *of time;* vuoden -essa *within one year;* -ttua *after*
kuluminen *wear (and tear)*
kulungit, kulut *cost(s) expenses*
kulunut *worn(-out), shabby;* (aika) *past;* (juttu) *hackneyed well-worn*
kuluttaa *wear out; consume;* (rahaa ym) *spend;* (tuhlata) *waste;* (hukata aikaa) *idle away one's time*
kuluttaja *consumer;* ~n valistus *c. guidance*
kulutus *consumption*
kulutustavarat *consumer goods;* kesto~ *durable c. g.*
kuluva (vuosi ym) *current*
kumahtaa *boom,* (kello) *toll*
kumara *bent, bowed*
kumar|rus, -taa *bow*
kumartua *bend down, stoop*
kumea *dull, hollow*
kumi *rubber,* (raape-) *india-rubber*
kumina *caraway*
kuminauha *elastic*
kumipallo *rubber ball*
kumista *boom*
kumma: sepä ~! *how odd!* ~ kyllä *oddly (strangely) enough*
kummallinen *curious, strange odd*
kummastella *marvel (at)*
kummastua *be surprised (at)*
kummastus *astonishment*
kummastuttaa *astonish*
kummi *godfather, -mother*
kummilapsi *godchild*
kummipoika *godson*
kumminkin *nevertheless, (and) yet*
kummit|ella: talossa ~telee *the house is haunted*

kummitus *ghost, spook*
kumo: ~**llaan** *upside down,
overturned;* **kaataa** ~**on** *up-
set, overturn;* **mennä** ~**on
turn over.** (vene) *capsize*
kumoamaton *irrefutable*
kumota *cancel, annul,* (laki)
repeal; (uutinen) *deny,* (väite)
refute; overrule
kumouksellinen *revolutionary*
kumpi *which (of the two);* ei
~**kaan** *neither;* ~**kin** *both*
kumppani *companion; partner;*
ja ~**(t)** & *Co.*
kumpu *hill, knoll, hillock*
kun *when,* (koska) *as;* ~ *sitä
vastoin,* ~ *taas whereas,
while;* ~**pa** ...! *if only* ...
kuningas *king*
kuningaskunta *kingdom*
kuningasmielinen *royalist*
kuningatar *queen*
kuninkaalli|**nen** *royal;* -**set** *roy-
alty*
kunnallinen *communal, munici-
pal, council* Am. *corporation*
kunnalliskoti *local authority
home*
kunnallisvaalit *municipal elec-
tions*
kunnallisverot (Engl.) *rates*
kunnanvaltuusto *local govern-
ment council*
kunnes *until; till*
kunnia *honour; glory;* ~**lla**
with credit; olla ~**ksi** *do sb.
credit;* tehdä ~**a** *salute*
kunnia-asento: seistä -**asennos-
sa** *stand to attention,* (sotilas)
stand at the salute
kunniakas *glorious*
kunniakirja *diploma*
kunniakonsuli *honorary consul*
kunnialaukau|**s:** ammuttiin 21
~**ta** *a 21-gun salute was fired*
kunniallinen *honourable*
kunniamerkki *decoration;* saa-
da ~ *be decorated*
kunnianarvoinen *venerable*
kunnianhimo *ambition*
kunnianhimoinen *ambitious*
kunnianloukkaus *libel*
kunnianosoitus *honour homage*
kunniasana *word of honour*
kunniaton *infamous, dishonour-
able*
kunniattomuus *dishonour*

kunniavieras *guest of honour*
kunnioittaa *honour, esteem
respect*
kunnioittava *respectful;* ~**sti**
(kirjeessä) *Sincerely* (Am. m.
Respectfully) yours
kunnioitus *respect, esteem;*
(syvä) *reverence*
kunnollinen *decent, respectable*
(oikea) *proper*
kunnon: ~ *mies a good chap*
(t. *fellow)*
kunnossapito *maintenance, up-
keep*
kunnostaa *recondition*
kunnostautua *distinguish o.s.*
kunta *municipality,* (maalla)
local authority area, commune
kunto (tila) *condition, state (of
repair);* (urh.) *form, shape;*
panna ~**on** *put in order;* huo-
nossa kunnossa (ei terve) *not
quite fit (not up to the mark)*
(urh) *off form;* pysyä kunnossa
keep fit; hyvässä kunnossa
(urh) *in good (fine, excellent)
form*
kuohita *castrate*
kuohkea *loose, porous*
kuohu *surge,* (vaahto) *foam;*
kevät ~**t** (joen) *spring spate*
kuohua *surge*
kuohukerma *whipped cream*
kuohuksissa *upset, indignant*
kuohuttaa *agitate;* ~ *mieliä
stir up emotion*
kuokka *hoe*
kuokkavieras *uninvited guest
intruder*
kuokkia *hoe* (esim. *hoe up
weeds);* (kuv.) *intrude,* vrt. ed.
kuola *slobber, slaver*
kuolaimet *bit*
kuolema *death;* ~**n** kielissä
at the point of d.; ~**an** tuo-
mittu *sentenced to d.;* ~**an**
johtava *fatal, mortal*
kuolemanrangaistus *capital
punishment*
kuolemansyy *cause of death*
kuolemantapaus *death*
kuolemantuomio *death-sentence*
kuolemantuottamus *manslaugh-
ter*
kuolematon *immortal*
kuolemattomuus *immortality*
kuolett|**aa** *amortize,* (velka)

K

pay off; (mitätöidä) *cancel,
declare invalid;* vrt puuduttaa;
-ava *deadly, mortal*
kuoletus *amortization*
kuolevainen *mortal*
kuoliaaksi: lyödä ... ~ *strike
... dead;* paleltua ~ *freeze to
death*
kuolinilmoitus *obituary notice*
kuolinkamppailu *death struggle*
kuolinpesä *estate (of a deceased
person)*
kuolio *gangrene*
kuolla *die (of, from* jhk);
-emaisillaan *dying*
kuolleenasyntynyt *stillborn*
kuolleisuus *death rate, mortality*
kuollut *dead;* herättää kuolleista *raise from the dead;* oli
kuolleessa pisteessä *hung at
dead centre, was at stalemate*
kuolonhiljaisuus *dead silence*
kuomu *hood*
kuona *slag,* (kuv.) *dross*
kuono *muzzle, nose*
kuonokoppa *muzzle*
kuoppa *pit, hole;* silmät -illa
hollow-eyed
kuoppainen (tiestä) *bumpy*
kuopus *youngest child*
kuori *peel, (fruit) skin;* (munan
ym) *shell;* (puun) *bark;* (perunan, m.) *jacket;* (kirkon)
chancel, choir
kuoria *peel,* (omena, m.) *pare;*
(jyviä) *husk, hull;* (maitoa)
skim
kuoriutua *hatch out*
kuorma *load, burden*
kuorma-auto *lorry,* Am *truck*
kuormasto ks huolto
kuormata *load*
kuormaus *loading*
kuormittaa: ~ liikaa *overload*
kuoro *choir;* ~ssa *in chorus*
kuorolaulu *choral singing*
kuorrutus *icing*
kuorsata, -us *snore*
kuosi *pattern; fashion*
kuosikas *fashionable stylish*
kuovi *curlew*
kupari *copper;* ~piirros *c. plate*
kupera *convex*
kuperkeikka *somersault*
kupillinen *a cup of ...*
kupla *bubble*

kupoli *dome*
kuponki *coupon*
kuppa(tauti) *syphilis*
kuppi *cup*
kuppikunta *clique*
kupu (linnun) *crop, craw,* (hatun) *crown,* (lampun) *shade*
(-katto) *dome*
kura *mud, mire*
kurainen *muddy; slushy*
kureliivit *corset, stays*
kuri *discipline;* ~in tottunut
(well-)disciplined
kurimus *whirlpool, maelstrom*
kurinpidollinen *disciplinary*
kuristaa *strangle*
kuristusläppä *throttle*
kuriton *undisciplined, unmanageable*
kurittaa *discipline,* (lyödä) *whip*
kurittomuus *want of discipline*
kuritus *(corporal) punishment*
(kuv.) *chastisement*
kuritushuone *penitentiary*
kurja *miserable, wretched*
kurjenmiekka *iris*
kurjuus *misery, wretchedness*
kurki (lintu) *crane*
kurkistaa *peep, peer*
kurkku *cucumber;* anat. *throat;*
~ni on kipeä *I have a sore
throat;* täyttä ~a *at the top
of one's voice;* niellä väärään
~un *swallow the wrong way*
kurkkuajos *quinsy*
kurkkumätä *diphtheria*
kurkottaa *stretch (one's neck
to see ...), reach out (for* jtk
ottaakseen), *crane (forward)
put (one's head out of the window)*
kurkunpää *larynx*
kurlata *gargle*
kurpitsa *gourd, pumpkin*
kursailematon *free and easy*
kursailematta *without ceremony*
kursailla *stand on ceremony*
kursiivi *italics*
kurssi *course;* (rahan) *rate of
exchange;* päivän ~in *at the
current rate of exchange*
kurssikirjat *set books*
kurssilainen *person attending
a course*
kurttu *wrinkle*
kustannu|s: -kset *cost(s)* ex-

penses, charges; minun -ksel-
lani at my expense
kustannusarvio (cost) estimate
kustannusliike publishing firm
kustantaa pay for, pay the cost
of; (kirja) publish
kustantaja publisher
kuta: ~ ..., sitä the ... the
kutea spawn
kuten as; like; ~ esimerkiksi
..., such as ...; ~ haluat as you
like; ~ isäsi like your father ...
kutina itching
kutistua contract, (vaate) shrink
kutistumaton pre-shrunk, non-
shrinkable
kutittaa tickle
kutoa weave; (neuloa) knit
kutoja weaver
kutomateollisuus textile in-
dustry
kutomo textile mill
kutsu invitation; ~t party;
pitää ~t give a party
kutsu|a call; (vieraaksi) invite,
ask (to lunch lounaalle); (ko-
koon, m) summon, convene (a
meeting); -in hänet käymään
luonani I asked her to come
and see me
kutsukortti invitation card
kutsumaton uninvited
kutsumus calling, vocation
kutsunta draft, enrolment for
military service; call-up
kutea spawn
kutsuvieras (invited) guest
kuu moon; (-kausi) month;
~hun lasku moon landing;
ensi ~ssa next month
Kuuba Cuba; k-lainen Cuban
kuudes (the) sixth
kuukausi month; ~ttain month-
ly, every month; 20 puntaa
kuukaudessa £20 a (t. per)
month; -julkaisu monthly; ei
-määriin not ... for months
kuukauti|nen monthly; -set
menses, menstruation
kuula bullet; (keila- ym) bowl;
työntää ~a put the shot
kuulakärkikynä ball-point pen
kuulalaakeri ball-bearings
kuulantyöntö shot-put
kuulas transparent, limpid
kuuliainen obedient
kuuliaisuus obedience

kuulija hearer listener
kuulijakunta audience
kuulla hear; (saada tietää, m.)
learn; en kuullut I didn't hear,
(mitä sanoitte?) I beg your
pardon? kuulehan look here!
I say! listen!
kuulo hearing
kuulo|ke receiver; kuulokkeet
headphones
kuulokoje hearing aid
kuulopuhe hearsay
kuulostaa sound
kuultokuva transparency, slide
kuulu|a be heard, be audible;
(jklle) belong to; be among
..., be one of ...; ei k. asiaan
is beside the point; hän -u ole-
van rikas he is said to be rich;
mitä -u? how are you? how
are you getting on? how's life?
oli näin -va ran as follows
kuuluisa famous, well-known
kuuluisuus fame, renown; (hen-
kilö) celebrity
kuulumaton inaudible
kuulustella examine; (todista-
jaa m) question; (läksyjä) hear
kuulustelu hearing, examination
kuuluttaa announce; (aviol.)
publish (t. call) the banns
kuuluttaja (rad.) announcer
kuulutus announcement, notice;
(aviol.) banns; ottaa avio~
have one's banns called
kuuluva audible
kuuluvuus audibility; (radio)
reception
kuuma hot; meni kaupaksi kuin
kuumille kiville sold like hot
cakes
kuume fever; mitata jkn ~
take sb.'s temperature
kuumeinen feverish
kuumemittari (clinical) thermo-
meter
kuumentaa heat (up)
kuume|ntua, -ta become hot
kuumuus heat
kuunnella listen (to); (luentoa)
attend (a lecture); (salaa)
eavesdrop; tap (a telephone
wire)
kuunnelma radio play
kuunpimennys eclipse the
moon
kuuntelija listener

kuuri *course*
kuuro *deaf;* kaikui ~ille korville *fell on deaf ears*
kuuromykkä (vanh.) *deaf-mute*
kuurous *deafness*
kuusama *honeysuckle*
kuusi *six;* (puu) *spruce*
kuusikymmentä *sixty*
kuusitoista *sixteen*
kuutamo *moonlight*
kuutio *cube*
kuutiometri *cubic metre*
kuutiotilavuus *cubic capacity*
kuva *picture; image; illustration*
kuvaaja *camera-man*
kuvaamataiteet *the fine arts*
kuvaamaton *indescribable*
kuvaannollinen *metaphorical figurative*
kuva-arvoitus *rebus*
kuvaava *characteristic*
kuvaelma *tableau* (pl -x)
kuvailla *describe*
kuvakirja *picture-book*
kuvakudos *tapestry*
kuvalehti *pictorial*
kuvanauha, ottaa ~lle (TV) *video-tape*
kuvanheitin *projector*
kuvanveisto *sculpture*
kuvanveistäjä *sculptor*
kuvapatsas *statue*
kuvaruutu *television screen*
kuvastaa *reflect, mirror*
kuvastin *mirror, looking-glass*
kuvastua *be reflected (in)*
kuvata *describe; depict, portray;* (luonnehtia) *be characteristic of,* (esittää) *represent;* (elok.) *film photograph*
kuvaus *description;* (elok.) *photography*
kuvio *figure*
kuviollinen *figured, patterned*
kuvitel|la *imagine;* ~ mielessään (m.) *picture to o.s.;* -tu *fancied, imaginary*
kuvit|taa *illustrate;* -ettu *illustrated*
kuvittelu *imagination,* (idle) *fancy*
kuvitus *illustration(s)*
kuvottaa: minua ~ *I feel sick*
kvartetti *quartet(te)*
kyetä *be able to, be capable of (...-ing);* en kykene siihen *I cannot do it, I am not up to it*

kykenemätön *incapable (of ...-ing), unable (to); incompetent*
kykenevä *able, capable*
kyky *ability, capacity;* sielun ~ *faculties (of the mind)*
kyljys *chop, cutlet*
kylki *side*
kylkiluu *rib*
kylkiäinen (kaupan mukana) *free gift*
kylli|ksi, -n *enough, sufficiently;* ~ suuri *big enough*
kyllä *yes;* ~ tulen *I shall certainly come;* ~ kai *I think so*
kylläinen *satisfied*
kyllästyttää (kuv.) *tire, sicken*
kyllästy|ä *tire, of* jhk; -nyt *tired, sick (of), disgusted (with)*
kyllästää *impregnate saturate*
kylmettyminen *cold*
kylmettyä *catch (a) cold*
kylmyys *cold coldness*
kylmä *cold; chilly;* minun on ~ *I am (t. feel) cold*
kylmänarka (kasvi) *not hardy*
kylmäkiskoinen *cold, chilly*
kylmäverinen *cold-blooded; coo*
kylpeä *bathe;* (ammeessa) *have a bath*
kylpy *bath*
kylpyamme (bath)tub, bath*
kylpyhuone *bathroom*
kylpylaitos *baths*
kylpypaikka *bathing resort spa*
kylpytakki *bathrobe*
kyltymätön *insatiable*
kylvettäjä (bath) *attendant*
kylvettää *bath (a baby* ym)
kylvää *sow*
kylvö *sowing*
kylvökone *sowing-machine seed-drill*
kylä *village;* mennä ~än *pay a visit to call on*
kyläillä *be visiting (a p.* jkn luona)
kyläläinen *villager*
kymmen|en *ten;* -es (the) *tenth;* -iä l.v. *scores dozens (of);* -iä tuhansia *tens of thousands*
kymmenjärjestelmä *decimal system*
kymmenkunta *about ten;* ~ vuotta *ten years or so*
kymmenottelu *decathlon*

kymmenykset *tithes*
kyniä *pluck*
kynnys *threshold*, vrt matto
kynsi *nail*, (eläimen) *claw*;
kynnet (kuv.) *clutches*
kynsienhoito *manicure*
kynsiharja, -sakset *nail-brush*
(*-scissors*)
kynsilakka *nail polish*
kynsilaukka *garlic*
kynsiä *scratch*
kynttelikkö (katto-) *chandelier*,
(esim. seinä-) *candelabrum* (pl
-*bra*)
kynttilä *candle*
kynttilänjalka *candlestick*
kynttilänpäivä *Candlemas*
kynttilänvalo *candlelight*
kyntää *plough*; Am. *plow*
kynä *pen*, (lyijy-) *pencil*
kynänterä *(pen) nib*
kynänvarsi *penholder*
kynäsota *polemic*
kyprolainen *Cypriot*
Kypros *Cyprus*
kypsymätön *unripe; immature*
kypsyys *ripeness*, (kuv) *maturity*
kypsyä *ripen, mature*
kypsä *ripe; mature;* (ruoka)
well-done
kypärä *helmet*
kyse: kun on ~ *when it is a
question of ...*
kyseinen ... *concerned, ... in-
volved,* ... *in question*
kyseenalai|nen *questionable,
doubtful;* asettaa -seksi *ques-
tion*
kysellä *ask, inquire (about)*
kysely *inquiry*
kyselykaavake *questionnaire*
kysymy|s *question;* (asia)
matter, problem; mistä on ~
what is it all about? ei tule
-kseen *is out of the question;*
herätti -ksen *(this) raised the
question (of whether ...)*
kysymysmerkki *question-mark*
kysyntä *demand*, for jnk
kysyä *ask, inquire (about sth.,
for a p.);* (vaatia) *require;* ~
tietä *ask the way;* kysyin hä-
neltä, mitä kello oli *I asked
him the time;* voidaan ~ *it may
be asked (whether ...)*
kyteä *smoulder*
kytkeytyä *be linked up (with)*

kytkeä *tie (up);* (tekn.) *couple;*
(koira) *put on a lead,* (ketjuun)
chain up
kytkin *coupling,* (sähk.) *switch;*
(auton) *clutch*
kyttyrä *hump, hunch*
kyttyräselkäinen *hunchbacke*
kyvykkyys *ability*
kyvykäs *able, capable, com-
petent*
kyvyttömyys *incompetence;
impotence*
kyvytön *incapable*
kyyhkynen *pigeon, dove*
kyykistyä *crouch, squat*
kyyk|ky: olla -yssä *(be) squat-
(ting)*
kyy(käärme) *adder, viper*
kyynel *tear;* ~einen *tearful*
kyynelkaasu *tear-gas*
kyynärpää *elbow*
kyynärvarsi *forearm*
kyyristyä *crouch;* (pelosta)
cower
kyyti *ride;* ottaa ~in *give sb.
a lift;* antaa ~ä kuv. *blow ... up*
kädenkäänteessä in *(less than)
no time*
kädenliike *gesture*
kädenpuristus *handshake*
kädensija *handle*
käherryspihdit *curling tong*
kähertää *wave*
käheys *hoarseness, huskiness*
käheä *hoarse*
kähveltää *pinch, pilfer*
käki *cuckoo*
käly *sister-in-law*
kämmen *palm*
kämppä *(log) cabin*
känsä *callus, callosity*
käperty|ä *curl (t. roll) up;*
itseensä -nyt *wrapped up in o.s.*
käppyrässä *curled up*
käpy *cone*
käpälä *paw;* lähteä ~mäkeen
take to one's heels, bolt
käristä *sizzle*
käristää *frizzle, fry*
kärjistyä *become acute* (t.
critical)
kärjist|ää *make (more) critical
bring to a head;* -äen (voi sa-
noa) *to put it at its crudest*
kärkevä *pointed; incisive*
kärki *point; tip,* (pää) *end;*
(etunenä) *head;* olla kärjessä

(urh.) *head (the race);* meni
kärkeen *took the lead*
kärkkyä *hang about (for)*
kärkäs *desirous, eager (for)*
kärppä *stoat,* (talvella) *ermine*
kärpänen *fly;* (kuv) *bug, hobby*
kärsimys *suffering;* ~näytelmä
Passion play
kärsimättömyys *impatience*
kärsimätön *impatient*
kärsivällinen *patient*
kärsivällisyys *patience*
kärsiä *suffer;* (kestää) *endure;*
(sietää) *bear, stand;* ~ vahin-
koa *sustain (suffer, incur) a
loss*
kärsä *snout;* (norsun) *trunk*
kärttää *bother (a p for),* (int-
tää) *be insistent*
kärtyinen *cross, peevish*
kärventää *scorch, singe*
käry *(smoky) smell;* (ruoan)
smell of cooking
kärytä *smell, reek*
käräjät *Assizes, district court
session*
käräjöidä *go to law*
käsi *hand;* ~ kädessä *h. in h.;*
kädestä suuhun *from h. to
mouth;* käydä ~ksi *take ...
in hand,* (esim. työhön) *get
down to, get to grips (with),*
(kimppuun) *attack;* päästää
~stään *waste (an opportunity)*
saada ~insä *get hold of;* aika
on ~ssä *the time is at h.;* ~n
tehty *hand-made*
käsiala *handwriting*
käsi(tuli)aseet *small arms*
käsikirja *manual*
käsikirjoitus *manuscript*
käsikoukussa *arm in arm, with
arms linked*
käsikähmä *hand-to-hand fight;*
joutua ~än *come to blows*
käsilaukku *handbag*
käsin *by hand; hand-*
käsine *glove*
käsipuu *hand-rail*
käsiraha *deposit*
käsiraudat *handcuffs*
käsite *concept*
käsitellä *handle, deal with ...,*
treat; (tietokoneella) *process;*
ottaa -täväksi *ake ... up*

käsiteollisuus *handicraft in-
dustries*
käsitettävä *comprehensible*
käsitteellinen *abstract*
käsittely *treatment, manage-
ment;* (parl.) *reading;* ~n alai-
sena *under consideration*
käsittämätön *incomprehensible*
käsittää *comprehend, under-
stand; realise;* (sisältää) *com-
prise, include;* minun järkeni
ei sitä käsitä *I can't make
sense of it, it is beyond me;*
etkö käsitä leikkiä? *don't you
see a joke?* koko maan käsit-
tävä *country-wide*
käsity|s *idea, view;* -kseni mu-
kaan *in my opinion* (t. *view*)
käsityskanta *standpoint*
käsityskyky *comprehension*
käsityö *(handi)craft;* (naisten,
m.) *needlework*
käsityöläinen *artisan*
käsivarsi *arm*
käskevä *imperious, domineering*
käskeä *order, command; tell
(sb. to ...)*
käsky *order(s) command;*
(raam.) *commandment;* jkn
~stä *on the orders of*
kätei|nen *cash ready money;*
-sellä *(in) cash;* -smaksu (m.)
down payment
kätellä *shake hands (with)*
kätevä *handy, clever with one's
hands, dexterous*
kätilö *midwife*
kätkeytyä *hide o.s., conceal o.s.*
kätke|ä *hide;* -tty *hidden*
kätkyt *cradle*
kätkö *hiding-place;* panna ~ön
hide away, conceal
kättentaputus *applause*
kätyri *tool*
kävellä *walk, take a walk*
kävely, -matka *walk;* mennä
~lle *go for a w.*
kävelykatu *street closed to
(motor) traffic*
kävelykeppi *walking-stick*
kävelypuku *suit, coat and skirt*
kävijä *caller; visitor*
käväistä *drop in (on sb. jkn
luona)*
käydä *e.o;* (kone) *work;* (juo-
ma) *ferment;* ~ jkn luona
call on a p. visit; ~ laatuun

~ päinsä *do;* ~ läpi *go through, look over;* ~ yksiin *agree;* hän kävi luonani *he came to see me;* (lä➤äri ym) kävi *called;* miten hänen käy? *what will become of him?*

käymälä *lavatory, toilet,* (arkik) *loo*

käynnistää *start*

käynti *call, visit;* (kävely) *walk, gait;* käynnissä *in operation;* panna ~in *start*

käyntikortti *(visiting-)card,* Am *calling card*

käypä *current; valid*

käyrä *crooked, curved*

käyrätorvi *horn*

käyskennellä *stroll, wander*

käytetty *used; second-hand;* ostaa ~nä *buy second-hand*

käyttäytyminen *behaviour, conduct*

käyttäytyä *behave (o.s.), act*

käyttää *use; employ* (pukua ym) *wear;* (kuluttaa) *consume,* (rahaa) *spend;* ~ hyväkseen *make use of, utilize; take advantage of;* ~ konetta (ym) *operate;* ~ loppuun *use up, wear out;* ~ väärin *abuse, misuse;* käytettävissä oleva *available;* olla käytettävissä *have at one's disposal*

käyttö *use; wear; operation;* omaan ~ön *for personal use*

käyttökelpoinen *serviceable*

käyttökustannukset *operating* (t. *running*) *costs*

käyttöohjeet *directions for use*

käyttövoima *motive power*

käytännöllinen *practical*

käytäntö *practice;* ottaa ~ön *adopt, introduce;* tulla ~ön *come into use;* -nössä *in practice;* -nössä mahdollinen *practicable*

käytävä *corridor;* (puiston) *walk, path*

käytös *behaviour, conduct; manners*

käämi *coil spool*

käänne *turn,* (muutos) *change;* (takin) *lapel*

käännekohta *crisis; turning point*

käännyttää *convert*

käännös *turn;* (kiel) *translation*

käänteentekevä *epoch-making*

kääntymys *conversion*

kääntyä *turn;* (uskoon) *be converted;* ~ jkn puoleen *turn to sb., approach* (t. *apply to*) *sb.,* (lääkärin ym) *consult*

kääntäjä *translator*

kääntää *turn;* (taittaa) *fold (up kokoon);* (kiel.) *translate (from ... into ...);* (nurin) *overturn,* (ylösalaisin) *turn upside down*

kääntöpiiri *tropic (of Capricorn, of Cancer)*

kääntöpuoli *reverse side*

kääntösilta *swing bridge*

kääpiö *dwarf*

kääpiösarja *bantam weight*

kääre *wrapper;* (lääk.) *dressing,* (kylmä ym) *compress*

käärepaperi *wrapping paper*

kääriytyä *wrap o.s. up*

kääriä *wind,* (pakettiin ym) *wrap (up);* ~ (hihat ylös) *roll up, tuck up*

käärme *snake; serpent*

käärö *parcel, package,* (mytty bundle;* panna ~ön *make up into a bundle*

köli *keel*

kömmähdys *blunder*

kömpelö *clumsy, ham-handed; awkward;* ~sti tehty *bungled*

kömpiä *crawl, shuffle*

köyhdyttää *impoverish*

köyhtyä *become poor, be reduced to poverty*

köyhyys *poverty*

köyhä *poor*

köyhäinhoito (vanh.) *relief of the poor*

köyhälistö *proletariat*

köynnös *garland;* (viini-) *vine*

köynnöskasvi *creeper, climber*

köysi *rope, line, cord*

köysiportaat *rope ladder*

köysirata *cableway*

köyttää *(tie with a) rope*

Kööpenhamina *Copenhagen*

L

laahata *drag (along)*
laahus *train*
laahustaa *shuffle along*
laaja *wide, extensive,* (kuv. m.) *broad;* ~lle levinnyt *widespread;* ~lti *widely*
laajakangas *wide screen*
laajakantoinen *far-reaching*
laajakulmaobjektiivi *wide-angle lens*
laajennus *extension, enlargement;* (lääk.) *dilatation*
laajentaa *widen, extend, expand*
laaje|ntua, -ta *extend, expand, widen;* (fys.) *distend, dilate*
laajuus *extent, width;* (wide) *range; compehensiveness*
laakea *level; flat*
laakeri *laurel, bay;* (tekn.) *bearing;* ~nlehti *bayleaf*
laakeriseppele *laurel wreath*
laakso *valley*
laastari *sticking-plaster;* ~lappu *pad, plastic strip*
laasti *mortar*
laatia *draw up, compose, work out;* (sanakirja ym) *compile,* (lakeja) *make;* (pöytäkirja) *write take down*
laatikko *box,* (iso) *case,* (säle-) *crate,* (veto-) *drawer*
laatta *plate,* (kivi-) *slab,* (muisto- ym) *tablet;* vrt. levy
laattakiveys *flagstone* (t. *crazy*) *pavement*
laatu *quality,* (laji) *sort, kind;* se käy ~un *it will do*
laatuinen: minkä ~ *of what kind*
laatutuote *quality product*
laava *lava*
laboratorio *laboratory* (lyh *lab*)
labyrintti *maze, labyrinth*
ladata *load,* (paristo) *charge*
lahja *gift, present;* antaa ~ksi *give as a present*
lahjakas *gifted, talented*
lahjakkuus *talent (for)*
lahjakortti *gift voucher*
lahjanäytäntö *benefit (performance)*
lahjapakkaus *gift wrapping*
lahjapalkkio *gratuity, bonus*
lahjaton *not talented*

lahje *(trouser) leg*
lahjo|a *bribe, corrupt;* -mis|järjestelmä *corruption*
lahjoittaa *present (sb.) with* jklle jtk; *give; donate*
lahjoittaja *donor*
lahjoitus *donation, gift*
lahjomaton *incorruptible*
lahjus *bribe*
lahko *order;* (usk.) *sect*
lahkolainen *sectarian dissenter*
lahna *bream*
laho a *decayed;* s *rot*
lahota *decay, rot*
lahti *bay, gulf*
lai|dun *pasture;* olla -tumella *be out to grass*
laiduntaa *graze*
laiha *thin,* (kuv. ym.) *lean*
laihduttaa (itseään): hän ~ *she is slimming*
laiho *standing crop*
laihtua *get thin(ner), lose weight*
laihuus *thinness*
laikku *fleck, spot, patch*
lailla: millä ~ *in what way?* tällä ~ *in this manner, like this*
laillinen *lawful; legitimate*
laillist|aa *legitimate;* -ettu *registered*
laillisuus *lawfulness,l egality*
laimea *weak,* (kuv.) *lukewarm; slight;* (liik.) *dull, flat*
laimentaa *weaken,* (neste) *dilute*
laimin: lyödä ~ *neglect*
laiminlyönti *neglect, negligence, failure (to do sth.)*
laina *loan;* antaa -ksi *lend;* pyytää -ksi *ask for the loan of;* olla jtk ~na *have sth. on loan*
lainahöyhenet *borrowed plumes*
lainakirjasto *lending library*
lainasana *loan word*
lainasumma *amount of loan*
lainata *lend;* (jklta) *borrow from;* saanko ~ ... *can you lend me ...? may I have the loan of ...?*
lainausmerkit *quotation marks*
laine, ~htia *billow, wave*
-lainen: SAK-~ *SAK-*connected; kahden~ *of two kinds*
lainkaan: ei ~ *not at all*

lainkuuliainen *law-abiding*
lainopillinen *juridical, judicial*
lainsuojaton *outlaw*
lainsäädäntö *legislation, law-making*
lainsäätäjä *legislator*
lainvastainen *contrary to law*
laipio *bulkhead*
laiska *lazy, idle;* ~n virka *soft job, sinecure*
laiskotella *laze, be lazy*
laiskottelu *idling*
laiskuri *idler*
laiskuus *laziness*
laita *side, edge;* asian ~ *state of affairs;* hänen ~nsa on huonosti *things are bad with him;* minun ~ni on samoin *it's the same with me;* yli laidan *overboard*
laitakaupunki *outskirts of the town*
laite *appliance apparatus, device*
laiton *illegal*
laitos *establishment, institution*
laittaa *make, prepare;* ~ kuntoon *put in order*
laittomuus *illegality*
laituri *landing stage,* (pieni) *jetty;* (satama-) *quay, wharf;* (rautat.) *platform*
laiva *ship,* (alus) *vessel,* (höyry-) *steamer;* (kirkon) *nave;* ~ssa *on board;* astua ~an *go on board, embark;* astua ~sta *disembark*
laivaliikenne *shipping, steamship service*
laivamatka *voyage*
laivanrakennus *shipbuilding*
laivanvarustaja *shipowner(s)*
laivanveistämö *shipyard*
laivasto *fleet,* (merivoimat) *Navy;* laivasto- *naval*
laivata *ship*
laivaus *shipment*
laivavuoro(t) *steamship service*
laivue *flotilla,* (ilm.) *squadron*
laivuri *skipper, master*
laji *sort, kind,* (merkki) *brand;* (tiet.) *species;* (urh.) *event; sport*
lajike *variety*
lajitella *assort, grade*
lajitelma *assortment*
lakaista *sweep*
lakana *sheet*

lakastua *wither, fade (away)*
lakaita *cease, stop;* (lakalla) *lacquer, varnish;* sade on -nnut *it has stopped raining*
lakeus (vast) *plain*
laki *law, act;* (huippu) *top crown;* lain määräämä *statutory, prescribed by law*
lakiehdotus *bill*
lakikirja *statute-book*
lakimies *lawyer*
lakimääräinen *fixed by law, legal*
lakimääräys *provision in law*
lakisääteinen *statutory*
lakitiede ks. oikeustiede
lakka *lacquer, varnish;* (kirje-) *sealing-wax;* (marja) l.v. *arctic cloudberry*
lakkaamaton *incessant*
lakkaamatta *without ceasing* (t. *stopping), constantly, continuously*
lakkauttaa *stop, withdraw, suppress,* (maksut) *suspend;* (työt tehtaassa) *shut down*
lakki *cap*
lakko *strike;* ryhtyä ~on *go (out) on strike*
lakkolainen *striker*
lakonrikkuri *strike-breaker blackleg,* Am. *scab*
lakritsi *liquorice*
lama: ~ssa *depressed,* (kauppa) *slack, dull*
lamaantua *become paralysed* (t. *depressed), slacken*
lamakausi *period of depression*
lammas *sheep* (pl = sg)
lammaslauma *flock (of sheep)*
lammaspaimen *shepherd*
lammastarha (kuv. ym) *fold*
lammikko *pond,* (pieni) *puddle*
lampaankyljys *mutton chop*
lampaanliha *mutton*
lampaanpaisti *leg of mutton*
lampi *pond, pool*
lamppu *lamp, light,* (hehku-bulb
lampunvarjostin *lampshade*
langaton *wireless;* ~ sähkötys w. *telegraphy*
langeta *fall,* (kompastua) *stumble;* (maksettavaksi) *become due;* hän lankesi ja taittoi jalkansa *he fell over and broke his leg*

langettaa (tuomio) *pass, pronounce (sentence)*
lanka *thread,* (villa-) *yarn,* (puuvilla-) *cotton;* (metalli-) *wire*
lankakerä *ball of yarn (wool etc)*
lankarulla *reel (of cotton), bobbin, spool*
lankeemus *fall*
lankku *plank,* (liik.) *deal*
lanko *brother-in-law*
lanne *hip(s);* kädet lanteilla *with hands on hips*
lannistaa *discourage,* (valta-) *subdue*
lannistua *become disheartened*
lannistumaton *indomitable*
lannoite *fertilizer*
lannoittaa *manure*
lanta *manure.* (esim. linnun) *droppings*
lantatunkio *dunghill*
lantio *pelvis*
lantti *coin, penny*
lanttu *swede,* Am. *rutabaga*
lapa *shoulder,* (airon) *blade*
lapaluu *shoulder- blade*
lapamato *broad tapeworm*
lapio *spade, shovel*
lapioida *shovel*
lappalainen a *Lapp(ish);* s *Lapp Laplander*
Lappi *Lapland;* lapinkieli *Lapp(ish)*
lappu (paikka) *patch* (paperi-) *slip, scrap (of paper)* (laastari) *pad, plastic strip*
lappuliisa *meter maid,* Engl. *traffic warden*
lapsellinen *childish; child-like*
lapsenhoitaja *nurse*
lapsen|lapsi *grandchild;* -rattaat *children's push chair;* -vaunut *perambulator*
lapseton *childless*
lapsi *child* (pl *children),* (pikku-) *baby, infant*
lapsihalvaus *polio (myelitis)*
lapsilisä *child allowance*
lapsipuoli *stepchild*
lapsirakas *fond of children*
lapsuu|s *childhood;* -denaika c. *days;* -denystävä *friend of one's c.;* -desta asti *from* (t. *ever since) childhood*
lasi *glass;* ~kuitu f *ibreglass*
lasilli|nen; ~ vettä *a glass of* water; kaksi -sta *two glassfuls*

lasimaalaus *stained glass*
lasinen *(made of) glass*
lasiruutu *(glass) pane*
lasitehdas *glass factory*
lasitus *glazing*
laskea *count, calculate;* (asettaa) *lay;* (päästää) *let (go irti);* (hinta ym) *fall, drop, decline, decrease;* (joki) *disembogue, discharge;* (aurinko) *set;* (maihin) *land; put ashore;* (aseet) *lay down;* ~ alas *let down;* ~ kauppaan *put on the market;* ~ leikkiä *joke;* ~ lippu *lower* (t. *strike) a flag;* ~ mukaan *(joukkoon) include;* ~ mäkeä *toboggan;* ~ päässä *figure in one's head;* ~ väärin *miscalculate;* ~ yhteen *add (together)*
laskelma *calculation*
laskelmoiva *calculating*
laskento *arithmetic*
lasketella (runoa) *reel off*
laskettelu *downhill ski'ing;* ~rinne *slalom slope*
laskeutua *go down, descend;* (lentokone) *land, touch down;* (sakka) *settle;* (pitkälleen) *lie down*
laskiaistiistai *Shrove Tuesday*
laskimo *vein*
laskos, -taa *fold, pleat*
lasku *bill; fall;* ~jeni mukaan *according to my reckoning;* laatia ~ *make out a bill;* merkitä ~un *put down to a p'.s account;* ostaa ~un *buy on credit;* hintojen lasku *fall* (t. *drop) in prices*
laskuesimerkki *problem, sum*
laskukone *calculating machine*
laskuoppi *arithmetic*
laskuportaat *gangway*
laskusana *numeral*
laskutapa: neljä ~a *the four rules of arithmetic*
laskuttaa *invoice, charge*
laskuvarjo *parachute;* ~joukot *paratroops;* pelastautui ~n avulla *escaped (unhurt) by p. baled out*
laskuviivoitin *slide rule*
laskuvirhe *error in calculation*
lasta *splint;* (muuraus-) *trowel*

lasta|ta *load; -ttu* (m.) *laden*
lastaus *loading*
lastenhoitaja *(children's) nurse*
lastenhoito *care of children*
lastenhuone *nursery*
lastenkoti *Children's home*
lastenlääkäri *p(a)ediatrician*
lastentarha *kindergarten*
lasti *cargo;* ottaa ~a *take in c.;* purkaa ~ *unload*
lastilaiva *freighter cargo vessel*
lastoittaa *put in splints*
lastu *shaving, chip*
lastulevy *particle board*
lastuvilla *wood shavings;* Am. *excelsior*
lataus *charge;* (aseen) *loading*
latina, -lainen *Latin*
latkia *lap up*
lato *barn, shed*
latoa *heap, pile (up),* (puutavara) *stack;* (kirjap.) *set (up), compose*
latoja *type-setter, compositor*
latomakone *type-setting machine*
lattea *flat,* (kuv.) *insipid*
lattia *floor;* ~vaha *f. polish*
latu *(ski) track*
latva *top;* (joen) *upper course, source*
lauantai *Saturday;* ~na *on S.*
laudoitus *boarding,* (seinä-) *wainscot(ing)*
laueta *go off;* (jännitys) *ease, relax*
lauha *mild*
lauhduttaa *cool, condense;* (kuv) *soothe, appease*
lauhkea *temperate;* (eläin) *meek*
laukaista *discharge, fire;* (ohjus ym) *launch;* (jännitys) *relax*
laukaisualusta *launching pad*
laukata *gallop*
laukaus *shot; report;* ~ten vaihto *(exchange of) firing*
laukka *gallop;* täyttä ~a *at full g*
laukku *bag,* (kartta- ym) *case*
laulaa *sing;* kuka lauloi ..n osan *who sang the part of ...*
laulaja, -tar *singer*
laulu *song; singing*
laulukuoro *choir*
laululintu *song-bird*
laulunäytelmä *musical comedy*
laulurastas *song-thrush*

laulu ääni *singing voice*
laum|a *herd, flock;* -oittain *in crowds*
laupeus *mercy, charity*
laupias *merciful*
lause *sentence,* (lyhyt) *clause*
lauseenosa *part of sentence*
lauseoppi *syntax*
lauseparsi *phrase; idiom(atic expression)*
lausua *utter, say, state;* (ilmaista) *express;* (runo) *recite*
lausuja *elocutionist*
lausunta *recitation*
lausunto *statement, opinion, report*
lauta *board*
lautakunta *board, committee*
lautamies *juror, lay member of a court*
lautanen *plate,* (syvä) *soup p.;* lentävä ~ *flying saucer;* lautaset (mus.) *cymbals*
lautasliina *(table) napkin*
lautta *ferry,* (tukki-) *raft*
lauttaus *floating*
lava *platform;* (kasvi-) *(cold) frame;* (teatt). *stage*
lavantauti *typhoid fever*
lavastaa *stage*
lavastaja *scenic designer stage decorator* (t. *designer)*
lavas|tus *staging,* (-teet) *sets*
lavea *wide, extensive*
laverrella *blab, jabber*
lavertelu *blabbing, jabber*
legenda *legend*
lehdistö *the press;* ~tilaisuus *press conference*
lehmus *linden, lime*
lehmä *cow;* -kaupat (kuv.) *log-rolling*
lehteri *gallery*
lehtevä *leafy*
leht|i *leaf* (pl *leaves);* (news-) *paper;* puhteja -een *burst into leaf*
lehtikuusi *larch*
lehtimetsä *broad-leaved forest*
lehtipuu *deciduous tree*
lehtisaha *fret-saw*
lehtitäi *plant-louse* (pl *lice)*
lehtiö *(writing) pad*
lehto *grove, copse*
lehtori l.v. *senior teacher;* (yliop.) *lecturer*

lehvä *sprig, twig, spray;* ~t *follage*
leija *kite*
leijailla *hover, float, soar*
leijona *lion,* (naaras) *lioness*
leikata *cut,* (poikki) *cut off,* (puku) *cut out;* (lihaa ym) *carve;* (lääk.) *operate;* (tasoittaa) *trim;* ~ **lyhyeksi** (m.) *crop*
leike, -lmä *cutting*
leikekirja *scrap book*
leikillinen *humorous*
leikinlaskija *joker*
leikinlasku *jest, joking*
leikitellä *play (with)*
leikkaus *cutting;* (lääk.) *operation;* (elok.) *editing;* **hänelle tehtiin sappi**~ *she was operated (on) for gallbladder disease*
leikkauspiste *intersection*
leikkaussali *operating room* (t. *theatre*)
leikkeleet *cooked meats*
leikkeleliike *delicatessen shop*
leikki *game;* (pila) *joke;* **leikillä** *in fun* (t. *play*); ~ **siksseen** *joking apart;* **laskea** ~ä *jest, make fun (of a p.)*
leikkikalu *toy, plaything*
leikkikehä *play pen*
leikkisä *playful*
leikkitoveri *playfellow*
leikkiä *play,* (jtk) *play at being...*
leikkokukat *cut flowers*
leikkuupuimuri *combine harvester*
leima *stamp;* (kuv.) *mark;* **painaa** ~**nsa** *leave its mark on, stamp itself on*
leimahdus *flash*
leimahtaa *flash; burst (into flame* liekkiin); (kuv) *flare up*
leimamerkki *(revenue) stamp*
leimasin *(rubber) stamp*
leimata *stamp*
leimu|ta *flame, blaze;* -ava *burning*
leini *gout*
leinikki *buttercup*
leipoa *bake; make (a cake)*
leipomo *bakery*
leipuri *baker*
leipä *bread; loaf* (pl *loaves*); **lyödä leiville** *pay, be profitable*

leipätyö *daily bread-and-butter stint*
leiri *camp*
leirintäalue *camp site, camping ground*
leiriytyä *encamp*
leivinjauhe *baking powder*
leiviskä (kuv.) *talent*
leivonen *(sky)lark*
leivos *cake, pastry*
leivoslapio *cake slice*
lekotella *bask (in the sun)*
lellitellä *coddle, pamper*
lelu *toy, plaything*
lemmikki *darling, love;* (kukka) *forget-me-not;* (~eläin) *pet*
lemmiskely *love-making, petting*
lemmitty *sweetheart*
lempeys *mildness*
lempeä *mild, gentle,* (-luontoinen) *sweet-tempered*
lempi *love*
lempiharrastus *hobby*
lempilapsi *favourite*
lempinimi *pet-name*
lemu *stench*
leninki *dress, frock*
lennokas *winged, eloquent*
lennokki *model aeroplane*
lennokkuus *eloquence*
lennonjohto *air-field control*
lennätin *telegraph;* ~**toimisto** *t. office*
lento *flight;* **nousta** ~**on** *take off*
lentoase *air arm*
lentoemäntä *air hostess,* Am. *stewardess*
lentohiekka *drift-sand*
lento|kenttä *airfield,* (-satama) *air-port*
lentokone *aeroplane,* Am. *airplane*
lentolehtinen *leaflet*
lentonäytös *air show*
lento-onnettomuus *air crash*
lentopallo *volleyball*
lentoposti *airmail*
lentosuukko: »**heittää**» ~ *blow a kiss*
lentotukialus *aircraft-carrier*
lentoyhtiö *airline*
lentäjä *flyer, airman,* (ohjaaja) *pilot*
lentää *fly, go* (t. *travel) by air*
lepakko *bat*

lepattaa *flutter* (liekki) *flicker*
leperrellä *babble, gurgle*
lepo *rest; quiet;* ~! *at ease!*
  mennä levolle *go to bed*
lepohetki *rest*
lepokoti *convalescent home*
lepopäivä *day of rest*
leposohva *couch, sofa*
leppoisa *gentle, placid*
leppymätön *implacable, unforgiving*
leppyä *be conciliated*
leppä *alder*
leppäkerttu *ladybird*
lepyttää *conciliate appease*
leseet *bran*
leskeys (vaimon) *widowhood*
leski *widow,* (-mies) *widower*
leskikuningatar *Queen Dowager* (t. *Mother*)
lesti *shoe last*
letkaus *gibe, taunt* (jklle) *a dig at*
letkauttaa *make a crack at*
letku *tube,* (ruiskun) *hose*
leuka *chin, jaw*
leukalappu *bib*
leukaluu *jawbone*
leukoija *stock*
leuto *mild, temperate*
leventää *broaden, widen*
leveys *width, breadth*
leveysaste *latitude*
leveä *broad, wide*
leveäharteinen *square-built*
leveälierinen *broad-brimmed*
levikki *circulation*
levittää *spread (out); broaden;* (huhua) *circulate*
levi|tä *spread; widen;* (ulottua) *extend, stretch;* laajalle -nnyt *widely distributed*
leviäminen *spreading;* (kasvin ym) *propagation*
levollinen *calm, composed*
levollisuus *calmness, composure, tranquillity*
levoton *restless; uneasy, anxious* (*about* jstk)
levottomuu|s *restlessness; uneasiness, anxiety;* -det *disturbances, unrest trouble;* -tta *herättävä alarming*
levy *plate,* (ohut, metalli-) *sheet;* (*hard*) *board, panel, tile(s),* (iki-) *formica,* (ääni-) *record, disc* Am. *disk*

levyinen; kolmen metrin ~ *three metres wide* (t. *in width*)
levyseppä *tinsmith*
levysoitin *record player*
levyttää *record*
levä *alga* (pl *algae*)
levällään *spread out*
levähdys *rest, breathing spell*
leväperäinen *neglectful, negligent*
leväperäisyys *negligence*
levätä *rest, have a rest*
leyhytellä (viuhkalla) *fan*
liata *dirty soil; mess (up)*
Libanon *the Lebanon;* l-ilainen *Lebanese*
liehakoi|da *fawn (upon);* -va *flattering*
liehitellä (naista) *pay court to*
liehittely *exaggerated attention*
liehu|la *flutter,* (lippu) *fly*
lieju *mud, ooze*
liejuinen *muddy, miry; slushy sloshy*
liekehtiä *blaze, flash*
liekki *flame; olla* ~en vallassa *be ablaze*
liemi *soup*
liemikauha *soup ladle*
liemikulho* (soup) tureen*
lienee: hän ~ siellä *he is probably there;* ~kö se totta? *I wonder if it is true*
lieri *brim*
lieriö *cylinder*
lieriömäinen *cylindrical*
liesi *range,* (electric) *cooker*
lietsoa (kapinaa) *foment*
liettualainen *Lithuanian*
lieve *hem, border;* liepeillä *on the outskirts*
lieveilmiö *fringe phenomenon*
lievent|ää *ease. relieve; moderate mitigate;* -ävät asianhaarat *extenuating circumstances*
lievimmin: ~ sanoen *to say the least (of it)*
lievitys *relief. ease*
lievä *mild; light, easy;* (tauti) *slight*
liha *flesh,* (ravintona) *meat*
lihakarja *beef cattle*
lihakauppa *butcher's (shop)*
lihakauppias *butcher*
lihaliemi *clear soup; broth;* ~-kuutio *stock cube*
lihallinen *carnal*

lihamylly *meat-mincing machine*
lihapiirakka *meat pie*
lihas *muscle;* lihakset (m.) *musculature*
lihava *fat, stout,* (liika-) *obese*
lihavuus *stoutness*
lihoa *put on* (t. *gain) weight*
lihottaa *fatten*
liiallinen *excessive*
liiallisuu's *excess;* mennä -ksiin *go to extremes*
liian *too;* ~kin hyvin *only too well;* ~ kohtelias (m.) *over-polite*
liietä: liikeneekö sinulta ...? *can you spare (me)...?* liikenemään asti *to spare*
liika *surplus, excess;* ~a *too much;* syödä ~a *overeat*
liikahtaa *move, stir*
liikalihavuus *obesity*
liikanainen *superfluous*
liikapaino *excess weight*
liikarasitus *over-exertion*
liikatuotanto *over-production*
liikavarvas *corn*
liikaväestö *surplus population*
liike *movement, motion,* (käden) *gesture;* (kaupp.) *business,* (myymälä) *shop.* Am. *store;* panna liikkeelle *set going;* laskea liikkeeseen *put in circulation, issue*
liikeala: ruveta ~lle *go into business*
liikeapulainen *shop-assistant*
liike|asia *business;*-asioissa *on b.*
liikekannallepano *mobilization*
liikekumppani *partner*
liikemies *businessman*
liikenevä *available, spare*
liikenne *traffic;* ~ keskeytyi *t. was disrupted;* julkinen ~ *public transport*
liikennelaitos *public transport (service)*
liikennelentäjä *commercial pilot*
liikennemerkki *traffic sign*
liikennepoliisi *constable on point-duty*
liikennerikkomus *traffic violation, motoring offence*
liikennetapaturma *road accident*
liikennevalo *traffic light*
liikennevälineet: yleiset ~ *public transport*
liikenneyhteys *connection*

liikenneympyrä *roundabout*
liikennöidä *run (a line)*
liikenteenjakaja *divisional island*
liikepääoma *working capital*
liikesuhteet *business relations*
liiketoimi *transaction*
liikevaihto *turnover;* ~vero *purchase tax*
liikeyritys *concern, undertaking*
liikkeenharjoittaja *shopkeeper*
liikkua *move; be in motion*
liikkumaton *immovable, motionless*
liikkuva *mobile*
liikunta *movement; exercise;* ~kasvatus *physical training*
liikuttaa *move,* (henk. m.) *touch, stir;* ei liikuta minua *it does not concern me it is no business of mine*
liikuttava *touching*
liikuttunut *touched, moved*
liikutus *emotion*
liima *glue, gum*
liimata *glue, stick, paste ...* (up), on t. in (jhk)
liina *linen,* (huivi) *scarf,* (pöytä-) *tablecloth*
liinavaatteet *linen*
liioitella *exaggerate*
liioittelu *exaggeration*
liipaisin *trigger*
liisteri *paste*
liisteröidä *paste, stick*
liite *appendix; supplement;* (kirjeessä) *enclosure*
liitolentokone *glider*
liitos *joint, scarf,* (sauma) *seam*
liitosalue *suburban area*
liitto *alliance, league, union;* olla liitossa *be allied*
liittolainen *ally*
liittotasavalta *federal republic*
liittoutua *form* (t. *enter into) an alliance*
liittoutumaton *non-aligned*
liittovaltio *federal state*
liittyä *join; become a member (of jhk); be associated* (t. *connected) with*
liittää *join, attach;* (yhteen) *unite,* (kokonaisuuteen) *incorporate,* (oheen) *enclose*
liitu *chalk*
liitäntäjohto *cord, flex*
liitää *glide, float*
liivate *gelatin(e)*

liivit *waistcoat,* Am. *vest, waist,*
(kapeat) *girdle,* (housu-) *panti-*
waist; (esim kansallispuvun)
bodice
lika *dirt*
likaantua *get dirty, become*
soiled
likainen *dirty,* (m, kuv. *un-*
clean, impure
likavesi *sewage*
likaviemäri *sewer*
likeinen *close, nearby*
like|lle, -llä ks. lähelle, -llä
likiarvo *approximate value*
likimain *approximately:* ei ~
kaan *not nearly*
likimääräinen *rough, approxi-*
mate
likinäköinen *near-sighted*
likinäköisyys *myopia*
likistää *squeeze,* (kiristää) *pinch*
likomärkä *soaked*
likööri *liqueur*
lilja *lily*
lima *mucus, phlegm*
limakalvo *mucous membrane*
limittäin: ~ oleva *overlapping*
limonaati *lemonade*
limppu *(round) loaf*
lingota *sling,* (pyykkiä) *spin-dry*
linja *line;* (koul.) *course*
linja-auto *(motor)coach, bus*
linkkitorni *TV transmitting*
tower
linkkuveitsi *clasp-knife*
linko *sling, catapult;* (pyykki-)
spin-dryer
linna *castle; palace;* (vankila)
prison
linnake *fort*
linnoit|taa *fortify;* -ettu *for-*
tified
linnoitus *fortress;* ~laitteet *for-*
tifications
linnunlaulu *song of birds*
linnunpelätti *scarecrow*
linnunpesä *bird's nest*
linnunpoika *young bird*
Linnunrata *the Milky Way;*
galaxy
linnuntie(tä) *as the crow flies*
linssi *lens*
lintama *worn down one side*
lintsata *play truant cut (a*
lesson)
lintu *bird*
lintuhäkki *bird-cage*

lintulauta *bird-table*
lintuparvi *flock of birds*
lintuperspektiivi: nähdä ~ssä
have a bird's-eye view of
liota, liottaa *soak*
lipas *box, case*
lipasto *chest of drawers,* (kirjoi-
tus-) *desk*
lipeä *lye*
lipeäkala *dried codfish soaked*
in lye solution
lipeäkivi *caustic soda*
lippa *peak*
lippalakki *peaked cap*
lippu *flag, banner, colours;* (pa-
peri-) *slip;* (matka- ym) *ticket;*
paljonko nämä liput maksa-
vat? *how much are* (t. *what's*
the price of) these tickets? nos-
taa, laskea ~ *hoist, strike a*
flag
lippuluukku *ticket-window*
lippumyymälä *booking office*
(teatt.) *box office*
lippu|salko, -tanko *flag-staff*
lipsahdus *slip*
lipunkantaja *standard-bearer*
liputtaa *flag*
liristä *purl, ripple*
lisensiaatti *Licentiate (in)*
lisenssi *licence;* ~llä *on* (t.
under) l.
lista *list, catalogue;* (puu- ym)
lath, moulding
lisä *addition; increase;* lisäksi
also besides in addition (to
this, tämän l.); haluatteko
lisää ... *will you have (would*
you like) some more ...?
lisäaine *(food) additive*
lisäjoki *tributary*
lisälehti *special edition*
lisämaksu *additional charge*
(rautat.) *excess fare*
lisämunuaiset *adrenal glands*
lisätauti *complication*
lisätieto *further information*
lisätä *add (to jhk):* *increase*
augment
lisävarusteet (auton ym) *acces-*
sories, extras; optional equip-
ment
lisäys *addition; increase*
lisääntyminen *increase; multi-*
plication
lisäänty|ä *increase; multiply;*
(ihmiset) *reproduce themselves.*

(eläimet) breed; yhä -vä ever-increasing
litistää flatten
litra litre, Am. liter
litteä flat
liueta (be) dissolve(d)
liukas slippery; (ovela) smart
liukaskielinen glib
liukastua slip
liukeneva soluble
liukua slide, slip, glide
liukurata slide(way), chute
liuos solution
liuote solvent
liuotin (esim. öljyn) emulgator
liuottaa dissolve
liuska slip; strip
liuskakivi slate
livahtaa slip (away); escape
liver|rys, -tää warble
livistää bolt, make off
logiikka logic
lohdullinen comforting
lohduton disconsolate
lohduttaa comfort, console
lohduttautua console o.s. (with), take comfort (in)
lohdutus comfort, consolation
lohi salmon (pl = sg)
lohikäärme dragon
lohjeta split, cleave
lohkaista break off, split
lohkare block, boulder
lohko sector; (anat.) lobe
lohkoa partition
loihtia (esiin) conjure up; cast a spell on
loikata leap, jump; (pol.) defect
loikoilla loll, lie out-stretched, sprawl
loimi warp; (hevos-) blanket
loimuta blaze
loinen parasite
loiske splash(ing), lap(ping)
loiskuttaa splash
loist|aa shine; beam (with joy, ilosta); -ava bright; (kuv.) splendid, brilliant; crack
loiste shine, light, sparkle
loistelias gorgeous, grand
loistelamppu fluorescent lamp
loisto brilliance; splendour; (majakka) beacon
loistoauto luxury car
loistopainos de-luxe edition
loitolla far away, far off
loitota draw(further) away

loitsu incantation, charm
loiva gently sloping
loka mud, dirt
lokakuu October
lokero compartment; pigeon-hole
lokikirja (ship's) log
lokki gull; sea-gull
loma holiday(s), vacation; (sot. ym) leave, furlough; (väli) space; ~lla on leave; ~ssa between
lomailija holiday-maker
lomake form, blank
lomapäivä day off, day of re-creation
lomittaja vacation replacement (t. assistant)
lommo dent; pahoille ~ille pai-nunut badly dented
lompakko wallet, pocket-book Am. billfold
lonkero tentacle, arm
lonkka hip; ~luu hip-bone
Lontoo London; l-lainen Lon-doner
looginen logical
lopettaa end, finish; stop; eave off (...-ing); conclude; (eläin) put down, put ... to sleep; ~ koulu leave school
lopettajaiset breaking up
loppiainen Epiphany
loppiaisaatto Twelfth-night
loppu end, close; conclusion; (jäännös, loput) rest, remain-der; lopuksi in the end; (jnk) lopussa at the end of; (on) lopussa at an end, over, (varat ym) exhausted; lopussa kiitos seisoo all's well that ends well; ~jen lopuksi in the end, after all; saattaa ~un complete; tehdä ~ jstk put an end to
loppua end, cease, stop; ter-minate
loppukilpailu final
loppu|lause conclusion, (-sanat) epilogue
loppumaton endless, ntermi-nable
loppupuol|i: -ella towards the end of
loppusointu rhyme
loppusuora: ~lla at the finish
lopputulos final result, out-come

loppututkinto *final examination;* suorittaa ~ *graduate*
loppuun *to the end;* palaa~*burn out;* myydä ~ *sell off* (t. *out);* on ~käsitelty *is concluded*
loppuunmyynti *clearance sale*
loppuunmyyty *sold out,* (kirja) *out of print*
lopullinen *final, ultimate*
lopulta *at last, in the end*
lorista *gurgle, murmur*
loru, -ta *babble*
lossi *ferry*
lotista *squelch, swash*
lotja *barge, lighter*
louhia, louhos *quarry*
loukata *hurt, injure,* (kuv m.) *offend;* (oikeutta) *violate*
loukkaamaton *inviolate*
loukkaantua *be hurt;* (kuv. m.) *take offence* (at jstk), *be offended*
loukkaava *insulting*
loukkaus *insult*
loukku *trap;* jäädä ~un *be trapped* (in)
lounainen *south-west(ern.-erly)*
lounas *lunch, luncheon*
lounastaa: voisimmeko ~ yhdessä? *could we have lunch together? can you meet me for lunch?*
lovi *score, notch; slit*
lude *bed-bug*
luennoida *lecture*
luennoitsija *lecturer*
luento *lecture;* käydä luennoilla *attend lectures*
luetella *enumerate, give* (... *in order)*
luettava *readable*
luettelo *list, catalogue;* ~ida *list*
luhistua *fall in, tumble collapse*
luiskahtaa *slip*
luistaa *slide, glide;* (työ) ~ *is progressing well*
luistella *skate*
luistin *(ice) skate*
luistinrata *skating rink*
luja *firm; strong;* (kestävä) *durable; steady;* pysyä ~na *stand firm, persevere;* olla lujilla *be hard put toit;* panna lujille *press hard*
lujaluonteinen *strong-minded determined*

lujittaa *strengthen*
lujuus *firmness, steadiness*
lukea *read;* (opiskella) *study;* (laskea) *count;* ~ jnk ansioksi *attribute to;* ~ jhk kuuluvaksi *include, class* (t. *number) among;* tästä päivästä lukien *from this day on*
lukematon *innumerable*
lukija *reader*
lukijakunta *(circle of) readers*
lukio Suom. *sixth, seventh and eighth forms (of secondary education),* Engl. *sixth form(s), sixth form years,* Am. *senior high school;* ~sivistys Engl. *sixth-form education*
lukit|a *lock;* -sematon *unlocked*
lukkiintua *(be) jam(med)*
lukko *lock;* (aseen) *breech;* lukossa *locked,* (korva) *blocked;* lukon takana *under lock and key*
lukkoneula *safety-pin*
lukkoseppä *locksmith*
luku *figure, number;* (kirjan) *chapter;* luvultaan ... *in number;* ottaa ~un *take into account; include;* ~un ottamatta *excluding; except for;* 1800-luvulla *in the 19th century;* 1950-luvulla *in the nineteen-fifties (1950's)*
lukuisa *numerous*
lukujärjestys *time-table*
lukukausi *term.* Am. *semester*
lukukirja *reader*
lukumäärä *number*
lukusana *numeral*
lukutaidoton *illiterate*
lukutaidottomuus *illiteracy*
lumeton *snowless*
lumi *snow;* sataa lunta *it is snowing*
lumihiutale *snowflake*
lumikinos *snowdrift*
lumikko *weasel*
luminen *snowy*
lumipyry *(whirling) snowstorm*
lumimyrsky *blizzard*
lumivyöry *avalanche*
lumme *water-lily*
lumoava *charming*
lumota *enchant, bewitch*
lumous *enchantment, spell*
lumppu *rag*

lunastaa redeem; (vekseli) honour; (lippu) buy
lunastaja redeemer
lunastus redemption
lunnaat ransom
luntata cheat
luo to; istuutui oven ~ sat down by the door
luoda create; produce; (valoa) shed light on; ~ silmärsä maahan look down
luodata sound
luode north-west; (pakovesi) low tide, ebb; jstk luoteeseen to the n.-w. of ...
luodinkestävä bullet-proof
luoja creator
luokitella class, classify, grade
luokittelu classification
luokka class; category; (koul) form, Am. grade; jäi luokalle was not moved up
luokkahuone classroom
luokkataistelu class struggle
luokkatoveri classmate
luokse to; ~mme to us
luoksepääsemätön inaccessible
luola cave; grotto; (eläimen) den lair; ~ihminen cave man (t. dweller)
luomakunta creation
luomi birth-mark mole; (silmä-) eyelid
luominen creation
luomisvoima creative ability
luona near to, (close) by; jkn ~ with, (osoitteessa) c/o
luonne character; ... luonteeltaan of a ... nature
luonnehtia characterize
luonnevika(isuus) disorder of character, psychopathy
luonnistua turn out (well)
luonnolli|nen natural; -sta kokoa life-size; -sesti naturally, of course
luonnonihana ... of great natural beauty; ~ paikka a beauty-spot
luonnonilmiö natural phenomenon
luonnonlaatu disposition
luonnonlahja talent
luonnonsuojelija conservationist
luonnonsuojelu nature conservation
luonnontiede (naturäl) science

luonnontutkija naturalist
luonnos draft, sketch, plan
luonnoton unnatural
luontainen natural, inherent
luontaisedut wages paid in kind
luontaishoito nature cure
luonteenlaatu temperament
luonteenomainen characteristic
luonteinen jnk ~ ... in the nature of
luonteva natural; unconstrained, easy; at one's ease
luonto nature
luontokappale creature
luopio renegade, usk. backslider apostate
luopua give up, abandon; surrender relinquish, desist from; ~ kruunusta abdicate; ~ uskosta renounce one's faith; ~ virasta resign
luostari monastery, (nunna-) convent
luota from; (hän) lähti ~ni left me
luotain probe; kuu~ moon p.; kaiku~ echo-sounder
luoteinen north-west(erly, -ern)
luotettava reliable, trustworthy; ~lta taholta kerrotaan well-informed sources state, it is reliably reported
luotettavuus reliability
luoti bullet; (-lanka) plumb-line
luotisuora vertical
luoto rock; rocky island
luotsata, luotsi pilot
luottaa rely on, trust (a p.); depend (up)on, have confidence in; ~ Jumalaan (put one's) trust in God
luottamuksellinen confidential
luottamus confidence (in)
luottamuslause vote of confidence
luottavainen confident
luotto credit; luotolla on c.
luova creative
luovia tack
luovuttaa surrender; hand over, make over; (alue ym) cede; vrt luopua
luovutus delivery, surrender; cession
lupa permission, leave; (loma) holiday; antaa ~ permit; jkn luvalla by permission of ...

lupaava *promising*
lupaus *promise,* (juhlallinen) *vow*
lupautu|a *promise,* (maksamaan) *pledge;* olen -nut muualle *I have a previous engagement*
lurjus *rascal, scoundrel*
lusikallinen *spoonful*
lusikka *spoon*
luterilainen *Lutheran*
lutka *slut*
luu *bone*
luukku (uunin ym) *door;* (ikkuna-) *shutter;* (lippu-) *window;* (laivan) *hatch*
luulla *think, believe* (otaksua) *suppose;* (toiseksi) *take sb. for;* kyllä, ~kseni *yes, I believe so;* luulisin niin *I should think so*
luulo *belief;* vastoin ~a *contrary to expectation;* siinä ~ssa, että *thinking that ...*
luulosairas *hypochondriac*
luulote|lla *imagine;* -ltu *imaginary*
luultava *probable, likely;* ~sti *probably;* hän ~sti tulee *he is likely to come*
luumu *plum* (kuivattu) *prune*
luunmurtuma *fracture*
luuranko *skeleton*
luuta *broom*
luutnantti *lieutenant*
luvallinen *permissible, allowed*
luvata *promise;* (sallia) *allow*
luvaton *not allowed, illicit*
lyhde *sheaf* (pl *sheaves*)
lyhennelmä *abstract, condensation*
lyhennys *abbreviation*
lyhentää *shorten;* (sana) *abbreviate;* (teos) *abridge;* (velka) *pay off*
lyhty *lantern,* (katu-) *lamp,* (auton) *headlight*
lyhtypylväs *lamp-post*
lyhyt *short, brief;* lyhyesti *briefly,* (sanoen) *in brief, in short*
lyhytaikainen ... *of short duration, short-term*
lyhytnäköinen *short-sighted*
lyhytsanainen *curt, short*
lyhyys *shortness, brevity*
lyijy *lead*
lyijykynä *pencil*
lyijyvesi *lead lotion*

lykkäys *postponement,* (varaaika) *respite*
lykkäytyä *be postponed*
lykätä *postpone, put off,* (lak.) *adjourn;* (työntää) *push;* ~ tuonnemmaksi *defer;* ~ syy (jkn) niskoille *lay the blame on*
lymyillä *lie low, be in hiding*
lypsää *milk*
lyseo l.v. *grammar school*
lystikäs *amusing*
lystistyä *collapse*
lyyra *lyre*
lyyrillinen *lyric(al)*
lyödä *strike, hit,* (m. sydän) *beat;* kello on lyönyt 4 *the clock has struck four;* ~ maahan *knock down;* ~ rahaa *coin;* ~ vetoa *lay a wager*
lyömäsoitin *percussion instrument*
lyönti *blow, hit;* (urh. ym) *stroke;* lyönnilleen kello 12 *at the stroke of 12*
lyöttäytyä (seuraan) *join*
lyöttää (mitali) *strike*
lähde *spring, fountain;* (kuv.) *source*
lähdekirjallisuus *references*
läheinen *close*
läheisyy|s *nearness;* jnk -dessä *in the vicinity of*
lähe|lle, -llä *near, close to;* -ltä *from close by, from close range;* tässä -llä *near here*
lähemmin *closer;* ajatella (asiaa) ~ *think it over*
lähempi ks. ed; ~ä *tietoja further particulars, more detailed information*
lähennellä *approach;* (tungetella) *make advances to*
lähentää *bring closer*
lähes *nearly*
lähestyä *approach, draw near*
lähetin *transmitter*
lähetti *messenger;* (sot) *orderly;* (šakki-) *bishop*
lähettiläs *envoy,* (suur-) *ambassador*
lähettäjä *sender,* (kaupp.) *consigner*
lähettää *send;* ~ noutamaan *send for;* ~ edelleen *pass* (t. *send*) *on, forward*
lähetys *consignment, parcel;*

L

(usk.) *mission;* (rad.) *trans-mission*
lähetyssaarnaaja *missionary*
lähetystö *delegation;* (maan) *legation,* (suur-) *embassy*
Lähi-itä *the Middle East*
lähimmäinen s *neighbour*
lähikuva *close-up, close shot*
lähin *nearest, closest;* ~ naapuri *next-door neighbour*
lähinnä *nearest, next;* (etupäässä) *mainly;* ~ paras *next best*
lähiseutu *vicinity*
lähivalot *dipped* (Am. *dimmed*) *lights*
lähteä *go (for a walk,* kävelylle); (jstk) *leave (for* jnnek); *set out;* (irti) *come off,* (väri) *come out;* ~ juoksemaan *start to run;* nyt lähden! *I'm off!*
lähde mukaan! *come along!*
siitä lähtien (kun) *ever since*
lähtö *departure;* (ilm.) *take-off;* (urh.) *start;* ennen ~ä *before leaving*
lähtöaika *time of departure*
lähtölaskenta *count-down*
lähtöpassit: saada ~ *get the sack, be sacked* (Am. *fired*)
lähtöteline (urh) *starting block*
lähtöviiva *starting post*
läikyttää *splash,* (maahan) *spill*
läimäyttää *slap, smack*
läiskä *spot,* (tahra) *blot, stain*
läjä *heap*
läksiäiset *farewell party*
läksy *lesson,* (koul.) *homework;* lukea ~nsä *do one's h.*
läksyttää *lecture,* sl. *blow .. up*
läkähtyä *choke*
lämmetä *become warmer;* (kuv.) *warm (to one's subject);* sää lämpenee *it is getting warmer*
lämmin *warm; hot (water,* vesi); onko sinun ~? *are you warm?* ~ ruoka *hot dish*
lämmitellä *warm oneself*
lämmittäjä *stoker, fireman*
lämmittää *warm (up); heat;* (höyrykattilaa) *fire*
lämmitys *heating*
lämpiö *foyer*
lämpö *warmth; heat; temperature*
lämpöaste *degree above zero*
lämpöhoito *radiant heat*

lämpömittari *thermometer*
lämpömäärä *temperature*
lämpöpatteri *radiator*
länsi *west;* länteen *westward(s)*, (jstk) *west of*
Länsi-Eurooppa *Western Europe*
länsimaat *the West*
länsimainen *western*
Länsi-Saksa *West Germany*
länsituuli *west(erly) wind*
läntinen *west(ern)*
läpeensä *throughout; thoroughly*
läpi *through;* (reikä) *hole;* ~ vuoden *all the year round;* ~ yön *throughout the night;* käydä ~ *go through,* (tarkastaa m.) *look over*
läpikulku(-) *transit*
läpileikkaus *cross-section*
läpimitta *diameter*
läpimärkä *wet through*
läpinäkyvä *transparent*
läpipääsemätön *impenetrable*
läpitunkeva *penetrating*
läpivalaisu *fluoroscopy*
läppä *valve*
läpäistä *penetrate,* (tutkinto ym) *pass*
läsnä: olla ~ *be present (at* jssk); hänen ~ ollessaan *in his presence;* ~olijat *those present*
läsnäolo *presence*
lätäkkö *pool, puddle*
lävistäjä (geom.) *diagonal*
lävistää *pierce;* (tekn.) *perforate*
läähättää *pant, gasp*
lääke *medicine*
lääkemääräys *prescription*
lääketiede *medicine*
lääketieteellinen *medical*
lääkäri *physician, doctor;* olla ~n hoidossa *be under medical treatment*
lääkärikirja *doctor book*
lääkärinpalkkio *doctor's fee*
lääkärintodistus *medical certificate*
lääni *province*
lääppiä *paw;* hän ei pidä -misestä *she doesn't like being pawed about*
lörppö *garrulous;* s *chatterbox*
lörpötellä *babble, blab*
lörpötys *idle talk*
löyhkä *stench*

löyhkätä *stink*
löyhtyä *come loose, loosen*
löyhä *slack, lax;* ks **löysä**
löyly *steam;* heittää ~ä *throw water on hot stones (in sauna)*
löylynlyömä *cracked*
löylyttää *dust a p.'s jacket*
löysä *loose;* (esim. seos) *thin;* ~llä *slack;* ~ksi keitetty *boiled soft*
löytyä *be found;* silmälasini ei-
vät löydy mistään *I cannot find my glasses anywhere*
löytä|ä *find;* (keksiä) *discover;* en -nyt sinne *I couldn't find my way there*
löytö *find; discovery*
löytölapsi *foundling*
löytöpalkkio *reward*
löytöretkeilijä *explorer*
löytöretki *voyage of discovery*

M

maa *earth,* (-perä, m) *soil,* (kamara) *ground;* (valtio, -seutu) *country;* (korttip.) *suit;* ~t (tilukset) *lands, estate;* maitse *by land;* ~lla, ~lle *in (into) the country;* ~ssa (esim. pudonneena) *on the ground;* nousta maihin *land,* (laivasta) *disembark;* tuoda ~han *import;* ~sta-maahan ohjus *ground-to-ground missile;* samaa ~ta (kuv.) *birds of a feather*
maadoittaa *earth*
maahanmuutto *immigration*
maaherra *(district) governor*
maailma *world;* kaikkialla ~ssa *all over the w., the w. over,* throughout *the w.;* ~n ympäri *round the w.,* (purjehdus) *circumnavigation of the w.*
maailmanennätys *world record*
maailmanhistoria *history of the world*
maailmankaikkeus *universe*
maailmankatsomus *outlook on life*
maailmankieli *universal language*
maailmankuulu *world-renowned*
maailmanmaine *world-wide fame*
maailmanmestari *world's champion*
maailmanmies *man of the world*
maailmannäyttely *world fair*
maailmanpyörä *Ferris wheel*
maailmansota *world war*
maajohto *earth*
maajoukkue *(inter)national team*
maakaasu *natural gas*

maakunta *province*
maalainen *rustic; s peasant*
maalais- *rural*
maalari *painter*
maala|ta *paint;* (kasvojaan) *make up;* ~ uudelleen *repaint* *paint over;* -ttu! *wet paint!*
maalauksellinen *picturesque*
maalaus(taide) *painting*
maalausteline *easel*
maalauttaa (jkn kuva) *have (sb.'s picture) painted*
maali *paint;* (urh.) *goal, winning-post,* (juoksussa ym) *finish;* (pilkka) *target, mark;* ampua ~in *shoot at a target,* (ohi ~n) *miss the mark*
maaliskuu *March*
maalisuora *the home stretch*
maalitaulu *target, mark*
maalivahti *goal-keeper*
maaliviiva *finishing* (t. *goal*) *line*
maallikko *layman, lay*
maallinen *earthly, mundane; temporal*
maallistunut *secularized*
maaltapako *drift from the land, rural depopulation*
maamies *farmer*
maamyyrä *mole*
maanalainen *subterranean;* ~ rautatie *the Underground, the Tube;* Am. *Subway*
maanantai *Monday*
maanjäristys *earthquake*
maankavaltaja *traitor*
maankiertäjä *vagabond, tramp*
maanmies *(fellow) countryman, compatriot*
maanmittari *surveyor*

maanosa *continent*
maanpako *exile*; ajaa ~on *exile*
maanpakolainen *exile*
maanpetos *(high) treason*
maanpinta *surface of the earth*
maanpuolustus *defence*
maantie *(main) road, highway*
maantiede *geography*
maantieteellinen *geographical*
maanvaiva (kuv.) *(public) nuisance*
maanvieremä *earth-slip, landslip*
maanviljelijä *farmer*
maanviljelys *agriculture, farming*
maaottelu *international match*
maapallo *globe; world*
maaperä *soil*
maaseutu *country(side), rural area*; ~kaupunki *provincial town*
maastamuutto *emigration*
maasto *terrain, ground*
maastoauto *jeep*
maastojuoksu *cross-country race*
maata *lie; mennä ~ (nukkumaan) go to bed;* panna ~ *lie down*; ~ sairaana *be in bed*
maatalo *farm*
maatameno: ~n aika *bedtime, time to go to bed*
maatalous *agriculture*; ~tuotteet *dairy produce, farm products*
maatila *farm,* (iso) *estate*
made *burbot*
madella *crawl;* (kuv.) *cringe (before ...)*
madonna *Madonna*
madonsyömä *worm-eaten*
magneetti *magnet*
magnetofoni *tape recorder*
maha, -laukku *stomach*
mahahaava *gastric ulcer*
mahalasku: tehdä ~ *crashland*
mahdolli|nen *possible; feasible;* hyvin -sta *very likely;* -simman pian *as soon as p.;* jos -sta *if p.;* tehdä -seksi *render p.,* (jklle) *enable sb. to*
mahdollisesti *possibly*
mahdollisuus *possibility; chance*
mahdoton *impossible,* (kohtuuton) *unreasonable,* (mieletön) *absurd;* ~ ajatella *unthinkable;* ~ toteuttaa *impracti-*

cable; ~ tuntea *unrecognizable*
mahdottomuus *impossibility*
mahonki *mahogany*
mahtaa: hän ~ olla rikas *he must be rich;* ~ko hän ...? *I wonder if he*
mahtailla *show off*
mahtava *powerful, mighty*
mahti *power, might*
mahtipontinen *bombastic*
mahtua *go (into);* mahtuuko ...? *is there room for ...?* saliin mahtuu ... *the hall can seat ... (people)*
maihin ... *to land;* uida ~ *swim ashore*
maihin|lasku, -nousu *landing*
maila *bat,* (tennis-) *racket,* (golf-) *club;* (jääkiekko-) *stick*
maili *mile*
maine *reputation;* (kuuluisuus) *fame, renown;* pilata jkn ~ *bring discredit on*
maineikas *celebrated, renowned*
-mainen: poika~ *boyish*
maininki *(ground-)swell*
maininta *mention*
mainio *excellent, fine;* ~sti *splendidly;* voin ~sti *(How are you?)* — *Fine, thanks (— I'm very well, thank you.)*
mainita *mention; quote, say;* (tuoda esiin) *give, state;* mainittava *worth mentioning, noteworthy, appreciable*
mainonta *advertising*
mainos *advertisement*
mainosjuliste *poster, bill*
mainospala (TV) *advertising snippet*
mainostaulu *hoarding, billboard*
mainostaa *advertise*
mainostemppu *publicity stunt*
mairitella *flatter*
maisema *landscape, scenery*
maissa *ashore, on shore;* 6:n ~ *about 6 o'clock*
maissi *maize,* Am. *corn*
maistaa *taste*
maisteri l.v. *Master of Arts (t. Science)*
maistu|a *taste;* ~ hyvältä *taste good* (t. *nice);* miltä se -i? *what did it taste like?*
maiti *milt*
maito *milk;* lasillinen ~a *a glass of milk*

maitokauppa *dairy*
maitse *by land, overland*
maja *hut, cottage, cabin*
majakka *lighthouse*
majapaikka *lodgings*
majatalo *inn;* ∼n isäntä *inn-keeper*
majava *beaver*
majesteettinen *majestic*
majesteetti *Majesty*
majoittaa *accommodate, put ... up*
majoneesi *mayonnaise*
majuri *major,* (ilm.) *squadron leader*
makaroni *macaroni*
makasiini *storehouse*
makea *sweet*
makeiset *sweets,* Am. *candy*
makeus *sweetness*
makeuttamisaine *sweetening*
makkara *sausage*
makrilli *mackerel*
maksa *liver*
maksaa *pay;* (olla hintana) *cost;* paljonko se ∼? *how much is it?* ∼ kustannukset (m.) *defray the expenses;* ∼ lasku *settle a bill;* ∼ samalla mitalla *pay back in the same coin;* maksoi mitä maksoi *at all costs*
maksu *payment;* (kyyti-) *fare; charge;* (koulu-, pysäköinti-ym) *fee;* ∼ksi *in settlement of;* ∼tta *free (of charge)*
maksuaika: 3 kk ∼ *three months' credit;* lainan ∼ on 10 vuotta *the loan is repayable over ten years*
maksuehdot *terms (of payment)*
maksukykyinen *solvent*
maksukyvytön *insolvent*
maksuosoitus *money order*
maksutase *balance of payments*
maksuton ... *free of charge*
maku *taste,* (hieno m.) *flavour;* ei ole minun ∼uni *is not to my taste* (t. *liking*); ... osoittaa huonoa ∼a ... *is in bad taste*
makuasia *a matter of taste*
maku: olla ∼lla *be lying down*
makuuhaava *bedsore*
makuuhuone *bedroom*
makuupaikka *berth*
makuuvaunu *sleeping-car*
maleksia *hang around, loiter*

malja *bowl;* (jkn kunniaksi) *toast;* ∼nne! *your health! here's to you! cheers!*
maljakko (kukka-) *vase*
mallas, maltaat *malt*
malli *pattern;* (taiteilijan, pienois- ym) *model;* (puvun ym) *design;* vrt *näyte;* olla ∼na *pose (for an artist)*
mallikelpoinen *exemplary*
mallitapaus ... *case in point*
Mallorca *Majorca*
malmi *ore;* etsiä ∼a *prospect for ore*
malmisuoni *vein of ore, lode*
maltillinen *calm, self-possessed, level-headed*
maltillisuus *calmness, composure*
malttaa *have patience;* ∼ mielensä *compose o.s.*
malttamaton *hasty, impatient*
maltti *presence of mind, self-possession;* menettää ∼nsa *lose one's temper* (t. *head);* säilyttää ∼nsa *keep one's temper*
manata (kirota) *swear; curse;* ∼ esiin *conjure up*
mandariini *mandarin(e),* Am. m. *tangerine*
maneeri *mannerism*
mankeli *mangle*
mannaryynit *semolina,* Am. *farina*
mannekiini *fashion model*
manner *mainland;* ∼ten välinen *intercontinental*
mannermaa *continent*
mansikka *strawberry*
manteli *almond;* ∼massa *marzipan*
mantteli (sot.) *greatcoat*
marakatti *monkey*
maraton *Marathon*
margariini *margarine*
Marianpäivä *the Annunciation*
marihuana *marijuana,* sl. *pot, grass*
marista *be peevish*
marja *berry;* käydä ∼ssa *go berrying*
markiisi *marquis, marquess;* (aurinkosuoja) *awning, sun blind*
markka *mark*
markkina|t *market, fair;* -oilla

in the market; laskea -oille
put on the market
markkinoida *market*
marmelaati *jelly sweets;* (appel-
siini- ym) *marmalade*
marmori *marble*
marraskuu *November*
mars: ~ matkaan! *off you go!*
marsalkka *marshal; usher*
marssi, marssia *march*
marsu *guinea-pig*
marttyyri *martyr*
masennus *depression*
masentaa *discourage, dishear-
ten, depress*
masentu|a *be discouraged;* -nut
depressed
massa *mass;* (puu-) *pulp*
masto *mast*
masuuni *blast furnace*
matala *low;* (vesi) *shallow*
matalakantai|nen: -set kengät
flat shoes
matalapaine (ilmat.) *depression*
matalik|ko *shoal,* (hiekka-)
sandbank; -olla *aground*
matelija *reptile*
matemaatikko *mathematician*
matemaattinen *mathematical*
matematiikka *mathematics*
matka *journey, trip,* (meri-)
voyage; (kierto-) *tour;* (jnk
yli) *passage, crossing;* (tie)
way, (etäisyys) *distance;* ~lla
on the way (to); minne ~?
where are you going? onnea
~lle! *have a nice trip!* ~n
päässä *at a distance*
matkahuopa *travelling-rug*
matkailija *tourist*
matkailu *travel(ling), touring,
tourism*
matkakustannukset *travelling
expenses*
matkalaukku *suitcase*
matkalippu *ticket*
matkaopas (kirja) *guide(-book)*
matkaradio *portable radio*
matkareitti *route, itinerary*
matkašekki *traveller's cheque*
(Am. *check*)
matkatavara|t *luggage,* Am.
baggage; -in punnitus *weighing
desk*
matkatavarasäilö *left-luggage
office;* (auton) ks. tavaratila
matkatoimisto *travel agency* (t.

bureau)
matkatoveri *travelling compan-
ion*
matkia *imitate, mimic (-cked)*
matkusta|a (jnnek) *go (to);
travel, journey;* hän ~ Ita-
liassa *he is touring Italy;* hän
on -nut *he has left (for ...)*
matkustaja *traveller; passenger*
matkustajakoti *lodging-house*
matkustajaliikenne *passenger
traffic*
mato *worm*
matruusi *seaman, sailor*
matto *carpet,* (pieni) *rug;* kyn-
nys~ *doormat;* vrt kokolat-
tia~
maukas *tasty, appetizing*
maustaa *spice, season*
mauste *spice, flavouring*
mauton *tasteless,* (kuv.) *in bad
taste*
mauttomuus *lack of taste*
me *we;* meidät, meitä *us*
meedio *(spiritual) medium*
meidän *our;* on ~ *is ours*
mehevä *juicy,* (kasvi) *succulent*
mehiläinen *bee*
mehiläisparvi *hive, swarm of
bees*
mehiläispesä *beehive*
mehu *juice*
mehukas *juicy*
mehulinko *juice extractor*
meijeri *dairy,* Am. m. *creamery*
meirami *marjoram*
meisseli *chisel*
mekaanikko *mechanic,* -lan
mekaaninen *mechanical*
mekaniikka *mechanics*
mekastaa *romp, kick up a noise*
mela *paddle*
melkein *almost, nearly*
melko: ~ iso *fairly big;* ~ ta-
valla *quite a lot*
melkoi|nen *considerable;* ~
nainen! *some lady!* ~ päivä
quite a day! -sella varmuudella
with reasonable certainty
mellakka *riot;* (väkivaltainen,
m.) *street violence*
mellakoida *riot*
mellakoitsija *rioter*
mellastelu* (hälinöinti) *disorderly
conduct, disturbance*
meloa *paddle, scull;* melonta
canoeing

meloni *melon*

melskeinen *tumultuous, turbulent*

melu *noise;* paljon ~a (kuv.) *a lot of fuss;* nostaa ~ *raise a row*

meluisa *noisy*

meluta *make a noise*

menehtyä *perish (with* jhk), *succumb (to* esim. tautiin)

menekki *market, sale(s)*

menestyksellinen *successful*

menestys *success;* (juhlasta) tuli ~ *went down very well*

menesty|ä *succeed, be successful; do well; thrive;* liike -i hyvin *the business was a great success;* -i (onnistui) paremmin *came off the better*

menetellä *act, proceed; do*

menetelmä *method*

menettely *action,* (-tapa) *procedure, manner of proceeding, course (of action)*

menettää *lose; miss;* ~ henkensä *lose one's life;* ~ tilaisuus *miss an opportunity;* ~ oikeutensa jhk *forfeit one's right to*

menetys *loss*

menneisyys *(the) past*

mennessä: kello kahteen ~ *by two o'clock;* tähän ~ *up to now, up to the present (time)*

mennyt *gone; past;* ~tä miestä *undone*

mennä *go;* ~ ohi *pass (by* t. *over);* ~ noutamaan *go and fetch;* menin noutamaan kirjan kotoa *I went home for my book;* ~ poikki *break,* (kadun) *cross;* siihen menee aikaa *it takes time;* olkoon menneeksi! ks. olkoon

meno (raha-) *expense;* ~t (m) *expenditure;* ~ ja paluu *there and back*

meno|lippu *single ticket:* (m. ja paluu-) *return t.,* Am. *two-way ticket*

menomatka *(the) way there*

merenkulkija *navigator, seafarer*

merenkulku *navigation*

merenkäynti *swell, a rough sea*

merenneito *mermaid*

meren|pinta: -pinnan yläpuolella *above sea level*

merenpohja *sea-bed, sea* (t. *ocean) floor*

meri *sea;* merellä *at sea;* lähteä merelle *go to sea;* (laiva) *put out to sea*

merihätä: -hädässä *in distress*

merijalkaväki *marines*

merikapteeni *(sea)captain*

merikelpoinen *seaworthy*

merikortti *chart*

merikoulu *navigation school*

merikylpylä *seaside resort*

merilevä *seaweed*

merimatka *voyage*

merimerkki *buoy,* (reimari) *spar-buoy*

merimies *seaman, sailor;* ~solmu *reef knot, square knot*

meripelastus *life-saving; salvage*

meripeninkulma *nautical mile*

meripihka *amber*

merirosvo *pirate*

meriselitys *Sea protest*

meritaistelu *naval battle*

meritauti *seasickness*

meritse *by sea, by water*

merivahinko *sea damage*

merivakuutus *marine insurance*

meri|voimat, -väki *navy*

merkillinen *remarkable,* (kummallinen) *peculiar, strange*

merkinanto *signal*

merkintä *note,* (tileissä) *entry*

merkittävä *noteworthy, notable, remarkable*

merkityksellinen *significant*

merkityksetön *insignificant*

merkitys *meaning, sense;* (tärkeys) *significance, importance*

merkit|ä *mark;* (tarkoittaa) *mean, signify;* ~ kirjaan *enter;* ~ muistiin *write down, make a note of;* ~ nimensä *sign one's name;* se ei -se mitään *it does not matter*

merkki *mark; sign, indication;* (jälki) *trace;* (auto- ym) *make;* antaa ~ *give a signal;* panna merkille *take note of, notice;* merkiksi *as a sign* (t. *token) of*

merkkimies *man of note, great man*

merkkitapaus *memorable event*

mesi *nectar, honey*

mesimarja *arctic bramble*, l.v. *loganberry*

messinki *brass*

messu *mass*; ~t *(industrial) fair*

messuhalli *exhibition hall*

mestari *master*; (urh.)*champion*; ~ jssk *(an) expert (at, in)*

mestarillinen *masterly*

mestariteos *masterpiece*

mestaruus *mastery*, (urh) *championship*; ~kilpailut *championship(s)*

mestata *execute*; *behead*

mestaus *execution*

mestauslava *scaffold*

metalli *metal*

metallilanka *wire*

metallinen *metal*

metalliseos *alloy*

meteli *row, uproar*

metelöidä *make a racket* (t. *disturbance*); *riot*

metri *metre*; Am. *meter*

metsikkö *wood, copse*

metso *wood grouse, capercaillie*

metsä *wood(s)*, (iso) *forest*; mennä ~lle *go hunting* (t. *shooting*)

metsäinen *wooded, woody*

metsänhoitaja *graduate in forestry, certified forester*

metsänhoito *forestry*

metsänistutus *reforestation*

metsänriista *game*

metsänvartija *forest ranger*

metsäpalo *forest fire*;

metsästys *hunting; shooting*

metsästäjä *hunter*

metsästää *hunt*

metsätyömaa *logging site*

metsätyömies *lumberjack*

miedontaa *dilute*

miehekäs *manly*

miehistö *men*, (laivan, lentok) *crew*; (... matkustajaa) ja 7 ~ön kuuluvaa *and 7 crew*

miehittää *occupy*

miehitys *occupation*; ~joukot o. *troops*

miehuus *manhood; courage*

miekka *sword*

miekkailla *fence*

miekkailu *fencing*

mieleinen *pleasing, to ...'s liking*

mielekäs *meaningful*; ei ole ~tä *there is no sense in*

mielellä|än *willingly, with pleasure*; ... -isin ~ni *I should like to*; olisin -ni tavannut hänet *I would like to have seen him*

mielenhäiriö *mental disturbance*; ~ssä *while mentally disordered*

mielenkiinnoton *uninteresting*

mielenkiinto *interest*; herättää ~a *arouse interest*

mielenkiintoinen *interesting*; (on) erittäin ~ ... *of great interest*

mielenliikutus *emotion*

mielenlujuus *strength of mind*

mielenmaltti *presence of mind, self-control*

mielenosoitus *demonstration*

mielenrauha *peace of mind*

mielenterveys *mental health*

mielentila *state of mind*

mielettömyys *absurdity, folly*

mieletön *senseless, crazy; absurd*

mieli *mind*; mielestäni *in my opinion*; ~n määrin *as much as one likes*; olla ~ssään *be pleased (with)*; pitää mielessä *bear* (t. *keep) in mind*; olla samaa mieltä *agree*; olla eri mieltä *disagree*; tehdä ~ *wish, have a mind to*; tehdä ~ksi *humour*; ei tulisi mieleenikään *I'd never dream of ...-ing*; mieleeni johtui *it occurred to me*

mieliala *mood, humour*

mielihyvä *pleasure, delight*; tunsin ~ä *it pleased me (to ...)*

mieli|johde *impulse*; hetken -johteesta toimiva *impulsive*

mielikuva *idea, (mental) image*

mielikuvituksekas *imaginative*

mielikuvituksellinen *fantastic, fanciful, imaginary*

mielikuvitukseton *unimaginative*

mielikuvitus *imagination*

mielipaha *regret*; ~kseni kuulin ... *I was displeased (t. sorry) to hear ...*; tuottaa ~a (harmia) *cause annoyance*

mielipide *opinion*; muuttaa ~ttä *change one's mind*

mielipidetutkimus *public-opinion poll, opinion survey*

mielipuoli *lunatic, madman*

mieliruoka *favourite dish*
mielisairaala *mental hospital*
mielisairas *mentally ill*
mielistelevä *fawning*
mielistellä *try to ingratiate o.s.,
curry favour (with)*
mielivaltainen *arbitrary*
mielle *idea*
miellyttävä *pleasant, agreeable,
attractive*
miellyttää *please; appeal to*
mieltymys *liking,* (kiintymys)
affection (for)
mieltyä *take to,* vrt. ihastua
mieltäylentävä *uplifting, eleva-
ting*
mieluimmin *preferably*
mielui|nen *welcome;* on -sta
it gives me pleasure
mieluummin *sooner, preferably;*
haluaisin ~ *I would* (t. *I'd*)
rather; menen ~ jalan *I prefer
to walk*
mies *man* (pl *men);* (avio-) *hus-
band;* ~ ~tä vastaan; *hand to
hand;* ~ten mies *a splendid
fellow*
mieshenkilö *man, male*
mieshukka (tappiot) *casualties*
mieskohtainen *personal*
mieskuoro *male choir*
miesmuistiin *within living mem-
ory*
miesmäinen *manly, masculine*
miespolvi *generation*
miespuolinen *male, masculine*
miestappo *manslaughter*
miete *thought, reflection*
mietelmä *aphorism, maxim*
mietintö *report*
mietiskellä *meditate on, con-
template*
mietiskely *meditation*
mieto *weak, mild;* (viini) *light*
miettiä *think (about), consider;*
miettivä(inen) *thoughtful*
mihin *where;* ~ tuota käyte-
tään? *what's that for?* vrt
minne
miilu *charcoal pit,* (ydin-) *atomic
pile*
miina *mine;* ajaa ~an *strike a
mine*
miinoittaa *mine, lay mines*
miinus *minus, less*
mikroauto (go-)*kart*
mikrofoni *microphone*

mikropöksyt *hot pants*
mikroskooppi *microscope*
miksi *why(?), for what reason;*
~pä ei *why not*
mikä *what, which;* ~ näistä
kirjoista *which of these books;*
~ vahinko *what a pity;* se ~
the one (that)
mikäli *as far as, in so far as;* ~
mahdollista *if possible*
mikäpä: ~ siinä *right you are*
yes, *let's,* (voin lähteäkin) *I
don't mind if I do* (t. *go, come
ym)*
mikään *any, anything;* ei ~ *no,
nothing; none*
miliisi *militia(man)*
miljardi *milliard,* Am. *billion*
miljoona *million;* kaksi ~a *two
m. (people),* £ 2 *m.*
miljoonamies *millionaire*
millainen *what kind of;* ~ ilma
on? *what is the weather like?*
millimetri *millimetre*
milloin *when? (at) what time?*
~ ... ~ ... *now ... now ...;*
tule ~ vain haluat *come when-
ever you like;* ei ~kaan *never;*
miten ~kin *now this way, now
that*
millään: ei ~ tavalla *in no way,*
(kysym. & kielt.) *in any way;*
hän ei ~ suostunut *he would
on no account agree;* hän ei
ollut ~säkään *he didn't turn
a hair*
miltei *almost*
mimiikka *play of expressions*
mineraali *mineral*
minimoida *minimize*
ministeri (government)**minister**
Engl. *cabinet minister*
ministeristö *cabinet, government*
ministeriö *ministry*
miniä *daughter-in-law*
minkki *mink*
minkä: ~ takia? *why?* ~ jäl-
keen *after which;* ~ kintuista
pääsi *as fast as his legs could
carry him*
minkälainen ks. millainen
minne *where;* (Matkustan pois.
—) Minne? *where to?* ~ olet
menossa? *Where are you
going?* ~ hän meni? *where
did he go?* ei ~kään *nowhere*
minun *my,* (subst.) *mine*

minuutti *minute*
minä *I*; s *ego, self*; minut, mi-
nua *me*; minusta ... *I think* ...
missä *where*; ~än *anywhere*;
ei ~än *nowhere*; ~ asutte?
where do you live? mistä *from
where*; mistä sen tiedät? *how
do you know that?* mistä olet
löytänyt ...? *where did you
find* ...? ~ tulet? *where are
you coming from?*
mitali *medal*
mitata *measure*
miten *how? in what way?* oli
~ oli *be that as it may*; ~ sa-
noitte? *I beg your pardon?
what did you say?* tiedän ~
se tehdään *I know how to do it*;
~ kuten *somehow*
mitta *measure*; mitat *measure-
ments*; mitan mukaan *(made)
to measure*; vuoden ~an *in the
course of the year*
mittaamaton *immeasurable*
mittakaava *scale*; suuressa
~ssa *on a large scale*
mittanauha *tape measure*
mittapuu *standard*, (m. kuv.)
yardstick
mittari *(m.)meter, gauge*
mittasuhteet *dimensions*
mittaus *measurement*
mitä *what*; ~ mielenkiintoisin
kirja *a most interesting book*;
mitä pikemmin, sitä parempi
the sooner, the better; ~ tulee
jhk *as to, as for, as regards*;
~pä siitä! *never mind!*
mitätön *insignificant, trivial, un-
important*; (lak.) *not valid*
mitätöidä *annul, cancel*
mitään *anything*; ei ~ *nothing*
moite *blame, censure, reproof*
moitteeton *faultless, blameless*
moitittava *blamable*
moittia *blame, find fault with...,
criticize*
mokkatakki *suede coat*
mokom|a: en ole ~a kuullut
*I have never heard anything
like it*; kaikin -in *by all means*
hän tahtoi kaikin -in *he insisted
on* (... *ing*)
molemmat *both*; me ~ *we both,
both of us, the two of us*
molemminpuolinen *mutual, re-
ciprocal*

molli *minor*
monenkeskinen *multilateral*
monenlai|nen *various*; -sia *many
kinds of* ...
moni *many (a)*; monet *many,
several*; monta kertaa *many
times, repeatedly*; montako?
how many ...? ~n verroin
far ..., ... *by far*; moneen vuo-
teen *for years*
moniarvoinen *pluralistic*
moniavioisuus *polygamy*
monimuotoinen: on ~ *takes
many forms*
monimutkai|nen *complicated*;
tehdä -seksi *complicate*
moninainen *manifold*
moninaisuus *variety, diversity*
moninkertainen *multiple*
monipuolinen *many-sided, ver-
satile, diversified*
monisanainen *wordy, verbose*
monistaa, moniste *duplicate
copy*
monistuskone *duplicator*
monitahoinen *many-faceted di-
versified*
monivuotinen (kasvi) *perennial*
moottori *motor*, (auton) *engine*
moottoripyörä *motor bicycle*
moottorisaha *motor (Am. chain)
saw*
moottoritie *motorway, dual car-
riageway*, Am. *divided highway*
moottorivene *motor boat*
mopedi *moped*
mopsi *pug*
moraali *moral(s)*; (ryhti) *mo-
rale*
moraalinen *moral*
moraaliton *immoral*, ... *of loose
morals*
morfiini *morphine*
morsian *bride*, (kihlattu) *fiancée*
morsiuspari *bride and bride-
groom*
morsiuspuku *wedding dress*
moskeija *mosque*
Moskova *Moscow*
motelli *motel*
moukari *sledge-hammer*; ~n-
heitto *hammer throw*
moukka *lout, boor*
muassa: muun ~ *among other
things*
muhamettilainen *Mohammedan
Moslem*

muhen|nos, -taa *stew*
muhkea *stately, impressive*
muinainen *old, ancient*
muinaisaika *antiquity*
muinaisesine *antique*
muinaismuistot *antiquities*
muinaistiede *archaeology*
muinaistutkija *archaeologist*
muinaisuus *antiquity*
muinoin: ennen ~ *in days long
past, in the old days*
muistaa *remember, recollect;*
~kseni *as far as I remember;*
en muista hänen nimeään *I
can't think of his name*
muistamaton *forgetful*
muistella *recollect, recall*
muistelma *reminiscence;* ~t
memoirs
muisti *memory;* ~sta *from m;*
kirjoittaa ~in *make a note of*
muistiinpano *note*
muistikirja *note-book*
muistio *memorandum, memo*
muisto *memory;* (-esine) *sou-
venir, keepsake;* jnk ~ksi *in
commemoration of;* viettää
100-vuotis ~a *commemorate
the Centenary of*
muistojuhla *memorial festival*
muistolaatta *memorial tablet,*
Am. *marker;* (-levyke) *plaque*
muistomerkki *memorial*
muistomitali *commemorative
coin; medal*
muistopatsas *statue, monument*
muistosanat *obituary*
muistuttaa *remind (sb. of);*
(vastaan) *object to;* (olla kal-
tainen, m.) *resemble*
muistutus *reminder,* (huomau-
tus) *remark, comment,* (vas-
taan) *objection*
muka *supposedly, presumably*
mukaan: jnk ~ *according to;*
sen ~ kuin *according as;* pai-
non ~ *by weight;* laskea ~
include; ... ~ luettuna *inclu-
ding ...;* ottaa ~ *take ... with
one, take ... along;* ks temmata
mukaansatempaava *inspiring*
mukaelma *adaptation*
mukailla *adapt; imitate*
mukainen ... *in accordance
(with), consistent (with)*
mukana *with;* olla ~ jssk *be
present at;* hänen ~an oli *he

was accompanied by
mukautua *adapt o.s., accom-
modate o.s., adjust o.s. (to),*
(poliittiseen järjestelmään)
conform
mukava *comfortable, nice;* (so-
piva) *convenient*
mukavuus *comfort, convenience*
mukavuuslaitos *lavatory pub-
lic convenience*
muki *mug*
mukiin: menee ~ ... *will do;*
~menevä *passable*
mukiloida *punch, thrash, batter*
mukula *tuber;* (leik., lapsi) *kid*
mukulakivi *cobblestone*
mulatti *mulatto*
mulko|illa *glare, glower (at);*
-silmät *protruding eyes*
mullin: ~ mallin *upside down*
mullist|aa *overthrow, upset;*
-ava *revolutionizing*
mullistus *upheaval*
multa *earth, mould,* kuv. *dust*
mumista *mumble*
mummo *old woman;* (mummi)
grandma
muna *egg;* (tiet.) *ovum;* keitetty
~ *boiled egg*
munakas *omelet(te)*
munakokkeli *scrambled eggs*
munankeltuainen *yolk of an egg*
munankuori *egg-shell*
munanvalkuai|nen *white of an
egg;* (-saine) *albumen*
munasarjat *ovaries*
munata: ~ itsensä *put one's
foot in it*
munia *lay eggs*
munkki *monk*
munuainen *kidney*
munuaistauti *kidney disease*
muodikas *fashionable*
muodollinen *formal*
muodollisuus *formality*
muodostaa *form;* (esim. halli-
tus) *build;* ... -n ~ 12 jäsentä
... *consists* (t. *is made up) of 12
members*
muodostelma *formation*
muodostua *form, be formed of,*
(koostua) *consist of*
muodost|uma, -us *formation*
muodoton *shapeless*
muokata *work up, prepare,*
(maata) *till*
muona *food, provisions*

muonittaa *supply with provisions*
muoti *fashion;* olla muodissa *be in f.* (t. *in vogue);* jäädä pois muodista *go out of f.*
muotilehti *fashion magazine*
muotinäytös *mannequin show*
muotitaiteilija *fashion designer;* (liike) *couturier*
muoto *form, shape;* ei millään ~a *under no circumstances;* muodon vuoksi *pro forma*
muotoilu *design*
muotoinen: minkä ~? *what shape?*
muotokuva *portrait*
muotti *mould,* Am. *mold*
muovailla, muovata *shape mould model, give shape to*
muovi *plastic*
muratti *ivy*
murea *crisp,* (liha) *tender*
murehtia *grieve; worry*
mureke *stuffing,* (liha-) *force-meat ground beef*
murentaa *crumble; crush*
murentua *crumble*
murha *murder;* tehdä ~ *commit a m.*
murhaaja *murderer*
murhaava (kuv.) *crushing*
murhata *murder; assassinate*
murhayritys *attempt on a p.'s life, attempted murder*
murhe *grief, sorrow;* ~et *cares*
murheellinen *sad, sorrowful*
murhenäytelmä *tragedy*
muri|na, -sta *growl, snarl*
murjottaa *mope*
murre *dialect*
murros *break(ing)*
murros|ikä *puberty;* -iässä *at p.*
murroskausi *(time of) crisis*
murska: mennä ~ksi *go to pieces*
murskata *crush;* (toiveet, m.) *shatter*
mursu *walrus*
murt|aa *break* (t. *force) open;* (puhuu ...) -aen ... *with a foreign accent*
murtautua *break (into* jhk)
murteellinen *dialect(al)*
murto *(house-)breaking;* (ik-kuna-) *smash-and-grab raid*
murto|luku, -osa *fraction*
murtomaahiihto *cross-country ski-ing*

murtovaras *burglar*
murtu|a *break (up),* (jäsen) *be fractured; collapse;* hän -i *she broke down* (arkik. *cracked);* -nut *broken, shattered*
murtuma *fracture*
murtumaton *unbroken*
muru *crumb*
museo *museum*
musert|aa *crush;* -ava (m) *overwhelming*
musiikki *music*
musiikkiopisto *academy of music*
musikaalinen *musical*
muskotti *nutmeg*
musta *black;* ~ hevonen *dark horse;* ~ pörssi *b. market*
mustalainen *gipsy*
mustarastas *blackbird*
mustasukkainen *jealous,* jklle *of*
mustasukkaisuus *jealousy*
mustata *blacken;* (kuv.) *sling mud at, smear*
muste *ink;* ~ella *in ink*
mustekala *octopus; cuttle fish*
mustelma *bruise*
mustepullo *inkstand, ink bottle*
mustetahra *ink blot*
mustikka *bilberry, whortleberry,* Am. *blueberry*
mustua *turn black*
muta *mud, mire*
mutainen *muddy*
muti|na, -sta *mumble, mutter*
mutka *curve; bend;* (kierto-tie) *detour;* muitta mutkitta *without further ado*
mutkainen *winding, tortuous*
mutkallinen, mutkikas **(kuv)** *complicated, involved intricate*
mutkistua *become more complicated*
mutkitella *bend, curve wind*
mutta *but;* ~ kumminkin *yet, still*
mutteri *nut*
mutustaa *munch*
muu *something (anything) else; other;* ~t *the rest;* kaikki ~t *all the rest everybody else;* mitä ~ta *what else;* ilman ~ta *without more ado, right off;* ennen ~ta *above all*
muua|lla, -lle *elsewhere, somewhere else*
muuan *a* (t. *an), a certain*

muukalainen *stranger*
muuli *mule*
muulloin *at other times;* joskus ~ *at some other time*
muumio *mummy*
muunnella *modify,* (sovitella) *adapt*
muunnelma (mus.) *variation*
muunnos (kertomuksen) *version, modification; variety*
muuntaa *transform, convert*
muuntaja *transformer*
muurahainen *ant*
muurain *(arctic) cloudberry*
muurari *mason*
muurata *wall up, do masonry work*
muuri *wall*
muusikko *musician*
muutama *some, a few*
muuten *otherwise*
muutos *change, alteration*
muuttaa *move; change;* (siirtää) *remove;* (linnuista) *migrate;* aiomme ~ *we are going to move (house);* ~ *maasta emigrate;* ~ *pukua change;* ~ *rahaksi convert into money,* (šekki) *cash*
muutto *moving, removal*
muuttolintu *migratory bird*
muuttua *change, alter*
muuttumaton *unchanging, unchanged*
muuttuva *changeable, changing*
mykistyä *be dumbfounded*
mykistää *silence*
mykkä *dumb*
myllerrys *tumult confusion*
myllertjää *stir up;* myrskyn ~ämä *storm-tossed*
mylly *(flour)mill*
myllynkivi *millstone*
mylläri *miller*
mylviä *bellow*
München *Munich*
myrkky *poison*
myrkyllinen *poisonous, toxic*
myrkyttää *poison*
myrkytys *poisoning*
myrsky *(strong) gale,* (m. kuv.) *storm, tempest*
myrskyinen *stormy, turbulent*
myrskytä:* myrskyää *there is a strong gale*
myrskyvaroitus *gale warning*
myrtti *myrtle*

myssy *cap* (nauhallinen) *bonnet*
mystillinen *mystical*
mytty *bundle;* mennä ~yn *fall through, come to nothing*
myydä *sell;* myytävänä *for sale;* (kirjaa) ~än paljon *is selling well;* myytkö minulle tämän? *will you sell me this (one)?* hän myi sen minulle *he sold it to me (for...*n hinnasta)
myyjä *salesman*
myyjäiset *sale of work, bazaar*
myyjätär *saleswoman*
myymälä *shop,* Am. *store*
myymäläpöytä *counter*
myymälävaras *shoplifter*
myynti *sale, sales*
myyntihinta *selling price*
myyrä *vole,* (mai-) *mole*
myöhemmin *later (on)*
myöhempi *later, subsequent*
myöhä; olla ~ssä *be late*
myöhäinen *late*
myöhästyminen *being late; delay*
myöhästyä *be late (for);* ~ junasta *miss the train*
myöhään *late*
myönnytys *allowance, concession*
myönteinen *affirmative,* (edullinen) *favourable*
myöntymys *consent, assent*
myöntyväinen *compliant, yielding;* (suvaitsevainen) *permissive*
myöntyä *assent; consent (to* jhk); (suostua) *agree (to)*
myöntävä *affirmative;* vastata ~sti *answer in the a.*
myöntää *grant;* (tunnustaa) *admit; acknowledge;* (alennus, luottoa) *allow*
myös *also, ... too;* anna nuo ~kin *give me those as well!* (Hän ei voi sitä tehdä,) enkä minä myöskään ... *nor (t. neither) can I*
myöten *along;* antaa ~ *yield, give way,* (suostua) *give in;* polviaan ~ *up to one's knees*
myötä *with;* ~ tai vastaan *for or against*
myötäinen *propitious, favourable*
myötäkäyminen *success*
myötämielinen *sympathetic*
myötäpäivään *clockwise*

myötätunto *sympathy*
myötätuntoinen *sympathetic (towards)*
myötätuuli *fair* (t. *favourable*) *wind*
myötävaikuttaa *contribute (to)*
mädännyt *rotten*
mädännäisyys (kuv.) *depravity*
mädäntyä *mädätä decay, rot*
mäki *hill*, (rinne) *slope;* laskea mäkeä *toboggan, bobsleigh*
mäkihyppy *ski-jump*
mäkinen *hilly*
mäkärä *buffalo gnat*
mämmi *Finnish Easter dish made of ryemeal and malted*
mänty *pine;* (liik.) *redwood*
mäntä *piston*
märehtijä *ruminant*
märehtiä *chew the cud;* (kuv. tiet.) *ruminate*
märkiminen *suppuration*
märkiä *suppurate*
märkyys *wetness, moisture*
märkä *wet;* (lääk.) *pus*
märkäpesäke *abscess*
mässätä *gorge o.s.*
mäsä: lyödä ~ksi *smash*
mäti *roe; spawn*
mätä *rotten, decayed;* s *decay*
mätäkuu l.v. *dog-days*
mätäneminen *rotting, decay*
mätäs *hummock*
mäyrä *badger*
mäyräkoira *dachshund*
määkiä *bleat*
määritellä *define*, (lähemmin) *specify*

määritelmä *definition*
määrittää (tauti) *diagnose*
määrä *amount, quantity; extent, degree;* suuri ~ *a great number (of);* heidän oli ~ tavata *they were to meet;* jossain määrin *to some extent, in some measure* (t *degree*); siinä määrin *to the extent (that)*
määrälaika *appointed time;* -ajan kuluessa *within the fixed period*
määräpaikka *destination*
määräpäivä *date fixed*
määräraha *grant, allowance;* (valtion) *appropriation;* myöntää ~ *make a grant*
määrätietoi|nen *purposeful;* -sesti *with a sense of purpose*
määrätietoisuus *consistency of purpose*
määrätä *determine, fix, appoint* (käskeä) *order;* (lääk., lak.) *prescribe;* (kiel.) *qualify;* (lak. m.) *provide*
määräys *order(s), instruction;* (lain) *provision, regulation*
määräämisvalta *authority control*
määräävä: ~ artikkeli *definite article*
möhkäle *chunk, lump*
möhliä *fumble, bungle*
mökki *hut, cottage*
mökä *hullabaloo*
mörkö *bugbear, bogy*
möyheä *loose*

N

naakka *(jack)daw*
naama *face;* vasten ~a *to sb.'s f.*
naamari *mask*
naamiais|et *masquerade;* -puku *fancy dress*
naamio *mask*
naamioida *mask,* (teatt.) *make up,* (sot.) *camouflage*
naapuri *neighbour*
naapuristo *neighbourhood*

naara *grapne, drag*
naaras *female;* ~kissa, ~susi *she cat (wolf)*
naarata *drag*
naarmu *scratch*
naatit *tops*
nahjus *slow-coach, laggard*
nahka *skin; leather*
nahkuri *tanner*
naida *marry, get married*
naimaikäinen *marriageable*
naimaton *unmarried, single*

naimattomuus *unmarried state,* (miehen) *bachelorhood*
naimi|nen *marriage;* mennä -siin *marry (a p.* jkn kanssa)
nainen *woman* (pl *women);* hyvät naiset ja herrat! *Ladies and gentlemen!*
naisasia(liike) *feminist movement,* (nyt) *women's rights, women's lib*
naisellinen *womanly, feminine*
naisellisuus *femininity*
naisistua *become feminized*
naislääkäri *woman doctor*
naismainen *womanish*
naispuolinen *female*
naistenhuone *ladies' room*
naistenhurmaaja *ladykiller*
naistentauti *gynaecological disease;* ~lääkäri *gynaecologist*
naittaa *marry*
nakertaa *gnaw*
nakkimakkara *(small) Frankfurt sausage*
naksahtaa *click, snap*
nalkuttaa *nag*
nalli *detonator*
namuset *sweets*
napa *pole;* (pyörän) *hub;* (anat.) *navel*
napapiiri: pohjoinen ~ *arctic circle*
naparetkikunta *polar expedition*
napina *grumbling*
napinreikä *buttonhole*
napista *grumble*
napittaa *button (up)*
nappi *button;* aueta napista *come undone;* avata napit *undo, unbutton;* (~) lähti irti *came off*
nappula *pin,* (sähkö-) *button*
napsahtaa *snap, click*
naputtaa *knock (at)*
naputus *knock(ing),* (kevyt) *tap*
narista *creak*
narkomaani *drug addict* (t. *abuser)*
narrata *cheat, take in, kid*
narri *fool, clown*
narrimainen *foolish*
narsissi *narciss|us* (pl *-i)*
narskua *crunch*
narttu *bitch*
naru *string*
naseva ... *to the point telling*

naskali *awl*
nasta *stud, tack;* (autorenkaan) *spike, stud;* vrt piirustus~
nastarengas *studded tyre*
natista *creak*
natrium *sodium*
naudanliha *beef*
nauha *ribbon; tape, band;* (kengän) *lace*
nauhoittaa (rad.) *(pre)record,* (TV) *video-tape*
nauhuri *tape* (t. *casette) recorder*
naukua *mew*
naula *nail,* (naulakon) *peg;* (mitta) *pound* (lyh. *lb);* osua ~n kantaan *hit the nail on the head*
naulakko *coat rack*
naulata *nail*
naulittu: paikalleen ~na *rooted to the spot*
nauraa *laugh;* (hykertää) *chuckle; snicker, giggle;* ~ haljetakseen *split one's sides with laughter;* hän nauroi makeasti *he had a good laugh*
naurattaa *make sb. laugh*
naurettava *laughable, ridiculous*
nauris *turnip*
nauru *laughter;* se ei ole ~n asia *it is no laughing matter*
naurunalai|nen: joutua -seksi *make a fool of o.s.*
nauta(karja) *cattle*
nautinnon|haluinen *pleasure-seeking;* ~himo *love of pleasure*
nautinto *enjoyment, pleasure*
nautintoaineet *stimulants*
nauttia: ~ jstk *enjoy (a th.),* take pleasure in; (lääkettä ym) *take;* (saada) *receive;* (arvonantoa) *be highly estimated*
navakka *fresh*
navetta *cowshed*
ne *they;* ~ jotka *those who*
neekeri *negro* (pl ~es)
neilikka *pink,* (iso) *carnation;* (mauste) *cloves*
neiti *Miss* (+ *nimi)*
neito(nen) *young girl*
neitsyt *virgin;* ~ Maria *the V. (Mary)*
neitsytmatka *maiden voyage*
neli: ~ä *at a gallop*
nelijalkainen *quadruped*

nelikulmainen *square*
nelikulmio *quadrangle*
nelinkertainen *fourfold*
nelinkontin *on all fours*
nelinpeli *double(s)*; (golf ym) *foursome*
nelistää *gallop*
neliö *square*
neliömetri *square metre*
neljä *four*; ~kymmentä *forty*
neljännes *fourth (part), quarter*; ~tä yli, vailla *a quarter past (to)*
neljännestunti *a quarter of an hour*
neljäs *(the) fourth*
neljäsataa *four hundred*
neljästi *four times*
neljätoista *fourteen*
neloset *quadruplets*
nenä *nose*; (kärki) *point*; vetää ~stä *lead sb. by the nose, take sb. in*
nenäkkyys *impertinence*
nenäverenvuoto *nosebleed*
nenäkäs *impertinent, saucy*
nenäliina *handkerchief*
nero, -us *genius*
nerokas *ingenious*
nerokkuus *ingenuity*
neste *fluid, liquid*; ~kaasu *bottle (t. liquid) gas*
nestemäinen *liquid*
nettopaino *net weight*
neula *needle*, (nuppi-) *pin*
neulanen *needle*
neulansilmä *eye (of a needle)*
neule *knitting*; ~pusero *jumper*; ~takki *cardigan, sweater*; ~vaatteet *knitwear*
neuloa *knit*, (ommella) *sew*
neuroo|ttinen, -tikko *neurotic*
neuvo(t) *advice, counsel*; (keino) *expedient, way*; kysyä ~a *consult a p., ask sb.'s advice*; jkn ~sta *on sb.'s advice*
neuvoa *advise*
neuvoja *counsellor*
neuvokas *resourceful*
neuvokkuus *resourcefulness*
neuvola (lasten) *Child Health Centre*
neuvonta *counselling, guidance*
neuvos(mies) *councillor*
neuvosto *council*
Neuvostoliitto *the Soviet Union, the U.S.S.R.*

neuvotella *consult (sb. jkn kanssa); negotiate*
neuvoton *indecisive, irresolute*
neuvottelija *negotiator*
neuvottelu *consultation, conference; negotiation*; ~ratkaisu *negotiated settlement*
nidos *tome, (osa) volume*
nidottu ... *bound in paper*
niellä *swallow*
nielu *throat; pharynx*
nielurisat *tonsils*
niemi *cape, (jyrkkä) headland*
niemimaa *peninsula*
niiata, niiaus *curtsy*
niiden *their theirs*
niin *so*; ~ kyllä *yes*; Hän oli siellä. —) Niin olin minäkin *So was I*; kuinka niin? *why?*; ei (sentään) ~ iso *not that big*; ~ kauan kuin *as long as*; ~ muodoin *consequently*; ~ ollen *thus, such being the case*; ~kö? *is that so? really? aivan ~ exactly, quite so*; eikö ~? *isn't it so?* ~ hurmaava hymy *such a charming smile*; tee ~ kuin sanon *do as I tell you*
niini *bast*
niinkuin *as (+ verbi), like (+ subst t. pron)*; ~ isänsä ... *like his father ...*; pidän tukkani kammattuna ~ haluan *I wear my hair how (t. the way) I like*
niinpä: ~ kyllä *yes, indeed*
niistä *of them, about them*
niistää *blow one's nose*
niitata, niitti *rivet*
niittokone *mowing machine*
niitty *meadow*
niittää *mow*
niitä *them*; ~ ihmisiä joita *the people (that)*'(esim. *you met ..*)
nikama *vertebra* (pl ~e)
nikkeli *nickel*
nikkelöidä *nickel-plate*
nikotiini *nicotine*
niksi *trick, gimmick*
nikottaa *have the hiccups*
nilkka *ankle*
nilviäinen *mollusc*
nimellinen *nominal*
nimeltä(än) ks. *nimi*
nimenhuuto *roll-call*
nimenomaan *expressly specially*
nimetä *nominate*

nimetön *nameless*
nimi *name;* (kirjan) *title;* (maine, m) *reputation;* jkn nimessä *in the name of,* (puolesta) *on behalf of:* tuntea nimeltä *know by name;* nimeltään ... *by name ... of the name of ..., called ...*
nimikilpi *name-plate, sign*
nimikirjoitus *signature; autograph*
nimikortti *(visiting-) card*
nimilippu *label*
nimimerkki *pseudonym*
niminen: minkä ~ on ... *what is ... called*
nimipäivä »*name-day*»
nimismies *head of the constabulary, rural police chief, Am. l.v. sheriff*
nimittäin *namely* (lyh. *viz.*)
nimittäjä (mat.) *denominator*
nimittää *name;* (kutsua) *term; call;* (virkaan) *appoint*
nimitys *name, term;* (virkaan) *appointment*
nipistää *pinch*
nippu *bundle*
nirso *fastidious, choosey*
niska *nape of the neck;* lykätä syy jkn niskoille *lay the blame on sb.'s shoulders*
niskoitella *be insubordinate*
niskoittelu *insubordination*
nisä *teat*
nisäkäs *mammal*
nitoa *stitch, bind*
niukka *scanty, scarce;* minulla on niukasti ... *I am short of ...*
niukkuus *scarcity; shortage*
nivel *joint*
nivelreuma *rheumatoid arthritis*
no *well! now (then!)*
noidannuoli *lumbago*
noin *about, approximately;* kas ~! *there now! that's it!*
noita *sorcerer, magician,* (nainen) *witch*
noitua *cast a spell on*
noja (tuki) *prop, support;* jnk ~lla *by virtue of, on the strength* (t. *basis) of*
nojapuut *parallel bars*
nojata *lean*
nojatuoli *arm-chair,* (laiskan-linna) *easy chair*
nojau|tua: -tuu jhk *is based on*

nokare *pat (of butter)*
noki *soot*
nokinen *sooty*
nokka *bill,* (astian) *spout, lip;* (laivan) *prow*
nokkakolari *head-on collision*
nokkahuilu *recorder*
nokkela *clever, quick-witted*
nokkeluus *resourcefulness*
nokkia *peck (at)*
nokkonen *nettle*
nokkoskuume *nettle-rash*
nokoset *nap*
nolata *snub, discomfit*
nolla *nought,* (mittarissa) *zero;* (puhelinnumerossa) [äänt. ou]
nolo *embarrassed*
nolostua *be baffled*
nolous *discomfiture*
nopea *fast, quick, rapid;* en halua ajaa ~mmin *I don't want to go any faster*
nopeu|s *speed, rapidity;* (tuulen) *velocity;* ... -della *at the rate of;* lisätä -tta *accelerate*
nopeusmittari *speedometer*
nopeusrajoitus *speed limit*
noppa *die* (pl *dice);* ~peli *dice*
Norja *Norway;* norja|nkieli, -lainen *Norwegian*
norja *lithe, supple, agile*
normaali *normal; standard*
norsu *elephant*
norsunluu *ivory*
nostaa *raise, lift (up);* ~ ankkuri *weigh anchor;* ~ maasta *take up, pick up;* (rahaa) *draw;* (auttaa jaloilleen) *help sb. to his feet*
nostosilta *drawbridge*
nosturi *crane*
notkea *agile, supple,* (taikina) *malleable*
notkistaa *bend*
notko *hollow*
notku|a *bend; sag;* (pöytä) ~i herkkuja ... *groaned with food*
noudattaa *observe,* (esimerkkiä ym) *follow;* (kutsua) *accept;* (lakia) *keep, obey;* (pyyntöä ym) *comply with*
noukkia *pick; gather*
nousta *rise, get up;* (seisomaan m.) *stand up;* (hinta, m.) *increase, go up;* (lentokone) *take off;* ~ hevosen selkään *mount;* ~ maihin *land,* (laivasta) *dis-*

embark; nousetko aikaisin? *do you get up early?*

nousu *rise,* (hinnan, m.) *increase;* (ilm.) *take-off;* (maan) *ascent,* (upward) *slope;* ~ssa *on the increase*

nousukas *upstart*

nousuvesi *flood, high tide*

nouta|a *fetch;* lähettää -maan *send for;* voitko tulla -maan minua? *can you call for me?* vrt hakea

novelli *short story*

nuha *(common) cold·* ~kuume *feverish cold*

nuhde *reproach, reproof*

nuhdella *reproach*

nuhteeton *irreproachable*

nuija *club, mallet, hammer*

nujakka *brawl, (hand-to-hand) fight*

nujertaa *break, suppress, crush*

nukahtaa *fall asleep,* (hetkeksi) *drop off, have a nap*

nukka *nap, pile*

nukkavieru *threadbare*

nukke *doll*

nukkehallitus *puppet government*

nukkekaappi *doll's house*

nukketeatteri *puppet show*

nukku|a *sleep;* (uneen) *fall asleep;* ~ liikaa *oversleep;* mennä -maan *go to bed*

nukkumalähiö *dormitory town*

nukuttaa *anaesthetize;* minua ~ *I am sleepy*

nukutusaine *(general) anaesthetic*

nukutuslääkäri *anaesthetist*

nulikka *(kömpelö) hobbledehoy,* (kuriton) *young rascal;* ~ikä *awkward age*

numero *number* (lyh *No.),* (luku) *figure,* (lehden, m.) *issue;* (koko) *size;* (ohjelman) *act; item;* (auton, rekisteri-) *number plate*

numeroida *number*

numerolevy *(puhelimen) dial*

nummi *moor*

nunna *nun*

nunnaluostari *convent*

nuo *those*

nuohooja *chimney-sweep*

nuohota *sweep*

nuokkua *(kukka) droop*

nuoli *arrow*

nuolla *lick*

nuora *string, cord;* pyykki~ *clothes-line;* ~llatanssija *tightrope walker*

nuorekas *youthful*

nuorem|pi *younger;* (hän on) 3 vuotta minua ~ *three years y. than I, three years my junior*

nuorennus *rejuvenation*

nuorentaa *rejuvenate; make ... look younger*

nuorentua *grow young again*

nuori *young;* (kasvuikäinen) *adolescent;* nuoret *young people, youngsters;* nuorella iällä *early in life*

nuorikko *bride*

nuoriso *youth, young people*

nuorisorikollisuus *juvenile delinquency*

nuortua *get younger*

nuorukainen *youth, youngster*

nuoruu|s *youth early life;* hänen -dessaan *in his youth;* -denystävä *school-day friend, friend of (my, his) youth*

nuoska *thaw;* a *damp (snow)*

nuotio *camp fire*

nuotta *seine*

nuotti *note;* suoraan nuoteista *at sight*

nuottiavain *clef*

nuottiteline *music stand*

nupi *tack*

nuppi *head, knob,* (kellon) *crown*

nuppineula *pin*

nuppu *bud*

nurin *inside out;* kääntää ~ *turn upside down;* mennä ~ *overturn*

nurinkurinen *all wrong, preposterous*

nurista *grumble*

nurja *wrong,* (kuv) *adverse;* neuloa ~a *purl*

nurjamielinen *averse, ill-disposed*

nurkka *corner*

nurkkakunta *clique*

nurmi(kko) *lawn; grass*

nuttura *bun (of hair)*

nuuhkia *sniff, snuff (at)*

nuuska *snuff*

nuuskia *sniff (at);* (kuv.) *pry (into)*

nyhtää *pull (out), pluck*
nykiä *jerk; twitch;* (kala) *bite*
nyky|aika *the present time;*
-ajan *present-day*
nykyaikainen *modern, up-to-date*
nykyhetk|i: -ellä *at the present time* (t. *moment*)
nykyinen *present,* (vallitseva) *current*
nykymusiikki *contemporary music*
nyky|olot: -oloissa *under the existing conditions*
nykyään *at present, nowadays, these days*
nykäistä *jerk, pull*
nylkeä *flay, skin;* (kuv) *fleece*
nyplätty (pitsi) *bobbin lace*
nyrjäh|tää: nilkkani -ti *I sprained my ankle*
nyrkkeilijä *boxer*
nyrkkeillä *box*
nyrkkeily *boxing;* ~kehä *ring*
nyrkki *fist;* puristaa ~in *clench* (one's *fist);* ~sääntö *rule of thumb*
nyrpeä *sullen, sulky*
nyrpistää (nenäänsä) *turn up one's nose at*
nyt *now;* ~ kun *now that*
nytkähdellä *twitch*
nyyhkyttää *sob*
nyyhkytys *sobbing*
nyytti *bundle*
nyyttikestit *Dutch treat*
nyökkäys *nod*
nyökätä *nod (assent* hyväksyen)
näennäinen *seeming, apparent*
näet *you see*
nähden: jhk ~ *in view of, considering; in relation to compared with*
nähdä *see;* (huomata) *realize;* ~ hyväksi *see fit;* ~kseni *as far as I can see;* kaikkien näh-den *before everybody;* ks näke-vinään
nähtävyys *sight*
nähtävä *worth seeing*
nähtävästi *evidently*
näin *in this way, like this;* ~ ollen *under these circumstances;* ~ paljon *this much;* ~ hän selitti asian *that's the way he explained it*

näivettyä *wither, atrophy*
näkemiin l.v. *see you later, see you soon,* (arkik.) *so long!*
näkemä: ensi ~ltä *at first sight*
näkevin|ään: hän ei ollut minua ~ *he pretended not to see me;* olin -äni hänet *I thought I saw her*
näkinkenkä *mussel*
näkkileipä *crisp (hard) bread*
näky *sight, vision;* nähdä ~jä *see things, see visions*
näkymä *view*
näkymätön *invisible*
näkyv|ä *visible;* tulla -iin *come into view* (t. *sight);* kadota -istä *pass out of sight;* hävisi -istäni *I lost sight of him*
näkyä *be seen, be visible; appear;* se näkyy selvästi *it is clearly discernible;* se ei näy *it doesn't show*
näkö *(eye)sight, vision;* näön vuoksi *for the sake of appearances;* tuntea näöstä *know by sight*
näköala *view*
näköi|nen *like;* minkä ~ se on? *what does it look like?* olla jkn ~ *resemble, bear a likeness to;* he ovat hyvin toistensa -siä *they are (very) much alike*
näköisyys *resemblance*
näkö|kanta, -kohta *point of view*
näköpiiri *range of vision*
näköpuhelin *picture phone*
näkötorni *watch-tower*
nälkiinty|jä -nyt *starved*
nälkä *hunger;* minun on ~ *I am hungry;* kuolla ~än *starve to death*
nälkäinen *hungry*
nälkäpalkka *starvation wages*
nälänhätä *famine*
nämä *these;* näillä main *hereabouts;* näinä päivinä *one of these days*
näpertely *finicky job*
näpistellä *pilfer*
näppylä *pimple, pustule; spot*
näppäimistö *keyboard*
näppäin *key*
näppäryys *handiness*
näppärä *handy, deft, dexterous*
näpsäyttää *snap; flick*
närkästys *resentmen t*

närkästynyt *offended, annoyed*
närkästyä *become indignant*
närästys *heartburn*
näykkiä *snap (at)*, (kuv.) *nag*
näyte *sample, specimen;* panna
  näytteille *exhibit, display;*
  näytteillä *on view, on show*
näyteikkuna *show window*
näytellä (teatt.) *act, play;* ~
  huomattavaa osaa *play an
  important part (in)*
näytelmä *(stage) play; drama*
näytelmäkirjailija *playwright*
näytelmämusiikki *incidental music*
näytenumero *sample copy*
näytteillepanija *exhibitor*
näyttelijä *actor;* ~tär *actress*
näyttely *exhibition, show*
näyttämö *stage*

näyttämökoristeet *scenery, stage
  décor*
näyttämötaide *scenic art*
näyttäytyä *appear*
näyttää *show; look;* hän ~ sairaalta *he is looking ill;* ~ siltä
  kuin *it looks as though;* minusta ~ siltä, että *it seems to me
  that*
näytäntö *performance*
näytös *display;* (teatt.) *act*
näännyksissä *exhausted*
nääntymys *exhaustion*
nääntyä *become exhausted;
  succumb (to jhk)*
näätä *marten*
nöyristelevä *servile*
nöyrtyä *humble o.s.*
nöyryyttää *humble, humiliate*
nöyryytys *humiliation*
nöyrä *humble meek*

oas *thorn*
objekti *object*
objektiivinen *objective*
obligaatio *bond*
odotettu *expected;* ~aan kaksi
  tuntia ... *after waiting (for)
  two hours ...;* heitä oli paljon
  ~a vähemmän *their number
  was far short of expectation*
odot|taa *wait (for* jkta), (otaksua tapahtuvan ym) *expect;*
  (aavistaen) *anticipate;* -a hiukan! *wait a bit (a minute)!* I oli
  -ettavissa *was to be expected;*
  antaa jkn ~ *keep sb. waiting;*
  -taen (pikaista) vastaustanne
  awaiting your (early) reply
odottamaton *unexpected*
odottamatta *unexpectedly*
odotus *waiting, expectation*
odotus|huone, -sali *waiting
  room*
ohdake *thistle*
ohei|nen, -sena *enclosed*
oheistaa *enclose*
ohella, ohessa: sen ~ *in addition
  (to that) besides*
ohentaa *thin (down)*
ohi *by, past,* (lopussa) *over;* kul-

kea ~ *pass by;* se menee ~
  it will pass
ohikiitävä *fleeting*
ohikulkija *passer-by*
ohikulkutie *by-pass*
ohimarssi *march-past*
ohimenevä *transient, temporary*
ohimennen *in passing*
ohimo *temple*
ohittaa *pass,* (auto) *overtake*
ohitus *overtaking*
ohjaaja (auton) *driver,* (lentok.)
  pilot, (filmin ym) *director*
ohjakset *reins*
ohjata *lead, conduct, guide;*
  (neuvoa) *direct, instruct;* (alusta ym) *steer,* (ilm.) *pilot*
ohjattavuu|s *control (of a car);*
  menetti -tensa *got out of control*
ohjaus *guidance, direction*
ohjauskyky: menetti ~nsä *lost
  control of his (her) car*
ohjauslaite *steering gear* (ilm.)
  controls
ohjauspyörä *(steering) wheel*
ohje *direction, instruction*
ohjehinta *basic* (t. *guiding*)
  price fixed minimum price

objelma *programme, Am. program*
ohjelmisto *repertoire*
ohjesääntö *regulations*
ohjus *missile*
ohra *barley;* ~ryynit *pearl b.*
ohukas *small pancake*
ohut *thin,* (ilma) *rarefied*
oikaista *straighten;* (korjata) *correct, rectify;* (moittien) *take sb. up;* (tiellä) *cut off a corner, take a short cut (through)*
oikaisu *correction*
oikaisuvedos *proof*
oikea *right;* (virheetön m) *correct;* (todellinen) *true, real, genuine;* (asianmukainen) *proper;* ~lla on (t. at) *the right;* olla ~ssa *be right*
oikeamielinen *just*
oikeanpuoleinen: ~ liikenne *right-hand traffic driving on the right*
oikeaoppinen *orthodox*
oikeastaan *really; properly*
oikein *right, correctly;* (hyvin) *very;* aivan ~ *quite so;* ~ko totta *really?* ~ päin *(the) right side up* (t. out)
oikeinkirjoitus *spelling*
oikeisto *the Right*
oikeistolainen *right-wing;* s *right-winger*
oikeudellinen *legal*
oikeudenkäynti *lawsuit, action,* (legal) *proceedings;* panna vireille ~ *take proceedings (against)*
oikeudenkäyntikulut *court fees*
oikeudenmukainen *legitimate, rightful, just*
oikeu|s *right; justice;* (-istuin) *(law-)court;* haastaa -teen *summon;* millä -della? *by what right?* pitää kiinni -ksistaan *stand on* (t. *stick up for*) *one's rights;* päästä -ksiinsa *come into one's own;* tehdä -tta (kuv.) *do justice (to)*
oikeusasiamies *ombudsman*
oikeusjuttu *(court) case;* nostaa ~ *bring an action*
oikeuslaitos *judicial system*
oikeusministeriö *ministry of justice*
oikeustiede *law jurisprudence*

oikeusturva: sama ~ (kaikille) *equality of justice*
oikeuttaa *justify; entitle*
oikeutus *justification, authority*
oikku *whim*
oikoa (suoraksi) *straighten*
oikosulku *short-circuit*
oikotie *short cut*
oikullinen *capricious*
oire *symptom*
oivallinen *excellent, fine*
oivallus *insight*
oivaltaa *perceive, recognize*
oja *ditch, drain*
ojennus *alignment,* (nuhde) *reproof*
ojennusnuora (kuv.) *guiding principle*
ojentaa *extend, hold out,* (jklle) *hand ... to;* (käsi, m.) *stretch out;* (nuhdella) *rebuke*
ojittaa *ditch, drain*
oka *thorn, prickle*
okainen *thorny*
oksa *branch,* (pieni) *twig;* (laudassa) *knot*
oksastaa *graft*
oksennus *vomit(ing)*
oksentaa *vomit*
oksia *prune, trim*
oktaavi *octave*
olankohautus *shrug*
oleellinen *essential*
olemassaolo *existence*
olematon *nonexistent*
olemus *being*
olennainen *essential;* (sisäinen) *inherent*
olento *being, creature*
oleskella *stay, sojourn*
oleskelu *stay (in, at), visit (to)*
oleskelulupa *sojourn permit residence visa*
olettaa *assume suppose*
olettamus *supposition, assumption; hypothesis*
olevinaan: on ~ *is haughty* (t. *on his high horse),* (jtk) *pretends to be ...*
oljenkor|si: tarttua -teen *catch* (t. *snatch) at a straw*
olkain *shoulder strap*
olka(pää) *shoulder;* kohauttaa -päitään *shrug one's shoulders*
olki, oljet *straw*
olkihattu *straw hat*

olkoon: ~pa asia kuinka hyvänsä *however that may be;* ~ menneeksi *all right then (have it your way)*

olla *be;* (olemassa) *exist,* (esiintyä) *occur;* minulla on *I have,* (puhek.) *I've got;* pöydäliä on lamppu *there is a lamp on the table;* kaupunki on meren rannalla *the town is situated on the seaboard;* lasku on 100 markkaa *the bill amounts to 100 marks;* olin kuulevinani *I thought I heard;* sinun olisi mentävä ... *you should go;* olipa hän vanha tai nuori *whether he is old or young;* olipa sää mikä hyvänsä *whatever* (t. *no matter what*) *the weather may be;* vrt olevinaan

ollenkaan *at all*

olo (oleskelu) *stay;* ~t *conditions;* hyvissä ~issa *in easy circumstances;* sellaisissa ~ssa *under such conditions*

olohuone *lounge, sitting-room*

olosuhte|et *conditions;* -isiin katsoen *under the circumstances*

olotila *state, condition*

olut *beer*

oluttupa *beer-house*

olympiakisat *Olympic games*

oma *own;* ~ apu *self-help;* hänellä on ~ talo *he has a house of his own;* ~a luokkaansa *in a class by itself;* ~lla vastuullaan *at one's own risk;* omin neuvoin *on one's own;* (näin) omin silmin *with my own eyes;* omiaan *suited (for jhk);* päästä omilleen *break even*

omahyväinen *self-satisfied*

omainen *(close) relative;* lähiomaiset *next-of-kin*

omaisuus *property*

omakotitalo *(small) single-family house*

omalaatuinen *peculiar*

omaksua *adopt*

omantunnonvaivat *pangs of conscience*

omanvoitonpyynti *self-interest*

omatunto *conscience;* hyvä ~ *good* (t. *clear*) *c.*

omavarainen *self-supporting*

omena *apple;* ~sose *a. sauce*

omenaviini *cider*

omiaan: on ~ *is of a nature to,* (osoittamaan) *goes to show that*

ominainen *peculiar (to), characteristic (of)*

ominaisuu|s *property, quality;* jkn -dessa *in the capacity of*

omistaa *own, possess, have;* (jllek) *devote (o.s. to);* (teos ym) *dedicate*

omistaja *owner, possessor*

omistus *ownership, possession;* (-kirjoitus) *dedication*

omistusoikeus *proprietary rights*

omituinen *odd, extraordinary*

omituisuus *peculiarity; queerness*

ommel *seam;* ompeleet *stitches*

ommella *sew;* (lääk.) *suture*

ompelija(tar) *dressmaker*

ompelu *sewing, needlework*

ompelukone *sewing machine*

ongelma *problem; puzzle*

ongelmallinen *problematic, puzzling*

ongenkoukku *(fish-)hook*

ongensiima *(fishing-)line*

onki *fishing rod*

onkia *angle*

onkimato *worm*

onnekas *lucky; successful*

onnellinen *happy,* (onnekas) *lucky, fortunate*

onnenonkija *adventurer*

onne∩potkaus *lucky stroke*

onnentoivotu|s *congratulation;* parhaat -kset *best wishes;* vrt onni

onnetar *Lady Luck*

onneton *unhappy; unlucky*

onnettomuus *mischance, misfortune;* (tapaturma) *accident*

onni *luck, (good) fortune;* (onnellisuus) *happiness;* onneksi *fortunately;* onneksi olkoon! *congratulations!* (esim ennen tenttiä) *best of luck;* onnea syntymäpäivän johdosta! *many happy returns!* toivottaa onnea *wish a p. happiness;* jäädä oman onnensa nojaan *be left to one's own devices (to send for o.s.);* vrt onnentoivotus

onnistu|a *be successful, succeed (in ...-ing);* ~ tekemään (m.)

manage to; -nut *successful;*
-i hyvin *was a great success,
came off very well*
onnistuminen *success*
onnitella *congratulate (sb.
upon);* vrt onni
onnittelu *congratulation*
ontelo *cavity*
ontto *hollow*
ontua *limp;* (kuv.) *halt;* ontuva
lame
ooppera *opera*
opas *guide* (m -kirja)
opastaa *guide;* (sisään) *show in*
opastus *guidance*
operetti *operetta, light opera*
opetella *learn,* (harjoittaa) *prac-
tise*
opettaa *teach, instruct; train*
opettaja *teacher*
opetus *teaching, instruction;
training; tuition;* (kuv.) *les-
son moral*
opetuslapsi *disciple*
opetusministeriö *Ministry of
Education*
opinhaluinen *studious*
opinto, opinnot *study, studies;*
harjoittaa ~ja *study;* olla
työssä maksaakseen ~nsa *pay
one's way by an outside job,
work one's way through (the
course)*
opintomatka *study trip*
opiskelija *(university) student,
undergraduate*
opiskella *study*
opiskelu *study*
opisto *institute, college*
oppi *doctrine,* (tieto) *knowledge,
learning;* oli opiksi *was a lesson
(to);* olla opissa *serve one's
apprenticeship (with);* ottaa
~a jstk *learn by*
oppia *learn;* ~ tuntemaan *get
(t. come) to know*
oppiaine *subject*
oppiarvo *university degree;* saa-
vuttaa ~ *graduate, take one's
degree*
oppijakso *course*
oppikirja *text-book*
oppikoulu *secondary school,*
Am. *high school, college*
oppilaitos *institution of learning*
oppilas *pupil*
oppimaton *uneducated*

oppimäärä *course*
oppineisuus *learning*
oppinut *learned; s scholar*
oppipoika *apprentice*
oppitunti *lesson,* (koul. m.)
class; period
oppituoli *chair*
optikko *optician*
optinen *optic(al)*
orapihlaja *hawthorn*
oras *sprout, shoot*
orastaa *sprout spring up*
orava *squirrel*
ori *stallion*
orja *slave;* ~kauppa *s. trade*
orjallinen *slavish*
orjantappura *briar wild rose*
orjuus *slavery*
orkesteri *orchestra*
orkidea *orchid*
orpo *orphan*
orpokoti *orphanage*
orsi (kana-) *perch, roost*
ortodoksinen *(Greek) Orthodox*
orvokki *violet,* (puutarha-)
pansy
osa *part;* (kirjan, m.) *volume*
(teatt, m) *role; component;* ot-
taa ~a *take part (in),* partici-
pate *(in), attend (a meeting)*
(suruun) *sympathize with;*
~ksi *partly;* suurimmaksi
~ksi *for the most part;* saada
~kseen *meet with,* (ikävää)
incur, (suosiota) *gain (favour);*
tulla ~ksi *fall to a p.'s lot*
osakas *shareholder*
osake *share;* osakkeet (m.)
stock(s)
osakehuoneisto *flat in house-
owning company*
osakeyhtiö *joint-stock company*
osakunta *students' union*
osallinen *concerned (in)*
osallistua *participate (in jhk)*
osallistuminen *participation*
osallistuva *engaged, committed*
osamaksu(erä) *instalment*
osanottaja *participant*
osanotto *participation;* (kuv.)
sympathy; esittää ~nsa *ex-
press one's sympathy*
osapuilleen *about approxi-
mately*
osasto *department, section;*
(raut.) *compartment;* (sairaa-

lan, vuode-) ward; (søt) body,
detachment, unit
osata be able to, know (how
to ...); osaa (m) can; (jnnek)
find one's way, (maaliin) hit
(the mark)
osinko dividend
osittain partially, partly, in part;
~en partial
osoite address
osoitelippu label; tag
osoitin (kellon) hand
osoittaa show; indicate; (il-
maista) express; (sormella)
point (at jtk); (kirje) address
osoittaa (mat.) numerator
osoittautua prove ..., turn out
(to be ...)
osoitus sign, indication, evidence
ostaa buy, purchase; ostin uu-
den hatun I bought a new hat;
mitä ostit hänelle? what did
you buy for her?
ostaja buyer
osteri oyster
osto buying, purchase
ostohinta purchase price
osto|s: mennä -ksille go (out)
shopping; tehdä -ksensa do
one's shopping
ostoslaukku shopping bag
osua hit
osuma hit; saada ~ score a h.
osuus share
osuus|kauppa, -kunta co-oper-
ative shop, society
osuva appropriate, apt
otaksua suppose, assume, var-

maksi) take ... for granted
otaksuma supposition
otaksuttavasti presumably
Otava Charles's Wain, Am. the
(Big t. Great) Dipper
ote hold; grip; (kirjasta ym)
extract
otella fight, contend
otollinen acceptable; ~ aika
favourable time
otsa forehead
otsatukka fringe; hänellä on ~
she wears her hair banged
otsikko heading, title
ottaa take; (tarttua) seize;
grasp; (esille) bring (t. get)
out, (käsiteltäväksi) take up;
(laina) raise; (maksua) charge;
(tehdäkseen) undertake to;
(tililtä) draw; (vastaan) re-
ceive; (pois) take away, (riisua)
take off; tässä on voileipiä,
ota! Here are some sand-
wiches, have one! hän otti sade-
takin (mukaan) he took a mac
(with him)
ottelu fight, contest, (peli)
match
ottolapsi adopted child
outo strange, unfamiliar, odd
ovela shrewd, smart
oveluus shrewdness cunning
ovenpieli door-post
ovenvartija door-keeper jani-
tor
ovi door; ovella at the d.
ovikello door-bell; ~ soi there
is a ring at the door

-pa, -pä tulepa(s) tänne! just
come here! enpä tiedä oh, I
don't know
paaduttaa harden
paahde heat (of the sun)
paahdin roaster, (varras-) rotat-
ing spit-roaster; (leivän) toast-
er
paahtaa (spit-)roast; (leipää)
toast, paahdettu m. barbecued
(steak, pihvi)
paali bale
paalu pile, stake
paarit stretcher
paarma gadfly

paasi boulder
paasto, -ta fast
paastonaika Lent
paatua become hardened
paatumus hardness (of heart)
paatunut un|repentant, -repen-
ting
paavi pope
padota dam (up)
paeta flee (m. fly) run away;
escape
paha bad evil; ~lla tuulella
in a bad temper; puhua ~a
speak ill of, malign sb.; tehdä
~a jklle harm, hurt; ~a aavis-

tamaton *unsuspecting;* pani ~kseen *(he) took offence;* olen pahoillani *I am sorry (about* jstk)

pahaenteinen *ominous*

pahanhajuinen *bad-smelling*

pahanilkinen *spiteful, malicious*

pahankurinen *mischievous*

pahanlaatuinen (lääk.) *malignant*

pahansuopa *malevolent*

pahansuopaisuus *ill will*

pahantapainen *wicked*

pahantekijä *malefactor*

pahantuulinen *bad-tempered*

pahastua *take it ill, take offence (at)*

pahe *vice*

paheellinen *vicious, depraved*

paheksua *disapprove (of), deprecate*

pahemmin *worse*

pahempi = ed; sen ~ *so much the w.* (for him)

pahennus *offence;* ~ta *herättävä offensive, scandalous*

pahentaa *make worse, aggravate*

pahentua *get worse; be spoilt*

pahi|n *the worst;* -mmassa tapauksessa *at (the) worst, i the w. comes to the w.*

pahka *lump, protuberance*

pahnat *litter, straw*

pahoilla|an: olen ~ni, etten voi auttaa *I regret being unable to help,* vrt. paha

pahoin *badly*

pahoinpidellä *maltreat*

pahoinpitely *maltreatment,* (lak.) *assault and battery*

pahoinvointi *nausea*

pahoinvoipa *sick, unwell*

pahoitella *be sorry, regret*

pahoittaa (jkn mieli) *give offence to, hurt; distress*

paholainen *devil*

pahu|s *darn it!* -ksen hyvä *confoundedly good*

pahuus *wickedness, evil*

pahvi *cardboard*

pahvirasia *pasteboard box, carton*

paikalla *on the spot;* heti ~ *at once*

paikallinen *local*

paikallisjuna *stopping train*

paikallispuudutus *local anaesthesia*

paikallis|taa *locate; localize,* -tunut *localized*

paikalta: poistua ~ *leave (the place).* (onnettomuus~) *l. the scene of accident*

paikanhakija *applicant*

paikannimi *place-name*

paikantaa *locate*

paikata *patch, mend, repair,* (hammas) *fill stop*

paikka *place; locality;* (sijainti) *site;* (toimi) *situation, position job;* (tilkku) *patch;* (laiva- ym) *berth;* (teatt ym) *seat;* (hampaan) *filling;* kauniilla paikalla *beautifully situated;* pitää ~nsa *hold good;* on aivan paikallaan *it is quite in order*

paikkakunta *locality;* ~laiset *local residents* (t. *people)*

paikkansapitävä *accurate, tenable*

paikkeilla (noin) *about*

paikoitellen *in places*

paikoitus *parking;* ~alue p *lot*

paimen *shepherd*

paimenkoira (lammas-) *sheepdog, collie;* saksan~ *German shepherd, Alsatian*

paimentaa *tend, shepherd*

paimentolainen *nomad*

paina|a *press,* (kirjap.) *print;* (olla p-va) *weigh;* ~ mieleen *imprint on one's mind;* ~ jkn mieltä *weigh on one's mind;* ~ pää alas *bow one's head*

painajainen *nightmare*

painallu|s: napin -ksella *at the press of a button*

painatus *printing*

painautua *press o.s.; nestle against sb.*

painava *heavy;* (syy) *weighty*

paine *pressure,* (henkinen, m.) *stress*

paini *wrestling;* ~ottelu *w. match*

painija *wrestler*

paino *weight;* (kiel.) *stress;* (kirja-) *printing press* (t. *office);* ~ssa *in (the) press;* ilmestyä ~sta *appear in print;* panna paljon ~a *attach great importance (to)*

P

painoinen: jnk ∼ ... *in weight*
painokas *emphatic*
painokirjaimet *block letters*
painokone *printing press*
painolasti *ballast*
painollinen *stressed*
painomuste *printer's ink*
painonnosto *weight-lifting*
painopiste *centre of gravity*
painos *edition,* (korjaamaton) *printing*
painostjaa *bring pressure to bear on,* put pressure on, *press (sb. to do sth.);* -ava *oppressive,* (kuuma) *sultry*
painostunut *depressed*
painostus *pressure;* harjoittaa ∼ta *bring p. to bear (on)*
painottaa *stress;* vrt. korostaa
painottomuus *weightlessness* zero gravity
painotuote *printed matter*
painovapaus *liberty of the press*
painovirhe *misprint;* ∼itä (m.) *errata*
painovoima *gravitation, gravity*
painua *sink,* (sakka) *settle,* (mieli) *be depressed;* (muistiin) *be impressed* (on t. *in a p.'s memory*)
painuksissa (ääni) *hoarse*
paise *boil, abscess*
paiskalta *throw, hurl fling;* -si oven kiinni *slammed the door (to)*
paistaa *shine;* (pannussa) *fry* (uunissa) *roast;* (leipää) *bake*
paistatella *bask (in the sun)*
paiste *shine, glare*
paisti *roast;* (-pala) *joint*
paistinpannu *frying-pan*
paisua *swell*
paisuttaa (kuv.) *exaggerate*
paita *shirt,* (naisen) *vest*
paitahihasillaan *in one's shirt-sleeves*
paitsi *except; apart from;* kaikki ∼ yksi *all but one*
paitsio *offside*
paj̣a *smithy* (työ-) *workshop*
paju *willow, osier*
pakahtua *burst; break;* olin ∼ nauruun *I nearly burst (my sides) with laughter*
pakana *heathen; pagan*
pakanallinen *heathen*
pakanalähetys *foreign mission*

pakanuus *heathenism*
pakarat *buttocks*
pakastaa *(quick-)freeze*
pakastejet *frozen food(s);* -lokero = seur.
pakastin *freezer*
pakata *pack;* kauniisti pakattu(na) *decoratively wrapped up*
paketti *parcel;* panna ∼in *wrap (up)*
pakettiauto *(delivery) van*
pakettiratkaisu *package deal*
pakina *chat;* (sanomal.) *causerie*
pakinoida *have a chat (with)*
pakinoitsija (m.) *columnist*
pakka *pack;* (kangasta) *roll*
pakkalnen *cold, frost; sub-zero weather;* 10 astetta -sta *ten degrees below zero*
pakkaus *packing, package* (rasia) *packet*
pakkilaatikko *packing case*
pakko *compulsion; necessity;* minun oli ∼ ... *I was forced to ...;* pakosta *necessarily, of necessity, under compulsion*
pakkokeino *coercion, force*
pakkolasku *forced* (t. *emergency) landing*
pakkolomauttaa *lay off*
pakkomielle *obsession*
pakkotoimenlpide: ryhtyä -piteisiin *resort to force*
pako *flight; escape;* ajaa ∼on *put to flight;* päästä ∼on *escape*
pakokaasu *exhaust fumes*
pakokauhu *panic*
pakolainen *refugee*
pakolaishallitus *government exile*
pakolaisleiri *refugee camp*
pakollinen *compulsory*
pakopaikka *(place o) refuge*
pakostakin: ∼ on ... *there is (are) bound to be ...;* vrt. pakko
pakottaa *compel, force;* vrt. särkeä
pakotteet *sanctions*
pakotus *(kipu) ache, pain*
pakovesi *ebb, low tide*
paksu *thick,* (tiheä) *dense;* (takki) *heavy*
paksuinen: jnk ∼ ... *in thickness*
paksuus *thickness*

pala, -nen *bit, piece,* (sokeria ym) *lump;* ~ ~lta *piece by piece, piecemeal*
palaa *burn; be on fire;* ~ *loppuun burn out*
palaminen (kem.) *combustion*
palapeli *jigsaw puzzle*
pala|ta *come back, return;* ~ *työhön resume (one's) work;* **hän on -nnut** *he is back*
palatsi *palace*
palauttaa *return,* (entiselleen) *restore;* ~ *mieleen recall*
palava *burning,* (kuv.) *ardent, fervent*
palell|a *be cold;* -uttaa *freeze*
paleltu|a: ~ *kuoliaaksi freeze to death, die of exposure;* -nut *frost-bitten*
paleltuma *frostbite*
palestiinalainen *Palestinian*
paljas *bare,* (alaston) *naked;* (pelkkä) *mere;* paljaan taivaan alla *under the open sky;* **paljain jaloin** *barefoot(ed)*
paljastaa *expose; reveal, disclose;* (patsas) *unveil*
paljastus *exposure,* (patsaan) *unveiling*
palje; palkeet *bellows*
paljon *much, many;* (myönt. laus. miel.) *a lot of, lots of, plenty of;* ~ *parempi* (m.) *far better;* ~ko *kello on? what time is it?* ~ko *se maksaa how much is it?*
paljous *quantity, volume*
palkankorotus *wage increase pay rise; increase in salary;* et. Am. *raise*
palkata *hire, engage*
palkinto *prize;* saada ~ *win a p.;* ~jen jako *p.-giving*
palkintotuomari *judge*
palkita *reward;* ... palkittiin *(he) was awarded a prize*
palkka *wages; pay;* (kuukausi-) *salary;* (kuv.) *reward*
palkkakiista *pay dispute*
palkkapolitiikka *pay policy*
palkkapäivä *pay-day*
palkkatyöläinen *wage-earner*
palkkaus *wages, salary*
palkkavaatimukset *salary required*
palkkio *fee;* (esim. löytö-) *reward*

palko *pod, legume*
pallea *diaphragm*
pallero *toddler*
palli *stool;* (palkinto-) *winners' rostrum*
pallo *ball,* (mat.) *sphere*
pallokartta *globe*
pallomainen *spherical*
pallopeli *ball-game*
pallosalama *ball lightning*
palmikko, palmikoida *plait;* (niskapalmikko) *pigtail*
palmu *palm*
palo *fire;* ~auto *f. engine*
palohaava *burn*
palohälytys *fire alarm*
paloitella *cut up;* (lohkoa) *partition,* (maa) *dismember*
palokunta *fire-brigade*
paloposti *hydrant*
palopommi *incendiary bomb*
paloruisku *fire-engine*
palosotilas *fireman*
palotikkaat *fire-escape*
palovahinko *damage by fire*
palovakuutus *fire insurance*
paloöljy *paraffin,* Am. *kerosene*
palsta *plot, site,* Am. *lot;* (sanomal.) *column*
palstoittaa *parcel (out)*
palttaa *hem*
palttu *blood pudding;* **antaa** ~**a** *not care a damn*
palturi *rubbish, bosh;* **puhua** ~**a** *talk nonsense*
paluu *return*
paluulippu (meno- ja ~) *return ticket*
paluumatka *journey back*
paluupostissa *by return of post*
palvata *cure*
palvelevainen *obliging*
palvelija *(domestic) servant, (house)maid*
palvella *serve,* (pöydässä ym) *wait on;* miten voin ~? *how can I help you?* ~anko Teitä? *are you being attended to?*
palvelu *service*
palveluraha *tip*
palvelu|s *service; employment; duty;* jkn -ksessa *in sb.'s employment, employed by ...;* -ksesta vapaana *off duty*
palveluskunta *(staff of) servants*
palvoa palvonta *worship*

pamah|taa: laukaus -ti *a report was heard*
pamppailla *throb, beat*
pamppu *truncheon*
paneeli *panel(ling)*, *wainscoting;* ~keskustelu *panel discussion*
panet|ella, -telu *slander*
panimo *brewery*
pankinjohtaja *(bank) manager*
pankki *bank*
pankkivirkailija *bank official*
panna (kirk.) *ban;* julistaa ~an *excommunicate*
panna *put;* ~ alkuun *initiate, introduce;* ~ kuntoon *put in order;* ~ käyntiin *set going, start (up);* ~ maata *lie down;* ~ päähänsä, yllensä *put on;* ~ säästöön, sivuun *lay by, lay aside;* ~ tekemään jtk *cause... to, make ...;* se pani miettimään *it made me stop and think*
pannu *pan;* (kahvi- ym) *pot*
pannuhuone *boiler room*
pannukakku *(thick) pancake;* siitä tuli ~ *it came to nothing*
pano (pankkiin) *deposit*
panos (peli-) *stake;* (kuv.) *contribution;* (sot.) *charge*
panssari *armour*
panssarivaunu *tank*
pantata *pawn*
pantti *pledge;* (leikissä) *forfeit;* antaa pantiksi *pledge;* siitä panen pääni pantiksi *I'll stake my head on it*
panttilaitos *pawnbroker's (shop)*
pantti|vanki *hostage;* ottaa -vangiksi *seize as a h.*
paperi *paper*
paperikauppa *stationer's (shop)*
paperikori *waste-paper basket*
paperipussi *paper bag*
paperitehdas *paper mill*
paperiveitsi *paperknife*
paperoida *paper*
papiljotti *curler*
papisto *clergy*
pappi *clergyman,* (et. katol.) *priest; chaplain* (esim. *army c., prison c.*); vihkiä papiksi *ordain*
pappila *rectory*
papu *bean*

papukaija *parrot;* laulu~ ks. undulaatti
paraati *parade, march-past*
parahiksi *just in time (for);* sen on hänelle ~it *serves him right*
parakki *hut*
paraneminen *recovery*
parannus *improvement; cure;* (usk.) *repentance;* tehdä ~ (kuv.) *become a reformed character turn over a new leaf*
parannuskeino *remedy*
parantaa *improve,* (sairas) *cure heal*
parantola *sanatorium*
parantua *improve, get better;* (toipua) *recover;* (haava) *heal*
parantumaton *incurable*
paras *best;* minun olisi ~ta mennä *I had better go;* hän tekee parhaansa *he does his (level) best;* katsoa omaa ~taan *loof after one's own interests*
para|ta: toivottavasti -net pian *I hope you soon get well again,* (kirjeessä) *best wishes for a speedy recovery*
paratiisi *paradise*
paremmin *better*
paremmuus *superiority*
paremp|i *better;* pitää -ana *prefer (sth. to ...kuin);* mitä pikemmin, sitä ~ *the sooner the better*
parhaillaan *just now;* hän oli ~ lukemassa kun ... *he was reading when ...*
parhaiten *best*
pari *(a) pair (of gloves etc.);* avio~ *married couple;* ~ päivää *a couple of days, a day or two;* ~ kymmentä *about twenty, a score (of ...)*
parila *gridiron*
pariloida *broil, roast*
parillinen *(luku) even*
parisataa *about two hundred*
pariisilainen *Parisian*
pariskunta *couple*
paristo *battery*
paritella *copulate*
pariton *odd*
parittain *in pairs, two by two*
parittaja *pander, pimp*
pariutua *(eläin) mate*

parjata *defame, malign*
parjaus *slander, abuse*
parka *poor (thing)*
parkaisu *loud cry, scream*
parketti *parquet*
parkita *tan*
parkki *bark;* (mer.) *barque*
parkua *scream, howl*
parlament|ti *parliament;* -in jä-
sen *member of P.* (M.P.)
parodi|a, -oida *parody*
parrakas *bearded*
parranajo *shave*
parranajokone *safety razor,*
(sähkö-) *electric shaver*
parras *brink, verge;* (mer.) *rail;*
jnk partaalla *on the verge of*
parrasvalo(t) *footlights;* (kuv.)
limelight
parru *spar*
parsa *asparagus*
parsia *darn mend*
parsinneula *darning needle*
parta *beard;* ajaa ~nsa *shave*
partasuti *shaving brush*
partavaahdoke *shaving cream*
partaveitsi *razor*
partavesi *shaving lotion*
partio (sot.) *patrol*
partiopoika *boy scout*
partioretki *excursion:* (sot.) *raid*
partiotoiminta *scouting*
partiotyttö *girl guide* (Am.
scout)
partisaani *guer(r)illa*
partituuri *score*
parturi *barber;* -nliike *barber's*
(Am. *barber) shop*
parveilla *swarm*
parveke *balcony; gallery* (teatt.
et. ylin); vrt. seur.
parvi *flock, swarm;* (kala-)
shoal; (ylinen) *garret;* (teatt.)
circle; ensi ~ *dress circle*
pasianssi: panna ~a *play (at)*
patience
passi *passport*
passitoimisto (m.) *alien office*
pastelli *pastel*
pastilli *lozenge, pastille*
pastori *pastor, parson;* (kirj. ni-
men ed.) *Rev.*
pasuuna *trombone*
pata *pot;* (korttip.) *spades*
(-kortti) *spade*
pataljoona *battalion*
patarouva *queen of spades*

patarumpu (mus.) *kettledrum*
patentti *patent;* ottaa ~ *take*
out a p. (for)
patikkaretki *hiking tour*
patja *mattress*
pato *dam;* (ranta-) *dike;* ~
luukku *sluice (-gate)*
patoutu|a *be dammed;* -nut
(kuv.) *pent-up, repressed*
patruuna *cartridge*
patsas *statue;* (pylväs) *column*
patteri *battery;* (lämpö-) *ra-*
diator
patti (hevosen) *spavin*
patukka *truncheon, staff*
pauhata (meri ym) *roar, rumble*
paukah|taa *bang;* (ovi) -ti kiin-
ni ... *slammed to*
pauke (tykkien) *roar, booming*
paukkua *crack,* (ovi) *bang;* (ty-
kit) *thunder, boom*
paukuttaa *bang slam;* (käsiä)
clap
paula (kengän) *lace;* ~t *toils*
pehku *litter*
pehmentää *make soft, soften*
pehmetä *become soft*
pehmeys *softness*
pehmeä *soft;* tehdä ~ *lasku*
soft-land
pehmittää (lyödä) *beat, thrash*
peikko *goblin*
peili *mirror, looking-glass*
peipponen *chaffinch*
peite *cover(ing), coat(ing)*
peitellä *cover,* (salata) *concea*
peitenimi *code name*
peitsi *spear*
peitto *cover(ing);* (tikattu)
quilt
peittää *cover (up),* (tekn. ym)
coat; (kuv.) *cloak*
pelastaa *save,* (vaarasta, m)
rescue (from); (esineitä, mer.
ym) *salvage*
pelastaja *rescuer*
pelastua *be saved* (t. *rescued)*
escape
pelastus *rescue, deliverance;*
salvation; täpärä ~ *a narrow*
escape
pelastusarmeija *Salvation Army*
pelastusrengas *life-belt*
pelastusvene *life-boat*
pelata *play*
peli *game,* (ottelu) *match*
pelihimo *gambling-fever*

pelikortti *playing-card*
peliluola *gaming club, gambling-den*
pelimarkka *counter*
pelitoveri *partner*
pelivoitto *winnings at cards*
pelkkä *mere, pure, sheer;* ~ä vettä *nothing but water*
pelko *fear, dread;* olla peloissaan *be afraid,* (jkn puolesta) *be anxious about*
pelkuri *coward*
pelkurimainen *cowardly*
pelkuruus *cowardliness*
pelkäämätön *fearless*
pellava *flax; linen*
pellavakangas *linen*
pellavansiemen *linseed*
pelle *clown*
pellei|llä: hän -lee *he is clowning* (t. *playing about*)
pelokas *timid*
peloton *undaunted, undismayed, fearless*
pelottaa *frighten, scare*
pelottava *frightening*
pelottomuus *fearlessness*
pelti *plate,* (ohut) *sheet*
peltiseppä *tinsmith*
pelto *field*
peltopyy *partridge*
peluri *gambler*
pelästys *fright*
pelästyttää *frighten*
pelästyä *be frightened* (t. *scared*)
pelätä *fear, be afraid (of,* jtk*);* hän pelkäsi putoavansa *she was afraid of falling;* älä pelkää *don't be afraid* (t. *frightened);* kahden miehen ~än kuolleen *two men are feared dead*
penger *embankment,* (valli) *bank;* (~mä) *terrace*
penikka ks. pentu
penikoida *whelp*
peninkulma *10 kilometres* (Am. *-meters*); (maili) *mile*
penkki *bench, seat;* ~urheilija *sports fan*
penkoa *rummage (in)*
penni *penny* (pl *pennies, pence)*
pensaikko *bush,* (matala) *scrub*
pensas *bush, shrub*
pensseli *brush*
pentu *cub,* (koiran-) *pup(py);* (tenava) *kid*
perata *clean,* (metsä) *clear* (rik-

karuohoja) *weed,* (kuokalla) *hoe up,* (kaloja, m.) *gut*
perehdyttää *initiate (in)*
perehty|ä *become familiar, acquaint o.s. (with);* -nyt *familiar (with)* versed in, steeped in, well up (on)*
pergamentti *parchment*
perhe *family;* nelihenkinen ~ *a f. of four*
perheenemäntä *housewife*
perheenhuoltaja *bread-winner*
perhehuolet *domestic troubles*
perhetuttava *family friend*
perho (onki-) *fly*
perhonen *butterfly,* (yö-) *moth*
perhosuinti *butterfly stroke*
peri|aate *principle;* -aatteesta *on p.;* -aatteessa *in p.*
periaatteellinen ... *of principle*
perijätär *heiress*
perikato *ruin, destruction*
periksi: antoi ~ (he) *yielded he gave in*
perikuva *prototype*
perille *there;* saapua ~ *arrive;* päästä ~ jstk *find out;* ~ toimittamaton (kirje) *undelivered*
perillinen *heir*
perillä *at one's destination;* (jstk) ~ oleva *well-informed*
perimätieto, perinne *tradition*
perin *thoroughly, extremely*
perinnäinen *traditional*
perinnöllinen *hereditary*
perinnöllisyys *heredity*
perinpohjainen *thorough*
perinpohjin *thoroughly*
perinteellinen *traditional;* (tavanomainen) *conventional*
perintö *inheritance*
perintövero *death duty*
periytyä *be inherited, pass (from ... to ...);* be hereditary;* periytyvä (m) *heritable*
periä *inherit;* (velka) *collect*
perjantai *Friday;* ~na *on F.*
perkele *devil*
permanto *floor;* (teatt. etustalls, (taka-) *pit*
permantopaikka *seat in the stalls* (t. *pit)*
perna *spleen*
persialainen *Persian*
persikka *peach*
persilja *parsley*
perso *greedy (for* jllek

persoona *person*
persoonallisuus *personality*
persoonaton *impersonal*
peruna *potato* (pl. ~es)
perunajauho *potato flour*
perunasose *mashed potatoes*
perunkirjoitus: toimittaa ~
*make an inventory (of a de-
ceased person's estate)*
perus- *basic, primary funda-
mental*
perusasennossa *at attention*
peruskallio *ground-rock*
peruskivi *foundation stone*
peruskoulu *basic school (new
type comprising 4 years of pri-
mary and 5 of secondary edu-
cation)*
perusluku *cardinal number*
perusta *foundation, base,* (kuv.)
basis
perustaa *found, base (on* jhk);
establish, start, set up
perustaja *founder*
perustaminen *foundation; es-
tablishment*
peruste *ground, basis;* ~ella on
the basis of
perusteellinen *thorough*
perusteellisuus *thoroughness*
peruste|lla *give reasons (for);*
tarkoin -ltu *closely argued;*
heidän asiansa oli heikosti
-ltu *they put forward a weak
case*
perustelu *(line of) argument*
perustua *be based on*
perustus *foundation, base,* (kuv.)
basis
perustuslaillinen *constitutional*
perustuslaki *Constitution (Act)*
peruukki *wig*
peruuttaa *cancel;* (tilaisuus)
revoke, call off, (hakemus)
withdraw; (auto) *back re-
verse*
peruuttamaton *irrevocable*
peruutus *cancellation;* peruu-
tusvaihde *reverse (gear)*
perä *rear, back;* (laivan) *stern;*
(pyssyn) *butt;* (kellon) ~t
chain; pitää ~ä *steer*
peräisin: on ~ ... *derives (its
origin) from, dates from ...*
peräkkäin ... *in succession*
peräkkäinen *successive conse-
cutive*

perämoottori *outboard motor*
peräpukamat *piles*
peräruiske *enema*
peräsin *rudder* (laivan, m.)
helm
perästä *after;* ~päin *after-
wards*
peräsuoli *rectum*
peräti *thoroughly, absolutely*
perätysten *one after the other*
perätön *groundless, unfounded*
perävalo *tail-light*
perävaunu *trailer*
peräyttää *back, reverse*
perään *after(wards);* antaa ~
give way, (jklle) *give in*
perääntyminen (sot.) *retreat*
peräänty|ä *retreat;* vrt. peruut-
taa
pesettää *have sth. washed*
peseytyä *wash o.s., have a wash*
pesimispönttö *bird house* (t.
box)
pesiyty|ä (kuv.) *infiltrate, get a
footing (in)*
pesiä *nest*
pestata *engage, hire;* (sot.)
recruit
pesti: ottaa ~ *enlist*
pestä *wash;* viedä ~väksi *take
... to the cleaners;* onko tätä
helppo ~? *does this wash well?*
~ astioita *wash up;* ~ auto(n-
sa) *give the car a wash (-down),*
(pesettää) *have one's car
washed*
pesu *wash(ing);* sietääkö tämä
~a? *will this launder* (t. *wash*)
well?
pesuaine *detergent,* (pulveri)
washing powder
pesuallas* (keittiön) *sink*
pesukone *washing machine*
pesula *laundry,* (itsepalvelu-)
launderette
pesunkestävä *washable,* (väri)
fast
pesusieni *sponge*
pesuvati *wash-basin*
pesä *nest,* (kuolin-) *estate*
pesäke (lääk.) *focus*
pesäpaikka *nest, seat,* (pahei-
den) *hotbed*
pesäpallo *(Finnish) baseball*
petkuttaa *cheat, take ... in,
trick*
petkuttaja *cheat swindler*

petkutus *cheating, swindle*
peto *wild beast, predator*
petoeläin *predatory animal*
petolintu *bird of prey*
petollinen *deceitful, treacherous, false*
petomainen *brutal*
petos *deceit, fraud*
petturi *traitor*
pettymys *disappointment*
pettyä *be disappointed*
pettämätön *infallible*
pettävä *deceptive*
pettää *deceive; betray;* (voimat ym) *give way fail;* (ystävä) *let ... down*
peuhata *romp, rollick*
peukalo *thumb;* hänellä on ~ keskellä kämmentä *his fingers are all thumbs*
peukalokyyti *thumbed ride;* antaa, saada ~ *give (get) a lift;* pyytää ~ä *thumb a lift*
peukku: pitää ~a *keep one's fingers crossed*
peura *wild reindeer* Am. *caribou*
pian *soon;* ~ sen jälkeen *shortly after that*
piano *piano;* soittaa ~a *play the p.;* ~nsoittaja *pianist*
pidellä: ~ kädestä *hold sb.'s hand;* ~ pahoin *use roughly, mistreat*
pidennys *extension, prolongation*
pidentää *extend, lengthen; prolong*
pidetä *become longer, lengthen*
pidin (-)*holder;* lampun~ *lamp socket*
pidot *banquet, feast*
pidäike, -kkeet *restraint*
pidättyväinen *abstemious;* (kuv.) *reserved*
pidättyväisyys *abstinence;* (kuv.) *reserve*
pidättyä *refrain (from), abstain (from)*
pidättää *hold (back), restrain, keep (from);* (vangita) *arrest, detain;* pidätetyt *detainees*
pidätys *arrest, detention*
piehtaroida *tumble, roll about*
pieli (oven) *doorpost;* mennä pieleen *go wrong*
pielus *pillow*
piena *moulding, fillet*

pienehkö *rather small, smallish*
pienempi *smaller* (vähempi) *less(er)*
pieneneminen *decrease, diminution, reduction*
pienentyä *decrease*
pienentää *diminish, reduce;* (pukua) *take in;* (kuluja) *cut*
pieni *small,* (pikkuinen) *little;* pienen ~ *tiny minute;* ~n *smallest least*
pienoiskivääri *small-bore rifle*
pienoisbussi *minibus*
pienois(kuva) *miniature*
pienoismalli *scale model*
pienokainen *baby, little one*
pienuus *smallness, small size*
pienviljelijä *small farmer, smallholder*
piestä *beat; thrash;* (ruoskalla) *whip;* ~ pahanpäiväiseksi *beat ... black and blue*
piha *courtyard* (koulun) *playground;* ~lla *in the courtyard*
pihdit (a pair of) *tongs, pliers pincers;* (lääk. ym) *forceps*
pihistää *pinch*
pihka *resin, gum;* olla »pihkassa» *have a crush on*
pihlaja *mountain ash, rowan*
pihvi *steak, beefsteak*
piikivi *flint*
piikki *thorn;* (hyönteisen) *sting;* (kamman) *tooth;* (siilin) *spine*
piikkilanka *barbed wire*
piikkinen *thorny, prickly*
piikkisika *porcupine*
piileksiä *be (in) hiding*
piilevä *latent*
piillä *be concealed* (t. hidden)
piilo *hiding place;* olla ~ssa *lie hidden;* panna ~on *hide away*
piilokamera *candid camera*
piilolasit *contact lenses*
piilosilla: olla ~ *play hide and seek*
piilottaa *hide, conceal*
piiloutua *hide*
piimä *sour milk*
piina *torture*
piintynyt *hard-core,* (tapa) *ingrained;* ~ tupakkamies *inveterate smoker*
piipittää (linnusta) *cheep*
piippu *pipe;* polttaa ~a *smoke a p.*

piipunpesä *pipe bowl*
piirakka *pie*
piirretty elokuva *animated cartoon*
piiri *circle*, (alue) *district*
piirikunta *district*
piirileikki *round game*
piirittää *besiege*, (ympäröidä) *surround*
piiritys(tila) *(state of) siege*
piirre *feature;* suurin piirtein ks. suuri
piirros *drawing;* (kaavakuva) *diagram*
piirto *mark*, (kynän) *line, stroke*
piirtäjä *draughtsman*
piirtää, piirustaa *draw; design*
piirustus *drawing; design, plan*
piirustuslehtiö *sketch block*
piirustusnasta *drawing pin*
piisami *musk-rat*
piiska, -ta *whip*
piiska-auto *radio car*
piispa *bishop*
piitata *concern o.s. (about);* siitä en piittaa *I don't care*
pika- *express*
pikainen *quick, rapid, prompt*
pika- ja konekirjoittaja *shorthand-typist*
pikajuna *express, fast train*
pikajuoksija *sprinter*
pikakirjoitus *shorthand*
pikakivääri *light machine-gun*
pikantti *piquant; cute*
pikakurssi *crash course*
pikapuhelu *priority call*
pikari *goblet*
pikatavara *express goods*
pikaviesti (urh.) *sprint relay*
pikavihainen *hasty, swift to anger*
pikemmin *quicker, sooner;* (mieluummin) *rather*
piki *pitch;* ~musta (tukka) *jet black*
pikimmin; mitä ~ *as soon as possible*
pikku *little, tiny*
pikkuasia *trifling matter*
pikkuauto *(passenger t. private) car; taxi*
pikkujoulu (firman) *staff Christmas party*
pikkukaupunki *provincia .town*
pikkuleivät *cookies*

pikkumainen *mean, overparticular*
pikkupaketti *small package*
pikkuraha *change*
pikkuseikka *trifle*
pikkusormi *little finger*
pikkuvanha *precocious*
pila *joke, jesi;* tehdä ~a *make fun of;* piloillaan *for a joke;* olla pilalla *be spoilt*
pilaantu|a *be damaged, be spoilt, go bad;* -nut (m.) *decayed;* helposti -va *perishable*
pilahinta: (sain sen) *(I got it)* ~an *at a great bargain, for a song*
pila|lla: hän -lee *he is kidding*
pilakuva *caricature; cartoon*
pilapiirtäjä *cartoonist*
pilari *pillar, column*
pilata *spoil; mar;* (turmella) *ruin*
pilkahdus *glimpse*
pilkallinen *mocking, derisive*
pilkata *mock, scoff, jeer (at);* ~ Jumalaa *blaspheme*
pilkistää *peep*
pilkka *mockery, ridicule;* pitää ~naan *make game of, deride*
pilkkaaja *mocker, scoffer*
pilkkahinta *ridiculously low price* ks. pila-
pilkkahuuto *sneer*
pilkkanauru *derision*
pilkkanimi *nickname*
pilkkoa *split;* (puita) *chop*
pilkkopimeä *pitch dark*
pilkku *dot; speck, spot;* (kiel.) *comma*
pilkkukuume *spotted fever*
pilkullinen *spotted, dotted*
pillahtaa itkuun *burst out crying*
pilleri *pill*
pilli *whistle;* (tehtaan) *hooter;* (olki-) *straw;* (urku-) *pipe*
pilttuu *stall, box*
pilveillä *cloud over*
pilvenhattara *speck of cloud*
pilvenpiirtäjä *skyscraper*
pilvetön *cloudless, unclouded*
pilvi *cloud;* mennä pilveen *become overcast;* olla pilvessä *be overclouded*, (huumassa) *te high*
pilvilinna *castle in the air*
pilvinen *cloudy overcast*

pimennys (kuun ym) *eclipse;* (sot.) *black-out*

pimentää *darken, obscure*

pimetä *grow dark*

pimeys *dark(ness)*

pimeä *dark;* (kuv. m) *black;* ~n tullen *at nightfall;* ~ssä *in the dark*

pimittää *darken;* (salata) *withhold (information on);* (pettää) *cheat*

pimu sl. *bird,* Am. *chick* (letukka) *broad*

pinaatti *spinach*

pingottaa *stretch, tighten*

pingottunut (kuv.) *strained, tense*

pingviini *penguin*

pinkka *pile, stack*

pinko, -ja *swot,* Am. *grind*

pinnallinen *superficial; shallow*

pinnanmitta *square measure*

pinnari *shirker*

pinnata (koulusta) *cut classes*

pinne: joutua pinteeseen *get into a fix*

pinnistää *strain, exert (o.s.)*

pino, -ta *stack, pile*

pinsetit *tweezers*

pinta *surface;* pitää ~nsa *hold out*

pinta-ala *area*

pintaliitäjä *hovercraft*

pintaposti *surface mail*

pintapuolinen *superficial*

pioneeri *engineer, sapper*

piparjuuri *horse-radish*

piparkakku *gingerbread*

piparminttu *peppermint*

pippur|i, -oida *pepper*

piristää *refresh, stimulate*

pirskottaa *sprinkle*

pirssi *taxi rank*

pirstale *splinter;* ~et *debris*

pirstoa *break to shivers, smash,* (valtakunta) *dismember*

pirteä *lively, alert* (esim. potilas) *perky* (vanhus, m.) *spry*

piru *devil*

pirtti *living room (in Finnish farmhouse)*

pirullinen *devilish, infernal*

pisama *freckle*

pisara *drop*

piste *full stop; period;* (kilpailussa ym) *point;* (tutkinnossa) *mark;* sai ...~ttä *scored ...*

points; sai ~voiton *won on points*

pistellä *prick;* (kuv.) *be sarcastic*

pistevoitto *points victory*

pistin *sting;* (sot.) *bayonet*

pisto *sting, prick;* (ompelu-) *stitch*

pistohaava *puncture wound; stab*

pistokoe *sample test, random sample*

pistooli *pistol;* ~mies *gunman*

pistorasia *wall socket*

pistotulppa *plug*

pistos *sting, bite;* (injektio) *injection, shot;* (kipu) *stitch*

pistäytyä *drop* (t. *pop) in (to see sb.)*

pistää *bite, sting;* (jhk) *stick,* (taskuun) *slip (into);* minua pistää kylkeen *I have a sharp pain in the side;* ~ silmään *be conspicuous*

pitkin *along*

pitkittyä *be drawn out, be prolonged*

pitkittäin *lengthwise, longitudinally*

pitkittää *extend, prolong*

pitko *long bun loaf*

pitkulainen *oblong, elongated*

pitkä *long,* (henkilö) *tall;* ei ~än aikaan *not for a long time;* katsoa ~än *take a good look at;* olla ~llään *be lying down, lie outstretched*

pitkäaikainen ... *of long duration, long-term*

pitkäikäinen *long-lived*

pitkälle *far*

pitkällinen *lengthy protracted prolonged*

pitkämielinen *forbearing*

pitkäperjantai *Good Friday*

pitkäpiimäinen *long-winded*

pitkästyä (jhk) *grow tired of*

pitkäveteinen *lengthy, tedious*

pitkävihainen *unforgiving*

pitkään: puhua ~ *speak at great length*

pitoisuus *content (of ...)*

pitsi *lace*

pituinen: ... ~ ... *in length*

pituus *length;* (pystysuuntaan) *height*

pituusaste *longitude*

pituushyppy *long jump*

pituusmitta *linear measure*
pitäen: siitä ~ *(ever) since since (then)*
pitäisi *should*, vrt. pitää; (hän meni sinne) vaikka sanoin, ettei hänen ~ *though I told her not to*
pitäjä *parish*, Am. *county*
pitää *keep, hold*; (jstk) *like, be fond of*; (jnak) *regard as, consider*; (täytyä) *have to*; pitäisi *should, ought to*; hänen piti tulla (eilen) *he was to come*; ~ autoa *keep a car*; ~ kiinni jstk *keep hold of*; ~ adhere to, stick to; ~ kädestä *hold by the hand*; ~ kokous *hold a meeting*; ~ puhe *deliver a speech*; ~ sanansa *keep one's word*; ~ yllä *keep (order järjestystä), maintain*; ~ varmana, selvänä *take for granted*; mitä pidät tästä? *how do you like this? what do you think of this?*
piukka *tight*
platina *platinum*
pohatta *magnate*
pohdiskelu *speculation*
pohja *bottom; foundation, basis, ground*; (kengän) *sole*; (lipun) *field*; jnk ~lla *on the basis of*; at the root of; ~ltaan *fundamentally, at bottom*
pohjakerros *ground floor*, (kellari-) *basement*
pohjalasti *ballast*
Pohjanlahti *the Gulf of Bothnia*
Pohjanmeri *the North Sea*
pohjantähti *the pole-star*
pohjapiirros *(ground) plan*
pohjasakka *sediment, dregs*
pohjata (kengät) *resole*, (maali) *prime*
pohjatiedot: hänellä on hyvät ~ *he is well grounded (in)*
pohjaton *bottomless*
pohjautua *be based on*
pohje *calf* (pl. *calves*)
pohjoinen *north(ern)*; s *the north*
Pohjois-Amerikka *North America*
Pohjoismaat *the Nordic countries*
pohjoismainen *northern*; *Nordic*

pohjoisnapa *the North Pole*
pohjoistuuli *north(erly) wind*
Pohjola *the North*
pohtia *deliberate (upon, over), speculate (about)*; (harkita) *think ... over, ponder*
poiju *buoy*
poika *boy* (jonkun) *son*
poikamainen *boyish*
poikamies *bachelor*
poikanen (eläimen) *young* (pl = sg); (ketun ym) *cub*; (linnun) *fledgling (blackbird, kottaraisen)*
poikapuoli *stepson*
poiketa *turn off*; (erota) *differ, diverge (from)*; (suunnasta) *deviate (from)*; (laiva) *call, touch (at)*
poikia (lehmä) *calve*; (villieläin) *have cubs*
poikittain *transversely, crosswise*
poikittainen *transverse*
poikkeava *deviant, abnormal*
poikkeuksellinen *exceptional*; -sesti *exceptionally*
poikkeus *exception*
poikkeustila *state of emergency*
poikki *off*; (yli) *across*; hakata ~ *cut off*; meni ~ (katkesi) *broke*, (esim. jalka) *was fractured*; mennä kadun ~ *cross the street*; olen aivan »poikki» *I am knocked up*
poikkikatu *cross street*
poikkileikkaus *cross section*
poikkiviiva *transverse line*
poikue (lintu-) *brood, hatch*, (sian ym) *litter*
poimia *pick (up)*, (esille) *pick out*; (kirjasta) *extract*; (kerätä) *gather*
poimu *fold*, (laskos) *pleat*
poimuttaa *gather; pleat tuck*
pois *away, off*; ajaa ~ *drive away*, (ulos) *turn out*; jäädä ~ *stay away*; jättää ~ *omit*; lähteä ~ *leave*
poispäin *away*; ja niin ~ *and so forth*; katsoa ~ *look away*, avert one's eyes
poissa *absent*; *away*; olla ~ *be absent (from)*; hänen ~ollessaan *in his absence*
poissaoleva *absent*; ~t *those a.*
poissaolo *absence (from)*, *non-appearance*

poistaa *remove,* (tahra m.) *take out;* (käytöstä) *withdraw;* (pyyhkiä) *strike out.* *delete;* (kirjanp.) *write off*
poisto *amount written off*
poistua *go away, leave;* (junasta ym) *get off*
pojanpoika *grandson*
pokaali *cup*
poliisi *policeman;* (-laitos) *the police, police force*
poliisiasema *police station*
poliisipäällikkö *Chief Constable*
poliitikko *politician*
poliittinen *political*
politiikka *politics,* (jnk noudattama) *policy*
politikoida *be engaged in politics, talk p.*
politisoida *politicize*
poljento *rhythm*
poljin *pedal*
polkea *trample (on); stamp;* (hintaa) *force down;* ~ *paikallaan mark time*
polku *path; track*
polkumyynti *dumping*
polkupyörä *bicycle,* (puhek.) *bike; ajaa* ~*llä ride a bicycle*
polkupyöräilijä *cyclist*
poloinen *poor, wretched*
polskuttaa *splash*
polte (kipu) *burning pain*
polttaa *burn;* (tupakkaa) *smoke;* (ruumis) *cremate;* (kärventää) *scorch;* (viinaa) *distil*
polttoaine *fuel; ottaa* ~*tta (re)fuel*
polttohautaus *cremation*
polttomoottori *internal-combustion engine*
polttopiste *focus*
polttopuut *firewood*
polttoöljy *fuel oil*
polveilla *wind; zigzag*
polveutua *descend (from)*
polvi, *knee;* (suku) *generation*
polvihousut *shorts; breeches*
polvilumpio *knee-cap*
polvistua *kneel*
pommi *bomb*
pommikone *bomber*
pommittaa *bomb;* (tykeillä, m.) *shell,* (m. kuv.) *bombard*
pommitus *bombing*
pomo *boss; bigwig*

ponnahdus *bound*
ponnahduslauta *spring-board, diving-board*
ponnahtaa *bound, spring;* (takaisin) *rebound*
ponnekas *emphatic*
ponneton *lame, feeble*
ponnistaa *exert o.s., strain;* ~ *kaikki voimansa exert all one's strength;* ~ *vastaan resist*
ponnistus *exertion, effort*
ponsi *emphasis;* (kukan) *anther;* (lause) *resolution*
ponteva *vigorous; energetic*
pontikka *moonshine*
poppeli *poplar*
pora *borer; drill,* (lääk. m.) *burr*
porata *bore, drill*
poreilla *bubble*
porkkana *carrot*
pormestari *mayor*
poro *reindeer;* (kahvin) *grounds; palaa* ~*ksi burn to ashes, burn down*
poroporvarillinen (petit) *bourgeois*
porras *step, stair; portaat stairs, staircase,* (kerrosväli) *flight of stairs*
porrast|aa *stagger; scale (up, down);* -*etut penkkirivit tiered seats*
porsaanreikä *loop-hole*
porsas (small) *pig, piglet*
portaikko *staircase*
portieri *commissionaire*
portinvartija *porter*
portti *gate(way)*
porttikäytävä *gateway*
portto *prostitute, whore*
portugalilainen *Portuguese*
porukka *crowd*
porvari, -linen *bourgeois*
porvarisluokka *middle class*
porvaristo *bourgeoisie*
poseerata *pose*
posetiivi *barrel organ*
poski *cheek*
poskihammas *molar*
posliini *china, porcelain*
posti *post; mail; panna* ~*in (take to the) post;* ~*ss by post; lento* ~ *air mail; pinta* ~ *surface mail*
postiennakko *cash on delivery (C.O.D.)*
postikortti *post- ard*

postilaatikko *letter-box*, (Engl. m.) *pillar-box*
postilaitos *postal service*
postileima *postmark*
postilähetys *postal matter*
postimaksu *postage*; ∼t *postal charges*
postimerkkeilijä *philatelist*
postimerkkeily *philately*
postimerkki *(postage) stamp*
postinkantaja *postman*
postiosoitus *postal order*
postisiirto *Post Office Giro*
postisäästöpankki *post-office savings bank*
postitoimisto *post office*
postitse *by post*
postittaa *post*, Am. *mail*
postivaunu *mail van*; ∼t *stage coach*
potea *suffer (from) be ill (with)*
potilas *patient*
potkaista, potkia *kick*
potku *kick*
potkukelkka *kick-sledge*
potkulauta *scooter*
potkuri *screw, propeller*
poukama *inlet, bay*
pouta *dry weather*
povata *tell (sb.'s) fortune*
povi *bosom, breast*
povitasku *breast pocket*
presiden|tti *President;* -tinlinna *presidential residence;* -tinvaali *presidential election*
Praha *Prague*
prameilu *showing off*
pressu *tarpaulin*
prikaati *brigade*
prinsessa *princess*
prinssi *prince*
profeetta *prophet*
professori *professor*
professorinvirka *professorship;* perustaa ∼ *create a University chair*
prokuristi *managing clerk*
prokuura *proxy;* merkitä ∼lla *sign per pro*
promootio *graduation ceremony*
pronomini *pronoun*
pronssi *bronze;* ∼kausi *B. Age*
proomu *barge, lighter*
proosa *prose*
proosallinen *prosaic, matter-of-fact*

prosent|ti *per cent,* %; ... -in korolla *at ... per cent interest*
prosessi *process;* (lak.) *lawsuit*
protestantti(nen) *Protestant*
protestoida *protest (against), lodge a protest*
proviisori l.v. *head dispenser*
psykologi *psychologist*
psykologia *psychology*
psyykkinen *psychic, mental*
pudist|aa *shake;* hän -i päätään *he shook his head*
pudota *fall;* (lentok.) *plunge down,* (maahan) *crash to the ground;* (maitohampaat) *come out;* hän putosi -lta *he fell off ...,* (kilpailusta) *dropped out of the race, was eliminated;* (lehdet) putoavat ... *are dropping off;* pudonneet omenat *windfalls*
pudottaa *drop*
puhallettava *inflatable*
puhallus|lamppu *blow-lamp;* -soitin *wind instrument*
puhaltaa *blow;* (ilmaa täyteen) *inflate, blow up;* ∼ sammuksiin *blow out*
puhdas *clean; pure;* (voitto) *clear, net;* kirjoittaa puhtaaksi *make a fair (t. clean) copy;* puhua suunsa puhtaaksi *speak one's mind, have it out (with sb.)*
puhdasrotuinen *thoroughbred*
puhdassydäminen *pure in heart*
puhdistaa *clean, cleanse, purify;* (tekn.) *refine;* (kuv. ym) *clear*
puhdistautua (kuv.) *clear o.s.*
puhdistus *cleaning, cleansing;* (valt., m. vatsan) *purge*
puhe *speech,* (julkinen, m. address;* (∼lu) *talk;* pitää ∼ *make (t. deliver) a speech;* johtaa ∼tta *preside;* ottaa ∼eksi *bring up a subject;* päästää ∼illeen *give (t. grant) sb. an interview;* mistä on ∼? *what are you talking about?* ∼ena oleva ... *in question, ... under discussion*
puheenaihe *subject (of conversation), topic*
puheenjohtaja *chairman;* olla ∼na *be in the chair*
puheenparsi *phrase*
puheenvuoro: hänellä on ∼

it is his turn to speak; sai ∼n (parl.) *took the floor*
puhekieli ks. arkikieli
puhekyky (*faculty of*) *speech*
puhelias *talkative*
puhelimitse *by telephone, on the phone*
puheli|n *telephone;* -messa! *speaking!* puhua jkn kanssa -messa *speak to ... on he t.*
puhelinkeskus *telephone exchange*
puhelinkioski *telephone box, call-box*
puhelinluettelo *t. directory*
puhelinsoitto *call*
puhella *talk (to, with), chat*
puhelu *talk;* (puhelin-) *call;* saada ∼ jhk *get through to*
puhemies *Speaker*
puhetaito *oratory*
puhetorvi (kuv.) *mouthpiece*
puhevika *speech disorder*
puhjeta *burst;* (tauti, sota) *break out;* (kukka) *come out, burst into flower;* ∼ itkuun *burst out crying*
puhkaista *pierce; puncture,* (paise) *lance,* (silmä) *put out,* (tunneli) *cut*
puhki: meni∼ *burst,* (kumi) *blew out*
puhtaanapito *cleaning;* ∼laito|s *municipal cleansing department;* -ksen työntekijät *dustmen, sewage workers*
puhtaus *cleanliness, cleanness, purity*
puhu|a *speak (to, with), talk;* mistä kirjassa -taan *what does the book deal with;* olen kuullut siitä -ttavan *I have heard it mentioned;* jstak -mattakaan *let alone ...;* hänestä -mattakaan *to say nothing of him*
puhuja *speaker*
puhujalava *platform, rostrum*
puhutella *address ... speak to ...*
puhuttelu (*form of*) *address*
puhveli *buffalo*
puida *thresh*
puijata *take ... in, diddle*
puikkia: ∼ tiehensä *make off*
puikko *pin, stick;* knitting ∼ *knitting needle*
puimakone *threshing machine*
puinen *wood(en)*

puistattaa *make ... shudder*
puistatus *shudder*
puisto *park*
puistokatu *avenue*
puitt|eet *frame; framework;* jnk -eissa *within the limits* (t. compass) of
pujahtaa *slip*
pujottaa *thread (through);* ∼ lanka neulaan *thread a needle*
pujottelu *slalom*
pukea *dress,* (ylleen) *put on;* ... pukee häntä ... *is becoming (to her)*
puketu|la *dress;* (juhlapukuun) *dress up;* miten hän oli -nut? *what did she wear?* jksk -nut *disguised as*
pukeva *becoming*
pukimo (esim. *ladies'*) *outfitters*
pukine *garment*
pukinesarja *two- (three-) piece suit*
pukki *billy-goat, buck*
puku *dress, gown, frock;* (miehen) *suit;* (kansallis- ym) *costume;* (run.) *attire*
pukukangas *suiting, dress-material*
pula *shortage (of* jnk); (hallitus-, talous- ym) *crisis;* (pulma) *predicament, mess, fix;* joutua ∼an *get into difficulties;* jättää ∼an *leave in the lurch*
pula-aika *depression*
pulisongit *whiskers, sideburns*
pulittaa *fork out*
puliukko *meths drinker, dosser*
pulkka *Laplander's sled*
pullea *plump*
pullistaa *distend, swell*
pullistua *expand, swell (out);* ∼ esiin *protrude*
pullo *bottle;* (pieni) *flask*
pullottaa *bulge;* (panna pulloon) *bottle*
pulma *dilemma, difficulty*
pulmallinen *complicated, puzzling*
pulpahtaa (esiin) *well up, pop out*
pulpetti *desk*
pulputa *well (up)*
pulska *fine, sturdy*
pultti (tekn.) *bolt*

pulveri *powder*
pumppu *pump*
pumpuli, -kangas *cotton*
pumputa *pump;* ~ **tyhjäksi**
p. out; ~ **täyteen (kumi)**
inflate
puna *red;* (poski-) *rouge*
Punahilkka *Little Red Riding-Hood*
puna|nen *red;* -sen **ruskea**
red-brown, reddish brown,
auburn (hair, tukka)
punajuurikas *beetroot*
punakka *ruddy, florid*
punaposkinen *rosy-cheeked*
punasinervä *violet*
punastua *blush*
punata *redden;* (posket) *apply*
rouge to
punatauti *dysentery*
punaviini *red wine, claret*
punert|aa *have a shade of red;*
-ava reddish
punkki *mite, tick*
punnerrus *press;* ~puu *balancing bar*
punnit|a *weigh,* (miettiä) *think*
... over, consider; asiaa tarkoin
-tuani on mature deliberation
punnus *weight*
punoa *twist*
punoittaa *be red; be flushed*
punos *braid, cord*
punta *pound (sterling);* 2 ~a
£ 2
puntari *steelyard*
puola *bobbin, spool;* (pyörän)
spoke; (tikapuiden) *rung, stave*
Puola *Poland;* p~ (kieli) *Polish*
puolalainen *Polish*
puolata *spool*
puoleen **kääntyä jkn** ~ *turn*
to; neuvoa (kääntymään) jkn
~ *refer ... to*
puolensavetävä *attractive*
puoleinen jnk ~ *situated on the*
... side; kadun~ *(the room)*
facing the street; pienen~
rather small, on the small side
puoleksi ~ *piilossa half hidden*
puolella olla jkn ~ *be on the*
side of; be in favour of
puolelle voittaa jku ~en *win*
... over
puolelta *from ... side;* ~ *päivin*
at midday; jkn ~ *on the part*
of; at the hands of

puolesta *for, on behalf of;* puhua jkn ~ *speak in favour of;*
omasta ~ni *for my part;*
viran ~ *by virtue of one's*
office
puoli a *half;* s *side;* ~ **tuntia**
half an hour; kello ~ **kaksi**
at half past one; ~llaan *half*
full (t. *filled*)*;* kaikin ~n
in every way (t. *respect*);
molemmin ~n *on either side*
(of)*;* oikealla puolella *on the*
right side (of)*;* toisella puolen *on the other hand;* pitää
~aan *hold one's own;* olla
jkn puolella *be in favour of;*
hyvä ~ *good* (t. *strong*) *point*
puoliaika *half;* (väli-) *half-time*
puoliavoin *half open*
puolikas *half*
puoliksi *half;* panna ~ *halve*
puolikuu *half-moon; crescent*
puolikypsä *half-baked, underdone*
puolimatkassa *halfway*
puolinai|nen *half done;* -set toimenpiteet *half measures*
puolipiste *semicolon*
puolipohja *sole*
puolipohja *resole*
puolipäivä *noon;* ~n aikaan
at noon; e.p.p. a.m.; j.p.p. p.m.
puolisko *half*
puoliso *spouse; wife, husband*
puolitangossa *at half-staff*
puolitoista *one and a half*
puolivalmis *unfinished*
puoliviralline *semi-official*
puolivälissä: kesäkuun ~ *in*
the middle of June; ~ **matkaa**
midway (between)
puoliyö *midnight;* ~n aikaan
at m.
puoliääneen *in an undertone*
puolt|aa *support, be in favour of;*
(suosittaa) *recommend;* -ava
lausunto *favourable opinion*
puolue *party;* (~ryhmä) *faction*
puolueellinen *partial, biassed*
puolueellisuus *partiality*
puolueeton *impartial; neutral*
puolueettomuus *neutrality*
puoluekiihko *partisan spirit*
puoluekokous *convention*
puoluelainen *member of a party*
supporter
puolukka *red whortleberry*

puolustaa *defend*
puolustaja *defender;* urh. *(full)*
  back
puolustautua *defend o.s.*
puolustu|s *defence; excuse;* -k-
  seksi *in defence of; as an excuse*
puolustusasianajaja *counsel for*
  the defence
puolustus|kanta: -kannalla *on*
  the defensive
puolustuslaitos *defence forces*
puolustusministeriö *ministry of*
  defence
puolustuspuhe *(speech for the)*
  defence
puolustussota *defensive war*
puomi *boom, bar;* (voim.)
  horizontal (t. *high) bar*
puoskari *quack*
puoti *shop,* Am. *store*
purema *bite*
pureskella *masticate, chew*
pureva *biting, bitter*
puristaa *press; squeeze;* (olla
  tiukka) *be (too) tight,* (kenkä)
  pinch; (kättä) *shake hands;*
  siitä se kenkä ~ (kuv.) *that's*
  where the shoe pinches
puristua *be squeezed, be jammed*
puristus *pressure, compression*
purje *sail;* nostaa ~et *set s.*
purjehdus *sailing, yachting*
  (risteily) cruise
purjehduskelpoinen *navigable*
purjehtia *sail*
purjehtija *yachtsman*
purjekangas *canvas*
purjelaiva *sailing ship* (t. *vessel)*
purjelento *gliding, soaring;* ~
  kone *sailplane*
purjevene *sailing boat; yacht*
purjosipuli *leek*
purkaa (kuorma) *unload,*
  (laukusta ym) *unpack;* (so-
  pimus ym) *cancel, annul,*
  dissolve; (kihlaus) *break off;*
  (ommel) *unpick;* (rakennus)
  pull down, demolish; ~ sydä-
  mensä *unburden o.s.;* ~ suut-
  tumuksensa jkh *take it out on*
purkaminen *cancellation*
purkaus (vihan) *outburst,* (tuli-
  vuoren) *eruption;* (sähk.) *dis-*
  charge
purkautua (kauppa) *be cancel-*
  led, (kihlaus) *be broken off*
  (tulivuori) *erupt*

purkki (pelti-) *tin,* Am. *can*
purnata *grouse, grumble*
puro *brook, stream*
purotaimen *brown trout*
purppura *purple*
purra *bite*
pursi *vessel; yacht*
pursimies *boatswain*
purskahtaa: ~ nauruun *burst*
  into laughter
pursu|ta *gush (out);* -ava
  bubbling, overflowing
purukumi *chewing gum*
pusero *blouse,* (paita-) *shirt*
puserrin *press, squeezer*
pusertaa *press, squeeze*
puskea *butt*
puskuri *buffer,* (auton) *bumper;*
  taka~ *rear bumper*
pussi *bag;* (anat.) *sac, pouch*
putka *jail, lock-up*
putki *pipe, tube;* (rad.) *valve,*
  Am. *tube*
putkimies *plumber*
putkiposti *pneumatic dispatch*
putkityöt *plumbing*
putoaminen *fall*
putous (vesi-) *falls, waterfall*
puu *tree;* (tarve-) *timber,* (-aine)
  wood; puilla paljailla *penniless*
puuduksissa *numb*
puudutus *local anaesthesia*
puuha *job;* ~ssa *busy*
puuhakas *active*
puuhata *be busy*
puuhiili *charcoal*
puukenkä *clog*
puukko (sheath) *knife*
puukottaa *stab, knife*
puuhioke *mechanical pulp*
puunhakkaaja *woodcutter*
puunjalostus *wood-working,*
  wood-processing
puupiirros *woodcut*
puuraja *timber line*
puuro *porridge*
puuseppä *joiner;* (kirvesmies)
  carpenter
puuska *gust;* (taudin) *attack*
puutalo (koottava) *(prefabri-*
  cated) wooden house
puutarha *garden;* ~nhoito
  gardening
puutarhuri *gardener*
puutavara *timber,* Am. *lumber*
puute *lack, want; shortage*
  (of jnk)

puuter|i, -oida *powder*
puuterihuisku *powder puff*
puutteellinen *defective; inade-quate, deficient*
puutteellisuus *defect(iveness)*
puuttenalainen *destitute, needy*
puuttua *lack, be lacking (in);* (olla kateissa) *be missing;* (asiaan) *interfere in*
puutua *grow numb*
puuvanuke *wood pulp*
puuvilla, ~lanka *cotton*
puuvillakangas *cotton material*
pyhiinvaellus *pilgrimage*
pyhiinvaeltaja *pilgrim*
pyhimys *saint*
pyhimyskehä *halo*
pyhittää *sanctify;* ~ lepopäivä *observe Sunday*
pyhyys *holiness, sanctity*
pyhä *holy; sacred;* s *holy day, feast (day)*
pyhäinjäännös *relic*
Pyhäinpäivä *All Saints' Day*
pyhäkkö *sanctuary*
pyhäpäivä ks. pyhä
pyjama *pyjamas,* Am. *pajamas*
pykälä *section;* (lovi) *notch, dent*
pylväs *pillar, column*
pylväskäytävä *colonnade*
pyramidi *pyramid*
Pyreneet *the Pyrenees*
pyrin|tö: -nöt *aspirations, efforts*
pyristellä *struggle;* (kala) *flap about*
pyrkijä *aspirant, applicant*
pyrkimys *aspiration, endeavour*
pyrkiä *aspire;* (yliopistoon ym) *seek entrance to;* ~ eteenpäin *strive forward;* ~ kouluun *apply for admission to a school;* mihin pyrit? *what are you aiming at?*
pyrkyri *careerist*
pyrstö *tail*
pyrstötähti *comet*
pyry *flurry of snow*
pyryttää: ulkona ~ *there is a whirling snowstorm*
pyssy *gun*
pysty *erect;* ~asento *upright position;* pysyä ~ssä *stand*
pystysuora *vertical*
pystyttää *erect*
pystyvä *able, capable compe-tent*

pystyyn: auttaa ~ *help sb. to his feet;* asettaa ~ *set up, stand up;* put ... *on end*
pysty|lä *be ab* ϵ *(to), be capable of (...-ing);* (terä) *cut;* hän ei pysty tehtävään *he is not equal to the task;* niin hyvin kuin -n *as well as I can*
pysytellä *keep; remain*
pysyttää *keep, maintain*
pysyvä *permanent*
pysyä *stay, remain; keep;* ~ alallaan (hiljaa) *keep still;* ~ erillään *keep away (from);* ~ lujana *remain firm;* ~ kotona (sisällä) *stay in;* ~ sanassaan *keep one's word;* ~ voimassa *remain in force;* ~ vuoteessa *keep to one's bed;* jos sää pysyy tällaisena *if it stays like this*
pysähdy|s *stop;* olla -ksissä *be at a standstill*
pysähdyspaikka *stopping-place*
pysähdyttää *stop*
pysähtyä *stop, come to a stand-still* (t. *a halt)*
pysäkki *stop;* (seisake) *halt*
pysäköidä *park*
pysäköintimaksu *parking fee*
pysäköintimittari *parking meter*
pysäköintipaikka *parking place, car park*
pyyde *ambition, desire*
pyydys *trap*
pyydystää *catch;* (ansalla) *trap*
pyyhe *towel;* ~kumi *india-rubber*
pyyhkiä *wipe;* ~ pois *w. away* (tekstiä) *strike out cross out, delete*
pyyhkäistä (kuv.) *sweep*
pyykki *wash(ing)*
pyykkinuora *clothes line*
pyykkipoika *clothes peg*
pyylevä *corpulent,* (rather) *stout*
pyynti *hunting,* (kalan) *catching*
pyyntö *request;* pyynnöstä *by r.;* hänen ~ään *at his r.*
pyytää *ask (for), request;* (hartaasti) *beg;* (kutsua) *in-vite;* pyytämällä ~ *entreat*
pyökki *beech*
pyöreä *round;* (sanonta) *woolly;* pyörein luvuin *in round figures;* ~sti *roughly*

pyörittää *roll;* (tekn.) *rotate*
pyöriä *rotate, revolve, turn*
pyörre (vedessä) *whirlpool, eddy;* (kuv.) *vortex*
pyörremyrsky *cyclone*
pyörryttää: minua ~ *I feel giddy*
pyörtyminen *faint(ing)*
pyörtyä *faint, swoon*
pyörä *wheel;* panna (jkn) pää ~lle *bewilder*
pyörähdys *swing, turn*
pyöräilijä *cyclist*
pyöräillä *(ride a) bicycle*
pyöräily *cycling*
pyörätuoli *wheel chair*
pyörönäyttämö *revolving stage*
pyöröovi *revolving door, turnstile*
pyöveli *executioner*
pähkinä *nut*
pähkinäpuu *hazel, hickory*
pähkinäsakset *nutcracker*
pähkähullu *stark mad*
päihde(aine) *intoxicant; drug*
päihdyttää *intoxicate*
päihittää *clobber, hammer*
päihtymys *intoxication*
päihtynyt *drunk,* (puhek.) *tight*
päihtyä *get intoxicated* (t. *drunk)*
päin -*wards;* etelään ~ *southwards, towards the south;* minne~? *in what direction?*
päinsä: käy ~ *is possible;* ei käy ~ *(it)* won't do
päinvastainen *opposite*
päinvastoin *on the contrary;* ~ kuin *contrary to*
päitset *halter head stall*
päivettyä *get sunburnt*
päivetys *sunburn, tan*
päivineen: luineen ~ *bones and all*
päivisin *by day*
päivitellä *complain (about)*
päivittäin -en *daily*
päivystää *be on duty (for the day)*
päivä *day;* ~llä *in the daytime, by day;* hyvää ~ä (aamulla) *good morning,* (iltap.) *good afternoon,* (hauska tutustua) *how do you do?* moneskо päivä tänään on? *what date is it today?* näinä päivinä (lähipäivinä) *one of these days;* ~

~ltä *day by day;* tähän ~än mennessä *until now, to date;* jokin ~ sitten *the other day;* ... ~ssä ... *a day,* ... *per day*
päivyri *wall* (t. *table) calender*
päivähoito *(children's) day care*
päiväkirja *diary,* (luokan) *register*
päiväkoti *day nursery*
päiväkäsky *order of the day*
päivälli|nen *dinner;* syödä -stä *dine;* syömme -stä kello 18 *we have dinner at 6;* -set *dinner,* (juhla-) *banquet*
päivämäärä *date*
päivänkakkara *marguerite*
päivänkoitto *dawn, daybreak*
päivänpaiste *sunshine*
päivänpaisteinen *sunny*
päivänseisaus *solstice*
päivänselvä *clear as day, obvious*
päiväntasaaja *equator*
päiväntasaus *equinox*
päivänvalo *daylight;* ~ssa *by d.;* tulla ~on (kuv.) *come to light*
päivänvarjo *sunshade*
päivänäytäntö *matinee*
päiväpalkka *daily wage(s)*
päiväsakko *daily fine(s)*
päivätyö *day's work*
päivätä *date;* ~ aikaisemmaksi *antedate*
päiväys *date*
pälkäh|tää: päähäni -ti *the idea hit me, it came into* (t. *entered) my head (to ...)*
pälkähä|ssä *in a dilemma* (t. *fix);* päästää -stä *help (sb.) out*
pälyillä *gaze (suspiciously) peer (to either side), glance (furtively)*
päntätä: ~ päähänsä *grind away at*
päre (katto-) *shingle*
pärinä *clatter, din*
pärjätä (hyvin) *do well; cope (with)*
pärskyttää *spatter*
pässi *ram*
pätemisentarve *need to asset o.s.*
pätemätön *invalid*

pätevyys *competence, qualifications*

pätevä *competent,* (syy ym) *valid*

päteä *be valid*

pätkä *stump*

pää *head;* (loppu) *end,* (sormen) *tip;* hyvällä ~llä *in high spirits;* ~stä ~hän *from beginning to end;* laskea ~ssä *work out in one's head;* olla kahdella ~llä *be in two minds;* omin päin *on his (her) own;* pane hattu ~häsi! *put your hat on!*

pääaine *main subject;* opiskella jtkn ~enaan *major in ...*

pääasia *main thing* (t. *point)*

pääasialli|nen *principal, main;* -sesti *chiefly, mainly*

pääharjoitus *dress rehearsal*

päähenkilö (kirjan ym) *hero,* fem. *heroine*

päähine *head-dress*

päähänpisto (bright) *idea, brain wave, notion*

pääjohtaja *Director General*

pääkallo *skull*

pääkatsomo *grand stand*

pääkatu *main street*

pääkaupunki *capital*

pääkirjoitus *leader, editorial*

pääkonsuli *consul-general*

päälaki *crown of the head*

päälle *above, over;* ~ päätteeksi *over and above; ... at that*

päällekkäin *one on top of the other*

päällikkyys *command*

päällikkö *chief;* (heimon) *tribal chief;* (Skotl.) *chieftain;* (sot.) *commander*

päällimmäinen *topmost, uppermost*

päällinen *cover*

päällys *cover, wrapper,* (-te) *coating*

päällyskenkä *overshoe*

päällysmies *foreman*

päällystakki *overcoat*

päällystö *officers*

päällystää *coat (with), cover*

päällysvaatteet *outdoor clothes*

päällä *on, on top of*

päältä: ~ katsoen *externally,* *in outward appearance, on the face of it*

pääluottamusmies *shop-steward*

päämaja *headquarters*

päämies *head, principal*

pääministeri *prime minister*

päämäärä *object, aim, goal*

päänahka *scalp*

päänalus *pillow*

päänsärky *headache*

päänvaiva *bother, trouble*

pääoma *capital*

pääosa *main part, bulk, (main) body;* (teatt.) *leading role, the lead*

pääovi *main entrance, front door*

pääpiirteittäin *in broad outline*

päärakennus *main building*

päärme *border hem*

päärynä *pear*

pääsiäi|nen *Easter;* -senä *at E.;* ~seksi *for E.;* -späivä *Easter Sunday,* (toinen) *E. Monday*

pääsiäislilja *daffodil*

pääskynen *swallow*

päässä: (10 metrin) ~ *at a distance of 10 metres*

päässälasku *mental arithmetic*

päästä 1. v *get;* (jstk, eroon jstk) *get rid of;* (irti) *get away;* (karkuun) *escape;* ~ jhk *get in(to),* (kouluun ym) *be admitted to;* ~ perille *arrive at;* ~ voitolle *gain the victory;* ~ vähällä *ge off easily;* pääset mukaan *you may come along;* siitä ei pääse mihinkään *there is no escaping it*

päästä 2. adv (matkan) *at* (t. *from) a distance of;* tunnin ~ *in an hour*

päästää *let go;* (huuto) *utter;* (irti) *release, unfasten;* (sälle) *let ... in, admit;* (sairaalasta) *discharge;* päästä minut *let me go!*

päästötodistus *school- eaving certificate*

pääsy *access, admission (to);* ~ kielletty *no admittance*

pääsymaksu *admission fee*

pääsytutkinto *entrance examination*

pääte *ending*

päteasema *terminus*

P
R

päätellä *conclude, infer (from)*
päätelmä *deduction*
päätepiste *end point*
päätoiminen *whole-time*
päätoimittaja *editor-in-chief*
päättyä *end, terminate;* (sopimus ym) *expire; close, come to an end*
päättäjäiset *breaking up*
päättäväinen *determined, resolute*
päättäväisyys *determination*
päättää *decide, determine;* (lopettaa) *finish, complete;* (kauppa) *conclude;* (päätellä) *infer*
pääty *gable*
päätyä (jnnek) *end up in,* (tulokseen) *arrive at (a result)*
päätäpahkaa *headlong, head over heels*
päätön (kuv.) *senseless, mad*
päätö|s *decision,* (~lauselma) *resolution;* saattaa -kseen *bring to a conclusion*
päävoitto *the first prize*
pöhötty|lä *swell;* -nyt *puffy*
pökerryksissä *dazed*
pölkky *log,* (hakkuu-) *block*
pölkkypää *blockhead*
pöllähdys *puff*

pöllö *ow*
pöly *dust*
pölyinen *dusty*
pölynimuri *vacuum cleaner*
pölyttää *dust*
pönkittää *prop (up)*
pönttö (WC) *pan,* (lintu-) *birdhouse*
pörröinen *ruffled up, rumpled*
pörröttää *rumple, tousle*
pörssi *stock exchange*
pörssikeinottelija *speculator on the exchange*
pörssivälittäjä *stockbroker*
pötkiä: ~ pakoon *take to one's heels, make off*
pötkö *stick*
pöty *nonsense, rubbish*
pöyhkeillä *be cocky, ride the high horse; show off*
pöyhkeys *conceit*
pöyhkeä *high and mighty*
pöyristyttää *horrify*
pöytä *table;* istuutua ~än *sit down to t.;* pöydän ääressä *at the t.*
pöytäastiasto *(dinner) set*
pöytäkirja *minutes*
pöytälaatikko *drawer*
pöytäliina *tablecloth*

R

raadanta *drudgery*
raadella *tear to pieces lacerate*
raahata *drag*
raaistaa *brutalize*
raaja *limb;* ~t m. *(upper, lower) extremities*
raajarikko *cripple;* a crippled tulla -rikoksi *be crippled, be disabled, be maimed*
raaka *raw, unripe;* (öljy ym) *crude;* (karkea) *rude, coarse*
raaka-aine *raw material*
raakalainen *barbarian*
raakile *unripe (t. green) fruit*
raakuus *rawness; crudity*
raamattu *Bible*
raamatullinen *biblical*
raapaista (tulta) *strike a light*
raapekumi (ink) *eraser*
raapevesi *ink remover*
raapia *scratch*

raaputtaa (pois) *erase, rub out*
raastaa *grate;* (repiä) *tear*
raaste: juusto ~ *grated cheese*
raastin *grater*
raastuvanoikeus *magistrates' court*
raataa *toil, drudge*
raatihuone *town hall*
raatimies *magistrate*
raato *carcass*
raavas (koll.) *beef-cattle;* raavaanliha *beef*
radio *radio, wireless;* ~ssa *on the r.;* avata, sulkea ~ *switch on (off) the r.;* ~ soi *the r. is on;* puhuu ~ssa *(huomenna) will be on the air ...*
radioaktiivi|nen *radioactive;* ~saaste *fall-out;* -set jätteet *r. waste*
radioida *broadcast*

radiokuuntelija *listener*
radiolähetin *radio transmitter*
radiolähetys *broadcast*
radiosähköttäjä *radio operator*
radiovastaanotin *radio* (t. *wireless*) *set*
rae *hail(stone)*; sataa rakeita *hail*
raekuuro *shower of hail*
raha *money*, (metalli-) *coin*; (valuutta) *currency*; ~nsa edestä *one's money's worth*
raha-asiat *finances*
raha-automaatti *coin machine* (for gambling)
rahakanta *monetary standard*
rahake *(gas-meter) disc*
rahakukkaro *purse*
rahamies *capitalist*
rahanvaihto *exchange of money*
rahapaja *mint*
rahapula *financial difficulties*; olla ~ssa *be short of money, be hard up*
rahastaa *collect (money)*
rahastaja (vaunun) *conductor*
rahasto *fund*
rahastonhoitaja *treasurer*
rahasumma *sum (of money)*
rahaton *penniless, broke*
rahavarat *funds*
rahayksikkö *monetary unit*
rahdata *charter, freight*
rahoittaa *finance*
rahtaaja *charterer, freighter*
rahti (maa-) *carriage*, Am. *freight*; (meri-) *freight*; ~ maksetaan perillä *carriage* (t. *freight*) *forward*
rahtikirja *waybill*; (mer.) *bill of lading*
rahtilaiva *cargo vessel*
rahtitavara *goods*; ~na *by g. train*
rahvas *common people*
raidallinen *striped*
raide *track*; suistua raiteilta *be derailed*
raihnainen *ailing*, (vanha) *decrepit*; ~ henkilö *invalid*
raihna(isu)us *decrepitude*
raikas *fresh*
raikastuspyyhe *facial blot er fresh-up*
raikkaus *freshness*
raikua *clang ring*

railo *crack in the ice; passage through the ice*
raina *film strip*, (-kuva) *slide, transparency*
raiska*:*a *rape*
raita *stripe, streak*; (puu) *goat-willow*
raitainen *striped*
raiteinen: kaksi (yksi-) ~ *double* (single-) *track*
raitiotie *tramway*
raitiovaunu *tram(car)*, Am. *street-car*; ajaa ~lla *go by tram, take the tram*
raitis *fresh; sober*
raittius *temperance*
raittiusliike *temperance movement*
raittiusmies *teetotaller*
raivaamaton *uncleared, unbroken*
raivata *clear*; (kuv.) *pioneer*; ~ tietä *pave the way (for)*
raivaustraktori *bulldozer*
raivo *rage, fury*; olla ~issaan *be in a rage*
raivoisa *frantic, mad*
raivostua *become furious, fly into a passion*
raivostutt|aa *infuriate*; -ava *maddening*
raivota *rage*
raivotauti *rabies*
raja *limit*; (valt.) *frontier border* (m. -seutu); jnk rajoissa *within (the limits of)*; kaikella on ~nsa *there is a limit to everything*
rajahinta *price-limit*
rajakkain: olla ~ *adjoin*
rajankäynti *demarcation*
rajaselkkaus *frontier incident*
rajatapaus *borderline case*
rajaton *unlimited, unbounded*
rajavartiosto *frontier guards*
rajaviiva *boundary line*
rajoittaa *limit; restrict*; Suomea ~ idässä Neuvostoliitto *the USSR borders Finland to the east*
rajoittua (jhk) *border (upon)* (kuv.) *restrict (confine) o.s. to*
rajoitus *limit(ation), restriction*
raju *violent, impetuous, unruly*
rajuilma *storm, tempest*
rajuus *violence, vehemence*
rakas *dear; beloved*

rakast|aa *love;* -ava *loving,*
affectionate; -avaiset *lovers*
rakastaja *lover*
rakastajatar *mistress*
rakastella *make love*
rakastelu *love-making*
rakastettava *lovable; amiable*
rakastu|a *fall in love (with);*
-nut ... *in love*
raken|ne *structure;* -teilla *un-*
der construction, ks. -teinen
rakennus *building*
rakennusmestari *(master)*
builder
rakennustaide *architecture*
rakennussarja (lapsille) *(do-it-*
yourself) kit
rakennuttaa *have ... built*
rakentaa *build*
rakentaja *constructor*
rakentamaton *vacant* *(lot*
tontti)
rakenteinen: solakka~ ... *of*
slender body build
raketti *rocket;* vrt. maila
rakkaudentunnustus *declara-*
tion of love
rakkaus *love;* rakkaudesta *out*
of love (for)
rakkausjuttu *love-affair*
rakkauskirje *love letter*
rakki *cur*
rakko *bladder;* (ihossa) *blister*
rakkula *blister*
rako *slit, slot, chink,* (esim.
seinässä) *crack*
raksi (takin ym) *tag*
raksuttaa (kellosta) *tick*
rakuuna *dragoon*
rallattaa *troll*
rampa *crippled,* (ontuva) *lame*
ramppikuume *stage fright*
rangaist|a *punish;* -ava *pun-*
ishable
rangaistu|s *punishment;* (sak-
ko) *penalty;* -ksen uhalla
under penalty
rangaistuspotku *penalty kick*
rankka *heavy;* rankasti *heavi-*
ly, hard
rankkasade *downpour*
ranne *wrist*
rannekello *wrist watch*
rannerengas *bracelet*
rannikko *coast, shore*
rannikkopuolustus *coastal de-*
fence

rannikkotykistö *coast artillery*
Ranska *France;* r~ (kieli)
French
ranskalainen *French (man*
-woman)
ranskanleipä *white bread*
ranskatar *Frenchwoman*
ranta *shore, bank,* (hiekka-)
beach; meren rannalla *on the*
seashore, at the seaside; kaut-
ta ~in *in a roundabout way*
raollaan *ajar*
raottaa *open ... a little*
rapa *mud, slush*
raparperi *rhubarb*
rapata *plaster*
rapautua *weather, disintegrate*
rapea *crisp*
rapi|na, -sta *rustle*
raportti *report;* **antaa** ~ r.
upon
rappari *plasterer*
rappaus *plastering, daub*
rappeutu|a *fall into decay*
(talo) *become dilapidated*
(suku ym) *degenerate*
rappio *decline;* ~lla *in a neg-*
lected condition; joutua ~lle
(kuv.) *go to the dogs*
rapu *crayfish*
rasavilli a *boisterous;* s (tyttö)
tomboy
rasia *box case*
rasitt|aa *strain;* ~ **itseään** lii-
kaa *overwork, overstrain o.s.*
rasittava *strenuous, exhausting*
rasittunut *strained, overwrought*
rasitu|s *exertion strain;* olla
jklle -ksena *be a burden to*
raskas *heavy;* (syytös) *grave,*
serious, (uni) *sound;* olla ras-
kaana *be pregnant*
raskasmielinen *melancholic*
raskasmielisyys *melancholy*
raskaus (tila) *pregnancy*
raskauttava *aggravating*
rastas *thrush*
rasti *check, tick;* merkitä ~lla
tick off, check off
rasva *fat;* (kone-) *grease;* (iho-
cream
rasva|happo *fatty acid;* moni-
tyydyttämättömät -hapot *poly-*
unsaturates
rasvainen *fat; greasy;* (iho) *oily*
rasvata *grease; lubricate*
rasvatyyni *dead calm*

rasvaus *greasing*
rata *track, line;* (täht.) *orbit;* asettua radalleen *go into orbit*
ratakisko *rail*
ratapölkky *sleeper* Am. *cross-tie*
ratas *wheel*
ratkaisematon *undecided un-solved; unresolved;* ~ peli *draw, tie*
ratkaiseva *decisive*
ratkaista *decide, solve;* (esim. riita) *settle;* (laskutehtävä) *work out*
ratkaisu *decision; solution*
ratketa *rip (open)*, (saumas-ta) *burst at the seam;* ~ juomaan *take to drink*
ratkoa *rip (up)*, (sauma) *un-pick*
ratsain *on horseback*
ratsastaa *ride (a horse)*
ratsastaja *rider*
ratsastus *riding*
ratsastushousut *riding breeches*
ratsia *round-up*
ratsu *riding horse,* (run.) *steed,* (šakki) *knight*
ratsumestari *cavalry captain*
ratsupoliisi *mounted police-(man)*
ratsuväki *cavalry*
rattaat *wag(g)on; cart*
ratti *wheel;* mies ratissa *the man at the w.*
rattijuoppo *drunken driver*
rattijuoppous *drunken driving*
rattoisa *gay, convivial;* meillä oli ~a *we had a jolly good time*
raudoittaa *mount ... with iron*
raueta (kuv.) *be dropped,* (tyh-jiin) *come to nothing*
rauha *peace;* tehdä ~ *conclude p.;* jättää ~an *leave ... alone;* ~n aikana *in peacetime;* aset-taa ~n kannalle *demobilize*
rauhallinen *peaceful, calm*
rauhallisuus *peacefulness; calm(ness)*
rauhanaate *pacifism*
rauhanehdot *terms of peace*
rauhanen *gland*
rauhanneuvottelut *peace nego-tiations*
rauhanturvajoukot *peace (-keep-ing) force*
rauhansopimus *peace treaty*

rauhaton *restless*
rauhattomuus *unrest; restless-ness*
rauhoitt|aa *calm;* (maa) *pacify;* (riista) *protect by law;* -ava lääke *sedative, tranquillizer*
rauhoittua *calm down*
rauhoitusaika *closed season (on* jnk)
raukai|sta: minua -see *I feel tired*
raukea *faint, languid*
raukeus *faintness, lassitude*
raukka *poor (thing)*
raukkamainen *dastardly, mean*
raukkamaisuus *cowardice*
raunio *ruin*
rauta *iron;* ~ betoni *reinforced concrete, ferroconcrete*
rautaesirippu *iron curtain*
rautainen *(... of) iron*
rautaisannos *iron ration*
rautakanki *iron bar*
rautakauppa *ironmonger's (shop), hardware store*
rautakausi *Iron Age*
rautalanka *wire;* ~verkko *w. netting,* (hieno) *w. gauze*
rautamalmi *iron ore*
rautatammi *holm-oak*
rautatehdas *ironworks*
rautateollisuus *iron industry*
rauta|tie *railway,* Am. *railroad;* -teitse *by rail*
rautatieasema *railway station*
rautatieliikenne *railway service* (t. *traffic*)
rautatieläinen *railway employee*
rautatiesolmu *junction*
rautatievaunu *railway, carriage, coach,* Am. *railroad car;* (tavara-) *waggon,* (avo-) *truck*
rautatieverkko *railway system*
rautatieyhteys *railway con-nection*
ravata, ravi *trot*
ravinto *food, nourishment*
ravintoarvo *nutritive value*
ravintola *restaurant*
ravintolavaunu *dining car*
ravirata *race-course*
ravistaa *shake*
ravistella *shake up*
ravistua *get leaky*
ravita *feed, nourish*
ravitsemus *nutrition*
ravitseva *nourishing, nutritive*

reagoida *react (to jhk, against* jtk vastaan), *respond (to)*
realistinen *realistic*
rehellinen *honest; straight;* hän on ~ *he is on the level*
rehellisyys *honesty*
rehennellä *show off, put on airs; swagger*
rehevyys *luxuriance*
rehevä *luxuriant,* (liiankin) *rank*
rehottaa *grow rank*
rehti *upright, straight (forward)*
rehtori *headmaster, principal;* (yliop.) *president,* Engl. *vice-chancellor*
rehu *fodder, forage*
reikä *hole*
reikäompelu *hemstitch*
reilu: ~ *peli fair play;* ~ kaveri *a decent chap*
reimari *spar-buoy*
reipas *brisk; vigorous*
reippaus *briskness*
reisi *thigh*
reitti *course, route*
reki *sleigh, sled (ge)*
rekisteri *register;* (kirjan) *index;* ~kilpi *number plate*
rekisteröidä *register*
rekka-auto *articulated lorry* (Am. *truck)*
rekki *parallel bars*
rele(oida) *relay*
rempallaan *in a bad shape*
rengas *ring;* (auton ym) *tyre*
rengasmatka *circular tour*
renki *farm hand*
rentoutua *relax*
rentukka *marsh marigold*
repale *rags*
repaleinen *ragged, tattered*
repeytyä *tear*
repeämä *rent, tear; rupture*
repiä *tear rip;* ~ rikki *tear to pieces, rip to shreds*
reppu *knapsack, rucksack*
reput: saada ~ *fail, be flunked*
reputtaa *fail, flunk, plough*
repäisevä *thrilling;* ~n hauskaa *a rollicking (good) time*
resepti *prescription,* (ruoka-) *recipe*
reserviupseeri *officer in the reserve*
retiisi *radish*
retkeilijä *excursionist,* (jalan) *hiker*

retkeillä (jalan) *hike, ramble*
retkeily *excursion; hiking*
retkeilymaja *youth hostel*
retki *excursion; trip, trek*
retkikunta *expedetion*
retku *layabout, lout*
rettelö *dispute, trouble*
rettelöidä *make trouble*
retušoida *touch ... up*
reuma *rheumatoid arthritis*
reumaattinen *rheumatic*
reuna *edge, border, margin,* (lasin ym) *brim*
reunamerkintä *marginal note*
reunus *margin,* (puvun ym) *border*
reunustaa *edge, border; line*
revetä *rend, tear, be torn*
revolveri *revolver, gun*
revontulet *northern lights*
riehaantua *became boisterous* (t. *unmanageable)*
riehua *rage, play havoc*
riekale *rag, tatter*
riemu *joy, rejoicing*
riemuita *rejoice (at, in) exult (in)*
riemukaari *triumphal arch*
riemullinen *joyful*
riemusaatto *triumphal procession*
rienata *blaspheme*
riento: *riennot activities*
rientää *hasten, speed;* aika ~ *time flies*
riepu *rag,* (lattia-) *floorcloth*
rietas *impure, lewd*
rihkama *gimcrack (ornaments), baubles, frippery*
rihkamakauppias *haberdasher*
rihla *grooves, rifling*
rihma *thread*
rihmarulla *reel of thread*
riidaton *undisputed*
riidellä *quarrel (about)*
riihi *drying house*
riikinkukko *peacock*
riimu(nvarsi) *halter*
riipaiseva *heart-rending*
riippu|a *hang, be suspended (from* jssk); (kuv.) *depend (on* jstk); jstk -matta *regardless of, irrespective of*
riippumaton *independent*
riippumatto *hammock*
riippumattomuus *independence*
riippusilta *suspension bridge*

riippuvainen *dependent (on)*
riippuv(ais)uus *dependence (on)*
riipu|s *pendant;* -kssssa *drooping*
riisi *rice;* (paperia) *ream*
riisitauti *rickets*
riista *game;* ~nsuojelualue *game reserve;* ~nvartija *gamekeeper*
riisto *exploitation*
riistää *deprive (sb. of* jklta jtk); (häikäilemättä hyötyä) *exploit*
riisua *undress,* (m. jalasta) *take off;* (laiva) *dismantle;* ~ aseista *disarm*
riisuutua *undress (o.s.)*
riita *quarrel, dispute;* olla riidassa *be at variance, be at odds (with);* panna ~ kahtia *split the difference*
riitaantua *fall out (with)*
riitaisa *quarrelsome*
riitakysymys *controversy, matter in dispute*
riitapuoli *party*
riittoisa: on ~(a) *lasts long, goes a long way*
riittämätön *insufficient*
riittävä *sufficient, adequate*
riittää *suffice, be enough,* (kestää) *last;* kiitos, ~l *no more, thanks!*
rikas *rich (in...); wealthy*
rikastua *get rich*
rikastuttaa *enrich*
rika *offence, misdemeanour*
rikka: rikat *rubbish, sweepings*
rikkakuilu *refuse disposal chute*
rikkalapio *dustpan*
rikkaruoho *weed*
rikkaus (-udet) *wealth, riches*
rikki *broken;* (tulikivi) *sulphur;* lyödä ~ *break (to pieces), smash;* mennä ~ *break*
rikkihappo *sulphuric acid*
rikkinäinen *broken* (kulunut) *worn through*
rikkoa *break,* (lakia, m.) *violate,* (sopimus, m.) *infringe*
rikkomus *offence;* (urh.) *foul*
rikkuri *strike-breaker; blackleg,* Am. *scab*
rikoksenuusija *recidivist*
rikollinen *criminal*
rikollisuus *crime; delinquency*
rikos *crime, criminal offence;* tehdä ~ *commit a crime*
rikos|asia, -juttu *criminal case*

rikoslaki *criminal law, penal code*
rikostoveri *accomplice*
rima *lath,* (urh.) *bar*
rimpuilla *struggle;* ~ vastaan *make resistance*
rinnakkain *abreast*
rinnakkainen *parallel*
rinnakkainelo: rauhanomainen ~ *peaceful coexistence*
rinnalla *side by side (with);* (jhk verrattuna) *(as) compared with*
rinnalle: päästä jnk ~ *draw level with*
rinnast|aa *place on a level (with);* -ettavissa *comparable (to);* -ettu *co-ordinate*
rinne *slope; hillside*
rinnanympärys *chest measure*
rinta *breast; chest*
rintakehä *chest*
rintakuva *half-length picture,* (veisto-) *bust*
rintalapsi *infant, suckling*
rintalasta *breastbone*
rintama *front;* ~lla *at the f.*
rintamamies *ex-serviceman*
rintaneula *brooch*
rintaperillinen *direct heir*
rintasyöpä *cancer of the breast*
rintauinti *breast-stroke*
rintava *full-bosomed*
ripa *handle*
ripeys *briskness*
ripeä *prompt, quick, brisk*
ripillepääsy *confirmation*
ripittäytyä *confess*
ripittää *hear a p.'s confession;* (torua) *give ... a scolding*
rippeet *(small) remnant, rests;* kuulon~ *residual hearing*
rippi *confession;* (ehtoollinen) *Holy Communion;* käydä ripillä *go to communion*
rippi-isä *father confessor*
rippikoulu *confirmation school*
ripuli *diarrhoea*
ripustaa *hang (up);* ~ seinälle *hang on the wall*
ripustin *coat-hanger*
risainen *ragged, worn out*
risiiniöljy *castor oil*
riski: ottaa ~ *take* (t. run) *the risk (of -ing ...)*
risteilijä *cruiser*
risteillä *cruise*

R

risteys *crossing junction*
risti *cross;* (-kortti) *club,* (-maa) *clubs;* panna ~in *fold (one's hands);* mennä ~in (kuv.) *conflict,* (kirjeet) *cross;* puhua ~in *contradict o.s.*
ristiaallokko *cross swell*
ristiinnaulit|la *crucify;* -unkuva *crucifix*
ristikko *grating, grid,* (säle-) *lattice,* (vankilan) *bars*
ristikuulustelu *cross-examination*
ristimänimi *Christian name*
ristinmerkki *sign of the cross*
ristipisto *cross-stitch*
ristiretkeilijä *crusader*
ristiretki *crusade*
ristiriita *conflict;* olla -riidassa *c. with, clash with*
ristiriitainen *conflicting, contradictory*
ristiriitaisuus *contradiction, incongruence*
ristisanatehtävä *crossword puzzle*
risti|side: -siteenä *by book post, as printed matter*
ristiä *christen*
ristiäiset *christening*
risut *twigs, brushwood*
ritari *knight*
ritarikunta *order*
ritarillinen *chivalrous*
ritarillisuus *chivalry*
riuku *pole*
riutta *reef*
riutu|a *pine away, languish;* -va (katse ym) *wan*
riutuminen *decline*
rivi *line,* (talo- ym) *row;* asettua ~in *line up*
rivimies *common soldier*
rivistö *column*
rivo *indecent*
rohdo|s: -kset *chemicals*
rohdoskauppa *chemist's, druggist's, toilet shop*
rohdoskauppias *pharmacist, chemist*
rohjeta *dare, venture*
rohkaista *encourage;* ~ mielensä *summon one's courage, take heart*
rohkaisu *encouragement*
rohkea *courageous, brave*
rohkeus *courage, boldness*

rohmuta *hoard*
rohto *medicine*
rohtuma *chap*
roihuta *blaze (up)*
roikkua *hang (down)*
roina *rubbish*
roisku|a, -ttaa *splash*
roisto *scoundrel, villain; rascal*
roju *rubbish, lumber*
rokonarpinen *pock-marked*
rokko *pock;* (iso-) *smallpox*
rokottaa *vaccinate*
rokotus *vaccination*
rokotusaine *vaccine*
romaani *novel*
romaaninen *Romance*
romaanikirjailija *novelist*
romahdus *breakdown, collapse*
romahtaa *crash (down), collapse*
Romania *Rumania*
romanialainen *Rumanian*
romanssi *romance*
romantiikka *romanticism*
romanttinen *romantic*
rommi *rum*
romu *scrap, rubbish*
romukauppa *junk shop*
romuttaa *scrap; break up*
Roodos *Rhodes*
rooli *role, rôle*
Rooma *Rome;* r-lainen *Roman*
roomalaiskatolinen *Roman Catholic*
ropo (lahja) *mite*
roska *rubbish;* ~t (jätteet) *refuse,* Am. *garbage*
roskakirjallisuus *garbage*
roskakuski *dustman*
roskalaatikko *dustbin*
roskamylly *garbage disposal*
roskanpolttouuni *incinerator*
roskaväki *rabble, mob*
rosoinen *rough, uneven rugged*
rosvo *robber, bandit*
rosvoilla *rob, plunder; make raids*
rosvous *robbery;* (ilma~) *air piracy*
rotanpyydys *rat trap*
roteva *robust, sturdy*
rotko *gorge, ravine*
rotta *rat*
rottinki *rattan, cane*
rotu *race; stock*
rotukiihkoilija *racist*
rotukiihkoilu (-viha) *racism*

rotusyrjintä *racial discrimination* (t. segregation); (-muuri) *colour bar*
routa *ground frost*
rouva *married woman,* (nimen ed.) *Mrs;* (korttip.) *queen;* Hyvä ~ *Dear Madam*
rovasti »rovasti» *(Church title)*
rovio *stake*
rubiini *ruby*
ruhjevamma *bruise, contusion*
ruhjoa *maim,* (murskata) *crush*
ruhjoutua *be malmed*
ruho *carcass*
ruhtinaallinen *princely*
ruhtinas *prince*
ruhtinaskunta *principality*
ruhtinatar *princess*
ruikuttaa *whine*
ruis *rye*
ruiskahtaa *spurt, squirt*
ruiskaunokki *cornflower*
ruiske *injection*
ruisku *sprayer;* (lääk.) *syringe*
ruiskukannu *watering can*
ruiskuttaa *spray;* (lääk.) *inject*
rujo *malformed*
rukka|nen *mitten;* saada -set (arkik.) *get the mitten*
rukki *spinning-wheel*
rukoilla *pray (to God);* (hartaasti pyytää) *implore, entreat*
rukous *prayer*
rukoushuone *chapel*
rukousnauha *rosary*
rulla *roll,* (lankaa) *reel*
rullaluistimet *roller skates*
rullaportaat *escalator*
rullata* (ilm.) *taxi*
ruma *ugly*
rumentaa *make ugly, disfigure*
rummunlyöjä *drummer*
rummuttaa *drum,* (sormilla) *strum*
rummutus *beating of drums*
rumpu *drum*
rumuus *ugliness*
runko *stem,* (puun) *trunk;* (auton) *frame,* (laivan) *hull,* (lentok.) *fuselage*
runkotie *arterial road* (t. *highway), trunk road*
runnella *mangle mutilate*
runo *poem*
runoilija *poet*
runoilla *write poetry*
runollinen *poetic(al)*

runomitta *metre;* -mitalla *in verse*
runotar *muse*
runous *poetry*
runsas *abundant, plentiful;* runsaasti *amply, richly,* ... *in abundance;* viivyin runsaan tunnin *I stayed well over an hour*
runsaskätinen *liberal*
runsaus *abundance, plenty*
ruoanlaitto *cooking*
ruoansulatus *digestion*
ruoantähteet *scraps, remnants*
ruoanvalmistuskone *(food-) mixer*
ruohikko *grass*
ruoho *grass*
ruohoinen *grassy*
ruohokenttä *lawn*
ruoka *food;* laittaa ~a *prepare food;* ~ ja asunto *board and lodging;* täällä on hyvä ~ *the cooking is good here*
ruoka-aika *meal-time*
ruokahalu *appetite*
ruokala *eating-house;* (esim. tehtaan) *canteen*
ruokalaji *dish, course*
ruokalepo *after-dinner nap*
ruokalista *menu, bill of fare*
ruokalusikka *tablespoon*
ruokamulta *top soil, mould*
ruokapöytä *dining table;* -pöydässä *at table*
ruokasali *dining-room*
ruokasäiliö *larder, pantry*
ruokatavarat *foodstuffs, food*
ruokatorvi *gullet, oesophagus*
ruokatunti *lunch break*
ruokavalio *diet*
ruokavieras *boarder*
ruokaöljy *table oil*
ruokkia *feed*
ruoko *cane;* (pilli) *reed*
ruokoton *untidy, filthy*
ruopata *dredge*
ruoppaaja* (kone) *dredge,* (laiva) *dredger*
ruori *helm*
ruoska, ruoskia *whip*
ruoste *rust*
ruosteinen *rusty*
ruostua *rust, become rusty;* ~ kiinni *rust in*
ruostumaton *stainless*
ruoto *bone*

ruotsalainen a *Swedish; s Swede*
Ruotsi *Sweden;* r~ (kieli) *Swedish*
ruotsinkielinen *Swedish-speaking,* (esim. sanomalehti) *Swedish-language*
rupatella *chat*
rupi *scab, crust*
rupinen *scabby*
rupisammakko *toad*
rusentaa *crush*
rusina *raisin*
ruskea *brown*
ruskettua *get sunburnt*
rusketus *(sun)tan*
ruskistaa *brown*
rusko(tus) *glow*
ruskuainen *yolk (of an egg)*
rusto *cartilage*
rutistaa *crumple, crush*
rutto *plague*
ruudullinen *checked*
ruuhi *punt*
ruuhka *jam, (traffic) block*
ruuhka-aika *rush hours*
ruukku *pot*
ruuma *hold*
ruumiillinen *physical, corporal;* ~ työ *manual work*
ruumiillistaa *embody*
ruumiinavaus *autopsy*
ruumiinharjoitus *exercise*
ruumiinmukainen *tight-fitting*
ruumiinrakenne *body build, physique*
ruumiinsiunaus *funeral service*
ruumiintarkastus *(personal) search;* ...tehtiin ~ *(he) was stripped and searched*
ruumis *corpse,* (keho) *body*
ruumisarkku *coffin*
ruumishuone *mortuary*
ruumissaatto *funeral procession*
ruumisvaunut *hearse*
ruuna *gelding*
ruusu *rose;* vyö~ *shingles*
ruusuke *bow, rosette*
ruusunpunainen *rose-coloured, rosy*
ruuti *gunpowder*
ruutu *check,* (neliö) *square;* (ikkuna-) *pane;* (korttip.) *diamond,* (-maa) *diamonds;* ~-kuningas *king of diamonds*
ruuvata *screw;* ~ auki *unscrew*
ruuvi *screw*
ruuviavain *wrench, spanner*

ruuvitaltta *screwdriver*
ruveta *begin, start;* ~ harrastamaan jtk *go in for;* ~ liikealalle *adopt a business career;* miksi haluat ~? *what do you want to be?*
ryhdikäs *erect*
ryhdistäytyä *pull o.s. together*
ryhditön *slack, slouching;* (kuv.) *... with no backbone*
ryhmittyä (auto) *get into lane*
ryhmittää *group, classify*
ryhmä *group; body;* (sot.) *squad*
ryhti *carriage, bearing;* (kuv.) *moral strength*
ryhtyä *start; set about, undertake (to), take up; go in for;* (tehtävään) *get down to;* ~ työhön *get to work*
ryijy *(Finnish) rug*
rykelmä *pile, conglomeration*
rykmentti *regiment*
rykäistä *clear one's throat*
ryminä *rumble*
rynnistys *attack;* (kuv. m.) *drive*
rynnistää *rush (forward)*
rynnä|kkö *attack; assault;* valata -köllä *(take by) storm*
rynnätä *rush*
ryntäys *rush, run*
rypeä *wallow*
rypisty|ä *get crumpled;* -mätön *crease-resisting*
rypistää *crumple; crease*
ryppy *wrinkle;* otsa rypyssä *with his brow knitted*
ryppyinen *creased,* (kasvot) *wrinkled*
rypsi *turnip rape*
rypyttää *gather, pucker*
rypäle *grape*
ryske *crash*
rysty *knuckle*
rysähtää *crash*
rytmi *rhythm*
rytminen *rhythmic(al)*
ıytäkkä *uproar*
ryvettää *soil*
ryyni *(peeled) grain*
ryypiskellä *drink; booze*
ryyppy *drink, dram*
ryypätä *drink*
ryysyt *rags, tatters*
ryysyinen *tattered*
ryömi|lä *crawl. creep;* -mis|kais-

R
S

ta *slow lane, crawler lane,* Am. *creeper lane*
ryöppy *shower*
ryöstää *rob; plunder*
ryöstömurha *murder and robbery*
ryöstöretki *looting expedition, raid*
ryöväri *robber*
rähinä *racket*
rähinöitsijä *brawler*
rähistä *brawl*
räikeys *gaudiness;* (rikoksen) *flagrancy*
räikeä *glaring,* (väri m.) *harsh*
räiske* (pauke) *crackle*
räiskyä *spatter,* (rasva) *sputter*
räjähdys *explosion*
räjähdysaine *explosive*
räjähdysmäinen ks. väestönkasvu
räjähdyspanos *explosive charge*
räjäh|tää *explode;* (ilmaan) *blow up;* -ävä luoti *explosive bullet*
räjäyttää *blow up*
räjäytys *blasting*
räkä *snot*
räkätti *fieldfare*
räme *pine bog*
rämeinen *swampy, marshy*

rämistä *rattle*
rämpiä *flounder, wade*
rämpyttää *strum (on the piano)*
rämä *broken-down*
rämäpäinen *reckless*
ränni *(water-)spout, drainpipe*
ränstynyt *dilapidated*
räntä *sleet*
räpylä *web(-foot);* (urh.) *mitt*
räpyttää *flap;* (silmiä) *blink*
rästi *arrears*
rätistä *crackle*
rätti *cloth*
räyhätä *brawl*
räystäs *eaves*
räystäskouru ks. ränni
rääkyä *caw, croak*
rääkätä *torture torment*
rääsy *rag*
räätäli *tailor;* -nliike *tailoring business*
röhkiä *grunt*
rönsy *runner*
rönsyillä (levitä) *sprawl*
röntgenhoito *x-ray treatment*
röntgenkuva *x-ray (film)*
röntgenlääkäri *radiologist*
röyhelö *frill*
röyhkeys *insolence*
röyhkeä *insolent, impudent*
röyhäistä *belch, burp*
röykkiö *heap, pile*

S

saada *get, receive; obtain;* saankö ...? *may I ...?* saanko tämän? *may I have this?* saanko polttaa? *do you mind if I smoke?* saanko sulkea ikkunan? *would you mind if I closed the window?* saisinko puhutella ... *I wonder if I could speak to ...;* hän kysyi saisiko hän ...; *he asked if he might ...?* ~ aikaan *bring about, do, perform;* ~ alkunsa *originate (in);* ~ hyötyä *derive profit from;* ~ kiinni *catch;* ~ käsiinsä *catch hold of;* ~ palkinto (ym) *obtain (gain, win, take) a prize;* ~ takaisin *get back, recover;* ~ tauti (m.) *contract;* ~ tietää *learn;* ~ jku tekemään jtk *make sb. ..., cause sb to ...*

saakka (jhk) *to, as far as* (ajasta) *till, until;* (jstk) *since;* eilisestä ~ *since yesterday*
saaliinhimoinen *rapacious*
saalis *catch, haul;* joutua jnk saaliiksi *fall a prey to*
saamamies *creditor*
saamaton *inefficient*
saamattomuus *inefficiency*
saapas *boot*
saapu|a *arrive (at, in), get, come (to);* (maahan ym) *enter;* olla -villa *be present*
saapuminen *arrival*
saapuville: tulla ~ *appear; present o.s.*
saari *island*
saaristo *archipelago, skerries*
saaristolainen *islander*
saarna *sermon*
saarnaaja *preacher*

saarnata *preach*
saarnatuoli *pulpit*
saarni *ash*
saarro|s: -ksissa *surrounded*
saartaa *blockade*
saarto *blockade*
saasta *filth*
saastainen *filthy*
saaste (saastuke) *pollutant;*
  teollisuus ~ *industrial effluents*
  (t. *wastes)*
saastua *become polluted*
saastu|minen, -neisuus *pollu-*
  tion; ilman ~ *air p.*
saastuttaa *pollute, contaminate;*
  foul
saastutus *pollution; taint*
saatana *Satan*
saatav|a *claim, balance due;*
  -issa *available, obtainable*
saati *let alone ...;* ~ *sitten hän*
  to say nothing of him
saattaa *accompany,* (asemalle
  ym) *see ... off;* (kyetä) *be*
  able to; (aiheuttaa) *cause;*
  hän ~ *tulla he may come;* hän
  on saattanut tulla *he may have*
  come; ~ epätoivoon *drive to*
  despair; ~ jku tekemään jtk
  get (t. *induce) sb. to ...,* make
  sb. ...; ~ jkn tietoon *bring to*
  a p.'s knowledge
saatto *procession*
saattue *escort,* (mer.) *convoy*
saavi *tub*
saavuttaa *reach, achieve, gain;*
  ~ jkn suosio *win a p.'s favour;*
  ~ tarkoituksensa *attain one's*
  purpose
saavuttamaton *unattainable*
saavutus *achievement*
sabot|aasi, -oida *sabotage*
sadatella *curse*
sade *rain;* näyttää tulevan ~
  it looks like r.
sadekuuro *shower of rain*
sadepilvi *rain cloud*
sadepisara *rain drop*
sadetakki *raincoat,* mac (kin-
  tosh)
sadin *trap;* joutui satimeen *was*
  trapped (t. *caught in a trap)*
sadoittain *in hundreds*
sadonkorjuu *harvest*
saha *saw,* (-laitos) *sawmill*
sahajauhot *sawdust*
sahata *saw*

saippua *soap; tablet of soap*
saippuoida *soap, lather*
sairaala *hospital*
sairaalloinen *sickly*
sairaanhoitaja *(hospital) nurse*
sairaanhoito *nursing*
sairas *ill, sick;* s *sick person.*
  (potilas) *patient*
sairaskäynti *call*
sairaslento *ambulance flight*
sairasloma *sick-leave*
sairastaa *be ill* (t. *sick) with ...,*
  (jtk, m.) *suffer from*
sairastua *become ill, be taken*
  ill, (jhk, m.) *get, catch (a*
  disease)
sairausvakuutus *sickness* **in-**
  surance, (Engl. l.v.) *National*
  Health Service
sairasvuode *sick-bed*
sairaus *illness, sickness,* (tau-
  ti) *disease*
saita *miserly, stingy*
saituri *miser,* (arkik.) *screw*
saituus *miserliness*
saivarrella *split hairs*
saivartelija *hair-splitter*
sakara (kuun) *horn*
sakariini *saccharin*
sakaristo *vestry*
sakata *checkmate*
sakea *thick*
säketti *morning coat*
sakka *sediment*
sakki *crowd, gang*
šakkipeli *chess*
šakkinappula *chessman*
šakkitehtävä *chess problem*
sakko *fine;* sakon uhalla **under**
  penalty
sakottaa *fine*
sakramentti *sacrament*
Saksa *Germany;* s~ (kieli)
  German; ~n Liittotasavalta
  the Federal Republic of Ger-
  many
saksalainen *German*
saksanhirvi *red deer*
saksanpähkinä *walnut*
sakset *scissors*
saksofoni *saxophone*
sala: ~a *secretly,* **in secret;**
  pitää ~ssa *keep secret, hide*
sala-ampuja *sniper*
salaatti *salad,* (lehti-) *lettuce*
salainen *secret*
salaisuus *secret*

salajuoni *intrigue, plot*
salakari *submerged rock*
salakavala *insidious*
salakirjoitus *cipher, code*
salakuljettaja *smuggler*
salakuljetus *smuggling*
salakuuntelu (puhelimen) *tapping*
salaliitto *conspiracy, plot*
salaliittolainen *conspirator*
salama *lightning;* kuin ~ *kirkkaalta taivaalta like a bolt from the blue;* ~n isku *stroke of lightning*
salamavalo *flash-light*
salametsästys *poaching*
salamoida *lighten*
salamurha *assassination*
salamurhaaja *assassin*
salamyhkäinen *secretive*
salanimi *pseudonym*
salaoja *drain*
salaojitus *(underground) drainage*
salaperäinen *mysterious*
salaperäisyys *secrecy*
salapoliisi *detective;* ~romaani *d. story,* (jännäri) *whodunit, thriller*
salaseura *secret society*
salata *conceal, keep (from a p. jklta)*
salavihkaa *furtively*
sali *drawing-room,* (iso) *hall*
salkku *portfolio, briefcase*
salko *pole, mast*
sallia *allow, permit, let;* jos sallitte *if you dont mind*
sallimus *fate; providence*
salmi *sound, strait(s)*
salo *backwoods, the wilds*
salonki (laivan) *saloon*
salpa *bar, bolt*
salva *salve, ointment*
salvata *bolt, bar*
salvia *sage*
sama *(the) same, identical;* ~an aikaan, ~lla *at the same time;* olen ~a mieltä *I agree (with you);* olen aivan ~a mieltä *I fully agree;* ~lla tavalla *in the same manner* (t. way); ~ssa (hetkessä) *at that very moment;* vrt. samoin
samanaikainen *simultaneous*
samanikäinen ... *of the same age*

samanlainen *similar (to)*
samanlaisuus *similarity*
samanmielinen *like-minded*
samantekevä *all the same (to jklle)*
samastaa *identify (with)*
samaten ks. samoin
samea *thick, clouded; turbid;* kalastaa ~ssa vedessä *fish in troubled waters*
samentaa (kuv.) *cloud*
sametti *velvet,* (pumpuli-) *velveteen*
sammakko *frog*
sammakkomies *forsman*
sammal *moss*
sammaltaa *lisp*
sammio *vat, basin*
sammua *go out, be extinguished;* hän sammui (arkik.) *he passed out;* vrt. sammuttaa
sammumaton (jano ym) *unquenchable*
sammuttaa *extinguish, put out;* (sähkö) *switch off,* (kaasu turn off;* (savuke) *stub out,* (polkemalla) *stamp out;* (jano) *quench*
sammutus *extinguishing*
sammutuslaite *fire-extinguisher*
samoilla *ramble, wander*
samoin *in the same way, likewise, similarly;* kiitos, ~! *thanks, (the) same to you!*
sampi *sturgeon*
samppanja *champagne*
sana *word;* (sanoma) *message;* lähettää ~ *send word;* pettää ~nsa *go back on one's word;* pitää ~nsa *keep one's word;* ~ ~lta *word for word*
sanakiista *dispute*
sanakirja *dictionary*
sanaleikki *play upon words pun*
sanaluokka *part of speech*
sananlasku *proverb*
sananmukainen *literal*
sanansaattaja *messenger*
sananvapaus *freedom of speech*
sanaristikko *crossword*
sanasota *controversy, war of words*
sanasto *vocabulary, glossary*
sanaton *speechless*
sanavarasto *vocabula*

saneeraus: (talon) *re-fitting (of old houses) (slum) clearance,* (alueen) *redevelopment*
sanella *dictate*
sanelu *dictation*
sanelukone *dictaphone*
sangen *very;* ~ paljon *a great deal*
saniainen *fern*
sanka *handle,* (silmälasien) *frame*
sankari *hero* (pl. ~es)
sankarillinen *heroic*
sankaritar *heroine*
sankaruus *heroism*
sankka *thick, dense*
sanko *bucket, pail*
sannikas *sandal*
sannoittaa *sand*
sano|a *say* (jklle *to*), *tell;* voitteko ~ minulle ...? *can you tell me ...?* ~ irti *give notice;* ~ vastaan *contradict;* niin ~kseni *so to speak;* niin -ttu *so-called;* hänen -taan olevan ... *he is said to be*
sanoma *message, news*
sanomalehdistö *the press*
sanomalehti *newspaper, paper*
sanomalehtimies *journalist*
sanomaton *unspeakable*
sanonta(tapa) *phrase, saying*
sanottava: mitä sinulla on ~a? *what have you got to say?* ei ~sti *not appreciably; nothing to speak of*
saostua *be precipitated*
sapatti *Sabbath*
sapeli *sabre*
sappi *gall, bile*
sappikivi *gallstone*
sappirakko *gall-bladder*
sappitauti *gallbladder disease*
sarake *column*
sarana *hinge*
saras|taa, -tus *dawn*
sardiini *sardine*
sarja *series; set;* (rivi) *line, succession;* (urh.) *class*
sarjafilmi *(TV) series*
sarjakuvat *comics*
sarjatuotanto *serial production*
sarka *frieze, homespun;* (pelto-) *plot, strip*
sarveisaine *keratin*
sarveiskalvo *cornea*

sarvi *horn,* (hirven ym) *antler*
sarvikuono *rhinoceros, rhino*
sata *a* (t. *one*) *hundred;* ~ kertaa *a hundred times;* satoja (*many*) *hundreds of ...;* neljäsataa *four hundred*
sataa *rain;* ~ (vettä) *it is raining;* ~ lunta *it is snowing*
satakieli *nightingale*
sata|luku: 19-luvulla *in the nineteen-hundreds*
satama *harbour*
satamakaupunki *port*
satamalaituri *quay,* (lastaus-*wharf*
satavuotisjuhla *centenary*
sateenkaari *rainbow*
sateenvarjo *umbrella*
sateeton *rainless; dry*
sateinen *rainy;* ~ päivä (m.) *a wet day*
satelliitti *satellite;* sää~ *meteorological s.*
sato *crop; harvest*
satoisa *high-yielding; plentiful*
sattu|a *happen, chance; occur;* (osua) *hit;* (loukata) *hurt;* ~ yhteen (samaan aikaan) *coincide;* ~i sunnuntaiksi *fell on a Sunday;* sepä ~i hyvin *that was lucky* (t. *very convenient);* jalkani -i kiveen *I knocked my foot against a stone;* jos hän -isi tulemaan *if he should come;* esteen -essa *in case of hindrance;* sodan -essa *in the event of war;* -neesta syystä *because of unforeseen circumstances*
sattuma *chance,* (tapaus) *incident;* ~lta *by chance, by accident*
sattuva ... *to the point, telling, apt, appropriate*
satu *fairy-tale*
satu|la, -oida *saddle*
satumaailma *wonderland*
satumainen *fabulous*
satunnainen *accidental, fortuitous*
satuttaa *hurt* (o.s.)
saukko *otter*
sauma *seam;* (liitos) *joint*
sauna *sauna (bath)*
sauva *staff, stick*
savenvalaja *potter*
savi *clay*

saviastia: ~t *earthenware pottery*
savimaja *mud hut*
savinen *clayey*
saviruukku *earthen pot, crock*
savu *smoke*
savuke *cigarette;* ~imuke c. *holder;* ~kotelo c. *case*
savukerasia *packet* (Am. *pack*) *of cigarettes*
savupiippu *chimney, smoke-stack*, (laivan) *funnel*
savust|aa *smoke;* -ettu *smoked*, (liha) *smoke-dried*
savuta *smoke*
savuverho *smoke-screen*
se *it; that, the;* ~ *on that is* (lyh. *i.e.*); herra ~ ja ~ *Mr. So-and-so;* ~ *joka he who;* ~n *parempi so much the better;* siitä on jo viisi vuotta *five years have passed since then;* se siitä! (*well*), *that's that!* vrt. siitä, ne, niitä ym
seassa *among, amongst*
seepra *zebra*
seesteinen *clear, bright*
seikka *circumstance; thing, matter;* (näkökohta) *consideration, point*
seikkailija *adventurer*
seikkail|la: lähteä -emaan *go (out) in search of adventure*
seikkailu *adventure;* ~n haluinen *adventurous*
seikkaperäi|nen *detailed;* -sesti *in detail*
seimi *manger;* (lasten-) *day nursery, crèche*
seinä *wall;* ripusta se tuolle ~lle *hang it on that wall;* löin pääni ~an *I knocked* (kuv. ran) *my head against a wall;* päin seiniä *all wrong*
seinäkello (*wall*) *clock*
seinäpaperi *wallpaper*
seis! *stop!* (sot.) *halt!*
seisaallaan *standing*
seisahdu|s *stop, standstill;* joutua -ksiin *come to a standstill*, (liikenne) *be blocked*
seisahtua *stop, come to a standstill*
seisake *halt*
seisauttaa *stop, bring to a stand still*
seiso|a *stand;* (kone) *be out of operation;* kelloni seisoo *my watch has stopped;* nousta -maan *stand up, rise;* jäädä -maan *remain standing*
seisomapaikka *standing place*
seitsemän *seven*
seitsemänkymmentä *seventy*
seitsemäntoista *seventeen*
seitsemäs (*the*) *seventh*
seiväs *stake, pole*
seiväshyppy *pole vault*
seka- *mixed;* panna ~an *mix ... with*
sekaannus *confusion, mix-up*
sekaantua *get mixed up* (*with* jhk); *meddle* (*in, with*), *interfere* (*in other people's business*)
sekainen *mixed*
sekaisin *all mixed up, in confusion, in a tangle*
sekakuoro *mixed choir*
sekalainen *mixed, various, miscellaneous*
sekarotuinen *cross-bred* (henk.) *... of mixed blood*
sekasorto *confusion, chaos, turmoil*
sekasotku *mess, tangle, jumble*
sekatyöläinen *unskilled labourer*
sekava *confused; muddled*
sekavuus *confusion*
šekki *cheque.* Am. *check*
sekoittaa *mix* (*up*); (hämmentää) *stir;* (kortit) *shuffle;* (kuv.) *confuse,* (erehdyksestä jkh) *mistake ... for*
sekoittua *mix* (*with* jhk), *blend*
sekoitus *mixture,* (tee- ym) *blend*
seksi *sex;* ~käs *sexy*
sekunti *second*
sekä *and;* ~ ... että *both ... and ...;* ... *as well as ...;* ~ hän että *hänen vanhempansa he as well as his parents*
selailla *leaf* (*in a book*)
selin: ~ jhk *with one's back towards ...*
selittämätön *unexplained, inexplicable*
selittää *explain, account for;* ~ väärin *misinterpret*
selitys *explanation*
selkeä *clear, bright*
selkkaus *conflict, dispute, trouble*
selko: ottaa, saada ~ *find out*

(about); tehdä ~a jstk *give an account of;* -sen selällään *wide open*

selkä *back;* (meren) *open sea;* antaa ~än *beat, spank;* saada ~änsä *be beaten;* kääntää ~sä jklle *turn one's back on*

selkänikama *vertebra* (pl. ~e)

selkänoja *back*

selkäpii: ~täni karmi *a tingle ran down my spine*

selkäranka *spinal column*

selkäsauna *whipping, thrashing*

selkäuinti *backstroke*

selkäydin *spinal cord*

sellai|nen *such, ... of that kind, that sort of ...;* -set ihmiset *people like that;* -sia ihmiset ovat *that is what people are like;* -sta sattuu *such things will happen;* sellaisenaan *as such, as it stands*

selleri (lehti-) *celery* (juuri-) *celeriac*

sello *cello*

sellofaani *film*

selluloosa *cellulose, chemical pulp*

selonteko *account (of) report (on)*

selostaa *give an account (of); describe*

selostus *account, report*

selusta *back,* (sot.) *rear*

selventää *make clear(er)* t. *plain(er)*

selville: päästä ~ *find out;* tuloksesta kävi ~ *the result showed (that)*

selvillä: olla ~ jstk *be clear on;* olen siitä täysin ~ *I am fully aware of that*

selvittämätön *unexplained; un-(re)solved;* (velka) *outstanding;* (rikos) *undetected*

selvittää *clear up; throw light upon, clarify;* (järjestää) *settle, adjust;* (vyyhti ym) *disentangle;* (ratkaista) *solve*

selvitys *clearing up, settlement;* (lisä-) *further light (on a matter);* (rikosten) *detection*

selvi|tä *become clear, clear up;* (humalasta) *sober up;* ~ jstk *get out of,* (vähällä) *get off (easily),* (tointua) *recover from;* asia -si *the matter was*

cleared up (minulle) *I realized that ...*

selviytyä *manage,* (tehtävästä, m.) *cope with;* ~ jstk *get out of, get off* (victorious, voittajana), (korkeudesta ym) *clear,* (vaikeuksista) *get over, overcome,* (hengissä) *escape alive*

selviö *axiom*

selvyys *clearness, clarity* (käsialan) *legibility*

selvä *clear, distinct;* (ilmeinen) *obvious, plain;* (raitis) *sober;* (kuv. ym) *lucid;* on itsestään ~ *it goes without saying it is self-evident*

selväjärkinen *clear-headed*

selväpiirteinen *clear(-cut)*

selänne *ridge*

selättää (urh.) *force into a fall*

sementti *cement*

seminaari *teachers' training college;* (pappis-) *seminary*

semminkin kun *the more so as*

senaatti *Senate*

senjälkeen *after that, afterwards;* ~ kun *after*

sen|kaltainen, -tapainen *such ... like that*

sensuuri *censorship; the Censor*

senttimetri *centimetre*

sentähden *for that reason, therefore;* ~ että *because*

sentään *however; yet* (laus. alussa); tulithan ~! *you did come, after all*

seos *mixture*

sepeli *macadam; road meta*

sepelvaltimo *coronary artery;* ~tukos c. *thrombosis*

sepittää *write,* (keksiä) *make up, invent,* (sana) *coin*

seppele *wreath*

seppä (black)*smith*

sepustaa *fabricate, invent*

sepä: ~ se *exactly! that's just it!*

serenadi *serenade*

serkku *cousin;* he ovat serkuksia *they are cousins*

seteli (bank)*note,* Am. *bill*

setä *uncle*

seula *sieve, screen*

seuloa *strain, sift; screen)*

seura *company,* (yhdistys) *society;* pitää ~a jklle *keep a p. company*   *entertain (the*

guests); minulla oli ~nani koira *I had a dog for company*
seuraaja *successor*
seuraava *following;* ~na päivänä *(on) the f.* (t. the next) day; ~sti *as follows*
seuraelämä *social life, society (life)*
seurakunta *parish; congregation*
seurakuntalainen *parishioner*
seuralainen *companion*
seuraleikki *parlour game*
seurallinen ks. seuranhaluinen
seuramatka *conducted tour*
seuramies: ... on hyvä ~ *is good company*
seuranhaluinen *companionable, sociable*
seurapiiri(t) *society*
seurata *follow;* (~ mukana, saattaa) *accompany;* (virassa ym) *succeed;* tästä seuraa ... *it follows that ...*
seuraus *consequence;* -ksena jstk *as a result of,* in c. of
seurue *party, company*
seurustella *associate, keep company* (with), *see;* (pitää kutsuja) *entertain;* (nuorista) *go with;* ~ kiinteästi *go steady with*
seurustelu *social life,* (nuorten) *courtship*
seutu *region, locality,* (lähi-) *neighbourhood*
sianliha *pork*
side *bandage,* (et. kuv.) *tie, bond;* ~tarpeet *dressings*
sideharso (kangas) *gauze*
sidottu (kirja) *hard-cover*
siedettävä *tolerable, bearable*
siekailla *have scruples (about);* -lematta *unhesitatingly*
siellä *there;* ~ täällä *here and* t.; ~ oli viisi henkeä *there were five people there*
sieltä *from there*
sielu *soul,* (mieli) *mind*
siellullinen *mental, psychic*
sielumessu *requiem*
sielunhoito *pastoral care*
sielunrauha *peace of mind*
sieluntuska *mental agony*
sielunvaellus *transmigration of souls*
sielutiede *psychology*
sielutieteellinen *psychological*

siemaista *gulp (down)*
siemaus *gulp*
siemen *seed,* (omenan ym) *pip,* (kuv. & taudin) *germ*
siemenkota *capsule*
sieni *mushroom; fungus* (pl. *fungi*); (pesu-) *sponge*
siepata *snatch;* (henkilö *kidnap abduct*
sierain *nostril*
sierettyä *get rough*
sietämätön *intolerable unbearable*
sietää *bear, stand, endure, tolerate,* (ansaita) *deserve;* vatsani ei siedä kahvia *coffee does not agree with me;* asiaa sietäisi tutkia *it does bear examination*
sievoinen *handsome*
sievä *pretty*
sifonki *chiffon*
sihistä *hiss, wheeze*
sihteeri *secretary*
siihen *there; for that;* ~ **asti** *until* (t. up to) *that time, till then;* ~ asti kunnes *till, until;* ~ aikaan *at the time*
siika Am. *whitefish*
siili *hedgehog*
siima *line,* (ruoskan) *lash*
siimes *shade*
siintää *be dimly visible*
siinä *in it, there;* ~ **kaikki!** *that's all!* ~ syy *that's why;* ~ määrin *to such an extent;* ~ teit oikein *you were right in doing so;* ~ hän oli oikeassa *he was right about that*
siipi *wing,* (potkurin) *blade;* ottaa ~ensä suojaan *take under one's wings*
siipikarja *poultry*
siirappi *syrup, treacle*
siirrettävä *movable,* (trans)-*portable*
siirrännäinen *transplant*
siirto *transfer;* (peli-) *move;* (elimen ym) *transplantation;* (kirjanp.) *carried forward,* (siv. alussa) *brought forward*
siirtola *settlement*
siirtolainen *emigrant,* (maa-han) *immigrant; settler*
siirtolaisuus *emigration, immigration*

siirtolapuutarha *allotment garden*
siirtomaa *colony*
siirtomaatavara|t *groceries;* -kauppa *grocer's*
siirtoväki *displaced population; evacuees*
siirtymäkausi *transition period*
siirty|lä *move;* (tuonnemmaksi) *be postponed;* (maasta) *emigrate;* ~ asiasta toiseen *turn to another matter;* ~ eteenpäin *move on;* ~ sivulle *step aside;* ~ toisiin käsiin *change hands*
siirtää *move, remove; transfer;* (elin ym) *transplant;* (kirjanp.) *carry forward;* (vekseli) *endorse;* ~ kelloa *put forward* (t. *back*)*;* ~ luokalta *move up;* ~ tuonnemmaksi *defer, put off, postpone*
siis *thus, so*
siisteys *tidiness, cleanness*
siisti *tidy, clean, neat;* ja sillä ~ *and that will be that; and that's it*
siistiytyä *tidy o.s. up*
siistiä *clean* (up)*,* (huone, m.) *do; tidy*
siitepöly *pollen*
siittää *beget, procreate*
siitä pron. *of it, about it;* v (siikiytyä) *be begotten; be conceived;* kerro minulle ~! *tell me about it !* ~ (asti) kun *since;* ~ on jo 10 vuotta kun olin ... *it is now ten years since (I was ...)* vrt. se
siivilä *strainer*
siivilöidä *sift, sieve, pass through a strainer*
siivo a *decent;* s (järjestys) *condition, state;* huono ~ *disorder, mess;* olla ~sti *behave o.s.*
siivooja *cleaner, charwoman,* (hotellin) *chambermaid,* (laivan) *stewardess*
siivota *clean*
siivoton *untidy,* (ulkonäkö m.) *bedraggled, messy;* (säädytön) *indecent*
siivottomuus *untidiness*
siivous *cleaning*
sija *room, space,* (paikka) *place,* (-muoto) *case;* ensi

sijassa *in the first place;* panna ~an *substitute ... for;* sen ~an *instead (of that);* jnk ~sta *instead of;* sinun ~ssasi *if I were you;* mennä sijoiltaan *be dislocated*
sijai|nen *substitute, deputy, stand-in (for);* (esim. lääk.) *locum tenens;* olla jkn -sena *deputize for*
sijainti *site, location*
sijaita *be situated (located), lie*
sijoiltaanmeno *dislocation*
sijoittaa *place;* (rahaa) *invest*
sijoittua (urh.) *be placed*
sijoitus *investment*
sika *pig,* (et. kuv.) *swine;* ~humalassa *dead drunk*
sikamainen *swinish*
sikari *cigar;* -kotelo *c.-case;* -laatikko *c. box*
sikeä *heavy, fast;* -ssä unessa *sound asleep*
sikin sokin *upside down, in a mess, ... lying about (on the floor,* lattialla*)*
sikiö *foetus*
sikolätti *pigsty*
sikotauti *mumps*
sikseen: jättää ~ *drop*
siksi *because of that;* (niin) *so;* ~ kunnes *until*
sikuri, -salaatti *chicory*
sikäli *in that, in the respect that;* ~ kuin *in so far as*
silakka *Baltic sprat*
silata *plate (with gold, silver)*
silaus *plating;* loppu~ *finishing touch(es)*
silava *fat (of pork)*
sileä *smooth; even*
silinteri (hattu) *top hat*
silittää *stroke* (tasoittaa) *smooth (out);* (raudalla) *iron*
silitys *ironing*
silitysrauta *iron;* höyry~ *steam iron*
silkki *silk (material)*
silkkinen *(... of) silk*
silkkipaperi *tissue paper*
silkkiperhonen *silk moth*
silkkiäispuu *mulberry tree*
sillanpää *bridgehead*
sille: ~ ei voi mitään *it can't be helped;* jättää ~en *let the matter rest;* asia jäi ~en *it was left at that*

silli *herring*

silloin *then, at that time;* ~ **kun** *when;* ~ **tällöin** *now and then, at times*

silloi|nen ... *at that time, then* (esim. *the then Prime Minister);* **-sissa oloissa** *in the circumstances as they then were*

sillä *for, because;* **mitä** ~ **tarkoitat?** *what do you mean by that?* ~ **välin** *in the meantime*

silminnäkijä *eye-witness*

silmittömästi (suuttunut) *beside himself with rage*

silmitön *blind* (rage **raivo**)

silmu *bud*

silmukka *loop;* (verkon) *mesh*

silmä *eye;* (neuleen) *stitch;* **paljain silmin** *with the naked eye;* **iskeä** ~ä *wink (at);* **pitää** ~**llä** *keep an eye on, watch;* **jtk asiaa** ~**lläpitäen** *having regard to;* **vasten** (jkn) **silmiä** *to one's face*

silmäillä *have a look at, glance at, view, survey look (about one)*

silmälasit *glasses, spectacles*

silmälläpito *supervision*

silmäluomi *eyelid*

silmälääkäri *eye specialist, ophthalmologist*

silmämäärä; **jkn** ~**nään** *with the object of ... -ing*

silmäneula *needle*

silmänkantama|ton: **-ttomiin** *out of sight*

silmänkääntäjä *conjurer*

silmänlume *bluff, eyewash*

silmänpalvelija *eye servant*

silmänräpäy|s *instant, moment;* **-ksessä** *in the wink of an eye in no time (at all)*

silmäntekevä *VIP* (= *very important person)*

silmäripset *eyelashes*

silmäterä *pupil;* (kuv.) *apple of one's eye*

silmätysten *face to face;* **olla** ~ *be confronted with*

silmäy|s *look, glance;* **ensi -ksellä** *at the first glance, at first sight;* **luoda** ~ *take a glance*

silmäänpistävä *conspicuous, striking*

silpiä *hull*

silpoa *maim, mutilate*

silta *bridge;* (vaunun ym) *platform;* vrt. **laituri**

silti *yet; nevertheless*

sima *mead*

simpukka *mussel scallop*

sinappi *mustard*

sinelmä *bruise*

sinertävä *bluish*

sinet|ti, -öidä *seal*

sinfonia *symphony*

singota *hurl, fling*

sininen *blue*

sinipunainen *violet*

sinisilmäinen *blue-eyed, (a girl) with blue eyes,* (kuv.) *starry-eyed*

sinivalkoinen *blue and white*

sinivuokko *hepatica*

sinkilä *staple*

sinkki *zinc*

sinkoilla *fly around*

sinne *there;* ~ **päin** *that way, in that direction;* **ei** ~**päinkään** *nothing of the kind*

sinua, sinut *you*

sinun *your;* **tämä on** ~ *this is yours*

sinulle *to you;* **tämä on** ~ *this is for you;* **kirjoitin** ~ *I wrote you (a letter)*

sinutella *be on Christian-name terms with*

sinä *you;* ~ **itse** *(you) yourself*

sinänsä *as such*

sipaista *graze, glance (off)*

siperialainen *Siberian*

sipsuttaa *trip*

sipuli *onion;* (kukka-) *bulb*

sireeni *lilac;* (sumu- ym) *siren*

siristellä *blink (one's eyes)*

sirkka *cricket*

sirkkalehti *seed-leaf*

sirkus *circus*

siro *graceful, slender*

sirotella *strew, scatter, sprinkle*

sirous *gracefulness*

sirpale *splinter*

sirppi *sickle*

siru *chip, fragment*

sisar, sisko *sister*

sisarenpoika *nephew*

sisarentytär *niece*

sisarukset *brother(s) and sister(s);* (tiet.) *siblings*

Sisilia *Sicily*

sisilisko *lizard*
sisin *inmost, innermost*
sissi *guer(r)illa*
sisu *perseverance*, (puhek.) *guts;* purkaa ~aan *give vent to one's anger*
sisukas *persistent; gutsy*
sisunpurkaus *fit of temper*
sisusta *(the) inside, interior*
sisustaa *furnish;* (vuorata) *line*
sisustus *furniture,* (kalusteet) *fittings*
sisä- *inner, internal*
sisäasiainministeri *Minister of the Interior,* (Engl.) *Home Secretary*
sisäeritys *endocrine secretion*
sisäinen *inner, internal,* (kuv.) *inward*
sisäjärvi *inland lake*
sisäkkö *housemaid*
sisälle *inside;* mennä ~ *go in enter*
sisälli|nen *inner, internal;* -sesti *for internal use*
sisällissota *civil war*
sisällys *contents;* (aihe *subject-matter*
sisällysluettelo *(table of) contents*
sisällyttää *include*
sisällä *in, inside; indoors*
sisälmykset *entrails, bowels*
sisältyä *be included* (t. *contained*) *in*
sisältä *from within;* (on the) *inside*
sisältää *contain;* (käsittää) *include*
sisältö *content(s)*
sisämaa *inland, interior (of a country);* ~ssa *inland*
sisäoppilaitos *boarding school*
sisäpolitiikka *domestic politics*
sisäpuoli *inside*
sisä|rengas (auton) *tube;* (kuv.) -renkaaseen kuuluva *insider*
sisätauti *internal disease*
sisään (jnk) *into;* astua ~ *enter;* astukaa ~! *come in, please!*
sisäänkäynti *entrance*
sisäänpäin *inward(s), in;* ~ kääntynyt (luonne) s *introvert*
siten *thus, in that way, so*
sitkeys *toughness;* (kuv.) *persistence*
sitkeä *tough*

sitoa *bind,* (jhk kiinni) *tie, fasten:* (panna side) *bandage, dress*
sitoumus *obligation, engagement; commitment*
sitoutu|a *bind, commit o.s., undertake (to);* (maksamaan, m.) *pledge (£ 20);* -nut *committed*
sitoutumaton *uncommitted*
sitruuna *lemon*
sittemmin *later on, subsequently*
sitten *then;* ~ *joulun since Christmas;* jokin aika ~ *some time ago;* ~kin *nevertheless; after all*
sitä: kuta … sitä … *the … the* …; ~ *suuremmalla syyllä* kun … *the more so as* …
sitäpaitsi *besides, in addition*
sitävastoin *by (t. in) contrast, conversely;* kun ~ *whereas*
siunata *bless*
siunaus *blessing*
sivallus *lash, stroke*
sivaltaa *lash (out at), deal … a blow*
siveellinen *moral*
siveellisyys *morality, morals*
siveettömyys *immorality*
siveetön *immoral;* (esim. **paino**tuote) *obscene*
sivellin *(paint) brush*
sivellä *stroke;* (levittää) *spread; apply (to* jhk); ~ *voilla butter*
siveys *chastity*
siveysoppi *ethic(s)*
siveä *chaste, virtuous*
siviiliavioliitto *civil marriage;* mennä ~on *be married at a registry office*
siviilihenkilö *civilian*
siviilipukuinen … *in civilian clothes;* ~ poliisi *plain-clothes man*
sivistymättömyys *lack of education*
sivistymätön *uneducated*
sivistynyt *educated, cultured;* ~ *maailma civilized world;* ~ *puhe,* kieli ∠vlite *language*
sivistys *civilization, culture;*(kasvatus) *education*
sivistyshistoria *cultural history*
sivistyssana *international word*
sivu s *side* (kirjan) *page:* ~

ohi; ~**lla on** (t. by) the side (of); ~**lle to** the side of, aside; ks. ~ 17 turn to page 17, (esim. for more details) see p. 17

sivuaja tangent

sivuasia secondary (t. minor) point, side issue

sivuhaara lateral branch

sivuhenkilö subordinate character

sivujoki tributary

sivukatu side-street

sivulause subordinate clause

sivuliike branch

sivullinen outsider

sivulta from the side; ~ 23 (I found it) on p. 23, (I opened the book) at p. 23

sivumennen in passing; ~ sanoen by the way, (muistaessani) come to think of it

sivurata branch (line)

sivusta (sot.) flank

sivuta (kuv.) touch upon, (ennätystä) equal

sivutarkoitus double intention

sivutoimi secondary occupation, side line

sivu|tulot extra income; ansaita -tuloina earn ... on the side

sivuuttaa pass (by); (jättää huomiotta) bypass; overlook, disregard; pass over (in silence, vaiti ollen)

skandinaavinen Scandinavian

Skotlanti Scotland

skotlantilainen Scotch. Scottish; s Scot

slaavilainen Slav(ic)

smaragdi emerald

smokki dinner jacket Am. tuxedo

sodanaikainen wartime

sodanedellinen prewar

sodanjulistus declaration of war

sodanjälkeinen postwar

sodankäynti warfare

sohjoinen (tie) slushy; (sää) sleety

sohva sofa

soida ring; (kirkonkello) peal, chime; ovikello soi there is a ring at the door; puhelin soi! that's the telephone (bell)!

soihtu torch

soija soy; ~**kastike** soy(a) sauce

soikea, soikio oval

soima|ta, -us reproach

soinen swampy, marshy

soinnillinen (kiel.) voiced

soinniton unvoiced, voiceless

soinnuton toneless

sointi ring, tone

sointu sound, tone

sointua sound, ring; ~ yhteen tone (with), chime (in)

sointuva sonorous

soitannollinen musical

soitin musical instrument

soittaa ring (the bell); play (the piano, the violin); (puhelimessa) telephone, ring ... up, phone, Am. call (a p.); soita minulle give me a ring; soitan sinulle uudestaan I will call you back

soitto music, playing, (kellon) ring, (puhelin-) call

soittokello bell

soittokunta band

soittotaiteilija musician

soittotunti music lesson

sokaista blind, (häikäistä) dazzle; ~ (niin, ettei näe vikoja) blind ... (to sb.'s faults)

sokea blind; tulla ~**ksi** go b. (sodassa) be blinded in the war; ~**in kirjoitus** braille

sokeri sugar

sokeriastia sugar-basin

sokerijuurikas sugarbeet

sokerileipomo confectioner's

sokeripala lump of sugar

sokeripihdit sugar-tongs

sokeriruoko sugar cane

sokeritauti diabetes

sokeritautinen diabetic

sokeritehdas sugar refinery

sokeroida sugar

sokeus blindness

sokkelo maze

šokki shock; ~**tilassa** in s.

sokko(leikki) blindman's buff

sokkolasku instrument landing

sola pass, (ahdas) gorge

solakka slender, slim

solisluu collar-bone

solista ripple, gurgle

solisti soloist

solki buckle; avata ~ unbuckle

solmia tie; ~ liitto enter into

an alliance; ~ rauha *make* (t. *conclude*) *peace;* (suhde) *establish a relationship*

solmio *tie*

solmu *knot* (m. mer.)

solmuke *bow(-tie)*

solu *cell*

solua *slide, glide*

solutus (kuv.) *infiltration*

solva|ta -us *insult*

soma *pretty, nice*

somistaa *decorate; dress (a window)*

somistaja *window-dresser*

sommitella *put together compose*

sommittelu *composition; design*

sonni *bull*

sooda *soda;* ~vesi *s. water*

soolo *solo*

sopertaa *mumble, slur (one's words)*

sopeuttaa *adapt,* (tekn.) *gear* (to *jnk mukaan*)

sopeutua *adjust o.s.* (to)

sopeutumiskyky *power of adaption, adaptability*

sopeutuva *adaptable*

sopia *suit, be suited (for);* (vaatekappale) *fit;* (olla sopu-soinnussa) *agree (with),* (väri) *match;* (~ jstk) *agree about* (t. *upon*), *come to an agreement;* (riita) *make it up, settle (a quarrel), be reconciled;* (tapaamisesta) *make an appointment, arrange to meet sb.;* minulle ei sovi *it does not suit me, it is not convenient for me;* jos sinulle sopii *if it suits you,* Am. *if that's all right by you;* sopii mainiosti *(that) suits me fine!* musta sopii hänelle *black suits her;* sovittu! *agreed!*

sopimaton *unsuitable, unfit(-ted) (for jhk); inconvenient;* (hoito ym) *improper;* (säädytön) *indecent*

sopimus *agreement; contract;* (valt.) *pact;* tehdä ~ *make* (t. *enter into*) *an agreement*

sopiva *suitable, suited (for, to); proper;* ~an aikaan *at a convenient time;* ~n kokoinen *th? right size*

soppi *corner, neok recess*

sopu *harmony;* sovussa *on good terms*

sopuisa *peaceable*

sopusointu *harmony, accord;* olla -soinnussa *be in harmony* (t. *keeping*) *with*

sopusointuinen *harmonious*

sopusuhtainen *well-proportioned*

sopusuhtaisuus *symmetry*

sora *gravel*

soratie *dirt road*

soraääni *discordant note*

sorea *graceful, handsome*

sorina *murmur, hum (of voices)*

sorkka *hoof;* sian~ *trotter;* suu- ja ~tauti *foot-and-mouth disease*

sormenjäljet *finger-prints*

sormenpää *finger-tip*

sormi *finger;* katsoa jtk läpi sormien *turn a blind eye to, wink at;* olla sormet pelissä *have one's finger in the pie;* yhdellä sormenliikkeellä *at a flick of the f.*

sormikas *(knitted) glove*

sormus *ring*

sormustin *thimble*

sorsa *wild duck,* (heinä-) *mallard*

sortaa *oppress*

sorto *oppression; tyranny*

sortua *fall (in), collapse, crash to the ground;* (menehtyä) *succumb,* to jhk

sorvari *turner*

sorvata *turn*

sorvi *lathe*

sose *mash*

sosiaalinen *social*

sosiaalipolitiikka *social policy*

sosialismi *socialism*

sosiologi *sociologist*

sota *war;* olla sodassa *be at w.* käydä ~a ks. sotia

sotaakäyvä *belligerent*

sotahuuto *battle cry*

sotainvalidi ks. invalidi

sotaisa *warlike, martial*

sotajoukko *troops, army*

sotajuoni *stratagem*

sotakorvaus *reparations*

sotalaiva *warship*

sotamarsalkka *Field Marshal*

sotamies *soldier;* tavallinen ~ *private*

sotanäyttämö *theatre of operations*

sotaoikeus *court martial*
sotapalvelus *military service*
sotapäällikkö *military com-mander*
sotasaalis *war booty*
sotasokea: ~t *the war-blind*
sotatoimet *military operations*
sotavanhus *veteran*
sotavanki *prisoner of war*
sotaväki *armed forces, troops*
sotia *wage (t. make) war*
sotilaallinen *military*
sotilas *soldier; (šakki) pawn*
sotilasasiamies *military attaché*
sotilaskarkuri *deserter*
sotilaspuku *uniform*
sotkea *mix; (kuv.) mix up con-fuse; (taikinaa) knead*
sotkeutua *get entangled (in jhk); (puheessaan) get con-fused, get stuck; (rikokseen) be implicated in;* vrt. **sekaan-tua**
sotku *tangle, muddle*
sotkuinen *tangled; involved*
soturi *warrior*
soudella: **mennä soutelemaan** *go for a row, go out in a boat*
soutaa *row; ~ ja huovata (kuv.) shilly-shally*
soveliaisuus *suitability*
sovelias *suitable*
sovellutus *adaptation*
sovel(lut)taa *adapt, apply (to); sovellettu applied*
soveltua *be suited (to), suit*
soveltumaton *inapplicable; yh-teen ~ incompatible*
soveltuvuuskoe *aptitude test*
sovinnainen *conventional*
sovinnaistapa *convention*
sovinnollinen *conciliatory*
sovinto *reconciliation, (sopu) harmony; päästä ~on come to terms, be reconciled*
sovittaa *adapt (to) fit (in); (yhteen) combine, (mus. ym) arrange; (riitapuolet) concili-ate; (usk. ym) atone for, ex-piate; (hyvittää) make amends for; (puku) fit (t. try) on*
sovittelu *compromise, adjust-ment, (riidan) arbitration*
sovittu *agreed; ~un aikaan at the appointed time*
sovitus *arrangement adapta-*

tion; (puvun) *fitting;* (usk.) *atonement*
sprii *spirit*
steriloida *sterilize*
stipendi *scholarship, (student) award*
stipendiaatti *holder of a scholar-ship,* Am. (esim. *Fulbright) grantee*
strategi|a *strategy;* -nen *stra-tegic*
strutsi *ostrich*
struuma *goitre,* Am. *goiter*
subjekti *subject*
substantiivi *noun, substantive*
subventoida *subsidize*
sudenkorento *dragon-fly*
suggeroida *influence ... by suggestion*
suggestio: ~lle altis *suggestible*
suhdan|ne: -teet *trade outlook business conditions*
suhde *relation(ship), propor-tion; tässä suhteessa in this respect; kaikissa suhteissa in all respects; suhteessa 10:3 in the ratio of 10 to 3; suh-teessa jhk in relation (t. pro-portion) to*
suhdeluku *ratio*
suhdetoiminta *public relations*
suhina *murmur* (korvan) *buzz-ing*
suhista *whisper murmur*
suhtautua *take an attitude (a stand, a position) (in a matter jhk asiaan)*
suhteelli|nen *proportional, re-lative;* -een *relatively*
suhteellisuus *proportion; rela-tivity*
suhteen: jnk ~ *in regard to*
suhteeton *disproportionate*
suihku *jet; (-kylpy) shower*
suihkukaivo *fountain*
suihku(lento)kone *jet plane*
suihkuta *spurt*
suihkuttaa *spray*
suikale *strip, band*
suinkaan: ei ~ *by no means;* (Menetkö sinne?) — En ~! *Certainly not!*
suinkin: niin pian kuin ~ *as soon as possible; jos ~ mah-dollista if at all possible*
suinpäin *head over heels*
suippo *tavering, pointed*

suistomaa delta, estuary

suistua (kiskoilta) be derailed, leave the track, (tieltä) leave the road, (kilpa-ajoradalta) hurtle off the track; (satulasta) be unseated

suitset bridle

suitsuttaa burn incense

suitsutus incense

sujauttaa slip (into jhk)

sujua get on; go (off) (well, hyvin); miten työ sujuu? how are you getting on with the work?

sujuva fluent; ~sti fluently

sujuvuus fluency, ease

sukellus: urheilu ~ skin-diving

sukellusvene submarine; ohjus- ~ missile-launching s.

sukeltaa dive

sukeltaja diver

sukia curry, dress

sukka sock, (pitkä) stocking

sukkahousut tights, panti-hose

sukkanauha suspender Am. garter

sukkapuikko knitting-needle

sukkela bright, clever; (nopea) quick

sukkeluus cleverness, ready "wit; (pila) joke

sukkula shuttle

suklaa chocolate, (kaakao) cocoa; ~levy slab of chocolate

suksi ski; ~sauva s.-stick; ~ side ski-binding; ~voide ski wax

suku family; (kiel.) gender; (kasv. ym) genus; (-perä) lineage, ancestry; ~a related (to); omaa ~a born

sukulainen relative, relation

sukulaisuus family connection(s)

sukunimi surname

sukupolvi generation

sukupuoli sex

sukupuolielimet genitals

sukupuolinen sexual

sukupuolisuus sexuality

sukupuolitauti venereal disease

sukupuoliyhteys sexual intercourse

sukupuu family tree

sukupuutto: kuolla ~on become extinct

sula unfrozen; (nestemäinen) liquid; melted (butter, voi); (pelkkä) sheer

sulaa melt, (on suoja) thaw; (ruoka) be digested

sulake fuse; ~ paloi a fuse has blown

sulattaa melt, (metallia, m.) smelt; (ruokaa) digest

sulatto smelting works

sulautua (jhk) fuse, merge with, become merged (t. incorporated) in

sulava graceful; vaikeasti ~ indigestible

sulhanen fiancé, (vihille menevä) bridegroom

sulhaspoika best man

suljettu closed

sulka feather, plume

sulkapallo (-peli) badminton

sulkasato moulting

sulkea close, shut; block (up); (kaasu, vesi) turn off, (radio) switch off; (pois) exclude; jäädä sulkeuksiin be trapped in; saanko ~ ikkunan? may I close the window? sulje ovi, ole hyvä! close the door please! would you mind closing the door?

sulkeet brackets

sulkemisaika closing time

sulku (pato) dam, (kanavan) lock, (-portti) lock gate, floodgate; (katu ~) barricade; (este) block, barrier

sulkumerkki bracket

sulkuviiva barrier line

sulloa bundle stuff; (täyteen) pack cram

suloinen sweet, charming

suloisuus sweetness, loveliness

sulostuttaa sweeten

suma (log-)jam

summa sum

summittainen summary rough

sumu fog, mist

sumuinen foggy, misty

sumusireeni fog siren

sunnuntai Sunday

suntio verger

suo swamp, bog, marsh

suoda grant; hän ei suo itse leen lepoa he allows himse no rest; suokaa anteeksi! excuse me!

suodat|in -ta filter

suoja *shelter, protection;* (ydin-
saasteelta) *fall-out shelter;*
(sää) *thaw;* (jnk) ~ssa *under
the shelter of,* (jkn) *under ...'s
protection;* olla ~ssa *be pro-
tected from*
suojai|nen, -sa *sheltered*
suojakoroke *street island* (t.
refuge)
suojakypärä *crash helmet*
suojapuku *overalls*
suojasää: on ~ *it is thawing*
suojata *protect, shield, (safe)-
guard (against t. from)*
suojatie *pedestrian crossing,
zebra crossing*
suojatoimenpide *protective
measure*
suojaton *unprotected*
suojatti *protegé(e)*
suojautua *take cover*
suojelija *patron*
suojella *protect (against from)*
suojelu|s *protection;* jkn -ksessa
under the auspices of
suojelusenkeli *guardian angel*
suojeluspyhimys *patron saint*
suojelutulli *protective duty*
suojus *cover,* (kirjan, m.) *jacket;*
(kilpi) *shield*
suola *salt;* (karkea) *rock s.*
suola-astia *saltcellar*
suolahappo *hydrochloric acid*
suolainen *salt(y)*
suolaliemi *brine*
suolata *salt*
suolaton *saltless; sweet (water)*
suoli *bowel, intestine*
suolisto *intestines*
suomalainen *Finnish;* s *Finn*
suomenkielinen *Finnish (-speak-
ing); ~ lehti Finnish-language
newspaper*
Suomenlahti *the Gulf of Fin-
land*
suomennos *translation into Fin-
nish*
Suomi *Finland;* (suomen kieli)
Finnish; suomeksi *in Finnish;*
suomea puhuva *Finnish-speak-
ing;* osaatteko suomea? *do
you speak Finnish?*
suomus, -taa *scale*
suonenveto *cramp*
suoni *vein,* (anat. m.) *blood-
vessel;* tunnustella jkn suonta
feel sb.'s pulse

suonikohjut *varicose veins*
suopea *favourable, favourably
disposed*
suopeus *favour, goodwill*
suora *straight, direct;* (kuv.)
*straightforward; ~ kulma
right angle; ~ lähetys live
transmission; ~na lähetyk-
senä live; ~an direct, straight;
~an sanoen speaking frankly,
to tell the truth; ~lta kädeltä
outright, right off;* suorin sa-
noin *in plain terms*
suorakaide *rectangle*
suorakulmainen *rectangular*
suoraluontoinen *straightfor-
ward*
suoranainen *actual, direct*
suorapuheinen *outspoken*
suorasanainen *prose*
suorassa *straight*
suorastaan *downright, simply;*
ellei ~ *if not; not to say*
suorasukainen *plain(-spoken)*
suoristaa *straighten*
suorittaa *do; perform (a task,*
tehtävä); (loppuun) *carry out,
accomplish;* (maksaa) *pay;*
(tilaus ym) *execute; ~ kurssi
take a course,* (loppuun) *follow
a c. through; ~ kustannukset
defray the expenses; ~ tutkin-
to pass (t. take) an examina-
tion*
suoritus (m. ~kyky) *perform-
ance,* (maksu) *settlement*
suoriutua *get along, manage;*
(vaikeuksista) *overcome;* vrt.
selviytyä
suoruus *straightness,* (avomie-
lisyys) *frankness*
suosia *favour*
suosija *patron, supporter*
suosikki *favourite*
suosio *favour,* (yleisön) *popu-
larity;* olla ~ssa *be popular
(with* jkn); osoittaa ~ta
applaud; päästä ~on *gain
popularity;* saavutti ~ta *(the
play) went down well*
suosioll|nen *favourable, kind-
ly disposed;* jkn -sella luvalla
by courtesy of
suosionosoitu|s *favour* -kset
applause
suositella *recommend*
suosittu *popular*

suositu|s *recommendation;* **-kset** *references, supporting papers*
suostua *consent, agree (to* jhk); (hyväksyä) *accept;* ~ pyyntöön *comply with a request*
suostumus *consent*
suostutella *persuade*
suostuttelu(kyky) *(power of) persuasion*
suostuvainen *willing*
suotava *desirable, advisable*
suotta *in vain; needlessly*
suotuisa *favourable*
supista *whisper; mumble*
supist|aa *reduce* (kustannuksia, m.) *cut down; limit;* (murtoluku) *cancel*
supistelma *summary, abstract; condensed (from* jnk)
supistua *contract; be limited* (t. *restricted), to* jhk
suppea *concise brief;* (puuttuva) *incomplete*
suppilo *funnel*
surettaa *grieve*
suri|na, -sta *buzz, hum*
surkastua *atrophy; be checked in growth*
surkea *sad,* (kurja) *miserable*
surkuhupaisa *tragicomic*
surkutella *be sorry (for), pity*
surkuttelu *pity*
surma *death;* saada ~nsa *be killed*
surmata *kill, slay, put to death*
surra *mourn (a p.) grieve (at),* (huolehtia) *worry*
suru *sorrow, grief;* ~kseni *to my sorrow;* valitan ~a *may I express my sympathy*
surulli|nen *sad, sorrowful;* **-sen** kuuluisa *notorious*
surumarssi *funeral march*
surumieli|nen, -syys *melancholy*
surunvalittelu *condolence*
surupuku: pitää ~a *wear mourning*
surupukuinen ... *in mourning*
suruton *free from care,* (maailmallinen) *worldly*
survin *pestle*
survoa *pound, crush*
susi *wolf* (pl *wolves);* (arkik.) *faulty piece, failure*
suti *brush*
sutkaus *witticism*
suu *mouth,* (aukko) *opening.*

(kiväärin ym) *muzzle;* ~ kiinni (arkik.) *shut up;* syödä ~hunsa *devour, eat up;* illan ~ssa *towards evening;* oven ~ssa *at the door;* yhdestä ~sta *with one voice*
suude|lla, -lma *kiss*
suukappale *mouthpiece, nozzle*
suukapula *gag*
suukko *kiss*
suulakihalkio *cleft palate*
suulas *garrulous*
suullinen *oral*
suunnata *direct (to, towards);* (ase) *point (at);* ~ kulkunsa (m.) *head* (t. *make) for;* ~ isku *strike (at);* ~ toisaalle *divert*
suunnaton *enormous, huge*
suunnilleen *about approximately*
suunnistautua *get one's bearings, orient o.s.*
suunnistus (urh.) *orienteering*
suunnitella *plan, design, devise; lay out*
suunnitelma *plan, project*
suunta *direction, way,* (mer.) *course; tendency, trend;* joka **suunnalta** (~an) *from (in) all directions;* joutua suunniltaan *lose one's head*
suuntaus *trend, tendency, line*
suuntautua *be directed towards*
suuntaviiv|a: seurata jkn **-oja** *follow the lines laid down by ...*
suuntia (mer.) *take the bearings*
suuntäysi *mouthful*
suunvuoro: ei saanut ~a *did not get a word in edgewise*
suupala *morsel*
suupieli *corner of the mouth*
suure *entity,* (mat.) *quantity*
suurempi *greater; bigger;* olla ~ kuin (m.) *exceed ... in (number etc)*
suurenmoinen *magnificent grand, great*
suurennella *exaggerate*
suurennus *enlargement*
suurennuslasi *magnifying glaass magnifier*
suurentaa *enlarge; magnify*
suuresti *greatly, very much*
suureta *grow larger, enlarge increase (in size)*
suuri *great,* (iso) *large, big;* **suureksi osaksi** *largely;* **suu-**

ressa määrin *in large part, in great measure;* ~n osa *the greater part, the majority;* ~mman osan aikaa *most of the time;* mitä ~mmalla huolella *with extreme care;* ~n piirtein *broadly roughly; practically*

suuriarvoinen ... *of great (t. high) value*

suurimot *(husked) grain;* kaura ~ I.v. *oat flakes*

suurin *(the) biggest largest, greatest,* vrt. suuri

suuriruhtinas *Grand Duke*

suurisuuntainen *far-reaching*

suurjännite *high tension*

suurkaupunki *big city, metropolis*

suurlähettiläs *ambassador*

suurmies *great man*

suurpiirteinen *broad-minded,* (suunnitelma ym) *on the grand level*

suurpolitiikka *high politics*

suurteollisuus *large-scale industry*

suuruinen ... *of the size of;* 50 punnan ~ ... *amounting to £ 50*

suurustettu: ~ keitto *thick soup*

suuruudenhullu *megalomaniac,* ... *with an illusion of grandeur*

suuruus *greatness; largeness;* (koko) *size*

suurvalta *great power*

suutahtaa *flare up*

suutari *shoemaker;* (ammus) *dud*

suutin *nozzle*

suuttua *get angry (with* jklle, *at* jstk)

suuttumus *anger*

suutuksissaan *annoyed, indignant (at* jstk)

suututtaa *make angry, anger, annoy*

suvaita *tolerate;* (alentua) *deign condescend*

suvaitsematon *intolerant*

suvaitsemattomuus *intolerance*

suvaitsevainen *tolerant*

suvaitsevaisuus *tolerance*

suvi *summer*

Sveitsi *Switzerland*

sveitsiläinen *Swiss*

sydämelli|nen *hearty;* -set terveiseni *my kindest regards*

sydämellisyys *cordiality*

sydämensiirto *cardiac transplantation*

sydämettömyys *heartlessness*

sydämetön *heartless*

sydän *heart;* (hedelmän) *kernel;* (kynttilän) *wick;* sydämeni pohjasta *with all my heart*

sydänfilmi *electrocardiogram*

sydänhalvaus *heart failure*

sydänveritulppa (tukos) *coronary thrombosis*

sykkiä *beat,* (kiivaasti) *throb*

syksy *autumn,* Am. *fall;* ~n värit *autumn tints*

syksyinen *autumn-like*

syle|illä, -lly *embrace*

syli *arms;* (mitta) *fathom;* sulkea ~insä *clasp in one's arms;* ~ssään (m.) *on (t. in) her lap*

sylikoira *lap-dog*

sylilapsi *infant*

sylkeä *spit*

sylki *spittle, saliva*

symbolinen *symbolic(al)*

synkistyä *grow gloomy*

synkistää *cast a gloom over*

synkkyys *gloom(iness)*

synkkä *gloomy, dreary, dark*

synkkämielinen *melancholic*

synkkämielisyys *melancholia*

synninpäästö *absolution*

synnintunnustus *confession (o, sins)*

synnyinmaa *native country*

synnynnäinen *congenital, innate*

synnyttää *give birth (to), be delivered (of);* (kuv.) *produce give rise to;* (aiheuttaa) *cause, create,* (herättää) *arouse*

synnytys *delivery,* (poltot) *labour*

synnytyslaitos *maternity hospital*

synti *sin;* tehdä ~(ä) *sin. commit a sin*

syntinen a *sinful;* s *sinner*

syntipukki *scapegoat*

synty *birth; origin;* ~(j)ään suomalainen *of Finnish descent, Finnish-born;* sai kiittää synnystään (kuv.) *owed its inspiration to*

syntyisin ... *by birth*
syntymä *birth*
syntymämerkki *birth-mark*
syntymäpäivä *birthday;* onnea ~n johdosta! *many happy returns! best wishes for your b.*
syntymävuosi *year of birth*
syntyperä *origin, descent*
syntyperäinen *(a) native (of)*
syntyvyys |s *birth-rate;* -den säännöstely *birth control*
synty|ä *be born;* (kuv.) *arise, be produced;* milloin hän on -nyt *when was he born;* ~i hiljaisuus *there was a silence*
sypressi *cypress*
syrjintä *discrimination, segregation*
syrjiä *discriminate against*
syrjä *edge; border. margin;* panna ~än *lay* (t. *put*) *aside* (t. *by*); pysytellä ~ssä *keep aloof* (t. *at a distance*)
syrjäinen *remote, out-of-the-way*
syrjäkatu *back street*
syrjäsilmäys *sidelong glance*
syrjäy|ttää *set aside; supersede, supplant;* tuntea itsensä -tetyksi *feel slighted* (t. *left out*); vrt. *sivuuttaa*
sysimusta *coal-black*
sysätä *push;* ~ kumoon *p. over*
sysäys *push;* (kuv.) *impetus*
sytty|ä *catch fire; light;* (sota) *break out;* (tekn.) *ignite;* valo -i *the light came on;* helposti -va *inflammable*
sytytin *fuse, primer;* (tupakan) *lighter;* aika ~ *time fuse*
sytyt|tää *set fire to,* (m. kuv.) *kindle;* (valkea, savuke ym) *light;* (sähkö) *switch on (the light);* (tulitikku m.) *strike;* -ävä (kuv.) *inspiring*
sytytys *ignition;* ~lanka *fuse;* ~tulppa *spark(ing)-plug*
syvennys *depression;* (seinä-) *recess*
syventyä *become absorbed (in);* ~ yksityiskohtiin *go into details*
syventää *deepen*
syvyinen: ... *(metres) deep*
syvyys *depth*
syvä *deep.* (kuv.) *profound;*

~ssä unessa *sound asleep;* ~ lautanen *soup plate*
syvämietteinen *deep, profound*
syväsatama *deep-water harbour*
syväys *draught*
syy *cause (of), reason (for);* (vika) *fault;* (kuitu) *fibre;* mistä ~stä *for what reason?* *why?* siitä ~stä *for that reason, because of that, that is why;* ~stä kyllä *with good reason, rightly;* ~ttä (suotta) *without any reason (whatever);* panna (jkn, jnk) ~ksi *blame (a p.) for, attribute ... to;* se on hänen ~nsä *it is his fault, he is to blame;* ilman omaa ~tään *through no fault of his own;* taloudellisista syistä (m.) *on economic grounds*
syyhy *itch*
syylli|nen *guilty;* s *the guilty person, culprit;* tuomita -seksi *convict (of)*
syyllistyä *be guilty of;* (rikokseen ym) *commit (a crime)*
syyllisyys *guilt*
syylä *wart*
syyntakeeton *irresponsible*
syypää: on ~ *is to blame for*
syyskesä *late summer*
syyrialainen *Syrian*
syyskuu *September*
syyte *action;* asettaa syytteeseen *prosecute,* vrt. *syyttää*
syytetty *the accused*
syyttäjä *accuser;* (lak.) *prosecutor,* Am. *prosecuting attorney;* ~puoli *the prosecution*
syyttää *accuse (of jstk), charge (with), make a charge (against);* (moittia) *blame (for);* saat ~ itseäsi *you have (only) yourself to thank*
syyttömyys *innocence*
syytön *innocent,* (lak.) *not guilty;* julistaa syyttömäksi *acquit*
syytös *accusation, charge*
syödä *eat;* ~ aamiaista *have breakfast*
syöksy (ilm.) *dive*
syöksytorvi *(water-)spout, drainpipe*
syöksyä *rush;* (kimppuun) *rush at, fall upon;* ~ maahan (lent.) *crash (into)*

syöpyä *corrode;* (mieleen) *be impressed on a p.'s mind*

syöpä *cancer*

syöpäläiset *vermin*

syöstä *throw; plunge (into);* ilmaan ym (saastetta) *emit, spout, belch (forth), spew;* ~ vallasta *overthrow;* ~ valta- istuimelta *dethrone*

syötti *bait;* (kuv.) *decoy*

syöttää *feed; fatten;* (tennis ym) *serve;* (jalkap.) *pass*

syöttö (tennis) *service,* (jalkap.) *pass*

syötävä *eatable; s eatables, food;* onko jotakin ~ä *is there anything to eat?*

syövyttä|ä *corrode; erode;* -ävä aine *corrosive*

syövytys *corrosion*

säde *beam, ray,* (geom. ym) *radius*

sädehoito *(ir)radiation*

säe *verse,* (rivi) *line*

säestys *accompaniment*

säestäjä *accompanist*

säestää *accompany*

sähke *telegram, wire, cable*

sähkö *electricity;* (yhd.) *electric(al)*

sähköasentaja *electrician*

sähköinen *electric*

sähköistys *electrification*

sähköjohto *electric wire*

sähkölaitos *electric (power) plant, electricity works*

sähkölamppu *electric bulb,* (valaisin) *e. lamp*

sähkölennätin *telegraph*

sähköttäjä *wireless operator, telegraphist*

sähköttää *telegraph, (send a) wire*

sähkövalo *electric light(ing)*

sähkövoima *electric power*

sähkövoimalaitos *power station* (t. *plant*)

säie *fibre,* (köyden) *strand*

säihkyä *flash, sparkle*

säikyttää *frighten, scare*

säikähdy|s *fright, shock;* (hän) selvisi -ksellä …sta *was none the worse for (the accident), got off with a shaking*

säikähtää *be scared*

säiliö *tank, reservoir*

säiliöauto *tank truck, road tanker*

säiliövaunu *tank car*

säilykkeet *tinned* (Am. *canned*) *goods*

säilyke|rasia, -tölkki *tin,* Am. *can;* ~n avain *tin opener*

säilyttää *preserve, retain, keep* (ylläpitää) *maintain*

säilyty|s *preservation, conservation;* (varastoiminen) *storage;* … vietiin -kseen … *went into store*

säilytysaine *preservative*

säilyä *be preserved; keep;* ~ hengissä *escape alive*

säilö: varmassa ~ssä *in safe keeping;* panna (talvi)~ön *put away for the winter*

säilöä *preserve,* vrt. *säilykkeet*

säkeistö *stanza,* (m. *säe*) *verse*

säkene *spark*

säkenöidä *sparkle*

säkki *bag,* (iso, karkea) *sack*

säle *splint, lath, slat*

säleikkö *lattice (-work)*

sälekaihdin *Venetian blind*

sälyttää (kuv.) *saddle (sb. with)*

sämpylä *roll*

sängynpeite *bedspread*

sänki *stubble*

sänky *bedstead, bed*

säntillinen *punctual, precise*

säppi *clasp,* (oven) *latch*

säpsähtää *(give a) start; be startled*

säpäle: mennä ~iksi *be smashed, break into smithereens*

särkeä *break;* (kivistää) *ache* selkääni särkee (m.) *I have a pain in my back*

särki *roach*

särkkä (meressä) *(sand-)bank*

särkylääke *pain-killer*

särkymätön *unbreakable*

särkyvä: helposti ~ *fragile*

särkyä *break, be broken, go to pieces;* (haljeta) *crack*

särmikäs *angular*

särmä *edge*

särmäinen: terävä~ … *with sharp edges*

särö *crack*

säteil|lä *radiate;* -evä *radiant*

säteily *radiation,* (kuv.) *radiance*

säteilyttää *irradiate*

S
T

säteittäinen *radial*
sätkynukke *puppet*
sätkytellä *struggle; wriggle*
sättiä *abuse, scold*
sävel *tone; (-mä) tune, melody*
sävelaskel *tone*
sävelasteikko *scale*
sävellaji *key*
sävellys *composition*
sävelmä *melody, tune*
säveltäjä *composer*
säveltää *compose; set ... to music*
sävy *tone, (vivahdus) tint, touch*
sävyisä *even-tempered, docile*
sävähtää *flinch*
säyseä *gentle*
sää *weather; millainen ~ on? what is the w. like? on kaunis ~ it is fine; kauniilla ~llä in fine w.; ~n salliessa w. permitting*
säädyllinen *decent, proper, (arvokas) decorous*
säädyllisyys *decency; propriety*
säädytön *indecent improper*
säädös *edict; regulation; provision of the law*
sääli *pity; minun tuli häntä ~ I felt sorry for him, I pitied him; ~stä out of p.; herättää ~ä arouse (t. excite) p.*
säälimätön *pitiless, unmerciful, ruthless*
säälittävä *pitiful, piteous*
sääliä *pity, feel pity (for), take pity (on)*
säämiskä *chamois shammy*

säännöllinen *regular*
säännös *regulation*
säännöstellä *regulate, (elintarv. ym) ration*
säännöstely *rationing; hinta ~ price control*
säännötön *irregular*
sääntö *rule; säännöt (m) regulations*
sääoppi *meteorology*
sääri *leg*
säärystin *galter*
sääski *mosquito*
säästyä *be left over be saved, (onnettomuudelta) be spared*
säästäväinen *economical*
säästäväisyys *economy*
säästä|ä *save; economize; (vaivoja, henki ym) spare; vaivojaan -mättä sparing no pains*
säästö *saving(s)*
säästöliekki *pilot light (t. burner)*
säästölipas *money-box*
säästöpankki *savings bank*
sääsuhteet *weather conditions*
säätiedotus *weather report (t. forecast)*
säätiö *foundation*
sääty *station social status; siviili~ marital status*
säätyerotus *class distinction*
säätää *(tekn. ym) regulate; (lak.) prescribe, direct; ~ lakeja enact (t. make) laws*
säädettävä *adjustable*
säätö *adjustment, regulation*
säätölaitteet *controls*

T

taaja *thick, dense; (usea) frequent*
taajama *densely populated community, built-up area*
taajuus *frequency*
taakka *burden, (kuorma, m.) load*
taakse *behind*
taaksepäin *backward(s); katsoa ~ look back*
taannehtiva *retroactive*
taantua *(huonontua) decline, suffer a setback*
taantumuksellinen *reactionary*

taantumus *reaction; regression, decline*
taapertaa *toddle*
taas *again; once more; kun ~ whereas, while*
taata *guarantee; stand security (for), vouch (for)*
taateli *date*
taattu *guaranteed, warranted*
taatusti *assuredly; ~! certainly! Am. sure*
tabletti *tablet; (liina) mat*
tadikko *fork*
tae, olla takeena *guarantee*

taempana *farther back*
tafti *taffeta*
tahallaan *on purpose* *purposely*
tahallinen *intentional; deliberate*
tahansa *ever;* kuka ~ *anybody, anyone;* kuka ~, joka *whoever;* mikä ~ *any,* (joka) *whatever, whichever;* milloin ~ *(at) any time;* olipa se kuinka vaikeaa ~ *however difficult it may be, no matter how difficult it is*
tahaton *unintentional*
tahdikas *tactful, discreet*
tahdikkuus *tact(fulness)*
tahditon *tactless*
tahdonvoima *will-power*
tahdoton *involuntary*
tahko *grindstone*
tahmainen (kieli) *coated*
tahmea *sticky*
tahna *paste*
taho: joka ~lta *from all quarters*
tahra *stain, spot,* (rasva-) *smear;* (kuv.) *taint;* ~npoistoaine *stain-remover*
tahraantua *become stained* (t. *soiled)*
tahrainen *stained, soiled*
tahrata *stain, soil*
tahraton *untainted, spotless*
tahti *time,* (mus. m.) *measure, bar;* (nopeus) *tempo;* tahdissa *in time;* lyödä ~a *beat time*
tahtipuikko *baton*
tahtiviiva *bar(-line)*
tahto *will;* vastoin ~ani *against my wishes*
tahto|a *want; wish; jos tahdot if you like* (t. *wish);* tee kuten tahdot *do as you like* (t. *please);* -isin *I should like to;* -matta *not meaning* (to ...) *unintentionally*
tai *or;* joko ... ~ *either ... or*
taide *art*
taidehistoria *history of art*
taidemaalari *painter, artist*
taidemuseo *art gallery*
taideteollisuus *arts and crafts crafts and design*
taideteos *work of art*
taidokas *skilful; elaborate*
taika *magic; spell;* (-kalu) *charm, talisman*

taikaisku: kuin ~sta *like magic, as if by m.*
taikausko *superstition*
taikina *dough*
taikka = tai
taikuri *conjurer*
taikuus *magic, witchcraft*
taimen: puro ~ *brown trout*
taimi *seedling,* (puun) *sapling*
taimilava *(garden) frame, seed bed*
taimisto *nursery*
tainno|s: mennä -ksiin *faint;* olla -ksissa *be unconscious*
taipale *stretch of road;* lähteä ~elle *set out;* olla ~ella *be on the road;* elämän ~ *course of life*
taipua *bend;* (alistua) *yield, submit* (to), (suostua) *give in;* vrt. taivuttaa
taipuisa *flexible*
taipumaton *inflexible; unyielding;* (kiel.) *undeclinable*
taipumus *tendency* (to), (halu) *inclination* (to, for), (kyky) *aptitude* (for); (alttius) *susceptibility* (to); olla ~ta jhk *have a talent for,* (halua) *feel drawn to*
taipuvainen (kuv.) *disposed, inclined* (to)
taistelija (aatteen puol.) *militant*
taistel|la *fight (for; against, with);* (jtk vastaan, m.) *combat;* -eva *combatant; militant*
taistelu *fight; battle; struggle (for* jstk)
taisteluharjoitus *manoeuvre*
taistelukenttä *battlefield*
taistelunhaluinen *combative*
taitaa *know;* hän ~ olla ulkona *I think he is out;* (onko ...?—) ~ olla *I think so;* ei taida olla *I think not;* hän ~ useita kieliä *he has command of several languages;* niin hyvin kuin taidat *as best you can*
taitamaton *unskilful, incompetent*
taitamattomuus *lack of skill*
taitava *skilful, skilled (in) good (at* jst)
taitavuus *skill, proficiency*
taite *fold;* ~kohta *turning point*
taiteellinen *artistic*
taiteentuntija *connoisseur*

T

taiteilija *artist*
taiteilijanimi *stage name*
taito *skill; ability;* (kielen)
knowledge (of English); know-how; on englanninkielen ~i-nen *can speak English*
taitolento *stunt flying*
taitoluistelu *figure skating*
taittaa *break;* (kirje ym) *fold;* (valoa) *refract;* (kirjap.) *make up, lay out*
taitto *make-up, layout*
taittua *break (off) be broken*
taituri *virtuoso*
taiturillinen *masterly*
taivaallinen *heavenly, celestial*
taivaansininen *sky blue, azure*
taivaankappale *heavenly body*
taivaanranta *horizon*
taivaltaa *wander*
taivas *heaven; sky;* taivaalla *in the sky*
taivasalla *in the open air*
taive *bend; fold*
taivut|taa *bend;* (kuv.) *persuade, induce;* (kokoon) *fold;* (kiel.) *inflect,* (nomini) *decline,* (verbi) *conjugate;* -ettu (m.) *curved*
taivutus *bending; flexion;* (kiel.) *inflexion* (m. -muoto)
taju *sense (esim. s. of humour);* olla ~issaan *be conscious;* tulla ~ihinsa *recover consciousness*
tajunta *consciousness*
tajuta *realize, grasp, apprehend*
tajuton *unconscious*
tajuttomuus *unconsciousness*
taka- *back; rear, hind*
takaa (-päin) *from behind, from the back (t. rear), behind;* ajaa ~ *chase, pursue;* voimainsa ~ *with all one's strength*
takaa-ajo *pursuit, chase*
takaaja *security, surety*
taka-ala *background*
takaapäin *from behind*
takaisin *back;* viedä, tuoda, tulla ~ (m.) *return;* maksaa ~ *pay back, repay refund;* tulen heti ~ *I'll be back presently*
takaisku *setback*
takajalka *hind leg*
takana *behind; at the back (of);* (kuv.) *at the bottom (of)*
takapajuinen *backward*

takapajulla: olla ~ jssk (m.) *be* (t. *lag*) *behind in ...*
takaperin *backward(s)*
takaperoi|nen (*all*) *wrong, perverted;* -sesti *the wrong way*
takapuoli *back;* (anat.) *posterior, behind,* (eläimen) *hindquarters;* (kääntö-) *reverse obverse side*
takapyörä *rear wheel*
takaraivo *back of the head*
takarivi *back row*
takatalvi *return of winter (in spring)*
takau|s *security;* mennä -kseen (oikeudessa) *go bail for;* ~ta vastaan *on bail*
takausmies *security, sponsor*
takaussumma *guarantee*
takautuma *flashback*
takautuva *retrograde;* maksetaan ~sti *will be back-dated*
takavalo (auton) *tail* (t. *rear*) *light*
takavarikko *confiscation, seizure*
takavarikoida *confiscate, seize*
takertua *stick, get stuck (in)*
takia *because of, owing to;* minun ~ni *for my sake*
takiainen *bur*
takila *tackle, rigging*
takimmainen *hindmost*
takka *fireplace;* ~valkean ääressä *by the fire(side)*
takki *coat; jacket*
takkuinen *shaggy, tangled*
takoa *forge, hammer;* (nyrkeillä) *pound;* ~ raudan kuumana ollessa *strike while the iron is hot*
takorauta *wrought iron*
taksa *tariff, rate*
taksi *taxi;* ajaa ~lla *go by t., take a t.;* tilaatko ~n *will you call a t.*
taksiasema *taxi-rank* (Am. -stand)
taksoittaa *assess, rate*
taksoitus *assessment*
taktikko *tactician*
takuu *guarantee, surety;* puolen vuoden ~lla *with six months' guarantee*
tali *tallow*
talitiainen *great tit*
talja *tackle-blocks*
talkoot *work party*

tallata *trample*
tallella (jäljellä) *left*
tallelokero *safe*
tallentaa *record,* (nauhalle, m.) *tape*
tallessa: hyvässä ~ *in safe keeping*
tallettaa *deposit*
tallettaja *depositor*
talletus *deposit*
talli *stable*
tallirenki *groom*
tallustaa *trudge, plod*
talo *house,* (iso) *building,* (kerros-) *block of flats, apartment block*
talollinen *(owner-)farmer*
talonmies *caretaker, janitor*
talonomistaja *owner of a house, householder*
talonpoika *peasant*
talonpoikainen *rustic*
taloudellinen *economic* (säästä-väinen) *economical*
taloudenhoitaja *manager, steward;* (~tar) *housekeeper*
talou|s *household; economy;* hoitaa -tta *keep house (for)*
talouselämä *economy*
taloushuolet *household cares*
talouskone (yleis-) *mixer;* ~et *household appliances*
talouskoulu *school of domestic economy*
talousmies *economist*
talousopettaja *domestic economy teacher*
taloustiede *economics*
taloustyö *housework*
talteen: panna ~ *put away, store;* ottaa ~ *take charge of*
taltioida (nauhalle) *record*
taltta *chisel*
taltuttaa *quiet, check*
taluttaa *lead (by the hand)*
talutushihna *lead;* pitää (koira) ~ssa *keep ... on the lead*
talutusnuora *leading string*
talvehtia *(pass the) winter;* (eläin) *hibernate*
talvi; *winter;* talvella *in (the) w., during the w.;* ensi talvena *next w.*
talviolympialaiset *Winter Olympics*
talvirengas *snow tyre*

talvi|telat; panna -te oille *lay up for the winter*
talviurheilu *winter sports*
tamma *mare;* (-varsa) *filly*
tammenterho *acorn*
tammi *oak*
tammikuu *January*
tammilauta *draughts board*
tammipeli *draughts,* Am. *checkers*
tanakka ... *of heavy body build, thickset, stocky*
tankata *fill up, refuel;* (puheessa) *stammer*
tankki *tank;* ~vaunu *t. car;* täyttää ~ *fill up*
tanko *rod,* (lakka-) *stick,* (saippua-) *bar,* (lippu-) *pole, staff*
Tanska *Denmark;* t~ (kieli) *Danish*
tanskalainen *Danish;* s *Dane*
tanssi(t) *dance*
tanssi|a *dance;* mennä (ulos) -maan *go dancing;* ~taanko? *shall we dance?*
tanssiaiset *dance,* (isot) *ball*
tanssija, -tar *dancer*
tanssilava *dance hall*
tapa *manner way; custom;* (tottumus) *habit;* minulla on ~na *I usually ...,* I am accustomed (to ...-ing); ~nani ei ole ... *I am not in the habit (of ...-ing);* ottaa tavakseen *adopt the habit (of);* jhk ~an *after the fashion of;* tähän ~an *in this way* (t. *manner), like this;* jollakin tavalla *in one way (or another);* kaikin tavoin *in every way*
tapaaminen *meeting*
tapahtu|a *happen, occur, take place; come about;* on -nut onnettomuus *there has been an accident*
tapahtuma *occurrence event, incident*
tapahtumapaikka *scene*
tapainen: jnk ~ *like ...;* tämän ~ *of this kind;* talon ~ *a house of a kind*
tapamuoto (kiel.) *mood*
tapaninpäivä *Boxing day*
tapaturma *accident;* (liikenne-) *traffic (motor t. road) a.;* joutua ~n uhriksi *meet with an a.*
tapaturmai|nen *accidental;* kuo-

T

li -sesti *was accidentally killed, died in an accident*
tapaturmavakuutus *accident insurance*
tapaukseton *uneventful*
tapau|s *event; case instance; siinä -ksessa in that case,* (s. t., että) *in case ...; parhaassa -ksessa at best; joka -ksessa anyway, anyhow; ei missään -ksessa on no account, under no circumstances;* (arvostella) *kunkin -ksen mukaan from case to case*
tapella *fight*
tapetti *wallpaper*
tappaa *kill*
tappelu *fight; brawl*
tappelupukari *rowdy*
tappi *plug;* (tynnyrin) *tap*
tappio *defeat; loss;* ~t (sot.) *losses, casualties; joutua* ~lle *be beaten* (t. *defeated*); *kärsiä* ~ta *suffer* (t. *incur*) *a loss; myydä* ~lla *sell ... at a loss*
tappiollinen *... involving a loss*
tappo *homicide*
taputtaa *tap;* (hyväillen) *pat;* (käsiä) *applaud*
tarha *enclosure,* (pieni) *pen*
tarina *story, tale, narrative*
tarinoida *chat; tell stories*
tarjoilija *waiter,* (laiv.) *steward; barman, bartender;* (-tar) *waitress*
tarjoilla *serve, wait (upon jklle);* ~ *pöydässä wait at table*
tarjoilu *waiting service*
tarjoilupalvelu *catering*
tarjoilupöytä *counter, bar* (kodissa) *sideboard*
tarjolla *on offer;* vaara on ~ *danger is (close) at hand*
tarjonta *supply*
tarjo|ta *offer;* (huutokaup.) *bid;* (maksaa jkn puolesta) *treat (sb. to ...);* (T.V. ohjelma) *sponsor;* ~ *kaupaksi offer for sale;* ~ *enemmän kuin outbid; nyt tarjoan minä! this is my treat!; eniten -ava the highest bidder*
tarjotin *tray*
tarjous *offer; hyväksyä* ~ *accept an o.; hylätä* ~ *decline an o.*

tarjout|ua *offer (~ vapaaehtoisesti) volunteer (to); kun tilaisuus -uu when the opportunity arises*
tarkalleen *exactly, precisely*
tarkast|aa *examine, inspect; look over, survey;* (tili) *audit, check;* (uudelleen, tekstiä) *revise; test;* (sot.) *review;* merkitä -etuksi *check off*
tarkastaja *surveyor, controller, inspector*
tarkastelu *examination, scrutiny*
tarkastus *examination, inspection, checking*
tarkata *observe, watch*
tarkemmin *more closely, ... in more detail;* ~ *ajateltuani after reconsidering (the matter)*
tarkistaa *adjust; check(over);* (uudelleen) *review,* (vedoksia) *revise* (m. esim. mielipide)
tarkistus *checking, adjustment; revision*
tarkka *exact, precise;* (oikea) *accurate,* (kuulo, näkö) *keen;* (henkilöstä) *particular;* (säästäväinen) *economical;* ~ *lukumäärä exact number;* ~ *tutkimus close inquiry;* ~an *katsoen strictly speaking; katsoa* ~an *look at ... closely; kuunnella* ~an *listen attentively*
tarkka-ampuja *sharpshooter*
tarkkaavainen *attentive*
tarkkaavaisuus *attention*
tarkkailla *watch, observe*
tarkoin *closely, carefully*
tarkkuus *accuracy, precision*
tarkoit|taa *mean;* (osoittaa) *stand for, denote; en -tanut pahaa I meant no harm; mitä tämä* ~? *what is* (t. can you make out) *the meaning of this? -ettu jklle, jhk intended for*
tarkoituksellinen *intentional*
tarkoituksenmukainen *... to the purpose, appropriate expedient*
tarkoitukseton *purposeless, to no purpose, pointless; se olisi* ~ta *it would serve no purpose*
tarkoitu|s *purpose; intention; jssk -ksessa for the purpose of, with the object of ... -ing, in order to; tässä -ksessa for this*

purpose; ~**taan** *vastaamaton inexpedient*

tarkoitusperä *object, aim*

tarmo *energy; vigour*

tarmokas *energetic, active*

tarmoton *lacking energy, inert*

tarpeeksi *sufficiently, enough;* ~ *rahaa enough money;* ~ *iso big enough*

tarpeen: on ~ *is needed;* ~ *vaatiessa when* (t. *if) required*

tarpeellinen *necessary; required*

tarpeeton *unnecessary; superfluous*

tarra- *self-fastening*

tarralipuke (t. *juliste) sticker*

tarrautua jhk *cling (on) to, hang on to*

tarttu|a *grasp, catch (hold of);* (lujasti) *grip, clutch,* (äkkiä) *grab,* (takertua) *stick (in);* (asiaan) *interfere (in),* (tilaisuuteen) *seize;* (taudista) *be infectious;* tauti -i minuun *I caught* (t. *contracted) the disease (from ...)*

tarttuva *infectious; contagious*

tartunta *infection,* (kosketus-) *contagion*

tartuttaa *transmit (... to);* (m. kuv.) *infect (sb. with)*

taru *legend;* todellisuus on ~a *ihmeellisempi fact is stranger than fiction*

tarunomainen *legendary*

tarve *need, want;* omaa ~tta *varten for one's own use;* täyttää ~ *supply a need;* olen saanut tarpeekseni siitä *I've had enough of it;* olla jnk tarpeessa *need*

tarveaineet *materials*

tarvikkeet *materials, supplies*

tarvit|a *need, require;* hänen ei -se mennä *he need not go;* -seeko hänen tietää? *does he need to know?* -semme kipeästi *we are in urgent need of;* -taessa *if required;* -sisimme ... *we could do with*

tarvitseva *needy*

tasaantua *become steady*

tasa-arvoinen *equal (to* jkn *kanssa)*

tasa-arvoisuus *equality*

tasai|nen *even; flat, level;* (luonne) *steady,* (vauhti ym *uni-*

form; -sesti *evenly, smoothly*

tasalla *on a level (with),* (tehtävän) *equal to;* pysyä jkn ~ *keep pace with*

tasan *evenly, equally*

tasanko *plain*

tasapaino *balance, equilibrium;* pysyä ~ssa *keep one's balance;* joutua pois ~sta *be thrown off b.*

tasapainoinen *well-balanced, well adjusted*

tasapainoton *unbalanced*

tasapeli *draw*

tasapuolinen *impartial, fair*

tasasuhtainen *well-proportioned*

tasavalta *republic*

tasavaltalainen *republican*

tasavertainen *equal*

tasaväki|nen: -siä *equal (in strength) equally matched*

tase *balance*

tasku *pocket*

taskulamppu *electric torch*

tasku|kirja, -painos *paperback*

taskuvaras *pickpocket*

taso *plane;* samalla ~lla *on the same level*

tasoittaa *smooth; level*

tasoitus (urh.) *odds*

tasoylikäytävä *level crossing*

tassu *paw*

tattari *buckwheat*

tatuoida *tattoo*

tauko *pause, interval,* (mus.) *rest*

taukoamaton *incessant, uninterrupted*

taulu *picture, painting;* (luokan) *blackboard*

taulukko *table*

tauota *cease, stop;* taukoamatta *without stopping* (t. *a break)*

tauoton *non-stop*

tausta *background*

tauti *disease; illness, sickness*

tavallaan *in a way* (t. *manner)*

tavalli|nen *usual, ordinary; common, frequent;* kuten -sta *as usual;* -sta suurempi *unusually* (t. *exceptionally) large*

tavallisesti *usually, generally*

tavanmukainen *customary*

tavanomainen m. *conventional*

tavantakaa *every little while*

tavara *goods, articles, wares;* (omaisuus) *property; belongings;* (matka-) *effects;* hopea- ~ *silverware*

tavarajuna *goods train*

tavaramerkki *trademark,* (-laji) *brand*

tavaranäyte *sample,* (tehtaan) *pattern*

tavaratalo *department store*

tavarateline (auton katolla) *roof rack*

tavaratila *boot,* Am. *trunk*

tavaravaunu *goods wag(g)on,* (avoin, m.) *truck;* Am. *freight car*

tavat|la *meet; see;* (kirjaimia) *spell;* tulen tapaamaan sinua *I am coming to see you;* tapasimme toisemme *we met (each other)*

tavat|on *uncommon, extraordinary; exceptional;* -toman *exceedingly extremely*

tavattavissa *available;* onko... *tavattavissa? could I speak to ...?*

tavoin: millä ~? *in what way?*

tavoite *aim, objective; target*

tavoitella *aspire (after ..., to ...), strive (for), reach for*

tavoittaa *catch; catch up with sb., overtake a p.*

tavu *syllable*

te *you;* teille *to you, for you*

teatteri *theatre;* ~ssa *at the t.*

teatterikiikari *opera glasses*

tee *tea;* juomme ~tä kello 4 *we have t. at four;* keittää ~tä *make t.*

teekannu *tea-pot*

teekuppi *tea-cup*

tee|lusikka *tea-spoon;* -lusikallinen *teaspoonful*

teema *theme;* (verbin) *principal parts*

teennäinen *affected*

teennäisyys *affectation*

teeri *black grouse*

teesken|nellä *pretend, feign;* hän -teli olevansa sairas *he pretended to be ill, he feigned illness*

teeskentelemätön *unaffected*

teeskentelijä *hypocrite*

teeskentely *affectation, pretence*

teettää *have ... made;* **teetin** puvun *I had a dress made*

teevati *saucer*

tehdas *factory, works, mill*

tehdaskaupunki *manufacturing town*

tehdastuotteet *manufactured goods*

tehdastyöläinen *factory worker*

tehdä *do; make;* (rikos ym) *commit;* (suorittaa) *perform;* ~ ihmeitä *work wonders;* ~ mahdolliseksi *render* (t. *make) possible;* ~ parhaansa *do one's utmost* (t. *best);* ~ työtä *work;* mitä minun on tehtävä? *what am I to do?* se tekee sinulle hyvää *it does* (t. *will do) you good;* ottaa ~kseen *undertake (to do ...);* mitään ei ole tehtävissä *there is nothing to be done (about it);* olla tekevinään *pretend to ...;* olla tekemäisillään *be about to;* se ei tee mitään *it does not matter;* minulla on paljon tekemistä *I have a lot to do, I am very busy*

teho *effect,* (koneen) *capacity*

tehokas *efficient, effective*

tehokkuus *efficiency*

tehosekoitin Am. *liquidizer*

tehos|taa *intensify;* (valvontaa) *tighten up;* -tetun hoidon osasto *intensive care unit*

tehota *be effective*

tehtailija *manufacturer*

tehtävä *task; assignment;* (koulu-) *lesson, exercise;* (mat.) *problem;* (velvollisuus) *duty;* antaa ~ksi *commission, assign a task to ...*

teidän *your;* onko tämä ~? *is this yours?*

teidät *you*

teini Engl. *sixth-former* Am. *senior-highschool pupil*

teini-ikäinen *teen-ager*

teippi *tape*

teiti|tellä *address (sb.) formally;* me -ttelemme *we are not on Christian-name terms*

tekaistu *fictitious*

tekeillä *in (course of) preparation;* jotain on ~ *something is up*

tekemi|nen: joutua -siin *come*

into contact with; minulla ei ole mitään -stä sen kanssa *it is no concern of mine*

tekemä|tön: -ttömät työt *undone work, unfinished tasks*

tekeytyä *pretend (to ...);* ~ sairaaksi *sham illness*

tekniikka *technology technics;* (taito) *technique*

teknikko *technician*

tekni(lli)nen *technical, technological;* ~ korkeakoulu *Technical University; College of Advanced Technology*

teko *deed,* (menettely) *action;* itse teossa *in the act*

tekohammas *false tooth;* -hampaat *denture*

tekohengitys *artificial respiration*

tekokuu *satellite*

tekopalkka *charge, pay*

tekopyhä s *hypocrite*

tekosyy *pretext*

tekotukka *wig*

tekstata *write in ornamental lettering*

teksti *text;* (elok. TV) *caption;* (kirk.) *lesson*

tela *roller, cylinder*

telaketju- *caterpillar*

telakka *dockyard;* tulla ~an, telakoida *dock*

televisio *television, TV;* ~ vastaanotin *t.* set; (hän) katselee TV:tä *he is watching television;* näitkö sen TV:ssä? *did you see it on t.?;* ~n katselija *(tele)viewer;* ~toimittaja *t. editor, broadcaster*

televisioida *televise*

televisiolähetys *television broadcast*

teline *stand, rack;* ~et *apparatus,* (rakennus-) *scaffolding*

teljetä *lock (up)*

telkkari sl. *(the) telly, the box*

telmiä *romp*

teloittaa *execute*

teloitus *execution*

teltta *tent;* pystyttää ~ *pitch a t.*

telttasänky *camp bed*

temmata *pull, wrench;* tempasi ... mukaansa *carried (the hearers) along*

temmellys *tumult; raging*

temmeltää (myrsky) *rage;* ~ vapaasti *have free rein*

tempaista *tug, jerk,* (urh.) *snatch*

tempaus *pull, jerk;* (kuv. dodge* (esim. mainos-) *stunt*

tempautua: ~ irti *break away;* ~ mukaan (kuv.) *be swept along, be carried away*

temppeli *temple*

temppu *trick*

tenava *kid*

tenho *enchantment, fascination*

tenhoava *glamorous*

tennis *(lawn) tennis*

tenori *tenor*

tentti *examination*

teollisuus *industry*

teollisuuslaitos *industrial plant*

teollisuusmies *industrialist*

teologia *theology*

teoreettinen *theoretical*

teoria *theory*

teos *work* (tuote) *product* (kirja, m.) *volume*

tepsiä *work*

terapia *therapy*

teriö *corolla*

termoskaadin *vacuum pitcher*

termospullo *thermos (flask)*

teroittaa *sharpen,* (hioa) *whet;* (mieleen) *impress on sb.*

terttu *cluster*

terva -ta *tar*

terve *healthy;* ~! *hello! hallo!* Am. *hi;* (kippis) *cheers;* ~ järki *common sense;* olla ~enä *be in good health;* tulla ~eksi *recover;* ~ellä pohjalla *on a sound basis*

terveellinen *healthy wholesome*

tervehdys *greeting;* (joulu- ym) *best wishes for*

tervehdyskäynti *call*

tervehti|ä *greet;* käydä -mässä *pay a visit to call on*

terveis|et *regards,* (kunnioittavat) *compliments;* -iä (jklle) *remember me to;* parhain -in *with kindest regards*

tervejärkinen *sane; sound (in mind)*

tervetull|ut *welcome;* toivottaa -eeksi *bid ... welcome*

tervetuloa *nice you could come!* (joskus) *welcome (to Finland ym)* terveydellinen *sanitary*

terveydenhoito *care of the health*, (-huolto) *public health (measures)*

tervey|s *health*; -deksenne! *your health!* ~syistä *for health reasons*

terveyslähde *mineral spring*

terveysside *sanitary napkin*

terveyssisar *public health nurse*

terä *blade*, (reuna) *edge*; (koneen) *cutter*; (kynän) *nib*

terälehti *petal*

teräsköysi *cable*

terävyys *sharpness edge*, (kuv. m.) *acumen*

terävä *sharp*, (äly) *keen*, (kulma) *acute*; (pureva) *cutting*; (-kärkinen) *pointed*

teräväjärkinen *sharp-witted*

terävänäköinen *keen-sighted*

teräväpäinen *clever*; *bright*

testamentata *bequeath*

testamentti *will*; (raam.) *testament*

testata *test*

teurastaa *slaughter*

teurastaja *butcher*

teurastus *slaughter butchery*

teurastuslaitos *slaughter-house*

tiainen *titmouse*

tie *road*; kysyä ~tä *ask sb. the way*; ~llä *on the road*; ~lläni *in my way*; pois ~ltä! *get out of the way!* ~hesi *go away*

tiede *science*

tiedekunta *faculty*

tiedemies *scientist*

tiedonanto *notice, information*; *bulletin*

tiedonhalu *thirst for knowledge*

tiedonhaluinen *eager to learn*

tiedostaa *recognize*

tiedoton *unconscious*

tiedottaa *make known*; *notify*

tiedotustilaisuus l.v. *press conference*

tiedotusvälineet *media*

tiedustelija (sot.) *scout*

tiedustella *inquire (about, for jtk, after jkn vointia)*; (mielipidettä) *consult a p.*

tiedustelu *inquiry*; (sot.) *reconnaissance*, (vakoilu) *intelligence*; ~kone *spotter plane*

tiehyt *duct*

tienhaara (kuv.) *parting of the ways*

tienraivaaja *pioneer*

tienristeys *crossroads, crossing intersection*

tienviitta *signpost*

tiesulku *road block*

tieteellinen *scientific*

tieten|kin *of course*; ei -kään *o course not*; *certainly not!*

tieteisromaani *science fiction book*

tieto *knowledge*; tiedot (m.) *information, data*; hankkia ~ja *gather information*; lähempiä ~ja antaa *for (further) particulars apply to*; pitää omana ~naan *keep to o.s.*; saattaa jkn ~on *inform (a p. of)*, *notify*

tietoinen *conscious*; olla ~ jstk *know about, be aware of*

tietoisuus *consciousness*, (varma) *certainty*

tietojenkäsittely *data processing*

tietokilpailu *quiz*

tietokone *computer*

tietoliikennesatelliitti *communications satellite*

tietopuolinen *theoretic(al)*

tietosanakirja *encyclopedia*

tietotoimisto *news agency*

tietty *certain*

tietysti *of course*; *certainly*

tiettävästi *as far as is known*

tietäjä *seer, soothsayer*

tietämättömyys *ignorance*

tietämätön *ignorant*

tietä|lä *know*; saada ~ *learn* -mättäni *without my knowledge*; hän ~ mitä tahtoo *he knows his own mind*; mitä tämä ~? *what does this mean* (t. *signify*)? ~kseni (ei *not*) *to my knowledge*

tietön *trackless*

tiheikkö *thicket*

tihetä *become thick(er)*

tiheys *thickness, density*

tiheä *thick, dense*; ~än asuttu *densely populated*

tiheään (m.) *at frequent intervals*

tihkua *ooze, exude, seep*

tihkusade *drizzle*

tihutyö *evil deed, outrage*

tiikeri *tiger*

tiili *brick*, (katto-) *tile*
tiilitehdas *brickyard*
tiirikka *picklock*
tiistai *Tuesday;* ~na *on T.*
tiivis *tight;* (tiheä) *thick;* (vedenpitävä) *watertight*
tiiviste *packing, gasket*
tiivistelmä *summary*
tiivistyä *condense*
tiivistää *make tight, stop (up), pack;* (fys. ym) *condense;* (ikkuna) *seal up*
tikapuut *(step)ladder*
tikari *dagger*
tika|ta *quilt;* -ttu *quilted*
tikittää *tick*
tikka *woodpecker;* ~peli *darts*
tikki (korttip.) *trick,* (lääk.) *stitch*
tikku *splinter*
tikkukaramelli *lollipop*
tila *room, space;* (olo~) *state, condition;* (maa-) *farm;* antaa ~a *make room (for);* vie paljon ~a *occupies (takes up) a great deal of space;* panna jnk ~lle *substitute sth. for;* ensi ~ssa *at your (my etc.) earliest convenience;* valtasi toisen ~n *was placed second;* salissa on ~a 500:lle *the hall accommodates 500 people*
tilaaja *subscriber*
tilaisuu|s *occasion;* (tarjoutuva) *opportunity, chance;* käyttää -tta *take the opportunity (of ...-ing);* tässä -dessa *on this occasion;* -den sattuessa *when opportunity offers*
tilan|ne *situation,* (piste~) *score;* -teen mukaan *according to the circumstances*
tilanomistaja *landed proprietor*
tilapäinen *temporary; casual*
tilapäistyöt *odd jobs*
tilasto *statistics*
tilastollinen *statistical*
tilata *order;* (lehti) *subscribe to;* (paikka) *reserve, book;* (aika, lääkäriltä) *make an appointment with*
tilaus *order; subscription*
tilauslento *charter flight*
tilausmaksu *subscription (fee)*
tilava *spacious, roomy*
tilavuus *(cubic) capacity, volume*

tili *account;* tehdä ~ä (jstk) *render an a. of, account;* vaatia ~lle *call sb. to account (for)*
tililepanokortti *postal account slip*
tilinpäätös *closing of the books, balance sheet*
tilintarkastaja *auditor*
tiliote *statement (of account)*
tilipussi *pay packet*
tilipäivä *pay day*
tilittää *account to sb. for*
tilitys *(statement of) accounts*
tilkitä *caulk; stop*
tilkka(nen) *drop*
tilkku (paikka-) *patch*
tilli *dill*
tilukset *estate; land(s)*
timantti *diamond*
timotei *timothy (grass)*
tina *tin*
tinapaperi *tinfoil*
tinkimätön *uncompromising*
tinkiä *bargain, higgle*
tinneri *thinner*
tipahtaa *drop*
tippa *drop*
tippua *drop, drip*
tippukivi *stalactite; stalagmite*
tippuri *gonorrh(o)ea*
tirkistää *peer peep*
tirskua *giggle, titter*
tislata *distil*
tiu *score twenty*
tiukata *insist;* ~ vastausta *insist on getting an answer*
tiukentaa *tighten, make ... more rigid*
tiukka *tight; strict;* joutua tiukalle *get into a tight place;* olla tiukalla (rahasta) *be short of money;* jos ~ tulee *if it comes to a pinch*
tiuskaista *speak sharply*
todella(kin) *really, indeed*
todelli|nen *real; true;* -set olot *actual conditions*
todellisuu|s *reality;* -dessa *in fact, in reality, actually*
todennäköi|nen *probable;* -sesti *probably;* ei ole -stä, että hän tulee *he is not likely to come*
todenperäinen *true; authentic*
todenperäisyys *truth; accuracy*
tode|ta *find, ascertain;* (sanoa) *state;* -ttiin vääräksi *was found to be false*

T

todist|aa *prove; testify, witness;
demonstrate;* (oikeaksi) *verify;*
oikeaksi -avat *certified by ...;*
täten -etaan *this is to certify
(that)*
todistaja *witness;* kutsua ~ksi
call in evidence
todiste, -et *proof, evidence*
todistus *proof, testimony; certi-
ficate,* (palvelus-) *testimonial,*
(koulu-) *report*
tohtori *doctor (of ...)*
tohveli *slipper*
toimeenpaneva *executive*
toimeenpanna *execute, carry out*
toimeenpano *putting into effect;*
~valta *executive power*
toimeentulo *livelihood;* saada
~nsa *earn one's living (by)*
toimelias *active*
toimen|pide *measure, step;* ryh-
tyä -piteisiin *take measures
(t. steps) to ...*
toimeton *idle, inactive*
toimettomuus *idleness, inac-
tivity*
toimi *occupation, employment;*
(-paikka) *position, post, job;*
(tehtävä) *task, function, busi-
ness;* (virka) *office;* antaa toi-
meksi *entrust a p. with, assign
a task to;* astua toimeen *take
up office;* panna toimeen *exe-
cute,* (järjestää) *arrange;* sai
toimekseen *was commissioned;*
tulla toimeen *manage,* (jkn
kanssa) *get along (t. on) with,
hit it off with*
toim|ia *work; be in operation;
function; act;* (olla jäsenenä)
serve (on a committee); (kone)
-ii hyvin *works (t. runs) well*
toimiala *line of business*
toimihenkilö *functionary* (joh-
to-) *executive*
toimikunta *committee*
toimilupa *concession; licence*
toiminimi *firm*
toiminnanjohtaja *executive di-
rector*
toiminta *action, activity; ope-
ration, function(ing);* ryhtyä
~an *take action*
toimintaterapia *occupational
therapy*
toimipaikka *job;* -paikan osoite
business address

toimisto *office;* ~tilat *premises*
toimistoapulainen *office em-
ployee*
toimitsija *functionary*
toimittaa *do, perform, carry
out;* (sanomalehteä) *edit;* (ta-
varaa ym) *deliver, supply*
toimittaja *editor;* (ohjelman,
TV) *producer;* uutis~ *news
editor* (t. *broadcaster*)
toimitus *delivery;* (kirk.) *cere-
mony;* (sanomal.) *editorial
staff* (t. *office*)
toimitusjohtaja *manager*
toimitusministeriö *caretaker
government*
toimiva *acting, active*
toimivalta *authority*
toinen *another,* (muu) *other*
(laskusana) *second;* joka ~
every other (t. *second*); joku ~
someone else; toissa vuonna
the year before the last; tammi-
kuun toisena päivänä *on the
second of January;* ~ toisensa
jälkeen *one after another (the
other);* ~ toistaan *each other,
one another;* toiselta puolen
*(on the one hand ...) on the
other hand;* olla toista miel-
tä *be of a different opinion, dis-
agree;* ~ heistä *one of them*
tointua *recover*
toipilas *convalescent*
toipua *recover*
toipuminen *recovery*
toisaalla *elsewhere, somewhere
else*
toisarvoinen *secondary; non-
essential*
toiseksi *secondly;* tuli ~ (urh.)
finished (t. *came in*) *second*
toise|lla: jnk ~ puolella (-lle
puolelle) *on (to) the other side
of; across*
toisenlainen *different (from)*
toiset *the others, other people*
toisin *in a different way;* ~
kuin *unlike;* ~ sanoen *that
is to say, in other words*
toisinaan *sometimes, at times*
toissapäivänä *the day before
yesterday*
toistaa *repeat;* (pääkohdin)
recapitulate; (alinomaa) *rei-
terate*

toistaiseksi *for the present, for the time being, for now;* vielä ~ *as yet*

toistamiseen *a second time; once more*

toiste: joskus ~ *some other time;* tule ~kin! *come again!*

toisto *repetition;* (ään·n) *reproduction*

toistu|a *be repeated;* -vasti *repeatedly*

toive *hope;* ~et *prospects, expectations;* antaa ~ita *hold out hopes (of);* ei vastaa ~ita *falls short of expectations*

toiveajattelu *wishful thinking*

toiveikas *hopeful*

toive *hope*

toivo|a *hope;* (haluta) *wish;* -isin, että minulla olisi *I wish I had ...;* hän sai mitä -i *she got her wish;* siinä on paljon -misen varaa *it leaves a great deal to be desired*

toivomus *wish*

toivoton *hopeless, desperate*

toivot|taa *wish;* -an onnea *best wishes!* (ennen tenttiä) *best of luck;* vrt. onni ym

toivottava *desirable;* on ~a, että *it is to be hoped that;* -sti hän tulee *I hope she will come*

tokaista *blurt out*

toki: eihän ~ *surely not!* tule ~! *do come*

tokko (= -ko, -kö) *whether;* ~pa! *I wonder!*

tola: oikealla ~lla *on the right track;* asiat eivät ole ~llaan *something is wrong*

tolkku: en saa ~a *I can't make sense of this*

tolku|ton *confused;* -ttomasti humalassa *blind drunk*

tomaatti *tomato* (pl. *-oes*)

tomppeli, tollo *dolt fool*

tomu, -ttaa *dust*

tomuinen *dusty*

tomusokeri *icing sugar*

tonkia *dig, grub*

tonni *ton*

tonnikala *tunny*

tontti (building) *site*

tonttu *brownie*

topakka *gutsy,* (määräilevä) *domineering:* on ~ *has a mind of her own*

tora *quarrel*

torahammas *fang,* (norsun) *tusk*

torakka *cockroach*

tori *market place,* (aukio) *square*

torjua *fend off, repel;* (ei hyväksyä) *reject;* (vaara) *avert;* (väite) *deny, refute;* (ajatus ym) *repress*

torjunta *warding off, repelling; rejection; repression;* (palon) *fire-fighting;* (ohjusten) *anti-missile defence*

torkahtaa *doze off; have a nap*

torkkua *be drowsy*

torni *tower,* (suippo) *steeple* (šakki) *rook*

torppari *tenant farmer, crofter*

torstai *Thursday*

torttu *cake;* (hedelmä-) *tart*

torua *scold, rebuke*

torvi *horn, trumpet;* (putki) *tube*

torvisoittokunta *brass band*

tosi *true;* eikö totta? *isn't that so?* ihanko totta? *really?* käydä toteen *come true;* puhua totta *speak the truth;* totta puhuen *to tell the truth*

tosiaan *indeed;* onpa ~kin *it certainly is; yes, indeed!* en ~kaan tiedä *I am sure I don't know;* ei ~kaan ole niin helppoa *it is not all that easy*

tosikko *sober-sides*

tosiasia *fact;* ~lliisesti *in fact*

tosin *it is true (that)*

tosissaan *seriously;* olla ~ *be in earnest*

tossut (vauvan ym) *bootees* (kumi-) *sneakers, shandshoes*

totaalinen *total,* (sota m.) *all-out*

totalitaarinen *totalitarian*

totella *obey;* olla tottelematta *disobey*

toteutta|a *carry out, accomplish, fulfil, realize;* itsensä -minen *self-fulfilment*

toteutua *come true, materialize, be fulfilled, come off*

toti|nen *grave, serious;* -sesti *truly*

totta ks. tosi; ~ kai *of course;* ~ tosiaan *to be sure*

tottelematon *disobedient*

tottelemattomuus *disobedience*

tottelevainen *obedient*

tottelevaisuus *obedience*
tottua *become accustomed to, get used to;* (ilmastoon) *become acclimatized*
tottumaton *unaccustomed (to), unfamiliar (with), unused to*
tottumus *custom, habit*
tottunut *used (to* jhk); **tottuneesti** *in a practised manner*
totuttaa *accustom, habituate (to)*
totuttautua *(try to) accustom o.s. (to)*
totuudenmukainen *truthful*
totuus *truth*
touhu *bustle, fuss*
touhuta *be busy*
toukka *larva* (pl. *-ae*)
touko *(spring) sowing*
toukokuu *May*
toveri *comrade, companion, fellow* (esim. *fellow-teacher*)
toverillinen *companionable*
toverillisuus *camaraderie*
toveruus *fellowship*
traaginen *tragic(al)*
tragiikka *tragedy*
traktori *tractor*
transistoroitu: kokonaan ~ *all-transistorized*
trapetsi *trapeze*
trikoo *knitwear, jersey, tricot*
trimmata (urh.) *condition,* (moottori) *tune up*
trooppinen *tropical*
tšekkiläinen *Czech*
Tšekkoslovakia *Czechoslovakia*
tuberkuloosi *tuberculosis*
tuhannes, -osa *thousandth*
tuhat *(a t. one) thousand;* **tuhansia** *thousands of*
tuhansittain *in thousands*
tuhka *ash(es);* on ~na *(the town) is laid in ashes;* ~tiheään *in rapid succession*
tuhkakuppi *ash-tray*
tuhkarokko *measles*
Tuhkimo *Cinderella*
tuhlaavainen *wasteful*
tuhlari *spendthrift*
tuhlata *squander, waste*
tuhlaus *waste, extravagance*
tuhma (lapsi) *naughty*
tuho *destruction, ruin;* ~t *damage (by fire, palon);* ... oli hänen ~nsa ... *was his undoing*
tuhoisa *disastrous, destructive*

tuholainen *pest, vermin*
tuholaismyrkky *pesticide*
tuhopoltto *arson; incendiarism*
tuhota *destroy, ruin, devastate*
tuhoutua *be destroyed*
tuhria *soil*
tuijottaa *stare (at), gaze (at)*
tuike *twinkle*
tuiki *utterly, altogether*
tuikkia *glimmer*
tuima *sharp, grim, severe*
tuisku *whirling snow(storm)*
tuiskuttaa *there is a flurry of snow*
tukahduttaa *quell, repress, suppress*
tukahduttava *suffocating,* (lämpö) *sweltering*
tukala *difficult, hard*
tukankuivauslaite *hair-dryer*
tukanleikkuu *hair-cut*
tukanpesu *shampoo*
tukea *support;* (valtio) *subsidize*
tukehtua *choke, (be) suffocate(d)*
tukeva *firm, steady; solid, sturdy;* (ateria) *substantial,* (kenkä) *heavy*
tukevuus *stoutness, firmness*
tuki *support;* (kuv.) *mainstay;* (pönkkä) *prop;* (lääk.) *brace*
tukikohta (esim. *naval, air*) *base*
tukipalkkio *subsidy*
tukistaa *pull sb.'s hair*
tukka *hair;* olla ~nuottasilla *be at loggerheads*
tukkalaite *hair-do*
tukkeutua *become blocked* (t. *obstructed*)
tukki *log*
tukkia *stop; block*
tukkilautta *raft*
tukko (vanu-, harso-) *swab;* (hius) *tuft;* olla tukossa *be blocked*
tukku *bunch;* tukussa *wholesale*
tukkukauppias *wholesale dealer, (wholesale) merchant*
tulehdus *inflammation*
tulehtua *become inflamed*
tulenarka *inflammable;* ~ aine *combustible*
tulenkestävä *fireproof, ovenproof;* ~ tiili *fire brick*
tuleva *future, coming;* (jklle

kuuluva) *due to;* ~a kuuta *of next month*
tulevaisuus *future*
tuli *fire;* syttyä tuleen *catch f.;* olla tulessa *be on fire;* ei ottanut tulta (kuv.) *did not catch on*
tuliase *fire-arm*
tulikoe *ordeal by fire*
tulikuuma *(red-)hot*
tuli|nen *fiery,* (kuv. m.) *burning;* ~ kiire *great haste;* koota -sia hiiliä *heap coals of fire (on sb.'s head)*
tulipalo *fire*
tuliperäinen *volcanic*
tulirokko *scarlet fever*
tulisija *fireplace*
tulitauko *cease-fire*
tuliterä *brand new*
tulitikku *match*
tulitikkulaatikko *match box*
tulittaa *fire (at)*
tulivuori *volcano* (pl. *-es*)
tulkinta *interpretation*
tulkita *interpret*
tulkki *interpreter*
tulla *come,* (jksk) *become,* (perille) *arrive;* (pitää) *have to;* ~ esiin *come forth* (t. *forward);* ~ näkyviin *appear;* ~ sisään *enter;* mitä siihen tulee *as for that;* mitä minuun tulee *as far as I am concerned;* tulee kylmä *it is getting cold;* minun tuli kylmä *I began to feel cold;* hän tulee ensi viikolla *he will come next week;* toinen bussi tulee pian *there will be another bus soon;* mitä hänestä tulee *what is he going to be?* hänestä tuli opettaja *he became a teacher;* tulin sanoneeksi *I happened to say;* tulisitko (teatteriin yms.) *would you like to come ... could you come to ...*
tullat|a *clear;* onko mitään -tavaa? *have you anything to declare?*
tulli *duty;* (-laitos) *customs*
tullikamari *custom house*
tullimaksu *duty*
tullinalainen *dutiable, liable to duty*
tullitaksa *customs tariff*
tullimuuri *tariff wall*
tullitarkastus *customs exami-*

nation
tullivirkailija *custom-house officer*
tullivapaa *duty-free*
tulo *coming, arrival* (at t. in jhk); ~t *income, receipts;* on ~ssa *is on the way, is approaching*
tuloaika *time of arrival*
tuloasteikko *income scale*
tulokas *newcomer*
tuloksellinen *productive, successful*
tulokseton *without result(s)*
tulopuoli *debit side*
tulo|s *result; outcome;* (mat.) *answer;* mikä sen -ksena oli *what did it result in*
tulovero *income tax*
tulppa *plug, stopper*
tulppaani *tulip*
tulva *flood;* ~n peittämä *flooded*
tulvia (jnk yli) *flood; overflow* (t. *burst) its banks*
tuma *nucle|us* (pl. *-i*)
tumma *dark;* ~ puku *dark lounge suit*
tummatukkainen *dark(-haired)*
tummeta *darken, grow darker*
tunaroida *bungle, fumble*
tungeksia *throng, crowd*
tungetteleva *intrusive, obtrusive*
tungo|s *crowd; -kseen asti täynnä *crowded*
tunkea *force, press, thrust* (into jhk); (läpi) *penetrate;* ~ tieltään *supplant, displace*
tunkeilevaisuus *intrusiveness*
tunkeutua *edge* (t. force) *one's way;* (läpi) *penetrate;* (maahan) *invade;* (jkn seuraan) *intrude (on, upon)*
tunkio *rubbish heap*
tunne *feeling, emotion*
tunne-elämä *emotional life*
tunneli *tunnel*
tunnelma *atmosphere*
tunneperäinen *emotional*
tunne|ttu *(well) known;* kuten ~a *as is well known;* -tust *known (to be), admittedly*
tunnistaa *identify*
tunnollinen *conscientious*
tunnollisuus *conscientiousness*
tunnonvaivat- *pangs of conscience ,remorse*

tunnoton insensible, (sydämetön) unscrupulous

tunnus, -merkki distinctive mark, sign; badge

tunnuskuva emblem, symbol

tunnuslause motto

tunnussana parole, password

tunnussävel signature tune, theme music

tunnustaa confess; (saaneensa jtk) acknowledge; (myöntää) admit recognize; (valtio) recognize officially; (hyväksyä) accept; ~ syyllisyytensä (lak.) plead guilty

tunnuste acceptance

tunnustella feel (about) for, (hapuilla) feel one's way, fumble; (mielipidettä) sound (a p.) about

tunnustu|s confession; (kiitos) appreciation, recognition; -kseksi jstk in recognition of

tuntea feel; (tietää, olla tuttava) know; (jälleen) recognize; hän tunsi itsensä heikoksi he felt weak; tunsin hänet äänestä I knew (t. recognized) him by his voice

tunteellinen emotional, sentimental

tunteeton unfeeling

tunteettomuus lack of feeling

tuntematon unknown; unfamiliar, strange; s stranger

tuntemus knowledge (of)

tunti hour; (opetus-) lesson, (luokka-) class, (opetuksen kesto) period; antaa tunteja give lessons (in), (valmentaa) coach sb.

tuntija expert (in, at)

tuntiosoitin hour hand

tuntipalkka wages per hour

tunto touch; tulla -ihinsa regain consciousness

tuntoaisti tactile sense

tuntohermo sensory nerve

tuntomerkki distinctive mark, (paikan) landmark; -merkit (henkilön) description

tuntosarvi antenna, tentacle

tunt|ua feel; (näyttää) seem; minusta -uu it seems to me (as if); miltä sinusta -uu? what do you feel like?

tunturi hill, fell

tuntuva (melkoinen) considerable

tuo that; ~n ~stakin every now and then

tuoda bring; (maahan) import ~ mukanaan bring with one (kuv.) bring in its train

tuohi birch bark

tuokio (a) moment; tuossa ~ssa in a minute

tuokiokuva (valok.) snapshot

tuoksu scent, odour

tuoksua smell (good)

tuoksuva fragrant, scented

tuoli chair

tuolla (over) there; ~ puolen beyond; ~ ylhäällä up there; tuolta from there

tuollainen such, ... of that kind, ... like that

tuomari judge; (urh.) umpire (jalkap. ym) referee

tuomi bird-cherry

tuomio judgment (m. judgement), (rikos-) sentence; verdict

tuomiokapituli Chapter

tuomioistuin court

tuomiokirkko cathedral

tuomiopäivä Day of Judgment

tuomiorovasti dean

tuomiovalta jurisdiction

tuomit|a judge, condemn, (rikollinen) sentence, convict (of jstk); ~ jhk sentence (to death, to three years' imprisonment); -seva (kuv.) faultfinding; -tava reprehensible

tuonne there; ~mpana later on; ~päin that way, in that direction

tuonti import, (-tavarat) imports

tuontivoittoisuus unfavourable balance of trade

tuore fresh, (leipä, m.) fresh- (t. newly) baked; (äskettäinen) recent; ~immat uutiset the latest news

tuossa there; ~ talossa in that house

tuotanto production, output; ~komitea Works Council (t. Committee)

tuote product

tuote-esittelijä demonstrator

tuottaa produce; (aiheuttaa cause; (satoa, voittoa ym)

yield; ~ *hedelmää* (kuv.)
*bear fruit; se ei -nut minulle
iloa it gave me no pleasure*
tuottava *productive; profitable*
tuottavuus *productivity*
tuottelias *prolific*
tuottoisa (toimi) *lucrative, re-
munerative*
tupa *cabin; living-room (in
Finnish farmhouse);* ~antu-
liaiset *house-warming*
tupakansavu *cigarette smoke*
tupak|ka *tobacco;* panna -aksi
have a smoke
tupakkakauppa *tobacconist's*
tupakkaosasto *smoking com-
partment*
tupakoida *smoke*
tupakoimaton s *non-smoker*
tupakointi *smoking;* ~ *kielletty
no s.*
tupakoitsija *smoker;* entinen ~
ex-smoker
tupeerata *back-comb*
tuppi *sheath; scabbard*
tuppo (vanu-) *plug of cotton
wool*
tupruta *puff, whirl*
tupsu *tassel; tuft*
turha *unnecessary, useless;* ~
vaiva vain efforts; ~t toiveet
vain hopes; osoittautui ~ksi
proved fruitless (t. *futile);*
mitä turhia! *nonsense!*
turhaan *in vain*
turhamainen *vain*
turhamaisuus *vanity*
turhanpäiten *unnecessarily*
turhantarkka *overparticular; pe-
dantic,* (nirso) *fastidious*
turhau(tu)ma *frustration*
turhuus *vanity; futility*
turkikset *furs*
turkislakki *fur cap*
turkki *fur, coat,* (nyljetty) *pelt;*
(-takki) *fur coat*
Turkki *Turkey;* t~ (kieli)
Turkish
turkkilainen a *Turkish;* s *Turk*
turkkuri *furrier*
turkoosi *turquoise*
turmella *spoil; damage;* (tuho-
ta) *ruin;* (siveellisesti) *deprave*
turmeltua *be spoiled*
turmeltumaton *unspoilt;* un-
corrupted

turmeltunut *spoilt; corrupt,
depraved*
turmelus (tapain) *depravity*
turmio *ruin, destruction*
turmiollinen *destructive, ru-
inous, pernicious, noxious*
turpa *muzzle*
turska *cod*
turta *numb, insensible*
turtua (kuv.) *be dulled, become
apathetic*
turva *security;* (suoja) *shelter;*
~ssa *safe;* hyvässä ~ssa *well
protected*
turvallinen *safe, secure*
turvallisuus *security, safety;*
~neuvosto *Security Council*
turvapaikka (-satama) *haven,
refuge;* (-oikeus) *political asy-
lum*
turvasäilö *protective custody*
turvata *safeguard, protect*
turvaton *unprotected, defence-
less*
turvautua *have recourse (to),
resort (to); turn (to), fall
back on (other means* toiseen
keinoon); ~ *lääkäriin seek
medical aid*
turvavyö *safety belt, seat belt*
turve *turf;* (suo-) *peat*
turvesuo *peat bog*
turvoksissa *swollen*
turvota *swell*
turvotus *swelling; oedema*
tusina *dozen;* kaksi ~a *two d.*
tuska *pain;* (hätä) *distress,
anxiety, agony;* kärsiä tuskia
suffer (t. *be in) pain*
tuskallinen *painful*
tuskastua *become impatient*
tuskin *hardly, scarcely;* ~ näh-
tävä *barely visible;* töin ~
narrowly
tuskitella *fret over*
tušši *Indian* (t. *drawing) ink*
tutis|ta *shake, tremble;* -eva
doddering
tutka *radar*
tutkia *examine; study, investi-
gate; inquire (into);* (kysel-
len) *interrogate;* (maa-alue
ym) *explore*
tutkielma *study, treatise*
tutkija *investigator,* (kuuluste-
lija) *examiner*

tutkimus *investigation, study, research; examination;* (lak.) *trial*

tutkimusmatka *exploring expedition*

tutkimusmatkailija *explorer*

tutkin|to *examination;* suorittaa ~nsa *take one's degree;* -non suorittanut *qualified*

tutkiva (katse) *searching*

tuttava *acquaintance*

tuttavallinen *familiar*

tuttavuus *acquaintance*

tutti *baby's dummy*

tuttipullo *feeding bottle*

tuttu *familiar*

tutustua *become acquainted (with), get to know*

tuudittaa *rock; lull ... to sleep*

tuuhea *bushy,* (tukka) *thick*

tuulahdus *breath of air*

tuulenpuol|i *weather side;* -ella *windward (of)*

tuulenpuuska *gust (of wind), squall*

tuulensuoja: ~ssa *sheltered from the wind*

tuulentupa *castle in the air*

tuuletin (sähkö-) *electric fan*

tuulettaa *ventilate; air*

tuuletus *ventilation*

tuuli *wind;* (t-en henki) *breeze;* on kylmä ~ *there is a cold wind blowing;* hyvällä (huonolla) tuulella *in a good (bad) humour* (t. temper)

tuuliajo; ~lla *adrift*

tuulilasi *windscreen,* Am. *windshield;* ~n pyyhkijä *w. wiper*

tuulimylly *windmill*

tuuli|nen *windy;* (talo) on -sella paikalla ... *is exposed to the winds*

tuuliviiri *weathercock*

tuulla *blow;* tuulee *it is windy, there's a lot of wind (today);* tuulee pohjoisesta *the wind is in the north;* alkaa ~ *the wind is rising*

tuuma *idea;* (mitta) *inch;* ~sta toimeen *no sooner said than done*

tuumi|a *ponder; think;* mitä asiasta -t? *what do you think of it?*

tuumiskella *ponder; reflect on*

tuuppia *push, jostle*

tyhjentymätön *inexhaustible*

tyhjent|ää *empty;* (sot.) *evacuate; clear (the table, letter box* ym); (purkaa) *unpack;* -ävä *exhaustive*

tyhjiö *vacuum*

tyhjä *empty; vacant;* (paristo) *exhausted;* (kirjoittamaton) *blank;* ~ puhe *idle talk;* äänestää ~ä *vote blank*

tyhjäkäynti *idling*

tyhjänpäiväinen *trifling, futile*

tyhjäntoimitta|ja *good-for-nothing, idler*

tyhmä *stupid; foolish;* (epäviisas) *unwise*

tyhmänrohkea *foolhardy*

tyhmänylpeä *snobbish*

tykinlavetti *gun-carriage*

tykistö *artillery*

tykkimies *gunner*

tykkituli *gunfire*

tykyttää *pulsate, beat*

tykytys *pulsation beat*

tylli *tulle*

tylppä *blunt; obtuse*

tylsistyä (kuv.) *become du*

tylsä *blunt,* (m. kuv.) *dull*

tylsämielinen *idiot*

tyly *unkind, rude;* vrt. **töyke**

tympeä *flat stale*

tympäis|tä *disgust;* -evä *m. mauseating;* se -ce minua *I am fed up with it*

tynkä *stump*

tynnyri *barrel, cask*

typeryys *stupidity*

typerä *stupid; foolish silly*

typistää *cut short;* (silpoa) *mutilate;* (häntä ym) *dock*

typpi *nitrogen*

typykkä *young thing,* (pimu) *bird*

tyranni *tyrant*

tyrannisoida *tyrannize (over) bully*

tyrehdyttää *check, sta(u)nch (the flow of blood)*

tyrehtyä *stop, be checked*

tyrkyttää *press (upon), ply sb. with (drink, arguments)*

tyrkätä *push, poke, thrust*

tyrmistytt|ää *stupefy;* -ävä *staggering*

tyrmistyä *be staggered, freeze*

tyrmä *jail dungeon*

tyrmätä *knock ... out*

tyrmäys *knock-out*
tyrsky *surf, surge*
tyrä *hernia*
tyttären|poika, **-tytär** *grand|-son, -daughter*
tyttö *girl*
tyttömäinen *girlish*
tytär *daughter*
tytärpuoli *stepdaughter*
tyven *calm*
tyvi *base*, (paksumpi pää) *butt; proximal part*
tyydyttämätön *unsatisfied*
tyydyttävä *satisfactory*
tyydyttää *satisfy;* (jk tarve) m. *fulfil, meet (a need)*
tyydytys *satisfaction*
tyyli *style*
tyylikäs *stylish, chic;* on ~ *has style*
tyyneys *calmness,* (mielen) *composure*
tyyni *calm; still untroubled;* T~ valtameri *the Pacific (Ocean)*
tyynnyttää *calm, quiet, soothe*
tyyntyä *calm (down),* (tuuli) *abate, drop*
tyyny *cushion,* (vuoteen) *pillow*
tyynynpäällinen *pillow-case* (t. -slip)
tyypillinen *typical*
tyyppi *type*
tyytymätön *dissatisfied, discontented*
tyytyväinen *satisfied, content(ed)* (with jhk), *pleased with*
tyytyväisyys *satisfaction, contentment*
tyytyä *be content with, content o.s. with*
työ *work, labour;* (teko) *deed;* tehdä ~tä *work;* ~ssä *at work;* olla jkn ~ssä *work for, be employed by*
työehtoneuvottelut *collective bargaining*
työehtosopimus *collective agreement, agreement on wages and conditions of employment*
työkalu *tool*
työkyky *working capacity*
työkykyinen *fit for work*
työkyvytön *incapacitated (for work)*

työllistää *employ*
työllisyys *employment*
työlupa *work permit*
työläinen *worker*
työläs *laborious; troublesome*
työmarkkinat *labour market*
työmies *workman*
työnantaja *employer*
työnjohtaja *foreman*
työntekijä *worker*
työntyä; ~ esiin *project, protrude*
työntää *push; shove*
työntökärryt *(wheel)barrow*
työnvälitystoimisto *employment agency*
työpaikka *workplace; job*
työpaja *workshop*
työpalkka *wages, pay*
työpäivä *work(ing) day;* 8 tunnin ~ *eight-hour day*
työrauha (t-markkinoilla) *industrial peace*
työskennellä *be working*
työskentely *work(ing)*
työtakki *overall*
työteliäs *industrious, hardworking*
työtoveri *fellow worker; coworker*
työttömyys *unemployment;* ~avustus *u. benefit,* (arkik.) *the dole*
työtön *unemployed, ... out o work*
työvoima *labour*
työväenliike *labour movement*
työväki *workers, working people*
tähde *remnant;* tähteet *scraps*
tähden: minun tähteni *for my sake;* tämän ~ *for this reason*
tähdenlento *shooting star*
tähdentää *emphasize*
tähdätä *aim (at jhk)*
tähkä *head (of wheat etc.) spike*
tähti *star;* (kirjap.) *asterisk*
tähtikirkas *starlit, starry*
tähtitiede *astronomy*
tähtitieteellinen *astronomical*
tähtitieteilijä *astronomer*
tähtitorni *observatory*
tähtäin *sight*
tähtäy|s: pitkän -ksen *long-term*
tähystää *be on the watch*
tähän *here:* ~ asti *up to here:* ▪

T

seur.; ~ mennessä *until now,
up to the present (time)*
täi louse (pl. *lice*)
täkäläinen ... *of this place, local*
tällainen ... *like this*
tämä *this, this one;* tällä välin
in the meantime; tänä iltana *to-
night;* tätä tietä *this way*
tämänpäiväinen: ... *of today,
today's*
tänne *here;* sinne ~ *h. and
there;* ~ päin *this way*
tänään *today*
täplikäs *dotted, spotty*
täplä *spot, speck*
täpärä *short;* se oli ~llä *it was
a near thing (t. a narrow
escape)l;* (voitti) ~sti ... *by
a narrow margin*
täpötäysi *crowded, packed*
täristä *shake, tremble; jolt,
bump*
tärisytt|ää *shake;* -ävä *shocking*
tärkeys *importance*
tärkeä *important;* hyvin ~ *of
great importance*
tärkkelys *starch*
tärpätti *turpentine*
tärykalvo *ear-drum*
tärähdys *crack,* (maan) *tremor;*
(lääk.) *concussion (of the
brain)*
tärähtä|ä *a shake;* -nyt (kuv.) *not
all there, dotty*
täsmentää *specify*
täsmälleen *exactly; punctually*
täsmällinen *punctual*
täsmällisyys *punctuality; pre-
cision*
tässä *here; in* (t. *at*) *this place*
(house ym)
tästedes *from now on*
tästä *from this; about this;* ~
seuraa (from this) *it follows
that*
täten *hereby; in this way, thus*
täti *aunt*
täydelleen (aivan) *utterly*
täydellinen *complete; total;*
(virheetön) *perfect;* ~ nimi
full name
täydellisesti *perfectly, complete-
ly, altogether*
täydellisyys *perfection*
täydellä: (... soi) ~ voimalla
(the radio is on) at full blast
täydennys *supplement(ing)*

täydentää *complete; supplement,*
(varasto) *replenish*
täydessä: ~ vauhdissa *at top
speed*
täynnä *full (of), filled (with)*
täysi *full;* täydellä syyllä *with
every reason, justly, rightly;*
täyttä vauhtia *at full speed*
täysihoito *board and lodging*
täysihoitola *boarding house*
täysi-ikäinen ... *of age*
täysijärkinen *sane;* ... *in full
possession of one's faculties*
täysikasvuinen *grown-up, adult*
täysilukuinen *fully attended*
täysin *fully, entirely; totally*
~ yhtä hyvä *just as good*
täysinpalvellut *emeritus*
täysipainoinen (esim. työ) ...
high standard
täysistunto *plenary session*
täyskäännös *about turn*
täysosuma *direct hit*
täystyöllisyys *full employment*
täyte *filling,* (keitt.) *stuffing;*
(vanu-) *padding*
täytekynä *fountain pen*
täyteläinen *plump,* (ääni) *rich;
mellow*
täyttymys *fulfilment*
täyttymätön *unfulfilled*
täyttyä *become filled;* (toive
ym) *be fulfilled, be realized,
come true*
täyttä: ~ häkää, ~ päätä *head-
long*
täyttää *fill,* (lomake) *fill in* (t.
out), complete; (kuv.) *fulfil,*
(tarve, m.) *meet;* hän ~ 50
vuotta *he will be fifty (next
month), he is 50 years of age
(today)*
täytyä *have to;* minun täytyy
I must, I have to; täytyykö si-
nun mennä? *must you go? do
you have to go? have you got
to go?*
täytäntö: panna ~ön *execute,
carry into effect*
täällä *here;* täältä *from h.*
töhertää *daub,* (kynällä) *scraw*
tökerö *awkward*
tökätä (kynärpäällä) *nudge*
tölkki *tin, can,* (lasi-) *jar*
töllistellä *gape (at)*
tömistää *stamp*
tömähdys *thump*

tönäistä *shove, poke*
törkeä *coarse, rude;* (vale) *gross;* ~ *virhe grave error*
törky *rubbish, trash*
törmä *bluff*
törmätä *bump (against),* (vastakkain) *clash;* ~ *yhteen collide; crash (into each other)*

törähdys *hoot blast*
töräyttää *blow (a horn)*
tötterö *cone*
töyhtö *crest, tuft*
töykeä *brusque, harsh, abrupt*
töytäistä: ~ *kumoon knock down*

U

udella *inquire (about* jtk), *be inquisitive*
uhat|a *threaten (with), impend;* ascella -taessa *at gunpoint*
uhitella *be defiant*
uhka *threat; menace;* jnk uhalla *at the risk of; under penalty of;* uhallakin *out of spite*
uhkaava *threatening; imminent*
uhkapeli *gambling*
uhkarohkea *daring, reckless, rash,* (tyhmän-) *foolhardy*
uhkarohkeus *daring*
uhkaus *threat*
uhkavaatimus *ultimatum*
uhkayritys *(bold) venture*
uhkea *splendid*
uhku|a *flow (with* jtk); (terveyttä) -va *exuberant*
uhma *defiance*
uhmaava *defiant*
uhmata *defy*
uhrata *sacrifice,* (henki, m.) *lay down,* (rahaa) *spend;* (omistaa jllek) *devote*
uhraus *sacrifice*
uhrautu|a *sacrifice o.s.;* -va *self-sacrificing*
uhrautuvaisuus *self-sacrifice*
uhri *sacrifice; victim;* (raam.) *offering;* joutua jnk ~ksi *fall a victim to;* tapaturman ~t *casualties*
uida *swim, bathe;* mennä uimaan *go swimming, have a swim*
uima-allas *swimming pool*
uimahalli *swimming bath(s)*
uimahousut *swimming trunks*
uimalaitos *swimming baths*
uimapuku *bathing suit*

uimaranta *(bathing) beach*
uimari *swimmer*
uimataidoton *non-swimmer*
uinahtaa *drop asleep*
uinti *swimming;* (-tapa) *stroke;* -matka *swim*
uinua *slumber*
uiskennella (pinnalla) *float*
uistin *spoon bait*
uittaa (tukkeja) *float*
uittomies *timber floater*
ujellus *scream*
ujo *shy, timid*
ujostelematon *unconstrained, free and easy, unshy*
ujostella *be shy;* älä ujostele (m.) *don't be coy!*
ujous *shyness, bashfulness*
ukko *old man*
ukkonen *thunder and lightning;* ~ *jyrisee it is thundering*
ukkosenjohdatin *lightning conductor*
ukkosilma *thunderstorm*
ukkoskuuro *thundery shower*
ukkospilvi *thunder cloud*
ula(radio) *V.H.F., ultra short-wave*
ulappa *open sea,* (valtameren) *the high seas*
ulista *yelp*
uljas *gallant, valiant*
uljuus *bravery*
ulko- *outer, external*
ulkoa *(from) without;* (osata ym) *by heart;* oppia ~ *learn by heart, commit to memory*
ulkoasiainministeri *Minister for Foreign Affairs,* Engl. *Foreign Secretary,* Am. *Secretary of State;* ~ö *Foreign Office,* Am. *State Department*

ulkoasu *outward appearance*
ulkohuone *outdoor lavatory*
ulkoilma *the open air;* ~- *outdoor-, open-air;* ~ssa *outdoors*
ulkoilu *outdoor activities (t. sports) outings*
ulkokullattu s *hypocrite*
ulkokuori *(the) exterior*
ulkomaalainen *foreigner*
ulkomaankauppa *foreign trade*
ulkomaanmatka *trip abroad*
ulko|maat *foreign countries* -maila(-e) *abroad*
ulkomainen *foreign*
ulkomuistista *by heart, from memory*
ulkomuoto *appearance, looks*
ulkona *out, out of doors, outdoors, outside*
ulkonai|nen *external, outward;* -sesti (lääkk.) *for external use*
ulkonaliikkumiskielto *curfew;* ...ssa on ~ *(the town) is under a c.;* ~ kumottiin *the c. was lifted*
ulkonema *projection*
ulkoneva *projecting*
ulko|näkö *appearance;* tuntea -näöltä *know by sight;* -näöstä päättäen *judging by appearances*
ulko-ovi *street* (t. *house) door, front door*
ulkopolitiikka *foreign policy*
ulkopuoli *outside, exterior;* -puolella *outside,* (yli) *beyond*
ulkopuolinen *outward, external;* s *outsider*
ullakko *garret, attic*
ulommaksi *farther out*
ulos *out; out of doors;* ~l *get out!* ajaa ~ *turn ... out*
uloskäytävä *exit*
ulospäin *outward(s)*
ulostaa *defecate*
ulostus *faeces, excrement(s)*
ulostuslääke *laxative*
ulottaa *extend*
ulottu|a *reach, extend;* jkn -villa *within (easy) reach of*
ulottuvaisuus *dimension; range*
ulvo|a *howl; (myrsky) roar;* -nta *(sireenin) hooting*
ummehtunut *close, stuffy; stale*
ummessa: silmät ~ *with one's eyes shut.* (kuv.) *blindfolded*

ummetus *constipation*
ummikko *person who speaks only his own language*
umpi: tie on ummessa *the road is blocked (by snow etc.);* kasvaa umpeen (haava) *heal (up t. over);* kulua umpeen *expire*
umpieritysrauhaset *endocrine glands*
umpikuja (kuv.) *deadlock;* ovat ajautumassa ~an *are heading for a d.*
umpikuuro *stone-deaf*
umpilisäke *appendix*
umpimielinen *uncommunicative*
umpimähkään *at random*
umpinainen *closed*
umpisuolentulehdus *appendicitis*
undulaatti *budgerigar, budgy*
uneksia *dream (of, about)*
uneksija *dreamer*
unelias *drowsy*
unelma *dream, day-dream*
unelmoida *dream*
uneton *sleepless*
unettomuus *insomnia*
uni *sleep; (unennäkö) dream;* nähdä unta *dream;* näin unen *I had a dream*
unikko *poppy*
unilääke *sleeping pill*
uninen *sleepy*
unissakävijä *sleepwalker*
Unkari *Hungary;* u~ (kieli) *Hungarian*
unkarilainen *Hungarian*
unohdu|s *oblivion;* jäädä -ksiin *fall (t. sink) into o.*
unohtaa *forget*
unohtu|a *be forgotten;* se -i minulta kotiin *I left it at home*
unohtumaton *unforgettable*
untuva *down*
uoma *(river) bed*
upea *stately, magnificent*
upeus *state(liness), splendour*
upoksissa *submerged*
upota *sink, go down*
upottaa *sink; (oma laiva, m. scuttle); (kastaa) dip, immerse; (jalokiviä, m.) set in, inlay; (esim. kulmaan) upotettu kuva inset*
uppiniskainen *insubordinate, stubborn*

uppoama *displacement*
upporikas *immensely rich*
upseeri *officer*
ura *career;* (uurre) *groove*
uraani *uranium*
uraauurtava *pioneering*
urak|ka *piece work;* -alla *by*
(t. *on*) *contract*
urakkapalkalla: olla ~ *be paid
by the piece* (t. *job*)
urakoitsija *contractor*
uranuurtaja *pioneer*
urhea *valiant, intrepid*
urheilija *sportsman*
urheilla *go in for sports;* hän ur-
heilee mielellään *he is keen on
sport(s)*
urheilu *sports; athletics*
urheiluhenki: (reilu) ~ *sports-
manship*
urheilukalastus *sport fishing*
urheilukatsaus *sports review*
urheilukenttä *sports ground*
urheilukilpailut *sports meeting*
urheilulaji *sport; event*
urho *hero* (pl. *-oes*)
urhoollinen *brave*
urhoollisuus *bravery*
urkkia *spy; pry (into)*
urkkija *spy*
urkuharmoni *harmonium*
urkuparvi *organ loft*
urkuri *organist*
uros *male;* (-poro ym) *buck*
urotyö *heroic deed, feat*
urpu *catkin*
urut *organ*

usea *many, several;* ~a lajia
of various kinds; useimmat
most
useammin *more often*
useimmiten *mostly*
usein *often, frequently;* ~ ta-
pahtuva *frequent*
uskalias *bold*
uskalikko *daredevil*
uskallus *daring, courage*
uskal|taa *dare;* (-tautua) *ven-
ture;* -lettu *hazardous;* en -la
I dare not , *I do not dare
to* ; -latko? *dare you?* miten
hän ~ ? *how dare he* ? en
ole -tanut kysyä häneltä *I
have never dared* (*to*) *ask him*
usko *belief (in);* (usk.) *faith;*
hyvässä ~ssa *in good faith*

usko|la *believe (in);* (arvella)
think; (jkn haltuun) *trust
(...to);* (salaisuus) *confide
(... to);* (tehtävä) -ttiin hä-
nelle *was entrusted to him;* sitä
en u. *I don't think so* (t. *believe
it);* et voi ~ kuinka *you can-
not imagine how*
uskollinen *faithful; loyal*
uskollisuus *faithfulness*
uskomaton *incredible*
uskonno|llinen *religious;* -n-
vapaus *r. freedom*
uskonpuhdistus *reformation*
uskonto *religion,* (koul.) *reli-
gious knowledge*
uskontunnustus *creed*
uskotel|la *make sb. believe sth.;*
~ olevansa *imagine that one
is,* (toisille) *try to pass o.s off
as;* kuka on -tellut sinulle sel-
laista? *whoever put that into
your head?*
uskoton *unfaithful*
uskottava *credible; plausible*
uskottomuus *unfaithfulness*
uskottu *trusted;* -mies *trustee*
uskoutua jklle *take a p. into
one's confidence*
uskovainen s *believer*
usva *mist, fog*
utare *udder*
uteliaisuus *curiosity*
utelias *curious;* (kyseliäs *in-
quisitive*
utu *mist*
uudelleen *afresh, again;* raken-
taa ~ *rebuild;* ~ järjestely
reorganization, (hallituksen)
cabinet reshuffle
uudenaikainen *modern, up-to-
date*
uudenvuoden|aatto, -päivä *New
Year's Eve* (*Day*)
uudestaan *anew, again;* yhä ~
over and over again
uudisasukas *settler*
uudisasutus *settlement*
uudistaa *renew*
uudistua *be renewed,* (toistua)
be repeated
uudistus *innovation,* (paran-
nus) *reform*
uudisviljelys *newly cultivated
land*
uuni *oven;* (kamiina) *stove;*

u v

(sulatus- ym) *furnace;* (poltto-) *kiln*
uupua *become exhausted* (t. *worn out*)
uupumaton *untiring*
uupumus *exhaustion*
uupunut *exhausted, fatigued*
uurastaa *hard work, toil*
uurna *urn*
uurre *groove*
uurteinen *furrowed*
uusi *new; fresh;* ~ **aika** *modern times;* upo ~ *brand new;* mennä ~in naimisiin *re-marry;* mitä uutta? *what news?* hyvää uutta vuotta! *Happy New Year!*
uusi|a *renew* korjata) *restore,*

renovate, re-fit; (toistaa) re-peat; -ttu (painos) revised
uusikuu *new moon*
uusinta *renewal, repetition;* (rad. ym) *repeat, re-run*
uusiutua *be repeated,* (tauti ym) *recur*
uuskolonialismi *neo-colonialism*
uutimet *curtains,* Am. *drapes*
uuti|nen *(piece of) news*
uutiskatsaus *newscast*
uutistoimittaja *newscaster*
uutisvälineet *news media*
uuttaa *extract*
uuttera *industrious*
uutteruus *diligence*
uutuus *novelty*
uuvuttaa *exhaust, tire (out)*

V

vaahdota *foam; lather*
vaahtera *maple*
vaahto *foam, froth;* (saippua-) *lather*
vaahtomuovi *foam plastic*
vaaka *scale(s), balance; weighing machine*
vaakakuppi *scale*
vaakasuora *horizontal, level*
vaakuna *(coat of) arms*
vaalea *light;* (tukka ym) *fair;* ~n vihreä (m.) *pale green;* ~npunainen *pink*
vaaleaveri|nen *fair, blond;* -kkö *blonde*
vaalentaa *bleach*
vaaleta *turn pale, fade*
vaali(t) *election*
vaalia *take good care of, nurse;* (kuv.) *cherish*
vaalihuoneisto *polling place*
vaalijuliste *election poster*
vaalikelpoinen *eligible*
vaalilippu *ballot paper*
vaalipiiri *electoral district*
vaalitaistelu *election campaign*
vaaliuurna *ballot box*
vaan *but*
vaania *lurk*
vaara *danger, peril; risk;* (mäki) *hill;* olla ~ssa *be in danger, be endangered, run the risk (of ...-ing);* ~n alainen *exposed*

to danger; ~ ohi(merkki) (the) all clear
vaarallinen *dangerous;* (uskallettu) *hazardous, risky*
vaarantaa *endanger, risk*
vaaraton *safe; harmless*
vaari *grandfather;* ottaa ~ *pay attention (t. heed) to*
vaate *cloth, material;* **vaatteet** *clothes, clothing*
vaateharja *clothes brush*
vaatekaappi *wardrobe*
vaatekappale *article of clothing*
vaatekerta *set (t. suit) of clothes,* (vaihto-) *change of clothes*
vaatekomero *(built-in) wardrobe*
vaatenaulakko *coat rack*
vaateripustin *(coat) hanger*
vaatettaa *clothe*
vaatetus *clothing*
vaatetusliike *clothing store*
vaati|a *demand, claim; require,* -malla ~ *insist (on)*
vaatimaton *modest, unpretentious, simple*
vaatimattomuus *modesty*
vaatimu|s *demand, claim;* täyttää -kset *fulfil requirements*
vaativa *exacting, demanding*
vaatturi *tailor*

vadelma *raspberry*
vaellus *wandering*
vaeltaa *wander; stroll, roam*
vaha *wax*
vahakangas *oilcloth*
vahata *wax*
vahingoittaa *hurt, injure; harm;* (vioittaa) *damage*
vahingossa *be injured* (t. *hurt*)
vahingoittumaton *uninjured, unhurt*
vahingollinen *injurious, harmful, detrimental*
vahingoniloinen *malicious*
vahingonkorvaus *compensation, damages*
vahinko *damage, harm; loss;* vahingossa *by accident;* kärsiä ~a *suffer a loss;* mikä ~! *what a pity!* it *is too bad* (*that* ...)
vahti *watch, guard*
vahtikoira *watch dog*
vahtimestari (*hall*) *porter; attendant, caretaker,* (koulun, m.) *keeper;* (kirkon) *verger*
vahva *strong, firm; durable*
vahvennus (sot.) *reinforcement*
vahvist|aa *strengthen; confirm;* (todistaa) *certify; establish;* (rad.) *amplify;* ~ valalla *attest on oath;* -ava lääke *tonic*
vahvistus *strengthening; confirmation; sanction*
vahvuinen; (... ~ joukko) ... *in number,* ... *strong*
vahvuus *strength*
vai *or;* ~ niin? *is that so?*
vaientaa *silence*
vaieta *be silent;* ~ jstk *conceal, hold one's tongue about*
vaihde (auton) *gear;* vaihteeksi *for a change*
vaihdelaatikko *gear box*
vaihdella *vary; range (from ... to ...); fluctuate*
vaihdetanko *gear lever*
vaihdevuodet *menopause*
vaihdos *change*
vaihe *phase; stage;* (kohtalon) ~et *vicissitudes;* vuoden 1900 ~illa (*somewhere*) *about the year 1900;* olla kahden ~illa *hesitate*
vaihtaa *change, exchange (for* jhk*);* (rautat. ym) *switch;* voit-

teko ~ punnan? *can you give me change for a pound?*
vaihteleva *variable, varying; changeable*
vaihtelu *variation, variety,* (vuorottelu) *alternation;* ~n vuoksi *for a change;* ~väli *range*
vaihto *exchange, change*
vaihtoavain *monkey wrench*
vaihtoehto, -inen *alternative*
vaihtokauppa *barter(ing)*
vaihtoraha (*small*) *change*
vaihtosuhteet: ulkomaankauppan ~ *terms of trade*
vaihtovirta *alternating current*
vaihtua *change*
vaijeri *cable*
vaikea *difficult, hard;* (tauti) *serious;* (puhek.) *tricky, sticky;* knotty; ~sti ratkaistava *hard to solve;* on ~ta ymmärtää *it is difficult* (t. *hard*) *to understand*
vaikeneminen *silence*
vaikeroida *groan moan*
vaikeus *difficulty; trouble*
vaikeuttaa *render* (t. *make*) *difficult, hamper*
vaikka (*al*)*though;* (~ kohta) *even if* (t. *though*); ~ kuka *anybody, no matter who;* ~ kuinkakin vähäinen *however slight*
vaikku *ear-wax, cerumen*
vaikut|e *impulse;* saada -teita *be influenced by*
vaikutelma *impression*
vaikutin *motive*
vaikut|taa *have an effect (on); affect, influence; act (on)* (toimia) *work;* (jltak) *look, seem;* se ei -a asiaan *it does not matter;* siihen -tavat monet tekijät *it is caused by many factors;* -tava *impressive*
vaikutu|s *effect, influence (on);* jnk -ksen alaisena *under the influence of;* -ksille altis *impressionable*
vaikutustapa *mode of action*
vaikutusvalta *influence*
vaikutusvaltainen *influential*
vailla *without;* 5 minuuttia ~ 3 *five (minutes) to three;* olla ~ *be short of, be lacking*
vaille *short of;* jäädä ~ *be left without*

vaillinainen *incomplete; defective*
vaillinki *deficit*
vaimentaa *moderate; damp*
vaimentua *quieten (down), abate*
vaimo *wife* (pl. *wives*)
vain *only;* ~ hiukkasen (m.) *just a little;* mitä ~ *anything*
vainaja *(the) deceased;* (isä-) ~ni *my late ...*
vainio *field*
vaino *persecution;* ~harha *delusion of p.* (-luuloisuus) *paranoia*
vainota *persecute*
vainu *scent*
vainuta *(get) scent (of)*
vaippa *cloak,* (kuv.) *cover;* (vauvan) *diaper*
vaipula *sink;* ajatuksiin -nut *deep* (t. *absorbed) in thought*
vaisto *instinct*
vaistomainen *instinctive*
vaitelias *silent, taciturn*
vaiti *silent;* ole ~! *be quiet!*
vaitiolo *silence*
vaitiolovelvollinen *bound to secrecy*
vaitiolovelvollisuus *professional confidentiality*
vaiva *trouble; bother;* (kipu) *pain;* nähdä ~a *take trouble* (t. *pains);* ei maksa ~a *it is not worth while*
vaivainen *miserable;* s *invalid*
vaivalloinen *troublesome; laborious, arduous*
vaivata *trouble, bother, worry, annoy;* älä anna sen ~ päätäsi *don't let it worry you,* häntä vaivaa (tauti) *he is suffering from;* mikä sinua vaivaa? *what is the matter with you? what's wrong (with you)?* anteeksi, että vaivasin *sorry to have bothered you*
vaivatlon *easy;* -tomasti *without difficulty*
vaivautula *trouble, take the trouble (of -ing);* älkää -ko *don't bother*
vaivoin *with difficulty*
vaja *shed*
vajaa *short (of);* ~(t) *puolet rather less than a half*

vajaamielinen *mentally handicapped*
vajaamittainen *not up to the standard*
vajaus *shortage;* (vaillinki) *deficit;* (kirjanp.) *balance due*
vajavainen *deficient, imperfect*
vajota *sink,* (laiva, m.) *go down, founder*
vakaa *firm, stable, steadfast;* vakain tuumin *wilfully*
vakaantua *become stable* (t. *steady)*
vakaumuls *conviction;* -ksensa puolesta *for their conviction(s)*
vakauttaa *stabilize*
vakavla *serious, grave;* (luja) *steady, firm, stable;* -issaan *in earnest, seriously*
vakavarainen *solid; sound*
vakavuus *seriousness*
vakiintula *become established; settle down;* -nut *(well-)established; set*
vakinainen *regular; permanent;* (palvelus) *active*
vakio *standard, stock;* (mat.) *constant;* ~koko *stock size;* ~varuste(et) *standard equipment*
vako *furrow*
vakoilija, vakoilla *spy (upon jkta)*
vakoilu *espionage;* ~satelliitti *intelligence satellite*
vakosametti *corduroy*
vakuus *guarantee, security*
vakuutltaa *assure;* (tavara ym) *insure (against);* (väittää, m.) *declare;* (syyttömyyttään) *profess;* (-tamalla ~) *affirm;* -ettu *registered (letter);* -tava *convincing*
vakuuttautua *convince o.s.*
vakuuttunut *convinced (of)*
vakuutuls *assurance;* (palo- ym) *insurance;* -ksen ottaja *policy holder*
vakuutuskirja *insurance policy*
vakuutusmaksu *i. premium*
vakuutusyhtiö *i. company*
vala; *oath;* vannoa ~ *swear* (t. *take) an o.;* väärä ~ *perjury*
valaa *cast found;* (kaataa) *pour*
valaisiln *lamp;* -met *light fittings*

V

valais|ta *light*, (kuv.) *illustrate;*
-eva *illustrative;* ~ asiaa
throw light on the matter
valaistus *light(ing); illumination*
valaja *founder*
valamies *juryman, juror*
valantehnyt *sworn*
valapattoinen *perjured*
valas *whale*
valeasuinen ... *in disguise*
valehdella *lie, tell a lie*
valehtelija *liar*
valekuolema *suspended animation; asphyxia*
valella *pour (... upon)*
valepuku *disguise*
valhe *lie, untruth*
valheellinen *false, untruthful*
valikoida *pick (out), select*
valikoima *selection; assortment*
valikointi *selection, choice*
valimo *foundry*
valinnainen *optional*
valin|ta *choice;* meillä ei ole
-nan varaa *we have no option
(no other choice)*
valiokunta *committee,* (parl.)
commission
valistaa *enlighten, educate*
valistunut *enlightened*
valistus *enlightenment*
valistustyö *educational work*
valit|a *choose; elect;* hänet-tiin
presidentiksi *he was elected
President*
valitettava *regrettable deplorable;* ~sti *unfortunately;* ~sti
en voi! *sorry, but I can't*
valitsija *voter;* (-mies) *elector*
valitsijakunta *electorate*
valit|taa *complain (of* jtk);
(lak.) *appeal;* (voihkia) *moan;*
(pahoitella) *regret, be (very)
sorry;* (surua) *condole with
a p.;* -aen surua *with my
sympathy;* -i syvästi *expressed
his deep regret (that ...)*
valitus *complaint;* (itku) *lament;*
(päätöksestä) *appeal*
valjaat *harness*
valjakko *team*
valjastaa *harness*
valjeta* (sarastaa) *dawn*
valkaista *bleach,* (kalkita) *whitewash*

valkea s *fire; a white*
valkeus *whiteness,* (valo) *light*
valkoinen *white*
valkokangas *screen*
valkosipuli *garlic*
valkovuokko *wood anemone*
valkuai|nen *white (of an egg,
of the eye);* -s|aine *protein*
vallalla: olla ~ *prevail;* ~
oleva *prevailing, prevalent*
vallanalaisuus *subjection*
vallananastaja *usurper*
vallanhimo *greed for power*
vallanhimoinen *greedy for power*
vallankaappaus *coup (d'état)*
vallankumouksellinen *revolutionary*
vallankumous *revolution*
vallanperimys *succession*
vallanpitäjät *holders of power*
vallata *occupy, take possession
of;* (maa, m.) *invade;* (laiva,
m. kuv.) *capture;* (ajatukset
kokonaan) *preoccupy*
vallaton *unruly, unmanageable
undisciplined*
vallattomuus *unruliness*
valli *embankment*
vallihauta *moat*
vallit|a *dominate;* -sevissa olois-
sa *under the prevailing (t.
existing) conditions*
vallitseva *prevalent,* (hallitseva)
predominating
vallitus *entrenchment*
valloill|aan, -een ks. valta
valloittaa *conquer*
valloittaja *conqueror*
valloitus *conquest*
valmentaa *train;* (tenttiin) *cram*
valmentaja *trainer,* (opinto-)
tutor
valm|is (jhk) *ready, prepared;*
valmiina *completed;* saada
-liksi *get ... finished, complete;*
-iit vaatteet *ready-made clothes*
valmismatka *packaged (t. all-
inclusive) tour*
valmista|a *prepare,* (päättää)
complete; (tuottaa) *produce
manufacture;* (puhua) -matta
extempore
valmistautua *prepare, get ready
(for)*
valmistava *preparatory, preliminary*

valmiste manufacture, make; ~illa in course of preparation
valmistua be finished, be completed; (jhk ammattiin) qualify as
valmistumaton unprepared
valmistus preparation; manufacture
valmius readiness, preparedness
valo light; saattaa huonoon ~on bring discredit (on)
valoilmiö optical phenomenon
valoisa light, (kuv.) bright
valokeila: joutua julkisuuden ~an come into the spotlight
valokopio, ~ida photocopy
valokuva photograph, (tuokio-) snapshot
valokuvaaja photographer
valokuvata (take a) photograph
valokuvauksellinen photogenic
valokuvaus photography
valokuvauskone camera
valokuvauttaa have sth. photographed, (itsensä) have one's picture taken
valomainos illuminated advertisement, neon sign
valonheitin searchlight
valonsäde beam of light
valopetroli paraffin, Am. kerosene
valos cast(ing)
valottaa (valok.) expose
valotus exposure
valpas watchful, alert, vigilant
valppaus watchfulness, alertness
valssi roller; (tanssi) waltz
valta power; (hallinta) rule, dominion; might; alistaa ~nsa alle subdue; pelon vallassa overcome by fear; jkn omassa vallassa (with)in ...'s power; olla valloillaan have free reins, run wild; päästää valloilleen let loose
valtaanpääsy take-over
valtaistui|n throne; nousta -melle ascend the throne
valtakirja power of attorney; ~lla by proxy
valtakunta state; realm (et. run.); (kuningas-) kingdom; Rooman ~ the Roman Empire
valtameri ocean

valtaosa (great) majority
valtataistelu struggle for power
valtatie main road
valtaus capture, (kaivos-) claim
valtava huge, enormous
valtias ruler
valtikka sceptre
valtimo artery; koettaa jkn ~a feel sb.'s pulse
valtio state; ~n virkamies government official, public (t. civil) servant
valtiollinen political
valtiomies statesman
valtiomuoto system of government; constitution
valtioneuvosto cabinet
valtionhoitaja regent
valtionpäämies head (t. chief) of state
valtionvarat government funds
valtionvelka national debt
valtion|virka: on -virassa is in public service
valtiopetos high treason
valtiopäivät parliament
valtiotiede political science
valtiovarain|ministeri minister of finance, Engl. Chancellor of the Exchequer; -ministeriö Engl. the Treasury
valtiovalta the State
valtiovierailu State visit
valtioviisas diplomatic
valtti trump
valtuus authority, powers
valtuuskunta delegation
valtuusmies town councillor
valtuusto town council; vrt. kunnan-
valtuuttaa authorize, empower
valua flow, (yli) run over
valurauta cast iron
valuutta currency
valuuttakurssit rates of exchange
valveilla awake
valveutunut enlightened
valvoa be awake, wake (sairaanhoit.) be on night duty watch (by ...'s bedside); (pitää silmällä) look after, look to (it that); supervise; hän valvoo myöhään he keeps late hours; saanko ~ (ja katsella ...)? may I stay up for ...?

valvottu (yö) *wakeful*
valvonta *control, supervision*
vamma *injury, lesion*
vammainen *disabled*
vammau|tua: hän -tui vaikeasti *he was seriously injured*
vana|vesi: -vedessä *in the wake (of)*
vaneri *plywood*
vanginvartija *warder jailer*
vangita *arrest, take ... into custody; put ... into prison*
vanha *old, aged; ancient;* ~ aika *antiquity;* ~t ja nuoret *old and young;* he ovat yhtä ~t *they are of the same age;* elää ~ksi *live to a great age;* kuinka ~ olet *how old* (t. *what age*) *are you?* hän on 40 vuotta ~ *he is 40 years old* (t. *of age*); ~lla iällään *at an advanced age, late in life*
vanhainkoti *home for the aged, old people's home*
vanhanaikainen *old-fashioned, out of date, dated*
vanhapoika *bachelor*
vanhemmat *parents*
vanhempi *older;* hän on 5 vuotta minua ~ *he is five years older than I;* vanhempi sisareni *my elder sister*
vanhe|ta *grow old(er), age;* -neminen *aging*
vanhin *oldest;* ~ veljeni *my eldest brother*
vanhoillinen *conservative*
vanhoillisuus *conservatism*
vanhurskas *righteous*
vanhus *old man* (t. *woman*); **vanhukset** *old people*
vanhuudenheikko *infirm, decrepit*
vanhuudenhöperö *senile*
vanhuus *old age*
vanilja *vanilla*
vankeus *imprisonment*
vanki *prisoner;* joutua vangiksi *be taken p.*
vankila *prison, jail;* sl. *nick;* joutua ~an *be sent to prison*
vankka *firm, steady;* ~ terveys *good* (t. *robust*) *health*
vankkurit *covered wag(g)on*
vanne *hoop,* (pyörän) *rim*
vannoa *swear*
vannottaa *take a p.'s oath*

vannoutunut *sworn, avowed*
vanu *cotton wool*
vanua *felt (up)*
vanukas *pudding*
vapa *rod*
vapaa *free;* (joutilas) *disengaged, available, vacant (seat, paikka);* (käytös) *unconstrained;* (veroista ym) *exempt (from);* ~ aika *spare time, leisure;* ~ palveluksesta *off duty;* ~lla jalalla *at large;* päästää ~ksi *set ... free;* ~sta tahdostaan *of his own accord;* ~lla (vaihde) *in neutral*
vapaa-ajattelija *free-thinker*
vapaaehtoinen a *voluntary,* (aine) *optional;* s *volunteer*
vapaamielinen *liberal*
vapaamielisyys *liberalism*
vapaapaini *free style wrestling*
vapaapäivä *day off*
vapaasatama *free port*
vapaasti *freely; openly;* saat ~ ... *you are free* (t. *at liberty*) *to ...*
vapahtaa *save*
Vapahtaja *Saviour*
vapaus *freedom, liberty;* ottaa ~ *take the liberty* (of ...-*ing*)
vapaussota *war of independence*
vapautt|aa *free, set free, release, liberate;* (epäilyksistä) *clear* (of); (veroista ym) *exempt;* -ava tuomio *acquittal*
vapautua *be released;* (päästä) *get rid of*
vapautus *liberation,* (helpotus) *relief*
vapista *tremble*
vappu *the first of May; May day*
vara *reserve;* ~t *means, resources;* ~t ja velat *assets and liabilities;* minulla ei ole ~a (jhk) *I cannot afford ...;* yli varojensa *beyond one's means;* kaiken ~lta *just in case*
varainhoitovuosi *financial year*
varajäsen *deputy member*
varakas *wealthy, well-to-do;* ... on ~ *is well off*
varakonsuli *vice-consul*
varallisuus *wealth*
varalta: siltä ~, että ... *in case*
varaosa *spare part*

vararahasto *reserve fund*
vararengas *spare tyre*
vararikko *bankruptcy;* tehdä ~ *become* (t. go) *bankrupt*
varas *thief* (pl. *thieves*)
varaslähtö *false start*
varastaa *steal*
varasto *store, stock, supply;* storehouse; ~ssa *in stock;* kerätä ~on *stockpile,* (rohmuta) *hoard*
varastoida *store* (up) *stock*
vara|ta *reserve;* ~ paikka *book* (in advance); -ttu m. *engaged,* (puhelinlinja) *busy*
varaton ... *without means*
varattomuus *lack of means*
varauksellinen *qualified*
varauksellisuus *reserve*
varaukseton *unqualified*
varauloskäytävä *emergency exit*
varhain, varhainen *early*
varhaiskypsä *precocious*
varis *crow*
varista *fall off*
varistaa (lehtiä) *shed*
varjella (jltk) *protect from, guard against*
varjelu(s) *protection*
varjo *shadow* (siimes) *shade;* ~ssa *in shade;* saattaa ~on *put in the shade;* jnk ~lla *under pretence* (the veil, the cloak) *of*
varjoisa *shady*
varjopuoli *drawback*
varjostaa *shade; shadow* (m. kuv.)
varjostin *shade*
varkain *surreptitiously*
varkaus *theft; stealing*
varma *sure, certain;* (turvallinen) *secure, safe;* (itse-) *self-confident*
varmaankaan: ette ~ ole ... *you haven't ..., have you?* en ~ (voi ...) *I am afraid* (I *can't ...)*
varmaankin *very probably; I expect ..., I suppose*
varmasti *surely, (most) certainly, for certain, definitely*
varmentaa *confirm,* (todistaa) *certify*
varmistaa *make sure about*
varmuus *certainty*
varo|la *look out, be careful;*

~kaa *take care, beware of* (the dog), *mind* (you don't catch cold, ettette vilustu)
varoittaa *warn, caution*
varoitus *warning*
varokeino *precaution*
varomaton *imprudent, thoughtless*
varoval|nen *cautious; careful* -sesti *with care*
varovaisuus *caution; care*
varoventtiili *safety valve*
varpaisillaan *on tiptoe*
varpu (bare) *twig*
varpunen *sparrow*
varras *spit*
varrella (joen) *on, by,* (tien) *by* (the side of); ... kadun ~ *in .. street;* vuosien ~ *in the course of years, down the years*
varsa *foal,* (tamma) *filly,* (ori) *colt*
varsi *handle, arm,* (kasvin) *stalk stem*
varsin *quite; very*
varsinai|nen *actual, true;* sanan -sessa merkityksessä *in the proper sense of the word*
varsinkin *particularly*
vartalo *body, trunk, figure* (kiel.) *stem*
vartavasten *expressly, specially*
varteen: ottaa ~ *take into consideration, consider*
varten *for,* (tähden) *because of;* sitä ~ *for that reason;* mitä ~ *why*
vartija *watchman; guard*
vartio *guard,* (-aika) *watch;* olla ~ssa *be on guard duty; stand sentry*
vartioi|da *watch; guard;* -tuna *guarded*
vartiosotilas *sentry*
varuill|aan *on the alert;* olla ~ *be on one's guard;* ole -asi *be careful*
varuskunta *garrison*
varusmies *serviceman*
varust|aa *furnish, equip, supply* (with); (linnoittaa) *fortify;* jllak -ettu *fitted with, provided with*
varustautua *equip o.s.* (sot.) *arm*
varusteet *outfit, equipment*

varustelu (sot.) (re)armament

varustus equipment; (linnoitus) fortifications

varvas toe

vasara hammer

vasemmalla ks. vasen

vasemmanpuoleinen: ~ liiken-ne left-hand traffic

vasemmisto the Left; ~lainen left-winger, leftist; ~lehti left-wing paper

vasen left; vasemma|lla on the left side (t. hand), at (the) left, (puolellani) on my left; -lle (to the) left

vasenkätinen left-handed

vasikanliha veal

vasikanpaisti roast veal

vasikka calf (pl. calves)

vaski copper

vasta only, not until (t. till); (vihta) bunch of birch twigs (used in sauna); ~ silloin huo-masin only then I noticed, not till then did I notice (that); ~ äsken just now, a while ago

vasta- newly, freshly

vastaaja (lak.) defendant

vasta-alkaja beginner

vastaan against; (esim. lääke.) for; panna ~ object (to), oppose; tulla ~ meet

vastaanotin (receiving) set

vastaanottaja recipient, (kir-jeen) addressee

vastaanotto reception

vastaanotto|aika (lääk.) con-sulting hours; -apulainen re-ceptionist

vastaantuleva (liikenne) ap-proaching

vastaava corresponding; ~t (kirjanp.) assets; ~sti cor-respondingly

vastahakoinen reluctant

vastahyökkäys counter-attack

vastai|nen future, prospective; lain ~ contrary to law; -sen varalle for the future, for a rainy day

vastakkain opposite each other

vastakkainen opposite, contrary, (järjestys) reversed

vastakohta contrast, opposite; on (jnk) räikeänä ~na con-trasts sharply with

vastalause protest; esittää ~

protest (against)

vastaleivottu freshly baked

vastamyrkky antidote

vastanaineet newly married; the newly-weds

vastapaino (counter)balance

vastapalvelus return service

vastapuoli opposing party

vastapäivään anti-clockwise

vastapäätä opposite (m. to)

vastarakkau|s: ei saanut -tta .. (his) love was not returned

vastarinta resistance; tehdä ~a resist

vastassa: olla ~ meet

vastasyntynyt newborn

vastata answer, reply (to); (olla vastineena) correspond (to, with); (olla vastuussa) answer for, be responsible for; ~ odotuksia come up to expectations; ~ seurauksista take the consequences; ~ tar-koitusta answer (t. serve) the purpose

vastatusten facing each other

vastatuuli head wind, contrary wind; meillä oli ~ we had the wind against us

vastaus answer, reply; -kseksi kirjeeseenne in answer to your letter

vastavaikutus counteraction

vastavakoilu counter-espionage

vastavierailu return call

vastavirtaan upstream

vastaväite objection

vastedes in the future

vasten against; ~ silmiä(ni) to my face

vastenmieli|nen disagreeable; -sesti unwillingly

vastenmielisyys dislike (of for), antipathy, to(wards)

vastike substitute

vastikään a while ago

vastine counterpart; (sana) equi-valent; (lak.) plea; saada ~tta rahalleen get value for one's money

vastoin against, contrary to

vastoinkäymi|nen adversity, misfortune, hardship; myötä-ja -sessä for better for worse

vastu|s difficulty, trouble; (sähk.) resistance

vastustaa oppose; resist

vastustaja *opponent, antagonist*
vastustamaton *irresistible*
vastustus *opposition*
vastustuskyky *(power of) resistance,* (sitkeys) *stamina*
vastuu *responsibility;* ottaa ∼ *assume r.;* olla ∼ssa *be responsible* (t. *accountable*) *for;* meidän ∼llamme *at our risk*
vastuunalainen *responsible*
vastuuton *irresponsible*
vati *dish,* (pesu- ym) *basin*
vatkain *mixer, whisker*
vatkata (munia ym) *beat, whip,* (voita) *work*
vatsa *abdomen,* (maha) *stomach*
vatsahaava ks. maha-
vatsakipu *abdominal pain*
vauhdikas *brisk,* (eloisa) *vivacious*
vauhko *shy, skittish*
vauhti *speed, rate;* hyvää ∼a *at a great speed;* ottaa ∼a *take a running start*
vauhtihirmu *speeder*
vauhtipyörä *fly-wheel*
vaunu(t) *carriage;* (rautat.) *coach,* Am. *car,* (tavara-) *waggon*
vaunusilta *platform*
vauras *well-to-do, wealthy*
vauraus *prosperity, affluence*
vaurio *damage*
vaurioittaa *injure, damage*
vauva *baby*
vavahtaa *(give a) start*
vavistus *shudder*
vedenalainen a & s *submarine*
vedenkorkeus *water level*
vedenpaisumus *the Flood*
vedenpinta *surface (of the water)*
vedenpitävä *water-tight*
vedos‖(kirjap.) *proof*
vedota *appeal (to)*
vehje *device,* (vekotin) *gadget;* (juoni) *intrigue*
vehkeilijä *plotter, conspirator*
vehkeillä *plot, conspire (against)*
vehkeily *plotting*
vehmas *luxuriant*
vehnä *wheat*
vehnäleipä *white bread*
veijari *rascal, sly dog*
veikata *do* (t. *play*) *the pools;* (lyödä vetoa) *bet*
veikeä *mischievous*

veikkaaja *pools punter*
veikkau‖s *football pools;* voittaa ∼ksessa *win on the pools*
veikkauslippu *pools coupon*
veikkausvoitto *pools win*
veikko: vanha ∼ *old chap* (t. *fellow*)
veisto *woodwork, woodcraft*
veistos *piece of sculpture*
veistää *carve, cut; sculpt;* (veistellä) *whittle*
veitikka *rascal;* pikku ∼ *you little rogue;* ∼ silmäkulmassa *with a twinkle in his eye*
veitikkamainen *waggish, mischievous*
veitsi *knife* (pl. *knives*)
vekotin *gadget*
vekseli *bill* (lyh. *B/E*), (asete) *draft;* asettaa ∼ *draw a bill*
velaksi *on credit*
velallinen *debtor*
veli *brother*
velikulta *jolly fellow, wag*
velipuoli *step-brother*
veljeillä *fraternize, hobnob*
veljellinen *brotherly*
veljenpoika *nephew*
veljentytär *niece*
veljeskunta *fraternity*
veljet (kuv.) *brethren;* voi ∼! *boys!*
veljeys *brotherhood*
velka *debt;* olla ∼a *owe sb.* (a *debt*), (m. kuv.) *be indebted (to),* (velassa) *be in debt;* paljonko olen ∼a? *how much do I owe you?*
velkaantu‖a *run* (t. *get*) *into debt, incur debts;* -nut *involved in debts*
velkakirja *promissory note*
velkoja *creditor*
velli *porridge*
veloittaa *charge, debit*
veltostaa *make slack, weaken*
veltostua *become slack*
veltto *slack, indolent; listless*
velttous *slackness, dullness*
velvoittaa *bind, put under an obligation*
velvoitus *obligation*
velvollinen *obliged*
velvollisuu‖s *duty;* tehdä -tensa *do* (t. *fulfil*) *one's duty*
vene *(rowing) boat*
venttiili *valve*
venyttää *stretch*

venyvä *elastic*
venyä *stretch (out)*
venähdyttää *strain, pull*
Venäjä *Russia;* v~ (kieli) *Russian*
venäläinen *Russian*
verbi *verb*
verenhimoinen *blood-thirsty*
verenhukka *loss of blood*
verenkierto *circulation*
verenluovuttaja *blood donor*
verenluovutus *blood donation*
verenmyrkytys *blood poisoning*
verenpaine *blood pressure*
verensiirto *blood transfusion*
verenvuodatus *bloodshed*
verenvuoto *bleeding*
veres *fresh;* (tavata) **verekseltään** *red-handed*
verestää *refresh,* (taitoa) *brush up*
veretön *bloodless*
verevä *full-blooded*
verho *cover,* (ikkuna-) *curtain*
verhoilija *upholsterer*
verhota *cover; wrap;* (huone-kaluja) *upholster*
veri *blood;* vuotaa verta *bleed*
verikoe *blood test*
verikoira *bloodhound*
verilöyly *massacre*
verinen *bloody*
verinäyte *blood sample*
verisolu *blood cell*
verisuoni *blood vessel*
veritulppa *blood clot, thrombus; thrombosis*
verka *cloth*
verkalleen *slowly*
verkko *net;* (seitti) *web*
verkkokassi *string bag*
verkosto *network*
vernissa *varnish*
vero (et. valtion) *tax*
veroilmoitus *income-tax return*
veroinen; jnk ~ *equal to*
verolippu *tax claim*
veronmaksaja *taxpayer*
veronpalautus *tax refund*
veronpidäty|s *deduction of tax;* -ksen jälkeen *after taxes*
veropakoilu *tax evasion*
verotettava *taxable*
verottaa *tax, impose a tax upon;* ~ *liikaa overtax*
veroton *tax-free*
verotus *taxation*

verovelvollinen s *taxpayer*
veroäyri *tax unit*
verran: jonkin ~ *to some extent, in some degree;* mailin ~ *about a mile;* saman ~ *as much, the same amount*
verrannollinen *proportional*
verrat|a *compare (with, to);* -tavissa (oleva) *comparable*
verrat|on *incomparable, unequalled;* -toman arvokas *invaluable;* -tomasti *by far*
verrytellä *limber up*
verryttelypuku *training* (t. track) *suit*
versoa *sprout*
verstas *(work)shop*
verta: ~ansa vailla *unequalled;* vetää vertoja *be equal (to)*
vertailu *comparison*
vertai|nen *equal;* olla toistensa -sia *be a match for each other*
vertaus *metaphor;* (raam.) *parable*
vertauskuva *symbol*
vertauskuvallinen *symbolic(al)* ~ *maksu token payment*
veruke *pretext; excuse*
veräjä *gate*
vesa *sprout, shoot*
vesi *water;* laskea ~lle (laiva) *launch;* olla ~llä (järvellä) *be out in a boat;* veden alla *submerged, flooded;* sai veden herahtamaan kielelleni ... *made my mouth water*
vesihana *water tap;* avata, sulkea ~ *turn on (off) the w. t.*
vesijohto *water pipe*
vesijohtovesi *tap water*
vesikauhu *hydrophobia*
vesiputous *waterfall, falls cataract,* (pieni) *cascade*
vesirokko *chicken-pox*
vesistö *water system*
vesisäiliö *reservoir, (water) tank*
vesivärimaalaus *water colour*
vessa (arkik.) *loo*
vetelehtiä *loaf, loiter, slack*
vetelys *sluggard, slacker*
vetelä *thin;* (kuv.) *slack, sloppy*
veto *draught,* (vetäminen) *traction, pull;* (kynän) *stroke;* (vedonlyönti) *bet;* lyödä ~a *bet, wager*
vetojuhta *draught animal*

vetoketju zip; sulkea ~ zip up;
avata ~ zip down, undo the zip
vetoomus appeal
vetovoima attraction, (maan)
gravity
vettyä become watery (t. soaked)
veturi engine, locomotive
veturinkuljettaja engine (t.
train) driver
vety hydrogen
vetypommi H-bomb
vetäytyä withdraw, retire
(from); (sot.) retreat
vetää pull; draw; (mer. ym)
haul; (kello) wind up; (sisäl-
tää) hold; (jklta hammas ym)
extract, pull out; ~ nenästä
lead ... by the nose; ~ puo-
leensa attract; täällä ~ there
is a draught here
viallinen defective, faulty
viaton innocent
viattomuus innocence
viedä take, (tilaa, m.) take up,
occupy; (kuljettaa) carry, con-
vey; (johtaa) lead (to), (päät-
tyä) result (in); ~ maasta
export; viekö se paljon aikaa
does it take (t. require) much
time? viekää hänelle terveisiä
give him my compliments
viehkeys charm, grace
viehättävä charming
viehättää charm, fascinate
viehätys charm; attraction
viekas cunning, crafty, sly
viekkaus cunning, shrewdness
viekoitella lure, entice; (pet-
tää) cheat (into, out of);
(jatkamaan) lead on; (houku-
tella) tempt
vielä still, yet; (lisäksi) more,
further; ei ~ not yet; ~ nyt-
kin even today; ~ eilen only
yesterday; ~ kupillinen an-
other cup; onko ~ teetä? is
there any more tea? ~ pa-
rempi even better, better still;
~ (1950) as late as ...
vieläpä even
viemäri drain, (kadun alla)
sewer; -laitteet sewage system
vieno mild, gentle
vienti export(s)
vientilupa export licence
vieraantua become estranged
vieraantuminen alienation

vieraanvarainen hospitable
vieraanvaraisuus hospitality
vierailla visit, pay (sb.) a visit;
stay with
vierailu visit
vierailuaika visiting hours
vieraisille: mennä ~ go to see
(a p.)
vieras a unknown, strange; s
stranger, (~paikkakuntalai-
nen) non-resident; (kutsuttu)
visitor, guest; ~ esine foreign
body; ~ kieli foreign language
vieraskirja visitors' book
vieraskäynti call
vierasperäinen ... of foreign
origin
vierastaa be shy of
viereen by, beside
viereinen adjoining, next
vierekkäin side by side
vieressä beside, by the side of;
~ni next to me; olla ~ adjoin
vierittää, vieriä roll
vieroa shun
vieroittaa (lapsi) wean; (paha-
ta tavasta) break (sb.) of a
habit
viesti message
viestijoukot Corps of Signals
viestinjuoksu relay race
viestintä communications
viestittää signal
vietellä (jhk) allure, entice;
(nainen) seduce
viettelys allurement, temptation
vietti instinct
viettävä slanting, sloping
viettää (juhlaa) celebrate; (ai-
kaa) spend, pass; (elämää)
lead (esim. an irregular life);
(laskeutua) slope, incline; vie-
timme joulun etelässä we spent
Christmas in the south
viha hatred, hate; vihoissaan
angry
vihainen angry (with jklle, at
jstk); (koira) fierce
vihamielinen hostile
vihamies enemy
vihannekset vegetables
vihastua get angry
vihastuttaa anger, enrage
vihata hate
vihdoin at last, finally, in the
end, eventually
vihellys, -pilli whistle

viheltää whistle, (paheksuen) hiss

viheralue green space(s)

viheriöi|dä be green; -vä verdant

vihi: saada ~ä get wind of

vihjaista hint, intimate, drop ... a hint

vihjaus hint, (vihje) tip

vihkimätodistus marriage certificate

vihkisormus wedding ring

vihkivesi holy water

vihkiä marry; (rakennus ym) inaugurate; (kirkko ym) consecrate, dedicate (m. elämänsä); ~ papiksi ordain

vihkiäiset wedding; inauguration

vihko note (t. exercise) book

vihlova: ~ kipu shooting pain

vihma(sade) drizzle

vihollinen enemy

vihollisuus hostility

vihreys greenness, verdure

vihreä green

vihta birch whisk used in sauna

vihuri gust of wind; ~rokko German measles

viidakko jungle

viides fifth; ~ osa one (t. a) f.

viihde light entertainment

viihdekonsertti pop concert

viihdemusiikki light music

viihdyttää entertain, divert

viihdytys diversion

viihtyisä cosy

viihty|mys, -vyys satisfaction

viihtyä get along (well), (kasvi) thrive; ~ huonosti not feel at home; viihdyn täällä I am enjoying my stay here

viikate scythe

viikko week; kaksi ~a (m.) a fortnight; viikon päästä a week from now, this day week; -kausia for weeks

viikkolehti weekly (paper)

viikonloppu week-end

viikonpäivä day of the week

viikset moustache

viikuna fig

viila, -ta file

viiletä cool (down)

viileys coolness

viileä cool

viili processed sour whole milk

viilto cut; incision

viiltää slash, cut, incise

viima strong wind; draught

viime last; ~ aikoina of late, lately; ~ kädessä in the last resort; ~ tingassa at the last minute; ~ vuonna last year; ~ vuosina in recent years

viimeaikainen recent

viimein, -kin finally

viimei|nen, last, (myöhäisin) latest; (äärimmäinen) extreme; ~ numero current number; ~ tuomio the last Judgement; -sen edellinen the last but one; -set tiedot the latest news

viimeistellä put the finishing touch(es) to

viimeistään at the latest

viimeksi last

viina spirits, liquor; sl. booze

viini wine; ~nviljelijä winegrower

viiniköynnös vine

viinimarja currant

viinirypäle grape

viinisato vintage

viinitarha vineyard

viipale slice

viipymättä without delay

viipyä (jäädä) remain, stay, stop (at, in); (viivästyä) be delayed; älä viivy kauan don't be long; en viivy kauan I shan't be long

viiri pennant, streamer

viiru streak

viisas wise; clever; (järkevä) sensible; hän ei ole oikein ~ she is not in her right senses (not all there); minun olisi viisainta lähteä I had better go

viisastelija hair-splitter

viisastella try to be smart

viisastelu hair-splitting, sophistry

viisastua get more sense

viisaus wisdom; cleverness

viisi five; siitä ~ never mind!

viisikymmentä fifty

viisiottelu pentathlon

viisto oblique; ~ssa askew; leikata ~on cut on the bias

viisumi visa; hankkia ~ innek get a visa for

viitat|a point (to); (vihjailla) allude (to); (kädellä) beckon.

v

motion, (koul.) *put up one's hand; -en jhk referring to*
viite *reference*
viitoittaa *mark out; lay down (the lines for)*
viitsi|lä *care to; en -nyt I couldn't be bothered to; älä v. oh, come on! come off it!*
viitta *cloak*
viittaus *allusion, hint;* (viite) *reference*
viitteellinen *suggestive*
viittoa *motion, make signs*
viittomakieli *sign language*
viiva *line;* (vetäisy) *stroke*
viivoitin *ruler*
viivoittaa *rule*
viivytellä *delay, be long (in ...-ing)*
viivyttää *delay; en halua ~ Teitä I won't keep you any longer*
viivytys *delay*
vika *fault;* (puute) *defect, flaw; on hänen ~nsa it is his fault; -ssa on jokin ~ there is something wrong with*
vikistä *squeak*
vikkelä *quick*
vilahdus *glimpse; nähdä ~ catch a g. of*
vilahtaa *flash*
vilinä *bustle*
vilistä *swarm, teem (with), be alive (with)*
vilja *corn,* Am. *grain;* (laiho) *crop*
viljakasvi *cereal*
viljankorjuu *harvest*
viljava *fertile, fruitful*
viljavuus *fertility*
viljellä *cultivate, grow; viljelty .. under cultivation*
viljelys *cultivation*
viljelyskelpoinen *arable*
vilkaista *glance, have a look (at)*
vilkas *lively, brisk, active; busy; vivacious, sprightly;* (mielikuvitus) *vivid*
vilkasliikenteinen *busy*
vilkastua *become (more) lively*
vilkastuttaa *enliven, animate*
vilkkaus *liveliness, vivacity*
vilkku (auton) *indicator*
vilkkua *blink, twinkle*
vilkkuvalot *winking lights*

vilkuilla *glance (sideways)*
vilkuttaa *wave,* (silmää) *wink*
villa *wool*
villai|nen *woollen; painaa -sella gloss over, hush up*
villakangas *woollen material*
villakoira *poodle*
villatakki *cardigan, sweater*
villi *wild; savage* (m. subst.); *~t eläimet wild life*
villiintyä *run wild*
villitsijä *instigator*
villitys (hullutus) *craze*
villitä *excite, agitate, stir up*
vilpillinen *deceitful, false*
vilpitön *sincere*
vilpoinen *cool*
vilppi *deceit; harjoittaa ~ä cheat*
vilske *flurry, scurry*
vilu *chill; minun on ~ I feel cold*
viluinen *chilly, cold*
vilunväreet *cold shivers*
vilustua *catch (a) cold*
vilustuminen *cold*
vilvoitella *cool (off)*
vimma *frenzy;* **vimmoissaan** *furious*
vimmastua *fly into a passion*
vinkua *whistle, whiz,* (tuuli) *howl;* (hengitys) *wheeze*
vino *oblique; ~ssa on one side, askew, crooked,* (kuv.) *wrong; -kirjaimet italics*
vinttikoira *greyhound*
vioittaa *damage*
vipu *lever*
virallinen *official*
viranhaltija *holder of an office*
viranomaiset *the authorities*
viransijainen *deputy, substitute*
virasto *office*
vire: ~essä (ase) *cocked,* (soitin) *tuned;* (kuv.) *in the right mood for;* panna *~ille bring up,* (oikeusjuttu) *bring into court*
vireä *alert, spry, (mentally) active*
virhe *error; fault; mistake*
virheellinen *faulty, erroneous incorrect*
virheetön *faultless; correct*
**virike: antaa ~ttä add fuel to, stimulate*
virittäjä *tuner*

virittää *tune,* (radio) *tune in (to ...);* (ansa ym) *set;* (tuli) *kindle;* (laulu) *strike up*
virka *office;* (toimi) *position;* astua ~an *take o.;* sillä ei ole mitään ~a *it is no good*
virkaanasettajais- *inaugural*
virkaanasettajaiset *inauguration*
virka-aika *office hours*
virkailija *functionary*
virkamies *official,* (hallinto-) *civil servant;* ~hallitus *caretaker government*
virkanainen *professional woman*
virkapuku *uniform*
virkata *crochet*
virkatehtävät *duties (of an office)*
virkatodistus *extract from the parish register*
virkaura *career*
virkavalta *bureaucracy*
virkavaltainen *bureaucratic*
virkavapaus *leave (of absence)*
virke *sentence*
virkeys *vigour*
virkeä *lively, spirited, animated, perky,* vrt. *vireä*
virkistys *recreation*
virkistysmatka *holiday trip*
virkistää *refresh, invigorate*
virkkuuneula *crochet hook*
virnistellä *grin*
viro‖lainen, -nkieli *Esthonian*
viro‖ta *revive; recover consciousness*
virrata *flow;* ~ *ulos pour out*
virsi *hymn*
virsikirja *hymn-book*
virta *current; stream*
virtahepo *hippopotamus*
virtaus *current*
virtaviivainen *stream-lined*
virtsa *urine*
virtsarakko *bladder*
virtsata *urinate,* (arkik.) *pee*
virvatuli *will-of-the-wisp*
virveli *fishing rod with reel*
virvelöidä *spin (for ...)*
virvoittaa *refresh,* (henkiin) *revive, resuscitate*
virvoitus *refreshment*
virvoitusjuoma = ed.; *soft drink*
visa *curly birch*
visainen (kuv.) *knotty*
visertää *twitter, chirp*

vispilä *beater, whisk*
vispilöidä *beat*
vitamiini *vitamin;* C~ *vitamin*
vitjat *chain*
vitkastella *be slow lag*
vitkastelu *delay*
vitsa: antaa ~a *birch, cane*
vitsaus *plague*
vitsi *joke*
viuhka *fan*
viulu *violin*
viulunsoittaja *violinist, fiddler*
vivahdus *shade, tinge, hue*
vivahtaa *have a shade (of)*
vohveli *waffle,* (keksi) *wafer*
voi *butter*
voi! *oh! ah!*
voida *be able to;* voi(n, -t jne) *can,* imp. *could;* voidaan sanoa *it may be said;* kuinka voitte? *how are you?* hän sanoi voivansa tulla *he said he could come;* voin paremmin *I feel better;* hän teki voitavansa *he did all he could (all in his power);* en voinut olla sanomatta *I could not help saying*
voide *ointment,* (kasvo- ym) *cream*
voidella *apply (face cream etc.);* (tekn.) *lubricate;* (suksia) *wax*
voihkia *moan, groan*
voikukka *dandelion*
voileipä *bread and butter; sandwich*
voileipäpöytä *hors d'oeuvres;* pitopöytä *buffet table, standing table; cold spread*
voima *strength, force, power;* astua ~an *come into force,* take effect; olla ~ssa *be valid, be in force;* saattaa ~an *put into effect;* soi täydellä ~lla (the radio) *is on at full blast;* kaikin voimin *as hard as .. can (could);* hyvissä voimissa *in good health*
voimakas *strong powerful; intense, heavy (blow)*
voimalaitos *power plant*
voimanponnistus *exertion, effort*
voimaperäinen *intensive*
voimasana *swear word*
voimaton *powerless*

voimattomuus *lack of strength*
voimavarat *resources*
voimistelija *gymnast*
voimistella *do physical exercises*
voimistelu *gymnastics, gym*
voimistelusali *gymnasium*
voimistua *strengthen, gain strength*
vointi *(state of) health;* ~ni ei ole parempi *I'm not any better*
voipaperi *greaseproof paper*
voisula *melted butter*
voitavani: teen ~ *I'll do all I can*
voitelu *lubrication, oiling;* viimeinen ~ *extreme unction*
voiteluöljy *lubricant*
voitonhimo *greed for gain*
voitonjako *profit-sharing*
voitonriemuinen *triumphant*
voittaa *win; conquer; beat;* (kaup.) *make a* (t. *derive*) *profit;* (olla parempi) *surpass .., be superior to;* (~ aikaa yms.) *gain;* (vaikeuksia) *overcome; get the better of;* ~ palkinto *win* (t. *take*) *a prize*
voittaja *victor; winner*
voittamaton *invincible; unsurpassed;* (este) *insurmountable*
voitto *victory,* (suuri) *triumph;* (liik.) *profit(s);* (arpajais- ym) *prize;* saada ~ *win* (t. *gain*) *a victory;* tuottaa ~a *yield a profit;* olla voitolla *have the advantage over;* päästä voitolle *get the upper hand, get the best of;* ~a tuottava *profitable;* myi voitolla *sold ... at a profit*
voittoisa *victorious*
voittosaalis *trophy*
vokaali *vowel*
voltti *somersault;* (sähk.) *volt*
vouti *overseer; bailiff*
vuodattaa *shed*
vuode *bed;* vuoteessa *in bed;* olla vuoteen omana (m.) *be laid up;* mennä vuoteeseen *go to bed;* sijata ~ *make the bed*
vuodenaika *season*
vuodentulo *harvest*
vuodevaatteet *bedclothes*
vuohi *goat*

vuoka *mould, cake tin;* (tulenkestävä) *ovenproof pan* (t. *dish*)
vuokko *anemone*
vuokra *rent;* (maasta) *lease;* ~lla on hire, (maa) *on lease;* antaa ~lle *let*
vuokraaja *tenant; leaseholder*
vuokra-auto *taxi*
vuokrahuone *rented room*
vuokralainen *tenant,* (ali-) *subtenant*
vuokrasopimus *lease, contract*
vuokratla *rent,* (jklle, m.) *let.* (aliv.) *sublet;* (auto, vene ym) *hire* (out); -tavana to *let* (vene ym) *for hire*
vuoksi *high water, high tide;* (tähden) *for (the sake of),* because of; sen ~ *therefore;* ~ ja luode *tide, ebb and flow*
vuolas *fast-flowing, swift*
vuolla *carve, cut*
vuona, vuonia *lamb*
vuono *fiord,* (Skotl.) *firth*
vuorata *line*
vuorenharjanne *ridge*
vuorenhuippu *mountain top*
vuori *mountain,* (pieni) *hill;* (puvun) *lining*
vuorijono *range of mountains*
vuorilaji *rock*
vuorilauta *weatherboard*
vuorinen *mountainous*
vuorisaarna *Sermon on the Mount*
vuoristo *mountains*
vuoristolainen *mountaineer*
vuoristorata (huvipuiston) *switchback*
vuoriteollisuus *mining*
vuoriöljy *mineral oil*
vuoro *turn;* (työ-) *shift;* ~llaan *in turn;* nyt on sinun ~si (m.) *you are next*
vuorokausi *day (and night) 24 hours*
vuorokone *air liner*
vuoropuhelu *dialogue*
vuorotella *take turns*
vuorotellen *by turns, in turn, alternately*
vuorottelu *alternation*
vuorotyö *shift work*
vuorovesi *tide*
vuoroviljely *rotation of crops*
vuosi *year;* vuonna 1961 *in*

(the year) 1961; ensi, tänä vuonna next *(this)* year; vuodessa *(in)* a year, per year; kerran vuodessa once a year; ~(kausi)a for years; ~ vuodelta year by year, every year; ~en mittaan in the course of years; 40 vuotta vanha forty years old (t. of age)

vuosijuhla annual celebration
vuosikerta *(a year. s)* issue
vuosikertomus annual report
vuosikymmen decade
vuosiluku year
vuosimaksu annual subscription
vuosipäivä anniversary
vuosisata century
vuosittain annually, yearly
vuosivoitto annual profit
vuota hide
vuot|aa leak, have a leak; (valua) run; -ava leaky
vuotias: 10 ~ ten-year-old
vuotinen: moni ~ lasting many years, of many years' duration
vuoto leak, leakage; (lääk.) discharge
vuotuinen annual, yearly
vyyhti skein, (mitta) hank; sotkuinen ~ (kuv.) a bad tangle
vyö belt; (-nauha) waistband
vyöhyke zone
vyöry (vaaleissa) landslide
vyöruusu shingles
vyöryä roll, slide *(down, alas)*
vyöttää gird *(up)*
vyötärö waist
väenlasku census
väentungos crowd *(of people)*
väestö population
väestönkasvu increase of population, (räjähdysmäinen) population explosion
väestönsuojelu civil defence
väestönsuoja air-raid shelter
väheksyä belittle, disparage
vähemmistö minority
vähemmän less; ~ kuin 10 fewer than ten *(people)*
väheneminen decrease
vähennys deduction, cut
vähennyslasku subtraction
vähentää lessen, reduce, (kustannuksia ym) cut down.

lower; (istk) deduct *(from)*, (mat.) subtract
vähetä diminish decrease
vähimmäis- minimum
vähin least; ~ mitä voin tehdä the least I can do, ei ~täkään not *(n)* the least
vähintään at least
vähitellen little by little; gradually
vähiten *(the)* least; ei ~ not least; *(...-llä)* oli ~ virheitä ... had the fewest mistakes
vähittäin *(by, Am. at)* retail; myydä ~ retail, sell (by) r.
vähittäismyyjä retailer
vähittäismaksu instalment; ostaa ~lla buy on hire-purchase terms (t. on the instalment plan); (maksaa) pay in instalments
vähä little; olin ~llä kaatua I nearly fell; ... on vähissä is scarce, (we) are short of ... ~ksi aikaa for a while; ~t siitä never mind; ~äkään arvelematta without the slightest hesitation
Vähä-Aasia Asia Minor
vähäarvoinen ... of little value
vähäeleinen unassuming
vähäinen slight, minor
vähälukuinen ... few in number; ~ yleisö *(the)* small attendance
vähämielinen imbecile
vähän a little, (niukasti) little; vielä ~ some more *(tea etc.)*; ~ parempi (m.) slightly better
vähäpuheinen uncommunicative, taciturn; ~ mies a man of few words
vähäpätöinen insignificant; ~ asia trifle
vähävarainen ... of modest means
vähäverinen an(a)emic
vähäväkinen underprivileged
väijyksissä: olla ~ lie in ambush, lie in wait *(for)*
väijytys ambush
väistyä withdraw, (tieltä) give way *(to)*
väistämätön inevitable, unavoidable
väistää parry, dodge, (vaara) evade; (autosta) give way

väite *statement, assertion*

väitellä *debate, argue (with)*

väittely *debate, dispute*

väittää *claim, assert, maintain, state;* (vastaan) *contradict (a p.); object (to sth.);* väitetty *alleged*

väitöskirja *doctoral thesis, dissertation*

väkevyys *strength*

väkevä *strong, mighty, powerful*

väki *people*

väkijoukko *crowd, multitude*

väkijuomat *intoxicants, (hard) liquor*

väkiluku *population*

väkinäinen *constrained, forced*

väkirehu *concentrates*

väkisin *by force*

väkivallaton *non-violent*

väkivalta *violence, force;* käyttää ~a *use force, resort to violence;* tehdä ~a *commit (acts of) violence,* (naiselle) *rape*

väkivaltainen *violent*

väli *space, distance (between),* (aika) *interval;* ~t *relations;* hyvissä väleissä *on good terms;* rikkoa ~nsä *break (with a p.);* mennä ~in *interfere with,* (tulla) *intervene;* vähän ~ä *at short intervals;* ei sillä ~ä! *it does not matter*

väli- *intermediate*

väliaika *interval*

väliaikainen *temporary provisional*

väliin *between*

välikansi *steerage*

välikappale *instrument, tool; means*

välikohtaus *incident*

välilasku *intermediate landing, stop;* tehdä ~ *stop (over) in ...,* *make a stop(-over)*

välillinen *indirect*

välillä *between*

välimatka *distance;* ... ~n päässä *at a d. of*

Välimeri *Mediterranean*

välimerkki: ~en käyttö *punctuation*

väline *implement; medium;* ~et (m.) *apparatus*

välinpitämättömyys *indifference*

välinpitämätön *indifferent*

välipala *snack*

välirauha *truce; cease-fire*

välirikko *rift, breach, split*

välisarja *welter-weight*

väliseinä *partition*

välissä *between*

välistä (joskus) *sometimes*

välittäjä *agent; mediator*

välit|tää *mediate (between)* (sanoma ym) *transmit;* (huolia) *care (about, jksta for), mind;* olla -tämättä *disregard take no notice (of);* vähät minä siitä -än *I don't care a bit*

välitunti (koul.) *break, recess*

välity|s *mediation;* jkn -ksellä *through the agency of,* (jnk) *through the medium of (= apuna käyttäen)*

välitysliike *agency*

välityspalkkio *commission*

välitön *immediate, direct*

väliverho *curtain*

väljentää *make looser; let out*

väljyys *looseness,* (reiän) *calibre*

väljä *loose, wide*

väljähtänyt *stale,* (juoma) *flat*

välke *brilliance*

välkkyä *gleam, glitter*

välkyntä (TV:n) *flicker*

välttelevä *evasive*

välttämättömyys *necessity*

välttämätön *inevitable,* (tarpeellinen) *necessary, indispensable*

välttävä *passable,* (koul. m.) *fair*

välttää *avoid;* (välttyä) *escape;* (vältellä) *evade;* se ~ (kelpaa) *that will do*

väläh|dys, -tää *flash;* mieleeni -ti *(the idea) flashed into* (t. *through) my mind*

vänrikki *second lieutenant*

väreillä *ripple*

väri *colour,* (maali) *paint;* (värjäys-) *dye,* (tukan, m.) *tint;* (korttip.) *suit;* tunnustaa ~ä *follow suit*

väriaisti *sense of colour*

värikuva *coloured picture,* (kuulto-) *(colour) slide*

värikynä *coloured pencil*

värikäs *colourful*

värililitu *crayon*

värillinen *coloured*

värinen: minkä ~ what colour
värisokea colour-blind
väristys shiver, tremor
väris|tä shiver, quiver (with)
värisävy tint
värittää colour
väritön colourless
värjätä, dye, (tukkaa, m.) tint;
(tiet. m.) stain
värjäämö dye works
värvätä recruit, (ääniä) canvass
värähdellä vibrate, oscillate
värähdys vibration
västäräkki wagtail
väsymys tiredness, fatigue
väsymätön untiring, indefatigable, tireless
väsy|nyt tired (of); weary;
-neesti wearily
väsyttää tire; (uuvuttaa) exhaust
väsyä become (t. get) tired,
tire (of)
vävy son-in-law
väylä channel, (navigable) passage
vääntelehtiä writhe; be convulsed with (laughter)
vääntyä turn, twist
vääntää turn; (taivuttaa) bend,
(vaatteita) wring out; ~ auki

turn on, (kansi ym) prise open;
~ poikki twist off
vääpeli sergeant 1st class
väärennys forgery
väärentää forge, (tilit) falsify,
(rahaa, m.) counterfeit
väärin wrong, wrongly; incorrectly; käsittää ~ misunderstand; kuulla ~ mishear; käyttää ~ abuse, (varoja) misappropriate; laulaa ~
sing out of tune; muistaa ~
not remember correctly; pelata
~ cheat
väärinkäsitys misunderstanding
väärinkäyttö abuse, misuse
väärinkäytökset irregularities
väärinpäin the wrong way, (ylösalaisin) upside down
vääristellä distort; misrepresent
vääryys injustice, wrong; tehdä
jklle -ttä wrong a p.; -dellä
wrongfully, by unfair means
väärä wrong, incorrect, false;
(koukkuinen) crooked; ~ oppi
heresy; ~ raha false coin,
counterfeit money; olla ~ssä
be mistaken, be wrong
vääräsäärinen bow- (t. bandy-)
legged
vääräuskoinen s heretic; a
heretical

Y

ydin marrow, (kuv.) heart, gist;
asian ~ (m.) the substance (t.
essence) of the matter
ydinase|et nuclear weapons;
-ista riisunta nuclear disarmament
ydinkoekielto nuclear test ban
ydinkärki nuclear warhead
ydinsulkusopimus nuclear non-proliferation treaty
yhdeksä|n nine; -s ninth
yhdenmukainen uniform, consistent (with); olla ~ conform (to)
yhdennäköisyys similarity
yhdensuuntainen parallel
yhdentekevä: on ~ä it makes
no difference, it is all the same

(to me); ~ä kuka ... no matter who ...
yhdentyminen integration
yhdentyä be(come) integrated
yhdenvertainen equal
yhdessä together
yhdiste compound
yhdistys association, society
yhdisty|ä be united; combine;
Y-neet Kansakunnat (YK)
the United Nations (U.N.)
yhdistä|ä unite, combine; connect; (liittää) join (to, with);
(maan) jälleen -minen reunification
yhdyntä coitus; sexual intercourse
yhdyskunta community

yhdysmies *contact man*
yhdyssana *compound*
yhdysside *link, bond*
Yhdysvallat *the United States (of America)*
yhdysviiva *hyphen*
yht'aikaa *at the same time*
yhteen *together;* kuulua ~ *belong t.;* laskea ~ *add (up);* sopia ~ *(esim. värit) go (with);* ~ menoon *at a stretch, without interruption (t. a check)*
yhteenkuuluvuu|s: -den tun~. *a feeling of togetherness*
yhteenlasku *addition*
yhteenotto *encounter, confrontation, clash*
yhteensattuma *coincidence*
yhteensopimaton *incompatible*
yhteensä *altogether, in all*
yhteentörmäys *collision*
yhteenveto *summary, abstract*
yhtei|nen *common, ... in common;* -set ponnistukset *joint (t. concerted) efforts;* ~ ystävämme *our mutual friend*
yhteisesti *in common, jointly*
yhteishenki *solidarity*
yhteiskoulu *coeducational school*
yhteiskunnallinen *social*
yhteiskun|ta *community, society;* -nan apu *public assistance*
yhteismajoitus *dormitory accommodation*
yhteistoimin|ta *co-operation;* olla -nassa *co-operate*
yhteisymmärry|s: päästä -kseen *come to terms*
yhteisö *community*
yhtenäinen *uniform, consistent*
yhtenäiskoulu *comprehensive school*
yhtenäisyys *unity*
yhtey|s *connection* (Engl. m. *connexion);* unity; *contact;* (kulku-, sot.) *communication;* olla -dessä jhk *be connected with;* asettua -teen *get in(to) touch (with)*
yhtiö *company,* Am. *corporation*
yhtye *band*
yhtymä *concern, combine*
yhtymäkohta *point of contact, point in common*

yhtyä *unite;* (liik.) *merge; join (each other);* ~ jkn mielipiteeseen *agree with a p.;* ~ lauluun *join in (the singing)*
yhtä *equally;* ~ aikaa *simultaneously (with);* ~ hyvä *as good as;* ~ iso kuin *as large as,* the same size as, *equal to ... in size*
yhtäjaksoinen *continuous, unbroken*
yht'äkkiä *suddenly, all at once;* pysähtyä ~ *stop short*
yhtäläisyysmerkki *equals mark*
yhtälö *equation*
yhtämittaa *without interruption, continuously*
yhtämittainen *continuous*
yhtäpitävä *consistent, compatible (with);* olla ~ *agree; conform (to)*
yhtään *any;* ei ~ *not at all*
yhä *still;* ~ enenevä *ever increasing;* ~ enemmän *more and more;* ~ paremmin *better and better*
ykkönen *(number) one*
yksi *one;* ei ~kään *not a single,* (heistä) *none of them;* yhtenä miehenä *to a man;* yhtä ja toista *several (t. various) things*
yksiavioisuus *monogamy*
yksikerroksinen *single-storey*
yksikkö *unit;* (kiel.) *singular*
yksilö, -llinen *individual*
yksimieli|nen *unanimous:* -sesti *with one accord;* olivat (asiasta) -siä *they agreed (on t. about the matter)*
yksimielisyy|s *unity;* päästä -teen *come to an understanding*
yksin *alone;* -ään (m.) *all by himself (herself)*
yksinkertainen *simple, plain;* (lippu ym) *single*
yksinkertaistaa *simplify*
yksinkertaisuus *simplicity* simple-mindedness
yksinlaulu *solo*
yksinlento *solo flight*
yksinoikeus *exclusive right(s), monopoly*
yksinomaan *exclusively*
yksinpuhelu *monologue*
yksinvalta *autocracy*
yksinvaltias *autocrat, dictator*

yksinäinen *lonely; solitary*
yksinäisyys *loneliness, solitude*
yksipuolinen *one-sided; unilateral*
yksiselitteinen *unambiguous*
yksisuuntainen *one-way (traffic)*
yksitavuinen: ~ sana *monosyllable*
yksitoikkoinen *monotonous, unvaried*
yksitoikkoisuus *monotony*
yksittäinen *single*
yksityinen *private; individual*
yksityiskohta|a *detail, particular;* puuttua -iin *go into details*
yksityiskohtai|nen *detailed;* -sesti *in detail*
yksityiskäyttö: ~ä varten *for private use*
yksityistapaus *individual case*
yksiäänisesti *in unison*
yksiö *(one-room) flatlet*
yleensä *generally, in general, as a rule*
yleinen *general;* ~ mielipide *public opinion;* yleisessä käytössä *in common use*
yleisavain *skeleton key*
yleisesikunta *general staff*
yleisesti *generally;* ~ ottaen *g. speaking, by and large*
yleishyödyllinen *generally useful*
yleiskatsaus *survey*
yleiskone (keittiön) *mixer*
yleislakko *general strike*
yleislääkäri *g. practitioner*
yleismaailmallinen *universal*
yleispätevä *generally accepted*
yleissilmäys: luoda ~ *survey*
yleistajuinen *popular*
yleistää *generalize*
yleisurheilija *athlete*
yleisurheilu *athletics;* ~kilpailut *a. meeting;* ~maaottelu *international a. match*
yleisyys *frequency*
yleisö *(the) public;* (teatt.) *audience*
ylellinen *luxurious, extravagant*
ylellisyys *luxury*
ylempi *upper; superior*
ylen *extremely;* ~ onnellinen *e. happy, overjoyed;* ~ määrin ... *excessively, profusely,* .. *in abundance;* juoda ~

määrin *drink to excess;* antaa ~ *vomit*
ylenkatse *contempt, scorn*
ylenkatsoa *despise*
ylennys (virka-) *promotion*
ylenpalttinen *profuse, excessive*
ylensyöminen *overeating*
ylentää *promote*
yletön *excessive, immoderate*
ylevä *sublime, lofty; noble-* (t. *high-)minded*
ylhäinen *noble, high-born*
ylhäisyys *(Your, His) Excellency*
ylhäällä *high up;* tuolla ~ *up there;* oikealla ~ *top right*
ylhäältä *from above*
yli *over; above;* (poikki) *across; more than;* kello on (5 minuuttia) ~ 3 *it is (five) past three;* jäädä ~ *be left over;* a-jaa jkn ~ *run over;* menee ~ ymmärrykseni *is beyond my comprehension;* vrt. ylittää
yliarvioida *overestimate*
ylihuomenna *the day after tomorrow*
yli-inhimillinen *superhuman*
ylijäämä *surplus*
ylikulkusilta *fly-over*
ylikäytävä (raut.) *(level-)crossing,* (eritaso-) *fly-over, overpass*
yliloikkari *defector*
ylimalka|an *as a rule; on the whole;* -isesti *in a summary fashion, in a general way*
ylimielinen *arrogant*
ylimmäinen *uppermost;* ~ pappi *high priest*
ylimys *aristocrat*
ylimystö *aristocracy*
ylimääräinen *extra; special*
ylin *topmost,* (kuv.) *supreme*
ylinopeus *speeding*
yliolkainen *supercilious*
yliopisto *university*
yliopistollinen *academic*
ylioppilas *university student, undergraduate*
ylioppilastutkinto *higher shool examination;* suorittaa ~ *qualify for entrance to a university*
ylipainoinen *overweight*
ylipäällikkö *commander-in-chief*

ylipääsemätön (kuv.) *insuperable*

ylistys, ylistää *praise*

ylitsevuotava *exuberant*

ylittää *exceed;* (katu ym) *cross;* älä ylitä tietä *don't cross the road;* hän ylitti itsensä *he excelled himself*

ylityö *overtime work*

ylivalta *supremacy*

ylivoima *superior numbers;* ~a vastaan *against odds*

ylivoimainen *superior;* ... oli minulle ~ *was too much for me*

ylkä *bridegroom*

ylle ym: pukea ~nsä *put on (one's clothes); get dressed*

yllin kyllin *enough and to spare*

ylyke *incentive*

ylyttäjä *inciter, instigator*

yllyttää *incite, egg on*

yllä *above; on;* ~oleva *the above;* olla ~än *wear;* hänellä oli ~än *she wore* (t. *was wearing*) *(a green dress);* mitä hänellä oli ~än? *what had she got on? what was she wearing?*

yllämainittu *above-mentioned*

ylläpito *upkeep*

ylläpitää *maintain, support;* ~ järjestystä *keep order*

yllättä|ä: -nyt *surprised* (at); iloisen -nyt *pleasantly s.*

yllättää *surprise, take ... by surprise;* -ävä *surprising*

yllätys *surprise*

ylpeillä *be proud (of)*

ylpeys *pride*

ylpeä *proud (of)*

yltiöpäinen *fanatic*

yltiöpäisyys *fanaticism*

ylt'yleensä *all over*

ylt'ympäri *all over, everywhere*

yltyä *increase,* (tuuli) *rise*

yltä; riisua ~än *take off*

yläkyläinen *plentiful*

yläkyläisyys *(super)abundance*

yltää *reach;* ~ jhk saavutukseen *achieve a result*

ylvästelijä *boaster, swank*

ylähuuli *upper lip*

yläkerta *upper storey;* -kerrassa *on the top floor*

yläluokka *upper class(es)*

ylämäkeä *uphill*

ylänkö *highlands*

yläosa *upper part;* ~ton *topless*

yläpuolella, -lle *above*

yläpuoli *top*

ylätasanko *plateau*

ylös *up*

ylösalaisin *upside down*

ylösnousemus *resurrection*

ylöspäin *upward(s), up*

ymmällä *perplexed, bewildered*

ymmärrettävä *intelligible;* on ~ä *it is understandable;* ~sti *understandably*

ymmärrys *understanding;* (common) *sense,* (äly) *intelligence*

ymmärtämys *understanding*

ymmärtämättömyys *lack of understanding*

ymmärtämätön *unwise; foolish*

ymmärtäväinen *sensible*

ymmärtää *understand;* ymmärsitkö? *did you understand?* ~kseni *as far as I can see;* minun annettiin ~ *I was given to u.;* mahdoton ~ *incomprehensible*

ympyriäinen *round, circular*

ympyrä *circle*

ympäri *(a)round;* ~ vuoden *throughout the year;* kääntyä ~ *turn round* (t. *about)*

ympäristö *environment; surroundings;* ~nsuojelu *environmental control*

ympärys *circumference;* rinnan ~ *chest measurement*

ympäröidä *surround*

ynnä *and; plus;* ~ muuta *etc.* (etcetera)

ynseä *disobliging*

ypö yksin *utterly alone*

yritteliäisyys *enterprise*

yritteliäs *enterprising*

yrittäjä *entrepreneur*

yrittää *try, attempt, endeavour;* ~ parastaan *do one's best*

yritys *attempt;* (liike) *enterprise, undertaking*

yrtti *herb*

yskä, yskä *cough*

yskö|s, -kset *sputum*

ystävykset *friends; chums*

ystävystyä *make friends (with) befriend sb*

ystävyys *friendship*

ystävä *friend*

Y

ystävällinen *kind, friendly*
ystävällisyys *kindness*
ystävätär *(girl) friend*
ytimekäs *pithy, terse*
yö *night;* ~llä *at* (t. *by*) *night,
in the night;* koko ~n *all
night;* ~tä päivää *day and
night;* olla yötä *spend the
night;* hyvää ~tä! *good night!*
yöastia *chamber (pot)*
yöllinen *nightly, nocturnal*
yömaja *casual ward, hostel*

yöpaita *nightgown*
yöperhonen *moth*
yöpuku *pyjamas*
yöpyä *stay* (t. *stop*) *overnight*
yösija *accommodation for the
night;* voitteko antaa minulle
~n? *can you accommodate
me for a night?*
yösydän *midnight*
yövartija *night watchman*
yövuoro *night shift;* on ~ssa
is on night duty

Ä

äes *harrow*
äidillinen *maternal*
äidinkieli *mother tongue*
äidinrakkaus *maternal love*
äitelyys *(cloying) sweetness*
äitelä *(sickly) sweet*
äiti *mother;* ~en päivä *Moth-
er's day*
äitipuoli *stepmother*
äitiys *maternity*
äkillinen *sudden, abrupt*
äkkiarvaamatta *unexpectedly*
äkkijyrkkä *precipitous, steep*
äkkipikainen *short-tempered*
äkkiä *suddenly, abruptly;* tule
~! *come quickly!*
äksy *unmanageable*
äkäinen *angry, cross*
äkäpussi *shrew, vixen*
älkää *don't;* -mme *let us not,
don't let us ...*
ällistynyt *thunderstruck*
ällistys *amazement, astonish-
ment*
ällistyä *be amazed*
äly *wit, intelligence*
älykkyys *intelligence*
älykkyysluku *intelligence quo-
tient*
älykäs *intelligent, bright, clever;*
erittäin ~ *(very) highly in-
telligent*
älyllinen *intellectual*
älymystö *intelligentsia, high-
brows*
älytä *understand, realize*
älytön *unintelligent*
älä *don't, do not*
ämpäri *bucket, pail*

änkyttää *stutter, stammer*
äpärä a *illegitimate;* s *bastard*
äreä *sullen, surly, cross*
ärjyä *roar,* (ärjäistä) *shout at*
ärsyke *stimulus*
ärsyttää *irritate*
ärsytys *irritation*
ärtyisä *irritable*
ärtyä *become irritated* (haava
inflamed)
ärähtää (koira) *snarl*
äskeinen *recent*
äsken *just (now)*
äskettäin *recently*
ässä *ace;* pata~ *a. of spades*
äveriäs *wealthy*
äyriäinen *crustacean*
äyräs *bank, brink*
äyskäri *scoop*
ääneen *aloud*
äänekäs *loud;* -kkäästi *loudly*
äänenkannattaja *organ*
äänenmurros;* hänellä on ~ *his
voice is breaking*
äänensävy *tone*
äänentoisto *sound reproduction*
äänenvahvistin *amplifier*
äänestys *voting, poll;* ensim-
mäisessä ~ksessä *at the first
ballot;* ~prosentti oli korkea
there was a heavy poll
äänestää *vote (for);* ~ sulje-
tuin lipuin v. *by ballot;* ~ tyh-
jää *vote blank;* käydä ä-tä-
mässä *go to the polls*
ääneti *in silence;* olla ~ *be
silent*
äänettömyys *silence*
äänetön *silent*

ääni *sound;* (laulu- ym) *voice;* (sävy) *tone;* (vaali-) *vote;* ...lla **äänellä** *by ... votes (to ...);* yhteen **ääneen** *with one voice;* **ääntä nopeampi** *supersonic*
äänieristetty *sound-proof*
äänihuulet *vocal cords*
äänimäärä *poll*
äänioikeus *vote;* yleinen ~ *universal suffrage;* vasta -oikeuden saanut (nuori) *newly enfranchised*
ääniradio *sound broadcasting*
äänirauta *tuning fork*
äänite, äänitys *recording*
äänitehosteet *sound effects*
äänivalli: murtaa ~ *break the sonic barrier*
äänivalta *voice*
äänivaltainen *entitled to vote*
äänne *sound*

ääntenkalastus (vaali-) *vote-catching*
ääntiö *vowel*
ääntyä *be pronounced*
ääntäminen *pronunciation*
ääntämismerkintä *phonetic transcription*
ääntää *pronounce*
ääressä *by;* (pöydän ym) *at*
äärettömyys *infinity*
ääret|ön *infinite, boundless;* -tömän suuri *immense*
ääri *limit, bound; edge;* ~ään myöten täynnä *brimful,* (huone) *filled to capacity*
äärimmäinen *extreme, utmost*
äärimmäisyy|s *extreme;* ~mies *extremist;* mennä -ksiin *go to extremes*
ääriviiva *outline, contour*

öinen *nightly, nocturnal*
öisin *in the night*
öljy *oil*
öljyinen *oily*
öljykamiina *oil heater*
öljykangas *oilcloth, oilskin*
öljylautta *oil slick, slick of oil*
öljylähde *oil well*

öljymaalaus *oil painting*
öljymäki *Mount of Olives*
öljypuu *olive-tree*
öljysoratie *oiled gravel road*
öljytynnyri *oil drum*
öljytä *oil*
öljyväri *oil colour*
öylätti *wafer, host*

ENGLISH-FINNISH

A

a [ei] *a-kirjnin*
a *(vokaalin ed. an) epäm. artik-*
keli, eräs
aback' *taaksepäin; be taken ~*
nolostua
aban'don *jättää, hylätä*
aba'se *alentaa, nöyryyttää*
abash' *saattaa hämilleen*
aba'te *vähentää, -tyä*
ab'bey *luostari, -kirkko*
ab'bot *apotti*
abbre'viate *lyhentää*
abbrevia'tion *lyhennys, lyhenne*
ab'dicate *luopua (kruunusta)*
abdica'tion *kruunusta luopumi-*
nen
ab'domen [m. - -'-] *vatsa*
abdom'inal *vatsa-*
abduc't *ryöstää, siepata*
abduc'tion *ryöstö, sieppaus*
aberra'tion *säännöttömyys*
abet' *yllyttää, auttaa*
abet'tor *yllyttäjä*
abey'ance, in *~ ratkaisematon,*
riidanalainen
abhor' *inhota*
abhor'rence *inho*
abhor'rent *vastenmielinen*
abi'de *viipyä; sietää; pysyä, pi-*
tää kiinni (by jstk)
abil'ity *kyky, kyvykkyys*
ab'ject *kurja*
abla'ze *ilmitulessa*
a'ble *kykenevä, pystyvä; be ~*
to kyetä, voida, ~ -bodied
työkykyinen; yli (matruusi)
a'bly *taitavasti*
ABM ~ anti-ballistic missile
abnor'ma.' *epänormaali, abnormi*
aboard' *laivassa, -aan, lentoko-*
neessa, -seen
abo'de *oleskelupaikka, asumus;*
v *imp. & pp. ks.* abide
abol'ish *poistaa, lakkauttaa*
aboli'tion *lakkauttaminen*

abom'inable *inhottava*
abom'inate *inhota*
abomina'tion *inho*
aborig'ina! *alkuperäinen, kanta-*
aborig'ines [-i:z] *alkuasukkaat*
abor'tion *abortti, raskaudenkes-*
keytys, (criminal *~*) *laiton*
abortti
abor'tive *myttyyn mennyt*
abou'nd *olla runsaasti*
abou't'ympäri; noin, suunnilleen,*
tienoissa; -sta, -stä; ~ him *hä-*
nestä; ~ it *siitä;* how *~* you
entä sinä? what *~* going for a
walk *(mitä arvelet,) menisim-*
mekö kävelylle? up and *~*
jalkeilla; (he was) *~* to leave
lähdössä, lähtemäisillään;
(books) lying *~* on the floor
hujan hajan lattialla; (I have
no money) *~* me *mukanani;*
right *~* turn *täyskäännös oi-*
keaan! come *~ tapahtua*
abov'e [a] *yläpuolella, -lle; ~*
all *ennen kaikkea*
abra'sion *hiertymä*
abreas't [e] *rinnan;* keep *~* of
pysyä jnk tasalla
abrid'ge *lyhentää*
abrid'gement *lyhennys*
abroa'd [o:] *ulkona, ulkomailla,*
-lle; liikkeellä; from *~ ulko-*
mailta; go *~ matkustaa ulko-*
maille
abrup't *jyrkkä, äkillinen*
abrup'tness *jyrkkyys, töykeys*
ab'scess *ajos, märkäpesäke*
abscon'd *paeta*
ab'sence *poissaolo*
ab'sent *poissaoleva,* (*~ -mind-*
ed) *hajamielinen*
absen't *o.s.* poistua
absentee' *poissaoleva*
absentee' *poissaoleva*
ab'solute *ehdoton, täydellinen*
~ly kerrassaan, peräti
absolu'tion *synninpäästö*

A

absol´ve *julistaa vapaaksi*

absor´b *imeä itseensä; kiehtoa;* ~ed *syventynyt*

absor´bent *imukykyinen (aine)* ~ cotton *vanu*

absor´ption *imeytyminen*

abstai´n *pidättyä*

abstai´ner *ehdottoman raitis* (total ~)

abste´mious *kohtuullinen*

ab´stinence *pidättyvyys, raittius*

ab´stract a *käsitteellinen, abstraktinen;* s *supistelma*

abstrac´t *tehdä supistelma*

abstrac´tion *abstraktinen käsite, hajamielisyys*

absur´d *järjetön; naurettava*

absur´dity *mahdottomuus*

abun´dance *runsaus*

abun´dant *runsas, yltäkylläinen*

abu´se s *väärinkäyttö;* v [-z] *käyttää väärin; solvata*

abu´sive *herjaava, kiroileva*

abut´ *on rajoittua jhk*

abyss´s *kuilu*

academ´ic *akateeminen*

academic´ian *akateemikko*

acad´emy *koulu, opisto;* the Royal ~ *taideakatemia*

acce´de to *astua (virkaan)*

accel´erate *kiihdyttää, jouduttaa*

accel´erator *kaasupoljin*

ac´cent *paino, korko; korostus; murtaminen;* v [- - -´] *painottaa*

accen´tuate *tähdentää*

accept´ *ottaa vastaan, hyväksyä, suostua*

accep´table *hyväksyttävä*

accep´tance *hyväksymys, tunnuste*

access´ *pääsy*

acces´sible *helppopääsyinen; helposti lähestyttävä;* ~ to all *kaikkien saatavissa*

acces´sion *valtaistuimelle nousu*

acces´sory *lisä-; rikostoveri, osallinen;* -ies *lisätarvikkeet, asusteet*

ac´cident *sattuma, tapaturma* he had an ~ *hänelle sattui tapaturma;* he was killed in an ~ *hän kuoli tapaturmaisesti*

acciden´tal *satunnainen; tapaturmainen*

acclai´m *osoittaa suosiota*

acc´ama´tion *suosiohuudot*

acc´ima´tize *totuttaa, tottua ilmanalaan*

accliv´ity *rinne, nousu*

accom´modate *sovittaa,* to *mukaan; majoittaa; can you ~ me for the night? voitteko järjestää minulle yösijan?*

accom´modating *avulias, mukautuva*

accommoda´tion *mukautuminen; asunto;* hotel ~ *hotellihuone(et)*

accom´paniment *säestys*

accom´panist *säestäjä*

accom´pany [a] *saattaa, säestää*

accom´plice *rikostoveri*

accom´plish *suorittaa, saattaa päätökseen;* ~ed *monitaitoinen, taidokas*

accom´plishments *seuraelämän taidot*

accor´d v *olla sopusoinnussa; antaa, myöntää;* s *sopusointu;* of one's own ~ *omasta aloitteesta;* with one ~ *yksimielisesti*

accor´dance *yhdenmukaisuus;* in ~ *jnk mukaisesti*

accor´ding (to jnk) *mukaan;* ~ly *siis, sen mukaisesti*

accor´dion *hanuri*

accos´t *puhutella*

accou´nt s *tili, lasku; selonteko kertomus;* v *pitää jnak;* ~ for *tehdä tili jstk, selittää;* of no ~ *merkityksetön;* (buy) on ~ *tiliin;* on no ~ *ei millään muotoa;* on ~ of *jnk johdosta;* take into ~ *ottaa lukuun t. huomioon;* keep ~s *pitää kirjanpitoa*

accou´ntable *vastuussa,* for *jstk; vastuunalainen; syyntakeinen*

accou´ntant *kirjanpitäjä*

accred´it *valtuuttaa*

accru´e *koitua; karttua*

accu´mulate *koota, karttua kasaantua*

accumula´tion *paljous, kasa*

accu´mulator *akku*

ac´curacy *tarkkuus*

ac´curate *täsmällinen, tarkka oikea palkkansapitävä*

accusa´tion *syytös*

accu´se *syyttää*

accus´tom *totuttaa;* ~ed *tottunut; tavallinen*

a'ce *ässä*
acer'bity *karvaus*
acet'ic *etikka*
acet'ylene *asetyleeni*
a'che [eik] s *särky;* v *särkeä, pakottaa*
achie've *suorittaa, saavuttaa*
achie'vement *saavutus, aikaansaannos, hieno suoritus*
ac'id *hapan, happo;* sl = LSD
acid'ity *happamuus*
acknowl'edge [äknol-] *tunnustaa, ilmoittaa vastaanottaneensa*
acknowl'edgement *tunnustus, kuitti*
ac'me *huippu*
a'corn *tammenterho*
acous'tics [u:] *akustiikka*
acquai'nt *tutustuttaa;* ~ o.s. *tutustua*
acquain'tance *tuttavuus, tuttava*
acquai'nted (with) *jnk tunteva, perehtynyt*
acquies'ce in *suostua, alistua*
acqui're *hankkia, saavuttaa; oppia*
acqui'rement *taidot, avut*
acquisit'ion *hankkiminen, saalis, arvokas lisä*
acquis'itive *voitonhaluinen*
acquit' *julistaa syyttömäksi, vapauttaa*
acquit'tal *syyttömäksi julistaminen*
a'cre *eekkeri (n. 40.5 aaria).*
a'creage *pinta-ala*
ac'rid *karvas*
ac'rimony *kirpeys*
acrimo'nious *katkera, terävä*
ac'robat *taitovoimistelija;* ~ics *taituruus (voimistelu)*
acros's *poikki, halki; come* ~ *tavata, kohdata (sattumalta);* adv. *leveä* (10 yards ~); *get one's meaning* ~ *tulla ymmärretyksi*
act s *teko, toimi; laki; näytös; akti;* v *toimia, menetellä; näytellä; vaikuttaa* (~ on)
ac'ting *näytteleminen; virkaatekevä*
ac'tion *toimi (nta), teko; vaikutus; taistelu; syyte*
ac'tive *toimiva, toimekas; aktiivinen*
activ'ity *toiminta, vilkkaus*

ac'tlor, -ress *näyttelijä, -tär*
ac'tual *todellinen;* ~ly *itse asiassa, todella*
ac'tuate *panna liikkeelle, vaikuttaa*
acu'men *terävyys*
acu'te *terävä, ankara; äkillisluontoinen*
A. D. [ei di:] *j. Kr. s.*
ad = advertisement
ad'age *sananparsi*
ad'amant *timantinkova, järkähtämätön*
adapt' *soveltaa;* ~ o.s. *sopeutua*
adaptabil'ity *mukautuvaisuus*
adap'table *mukautuva, sopeutuva*
adapta'tion *mukautumiskyky; mukaelma*
add *lisätä, laskea yhteen (m.* ~ *up)*
ad'der *kyykäärme*
ad'dict *(paheen) orja;* drug ~ *narkomaani*
addic'ted:* ~ to drink *juopotteleva*
addic'tion: drug ~ *huumausaineiden väärinkäyttö*
addit'ion *lisäys, yhteenlasku;* in ~ to *(jnk) lisäksi*
addit'ional *lisä-*
addres's v *osoittaa; puhutella;* s *osoite; puhe;* ~ *oneself to kääntyä jkn puoleen, puhutella*
addressee' *kirjeen saaja*
addu'ce *esittää*
ad'enoids *kitarisa*
ad'ept *perehtynyt; tuntija*
ad'equate *riittävä, tarkoitustaan vastaava*
adhe're *olla kiinni, kiinnittyä pitää kiinni (to jstk)*
adhe'rent *kannattaja;* ~ to *jssk kiinni oleva*
adhe'sive *tahmea; kiinne-;* ~ *tape teippi;* ~ *plaster kiinnelaastari*
adja'cent *läheinen, viereinen*
adjoi'n *olla jnk vieressä,* ~ing *viereinen, raja-*
adjour'n [ö:] *lykätä; hajaantua*
ad'junct a *liitetty;* s *lisäys; apulainen; lisä; määräys (kiel.)*
adju're *vannottaa*
adjus't *järjestää, panna kuntoon tarkistaa*

adjus'table *säädettävä;* ~ span-
ner *jakoavain*
ad'jutant *adjutantti*
admin'ister *hallita, hoitaa; ja-
kaa, antaa*
administra'tion *hallinto, hoito,
jakaminen; hallitus(kausi)*
admin'istrator *hallintomies; sel-
vitysmies*
ad'miral *amiraali*
Ad'miralty *meriministeriö*
ad'mirable *ihmeteltävä, ihailtava*
admira'tion *ihailu*
admi're *ihailla*
admis'sion *pääsy(maksu)*
admit' *päästää sisään, myöntää,
sallia, ottaa, to jhk*
admit'tance *(sisään)pääsy*
admix'ture *sekoitus, lisä*
admon'ish *kehottaa, nuhdella*
admonit'ion *kehotus nuhde*
ado' [u:] *touhu, melu*
adoles'cence *nuoruuskä*
adoles'cent *nuorukainen, nuori
tyttö, kasvuikäinen*
adop't *ottaa lapseksi; omaksua*
adop'tion *lapseksiotto käytän-
töön otto*
adop'tive *kasvatus-, otto-*
ado'rable *jumaloitava, hurmaa-
va; ihailtava*
adora'tion *palvonta*
ado're *jumaloida, ihailla*
ador'n *koristaa*
adrif't *tuuliajolla -lle*
adroi't *taitava*
ad'ult *täysikasvuinen, aikuinen
~ education aikuiskasvatus*
adul'terate *väärentää*
adul'ter|er, -ess *avionsikkoja*
adul'tery *avioitkos*
advan'ce [a:] v *edistää, -tyä,
edetä; maksaa ennakolta; s
nousu; in ~ etukäteen*
advan'ced *edistynyt; of ~ age
ikääntynyt*
advan'cement *eteneminen, ylen-
nys*
advan'tage [a:] *etu; take ~ of
käyttää hyväkseen; turn to ~
käyttää hyödykseen*
advanta'geous *edullinen*
ad'vent *adventti; tulo*
adventi'tious *satunnainen*
adven'ture s *seikkailu; v vaa-
rantaa*
adven'tur|er, -ess *seikkailija,-tar*

adven'turous *seikkailukas, uh-
karohkea*
ad'versary *vastustaja*
ad'verse *vastainen, haitallinen*
adver'sity *vastoinkäyminen*
ad'vertise (-aiz) *ilmoittaa, mai-
nostaa*
adver'tisement [-tis] *ilmoitus,
mainos*
advi'ce *neuvo(t); on his ~
hänen neuvostaan; take my ~
noudata neuvoani*
advi'se *neuvoa; well-~d har-
kittu, viisas*
advi'sable *sopiva, viisas*
ad'vocate (-eit) *puolustaa*
a'erated *hiilihappoinen*
aer'ial *ilma-; antenni*
aer'odrome *lentokenttä*
aer'oplane *lentokone*
aesthet'ics *estetiikka*
afar' *kaukana, kauas*
af'fable *ystävällinen*
affai'r *tehtävä, asia, toimi; love
~ rakkausjuttu*
affec't *vaikuttaa, (taudista)
kohdata; teeskennellä*
affecta'tion *teeskentely*
affec'tion *kiintymys, mielenlii-
kutus; tauti*
affec'tionate *hellä, rakastava*
affil'iate *ottaa seuran jäseneksi;
~d haara-*
affin'ity *hengenheimolaisuus*
affir'm *vakuuttaa, välittää*
affirma'tion *vakuutus, väite*
affir'mative *myöntävä; in the ~
myönteisesti*
affix' *liittää*
afflic't *kiusata, koetella; ~ed
by jkn vaivaama*
afflic'tion *suru, onnettomuus*
af'fluence *runsaus, yltäkylläi-
syys, vauraus*
af'fluent *lisäjoki; ~ society
vauras yhteiskunta*
affor'd *antaa tarjota; he can
~ it hänellä on varaa siihen*
affron't *v loukata; s loukkaus*
afla'me *tulessa*
afloa't *pinnalla; be ~ kellua*
afoo't *jalan*
afor'esaid *ennenmainittu*
afrai'd, be ~ *pelätä, of jtk;
I am ~ I can't . . pelkäänpä
etten voi . .*

afresh' *uudelleen*
Af'rica *Afrikka*
African *afrikkalainen*
af'ter [a:] *jäljessä jälkeen, sen jälkeen kun;* ~ all *kuitenkin, loppujen lopuksi;* be ~ a th. *tavoitella;* ~care *jälkihoito*
aftermath [-āth] *(kuv) jälkisato, seuraukset*
afternoo'n *iltapäivä;* good ~! *hyvää päivää!*
afterwards *jälkeenpäin*
agai'n [e] *uudelleen, jälleen, taas;* now and ~ *silloin tällöin;* as much ~ *toinen mokoma;* over ~ *vielä kerran*
agai'nst *vastaan;* (as) ~ *jhk verrattuna*
aga'pe *suu ammollaan*
a'ge *ikä, aikakausi;* of (under) ~ *täysi- (ala-)-ikäinen;* four years of ~ *neljä vuotta vanha, nelivuotias*
a'ged [-id] *iäkäs*
a'gency *välitys(liike); toimisto* through the ~ of *jkn toimesta*
agen'da *esityslista*
a'gent *asiamies; vaikuttava voima, aine; kauppaedustaja*
agglomera'tion *kasauma*
ag'grandize *suurentaa*
ag'gravate *pahentaa, suututtaa*
ag'gregate [-eit] *koota, yhdistää;* [-it] *kokonais-, yhteis-*
aggres'sion *hyökkäys; agressio*
aggres'sive *hyökkäävä*
aghas't [a:] *tyrmistynyt*
ag'ile [ai] *nopsa ketterä*
agil'ity *ketteryys*
a'ging, ageing *vanheneminen*
ag'itate *järkyttää; kiihott₀a*
agita'tion *mielenliikutus*
ag'itator *kiihottaja*
ago' *sitten;* long ~ *kauan s.;* not long ~ *äskettäin*
agog' *innoissaan, kärkäs*
ag'onizing *tuskallinen*
ag'ony *(kuolon)tuska*
agra'rian *maanviljelys-*
agree' *olla samaa mieltä, olla yhtäpitävä, sopia, suostua*
agree'able *miellyttävä; yhtäpitävä*
agree'ment *sopimus; yhtäpitäväyys*
ag'riculture *maanviljelv(s)*
agrou'nd *karilla, -lle*

a'gue [-ju:] *horkka*
ahead' [e] *edellä, eteenpäin, edessä oleva;* go ~ *jatka! look* ~ *katsoa eteensä*
aid v *auttaa;* s *apu*
ail *vaivata, olla sairas*
ai'ling *sairaalloinen*
ai'lment *vaiva*
aim v *tähdätä, tarkoittaa pyrkiä* (at *jhk*); s *maali, päämäärä*
air s *ilma; ilmeet; laulu, sävelmä;* v *tuulettaa;* is on the ~ *(rad) lähettää ohjelmaa, puhuu radiossa;* ~ *letter ilmakirje;* ~ *service lentovuoro;* give o.s. ~s *olla olevinaan*
air-conditioned *ilmastoitu*
aircraft *lentokone(et);* ~ *carrier lentotukialus*
airfield *lentokenttä*
air-hostess *lentoemäntä*
airlift *ilmasilta*
airline *lentoyhtiö*
airliner *vuorolentokone*
airmail *lentoposti*
airman *lentäjä*
airplane *lentokone*
air-pocket *ilmakuoppa*
airport *lentosatama*
air-raid *lentohyökkäys, ilmapommitus;* ~ *shelter väestönsuoja*
airy *ilmava*
aisle [ail] *sivulaiva*
ajar' *raollaan*
akim'bo *lanteilla*
akin' *sukua oleva*
alac'rity *iloisuus*
alar'm s *levottomuus; hälytys;* v *saattaa levottomaksi*
alarm-clock *herätyskello*
alas' *voi! valitettavasti*
albu'men *munanvalkuainen*
al'cohol *alkoholi*
alcohol'ic *alkoholipitoinen; alkoholisti*
al'der [o:] *leppä*
alderman *neuvosmies*
a'le *(vaalea) olut*
aler't a *valpas;* s *hälytys;* v *hälyttää;* on the ~ *varuillanse*
a'lien *vieras, muukalainen, ulkomaalainen*
a'lienate *vieraannuttaa*
a'lienation *vieraantuminen*
ali'ght [ait] *astua alas. laskeutne maahan*

ali'ke *kaltainen, näköinen; samalla tavalla*

alimen'tary *ruoansulatus-*

ali've *elossa hengissä; eloisa; vastaanottavainen,* to *jllek*

all [o:] *kaikki, koko;* at ~ *lainkaan;* not at ~ *ei ensinkään, ei kestä kiittää!* ~ of them *he kaikki;* ~ (the) day *koko päivän;* ~ the better *sitä parempi;* ~ but *melkein;* go ~ out *ponnistaa kaikkensa;* ~ over *yli koko; lopussa;* ~ right *hyvä on!* that's ~ *siinä kaikki;* is that ~? *siinäkö kaikki?;* all Helsinki *koko H.*

allay' *lieventää*

allega'tion *väite*

alleg'e [-dž] *esittää, väittää*

alle'giance *alamaisen uskollisuus*

al'legory *vertauskuva*

allevia'tion *lievennys*

alle'viate *lieventää*

al'ley *(lehti)kuja*

All Fools' Day *aprillipäivä*

alli'ance *liitto*

al'lied [-aid] *liittoutunut*

al'lies [-aiz] *liittolaiset*

allot' *jakaa (arvalla)*

allot'ment *osa, pieni palsta*

all-out *totaalinen*

allow' [-au] *myöntää, sallia;* ~ for *ottaa huomioon*

allow'ance *(kuukausi-, viikko-)raha, määräraha; myönnetty määrä; myönnytys;* make ~ for *ottaa huomioon*

alloy' v *sekoittaa (metallia);* s [' - -] *seos*

all-round *monipuolinen, yleis-*

All-Saints'-Day *pyhäinpäivä*

all'spice [o:] *yleismauste*

allu'de *viittailla,* to *jhk*

allu're *houkutella*

allu'ring *viehättävä*

allu'sion *vihjaus*

ally' v *yhdistää, liittoutua;* s [' - '] *liittolainen*

almi'ghty *kaikkivaltias*

almond [a:m-] *manteli*

al'moner *sosiaalihoitaja*

al'most [o:] *melkein;* ~ nothing *tuskin mitään*

alms [a:mz] *almu*

aloft' *korkealla, -lle*

alo'ne *yksin;* let ~ *jättää rauhaan;* jstk *puhumattakaan saati sitten*

along' *pitkin; eteenpäin; mukaan;* ~ with *kerralla;* all ~ *alusta alkaen, kaiken aikaa*

aloo'f *etäällä, viileä*

alou'd *ääneen*

alp *alppi*

al'phabet *aakkoset, aakkosto*

alphabet'ical *aakkos-*

alread'y [o:lred'i] *jo*

Alsa'tian *elsassilainen; saksanpaimenkoira*

al'so [o:lsou] *myös*

al'tar [o:] *alttari*

al'ter [o:] *muuttaa*

altera'tion *muutos*

alterca'tion [o:] *kiistely*

al'ternat|e [o:, -eit] *vaihdella, vuorotella;* -ing current *vaihtovirta*

alter'nate [-nit] *vuorottainen*

alter'native *vaihtoehto*

although' [o:] *vaikka*

al'titude *korkeus*

al'to *altto*

altogeth'er *kokonaan, aivan kaiken kaikkiaan*

al'um *aluna*

al'ways [o:] *aina*

am: I ~ *olen;* I ~ not *en ole,* I ~ to *be there at six minun on määrä olla siellä kello kuusi*

a.m. [ei em'] *e.p.p., aamupäivällä*

amal'gamate *sekoittaa*

amass' *koota*

am'ateur *harrastelija*

ama'ze *hämmästyttää*

ama'zement *hämmästys*

ambas'sador *suurlähettiläs*

am'ber *meripihka*

ambigu'ity *kaksimielisyys*

ambig'uous *kaksimielinen kaksiselitteinen*

ambit'ion *kunnianhimo*

ambit'ious *kunnianhimoinen*

am'bulance *ambulanssi*

am'bulatory *kiertävä, jalkeilla oleva*

am'bush, ambusca'de *väijytys*

ame'liorate *parantaa*

ameliora'tion *parannus*

ame'nable *mukautuva, altis*

amen'd *parantaa, -tua, korjata*

amen'dment *parannus, oikaisu*

amen'ds *hyvitys*
ame'nities *mukavuudet, julkiset palvelut*
Amer'ica *Amerikka*
Amer'ican *amerikkalainen*
a'miable *rakastettava*
amid'(st) *keskellä, -lle*
amiss' *väärin;* take ~ *panna pahakseen*
ami'ty *ystävyys*
ammo'nia *ammoniakki*
ammunit'ion *ampumatarvikkeet*
am'nesty *armahdus*
amok: run ~ *raivota hurjana*
among [a] *joukossa;* ~ other things *muun muassa;* ~ themselves *keskenään*
amon'gst = *ed.*
am'orous *rakastunut*
amor'tize *kuolettaa*
amou'nt s *määrä;* v *nousta, to jhk*
am'ple *laaja, runsas*
am'plifier *äänenvahvistin*
am'plify *laajentaa, vahvistaa, laveasti esittää*
am'plitude *laajuus, amplitudi*
am'putate *katkaista, amputoida*
amu'se *huvittaa*
amu'sement *huvi*
an(a)e'mia *anemia*
an(a)e'mic *aneeminen*
an(a)esthe'sia *puudutus, nukutus*
anal'ogous *yhdenmukainen*
anal'ogy *yhdenmukaisuus*
an'alyse *eritellä, jäsentää*
anal'ysis *analyysi, erittely*
an'archy *sekasorto, anarkia*
anat'omy *anatomia*
an'cestor *esi-isä*
an'cestry *sukuperä*
an'chor [k] *ankkuri*
an'chovy *anjovis*
a'ncient [-šnt] *vanha, muinainen* and *ja*
an'ecdote *kasku*
anem'one *vuokko*
anew' *uudelleen*
a'ngel [dž] *enkeli*
angel'ic *enkelimäinen*
an'ger [g] s *viha;* v *suututtaa*
angi'na: ~ pectoris *sydänkouristus*
an'gle e *kulma;* v *onkia;* at right ~s *suorassa kulmassa;* at an ~ *vinossa*

an'gry *vihainen*
an'guish *tuska*
an'gular *kulmikas*
an'imal *eläin, eläimellinen*
an'imate *elähdyttää;* ~d *vilkas;* ~d cartoon *piirretty filmi*
anima'tion *vilkkaus; animaatio*
animos'ity *viha(mielisyys)*
an'iseed *anis*
an'kle *nilkka*
an'nals *aikakirjat*
annex' v *liittää;* vallata; [-'-] *lisärakennus*
anni'hilate [-aiöleit] *tuhota*
anniver'sary *vuosipäivä*
an'notate *merkitä muistiin*
annou'nce *ilmoittaa, kuuluttaa*
annou'ncement *tiedotus*
annou'ncer *radiokuuluttaja, juontaja*
annoy' *vaivata, suututtaa.* ~ed *suuttunut;* ~ing *harmillinen*
annoy'ance *vaiva, kiusa, harmi*
an'nual *vuotuinen*
annu'ity *elinkorko*
annul' *kumota*
annuncia'tion; the ~ *Marian ilmestyspäivä*
anoi'nt *voidella*
anom'alous *säännötön*
anom'aly *säännöttömyys*
anon' *heti*
anon'ymous *nimetön*
anoth'er [dh] *toinen:* one ~ *t. toisensa, toisiaan;* ~ cup *kupin lisää*
an'swer [a:nsö] v *vastata;* s *vastaus;* ~able *vastuunalainen*
antarc'tic *etelänapa-*
Antarc'tica *Etelämanner*
ant *muurahainen*
antag'onist *vastustaja*
antarc'tic *etelänapa-*
an'tece'dents *aikaisemmat vaiheet*
an'tedate *päivätä aikaisemmaksi*
an'telope *antilooppi*
ante'rior *edellä oleva, aikaisempi, to kuin; etu-*
an'them *hymni;* national ~ *kansallislaulu*
anti- *vasta-.* ~aircraft gun *il-matorjuntatykki*
an'tibiot'ic *antibioottinen (aine)*
an'tics *ilveet, temput*
antic'ipate *odottaa; ennättää ennen, ennakoida*

anticipa'tion *odotus*
an'tidote *vastamyrkky*
anti-freeze *pakkasneste*
anti-missile defence *ohjusten torjuntajärjestelmä*
antip'athy *vastenmielisyys*
an'tiquary *muinais|tutkija-, -esineiden kauppias*
an'tiquated *vanhentunut*
antiq'ue [-i:k] *vanha; s muinaisesine*
antiq'uity *muinaisuus*
an'tiso'cial *asosiaalinen*
an'tler *(hirven)sarvi*
an'vil *alasin*
anxi'ety [-gz] *levottomuus*
an'xious [-kš] *huolestunut, levoton; ~ to hyvin halukas*
any [eni] *kukaan, mikään; kuka t. mikä tahansa; at ~ time milloin tahansa*
any|body, -one *kukaan, kuka tahansa*
anyhow *kuinka tahansa, joka tapauksessa*
anything *mikään, mikä hyvänsä; not for ~ ei mistään hinnasta*
anywhere *missään, missä tahansa*
apar't *erillään, -een; sikseen; ~ from paitsi; far ~ kaukana toisistaan*
apar'tment *huone(isto); ~ house kerrostalo*
ap'athy *välinpitämättömyys*
a'pe *s apina; v matkia*
ap'erture *aukko*
a'pex *kärki*
aph'orism *mietelmä*
apie'ce *jokaiselta, -lle, kappaleelta*
apologet'ic *puolustava*
apol'ogy *anteeksipyyntö*
apol'ogize *pyytää anteeksi*
ap'oplexy *halvaus*
apos'tle, [-sl] *apostoli*
apos'trophe [-öfi] *heittomerkki*
appal' [-o:] *kauhistaa*
appal'ling *hirveä*
appara'tus *koje(et), laitteet*
appar'el *puku*
appar'ent *ilmeinen; näennäinen; ~ly ilmeisesti*
appari'tion *ilmestyminen, näky*
appea'l *v vedota; miellyttää; s vetoomus; ~ingly vetoavasti*

appear' *näyttäytyä, esiintyä ilmestyä, näyttää jltk*
appea'rance *ilmaantuminen; ulkonäkö*
appea'se *rauhoittaa*
appen'd *liittää oheen*
appen'dage -ix *lisä(ke)*
appendici'tis *umpisuolentulehdus*
appertai'n to *kuulua jhk*
ap'petite *(ruoka)halu*
ap'peti'zing *herkullinen*
applau'd *osoittaa hyväksymistään*
applau'se *kättentaputus*
ap'ple *omena*
appli'ance *koje*
ap'plicable to *jhk sovellettavissa*
ap'plicant *hakija*
applica'tion *hakemus, anomus, käyttö*
apply' (to) *panna t. levittää jnk päälle, koskea jtk; käyttää; (for) hakea jtk; ~ the brake jarruttaa*
appoi'nt *määrätä, nimittää; at the ~ed time määräaikana*
appoi'ntment *sopimus, nimitys; make an ~ sopia tapaamisesta; I have an ~ with my doctor olen tilannut lääkäriltäni vastaanottoajan*
apprai'se *arvioida*
appre'ciably *mainittavasti*
appre'ciate [š] *arvostaa*
apprecia'tion *arvonanto*
appre'ciative *kiitollinen*
apprehen'd *vangita; käsittää; pelätä*
apprehen'sion *käsitys(kyky); pelko*
apprehen'sive *pelokas*
appren'tice *oppipoika*
approa'ch (ou) *v lähestyä; s lähestyminen*
appro'priate a [-it] *sopiva; v [-ieit] anastaa*
appropria'tion *määräraha*
approv'al [u:] *hyväksymys*
approv'e *hyväksyä; ~d school koulukoti*
approx'imate *likimääräinen; v lähentää; ~ly noin*
appur'tenances *(lisä)tarvikkeet*
a'pricot *aprikoosi*
A'pril *huhtikuu*
a'pron *esiliina*

ap't *sovellas, sattuva; taipuvai-
nen, altis; pystyvä*
aq'ualung *sukelluslaite*
aqua'rium *akvaario*
aquat'ic *vesi-*
aq'uiline *kotkan-*
Ar'ab, Ara'bian *arabialainen*
ar'able *viljelyskelpoinen*
ar'bitrary *mielivaltainen*
ar'bitrate *ratkaista*
arbitra'tion *välitystuomarin
päätös*
ar'bour *lehtimaja*
arc *kaari*
arca'de *holvikäytävä*
arch s *kaari, holvi;* v *kaareutua
a pää-, arkki-*
ar'chbishop *arkkipiispa*
ar'cher *jousimies*
ar'chery *jousiammunta*
archaeol'ogy [k] *arkeologia*
archa'ic [k] *vanhentunut*
archipel'ago [k] *saaristo*
arch'itect [k] *arkkitehti*
architec'ture [k] *rakennustaide*
ar'chives [kai] *arkisto*
ar'chness *viekkaus*
ar'chway *holvikäytävä*
ar'ctic *pohjoinen, arktinen*
ar'dent *tulinen*
ar'dour *kiihko, into*
ar'duous *vaivalloinen*
are [a:]: we ~ *olemme;* we
~n't *emme ole;* they ~ he
ovat; ~ you ... *olet(te)ko..?*
how ~ you *kuinka voit(te)?*
here you ~ *kas tässä! ole
hyvä!*
a'rea *(pinta-)ala*
are'na *kilpakenttä*
ar'gue [-ju:] *esittää perusteita,
väittää, väitellä, kiistellä*
ar'gument *perustelu; pohdinta,
väittely*
argumenta'tion *todistelu*
ar'id *kuiva*
arid'ity *kuivuus*
ari'se *nousta, saada alkunsa*
aris'en *pp. ks. ed.*
ar'istocrat *ylimys*
aristoc'racy *ylhäisö*
ark *arkki (raam.)*
arm s *käsivarsi, pl. aseet;* v
aseista(utu)a; ~ in ~ *käsi-
koukkua*
ar'maments *sotatarvikkeet*
arm-chair *nojatuoli*

armed forces *puolustusvoimat*
ar'mistice *aselepo*
ar'mour *panssari; haarniska;
v panssaroida*
arms *aseet;* (coat of) ~ *vaa-
kuna*
ar'my *(maa-)armeija, sotajouk-
ko*
aro'ma *tuoksu, aromi*
aromat'ic *hyvänhajuinen*
aro'se *imp. ks.* arise; the
question ~ *heräsi kysymys*
arou'nd *ympäri(llä, -lle)*
arou'se *herättää*
arra'nge *järjestää, sopia, suun-
nitella, huolehtia jstk*
arra'ngement *järjestely, valmis-
telu; sopimus*
ar'rant *täydellinen; pelkkä*
array's *taistelujärjestys; puku;
v järjestää; pukea*
arrea'rs *maksamaton velka, rästi*
arres't v *ehkäistä; pidättää,
vangita;* s *pidättäminen*
arri'val *saapuminen, tulokas*
arri've *saapua, at, in*
ar'rogance *julkeus*
ar'rogant *röyhkeä, ylpeä*
ar'row [-ou] *nuoli*
arse [a:s] *sl. peppu*
ar'senal *varikko*
ar'senic *arsenikki*
ar'son *murhapolttо*
art *taide, taito;* ~s and crafts
taideteollisuus; Master of ~s
maisteri
arte'rial *valtimo-;* ~ road *valta-
tie*
ar'tery *valtimo*
ar'tful *ovela*
arthri'tis; (rheumatoid) ~ *ni-
velreuma*
ar'tichoke *(latva-)artisokka*
ar'ticle *kirjoitus, artikkeli; ta-
vara*
artic'ulate *(ääntää) selvä(sti)*
ar'tifice *juoni*
artific'ial *keinotekoinen*
artil'lery *tykistö*
artisan' *käsityöläinen*
ar'tist *taiteilija*
artis'tic *taiteellinen*
ar'tless *teeskentelemätön*
as *kuin, niinkuin, koska, kun;*
~ a child *lapsena;* ~ for, ~
to *mitä tulee jhk;* ~ good ~
yhtä hyvä kuin; ~ if. ~

though *ikäänkuin;* ~ it were
niin sanoakseni, *ikäänkuin;*
twice ~ large ~ *kaksi kertaa*
niin iso kuin
ascen'd [-se-] *nousta*
ascen'dancy [s] *valta-asema*
ascen'dant [s]: in the ~ *nouse-
massa*
ascen'sion [s]: A~ Day *hela-
torstai*
ascen't [s] *nousu*
ascertai'n [s] *hankkia varma
tieto, vakuuttautua*
ascet'ic [-se] *askeetti(nen)*
ascri'be to *lukea jkn syyksi t.
ansioksi, pitää jnk seurauksena*
ash *saarni;* ~es *tuhka*
ash-tray *tuhkakuppi*
asha'med: be ~ *hävetä,* of
jtk; I felt ~ for him *häpesin
hänen puolestaan;* you should
be ~ *sietäisit hävetä*
asho're *rantaan, mai|hin, -ssa*
A'sia [š] *Aasia;* ~ Minor
Vähä-Aasia
A'sian, Asiat'ic *aasialainen*
asi'de *syrjässä, syrjään*
ask *kysyä, kysellä, pyytää;* he
~ed me the time *hän kysyi mi-
nulta, mitä kello oli* (... the
way, the price) *hän kyseli tietä,
hintaa;* he ~ed me to help
(t. for help) *hän pyysi apua;*
~ about *tiedustella*
askan'ce [a:]: look ~ *katsoa
karsaasti*
aslee'p *unessa;* fall ~ *vaipua
uneen;* is ~ *nukkuu*
aspar'agus *parsa*
as'pect *(ulko)muoto, näkö;
sivu, näkökulma*
as'pen *haapa*
aspi'rant *hakija*
aspira'tion *pyrkimys*
aspi're to *pyrkiä jhk*
ass *aasi, kuv.* [a:s]
assai'l *hyökätä kimppuun*
assai'lant *hyökkääjä*
assas'sin *salamurhaaja*
assas'sinate *murhata*
assau'lt v *hyökätä;* s *hyökkäys,
rynnäkkö*
assay' s *koe;* v *tutkia*
assem'blage *joukko*
assem'ble *koota kokoontua,
kerääntyä*
assem'bly *kokous;* ~ hall

juhlasali; ~ line *tuotantolinja*
assen't v *suostua,* to *jhk;* s
suostumus
asser't *väittää*
asser'tion *väite*
asses's *arvioida*
asses'sment *arvioiminen*
as'set *hyödyllinen asia, etu*
as'sets *varat*
assid'uous *uuttera, ahkera*
assidu'ity *uutteruus*
assi'gn [-ain] *määrätä, osoittaa
antaa tehtäväksi*
assi'gnment *tehtävä*
assim'ilate *sulattaa, sulautua*
assis't *auttaa*
assis'tance *apu*
assis'tant *apulainen*
assi'zes *käräjät*
asso'ciate s [-ši-it] *kumppani
työtoveri;* v [-ieit] *liittää, seu-
rustella;* ~d *(jhk) liittyvä*
associa'tion *yhdistys*
assor't *lajitella*
assor'tment *valikoima*
assua'ge *rauhoittaa*
assu'me *omaksua; otaksua*
assu'ming *suuriluuloinen;* ~
that *edellyttäen, että*
assum'ption *omaksuminen; olet-
tamus*
assu'rance [š] *vakuutus, itseluot-
tamus*
assu're [š] *vakuuttaa*
aster'n *perässä, perään*
as'thma [-sm] *astma*
asthmat'ic *astmaattinen*
aston'ish *hämmästyttää*
aston'ishment *hämmästys*
astou'nd *ällistyttää*
astray' *eksyksissä, harhaan*
astri'de *hajareisin*
astrin'gent *kutistava (aine)*
astrol'oger *tähtienselittäjä*
as'tronaut *astronautti, avaruus-
mies*
astron'omer *tähtitieteilijä*
astron'omy *tähtitiede*
astu'te *viekas; terävä*
asun'der *hajalla, -lle*
asy'lum *turvapaikka; mielisai-
raala*
at *-ssa, -lla, luona, jstk hinnasta;*
~ 2 o'clock *kello kahdelta;*
~ table *ruokapöydässä;* ~
the age of ten *kymmenen vuo-
den ikäisenä;* ~ the door *ovel-*

la; ~ the station *asemalla;*
(laugh) ~ *jllek;* (shoot) ~
jtk kohtl; is good ~ ... *on tal-
tava -ssa;* ... ~ that *vielä li-
säksi*
ate [et, eit] *imp. ks.* eat
a'theist *jumalankieltäjä*
ath'lete *urheilija*
athlet'ics *(yleis)urheilu*
at'mosphere *ilmakehä, -piiri*
atmospher'ics *ilmahäiriöt (rad)*
at'om *atoml;* ~(ic) bomb *ato-
mipommi*
atom'ic *atoml-*
at'omizer *pirskotin*
ato'ne for *sovittaa*
atro'cious *hirvittävä*
atroc'ity *hirmutyö*
attach' *kiinnittää;* ~ed (to the
letter) *oheenliitettynä;* deeply
~ed to *syvästi kiintynyt jhk*
attach'ment *kiintymys, mielty-
mys;* *kiinnitys(laite)*
attack' v *käydä kimppuun;* s
hyökkäys, (taudin)kohtaus
attai'n *saavuttaa*
attai'nment *saavutus, pl. tai-
dot, avut*
attem'pt v *yrittää, koettaa;* s
yritys
atten'd *olla läsnä; tarkata, huo-
lehtia, palvella,* to
atten'dance *läsnäolo; yleisö-
(määrä);* school ~ *koulun-
käynti*
atten'dant a *liittyvä;* s *palve-
lija*
atten'tion *tarkkaavaisuus, huo-
mio; pay ~ to kiinnittää huo-
miota*
atten'tive *tarkkaavainen*
atten'uate (rad.) *vaimentaa*
attes't *todistaa*
at'tic *ullakko*
atti're v *pukea;* s *puku*
at'titude *asento, asenne, kanta*
attor'ney *[-tö:ni] asianajaja*
attrac't *vetää puoleensa*
attrac'tion *vetovoima, viehätys-
(voima)*
attrac'tive *miellyttävä*
at'trib'ute s *tuntomerkki, omi-
naisuus;* v *(to) pitää jnk aiheut-
tamana, jnk tekijänä, syynä*
attrit'ion *hankaus, näännytys*
au'burn *punaruskea*
au'ction *huutokauppa*

auctionee'r *huutokaupan pitäjä*
auda'cious *rohkea*
audac'ity *(uhka)rohkeus*
au'dible *kuuluva*
au'dience *kuulijakunta, yleisö*
audio-visual aids *audiovisuaali-
set apuvälineet*
au'dit *tarkastaa (tilejä)*
au'ditor *tilintarkastaja*
au'ditory *kuulo-*
au'ght [o:t] *mitään;* for ~
care *minun puolestani*
augmen't *lisätä*
au'gur s *ennustaja;* v *ennustaa*
au'gury [-gju-] *enne*
augus't *ylevä*
Au'gust *elokuu*
aunt [a:nt] *täti*
au'ral *kuulo-*
auro'ra *aamurusko;* ~ borealis
revontulet
au'spice *enne*
au'spices *suojelus*
auste're *ankara*
auster'ity *ankaruus, niukkuus*
Au'stria *Itävalta*
Austrian *itävaltalainen*
authen'tic *oikea(peräinen)
luotettava*
authentic'ity *luotettavuus*
au'thor [th] *alkuunpanija, kir-
jailija*
au'thoress *tekijä, kirjailijatar*
author'itative *arvovaltainen;
määräävä*
author'|ity *arvovalta, valtuus;
-ities viranomaiset;* local -ities
kunta
au'thorize *valtuuttaa*
au'to *Am. auto; itse-*
au'tograph *omakätinen nimikir-
joitus*
automat'ic *itsetoimiva*
auton'omy *itsehallinto*
au'topsy *ruumiinavaus*
au'tumn [-öm] *syksy;* in the ~
syksyllä; last ~ *viime syksynä*
avai'l *hyödyttää;* ~ o.s. of
käyttää hyväkseen
avai'lable *saatavissa (oleva), m.
tavattavissa*
av'alanche *lumivyöry*
av'arice *ahneus*
avaric'ious *ahne*
aven'ge *kostaa*
av'enue *lehtikuja, leveä katu*

A
B

aver' *vakuuttaa*
av'erage s *keskiarvo, -taso;* a *keskimääräinen, keskiverto-;* v *olla keskimäärin;* on an ∼ *keskimäärin*
aver'se *haluton*
aver'sion *vastenmielisyys*
avert't *kääntää pois, torjua*
avia'tion *ilmailu*
a'viator *lentäjä*
avid'ity *ahneus*
avoi'd *karttaa, välttää*
avow' [au] *tunnustaa*
awai't *odottaa*
awa'ke a *valveilla (oleva);* v *herätä, herättää*
awa'ken *herättää*
award'd [o:] v *suoda, antaa;* s *(myönnetty) palkinto ym.*
awa're *tietoinen;* become ∼ of *huomata*
away' *pois(sa), poispäin, (jnk*

matkan) *päässä;* go ∼ *mene tiehesi;* give .. ∼ m. *ilmaista*
awe [o:] *(kunnioittava) pelko;* ∼ -struck *pelon t. kunnioituksen valtaama*
aw'ful *hirveä, kauhea;* ∼ly *hirveästi, kauhean, tavattoman*
aw'kward *kiusallinen; kömpelö hankala, kankea*
awhi'le *vähän aikaa*
awl *naskali*
aw'ning *aurinkokatos ,ulkokalhdin*
awo'ke *imp. & pp. ks.* awake
awry' [örai] *vino|ssa, -on*
ax'e *kirves*
ax'iom *selviö*
ax'is *akseli*
axle *(pyörän)akseli*
ay(e) [ai] *kyllä(-ääni)*
aza'lea *atsalea*
az'ure *taivaansininen*

B

b [bi:] *b-kirjain;* born
B. A. Bachelor of Arts
bab'ble v *leperrellä; solista;* s *jokellus, lepertely, lörpötys*
ba'by *pieni lapsi, vauva; pimu, typykkä*
baby-sitter *lapsenkaitsija*
baboo'n *paviaani*
bach'elor *poikamies;* B∼ of Arts l.v. *humanististen tieteiden kandidaatti*
back s *selkä, takaosa, taka-selkäpuoli;* adv. *takaisin, taaksepäin;* a *taka-;* v *kannattaa, lyödä vetoa (jnk puolesta); peräyttää, -ytyä;* at the ∼ of *jnk takana, takaosassa;* a year ∼ *vuosi sitten;* answer ∼ *vastata nenäkkäästi;* keep ∼ *salata*
backbite *panetella*
backbone *selkäranka*
background *tausta, taka-ala*
back'ing *tuki*
back'sli'der *luopio*
back'ward adv *takaisin, taka-perin (m.* ∼s): a *takapajulla oleva, jälkeenjäänyt*

ba'con *pekoni*
bacte'ri|a (sg. -um) *bakteerit*
bad' *huono, paha; (want)* ∼ly *kipeästi;* a ∼ business *ikävä juttu;* go ∼ *pilaantua;* go to the ∼ *mennä hunningolle;* too ∼ *olipa ikävää* not ∼ *ei hullum|pi, -paa;* in a ∼ way *huonossa jamassa*
bad(e) *imp ks.* bid
bad'ge *(tunnus-, erikois)merkk*
bad'ger s *mäyrä;* v *ahdistaa*
bad'minton *sulkapallopeli*
baf'fle *tehdä tyhjäksi, nolata*
baf'fling *hämäännyttävä*
bag *(käsi)laukku, pussi*
bag'gage *matkatavarat; kuormasto*
bag'gy *pussimainen*
bag'pipe *säkkipilli*
bail s *takaus(mies);* v *mennä takaukseen; ammentaa*
bai'liff *oikeudenpalvelija*
bait s *syötti*
ba'ke *kypsentää, paistaa,-tua leipoa*
ba'ker *leipuri*
ba'kery *leipomo*

ba'king powder *leivinjauhe*
bal'ance s *vaaka, tasapaino;*
bilanssi, tase; v *punnita, saat-*
taa tasapaino\on, olla t-ssa,
päättää (tilt); ~ o.s. *tasapai-*
nolila; on ~ *ottaen kaikki*
huomioon
bal'anced *tasapainoinen*
bal'cony *parveke, parvi*
bald [o:] *kaljii; karu;* ~ly
kaunistelematta
ba'le s *paali, käärö;* v: ~ out
hypätä (lentokoneesta)
ba(u)lk [bo:k] v *säikkyä, epä-*
röidä; estää, s *hirsi, palkki;*
she was ~ed *hän pettyi*
(aikeissaan)
Bal'kan [o:] *Balkanin*
ball [o:] *pallo, kuula, kerä;*
tanssiaiset
ball-bearings *kuulalaakeri*
bal'last *painolasti*
bal'let [bälei] *baletti*
balloo'n *ilmapallo*
bal'lot s *äänestys(lippu);* v
äänestää suljetuilla lipuilla
ballpoint: ~ pen *kuulakärki-*
kynä
balm [ba:m] *palsami*
bal'my [a:] *sulotuoksuinen*
balsam [bo:l-] *palsami*
Baltic [o:] *balttilainen;* the ~
(Sea) Itämeri
bal'ustrade *kaiteet*
bamboo' *bambu*
ban s *panna, (julkinen) kielto;*
v *kieltää*
bana'na [a:] *banaani*
band s *nauha, side; joukko;*
soittokunta; v *liittyä (yhteen)*
ban'dage *side*
ban'dit *rosvo*
ban'dy v *heitellä;* s *jääpalloilu*
bandy-legged *vääräsäärinen*
bang v *läimäyttää;* s *paukahdus;*
~ed (hair) *otsatukka*
ban'ish *karkottaa*
ban'ishment *maanpako*
ban'isters *kaiteet*
bank s *pankki; töyräs, ranta-*
penger; v *toimittaa pankki-*
asiansa; ~ (up)on *luottaa;*
burst its ~s *tulvia yli ävräi-*
densä
ban'ker *pankkiiri*
ban'king *pankkitoimi*
bank-note *seteli*

ban'krupt *vararikkoinen;* ~'s
estate konkurssipesä
ban'kruptcy *vararikko*
ban'ner *lippu*
banns *avioilkuulutus;* have one s
~ *called ottaa kuulutukset*
ban'quet s *juhlapäivälliset;* v
juhlia
ban'tam *pienois-;* ~ weight
kääpiösarjan nyrkkeilijä
ban'ter *naljailu;* v *naljailla*
bap'tism *kaste*
bap'tist *baptisti, kastaja*
bapti'ze *kastaa*
bar s *tanko, puomi, harkko;*
tahti(viiva); baari; aitaus
(oikeussalissa), aslanajajan
ammatti; ~s *ristikko;* v *sal-*
vata, teljetä; kieltää (from
osanotto); ~ of chocolate
suklaalevy
barb *väkä*
barbed wire *piikkilanka*
bar'becue *ulkogrilli, grillijuhla*
barba'rian *raakalainen*
bar'barous *barbaarinen*
ba're a *paljas, alaston; karu;*
v *paljastaa*
ba'refaced *häpeämätön*
ba'rely *niukasti, töin tuskin*
bar'gain s (edullinen) *kauppa;*
v *hieroa kauppaa, tinkiä;* into
the ~ *kaupanpäällisiksi*
barge *pursi, proomu*
bark s *kaarna;* v *haukkua*
bar'ley *ohra*
barman *baarimikko*
barn *lato*
barom'eter *ilmapuntari*
bar'on\(ess) *vapaaherra(tar)*
bar'onet *baronetti*
bar'racks *kasarmi*
bar'rage (-a:ʒ) *pato; sulkutuli*
bar'rel *tynnyri, pyssynpiippu*
barrel-organ *posetiivi*
bar'ren *hedelmätön*
bar'ricade *katusulku*
bar'rier *aidake, este, sulku*
bar'rister *asianajaja*
bartender [a:] *baarimikko*
bar'ter [a:] s *vaihtokauppa;* v
vaihtaa
ba'se a *alhainen, halpamainen;*
s *jalusta, kanta; emäs; tuki-*
kohta; v [-z] *perustaa jhk;* be
~d on *perustua jhk*
ba'seball *baseball-peli*

ba'sement *kellarikerros*
ba'sic *perus-*
ba'sin *malja, vati, allas; jokialue*
ba'sis *perusta*
bask [a:] *lämmitellä*
bas'ket [a:] *kori*
bass [ei] *basso;* [ä] *niinipuu;*
~ (viol) *kontrabasso*
bast *niini*
bas'tard *äpärä*
ba'ste *harsia, valella rasvalla*
bas'tion *varustus*
bat *yölepakko; maila*
bat'ch *leipomus, erä*
ba'ted: with ~ breath *henkeään pidätellen*
bath [a:] *kylpy, -amme, -laitos;* v *kylvettää*
ba'the [-dh] v *kylpeä, uida;* s (*ulkoilma*)*kylpy*
bathrobe *Am. aamutakki*
bat'on *virkasauva, tahtipuikko*
battal'ion *pataljoona*
bat'ten *soiro*
bat'ter v *mukiloida;* s *taikina*
bat'tery *patteri, paristo*
bat'tle s *taistelu;* v *taistella*
bau'ble *hely,* (*joutava*) *koru*
Bava'ria *Baijeri*
bawl *huutaa, hoilata*
bay s *lahti; laakeri; uloke; raudikko;* v *haukkua*
ba'yonet *pistin*
be [bi:, bi] *olla;* there is, are (*issk*) *on;* I am to *minun on määrä;* how much is this book *paljonko tämä kirja maksaa?* be reading *lukea* (*kestopreesens*)*;* have you been there *oletko käynyt siellä?*
beach (*hiekka*)*ranta*
bea'con [i:] *pieni majakka, loisto*
bead (*lasi- ym*) *helmi*
beak *nokka*
beam s *hirsi, palkki,* (*laivan*) *poikkipuu; säde;* v *säteillä*
bean *papu*
bear [beö] s *karhu;* v *kantaa, kestää; synnyttää;* ~ o.s. *käyttäytyä, esiintyä;* ~ .. company *pitää seuraa jklle;* ~ a likeness *olla ikn näköinen;* ~ witness *todistaa;* ~ down on *syöksyä kimppuun*
bearable *siedettävä*
beard [iö] *parta;* ~ed *parrakas*

bearer [eö] *tuoja,* (*šekin*)*haltija*
bearing *käyttäytyminen, ryhti;* ~s *asema, suuntima*
beast *eläin, elukka*
beastly *inhottava*
beat v *lyödä, piestä* (*m. imp. löi, pieksi*); *voittaa; vatkata;* s *lyönti, tykytys;* ~en pp. *lyöty*
beat'itude [i-ä] *autuus*
beau [bou] *ihailija*
beau'tiful [bju:-] *kaunis*
beau'tify [-fai] *kaunistaa*
beau'ty *kauneus*
bea'ver [i:] *majava*
becau'se [-oz] *koska;* ~ of *jnk takia*
beck'on *viittaa*
become' [a] *tulla ksk; pukea jkta, sopia;* he became a doctor *hänestä tuli lääkäri*
becoming *pukeva*
bed *vuode, sänky;* (*kukka*)*penkki; uoma;* make the ~s *sijata vuoteet*
bed'ding *makuuvaatteet*
bedrag'gled *epäsiisti, siivoton*
bed-ridden *vuoteen oma*(*na*)
bedroom *makuuhuone*
bed-sitting room *olo- ja makuuhuone*
bedspread *vuodepeite*
bedstead [e] *sänky*
bedtime *maatapanoaika*
bee *mehiläinen*
beehive *mehiläiskeko*
bee-line *linnun tie, suorin tie*
beech *pyökki*
beef *naudanliha*
beefsteak *pihvipaisti*
been pp. ks. be
beer *olut*
beet *juurikas;* red ~ *punajuurikas*
bee'troot (*puna*)*juurikas*
beetle *kovakuoriainen*
befall' [o:] *sattua, tapahtua*
befit' *sopia*
befo're *edessä, ennen* (*kuin*)
befo'rehand *edeltäkäsin*
befou'l *tahrata*
befrien'd [e] *kohdella ystävänä*
beg *pyytää, kerjätä, anoa; ...* ~ged off *ilmoitti, ettei hän voi tulla*
began' imp. ks. begin
beget' *siittää, synnyttää*

beg'gar *kerjäläinen*
beg'gary *kerjuu*
begin' *alkaa;* when did this ~
millolin tämä alkoi; she has be-
gun a new book *hän on aloitta-*
nut uuden kirjan
begin'ner *vasta-alkaja*
begin'ning *alku;* in the ~
alussa; from ~ to end *alusta*
loppuun
begot *imp. ks.* beget; ~ten *pp.*
begui'le [-gail] *pettää*
behalf [-ha:f] on ~ of *jkn puo-*
lesta
beha've *käyttäytyä*
beha'viour *käytös*
behead' [e] *mestata*
behi'nd *takana, taakse, jäljessä,*
jälkeen
beho'ld *nähdä (imp.* beheld)
be'ing *olento, olemassaolo;* for
the time ~ *toistalseksi*
belch *röyhtäistä; syöstä*
bel'fry *kellotorni*
Bel'gian *belgialainen*
Bel'gium *Belgia*
beli'e *olla ristiriidassa*
belie'f [i:f] *usko*
belie've [-i:v] *uskoa,* in *jhk*
belie'ver *uskovainen*
belit'tle *väheksyä*
bell *(soitto)kello; tiuku*
belle *kaunotar*
bellig'erent *sotaakäyvä*
bel'low *mylviä, karjua,* ~s *pal-*
keet
bel'ly *vatsa*
belon'g: ~ to *kuulua jklle;*
it ~s to him *se on hänen*
belon'gings *omaisuus*
belov'ed *rakastettu*
belo'w *alla, alapuolella, -lle*
belt *vyö, hihna; vyöhyke*
bemoa'n [ou] *valittaa*
bench *penkki; tuomioistuin*
bend *v taivuttaa, koukistaa,*
kumartua, taipua, s *mutka*
benea'th [i:] *alla, alle*
ben'edic'tion *siunaus*
benefac'tor *hyväntekijä*
benef'icence *hyväntekeväisyys*
benefic'ial *hyödyllinen*
ben'efit s *hyöty, etu; avustus;*
v *hyötyä, hyödyttää*
benev'olence *hyväntahtoisuus*
benev'olent *hyväntahtoinen; ky-*
vänsuopa

beni'gn [-ain] *suopea; hyvän-*
laatuinen
benig'nancy *hyvänlaatuisuus*
benig'nant *suopea*
benig'nity *suopeus*
bent *imp. & pp. ks.* bend; a
taipunut, halukas, on *jhk;* s
taipumus
benum'b [-am] *jäykistää, tehdä*
tunnottomaksi
ben'zine *(puhdistus)bensiini*
bequea'th *testamentata*
beques't *(testamentti)lahjoitus*
berea've [:i] *riistää*
berea'vement *menetys*
ber'ry s *marja;* v *marjastaa*
berth *makuu-, hyttipaikka; lai-*
turipaikka
besee'ch *anoa, rukoilla*
beset' *ahdistaa*
besi'de *vieressä, viereen*
besi'des *(sitä)paitsi*
besie'ge *piirittää*
besought *imp. ks.* beseech
best *paras;* ~ man *sulhaspoika;*
at ~ *parhaassa tapauksessa;*
do one's ~ *tehdä parhaansa;*
the ~ thing to do is ... *pa-*
rasta, mitä voi tehdä on ...
bestir'; ~ o.s. *pitää kiirettä*
besto'w *antaa, suoda*
best-seller *menekkikirja*
bet *(lyödä) veto(a)*
beta'ke: ~ o.s. *lähteä jhk*
beti'mes *ajoissa*
beto'ken *osoittaa*
betray' *pettää*
betray'al *petos*
betro'th [dh] *kihlata*
betro'thal *kihlaus*
better *parempi, -mmin;* v *pa-*
rantaa, -tua; you had ~ *sinun*
olisi viisainta; get the ~ of
voittaa; I like this ~ *pidän*
tästä enemmän
betwee'n *välillä, -ssä; kesken,*
~you and me *meidän kesken*
bev'el a *(viisto)särmä;* v *lei-*
kata vinoksi
bev'erage *juoma*
bev'y *parvi*
bewai'l *valittaa*
bewa're *varoa,* of
bewil'der *saattaa ymmälle*
bewil'derment *hämmennys*
bewit'ch *lumota*
beyon'd *tuolla puolen, yli;* ~

understanding *käsittämätön-(tä)*; it is ~ words *sitä ei voi sanoin kuvata*

bi- [bai] *kaksi-;* -monthly *joka toinen kuukausi tapahtuva*

bi'as *vinous; ennakkoluulo*

bi'assed *ennakkoluuloinen, puolueellinen*

bi'ath'lon *ampumahiihto*

bib *leukalappu*

Bi'ble *raamattu*

bibliog'raphy *kirjallisuusluettelo*

bick'er *kinastella*

bi'cycle *polkupyörä*

bid v *käskeä, tarjota; lausua* (~ welcome) s *tarjous*

bi'de *odottaa*

bien'nial *kaksivuotinen*

bier [biöl *ruumispaarit*

bi'fo'cal: ~s *kaksoisteholasit*

big *suuri, iso*

big'amy *kaksinnaiminen*

bi'ght [bait] *lahdelma*

big'ot *kiihkoilija*

bigwig *pomo, pamppu*

bi'ke *polkupyörä*

bi'le *sappi*

bil'ge *si. pöty, palturi*

bil'ious *sappi(tautinen); feel* ~ *voida pahoin*

bill *nokka; laktehdotus; lasku, mainosjuliste; Am. seteli; veksel (m. ~ of exchange); ~ of fare *ruokalista*

billboard *mainostaulu, -teline*

bil'let s *majoituslippu;* v *majoittaa*

billfold *Am. lompakko*

bill-poster, -sticker *ilmoitusten (julisteiden) liimaaja*

bil'liards *biljardipeli*

bil'lion *Am. miljardi*

bil'low s *laine;* v *aaltoilla*

bin *purnu, hinkalo*

bi'nd *sitoa; velvoittaa;* bound in paper *paperikantinen*

bi'nding s *side, nide;* a *sitova*

binoc'ulars *kiikari*

biog'raphy [bai-] *elämäkerta*

birch *koivu*

bird *lintu;* pimu *(m. ~ie);* have a ~s -eye view of *nähdä lintuperspektiivissä*

birth *syntymä, syntyperä;* give ~ to *synnyttää;* ~ control *syntyvyyden säännöstely;* ~ rate *syntyvyys*

bir'thday *syntymäpäivä*

bis'cuit [-kit] *keksi*

bisec't [bai-] *leikata kahtia*

bish'op *piispa;* (šakki) *lähetti*

bit *palanen, hitunen; (poran) terä, kuolaimet;* v *imp. ks.* bite; ~ by ~ *vähitellen;* wait a ~ *odota hetkinen;* not a ~ *ei hitustakaan;* every ~ as good *aivan yhtä hyvä;* do one's ~ *tehdä osansa*

bitch *narttu*

bi'te v *purra;* s *purema;* I haven't had a ~ *en ole syönyt palastakaan,(kalastajasta) onkeeni ei ole tärpännyt kertaakaan*

bit'ter *katkera, karvas*

bitu'men *maapihka, asfaltti*

bi'weekly *joka toinen viikko ilmestyvä (lehti)*

blab *loruta*

black *musta;* I ~ed out *menetin tajuntani*

blackberry *karhunvatukka*

blackbird *mustarastas*

blackboard *mustataulu*

blackfri'ar *dominikaanimunkki*

blackguard [blāg'a:d] *roisto*

blackhead *ihomato*

black'ing *kenkämuste*

blackleg *lakonrikkuri*

blackmail v *kiristää;* s *kiristys*

black'-marketee'r *mustan pörssin kauppias*

black'out *pimennys*

blacksmith *seppä*

blad'der *(virtsa- ym) rakko*

bla'de *lehti(lapa); terä; lapa; siipi*

bla'mable *moitittava*

bla'me v *moittia;* s *moite*

bla'meless *nuhteeton*

bland *kohtelias; ironinen*

blank a *tyhjä, kirjoittamaton; sisällyksetön;* s *tyhjä paikka, aukko; lomake*

blan'ket *huopa; vaippa*

bla're v *toitottaa;* s *toitotus räminä*

blasphe'me *pilkata*

blas'phemy *jumalanpilkka*

blast [a:] s *tuulenpuuska; törähdys; räjähdys,* v *räjähdyttää; turmella;* ~ furnace *masuuni;* (the radio is on) at full ~ *(sol) täydellä voimalla*

bla'ze s loimu, roihu; v loimuta;
like ~s vimmatusti
bla'zer urheilutakki
bla'zon v toitottaa julki; koris-
taa (heraldisesti)
bleach valkaista
bleak kolea, synkkä
bleat määkiä
bled imp. ks. seur.
bleed vuotaa verta, iskeä suonta
blee'ding verenvuoto
blem'ish s tahra, vika; v ru-
mentaa
blend v sekoittaa; s sekoitus
bless siunata
bles'sedness autuus
bles'sing siunaus
blew imp. ks. blow; ~ open
lensi, lennähti auki
blight [-ait] s (kasvi-)noki,
home; v tuhota
bli'nd a sokea; v sokaista; s
kierrekaihdin
blind-alley umpikuja
bli'ndfold sitoa (jkn) silmät
bli'ndman's buff: play ~ olla
sokkosilla
bli'ndness sokeus
blink vilkuttaa silmää, siristellä
silmiä, vilkkua
bliss autuus
blis'sful autuas
blis'ter rakko, rakkula
bli'the [dh] iloinen
blitz v tuhota lentopommein
bliz'zard lumimyrsky
bloa'ted [ou] paisunut
block möhkäle, pölkky; kortteli;
este, selsaus; kuvalaatta; pa-
lukka; v estää, tukkia (m ~
up); ~ of flats kerrostalo; ~
letters painokirjaimet
blocka'de s saarto; v saartaa
block'age tukkeuma
block'head pölkkypää
bio'ke si. heppu, kaveri
bion'd vaaleaverinen
bion'de vaaleaverikkö
blood [a] veri
blood-pressure verenpaine
blood-vessel verisuoni
blood-curdling karmaiseva
bloodless veretön
bloodshed verenvuodatus
bloodshot verestävä
bloody [a] verinen, ark. kirottu
bloo'm v kukkia; s kukoistus

blos'som s kukka; v kukkia
blot s tahra; v tahria; ~ out
pyyhkiä pois
blotch läiskä
blot'ter imuri
blot'ting-paper imupaperi
blou'se [au] pusero
blo'w s isku; v tuulla, puhaltaa;
~ over mennä ohi; ~ up
räjähdyttää; ~ one's nose
niistää nenäänsä; ~ the ex-
pense! viis kuluista!
blow-out rengasrikko, sulakkeen
palaminen
blub'ber itkeä tillittää
blue [blu:] sini(nen); alakuloi-
nen
bluebell sinililja; kissankello
bluecollar worker haalarityön-
tekijä
bluejacket meripoika
bluff s jyrkkä törmä; hämäys;
a jyrkkä (ja leveä); suorasu-
kainen; v hämätä
blu'ish sinertävä
blun'der v törkeästi erehtyä;
s haksahdus, kömmähdys
blunt a tylsä, tylppä; tunteeton,
töykeä; v tylsyttää
blur tuhria, tehdä hämäräksi
blurb mainos (kirjan suojakan-
nessa)
blurt: ~ out tokaista
blush v punastua; s punastus
blus'ter v pauhata, kerskua; s
rehentely
boar [o:] karju, urossika
board [o:] s lauta; taulu, levy,
(pahvi)kartonki; (laivan)kan-
si; -haliltus, vallo-, lautakunta;
v astua laivaan (junaan); pitää
t. olla täysihoidossa; full ~,
~ and lodging täysihoito; on
~ laivassa, -aan; free ~ ilmai-
set ateriat; sweep the ~ saada
suurvoitto; ~ an aeroplane
astua lentokoneeseen; ~ing
card tarkistuskortti (koneeseen
pääsyä varten)
boarder täysihoitolainen
boarding-house täysihoitola
boarding-school sisäoppilaitos
boast [ou] v kerskailla; s kers-
kailu
boastful kerskaileva
boat [ou] vene, laiva
boating venematka

boat-race *soutukilpailu*
boatswain [bousn] *pursimies*
bob s *paino, luoti, koho; šillinki;*
v *ponnahtaa, nykiä; heilahdella; leikata (tukka)*
bob'bin *puola;* ~ lace *nyplätty pitsi*
bob'by *poliisi*
bo'de *ennustaa*
bod'ice *puvun yläosa, (esim. kansallispuvun) liivi*
bod'ily *ruumiillinen*
bod'kin *naskali, pujotinneula*
bod'y *ruumis, keho; (auton) kori; joukko, kokoelma, -kunta, -elin;* heavenly ~ *taivaankappale*
bodyguard *henki|vartija, -vartiosto*
bog *suo, räme*
bo'gus *väärä, vale-*
bo'g(e)y *peikko, mörkö*
boil v *keittää, kiehua;* s *paise;* bring to the ~ *kuumentaa kiehumapisteeseen;* it ~s down to this *asian ydin on tämä*
boi'ler *höyrykattila*
boi'sterous *meluava, raju*
bo'ld *rohkea*
bo'lster v *tukea (*~ up*)*
bo'lt s *pultti, telki; nuoli, salama;* v *teljetä; syöksyä; pillastua*
bomb [bom] s *pommi;* v *pommittaa*
bombar'd *pommittaa (tykeillä t. kuv.)*
bombas'tic *mahtipontinen*
bomb'er [bomö] *pommikone*
bombshell *pommi (kuv.)*
bond *side, kahle; sitoumus; obligaatio*
bon'dage *orjuus*
bo'ne *luu, ruoto*
bon'fire *kokkotuli*
bon'net *(nauhoilla kiinnitettävä) hilkka t. hattu venelakki; (auton) konepelti*
bon'ny *sievä, kaunis*
bo'nus *lahjapalkkio*
bo'ny *luinen, luiseva*
boo *»buuata»*
boob = *seur., höhlä*
boo'by *tomppeli;* ~ prize *jumbon palkinto*
book [u] s *kirja;* v *viedä kirjoihin; tilata, varata (paikka,*

lippu); ~ club *kirjarengas;* ~ ends *kirjatuet*
book-binder *kirjansitoja*
book-case *kirjakaappi*
booking-office *lippumyymälä*
book-keeping *kirjanpito*
book-maker *vedonlyönnin välittäjä*
bookseller *kirjakauppias*
boom s *jyrinä, jyrähdys; nousu-suhdanne;* v *jyristä; nousta äkkiä*
boon *lahja siunaus*
boost *työntää eteenpäin, mainostaa;* ~er *tehostus(annos)*
boot *saapas, (varsi)kenkä; (auton) tavaratila*
boot-jack *saapaspihti*
bootlegger *(alkoholin) salakuljettaja*
boots *hotellipoika*
boo'ty *saalis*
booze v *ryypiskellä;* s *viina*
bor'der s *reun|a, -us; raja;* v *reunustaa; rajoittua, upon*
bo're v *porata; ikävystyttää; imp. ks.* bear; s *kaliberi; ikävystyttävä ihminen*
boredom *ikävystyminen*
borehole *kairausreikä*
born: he was ~ in 1940 *hän on syntynyt vuonna 1940*
bor'ough [barö] *(pikku)kaupunki, kauppala*
bor'row *lainata (jklta)*
Bor'stal: ~ institution *nuorisovankila*
bo'som [uz] *rinta, helma*
boss *kohouma, kuhmu; päällikkö, pomo*
bot'any *kasvioppi*
botan'ical *kasviopillinen*
botch v *tehdä tökerösti*
bo'th *molemmat;* ~ ... and ... *sekä ... että;* ~ of them *he (t. ne) molemmat*
both'er [adh] s *vaiva;* v *vaivata,* sorry to have ~ed you ... *anteeksi, että vaivasin;* I couldn't be ~ed to *en viitsinyt* don't ~ *älkää vaivautuko*
bot'tle *pullo;* ~ gas *nestekaasu*
bot'tom s *pohja; alaosa, -reuna;* a *alin*
bough [bau] *oksa*
bought [-o:t] *imp. & pp. ks.* buy
bo'ulder *lohkare*

bounce [au] v pompata, ponnah-
taa, poukahtaa; rynnätä; s
(pallon) kimmahdus
bou'ncing tukeva
bound [au] v rajoittaa; hypätä,
loikata; s harppaus; raja; a
velvollinen; is ~ to win var-
masti voittaa; ~ for matkalle
jnnek
bou'ndary raja
bou'ndless rajaton
bou'nt|eous, -iful antelias, run-
sas
bou'nty anteliaisuus, palkinto
bouquet [bukei] kukkakimppu
bour'geois [buožwa:] porva-
ri(s-)
bout ottelu, kierros; (taudin)
kohtaus, (juoma)retki, tuuri
bo'w joust, kaari, ruusuke, sol-
muke (~ -tie); [bau] kumar-
rus, kumartaa; keula; ~ed
with age län köyristämä
bow'el suoli;   ~s sisukset,
suolet
bo'wl s malja, kulho; kuula,
pallo; v keilata
bo'wler knalli(hattu)
box s laatikko, rasia; koppi;
aitio; ajurinistuin; lyönti; puk-
sipuu; v lyödä, nyrkkeillä; ~
on the ear korvapuusti
box'er nyrkkeilijä
Box'ing-day toinen joulupäivä
box-office lippumyymälä
boy poika
boy'hood poikaikä
boy'ish poikamainen
bra'ce s tuki; (poran) varsi;
v piristää; ~ o.s. koota voi-
mansa
bra'celet rannerengas
bra'ces housunkannattimet
brack'et s seinälampun pidin,
konsoli; v panna hakasiin
brack'ets sulkeet, hakaset
brag kerskailla
brag'gart [-göt] kerskailija
brain aivot; ~s äly; rack one's
~s vaivata päätään
brain-wave neronleimaus
bra'ke s jarru; v jarruttaa
bran leseet
branch [a:] oksa, haara, -liike;
ala; ~ (out) haarautua; ~
line sivurata
brand s polttomerkki; tavara-

merkki, merkki, laatu; v mer-
kitä polttoraudalla, leimata
(kuv.); ~-new upouusi
bran'dy konjakki
bra [a:] = brassiere
brash röyhkeä
brass [a:] messinki, pronssi;
~ band torvisoittokunta
brass'iere rintaliivit
brat kakara (halv.)
bra've a urhoollinen, rohkea;
v uhmata
bra'very urheus
brawl s meteli, rähinä; v rähistä
brawn painosyltty
bray v kiljua; rämistä
bra'zen messinkinen; häpeämä-
tön
bra'zier hiilipannu
Brazil' Brasilia; ~ nut paara-
pähkinä
breach s rikkominen, aukko; v
rikkoa, murtaa
bread' [e] leipä
breadth' [e] leveys
break [ei] v rikkoa, särkeä, kat-
kaista; raivata; taivata; s kes-
keytys, (päivän)koitto; ~
down joutua epäkuntoon, mur-
tua; ~ into murtautua; ~ sb.
of (a habit) vieroittaa jstk;
~ up hajota, loppua; his voice
is ~ing hänellä on äänenmur-
ros; without a ~ taukoamatta;
tea ~ teetauko
breakable särkyvä
breakdown romahdus, konerik-
ko, moottorivika
breaker tyrsky
break'fast [brek-] s aamiainen
v syödä aamiaista
breakneck hengenvaarallinen
breast [e] rinta; ~-stroke rin-
tauinti
breath [e] henkäys, henki;
draw ~ vetää henkeä; in the
same ~ samassa hengenve-
dossa; out of ~ hengästynyt;
under one's ~ kuiskaten
breathe [-i:dh] hengittää
breathing [-i:dh-] hengitys
breathless [e] hengästynyt
bred imp. & pp. ks. breed
bree'ches [i] polvihousut
breed s rotu, laji; v siittä; kas-
vattaa (karjaa), synnyttää

bree'ding *jalostus; (hieno) kasvatus. hienostuneisuus*

breeze *vieno tuuli*

bree'zy *raikas*

brev'ity *lyhyys*

brew *panna (olutta); valmistaa (teetä ym), hautua*

brew'er *oluenpanija*

brew'ery *panimo*

bri'ar pipe *briaaripiippu*

bri'be v *lahjoa;* s *lahjus*

bri'bery *lahjominen*

brick s *tiili; reilu kaveri;* v (~ up) *muurata umpeen*

brickyard *tiilitehdas*

bricklayer *muurari*

bri'dal a *hää-*

bri'de *morsian*

bridegroom *sulhanen*

bridesmaid *morsiusneito*

brid'ge s *silta; bridge-peli;* v *rakentaa silta (jnk yli)*

bridgehead *sillanpää*

bri'dle s *suitset;* v *hillitä*

brie'f [i:] a *lyhyt* v *antaa ohjeita (t. tietoja);* ~-case *salkku*

briefly *lyhyesti (sanoen)*

bri'er *orjantappurapensas*

brig *prikі*

briga'de *prikaati*

brig'and *(maantie)rosvo*

bri'ght [-ait] *kirkas, vilkas, sukkela, älykäs*

bri'ghten *tehdä valoisammaksi, kirkastaa*

bri'ghtness *kirkkaus; älykkyys*

bril'liance, -ancy *loisto*

bril'liant *loistava, (loistavan) älykäs*

brim *reuna, lieri;* ~ over *vuotaa yli reunojen, olla tulvillaan*

brimful *ääriään myöten täynnä*

brimstone *tulikivi, rikki*

bri'ne *suolavesi*

bring *tuoda (mukanaan), saada t. saattaa (tekemään jtk);* ~ an action *nostaa syyte;* ~ about *saada aikaan;* ~ forth *synnyttää, aiheuttaa;* ~ up *kasvattaa; esittää (keskusteltavaksi)*

brink *reuna, parras*

brisk *eloisa, ripeä, terhakka*

bristle [-isl]; ~ up *nostaa pystyyn harjakset, tuimistua*

Brit'ain *Britannia*

Brit'ish *brittiläinen*

Brit'on *britti*

brit'tle *hauras*

broach [ou] v *ottaa puheeksi*

broad [o:] a *leveä, laaja, yleis-; selvä (päivä);* s *sl. lutka, letukka;* in ~ outline *pääpiirtein*

broadcast [o:] v *radioida;* s *radiolähetys, -puhe*

broad-minded *suvaitsevainen*

broca'de *brokadi*

broil v *pariloida, paahtaa; meteli*

broi'ler *herkkukananpoika*

bro'ke *imp. ks.* break; *sl. rahaton, »auki»;* ~n *rikki, murtunut*

bro'ker *kaupanvälittäjä*

bronchi'tis *keuhkoputken tulehdus*

bron'ze *pronssi*

brooch *rintaneula*

brood s *poikue pesue;* v *hautoa (m. kuv.)*

brook [u] s *puro;* v *sietää*

broom *luuta, Am. variherne*

broomstick *luudanvarsi*

Bros. = *brothers*

broth' [o] *lihaliemi*

brother [-adh-] *veli*

broth'erhood *veljeys, veljeskunta*

brother-in-law *lanko*

brought [-o:t] *imp. & pp. ks.* bring

brow [au] *kulmakarvat, otsa*

browbeat [au] *sortaa*

brow'n *ruskea;* ~ bread *grahamleipä*

brow'nie *tonttu*

brow'se *olla laitumella; lueskella (in a book)*

bru'ise [u:z] s *ruhjevamma mustelma;* v *lyödä mustelmille*

brunt *kovin isku, kiihko*

brush s *harja, sivellin;* v *harjata;* ~ by *pyyhkäistä ohi;* ~ up *verestää (tietoja), siistiä*

Brus'sels [a] *Bryssel;* ~ sprouts *ruusukaali*

bru'tal *raaka*

brutal'ity *petomaisuus*

bru'te a *eläimellinen;* s *järjetön luontokappale; elukka*

bru'tish *raaka, epäinhimillinen*

bub'ble s *kupla;* v *poreilla*

buccanee'r *merirosvo*

buck s *uroskauris (ym); dollari;*
v *tehdä pukkihyppy(jä);* ~ up
rohkaista mielensä
buck'ed *tärkeä, ylpeä*
buck'et *sanko, ämpäri;* kick the
~ *»heittää veivinsä»*
buck'le s *solki;* v *kiinnittää sol-
jella*
buckram *jäykistekangas*
buckskin *kauriinnahka*
buck'wheat *tattari*
bud s *nuppu, silmu;* v *olla nu-
pulla*
bud'ge *liikahtaa*
bud'gerigar *(lyh.* budgie, -y)
undulaatti, laulupapukaija
bud'get *talousarvio*
buf'f *säämiskä*
buf'falo *puhveli*
buf'fer *puskuri*
buf'fet v *lyödä;* s *isku;* [bufei]
virvoketarjoilu, pitopöytä
buffoo'n [u:n] *ilveilijä*
bug *lude; basilli, pöpö; (kuv.)
»kärpänen»; sl. (asentaa) pii-
lomikrofoni*
bug'bear *mörkö*
bu'gle *metsästystorvi*
build [bild] *rakentaa*
buil'der *rakennusmestari*
buil'ding *rakennus*
built *rakennettu;* ~-in wardrobe
komero; ~-up area *taajama*
bulb *(kukka)sipuli; (hehku)
lamppu*
bulge v *pullistua;* s *pullistuma;*
bulging *ulospullistuva*
bulk *jnk pääosa; massa, määrä*
bul'ky *tilaa vievä*
bull [u] *sonni; härkä*
bulldog [u] *buldogi*
bul'ldozer *raivaustraktori*
bul'let [u] *luoti*
bul'letin [u] *(virallinen) tie-
donanto*
bullfight *härkätaistelu*
bull-headed *härkäpäinen*
bul'lion [u] *kulta- t. hopeahark-
ko*
bul'lock [u] *härkä*
bull's eye [u] *maalitaulun keskus,
(pieni) pyöreä ikkuna*
bul'ly [u] s *tyranni; simputtaja,*
v *sortaa, simputtaa*
bul'rush [u] *kaisla*
bul'wark [u] *vallitus*

bum s *hulttio, maankiertäjä;*
v:~ around *maleksia*
bum'ble-bee *kimalainen*
bump s *törmäys, kuhmu;* v
*törmätä; ajaa täryyttää (~
along the road);* ~ off *panna
päviltä*
bum'per *hyvin runsas*
bun *(rusina)pulla; nuttura*
bunch *kimppu, terttu*
bun'dle *käärö, kimppu*
bung *tulppa*
bun'galow *kesämökki, huvila*
bun'gle *tunaroida, pilata*
bun'ion *vaivaisenluu*
bunk *makuulava, -penkki*
bun'ker *hiilisäiliö, bunkkeri*
bun'k(um) *hölynpöly, pöty*
bunting *lippukangas*
buoy [boi] s *poiju;* v *pitää
pinnalla t. yllä*
buoy'ancy *nostovoima; keveys
joustavuus*
buoy'ant *kelluva; iloinen, toivo-
rikas*
bur'den s *kuorma, taakka; ker-
tosäe;* v *rasittaa*
bur'(dock) *takiainen*
bu'reau *toimisto*
bureauc'racy *virkavalta*
bur'glar *murtovaras*
bur'glary *murtovarkaus*
bur'ial [ber-] *hautaus;* ~
-ground *hautausmaa*
bur'ly *tukeva, iso*
burn v *polttaa palaa;* s *palo-
haava*
bur'ner *poltin*
bur'nish *kiillottaa*
burnt *imp. & pp. ks.* burn
burp *röyhtäistä*
burr *takiainen; pora; sorahdus*
bur'row s *kolo;* v *kaivaa kolo-
(ja), möyriä; tutkia* (into)
bur'sary *stipendi*
burst s *räjähdys;* v *haljeta, sär-
kyä, räjähtää, rynnätä, puhjeta,
purskahtaa;* ~ out crying
pillahtaa itkuun
bury [beri] *haudata*
bus *bussi, linja-auto*
bush [u] *pensas, pensaikko*
bus'hel [u] *vakka, 36,4 l*
bus'hy [u] *tuuhea*
business [bizn-] *asia, kauppa,*
on ~ *liikeasioissa;* ~ address

B
C

toimipaikan osoite; ~ hours *konttoriaika;* it is none of your ~ *ei kuulu sinuun*
businesslike *asiallinen*
bust *povi, rintakuva*
bus'tle [-sl] *touhu;* v *touhuta*
busy [bizi] *puuhassa (oleva), touhukas;* I am very ~ *minulla on kiire (t. paljon tekemistä)* ~ o.s. *puuhata*
but *mutta, vaan, paitsi, ainoastaan;* ~ for *ilman;* ~ now *vasta nyt;* all ~ *melkein*
but'cher [u] s *teurastaja;* v *teurastaa*
but'ler *hovimestari*
butt *pyssynperä;* *maalitaulu, (pilan)esine;* (savukkeen) *pätkä;* ~ in *sekaantua asiaan*
but'ter s *voi;* v *levittää voita*
but'tercup *leinikki*
but'terfly *(päivä)perhonen*
but'tocks *pakarat*
but'ton s *nappi;* v *napittaa;*

at the push of a ~ *napinpainalluksella*
but'tonhole *napinreikä*
buy [bai] *ostaa*
buy'er *ostaja*
buzz s *surina;* v *surista*
buz'zard *hiirihaukka*
buz'zer *summeri, pilli*
buz'zing *humina, sorina*
by *lähellä, luona; ohi; kautta; passiivin agentti (made ~ jkn tekemä);* ~ listening *kuuntelemalla;* ~ air *lentoteitse;* ~ day *päivällä;* ~ and ~ *ajan oloon, myöhemmin;* ~ the hour *tunnilta, tuntipalkalla;* ~ name *nimeltä;* ~ now *tähän mennessä;* ~ himself *yksinään*
by'gone *mennyt*
by(e)-law *säädös, ohjesääntö*
by-name *lisä-, pilkanimi*
by-pass s *ohikulkutie;* v *kiertää*
by-product *sivutuote*
by'stander *katselija*
by-street *sivukatu*

C

c [si:] *c-kirjain*
cab' *ajurinrattaat*
cab'bage *kaali*
cab'in *hytti, mökki*
cab'inet *kaappi; hallitus, ministeristö*
cabinet-maker *taidepuuseppä*
ca'ble s *kaapeli, (teräs)köysi, (-gram) sähkösanoma;* v *sähköttää;* ~way *köysirata*
cack'le v *kaakattaa;* s *kaakatus*
cad *epähieno mies, moukka*
cada'ver *ruumis, haaska*
cad'dy *teerasia*
cafete'ria *itsepalvelukahvila*
ca'ge *häkki*
ca'gey *varova, umpimielinen*
cajo'le *maritella*
ca'ke *leivos, kakku*
calam'itous *tuhoisa*
calam'ity *onnettomuus*
cal'cify *kalkkeutua*
cal'culate *arvioida, laskea*
calcula'tion *arvio, lasku, laskelma*
cal'endar *almanakka*

calf [ka:f] *(pl calves) vasikka; pohje*
cal'ib|re, -er *kaliberi*
cal'ico *karttuuni*
call [o:] s *huuto, kutsu; puhelu; vieraskäynti;* v *huutaa, kutsua, nimittää; käydä (on jkn luona);* ~ for *noutaa; vaatia;* ~ forth *saada aikaan;* ~ off *peruuttaa;* ~ up *soittaa (puhelimella), palauttaa mieleen; kutsua sotapalvelukseen;* ~ attention to *kiinnittää (jkn) huomio jhk;* on ~ *saatavissa*
call-box *puhelinkioski*
cal'ling *kutsumus*
cal'lous [ä] *kovettunut, tunteeton*
cal'lus *kovettuma, känsä*
calm [ka:m] a *tyyni;* v *tyynnyttää, tyyntyä*
cal'orie *kaloria*
cal'umny *panettelu*
calum'niate *panetella*
cam'bric *palttina*

ca'me *imp.* he ~ *hän tuli;* we ~ me *tulimme*

cam'el *kameli*

cam'era *valokuvauskone*

camp s *leiri;* v *leiriytyä;* ~ *site,* ~*ing ground leirintäalue*

campai'gn [-ein] *sotaretki, rynnistys*

cam'ping *telttailu, leirintä*

cam'phor *kamferi*

can *voi (apuv.); metallitölkki;* ~*ned goods säilykkeet;* he ~ swim *hän osaa uida;* he ~ speak English *hän puhuu englantia;* it can't [a:] be true *se ei voi olla totta;* he couldn't come *hän ei voinut tulla;* how could you ... *kuinka saatoit ...?*

Can'ada *Kanada*

Cana'dian *kanadalainen*

canal' [-näl] *kanava*

cana'ry *kanarialintu;* the C~ Islands *Kanarian saaret*

can'cel *peruuttaa; mitätöidä, kumota*

can'cer *syöpä*

can'did *vilpitön*

can'didacy *ehdokkuus*

can'didate *ehdokas, hakija*

can'died *sokeroitu*

can'dle *kynttilä*

can'dlestick *kynttilänjalka*

can'dour *vilpittömyys*

can'dy v *sokeroida;* s *makeiset*

ca'ne *ruoko, keppi*

cani'ne *koira(n)-;* ~ *tooth kulmahammas*

can'ister *peltirasia*

can'nery *säilyketehdas*

can'nibal *ihmissyöjä*

can'non *tykki*

cannot, can't *ei (en, et ...) voi*

can'ny *ovela; säästäväinen*

cano'e [u:] *kanootti*

can'on *sääntö, kaniikki*

can'onize *julistaa pyhimykseksi*

can'opy *kunniakatos*

cant *erikoiskieli*

cantan'kerous *riitaisa*

cantee'n *kanttiini, (tehtaan ym) ravintola*

can'ter s *lyhyt laukka;* v *laukata*

can'vas *purje-, telttakangas; öljyvärimaalaus*

can'vass *kerätä, kalastaa ääniä*

cap *lakki, (pullon) korkki, (hampaan) kruunu*

ca'pable *kykenevä*

capabil'ity *kyky*

capa'cious *tilava*

capac'ity *tilavuus; kyky; ominaisuus*

ca'pe *niemi; lyhyt viitta*

ca'per *hyppy; kapris*

capil'lary *hius-*

cap'ital a *pää-, oivallinen; kuoleman-;* s *pääoma, pääkaupunki; iso kirjain;* ~ *punishment kuolemanrangaistus*

cap'italist *rahamies, kapitalisti*

capit'ulate *antautua*

ca'pon *salvokukko*

capric'e [i:] *oikku*

capric'ious *oikullinen*

Ca'pricorn *Kauris (täht.)*

capsi'ze *mennä kumoon*

cap'stan *käsivinturi*

cap'sule *kapseli;* command ~ *komentoalus*

cap'tain *kapteeni*

cap'tion *(esim. filmin) teksti*

cap'tive *vanki, vangittu*

cap'tivate *viehättää*

captiv'ity *vankeus*

cap'ture s *valtaus, vangitseminen, saalis;* v *vallata*

car *vaunu, auto (m. motor~)*

car'avan *karavaani; asuntovaunu*

car'away *kumina*

carbohy'drate *hiilihydraatti*

car'bon *hiili; hiilipaperi;* ~ monoxide *häkä*

carbon'ic acid *hiilihappo*

car'buncle *ajos*

car'burettor *kaasutin*

car'cass *raato, haaska; ruho*

carcino'ma *syöpä;* ~ of the breast *rintasyöpä*

card s *kortti; karsta;* v *karstata*

card'board *pahvi*

car'damom *kardemumma*

car'digan *neuletakki*

car'dinal a *pää-, perus-;* s *kardinaali*

card-index *kortisto*

car'diovas'cular *sydän- ja verisuoni-*

card-sharper *korttihuijari*

ca're s *huoli, hoito; huolto;* v ~ for *pitää jksta, välittää;* ~ of (c\o) jkn luona; take ~ *varoa;* take ~ of *pitää huolta jstak;* with ~ *varovasti;* I don't ~

ei vällä, minusta on samanteke-
vää; would you ~ to ... ha-
luaisit(te)ko ...? ~free,
noncaring huoleton
caree'r elämänura
ca'reful huolellinen, varovainen
ca'reless huolimaton
caress' v hyväillä; s hyväily
caretaker vahtimestari; ~ gov-
ernment virkamieshallitus
car'go lasti
car'icature pilakuva
ca'ries hammasmätä
car'nage verilöyly
car'nal lihallinen
carniv'orous lihaa syövä
carna'tion neilikka
car'nival karnevaali
car'ol (joulu)laulu
carp karppi; ~ at sättiä
car'penter kirvesmies
car'pet matto
car'riage vaunu(t), kuljetusmak-
su; ryhti
carriage-free rahtivapaa
car'rier (basillin)kantaja
carrier-pigeon viestikyyhkynen
car'rion raato
car'rot porkkana
car'ry kantaa, viedä, kuljettaa,
(kirjanp.) siirtää; ~ on har-
joittaa, jatkaa; hassutella, ku-
herrella; ~ along, ~ away
temmata mukaansa; ~ one's
point saada tahtonsa läpi; ~
out panna täytäntöön, suorit-
taa; tehdä; ~ing capacity
kantavuus
cart (kuorma)rattaat
car'tage ajopalkka
car'tilage rusto
car'ton pahvirasia
cartoo'n pilakuva, ks. animated
cartoo'nist pilapiirtäjä
car'tridge patruuna; kasetti
car've leikata, veistää
car'ving (puu)leikkaus; ~
knife paistiveitsi
casca'de pieni vesiputous
ca'se rasia, laatikko, kotelo;
tapaus; sijamuoto; in ~ jos,
in ~ of jnk varalta, jnk sattues-
sa; such being the ~ niin ol-
len; lower ~ pienet kirjaimet
ca'sement saranaikkuna
cash s käteinen raha; v muuttaa
rahaksi; pay in ~ maksaa kä-

teisellä; ~ register kassa-
(kone)
cashie'r kassanhoitaja
cashme're kašmir
ca'sing päällinen, kotelo
cask [a:] tynnyri
cas'ket [a:] lipas; Am. arkku
cas'serole tulenkestävä vuoka
casset'te kasetti
cas'sock papinkauhtana
cast [a:] v heittää, luoda, va-
laa; s valuteos, kipsi|side,-jäl-
jennös; (näytelmän) henkilöt;
laatu; ~ iron valurauta; ~ on
luoda silmiä; ~ off kaventaa,
päättää (neuletyö); ~ one's
vote äänestää
cas'taway [a:] hylkiö
caste [a:] kasti
cas'tigate kurittaa
castle [ka:sl] linna; (šakki)-
torni
cas'tor [a:] sirotetölkki; ~ oil
risiiniöljy; ~ sugar kidesokeri
castra'te kastroida
cas'ual [-ži-] satunnainen, tila-
päinen; ~ ward yömaja
cas'ualty tapaturman uhri;
cas'ualties tappiot
cat kissa
cat'alogue luettelo, -ida
cat'apult seat heittoistuin
cat'aract vesiputous; harmaa
kaihi
catas'trophe [-fi] katastrofi
catch v pyydystää, ottaa kiinni;
saada (tauti), saada selvää,
ymmärtää; s saalis; säppi; ~
a train ehtiä junaan; ~ up ta-
voittaa
cat'ching tarttuva
catchword iskulause
cat'egory luokka
ca'ter hankkia (muonaa, huvia)
huolehtia, for jstk
ca'tering tarjoilupalvelu
cat'erpillar toukka; ~ (tractor)
telaketju-
cat'gut suolijänne, katgutti
cathe'dral tuomiokirkko
Cath'olic katolinen
cat'tle (nauta)karja
cau'cus puoluekokous
caught imp. & pp. ks. catch
caul'dron kattila
caul'iflower kukkakaali
cause s syy; (oikeus)asia

aiheuttaa; there is no ~ for
anxiety *ei ole aihetta huoleen;*
without any ~ *ilman syytä*
cau'stic s *syövytysaine;* a *pis-
teliäs;* ~ soda *lipeäkivi*
cau'terize *polttaa*
cau'tion s *varovaisuus varoi-
tus;* v *varoittaa*
cau'tious *varovainen*
cav'alry *ratsuväki*
ca've *luola*
cav'ern *luola, onkalo*
cav'iare [-a:] *sammenmäti*
cav'il *nalkuttaa*
cav'ity *ontelo*
caw *raakkua*
cease *lakata, lopettaa, loppua*
ce'dar *setripuu*
ce'de *luovuttaa*
cei'ling *(sisä)katto; maksimi,
enimmäis-*
cel'ebrate *viettää, juhlia, ylistää;*
~d *kuuluisa*
celebra'tion *juhliminen*
celeb'rity *kuuluisuus*
celer'ity *nopeus*
cel'ery *lehtiselleri*
celes'tial *taivaallinen*
cel'ibacy *naimattomuus*
cell *kammio, koppi; solu; kenno*
cel'lar *kellari*
cel'lo [tš-] *sello*
cel'lular *solu-*
cel'lulose *selluloosa*
Celt [k] *keltti(läinen)*
cement' s *sementti, kitti;* v
(kuv.) lujittaa
cem'etery *hautausmaa*
cen'sor s *tarkastaja;* v *sensu-
roida;* the C~ *(sota)sensuuri*
censo'rious *moittimishaluinen*
cen'sorship *sensuuri*
cen'sure [-šö] s *moite;* v *arvos-
tella*
cen'sus *väenlasku*
cent *sentti;* per cent *prosenttia*
cente'nary *satavuotisjuhla*
centen'nial *satavuotinen*
cen'tigrade *sata-asteinen,
Celsiuksen*
cen'tral *keskeinen, keski-;* ~
heating *keskuslämmitys*
cen'tre s *keskipiste, -kohta,
keskus, keskusta;* v *keskittyä,
-ttää;* Health ~ *neuvola*
centrif'ugal *keskipakoinen*
cen'tury *vuosisata*

ce'reals *viljalaji; hiutaleet*
cere'bral *aivo-*
cer'emony *juhlamenot*
cer'tain [-tin] *varma; tietty;
eräs;* ~ly *totta kai*
cer'tainty *varmuus, varma asia*
certif'icate *todistus*
cer'tify *todistaa;* this is to ~
täten todistan (että) ...
cer'titude *varmuus*
cessa'tion *lakkaaminen*
ces'sion *luovutus*
ces'spool *likakaivo*
cf. = compare
cha'fe *hangata, hankautua; är-
syttää, suuttua*
chaff [a:] s *akanat, silppu, ros-
ka;* v *kiusoitella*
chaf'finch [ä] *peipponen*
chain s *ketju, vitjat; jono; pl
kahleet;* v *kytkeä*
chair s *tuoli; professorinvirka;*
v *olla puheenjohtajana (m.
take the ~)*
chair'man *puheenjohtaja*
chalk [-o:k] *liitu;* piece of ~
liitupala
chal'lenge s *haaste;* v *haastaa;
herättää, vaatia osakseen; uh-
mata, kiistää*
cha'mber *huone, kamari, kam-
mio;* ~ pot *yöastia*
cha'mberlain *kamariherra*
chamber'maid *siivooja*
champ *pureskella*
champagne [š-ein] *samppanja*
cham'pion *esitaistelija; mestari;*
~ dog *palkintokoira*
cham'pionship *mestaruus*
chan'ce [a:] s *sattuma; tilai-
suus; onnenkauppa;* v *sattua;*
by ~ *sattumalta;* he stands
a good ~ *hänellä on hyvä mah-
dollisuus;* let's ~ it *yritetään
onneamme!*
chan'cel [a:] *kuori*
chan'cellor [a:] *kansler*
chandelie'r *kattokruunu*
cha'nge v *vaihtaa, muuttaa
-tua;* s *muutos. vaihtelu; vaihto-
raha;* ~ of heart *mielenmuutos*
cha'ngeable *vaihteleva, epä-
vakainen*
cha'ngeling *vaihdokas*
chan'nel *uoma, kanava. väylä;
tie; uurtaa, ohjata (ihk);* the
C~ *Englannin kanaali*

chan't [a:] s laulu; v laulaa, messuta

cha'os [kei-] sekasorto

chap s poika, kaveri, veikko; v halkeilla; ~ped sierettynyt

chap'el kappeli, rukoushuone

chap'eron kaitsija, »esiliina»

chap'lain kappalainen. pappi

chap'ter (kirjan) luku; tuomiokapituli

char hiiltää, hiiltyä

char'acter [k] luonne; henkilö; maine, -todistus; kirjoitusmerkki; veikko, kaveri

characteris'tic ominainen

char'acterize olla jklle luonteenomaista, luonnehtia

char'coal puuhiili

char'ge v ladata; antaa tehtäväksi, käskeä; syyttää; ottaa maksua, veloittaa; hyökätä; s panos; holhotti; hinta; syytös; have ~ of olla hoidettavanaan; in my ~ holdossani, holtooni; free of ~ ilmaiseksi; ~ to sb.'s account merkitä jkn tiliin; ~ sb. with syyttää jstk

char'iot vaunut

char'itable armelias

char'ity (lähimmäisen) rakkaus; hyväntekeväisyys

charm s lumous, viehätys; tal⁴a- (kalu, -keino); v viehättää; I was ~ed to ... minusta oli ihastuttavaa

charming viehättävä

chart (meri)kartta; käyrä(stö)

char'ter s erioikeus-, perustuskirja; v vuokrata; ~ flight tilauslento

char'woman [a:] siivooja

cha'ry säästeliäs

cha'se v ajaa (takaa); s ajo, metsästys

chas'm [k-] kuilu

chas'sis [šäsi] (auton) alusta

cha'ste siveä

chasti'se kurittaa

chas'tity siveys

chas'uble messukasukka

chat v jutella; rupatella; s juttelu; kivitasku, pensastasku

chat'ter v lörpötellä, (lintu) kirskua; s laverelu

chat'terbox lörppö

cheap halpa

chea'pen halventaa

chea'pness halpuus

cheat v pettää; s petos, petkuttaja

check s pysähdys, tauko, este; rasti; tarkistus(merkki), kontrolli, vastamerkki; šekki; šakki! v ehkäistä, pidättää; tarkistaa

check'ed ruudukas

check'ers tammipeli

check'mate matti

cheek s poski; häpyttömyys

chee'ky häpytön

cheer s eläköön-, suosionhuuto, v ilahduttaa; huutaa eläköötä; ~s kippis! ~ up rohkaista (mielensä)

chee'rful iloinen

cheerio' hei! terve!

chee'rless iloton

chee'se juusto

chem'ical [k] kemiallinen (aine)

chemis'e [i:] naisen paita

chem'ist kemisti; (Engl.) apteekkari; ~'s (shop) apteekki, rohdoskauppa

chem'istry [k] kemia

cheque [-ek] maksuosoitus šekki

cheq'uered ruudukas, kirjava

cher'ish helliä

cher'ry kirsikka

cher'ub kerubi

chess šakkipeli

chessman nappula

chest arkku, laatikko, rinta- (kehä); ~ of drawers lipasto

ches'tnut [-sn-] kastanja

chew pureksia

chew'ing gum purukum i

chic [šik] tyylikäs

chick linnunpoika

chick'en kananpoika

chicken-pox vesirokko

chic'ory sikuri; sikurisalaatti

chid imp. ks. seur.

chi'de nuhdella. torua

chief s päällikkö; a pää(asiallinen), tärkein

chie'fly etupäässä

chie'ftain päällikkö

chil'blain kylmänkyhmy

chi'ld (pl. chil'dren) lapsi

chi'ldbirth synnytys

chi'ldhood lapsuus

chi'ldish lapsellinen

childlike lapsenomainen

chill *kylmyys;* catch a ~ *kylmettyä*

chil'ly *kylmä, viluinen*

chi'me s *kellonsoitto* v *sointua in yhteen*

chim'ney *savupiippu*

chimney-sweep *nuohooja*

chin *leuka*

chi'na *posliini*

Chi'na *Kiina*

Chine'se [-z] *kiinalainen, k-nkieli*

chin'k *rako; kiinä;* v *kiistää; C~ sl. kiinalainen*

chintz *vahakretonki*

chip s *pala, lastu, kolhaistu kohta;* v *lohkaista, lohjeta, veistää;* fish and ~s *paistetut kalaja perunasulkaleet*

chir'(ru)p *visertää*

chis'el *taltta*

chit *tenava, vesa*

chiv'alrous *ritarillinen*

chiv'alry *ritarillisuus*

chi've *ruoholaukka*

chock-full *täpötäynnä*

choc'olate *suklaa; kaakao*

choi'ce a *valinta, valikoima;* a *oivallinen, valio-;* take your ~ *saat valita;* he had no ~ but *hän ei voinut muuta kuin ...*

choir [kwaiö] *kuoro*

cho'ke *tukeh\duttaa. -tua, tukkia*

chol'era [k] *kolera*

chol'eric [k] *pikavihainen*

choo'se *valita*

choos(e)y *nirso, valikoiva*

chop v *hakata,* (up) *hienontaa;* s *kyljys;* ~ and change »*soutaa ja huovata*»

chop'per *lihakirves*

chop'py: ~ sea *ristiaallokko*

chord [k] *kieli; jänne*

chores *(arkipäivän) askaret*

cho'rus [k] *kuoro*

cho'se *imp. ks.* choose, -n *pp.*

chow *klinanpystykorva*

Chri'st [k] *Kristus*

chris'ten [krisn] *kastaa*

Chris'tendom *kristikunta*

chris'tening *ristiäiset*

Chris'tian *kristitty;* ~ name *ristimänimi*

Christian'ity *kristinusko*

Christmas [krismäs] *joulu;* Father ~ *joulupukki*

Cristmas-tree *joulukuusi*

chro'mium *kromi;* ~-plated *kromioitu*

chron'ic [k] *krooninen*

chron'icle *aikakirja*

chronolog'ical *aika-*

chub'by *pullea*

chuck *heittää* (up *sikseen*), *viskata; taputtaa (leukaan); sorvin istukka;* give sb. the ~ *antaa matkapassit;* ~ it! *jätä tuo sikseen!*

chuck'le v *nauraa itsekseen; (naurun) hykerrys*

chum *kaveri;* ~s *kaverukset*

chunk *paksu pala*

church *kirkko*

churl *tolvana*

churn s *kirnu;* v *kirnuta*

chu'te [š] *liukurata, kouru (rikka)kuilu*

chut'ney *eräänl. kirpeä sälyke*

cica'da [a: *tai* ei] *laulukaskas*

cic'atrize *arpeutua*

ci'der *omenaviini*

cigar' *sikari*

cigaret'te [-et] *savuke*

cigarette-case *savukekotelo*

cigarette-holder *imuke*

c.i.f. = cost, insurance, freight *rahti ja vakuutus hintaan luettuna*

cin'der *tuhka, kuona*

Cinderel'la *tuhkimo*

cine-camera *elokuvakamera*

cin'ema *elokuvateatteri*

cin'namon *kaneli*

ci'pher s *nolla; salakirjoitus;* v *laskea*

cir'ca *suunnilleen, likimain*

cir'cle s *ympyrä, piiri;* v *kiertää, ympäröidä*

cir'cuit [-kit] *kierros; virtapiiri;* short ~ *oikosulku*

circu'itous *kierto-*

cir'cular *ympyränmuotoinen;* ~ letter *kiertokirje;* ~ tour *rengasmatka*

cir'culate *kiertää*

circula'tion *verenkierto; levikki;* in ~ *liikkee\llä. -ssä*

cir'culatory *verenkierto-*

cir'cumcis'ion *ympärileikkaus*

circum'ference *kehä*

circumnaviga'tion *ympäripurjehdus*

circumspec't *varovainen*

cir'cumstance *asianhaara, seik-*

ka; komeus (pomp and ~);
pl olosuhteet; under the ~s
näin ollen
circumstan'tial *seikkaperäinen*
circumven't *pettää, kiertää*
cir'cus *sirkus; (ympyrä)aukio*
cis'tern *säiliö*
cit'adel *linnoitus*
cita'tion *lainalause, sitaatti*
ci'te *lainata (kirjasta ym),*
mainita; haastaa
cit'izen *kansalainen*
cit'izenship *kansalaisuus*
cit'y *kaupunki;* the C. *Lontoon
City*
civ'ic *kansalais-*
civ'il *kansalais-, yhteiskunnalli-
nen; kohtelias;* ~ war *sisällis-
sota*
civil'ian *siviilihenkilö*
civil'ity *kohteliaisuus*
civiliza'tion *sivistys*
civ'ilize *sivistää*
clad *puettu*
claim v *vaatia, väittää;* s *vaa-
timus; (esim. kaivos)valtaus*
clairvoy'ant *selvänäkijä*
clam' *näkinkenkä*
clam'ber *kavuta*
clam'my *kosteankylmä*
clam'our s *huuto, meteli;* v
huutaa
clamp *sinkilä; ruuvipuristin*
clan *heimo, klaani*
clandes'tine *salainen, luvaton*
clang s *helinä;* v *helistä*
clank s *kalina;* v *kalista*
clap v *paukuttaa (käsiään);* s
*kättentaputus, (~ of thunder)
jyrähdys*
clap'per *kellon kieli*
clar'et *punaviini*
clar'ify *kirkastaa, selvittää*
clar'ity *selkeys*
clash v *kalskahtaa, iskeä yhteen,
törmätä vastakkain;* s *ristiriita,
kalske*
clasp [a:] s *solki, hakanen;
(luja) ote;* v *tarttua (lujaa);
syleillä;* with hands ~ed *kä-
det ristissä*
class [a:] s *luokka, oppitunti;* v
*(~ among) laskea jhk kuulu-
vaksi;* in a ~ *by itself omaa
luokkaansa*
class'ic *klassikko*
clas'sical *klassillinen*

clas'sify *luokitella*
classless *luokaton*
clat'ter s *kolina;* v *kolista*
clause *(sivu)lause; määräys*
claw s *kynsi;* v *kynsiä*
clay *savi*
clean a *puhdas;* v *puhdistaa*
cleaner; the ~'s *pesula*
clean'ly [klen-] *siisti*
cleanse [klenz] *puhdistaa*
cleanser [e] *puhdistusaine*
clear a *kirkas, selkeä, selvä,
puhdas (voitto);* v *selvittää
kirkastua (~ up); raivata, va-
pauttaa (of); selvitytyä jstk;
~ the table korjata ruoka ym
pöydästä;* ~ off *(t. out)!
häivy!*
clearance *(laivan) suoritus; va-
paa tila, väli;* ~ sale *loppuun-
myynti;* road ~ *maavara*
cleave *halkaista;* ~ to *riippua
kiinni jssk*
cleft *halkeama; imp. & pp. ks.*
cleave; ~ palate *suulakihalkio*
clem'ency *lempeys*
clench *puristaa (nyrkkiin); pur-
ra yhteen;* m. = clinch
cler'gy *papisto*
clergyman *pappi*
cler'ical *kirjurin-, kirjoitus-,
pappis-*
clerk [a:] *kirjuri, toimistoapu-
lainen.*
clev'er *älykäs, näppärä, terävä*
cleverness *älykkyys*
click s *naksahdus;* v *naksahtaa*
cli'ent *asiakas*
cliff'f *kallio(ranta), törmä*
cli'mate *ilmanala*
cli'max *huippukohta*
climb [-aim] *kiivetä*
cli'mber [-mö] *vuoristokiipeilijä,
(kuv.) kiipijä; pyrkyri; köyn-
nöskasvi*
clinch v *kotkata; ratkaista;
(nyrkk.) käydä syliksi;* s *kot-
kanaula*
cling to *tarrautua, pitää tiukasti
kiinni jstk*
clin'ic *klinikka;* ~al *thermo-
meter kuumemittari*
clink s *kilinä;* v *kilistä(ä)*
clip v *leikata;* s *solki, liitin,
pinne*
clip'pers *tukanleikkuukone*
clip'pings *sanomalehtileikkeet*

cloak [ou] s *vaippa, viitta;* v *verhota*

cloak-room *vaate- t. matkata- varasäilö, käymälä*

clique [-i:k] *nurkkakunta*

clob'ber *päihittää*

clock *(seinä- ym) kello;* it's one o'~ *kello on yksi;* at ten o'~ *kello kymmeneltä*

clockwise *myötäpäivään*

clod *multakokkare; moukka*

clog v *tukkia;* s *este*

clol'ster *luostarin ristikäytävä*

clo'se [-z] v *sulkea, päättyä;* s *loppu;* a [-s] *läheinen, tiheä, ahdas, tarkka; ummehtunut, vaitelias; kitsas;* ~ by *aivan lähellä;* ~d *suljettu, umpi-;* ~ attention *kiinteä tarkkaa- vaisuus;* a ~ shave *(t. thing) täpärä paikka*

clo'sely *tarkasti, läheisesti*

close-fitting *vartalonmukainen*

close-up *lähikuva*

clos'et [-z] Am. *vaatekomero*

clo'sure [z] *sulkeminen*

clot s *kokkare; veritulppa;* v *hyytyä, maksoittua*

cloth' s [o, o:] s *verka, kan- gas, pöytäliina;* floor ~ *lat- tiariepu*

clo'the [-dh] *pukea, vaatet- taa*

clo'thes [-dhz] *vaatteet;* ~ brush *vaateharja;* ~ peg *pyykkipoika*

clo'thing [dh] *vaatteet, vaatetus*

cloud [au] s *pilvi;* v *sumentaa,* (~ over) *mennä pilveen*

cloud'led, -y *pilvinen*

clo've *mausteneilikka, (valko- sipulin) kynsi*

clo've *imp.;* ~n *pp. ks.* cleave

clo'ver *apila*

clown [au] *ilveilijä, pelle(illä)*

cloy *kyllästyttää*

club s *nuija; risti (kortti); kerho*

clue [klu:]*johtolanka*

clump *rykelmä*

clum'sy *kömpelö*

clung *imp. & pp. ks.* cling

clus'ter *terttu, parvi*

clut'ch v *tarttua;* s *tiukka ote; kytkin;* ~es *kynnet*

Co. = Company

c/o (care of) *jkn luona*

coach [ou] s *vaunut; rautatie- vaunu, linja-auto; tutkintoval- mentaja;* v *valmentaa*

coag'ulate *hyytyä*

coal [ou] *(kivi)hiili*

coales'ce [-es] *sulautua yhteen*

coalit'ion *liitto, kokoomus*

coarse [o:] *karkea*

coast [ou] s *rannikko;* v *laskea mäkeä*

coat [ou] s *takki, päällystakki; päällyste, (eläimen) turkki;* v *päällystää, sivellä maalilla;* ~ed *m. tahmainen*

coat-hanger *ripustin*

coax [ou] *suostutella, houkutel- la, taivutella*

cob'ble *mukulakivi*

cob *(tukeva) ratsastushevonen;* corn on the ~ *maissintähkä*

cob'bler *kengänpaikkaaja*

cob'web *hämähäkinverkko*

cock s *kukko; hana; (heinä)- ruko;* v *nostaa pystyyn*

cockchafer *turilas*

cockney *lontoolainen (et. East- Endin)*

cock'pit *(lentok.) ohjaajan kytti*

cock'roach *torakka*

co'coa [koukou] *kaakao*

co'co-nut *kookospähkinä*

C.O.D. cash on delivery *jälki- vaatimuksella*

cod *turska*

cod'dle *lellitellä*

co'de *laki(kokoelma); koodi, salakieli*

cod'liver oil *kalanmaksaöljy*

co'-educa'tional *yhteis(koulu)*

coer'ce *pakottaa*

coer'cion *pakko*

coexis'tence [-gz-] *yhdenaikai- suus;* peaceful ~ *rauhanomai- nen rinnakkaiselo*

cof'fee [kofi] *kahvi*

cof'fin *ruumisarkku*

cog *hammas*

cog-wheel *hammasratas*

co'gent *pakottava*

cog'itate *miettiä, pohtia*

cog'nate *sukua oleva*

cognit'ion *tieto*

co'heir [koueö] *kanssaperillinen*

cohe're *pysyä koossa*

cohe'rent *yhtenäinen*

coil v *kiertää -tyä kääriä, ke-*

lata; **s** *kiemura, kiehkura, kela*
coin s *(metalli)raha;* **v** *lyödä (rahaa);* **sepittää**
coi'nage *rahajärjestelmä; sepitetty sana*
coinci'de *sattua samaan aikaan*
coin'cidence *yhteensattuma*
co'ke *koksi; sl.* = coca-cola
Col. = colonel
co'ld a *kylmä;* **s** *kylmyys; vilustuminen, nuha;* catch ~ *vilustua;* I feel ~ *palelen;* do you feel ~ *paleletko? onko sinun vilu?*
collab'orate *tehdä yhteistyötä*
collab'orator *työtoveri*
collap'se v *romahtaa, sortua;* **s** *romahdus, lysähdys*
collap'sible *kokoonkäännettävä*
col'lar s *kaulus, kaulanauha* **v** *käydä kiinni;* ~ *-bone solisluu*
collat'eral *sivu-, rinnakkainen*
col'league *[-i:g] virkaveli*
collec't *koota; kerätä; periä;* ~ *o.s. tyyntyä;* ~ed *tyyni*
collec'tion *kokoelma, keräys*
collec'tor *kerääjä; (veron- ym) kantaja*
col'lege *ylempi oppilaitos, opisto, »college», Am. yliopisto*
colli'de *törmätä jhk,* with
col'lie *skotlanninpaimenkoira*
col'lier *kaivosmies*
col'liery *hiilikaivos*
colli'sion *yhteentörmäys*
collo'quial *arkikielen*
co'lon *kaksoispiste*
col'onel *[kö:nl] eversti*
colo'nial *siirtomaa-*
col'onize *asuttaa*
col'ony *siirto\maa, -kunta*
colos'sal *suunnaton*
colour *[kalö] s väri; pl. lippu;* **v** *värittää, kaunistella; punastua;* ~ed *värillinen, m. sekarotuinen;* ~ bar *rotumuuri*
colourful *värikäs*
col'ourless *väritön*
co'lt *varsa*
col'umbine *akileija*
col'umn *[-öm] pylväs; palsta, rivistö, kolonna*
col'umnist *[-ömnist] kolumnisti, pakinoija*
comb *[koum] kampa;* **v** *kammata*

com'bat s *taistelu;* **v** *taistella jtk vastaan:* ~ant *officer rintamaupseeri*
combina'tion *yhdistelmä*
combi'ne *yhdistää, -tyä;* ..~d *yhdessä*
combine-harvester *leikkuupuimuri*
combus'tible *palava (aine)*
combus'tion *palaminen, poltto*
come *[kam] tulla; can you ~ voitko tulla?* did they ~ *tulivatko he?* ~ about, ~ to pass *tapahtua;* ~ along *joudu! tulla mukaan;* ~ by *saada käsiinsä;* ~ off *irtoutua;* onnistua; ~ on! *tulehan;* ~ out *ilmestyä; ryhtyä lakkoon (on strike);* ~ round, ~ to *toimtua;* ~ up to *vastata jtk, olla jnk veroinen*
come'dian *koomikko*
com'edy *huvinäytelmä*
com'ely *[a] sievä*
com'et *pyrstötähti*
com'fort *[a] s lohdutus mukavuus;* **v** *lohduttaa*
com'fortable *[a] mukava*
com'ic(al) *koominen*
com'ma *pilkku*
command' *[a:]* **v** *käskeä;* **s** *käsky, määräys, komento;* ~er-in-chief *ylipäällikkö*
command'ment *[a:] käsky*
commem'orate *viettää muistoa*
commen'ce *alkaa*
commen'cement *alku; Am. promootio*
commen'd *ylistää*
commen'dable *kiitettävä*
com'ment s *huomautus;* ~ on *lausua ajatuksensa jstk.* **kommentoida**
com'mentary *selitykset*
com'mentator *selostaja*
com'merce *kauppa*
commer'cial *kauppa-;* *(TV)* *mainos-*
commis'sion s *tehtävä; upseerin valtakirja, toimikunta; välityspalkkio*
commit' *jättää jkn haltuun; tehdä (rikos ym);* ~ *o.s. sitoutua;* ~ted *sitoutunut, osallistuva*
commit'tee *[-mit'i] komitea*
commod'ity *hyödyke*

common *yhteinen; yleinen, tavallinen; halpa, alhainen;* in ~ *yhdessä, yhteistä;* ~ sense *terve järki;* House of C~s *alahuone*
com'moner *aateliton*
com'monplace *arkipäiväinen*
Com'monwealth; the (British) ~ *kansojenyhteisö*
commo'tion *hälinä, meteli*
commu'nal *kunnallinen*
commu'nicate *ilmoittaa, välittää;* olla yhteydessä, with
communication *tiedonanto; kanssakäyminen, (keskustelu)-yhteys;* ~s satellite *tietoliikennesatelliitti*
commu'nicative *puhelias*
commu'nion *yhteys; ehtoollinen*
commu'nity *yhteisö, yhteiskunta;* yhte(isy)ys
commu'te *lieventää; matkustaa säännöllisesti jtk väliä*
commu'ter *kausilipun haltija (joka matkustaa päivittäin samaa väliä)*
com'pact *sopimus; puuterirasia*
compa'ct *kiinteä*
compan'ion *toveri*
compan'ionship *toveruus*
com'pany [kam-] *seura; yhtiö; komppania*
com'parable [o] *verrattava*
compar'ative *vertaileva, suhteellinen;* ~ly *suhteellisen*
compa're *verrata, vertailla;* ~d with *jhk verrattuna*
compar'ison *vertailu, vertaus; komparaatio*
compar'tment *osasto*
com'pass [kam-] *piiri ala; kompassi;* ~es *harppi*
compas'sion *sääli*
compas'sionate *säälivänen, myötätuntoinen*
compat'ible *(yhteen)sopiva*
compat'riot *maanmies*
compe'er *vertainen*
compel' *pakottaa;* ~ling *erittäin vaikuttava t. kiinnostava*
com'pensate *korvata*
compensa'tion *korvaus*
com'pere s *juontaja;* v *juontaa, kuuluttaa*
compe'te *kilpailla*
com'petence *pätevyys, kelpoisuus*

com'petent *pätevä*
competit'ion *kilpailu*
compet'itor *kilpailija*
compi'le *laatia, kerätä*
compla'cent *(itse)tyytyväinen*
complai'n *valittaa*
complai'nt *valitus; tauti*
comple'te a *täydellinen;* v *suorittaa loppuun;* ~ly *täysin*
comple'tion *loppuunsaattaminen, valmistuminen*
com'plex a *yhdistetty, monimutkainen;* s *kompleksi*
complex'ion *iho*
complex'ity *monimutkaisuus*
compli'ance *myöntyväisyys*
compli'ant *myöntyväinen*
com'plicate *tehdä monimutkaiseksi, vaikeuttaa*
complica'tion *lisätauti*
complic'ity *osallisuus (rikokseen)*
com'pliment *kohteliaisuus;* (my ~s to) *terveiset*
complimen'tary *kohtelias*
comply' with *suostua*
compo'nent *osa, aines*
compo'se *panna kokoon, sepittää; säveltää; latoa;* ~ o.s. *rauhoittua;* ~d *tyyni*
compo'ser *säveltäjä*
composit'ion *kokoonpano, koostumus; aine(kirjoitus); sävellys*
compos'itor *latoja*
compo'sure *mielenmaltti*
com'pound *yhdiste, yhdyssana;* ~ interest *korkoa korolle;* ~ fracture *avomurtuma*
comprehen'd *käsittää*
comprehen'sible *tajuttava*
comprehen'sion *käsityskyky*
comprehen'sive *laaja*
compres's v *puristaa yhteen;* s [kom'-] *märkä kääre;* ~ed air *paineilma*
compri'se *sisältää*
com'promise [-aiz] s *kompromissi;* v *ratkaista sovittelemalla*
compul'sion *pakko*
compul'sory *pakollinen*
compunc'tion *tunnonvaivat*
compu'te *laskea, arvioida*
compu'ter *tietokone*
com'rade *toveri*
con *tutkia*
conca've *kovera*

concea'l *salata, kätkeä*
conce'de *myöntää*
conce'it [i:t] *itserakkaus;* ~ed *itserakas*
concei'vable *ajateltavissa oleva*
conce'ive [-i:v] *saada (aate), keksiä, laatia (suunnitelma); tulla raskaaksi*
con'centrate *keskittää, -ttyä*
concentra'tion *keskitys;* ~ camp *keskitysleiri*
con'cept *käsite*
concep'tion *käsitys, mielikuva; hedelmöityminen*
concer'n v *koskea (jkta);* s *(jklle kuuluva) asia; huolestuminen; liikeyhtymä;* ~ed *huolestunut; kysymyksessä oleva;* be ~ed with *käsitellä jtk;* as far as I am ~ed *mitä minuun tulee;* ~ing *mitä jhk tulee; -sta, -stä*
con'cert s *konsertti;* in ~ *yhdessä*
conces'sion *myönnytys, toimilupa(-alue)*
concil'iate *lepyttää*
concil'iatory *sovinnollinen*
conci'se *suppea, lyhyt*
conclu'de *lopettaa; päätellä,* from *jstk*
conclu'sion *loppu; johtopäätös*
conclu'sive *ratkaiseva*
con'cord *sopu(sointu)*
con'crete a *konkreettinen, esineellinen;* s *betoni*
concur' *olla samaa mieltä; sattua samaan aikaan, vaikuttaa yhdessä*
concus'sion *tärähdys*
condemn' [-em] *tuomita*
condemna'tion [mn] *tuomio*
conden'se *tiivistää, -tyä*
conden'ser *kondensaattori*
condescen'd [-send] *alentua*
con'diment *mauste*
condit'ion s *ehto; tila; pl. olosuhteet; saattaa t. valmentaa kuntoon;* in good ~ *hyvässä kunnossa;* on no ~ *el millään ehdolla;* is ~ed by *on riippuvainen jstk*
condit'ional *ehdollinen*
condo'le *valittaa surua*
condo'lence *surunvalittelu*
condo'ne *antaa anteeksi*
condu'ce *myötävaikuttaa jhk*

condu'cive to *jtk edistävä*
con'duc't s *käytös;* v *johtaa; johdattaa;* ~ o.s. *käyttäytyä;* ~ed tour *seuramatka*
conduc'tor *orkesterinjohtaja; rahastaja; Am. junailija*
con'duit [-dit] *putki*
co'ne *kartio; käpy*
confec'tionery *makeiset*
confed'er|acy, -a'tion *liitto*
confed'erate *liittolainen*
confer' *neuvotella;suoda,on|klle*
con'ference *neuvottelu*
confes's *tunnustaa*
confes'sion *tunnustus, rippi*
confes'sor *rippi-isä*
confidan't(e) *uskottu*
confi'de *uskoa, to jklle*
con'fidence *(itse)luottamus;* take sb. into one's ~ *uskoutua jklle;* vote of ~ *luottamuslause*
con'fident *luottavainen*
confiden'tial *luottamuksellinen, salainen; luottamusta nauttiva;* ~ly *luottamuksellisesti*
confi'ne *rajoittaa; sulkea*
confi'nement *vankeus; synnytys, lapsivuode*
con'fines *raja*
confir'm *vahvistaa*
confirma'tion *vahvistus; konfirmaatio*
con'fiscate *ottaa takavarikkoon*
conflagra'tion *suuri palo*
con'flic't s *ristiriita;* v *olla ristiriidassa,* with *jnk kanssa*
con'fluence *(jokien) yhtymäkohta*
confor'm *olla yhdenmukainen mukautua, to*
confor'mity *yhdenmukaisuus;* in ~ with *jnk mukaisesti*
confou'nd *saattaa ymmälle*
confron't [a] *joutua t. asettaa vastakkain; uhmata;* ~ed with this situation *tällainen tilanne silmien edessä*
confronta'tion *m. yhteenotto*
confu'se *sekoittaa, saattaa ymmälle;* ~d *sekava*
confu'sion *epäjärjestys, hämminki, sekavuus*
confu'te *kumota*
conge'al *jäädyttää; hyytyä*
conge'nial *samanhenkinen yhteensopiva*
congen'ital *synnynnäinen*

conges'tion *(veren)tungos*
conglom'erate *kasata yhteen*
congrat'ulate *onnitella*
con'gregate *koota, kokoontua*
congrega'tion *seurakunta*
con'gress *kongressi*
con'ic(al) *kartionmuotoinen*
conjec'ture *arvata*
con'jugal *avio-*
conjun'ction *konjunktio;* in ~
with *jnk yhteydessä*
con'jur|e *manata, loihtia* (up
*estin); -ing tricks *taikatemput*
con'jurer *taikuri*
connect't *yhdistää*
conne|x'ion, -c'tion *yhteys (m.
juna-, laiva-); sukulainen*
conni've (at) *ummistaa silmänsä*
connoisseu'r *(taiteen)tuntija*
con'quer [-kö] *valloittaa voittaa*
con'queror *valloittaja*
con'quest [kw] *valloitus*
con'science [-šns] *omatunto*
onscien'tious [-šienšös] *tunnon-
tarkka, tunnollinen:* ~ objec-
tor *asetstaklettäytyjä*
con'scious [š] *tietoinen*
con'sciousness *tajunta;* lose ~
mennä tajuttomaksi
con'script *asevelvollinen*
conscrip'tion *asevelvollisuus*
con'secrate *pyhittää, vihkiä*
consecra'tion *vihkiminen*
consec'utive *peräkkäinen*
consen't v *suostua;* s *suostumus*
con'sequence *seuraus; merkitys:*
in ~ of *jnk johdosta;* (it) is of
no ~ *ei merkitse mitään*
con'sequent *seuraava;* ~ly *niin
muodoin*
conserva'tion *sälly(ttä)minen,
suojelu; nature* ~ *luonnon-
suojelu;* ~ist *luonnonsuojelija*
conser'vative *vanhoillinen*
conser'vatory *kasvihuone*
conser've *säilyttää, suojella*
consid'er *miettiä, harkita, tar-
kastella; pitää jnak; all things
~ed ottaen kaikki asianhaarat
huomioon*
consid'erable *melkoinen*
consid'erate [-rit] *hienotunteinen*
considera'tion *harkinta; hieno-
tunteisuus, (huomioonotettava)
seikka, näkökohta*
consid'ering *ottaen huomioon*
consi'gn [-ain] *lähettää*

consignee' *vastaanottaja*
consi'gnment *tavaraiähetys*
consis't (of) *olla kokoonpantu,
koostua jstk, käsittää jtk,* (in)
olla jtk
consis'tency *sakeus, konsistens-
si; johdonmukaisuus*
consis'tent *johdonmukainen, yh-
denmukainen* (with)
conso'le *lohduttaa*
consola'tion *lohdutus*
consol'idate *lujittaa, vakauttaa*
con'sort *puoliso*
conspic'uous *silminpistävä*
conspi're *vehkeillä*
con'spiracy *salaliitto*
conspir'ator *salaliittolainen*
con'stable *konstaapeli;* Chie
C ~ *poliisipäällikkö*
con'stancy *kestävyys, lujuus*
con'stant *alituinen; uskollinen*
~ly *alituisesti*
constella'tion *tähtikuvio*
consterna'tion *hämmästys, tyr-
mistys*
constipa'tion *ummetus*
const'ituency *valitsijakunta, vaa-
lipiiri*
constit'uent a *aineksena oleva;*
s *(olennainen) osa*
con'stitute *asettaa; olla osana
t. aineksena, muodostaa*
constitu'tion *(ruumiin) yleis-
rakenne; valitosääntö, perus-
tuslaki*
constrai'nt *pakko*
constric't *vetää kokoon, kutis-
taa, supistaa*
construc't *rakentaa*
construc'tion *rakenne;* under ~
rakenteilla
constru'e *tulkita; analysoida*
on'sul *konsuli;* ~ general *pää-
konsuli*
con'sulate *konsulin virasto*
consul't *neuvotella, kysyä neu-
voa;* ~ing hours *vastaanotto-
aika*
consu'me *kuluttaa*
consu'mer *kuluttaja;* ~ goods
kulutustavarat; durable ~
goods *kestokulutustavarat*
consum'mate a *täydellinen;* v
[kon'-] *saattaa täydelliseksi*
consum'ption *kulutus; keuhko-
tauti*
con'tac't s *kosketus, yhteys* v

asettua yhteyteen; make radio
~ päästä radioyhteyteen
conta'gion tartunta
conta'gious tarttuva
contai'n sisältää
contai'ner astia, säiliö
contam'inate saastuttaa
contamina'tion saastuminen
con'template miettiä
contempla'tion mietiskely
contem'plative mietiskelevä
contem'porary s aikalainen; a
samanaikainen; nykyajan, tuon
ajan; ~ music nykymusiikki
contem'pt ylenkatse
contem'ptible halveksittava
contem'ptuous ylenkatseellinen
conten'd taistella; väittää
conten't a tyytyväinen; s tyyty-
väisyys; [-'-] -pitotsuus, sisältö;
~ed tyytyväinen
conten'ts sisällys
conten'tment tyytyväisyys
conten'tion kiista, kilpailu
con'tes't s taistelu, kilpailu; v
kiistää; taistella, kilpailla jstk
contes'tant kilpailija
con'text (lause)yhteys
contig'uous viereinen
con'tinent a pidättyväinen; s
manner, maanosa; the C~
Mannereurooppa
continen'tal mannermainen
contin'gency mahdollisuus
contin'gent: ~ on jstk riippuva;
s määräerä (sotilaita)
contin'ual jatkuva, alinomainen;
~ly alin omaa
continua'tion jatko
contin'ue jatkaa, jatkua
continu'ity jatkuvuus, yhtäjak-
soisuus
contin'uous keskeytymätön, jat-
kuva
con'tour ääriviiva
contra- vasta-
con'traband a laiton; s salakul-
jetus(tavara)
contracep'tion (hedelmöityk-
sen) ehkäisy
contracep'tive ehkäisyväline
con'trac't s sopimus; v vetää
kokoon; kutistua, supistua;
saada (tauti); sitoutua, sopia;
~ debts velkaantua
contrac'tor urakoitsija
contradic't väittää vastaan

contradic'tion vastaväite
contradic'tory ristiriitainen
contrap'tion vehje, vekotin
con'trary päinvastainen, vasta-
~ to vastoin jtk; on the ~
päinvastoin
con'tras't [a: tai ä]; s vasta-
kohta; v muodostaa vastakoh-
ta; verrata; by ~ sitä vastoin
contrib'ute antaa avustuksena
myötävaikuttaa, to jhk, osal-
tansa vaikuttaa
contribu'tion avustus, kirjoitus
(lehteen), osuus, panos
contrib'utor avustaja
con'trite katuvainen
contri'vance keksintö, latte
contri've keksiä, onnistua
contro'l s hallinta, valvonta;
säätö, kontrolli(henklö); pl
ohjauslaitteet; got out of ~
menetti ohjattavuutensa
con'troversy väittely, kiista
controver'sial riidanalainen
contu'sion ruhjevamma
convales'ce [-es] olla toipilaana
convalesc'ence toipuminen
convalesc'ent toipilas
conve'nience mukavuus
conve'nient sopiva
con'vent (nunna)luostari
conven'tion kokous
conven'tional sovinnainen; ta-
van|omainen, -mukainen
conver'ge lähestyä toisiaan
conver'sant perehtynyt
conversa'tion keskustelu
conversa'tional: ~ English
englannin puhekieli
conver'se keskustella
conver'sely päinvastoin
conver'sion muuttaminen; kään-
tymys
conver't v muuttaa, muuntaa;
kääntyttää; s [kon'-] käännyn-
näinen
con'vex kupera
convey' kuljettaa, toimittaa,
ilmaista, antaa (käsitys)
convey'ance kuljetus; ajoneuvot
convey'or (belt) hihnakuljetin
liukuhihna
con'vic't s rangaistusvanki; v
todistaa t. tuomita syylliseksi
convic'tion vakaumus; tuomio
convin'ce saada vakuuttuneeksi.
of jstk; ~d vakuuttunut

convin'cing *vakuuttava*
con'voy s *saattue*
convul'se: was ~d with laughter *vääntelehti naurusta*
convul'sion *kouristus*
coo *kuhertaa*
cook [kuk] v *keittää*; s *keittäjätär, kokki*
cook'ery *keittotaito*
cook'ie *pikkuleipä*
cool a *viileä, rauhallinen; hävytön;* v *jääh|dyttää, -tyä*
cool-headed *maltillinen*
coo'ler *jäähdytysastia*
coop [u:] s *häkki;* v *sulkea häkkiin*
coo'per *tynnyrintekijä*
co-op'erate *toimia yhdessä, tehdä yhteistyötä*
co-opera'tion *yhteistoiminta*
co-op'erative *osuus-*
co-or'dinate v *rinnastaa*
cop *poliisi, »jepari»*
co'pe s *kaapu;* ~ with *selvitä (kunnialla), suoriutua jstk*
Copenha'gen *Kööpenhamina*
co'pious *runsas*
cop'per *kupari, kupariraha*
copperplate *kupari|piirros, -levy*
cop'se *vesaikko*
cop'ulate *paritella*
cop'y s *jäljennös; kappale;* v *jäljentää, jäljitellä;* rough ~ *konsepti*
copy-book *kirjoitusvihko*
cop'yright *kustannussolkeus*
co'quetry *keimailu*
cor'al *koralli*
cord s *köysi, nuora; johto; jänne; syli (mitta);* v *köyttää;* vocal ~s *äänihuulet*
cor'dial *sydämellinen*
cor'duroys *vakosamettihousut*
co're *ydin, siemenkota*
cork s *korkki;* v *korkita*
cork'ing a *sl. loisto-*
corkscrew *korkkiruuvi*
corn s *jyvä, vilja; Am. maissi; liikavarvas;* v *suolata*
cor'nea *sarveiskalvo*
cor'nstarch *maissijauho*
cor'ner s *nurkka, kulma; soppi;* v *saattaa ahtaalle;* ~-kick *kulmuri*
cor'net *kornetti (mus.); tötterö*
Cornish *cornwallilainen*
cor'onary: ~ artery *sepelvaltimo;* ~ thrombosis *sydänveritulppa*
corona'tion *kruunaus*
cor'oner *kuolemansyyn tutkija*
cor'onet *aateliskruunu, otsaripa*
cor'poral a *ruumiillinen;* s *korpraali*
corpora'tion *yhdyskunta; Am. osakeyhtiö*
corps [ko:] *-kunta, joukot*
corpse *(kuolleen) ruumis*
cor'pulence *lihavuus*
cor'pulence *lihavuus*
corral' [a:] s *(karja-)aitaus*
correc't a *oikea, virheetön;* v *oikaista korjata; nuhdella;* ~ly *oikein*
correc'tion *oikaisu, korjaus, nuhde*
correspon'd *vastata,* to *jtk; olla kirjeenvaihdossa*
correspon'dence *kirjeenvaihto*
correspon'dent *kirjeenvaihtaja*
cor'ridor *käytävä*
corrob'orate *vahvistaa*
corro'de *syövyttää*
corro'sive *syövyttävä (aine)*
cor'rugated iron *aaltopelti*
corrup't a *turmeltunut;* v *turmella; lahjoa*
corrup'tible *lahjottava*
corrup'tion *turmelus; lahjonta*
cor'set *(kure)liivi, korsetti*
cor'tisone [z] *kortisoni*
cosmet'ic *kosmeettinen (aine)*
cosmeti'cian *kosmetologi*
cos'mic| [z] *kosminen*
cosmopol'itan [z] *maailmankansalainen*
cost [o] v *maksaa;* s *hinta, kustannukset;* how much did it ~? *paljonko se maksoi?* at all ~s *hinnalla millä hyvänsä;* ~ price *ostohinta*
costermonger *(hedelmä)kaupustelija*
cos'tly *kallis(arvoinen)*
cos'tume *puku*
co'sy a *kodikas;* s *(teekannun ym) myssy*
cot *lapsen sänky, telttasänky*
cot'tage *mökki, huvila*
cot'ton *puuvilla;* ~ to *mielistyä jhk*
cotton-wool *vanu*
cou'ch s *makuusija, leposohva;* v *ilmaista; laskea alas, kyyristyä*

cough [ko:f] s yskä; v yskiä

could [kud] ks. can

cou'ncil neuvosto; local ~ kun-
nanvaltuuusto

cou'ncillor neuvosmies; town-~
kaupunginvaltuuutettu

cou'nsel s neuvo(ttelu); neuvon-
antaja; v neuvoa

cou'nselling neuvonta

cou'nsellor neuvonantaja

count s kreivi; v laskea, luetella;
pitää jnak; ~ on luottaa jhk;
~ up laskea yhteen; keep ~
of pitää lukua jstk; it does not
~ se ei merkitse mitään

count-down lähtölaskenta

cou'ntenance s kasvot, ilme;
hyväksyä

cou'nter s myyntipöytä, toimis-
ton luukku, pelimarkka; adv
vastoin; vasta-; v vastata;
~-clockwise vastapäivään

cou'nteract vaikuttaa vastaan

cou'nterbalance (olla) vasta-
paino(na)

cou'nterfeit (-fit) a jäljitelty; s
väärennys; v jäljitellä

counterman'd [a:] peruuttaa

cou'nterpane irtopeite

cou'nterpart vastine

cou'ntersign s tunnussana; v
varmentaa nimikirjoituksella

cou'ntess kreivitär

cou'ntless lukematon

coun'try [a] maa(seutu); in the
~ maalla; in our ~ meidän
maassamme; ~-wide koko
maan käsittävä

cou'ntryman [a] maanmies,
maamies

cou'ntryside [a] maaseutu; con-
servation of the ~ ympäristön-
suojelu

cou'nty kreivikunta

coup [ku:] vallankaappaus

couple [a] s pari; v kytkeä yh-
teen; for a ~ of days pariksi
päiväksi

cou'pling [a] kytkin

cour'age [a] rohkeus

coura'geous rohkea

cou'rier [u] pikalähetti; mat-
kanjohtaja, opas

course [o:] s kulku, juoksu,
suunta, kurssi, rata, kilpa-ajo-
rata; oppikurssi; ruokalaji; v
kiitää; of ~ tietysti; in due ~

aikanaan; in the ~ of jnk
kuluessa; in ~ of construction
rakenteilla; run its ~ kulkea
rataansa; it is a matter of ~
se on itsestään selvää

court [o:] s piha, hovi; tuomio-
istuin; kenttä; v kosiskella,
liehitellä; etsiä

cou'rteous [ö:] kohtelias

cou'rtesy [ö:] kohteliaisuus; by
~ of jnk suosiollisella luvalla

cou'rtier [o:] hovimies

court-martial sotaoikeus

courtship [o:] kosiskelu

courtyard [o:] piha

cous'in [kazn] (first) ~serkku;
second ~ pikkuserkku

co've lahdelma

cov'enant [a] sopimus, liitto

cov'er [a] v peittää; suorittaa
(matka); käsittää, ulottua yli;
kattaa; selostaa; s peite, kansi
suoja; kate

cov'erage reportaaši; give wide
~ to käsitellä laajasti

cov'ering peite(aine)

cov'ert [a] salavihkainen; s ti-
heikkö

cov'et [a] himoita

cov'etous [a] himoitseva

cov'ey [a] (lintu)poikue

cow [kau] s lehmä; v pelotella
masentaa; ~ed alaspainettu

cow'ard pelkuri

cow'ardice pelkuruus

cowboy ratsastava karjapaimen

cow-catcher karja-aura

cow'er kyyristyä

cow'l kaapu, huppu; (savupii-
pun) hattu

cow'slip kevätesikko

cox'comb [-koum] narri, keikari

cox'swain [koksn] perämies

coy kaino, häveliäs

crab merirapu

crack s halkeama, särö; pau-
kahdus, lätmäys; v halkeilla;
särk\eä, -yä; murtautua; pauk-
kua; a valio-; ~ a joke veistää
vitsi; ~ up sl. romahtaa

crack'ed säröinen; särkynyt
(ääni); löyhäpäinen

crack'er paukkukaramelli; keks

crackle s rätinä; v rätistä

cra'dle kehto

craft [a:] ammatti; käsityö.
-työ; viekkaus; alus, alukset

craftsman [a:] *käsityöläinen*
craftsmanship *ammattitaito*
crafty [a:] *viekas*
crag *kallio*
cram *sulloa täyteen; päntätä päähän*
cramp s *suonenveto, kouristus; sinkilä;* v *rajoittaa, estää;* ~ed *tilan tiheä, ahdas*
cran'berry *karpalo*
cra'ne s *kurki; nosturi;* v *kurkottaa*
cra'nial *kallon(-)*
cra'nium *kallo*
crank s *kampi; omituinen »tyyppi», oikuttelija, »kränä»;* v *vääntää kampea*
cran'ny *kolo, soppi*
craps *erääni. noppapeli*
cra'pe *(suru)harso*
crash s *ryske; romahdus; kolari;* v *rysähtää; syöksyä maahan; (into) törmätä jhk*
crash-helmet *suojakypärä*
crash-landing *mahalasku*
crass [ä] *karkea*
cra'te *sälelaatikko, -koppa*
cra'ter *tulivuoren aukko*
cra've *kiihkeästi haluta*
cra'ven *pelkuri*
cra'ving *(hillitön) halu*
crawl [o:] v *ryömiä; kihistä;* s *crawl-uinti;* ~ers *pothuhousut*
crayfish *jokiäyriäinen, rapu*
cray'on *värilliitu*
cra'ze *(muoti)hulluus, villitys*
cra'zy *mieletön, hullu;* is ~ about *on hulluna jkh,* (about skiing) *on hiihtohullu*
creak s *narina;* v *narista*
cream s *kerma; (kasvo)voide*
crease s *laskos;* v *rypistää -tyä*
crea'te [kriei] *luoda, aiheuttaa, perustaa; nimittää jksk*
crea'tion *luominen, luomakunta, luomus*
crea'tive *luova*
crea'tor *luoja*
creature [kri:tšö] *olento*
crèche [ei] *lastenseimi*
cre'dence: give ~ to *uskoa*
creden'tials *valtakirja*
cred'ible *uskottava*
cred'it s *usko, kunnia, luotto;* pl *(filmin) alkutekstit* v *uskoa, merkitä jkn hyväksi;* give ... the ~ for *lukea jkn ansioksi*

cred'itable *kunniakas, kiitettävä*
cred'itor *velkoja*
credu'lity *herkkäuskoisuus*
cred'ulous *herkkäuskoinen*
creed *uskontunnustus*
creek *poukama, Am. puro*
creep *madella, ryömiä;* my flesh ~s *pintaani karmii*
cree'per *köynnöskasvi*
crema'tion *ruumiinpoltto*
crem'atory *krematorio*
crept *imp. & pp. ks.* creep
cresc'ent [-esnt] *kuunsirppi; puolikuu*
cress *vesikrassi*
crest *harja; (kypärän)töyhtö; vaakuna(merkki)*
crestfallen *masentunut*
crevas'se *(jäätikön) halkeama*
crev'ice *halkeama*
crew *laivaväki, miehistö*
crib *seimi; lapsen vuode; plagiaatti, luntti;* v *plagioida*
crick *niukahduttaa*
crick'et *sirkka; kriketti(peli)*
cri'me *rikos; rikollisuus*
Crime'a [krai-] *Krimi*
crim'inal *rikollinen, rikos-*
crim'son *karmiinipuna(inen)*
crin'ge *madella, liehakoida*
crin'kle *rypistää, -tyä*
crin'kly *kähärä*
crip'ple s *raajarikko;* v *tehdä r-rikoksi, lamauttaa*
cri'sis *(pl -es) kriisi; käännekohta*
crisp *murea, rapea; raikas; kirpeä*
criss-cross *ristiin rastiin*
crit'ic *arvostelija*
crit'ical *kriitillinen*
crit'icism *arvostelu*
crit'icize *arvostella, moittia*
croak *kurnuttaa, raakkua*
cro'chet [-šei] v *virkata, solmustaa*
crock *ruukku*
crock'ery *savilastiat*
croc'odile *krokotilli*
cro'cus *krookus*
cro'ny *vanha hyvä ystävä*
crook [u] v *koukistaa;* s *koukku; paimensauva; huijari rikollinen*
crooked [-id] *käyrä; kiero epärehellinen*
croon *hyräillä*

c

croo'ner *iskelmälaulaja*
crop s *sato, laiho;* (*lyhyt*) *leikkotukka; ratsupiiska; kupu;* v *katkaista, leikata, jyrsiä* (*ruohoa*); ~ up *putkahtaa esiin*
cro'quet [-kei] *krokettipeli*
cro'sier [-žö] *piispansauva*
cross [o(:)] s *risti;* a *äkäinen, vihainen;* v *panna ristiin; ylittää, kulkea t. matkustaa jnk poikki;* (out) *pyyhkiä yli;* don't ~ the road *älä ylitä tietä;* ~ one's fingers, keep one's fingers ~ed *l.v. pitää peukkua*
cross-bo'w (*jalka- t. varsi*) *jousi*
cross-country *murtomaa, maasto-*
cross-cut *oikotie*
cross-examination *ristikuulustelu*
crossing *risteys; suojatie* (*pedestrian* ~); *merimatka*
cross-road *poikkitie, pl. tienristeys*
cross-section *poikkileikkaus*
crossword puzzle *ristisanatehtävä, sanaristikko*
crot'chet *oikku; neljännesnuotti*
crou'ch *kyyristyä*
croup [u:] *kuristustauti*
cro'wbar s *varis; kukonlaulu;* v *kiekua*
cro'wbar *sorkkarauta*
crow'd s *joukko, lauma,* (*väen*)-*tungos;* v *tunkea, tungeksia, ahtaa täyteen*
crow'ded *täpötäynnä* (*oleva*); we are ~ed here *meillä on ahdasta*
crow'n s *kruunu; seppele, huippu, päälaki;* v *kruunata* to ~ all *kaiken kukkuraksi*
cru'cial [šj] *ratkaiseva*
cru'cible *upokas; tulikoe*
cru'cifix *ristiinnaulitun kuva*
cru'cify *ristiinnaulita*
cru'de *raaka, karkea*
cru'el *julma*
cru'elty *julmuus*
cru'et *mauste\pullo, -teline*
cru'ise *risteillä;* s *risteily*
cru'iser *risteilijä*
crumb [-am] s *leivänmuru, leivän sisäosa*
crum'ble *murentua*

crum'ple *rutistaa, -tua*
crunch v *narskuttaa, narskua;* s *tiukka* (*paikka*)
crusa'de *ristiretki*
crusa'der *ristiretkeläinen*
crush v *musertaa, murskata survoa; rypistää;* s *tungos;* (it) does not ~ *ei rypisty;* be ~ed *murskaantua;* have a ~ on *olla »pihkassa»*
crust s *kuori; rupi;* v *peittää kuorella*
crutch *kainalosauva*
crux *kriittinen kohta*
cry' v *itkeä, huutaa;* s *huuto itku;* ~ out *huudahtaa;* ~ out against *protestoida;* ~ out for *vaatia;* ~ one's heart out *itkeä katkerasti;* it's nothing to ~ over *sitä ei kannata itkeä;* cried herself to sleep *nukahti itkuunsa*
crypt (*hauta*)*holvi, krypta*
crys'tal *kide, kristalli*
crys'tallize *kiteytyä*
cub *pentu, poikanen*
cu'be *kuutio;* stock ~ *lihaliemikuutio*
cu'bic foot *kuutiojalka*
cu'bicle *osasto* (*makuusalissa*)
cuck'oo [kuku:] *käki*
cu'cumber *kurkku*
cuddle *sylellä*
cud'gel s *nuija;* v *nuijia;* ~ one's brains *vaivata päätään*
cu'e *vihje;* (*loppu*)*repliikki; biljardisauva*
cuff s *kalvosin,* (*hihan- ym*) *käänne; isku;* v *lyödä*
cuff-links *kalvosinnapit*
cuirass's *rintahaarniska*
cul' de sac' [u] *umpikuja*
cul'inary a *keitto-*
cull *poimia, valita*
cul'minate *kohota huippuunsa*
culmina'tion *huippu* (*kohta*)
cul'prit *rikollinen, syyllinen*
cult *palvonta, kultti*
cul'tivate *viljellä; kehittää, sivistää*
cultiva'tion *viljelys, viljely*
cul'ture *viljelys; sivistys;* ~d *sivistynyt, kultivoitu*
cum'bersome *vaivalloinen*
cum'(m)in *kumina*
cu'mulative *kasaantuva*

cun'ning a *ovela, viekas*; s *oveluus*

cup *kuppi, pikari, malja*

cup'board [kaböd] *astia- ruokakaappi*

cur *rakki; roisto*

cu'rable *parannettavissa oleva*

cu'rate *kirkkoherran apulainen*

curb s *kuolainvitjat; pidäke; (kadun) reunakivi;* v *pitää kurissa, hillitä*

curd *juossut maito*

cur'dle *juosta; hyytyä, hyydyttää*

cu're s *hoitotapa; parannus;* v *parantaa; suolata*

cur'few *iltasoitto; ulkonaliikkumiskielto*

cu'rio *harvinainen taide-esine*

cu'rious *utelias; kummallinen*

curios'ity *uteliaisuus; harvinaisuus, outo esine*

curl s *kihara;* v *kähertää; ~ up käärtytyä keräksi*

cur'ler *papiljotti*

curly *kihara*

cur'rant *herukka; korintti*

cur'rency *raha, valuutta; yleisyys; gain ~ levitä*

cur'rent a *kuluva nykyinen; käypä; yleinen; sujuva;* s *virta; ~ly nyt; ~ affairs programme ajankohtaisohjelma; ~ expenses juoksevat menot*

curric'ulum *oppikurssi*

cur'ry v *sukia, parkita;* s *curry (mauste)*

curse s *kirous;* v *kirota*

cur'sory *pintapuolinen, pikainen*

curt *lyhyt, niukkasanainen*

curtai'l *lyhentää, supistaa*

cur'tain *verho, esirippu*

curts(e)y s *niiaus;* v *niiata*

curve s *mutka, kaarre;* v *kaartaa, -tua; ~d kaareva, käyrä*

cush'ion [kušn] *pieluş, tyyny*

cushy [u] *sl. helppo*

cuss *otus (kuv.)*

cus'tard *munavanukas*

custo'dian *vartija, (museon)-hoitaja*

cus'tody *hoito; vankeus;* take into ~ *pidättää*

cus'tom *tapa; ~s tulli*

cus'tomary *tavanomainen;* is it ~ to ... *onko tapana ...?*

cus'tomer *astakas;* a queer ~ *kummallinen otus*

custom-house *tullikamari; ~ officer tullivirkailija*

custom-made *tilauksesta tehty*

cut v *leikata, hakata; ei olla näkevinään;* s *leikkaus, haava; viipale; tukanleikkuu; supistus;* a *hiottu;* she ~ her finger *hän leikkasi haavan sormeensa;* short ~ *oikotie; ~ (a lecture) jäädä pois; ~ teeth saada hampaita; ~ short keskeyttää äkkiä; ~ to pieces tuhota; ~ across oikaisia (jnk poikki); ~ down vähentää; ~ up paloitella*

cu'te *nokkela, soma*

cu'ticle *orvaskesi*

cut'ler *veitsiseppä*

cut'lery *hienotakeet*

cut'let *kyljys*

cut'ter *leikkaaja; kutteri*

cut-throat s *murhaaja;* a *murhaava*

cut'ting a *terävä;* s *leikkaus; sanomalehtileike; pistokas*

cut'tle-fish *mustekala*

cwt = hundredweight

cy'cle s *piiri, kierto, jakso; polkupyörä;* v *ajaa polkupyörällä*

cy'clist *pyöräilijä*

cy'clone *pyörremyrsky*

cyl'inder *lieriö*

cym'bal *symbaali; ~s levyt lautaset*

cyn'ic *kyynikko*

cyn'ical *kyyninen*

cy'press *kypressi*

czar [za:] *tsaari*

Cy'prus *Kypros*

Czech'oslo'vak *tšekkoslovakialainen*

Czechoslovak'ia *Tšekkoslovakia*

D

d [di:] *d-kirjain*
d. *penny, pence*
D., Dr. Doctor. **D. D.** Doctor of Divinity
dab v *sipaista, taputtaa;* s *taputus, (maali)läiskä*
dab'ble *polskutella; harrastella (in, at)*
dach'shund *mäyräkoira*
dad, daddy *isä, isi*
daf'fodil *keltanarsissi*
dag'ger *tikari*
daily a *jokapäiväinen;* s *päivälehti*
daintiness *herkullisuus*
dai'nty a *sorea; tarkka, nirso; herkullinen;* s *herkkupala*
dairy *meijeri*
da'is *koroke*
dai'sy *tuhatkauno*
da'le (run.) *laakso*
dal'ly *leikitellä; hukata (aikaa)*
dam s *pato; emo;* v *padota*
dam'age s *vahinko, vaurio; pl. vahingonkorvaus;* v *vahingoittaa*
dam'ask *damasti*
da'me: D~ (arvonimi)
dam'n [däm] *kirota*
damna'tion [mn] *kadotus*
damp a *kostea;* s *kosteus;* v *kostuttaa; laimentaa;* ~ **down** *hillitä, vaimentaa*
dam'per *uuninpelti*
dam'sel *tyttö, impi*
dance [a:] s *tanssi, -aiset;* v *tanssia*
dan'cer [a:] *tanssija(tar)*
dan'deli'on *voikukka*
dan'der: get one's ~ up *suuttua, kimpaantua*
dan'dle *keinutella (polvella)*
dan'druff *hilse*
dan'dy *keikari*
Da'ne *tanskalainen;* **Great ~** *tanskandogi*
dan'ger *vaara*
da'ngerous *vaarallinen*
dan'gle *roikkua, roikuttaa*
Da'nish a *tanskalainen;* s *tanska(nkieli)*
dap'per *siisti; vikkelä*
dap'ple(d) *täplikäs*

dare *uskaltaa; haastaa;* I ~**n't** *do it en uskalla tehdä sitä;* **how ~ he ...** *kuinka hän uskaltaa;* **she didn't ~ to** *hän ei uskaltanut .. I ~ say luulenpa, tottapa;* I ~ **you to ... lyön vetoa, ettet uskalla**
da'ring a *rohkea;* s *rohkeus*
dark *pimeä, tumma;* ~ **blue** *tummansininen*
dar'ken *pimentää, synkistää pimetä*
dar'kness *pimeys*
dar'ling *lemmikki*
darn *parsia;* ~ **it!** *voi hitto!*
dart s *heittokeihäs;* v *heittää, syöksyä;* ~**s** *nuolenheitto*
dash s *syöksähdys, ryntäys; ajatusviiva; loisto;* v *heittää, paiskata; murskata; syöksyä;* **a ~ of tilkka, hiveneu verran**
dashboard (auton) *kojelauta*
dash'ing *raju, rohkea; hemaiseva*
das'tardly *pelkurimainen*
da'ta *tiedot*
da'te s *päivämäärä, päiväys; aika(määrä);* **Am.** »*treffi»; taateli;* v *päivätä; ajoittaa; si. seurustella jkn kanssa;* ~ **from** *olla peräisin;* **up to ~ ajanmukainen; keep up to ~ pitää ajan tasalla**
da'ted *vanhanaikainen*
daub *töhertää*
daughter [do:tö] *tytär;* ~ **-in -law** *miniä*
daunt *pelästyttää*
dau'ntless *pelkäämätön*
daw'dle *vetelehtiä*
dawn v *sarastaa;* s *aamunkoitto*
day *päivä;* **the other ~ tässä eräänä päivänä; by ~ päivällä; by the ~ päiväpalkalla; (for) three ~s kolme päivää; in his day aikanaan in my school ~s kouluaikanani; in the ~-time päiväsaikaan, päivällä; how many ~s does it take? montako päivää (se) kestää ...**
daybreak *päivänkoitto*
daylight *päivänvalo*
da'ze *huumata, huikaista*

daz'zle *sokaista, häikäistä;* ~d *sokaistu, huumaantunut*

dea'con *diakoni*

dea'coness *diakonissa*

dead [e] a *kuollut, eloton; puutunut; syvä (uni);* adv. *ehdottoman;* ~ beat, ~ tired *lopen uupunut;* ~ drunk *sikahumalassa;* (stop) ~ *kuin naulittuna*

dead'en [e] *vaimentaa*

dead'lock [e] *umpikuja*

dead'ly [e] *kuolettava*

deaf *kuuro: huonokuuloinen*

deaf'en *tehdä kuuroksi;* ~ing *korvia huumaava;* ~ed *kuuroutunut*

deaf'ness [e] *kuurous*

deal v *jakaa, antaa;* (with) *käsitellä kohdella;* (in) *harjoittaa jnk kauppaa;* s *kauppa; jakovuoro; (mänty)lankku;* a good ~, a great ~ *paljon*

dea'ler *kauppias*

dea'lings *kanssakäyminen*

dealt [delt] imp. & pp. ks. deal

dean *tuomiorovasti; dekaani*

dear *rakas, kallis;* oh ~! ~ me! *hyvänen aika!*

dear'ly *heilästi; kalliilla hinnalla*

dearth [dö:th] *puute, pula*

death (deth) *kuolema, kuolemantapaus;* tired to ~ *kuolelemanväsynyt;* ~-rate *kuolleisuus;* ~-trap *surmanloukku*

debar' *sulkea pois*

deba'se *alentaa, halventaa*

deba'table *riidanalainen*

deba'te s *väittely;* v *väitellä*

debau'ched *irstaileva*

debil'itate *heikontaa*

deb'it s *debet(puoli);* v *veloittaa*

deb'ris [-i:] *pirstaleet*

debt [det] *velka;* he is in ~ *hänellä on velkoja;* get into ~ *velkaantua*

debt'or *velallinen*

dec'ade *vuosikymmen*

dec'adence *rappeutuminen*

decan'ter *viinikarahvi*

decap'itate *mestata*

decay' v *mädäntyä, rappeutua;* s *rappio; mätäneminen*

decea'se *kuolema;* ~d *vainaja*

decei't [-i:t] *petos*

decei'tful *petollinen, viipillinen*

dece'ive [-i:v] *pettää;* I've been ~d in him *petyin hänen suhteensa*

Decem'ber *joulukuu*

de'cent *säädyllinen; kunnon*

decep'tion *petos*

decep'tive *pettävä*

deci'de *päättää, ratkaista;* ~d *varma, päättäväinen*

deci'dedly *varmasti, epäilemättä*

decid'uous: ~ tree *lehtipuu;* ~ teeth *maitohampaat*

dec'imal *kymmenys, desimaali*

dec'imate *tuhota suureksi osaksi*

deci'pher *tulkita*

decis'ion *päätös, ratkaisu; päättäväisyys;* have you come to a ~ yet? *oletko jo päättänyt?*

deci'sive *ratkaiseva*

deck s *kansi;* v *koristaa, verhota;* on ~ *kannella*

declai'm *puhua mahtipontisesti*

declara'tion *julistus; ilmoitus*

decla're *julistaa selittää, ilmoittaa (tuilattavaksi)*

declen'sion *taivutus*

decli'ne s *huononeminen, rappeutuminen;* v *kieltäytyä (kohteliaasti); viettää, vähetä, heiketä; taivuttaa* (kiel.)

decliv'ity *rinne*

deco'de *tulkita (koodisanoma)*

decompo'se *mädäntyä*

dec'orate *koristaa*

decora'tion *kunniamerkki, koriste*

dec'orous *säädyllinen*

deco'rum *säädyllisyys*

decoy' v *houkutella;* s *houkutuslintu*

decrea'se v *vähe|tä, -ntää;* s [di:'-] *pieneneminen*

decree' s *määräys, asetus;* v *määrätä*

decrep'it *vanhuudenheikko*

decry' *halventaa*

ded'icate *vihkiä, omistaa (jklle, jhk);* ~d *antaumuksellinen*

dedica'tion *omistus; vihkiminen*

dedu'ce *johtaa, päätellä*

deduc't *vähentää*

deduc'tion *vähennys; päätelmä*

deed *teko; asiakirja*

deem *pitää jnak*

deep a *syvä; syvällinen;* s *syvyys;* adv *syvällä, -lle, syvyys*

vään; ~ in thought ajatuksiin
vaipunut
deepen syventää, syvetä
deep-freeze s pakastin; v pakastaa
deer saksanhirvi. peura
defa'ce rumentaa
defalca'tion kavallus
defam'atory häpäisevä
defa'me saattaa huonoon huutoon
defau'lt laiminlyöminen, poisjääminen
defea't s tappio; v voittaa
defec't s puute, vika; v loikata
defec'tion luopumus
defec'tive puutteellinen, vajaa-;
mentally ~ vajaamielinen, kehitysvammainen
defen'ce puolustus
defen'celess suojaton
defen'd puolustaa
defen'dant vastaaja
defen'sive puolustus-; on the ~
p-kannalla
defer' lykätä
def'erence kunnioitus
deferen'tial kunnioittava
defi'ance uhma
defi'ant uhmaileva
defic'iency puute, puutos
defic'ient puutteellinen
def'icit vajaus
defi'le s sola; v marssia ohi;
tahrata
defi'ne rajoittaa; määritellä
def'inite määrätty; määräävä;
~ly varmasti, ehdottomasti
definit'ion määritys, määritelmä
defin'itive lopullinen
defla'te tyhjentää ilma (pallosta
ym)
defla'tion deflaatio
deflec't muuttaa jnk suuntaa
defor'm rumentaa; ~ed epämuodostunut
defor'mity epämuodostuma
defrau'd pettää
defray' suorittaa (kustannus)
deft näppärä, vikkelä
defy' uhmata
degen'erate huonontua suvustaan; a [-rit] degeneroitunut
degenera'tion rappeutuminen
degrada'tion alennus
degra'de alentaa
degree' aste; by ~s vähitellen;

to a certain ~ jossain määrin;
take one's ~ suorittaa (yliopistollinen) loppututkinto
de'ify jumaloida
deign [dein] suvaita
de'ity jumaluus
dejec'ted masentunut
dejec'tion alakuloisuus
delay' v viivyttää; s viivytys
~ed myöhässä; I was ~ed by
(the traffic) myöhästyin ...n
takia; without ~ viipymättä
delec'table suloinen
del'egate v valtuuttaa; s [-git]
valtuutettu
delega'tion valtuuskunta
dele'te pyyhkiä pois
dele'rious vahingollinen
delib'erate v harkita; a [-rit
tarkoituksellinen
delibera'tion harkinta
del'icacy herkullisuus, hienotunteisuus, arkaluontoisuus; herkku
del'icate herkullinen; hento, arkaluontoinen, hieno(tunteinen)
delic'ious herkullinen; ihana
deli'ght [ait] s ilo; v ilahduttaa
iloita; ~ed at the idea ihastunut ajatukseen
deli'ghtful ihastuttava
delim'it rajoittaa, rajata
delin'eate piirtää, hahmotella
delin'quency rikollisuus
delin'quent rikollinen
delir'ious houraileva
deliv'er vapauttaa; toimittaa,
antaa; pitää (puhe); be ~ed
of synnyttää
deliv'erance vapautus
deliv'ery toimitus, (postin) jakelu; synnytys
dell notko
delu'de viedä harhaan
del'uge tulva, vedenpaisumus
delu'sion harha(luulo, -aistimus)
delve kaivaa
dem'agogue [-gog] kansanyllyttäjä
deman'd [a:] v vaatia; kysyä; s
vaatimus; kysyntä; in great ~
hyvin kysytty; on ~ vaadittaessa
demarca'tion raja
demea'nour [i:] käytös
demer'it vika, puute, haitta

dem'i- *puoli-*
demob' *= seur.*
demo'bilize *asettaa rauhankannalle, kotiuttaa*
democ'racy *kansanvalta*
democrat'ic *kansanvaltainen*
demol'ish *hajottaa, hävittää*
demolit'ion *hajottaminen, purkaminen*
de'mon *pahahenki, demoni*
dem'onstrate *osoittaa; osoittaa mieltään*
demonstra'tion *toteennäyttäminen, (mielen)osoitus*
demur' *vastustella*
demu're *vaatimaton, ujo, vakava, eleetön*
den *luola, pesä*
deni'al *kieltäminen*
Denmark *Tanska*
denomina'tion *luokka; kirkkokunta, lahko*
denom'inator *nimittäjä*
deno'te *osoittaa, merkitä*
denou'nce *arvostella ankarasti; syyttää*
dense *tiheä, taaja; paksupäinen; ~ly populated tiheään asuttu*
den'sity *tiheys*
dent *lommo, kuoppa, lovi*
den'tal *hammas-*
den'tifrice *hammasjauhe, -tahna*
den'tist *hammaslääkäri*
den'ture (teko)hampaat
denu'de *riisua paljaaksi*
denuncia'tion *julkinen paheksuminen*
deny' *kieltää*
deo'dorant *deodorantti, raikaste*
depar't *lähteä; poiketa; kuolla*
depar'tment *osasto; State D~ Am. ulkoministeriö; ~ store tavaratalo*
depar'ture *lähtö*
depend' (on) *riippua jstk, luottaa jhk; that ~s riippuu asianhaaroista*
depen'dable *luotettava*
depen'dant *huollettava*
depen'dence *riippuvaisuus*
depen'dency *alusmaa*
depen'dent *riippuvainen,* on jstk
depic't *kuvata*
depil'atory *karvoja voistava aine*
deple'te *tyhjentää*

deplo'rable *valitettava*
deplo're *valittaa*
deploy' *levittä(yty)ä, (laskuvarjosta) avautua*
depop'ulate *tehdä asumattomaksi*
depor't *karkottaa maasta*
deporta'tion *karkotus, siirtovankeus*
depor'tment *käytös*
depo'se *panna viralta; todistaa*
depos'it v *tallettaa;* s *talletus; sakka, kerrostuma*
depos'itor *tallettaja*
de'pot [depou] *varikko varasto; Am.* [di:pou] *rautatieasema*
depra'ved *turmeltunut*
deprav'ity *turmelus*
dep'recate *paheksua*
depre'ciate *alentaa (arvoa)*
deprecia'tion *poisto, arvonalennus*
depreda'tion *ryöstäminen*
depres's *painaa alas, masentaa ~ed alakuloinen, masentunut; ~ed areas kehitysalueet*
depres'sion *syvennys; masennus; lamakausi; matalapaine*
depri've *riistää* (sb. of)
depth *syvyys*
dep'uty *sijainen; (kansan)edustaja*
derai'l *syöstä t. suistua raiteilta*
der'elict *hyljätty, hylky*
deri'de *pilkata*
deris'ion *pilkka, iva*
deri'sive *ivallinen*
deriv'ative *johdannainen*
deri've *johtaa, johtua, juontaa alkunsa; saada (hyötyä ym)*
derog'atory *halventava*
der'rick *nosturi*
descen'd [s] *laskeutua, astua alas; laskea, alentua; periytyä; syöksyä*
descen'dant [s] *jälkeläinen*
descen't [s] *laskeutuminen; rinne; polveutuminen;* of Finnish ~ *syntyperältään suomalainen*
descri'be *kuvata*
descrip'tion *kuvaus; laji*
descrip'tive *kuvaileva*
descry' *huomata, erottaa*
des'ert [-zöt] s *autiomaa; pl. ansio(t);* a *autio;* v [-zö:t'] *hyljätä; karata*
deser'ter *sotilaskarkuri*

deser'tion *hylkääminen; kar-kaaminen*

deser've *ansaita*

desi'gn [-zain] s *luonnos, malli, muotoilu; suunnitelma; ale; juoni;* v *piirtää, suunnitella, muotoilla; aikoa, tarkoittaa;* ~ed to (*t.* for) *jhk tarkoitettu*

des'ignate *osoittaa, tarkoittaa*

designa'tion *nimitys*

desi'gner *piirtäjä, suunnittelija, muotoilija;* scenic (*t.* stage) ~ *lavastaja*

desi'rable *toivottava*

desi're s *halu, toivomus;* v *haluta*

desi'rous *halukas,* of *jhk*

desis't *lakata,* from *jstk*

desk *pulpetti, kirjoituspöytä;* pay ~ *kassa*

des'olate [-lit] *autio*

desola'tion *hävitys; lohdutto-muus*

despai'r v *olla toivoton;* s *epätoivo;* drive to ~ *saattaa epätoivoon*

despat'ch *ks.* dispatch

des'perate *epätoivoinen; hurja-päinen*

despera'tion *epätoivo*

des'picable *halveksittava*

despi'se *halveksia*

despi'te *jstk huolimatta*

despoi'l *ryöstää*

despon'd *olla toivoton*

despon'dency *alakuloisuus, epä-toivo*

des'pot *itsevaltias, despootti*

des'potism *hirmuvalta*

desser't *jälkiruoka*

destina'tion *määräpaikka*

des'tine *määrätä*

des'tiny *kohtalo*

des'titute *puutteenalainen*

destroy' *hävittää*

destroy'er *hävittäjä*

destruc'tion *hävitys, tuho*

destruc'tive *tuhoisa*

des'ultory *hajanainen*

detach' *irrottaa, erottaa;* ~ed *puolueeton, ulkopuolinen*

detach'ment *irrottaminen; eril-lisosasto; puolueettomuus, ob-jektiivisuus, vapaus*

de'tail *yksityiskohta;* in ~ *yksi-tyiskohtaisesti* ~ed *seikkape-räinen*

detai'n *pidättää*

detect' *keksiä, huomata*

detec'tive *salapoliisi*

deten'tion *pidättäminen*

deter' *pelottaa*

deter'gent *pesuaine*

dete'riorate *huonontua, -taa*

deter'minate [-nit] *määrätty*

determina'tion *päättäväisyys; päätös, määrääminen*

deter'mine *määrätä, päättää*

deter'rent *pelottelu|ase, -keino pelote*

detes't *inhota*

detes'table *inhottava*

dethro'ne *syöstä valtaistuimelta*

detona'tion *räjähdys*

de'tour' [deituö] *mutka*

detrac't *vähentää, halventaa*

det'riment *haitta, vahinko*

devalua'tion *devalvointi*

deval'ue *devalvoida*

dev'astate *tehdä autioksi*

devel'op *kehittää, -tyä;* capa-city to ~ *kehityskykyisyys;* likely to ~ *kehityskykyinen;* ~ing countries *kehitysmaat*

devel'opment *kehitys;* ~ aid *kehitysapu*

de'viance *poikkeavuus*

de'viate *poiketa*

devia'tion *poikkeaminen*

devi'ce *laite, koje; juoni; mieli-lause;* (he) was left to his own ~s *sai selviytyä omin päin*

dev'il *piru, paholainen*

dev'ilish *pirullinen*

de'vious *mutkitteleva*

devi'se *keksiä, suunnitella*

devoi'd of *jtk vailla*

devol've on *joutua jklle* (*t. jkn* tehtäväksi)

devo'te *omistaa, pyhittää,* to; ~ o.s. *omistautua;* ~d *harras*

devotee' *jnk palvoja, innokas kannattaja*

devo'tion *kiintymys;* ~s *har-taus*

devo'tional *hartaus-*

devou'r *niellä*

devou't *hurskas*

dew *kaste*

dexter'ity *taitavuus*

dex'terous *näppärä*

diabe'tes *sokeritauti*

diabol'ical *pirullinen*

di'adem *otsa|vanne, -ripa*

di'agno'sis *diagnoosi*

diag'onal *lävistäjä*
di'agram *käyrä(stö), kaava-kuva*
di'al s *kellotaulu; numerolevy;*
v *valita (puhelinnumero);* sun
~ *aurinkokello*
di'alect *murre*
di'alogue [-log] *vuoropuhelu*
diam'eter *halkaisija*
di'amond *timantti; ruutu-(kortti);* ace of ~s *r-ässä*
di'aper *(vauvan) vaippa*
di'aphragm [-främ] *pallea; (va-lok.) himmennin; (lääk.) kie-rukka*
diarrh(o)ea [-riö] *ripuli*
di'ary *päiväkirja*
di'ce *pelikuutiot, noppapeli*
dick'er *tinkiä*
dicta'te v *sanella; määrätä;*
s [-'-] *määräys, saneluratkaisu*
dicta'tor *diktaattori*
dictato'rial *käskevä*
dicta'torship *diktatuuri*
dic'tionary *sanakirja*
did *imp ks.* do
did'dle *puijata*
die v *kuolla;* s *arpanappula (pl* dice); *leimatalttia;* ~ down *heiketä; hiljetä;* ~ out *kuolla sukupuuttoon;* (he) was dying *oli kuolemaisillaan;* I am dying to *haluan hirveän mielelläni*
die-hard *jukuripää, patavanhoilli-nen*
di'et *ruoka|järjestys, -valio; valtiopäivät, eduskunta*
dif'fer *erota,* from *jstk; olla eri mieltä*
dif'ference *ero, erotus;* ~ of opinion *erimielisyys*
dif'ferent *erilainen,* from *kuin*
differen'tiated *eriytynyt*
differentia'tion *eriytyminen*
dif'ficult *vaikea;* it is ~ for me to come *minun on vaikea tulla;* it is ~ to ... on *vaikeata*
dif'ficulty *vaikeus;* with ~ *vaivoin;* without ~ *helposti*
dif'fidence *arkuus*
dif'fident *arka, ujo*
diffu'se v *levittää;* a [-s] *haja-nainen, lavea*
dig *kaivaa;* ~ up *kaivaa esiin;* ~s *boksi*
diges't v *sulattaa (ruoka);* s [dai'-] *tiivistelmä*

diges'tible *sulava*
diges'tion *ruoansulatus*
dig'nified *arvokas*
dig'nitary *arvohenkilö*
dig'nity *arvo, arvokkuus*
digres's [dai-] *poiketa*
digres'sion *poikkeaminen*
di'ke = dyke
dilap'idated *ränsistynyt*
dila'te *laajentaa, laajeta*
dil'atory *viivyttelevä*
dilem'ma *vaikea pulma*
dil'igence *ahkeruus*
dil'igent *ahkera*
dilu'te *miedontaa, laimentaa*
dim a *himmeä, hämärä, epä-selvä;* v *himmentää, -tyä, su-mentaa*
di'me *10 centin raha*
dimen'sion *mittasuhde*
dimin'ish *pienentää, -tyä, vä-hetä*
diminu'tion *vähennys*
dimin'utive *pikkuruinen*
dim'ple *hymykuoppa*
din s *jymy, pauhu;* v *jyskyttää*
di'ne *syödä päivällistä*
din'gy *likainen, nuhruinen*
di'ning-car *ravintolavaunu*
di'ning-room *ruokasali*
din'ner *päivällinen;* ~-jacket *smokki*
dint *ks.* dent; by ~ of *jnk avulla*
di'ocese *hiippakunta*
dip v *kastaa, upottaa, kastella itsensä;* s *(lyhyt) uinti; notko; lasku (* ~ in prices)
diphthe'ria *kurkkumätä*
diplo'ma *kunniakirja*
diplo'macy *valtioviisaus*
diplomat'ic *diplomaattinen*
dipper *kauha; koskikara*
di're *hirveä*
direc't a *suora, välitön;* adv *suoraan;* v *suunnata, ohjata;*
~ current *tasavirta;* ~ hit *täysosuma*
direc'tion *suunta; ohje(et)*
direc'tly *suoraan; heti*
direc'tor *johtaja; ohjaaja*
direc'tory *osoitekalenteri;* telephone ~ *puhelinluettelo*
dirge *surulaulu*
dir'igible *ilmalaiva*
dirt *lika;* ~ cheap *pilkkahin-taan;* ~ road *soratie*
dir'ty *likainen*

D

disa'ble saattaa kykenemättö-
 mäksi
disa'bled vammainen; ~ ser-
 viceman sotainvalidi
disabil'ity invaliditeetti, vamma
disadvan'tage [a:] haitta
disadvanta'geous epäedullinen
disagree' olla eri mieltä; ei so-
 pia yhteen
disagree'able [i] epämiellyttävä
disagreement yhteensoveltumat-
 tomuus; erimielisyys
disappea'r kadota (näkyvistä)
disappea'rance katoaminen
disappoi'nt pettää (jkn) toi-
 veet; ~ed pettynyt
disappoi'ntment pettymys
disapprov'al [u:] paheksuminen
disapprov'e [-u:v] paheksua
 (of), ei hyväksyä
disar'm riisua aseet (aseensa);
 lopettaa varustelu
disar'mament aseistariisunta
disarra'nge saattaa epäjärjes-
 tykseen
disas'ter [a:] (suuri) onnetto-
 muus
disas'trous [a:] tuhoisa
disavow' kieltää
dis'band hajottaa
disbelie'f [-i:f] epäusko
disbelie've ei uskoa, epäillä
disbur'se suorittaa maksu
disc (äänt)levy; = disk
discar'd hylätä, heittää pois
discer'n [s] erottaa, huomata
discer'nment arvostelukyky
dischar'ge v purkaa; laukaista;
 vapauttaa, päästää jstk, erot-
 taa; suorittaa, maksaa; mär-
 kiä; (joesta) laskea; s pur-
 ka(utu)minen; erottaminen
disci'ple [s] opetuslapsi
disc'ipline [s] kuri; opplaine;
 well-~d kuriin tottunut
disclai'm kieltää, luopua
disclo'se paljastaa
disclo'sure [-žö] paljastaminen
discol'our haalistaa, pilata väri
discom'fiture [a] hämminki
discom'fort [a] epämukavuus,
 hankaluus
disconcer't saattaa ymmälle
disconnec't irrottaa; ~ed haja-
 nainen
discon'solate lohduton
disconten't tyytymättömyys;

~ed tyytymätön
discontin'ue lopettaa, lakata
dis'cord eripuraisuus; epäsointu
discor'dant epäsointuinen
discotheque [-teik'] diskoteekki
dis'count s diskontto; alennus;
 v diskontata; vähentää, pitää
 halpana
discour'age lannistaa; ~ sb.
 from koettaa saada luopu-
 maan jstk
discou'rse s puhe, esitys; v: ~
 (up)on puhua jstk
discov'er [a] löytää, keksiä; ha-
 vaita
discov'ery löytö
discred'it s huono maine, häpeä;
 v saattaa huonoon huutoon; ei
 uskoa
discred'itable häpeällinen
discree't hienovarainen
discrep'ancy ristiriitaisuus
discre'te erillinen
discret'ion arvostelukyky; hie-
 novaraisuus
discrim'inate erottaa; erotella
 diskriminoida
discrimina'tion arvostelukyky;
 erottelu, syrjintä
dis'cus kiekko; ~-trow kiekon-
 heitto
discus's keskustella
discus'sion keskustelu, pohdin-
 ta, välittely
disdai'n s ylenkatse; v halveksia
disea'se tauti, sairaus
disembar'k nousta maihin
disenchan't [a:] päästää harha-
 kuvitelmasta; ~ed pettynyt
disenga'ge irrottaa; ~d vapaa
disentan'gle selvittää
disfa'vour paheksuminen; epä-
 suosio
disfig'ure rumentaa
disgra'ce s häpeä, epäsuosio;
 v häväistä
disgra'ceful häpeällinen
disgui'se [-gaiz] s valepuku; v
 pukea (valepukuun), as jksk;
 salata
disgus't s vastenmielisyys; inho;
 v inhottaa (m. be ~ed)
dish vati, kulho; ruokalaji;
 ~ up laittaa pöytään
dishear'ten [a:] masentaa
dishevel'led (tukka) epäjärjes-
 tyksessä

dishon'est [dizon'-] *epärehelli-nen*

dishon'our s *häpeä;* v *häväistä; jättää lunastamatta*

dishon'ourable *häpeällinen*

dish'washer *astiainpesukone*

disillu'sion *haihduttaa (jkn) haaveet;* ~ed *pettynyt*

disinclina'tion *haluttomuus*

disinfec'te v *desinfioida;* ~ant *de-sinfioiva aine*

disinher'it *tehdä perinnöttömäksi*

disin'terested *epäitsekäs*

disk (et. Am.) *pyöreä levy, äänilevy;* the Sun's ~ *aurin-gon kehrä;* ~ jockey *levyja-kinoitsija;* = disc

disli'ke s *vastenmielisyys;* v *ei pitää jstk*

disloca'te v: he ~d his knee *hänen polvensa meni sijoiltaan*

dislod'ge *siirtää paikaltaan*

disloy'al *uskoton*

dis'mal *synkkä, surkea, kurja*

disman'tle *riisua (laiva)*

dismay' s *kauhu;* v *kauhistuttaa*

dismem'ber *paloitella*

dismis's *lähettää pois erottaa (palveluksesta), karkottaa*

dismis'sal *viraltapano*

dismou'nt *laskeutua (satulas-ta); purkaa*

disobe'dience *tottelemattomuus*

disobe'dient *tottelematon*

disobey *olla tottelematon*

disobli'ging *epäkohtelias*

disor'der *epäjärjestys; tauti*

disor'derly *epäjärjestyksessä oleva, hälinöivä, mellasteleva*

disor'ganize *saattaa epäjärjes-tykseen*

diso'wn *kieltää*

dispar'age *halventaa*

dispar'ity *erilaisuus*

dispas'sionate *kiihkoton*

dispat'ch v *lähettää;* s *viralli-nen ilmoitus; joutuisuus*

dispel' *karkottaa, hajottaa*

dispen'sary *apteekki*

dispensa'tion *(sallimuksen ym) säädös*

dispen'se *jakaa;* ~ with *tulla toimeen ilman*

disper'se *hajottaa, hajaantua*

dis'persion *hajaannus, hajonta*

displa'ce *siirtää; syrjäyttää;* ~d persons *siirtoväki*

displa'cement *uppoama*

display' v *näyttää, osoittaa, panna näytteille;* s *näyttely, näytös; komeilu*

displea'se *ei miellyttää*

displeas'ure [-ež] *mielipaha*

dispo'sable *kertakäyttö(inen)-*.

dispo'sal *järjestely; pois toi-mittaminen, hävittäminen;* at sb.'s ~ *käytettävissä;* refuse ~ *jätteiden poisto, jätehuolto*

dispo'se *järjestää; tehdä haluk-kaaksi;* ~ of *päästä jstk, myydä;* ~d *taipuvainen, halu-kas*

disposit'ion *järjestely; luonteen-laatu*

dispropor'tion *epäsuhde*

dispropor'tionate *suhteeton*

disprov'e [u:] *kumota*

dispu'te v *väitellä; kiistää;* s *väittely;* (the matter) in ~ *kiistanalainen*

disqual'ify *tehdä kelpaamatto-maksi, diskvalifioida, m. ottaa ajokortti pois* (~ sb. from holding a driving licence)

disqui'et v *tehdä rauhattomak-si;* v *rauhattomuus*

disregar'd v *jättää huomioon-ottamatta;* s *piittaamattomuus*

disrep'utable *huonomaineinen*

disrespec'tful *epäkunnioittava*

disrup't *hajottaa, saattaa epäjär-jestykseen*

dissatisfac'tion *tyytymättömyys*

dissat'isfied *tyytymätön*

dissec't *leikellä*

dissem'ble *teeskennellä*

dissen'sion *erimielisyys*

dissen't *poiketa (kirkon opista)*

disserta'tion *väitöskirja*

dis'service *huono palvelus*

dissim'ilar *erilainen*

dis'sipate *tuhlata*

dissipa'tion *huikentelevaisuus; irstailu*

disso'ciate o.s. from *sanoutua irti jstk*

dissolu'tion *hajoaminen*

dissol've *liuottaa, liueta; pur-kaa, hajottaa*

dissua'de *kehottaa luopumaan* (from *jstk*) t. *varomaan jtk*

dis'taff *värttinä*

dis'tance *välimatka, etäisyys;* at s ~ of 3 metres **kolmen** metrin päässä (t. päästä); in the ~ etäällä

dis'tant etäinen

dista'ste vastenmielisyys

distem'per penikkatauti; ilimaväri

disten'd laajentaa; pullistua

distil' tislata

distil'lery polttimo

distin'ct selvä; eri(llinen)

distin'ction erotus; kunnianosoitus; etevyys

distin'ctive tunnusomainen

distin'guish erottaa; ~ o.s. kunnostautua; ~ed huomattava, kuuluisa; hienostunut

distort' vääristää; ~ed m. kieroutunut

distrac't kääntää ajatukset pois; hämmentää

distrac'tion hämmennys; hauskutus, huvi; drive to ~ saattaa suunniltaan

distres's s tuska, hätä; v ahdistaa; ~ed area työttömyysalue

distrib'ute jakaa

distribu'tion jako, jakelu, jakautuminen

dis'trict piiri, alue

distrus't s epäluottamus, epäluulo; v; I ~ him en luota häneen

distur'b häiritä; saattaa levottomaksi; ~ed häirytynyt

distur'bance häiriö

dis'use: fall into ~ joutua käytännöstä pois

ditch oja

di've v sukeltaa; tehdä syöksy; s sukellus; syöksy (ilm.)

di'ver sukeltaja; kuikka

diver'ge (ai) erota

diver'gence erilaisuus

diver'se (ai) monenlainen

diver'sified monenlainen, monipuolinen

diver'sion (ai) poiskääntäminen; huvitus; kiertotie

diver'sity (ai) monenlaisuus

divert' (ai) kääntää toisaalle; hauskuttaa

dives't (ai) riisua

divi'de v jakaa -ntua; s vedenjakaja

div'idend jaettava; osinko

divi'ders jakoharppi

divi'ne s jumalallinen; s pappi;

v ennustaa

divina'tion ennustus

divin'ity jumaluus(oppi)

divis'ion jako(lasku); osasto; divisioona; erimielisyys (~ of opinion)

divor'ce s avioero; v ottaa ero jksta

divul'ge [dai-] ilmaista

diz'ziness hulmaus

diz'zy: I feel ~ päätäni hulmaa

do [du:] tehdä, laittaa (m. silstiä, kammata); suorittaa; riittää; tulla toimeen, voida menestyä (apuverbinä) Do you know him? tunnetko hänet? I don't (know) en (tiedä); What did he say? mitä hän sanoi; ~ come tulkaa toki; how ~ you ~ hauska tutustua; (the patient) is doing quite well voi hyvin; that will ~ se riittää; that won't ~ se ei käy päinsä; I could ~ with haluaisin; ~ in sl. tappaa; ~ over korjata; ~ up panna pakettiin; ~ without tulla toimeen ilman

do'cile (ai) säyseä; hyväoppinen

dock s sulkutelakka, tokka; syytetyn paikka (oikeudessa); v telakoida, telakoitua

dockyard telakka

doctor tohtori, lääkäri

doc'trine oppi

doc'ument asiakirja

documen'tary: ~ film dokumenttielokuva

dod'ge v väistää (sivuun) välttää; s metku

do'e naaraspeura

doff [dof] riisua

dog s koira; v seurata kintereillä; go to the ~s joutua turmioon; ~-days l.v. mätäkuu

dog'ged [-id] itsepintainen

do'le työttömyysavustus

do'leful surullinen

dol'l nukke; Am. sl. tyttö, nainen

dol'phin delfiini

domai'n tilus; ala

do'me kupoli

domes'tic a koti-, kodin-, kotimainen

dom'icile kotipaikka; ~d (at, in) jssk asuva

dom'inant hallitseva

dom'inate *hallita, kohota, jnk yll*

domina'tion *herruus*

dominee'r *pyrkiä hallitsemaan, tyrannisoida;* ~ing *määräilevä*

domin'ion *yliherruus, valta; dominio*

don v *pukea ylleen;* s *yliopiston opettaja*

dona'te *lahjoittaa*

dona'tion *lahjoitus;* (veren)-luovutus

done [a] *valmis; kypsä; well ~ hyvin tehty, kypsäksi keitetty t. palstunut;* have you ~ it? *oletko sen tehnyt? teltkö sen?* ~ for *mennyttä miestä;* ~ in *uupunut*

don'key [o] *aasi*

do'nor *lahjoittaja; (veren)luo-vuttaja*

doom *tuomio;* ~ed *tuomittu*

door [do:] *ovi;* next ~ *vieressä*

door-keeper *ovenvartija*

door-plate *nimilaatta*

doorway *porttikäytävä*

do'pe s *huumausaine;* v *huumata;* ~d *huumausaineen vaikutuksen alaisena*

dor'mitory *makuusali; asuntola*

do'se s *annos;* v *annostaa*

dos'ser *asunnoton (mies)*

dot s *pilkku, piste;* v *täplittää*

do'tage *vanhuudenhöperyys*

do'te on *helliä jkta*

doub'le [a] a *kaksin\kertainen, -kerroin;* s *kaksoisolento; ne-linpeli (tennis);* v *kaksinker-taistaa, -tua; taittaa k-kerroin;* ~ entry *kaksinkertainen kir-janpito;* ~ room *kahden hen-gen huone*

double-breasted *kaksirivinen*

double-talk *vilppipuhe*

doubt [daut] v *epäillä;* s *epäi-lys;* no ~ *epäilemättä*

doubtful *kyseenalainen; epä-röivä*

douche [u:] *suihku, huuhtelu*

dough [dou] *taikina*

doughnut *munkkirinkilä*

dove [a] *kyyhkynen*

dow'ager *(ylhäinen) leski*

dow'er *leskeneläke; myötäjäiset*

dow'n adv *alas, alhaalla;* s *un-tuva; kumpuileva kangasmaa;* up and ~ *edestakaisin;* go ~

laskea; pay ~ *maksaa kätei-sellä*

downcast, downhearted *masen-tunut*

downhill *mäkeä alas*

downpour *rankkasade*

downright *suora\nainen, -staan*

downstairs *alakerrassa*

down-to-earth *realistinen*

downtown *kanta- t. keskikau-punki*

downward(s) *alaspäin*

dow'ry *myötäjäiset*

do'ze v *uinahtaa;* s *torkahdus*

doz'en [a] *tusina*

drab *ikävä; likaisenruskea*

draft [a:] s *veksell; luonnos; Am. kutsunta;* v *luonnostella; ottaa sotaväkeen;* ~ *resister aselstakieltäytyjä*

drag v *laahata; naarata; sujua huonosti;* s *naara; pidäke*

drag'on *lohikäärme*

dragon-fly *sudenkorento*

dragoo'n *rakuuna*

drain v *laskea (pois), kuivat-taa; kanavoida, valua pois, ammentaa tyhjiin;* s *viemäri, laskuoja; (lääk.) dreeni;* brain ~ *»aivovienti»*

drai'nage *viemärilaitteet;* un-derground ~ *salaojitus*

dra'ke *urosankka*

dram = 1,77 g; *ryyppy*

drama [a:] *näytelmä*

dram'atist *näytelmänkirjoittaja*

drank *imp. ks.* drink

dra'pe *verhota, poimutella*

dra'pery *poimuttelu; kangasta-vara(t)*

dras'tic *vaikuttava, tehokas*

draught [dra:ft] *veto; kulaus;* ~s *tammipeli*

draughtsman [a:f] *piirtäjä*

draughty [a:f] *vetoinen*

draw v *vetää; piirtää; nostaa (arpa ym);* s *veto, -numero; ratkaisematon pell;* ~ *near lähestyä;* ~ up *laatia*

drawback *haitta*

drawbridge *nostosilta*

drawee' *vekselin lunastaja*

draw'er *(veto)laatikko; piir-täjä, vekselin asettaja;* ~s [dro:z] *alushousut;* chest of ~s *lipasto*

draw'ing *piirustus*

D

drawing-room *sali*
drawl *puhua venytellen*
dread [e] v *pelätä;* s *pelko*
dread'ful [e] *kauhistava*
dream s *uni;* v *nähdä unta; uneksia;* ~t [dremt] *imp. & pp.*
drea'mer *uneksija*
dreary, *synkkä*
dred'ge s *ruoppaaja;* v *ruopata*
dregs *pohjasakka*
drench *kastella läpimäräksi*
dress s *puku;* v *puke|a -utua; sitoa (haava); somistaa, koristaa, järjestää;* ~ up *pukeutua hienoksi (et. naamiaispukuun)*
dress-circle *ensi parvi*
dress-coat *frakki*
dres'ser *keittiö|pöytä, -kaappi*
dressing *(salaatin ym) kastike; (haava)side*
dressing-gown *aamutakki*
dressmaker *ompelija*
drew *imp. ks.* draw
drift v *ajelehtia;* s *(lumi) nietos; (ajatuksien) suunta; tarkoitus*
drill s *pora; (marssi- ym) harjoitus; kylvökone;* v *porata, kairata; harjoittaa*
drink v *juoda;* s *juoma; väki-juoma(t)*
drin'ker: (hard) ~ *juoppo*
drip *tippua, tiputtaa*
drip'ping *paistinrasva*
dri've v *ajaa; ohjata (autoa); saattaa, tehdä jksk;* s *ajelu, ajo -tie; tarmo, rynnistys, vietti;* ~ at *tarkoittaa*
driv'en *pp. ks. ed.*
dri'ver *kuljettaja, ajaja*
dri'ving *(auton) ajo;* ~ licence *ajokortti;* ~ rain *sadekuuro;* ~ test *ajokoe*
driz'zle v *tihkua;* s *tihkusade*
dro'll *hullunkurinen*
dro'ne s *kuhnuri; laiskuri;* v *surista*
drool *kuolata*
droop v *olla riipuksissa;* s *nuokkuminen*
drop s *pisara, tippa; karamelli; putoaminen, lasku;* v *pudo|ta, -ttaa; tiputtaa, tippua; laskea; jättää (pois);* ~ curtain *esirippu;* ~ in *pistäytyä tervehti-mässä;* ~ off *nukahtaa, vä-*

hetä; ~ out *jäädä (rivistä ym)*
drop'out *koulun ym kesken jättänyt, yhteiskunnasta sivulle luisunut, hylkiö*
dross' *kuona*
drought [-aut] *kuivuus*
dro've *lauma; imp. ks.* drive
dro'ver *karjanajaja*
drow'n *hukkua, hukuttaa;* he was ~ed *hän hukkui*
drow'se *torkkua*
drow'sy *unelias*
drud'ge *raataa*
drud'gery *orjantyö*
drug s *huumausaine; rohdos, lääkeaine;* v *antaa t. sekoittaa huumausainetta*
drug'gist *rohdoskauppias*
drug-store *rohdos- (ym) kauppa, sekatavarakauppa, baari*
drum s *rumpu; (öljy)tynnyri;* v *rummuttaa*
drunk a *päihtynyt;* s *juoppo;* ~en (t. drinking) *driver ratti-juoppo;* ~ as a lord *ympäri-päissään*
drunkard *juoppo*
dry a *kuiva;* v *kuiva|ta, -ttaa kuivua;* ~ goods *kangastavara*
dry-clean *pestä kemiallisesti*
dry-shod *kuivin jaloin*
du'al *kaksois-*
dub *lyödä ritariksi; jälkiäänit-tää (elokuva) toiselle kielelle nimittää*
du'bious *epäilyttävä*
du'cal *herttuallinen*
duch'ess *herttuatar*
durch'y *herttuakunta*
duck s *ankka, sorsa; purjekangas;* s *sukeltaa t. kumartua nopeasti, väistää*
duct *tiehyt, kanava; johdin*
dud *sl.* »suutari», »susi»; ~s *ryysyt*
du'de *keikari*
du'e *jklle tuleva t. kuuluva; asianmukainen; maksettavaksi langennut;* ~s *maksut;* is ~ to *johtuu jstk;* (the train) is ~ at *on määrä saapua ...*
du'el *kaksintaistelu*
dug *imp. & pp. ks.* dig
dug-out *korsu*
du'ke *herttua*
dull a *hidasjärkinen; tylsä; ikä-*

vä; himmeä; pilvinen; v *tyl-syttää*
du'ly *asianmukaisesti*
dumb [dam] *mykkä*
dumb-waiter *ruokahissi tarjoilupöytä*
dumb'bell *nostopaino*
dum'my s *sovitusnukke; puuukko (korttip.); (lapsen) tutti;* a *vaie-*
dump v *pudottaa, tyhjentää;* s *kaatopaikka;* ~s *alakuloisuus*
dum'ping *polkumyynti*
dum'pling: apple ~ *omenamunkki*
dun *karhuta*
dun'ce *pölkkypää*
du'ne *hiekkakinos, dyyni*
dung *lanta*
dungaree's *haalari(t)*
dunghill *tunkio*
dun'geon *tyrmä*
du'pe s *narri;* v *huiputtaa*
du'plicate [-kit] s *kaksois(kappale);* v [-eit] *monistaa;* in ~ *kahtena kappaleena*
du'rable *kestävä, kesto-*
dura'tion *kesto(aika)*
du'ring *aikana, kuluessa;* ~ the day *päiväsaikaan;* ~ my absence *poissaollessani;* ~ the

summer *kesällä*
dusk *hämärä*
dust s *tomu, pöly;* v *tomuttaa, pyyhkiä pöly;* ~ road *soratie*
dustbin *rikkalaatikko*
dus'ter *pölyriepu*
dus'ty *pölyinen*
Dutch *hollantilainen; hollanninkieli;* ~ treat *nyyttikestit*
Dutch'man, -woman *hollan|tilainen, -nitar*
du'tiable *tullinalainen*
du'tiful *kuuliainen*
du'ty *velvollisuus, tehtävä; tulli;* on ~ *virantoimituksessa;* off ~ *palveluksesta vapaa;* **death** ~ *perintövero*
duties *perintövero*
dwarf [o:] *kääpiö*
dwell *asua;* ~ (up)on *viipyä jssk*
dwel'ling *asunto;* ~ **house** *asuintalo*
dwelt *imp. & pp. ks.* **dwell**
dwin'dle *huveta*
dye a *väri;* v *värjätä*
dy'ing *kuoleva*
dy'ke *pato, valli*
dynam'ic [dai-] *dynaaminen*
dy'namite *dynamiitti*
dyn'asty *hallitsijasuku*
dys'entery *punatauti*

e [i:] *e-kirjain*
each [i:tš] *kukin;* ~ other *toisiaan;* a penny ~ *pennyn kappale*
ea'ger [i:gö] *innokas, halukas;* ~ to learn *opinhaluinen*
ea'gerness *into innostus*
ea'gle [i:] *kotka*
ear *korva; tähkä;* over head and ~s *korvia myöten*
ear'ache *korvasärky*
ear'drum *tärykalvo*
earl [ö:] *kreivi, jaarli*
early [ö:] *aikai|nen, -sin;* as ~ as *jo;* at an ~ date *pian;* ~ on *aikaisessa vaiheessa*
earn [ö:] *ansaita*
ear'nest [ö:] *vakava;* in ~ *tosissaan*
earnings *työansiot*

ear-phone *kuuloke*
earshot: within ~ *kuulomatkan päässä*
earth [ö:] s *maa; multa; maajohto;* v *maadoittaa;* how on ~ *miten ihmeessä?*
earth'en *savi-*
earthenware *saviastiat*
earth'ly *maallinen*
earth'quake *maanjäristys*
ea'se [i:] s *mukavuus, hyvä olo helppous; kevennys;* v *lievittää, -entyä; höllentää;* be at ~ *olla luonteva, kuin kotonaan;* ill at ~ *vaivaantunut;* (**stand**) at ~ *lepoasennossa*
ea'sel *maalausteline*
ea'sily *helposti*
ea'siness *luontevuus*
east [i:] *itä(inen)*

Ea'ster [i:] *pääsiäinen*
ea'sterly *itä-, itäinen*
ea'stern *itäinen, -mainen*
ea'stward(s) *itäänpäin*
ea'sy [i:] *helppo mukava. vaiva-ton; levollinen; väljä;* take it ~ *älä hätäile*
easy-going *huoleton*
eat *syödä;* what have we got to ~ *mitä syötävää meillä on?*
ea'table *syötävä*
ea'ves [i:] *räystäs*
ea'vesdrop *kuunnella salaa*
ebb s *luode;* v *heikentyä*
eb'ony *eebenpuu*
eccen'tric [ks] *eriskummallinen henkilö*
ecclesias'tical *kirkollinen*
echo [ekou] s *kaiku;* v *kaikua, kajahtaa*
eclip'se *(kuun ym) pimennys;* v *saattaa varjoon*
E.C. = East Central (London)
econom'ic *taloudellinen, talous-;* ~s *talous(tiede), kansanta-lous;* home ~ *kotitalous*
econom'ical *säästäväinen*
econ'omist *taloustieteilijä*
econ'omize *olla säästäväinen*
econ'omy *taloudellisuus, säästä-väisyys; talous, -elämä*
ec'stasy *hurmiotila*
ec'zema *ihottuma*
ed'dy *pyörre*
edge s *terä, reuna, särmä;* v *reu-nustaa, tunkeutua (~* one's way); on ~ *ärtynyt*
ed'geways: get a word in ~ *saada suunvuoro*
ed'ible *syötävä*
e'dict *käskykirja*
ed'ifice *rakennus*
ed'ify *ylentää mieltä*
ed'it *toimittaa; tarkistaa, kor-jata*
edit'ion *painos*
ed'itor *toimittaja*
edito'rial a *toimituksen;* s *pää-kirjoitus*
ed'ucate *kasvattaa, kouluttaa*
educa'tion *(koulu)kasvatus*
educa'tional *opetus-*
eel *ankerias*
effa'ce *pyyhkiä pois*
effect' s *vaikutus, teho;* v *saada aikaan;* ~s *tavarat;* take ~

astua voimaan; in ~ itse asias-sa
effec'tive a *tehokas; palvelus-kelpoinen;* ~s *aktiivijoukot*
effem'inate *naismainen*
effervesc'ent [-snt] *kuohuva*
eff'icacy *teho*
effic'iency *tehokkuus, suoritus-kyky; (tekn.) hyötysuhde*
effic'ient *suorituskykyinen, ky-vykäs, tehokas*
ef'figy *kuva*
ef'fluent *saaste, saastuke*
ef'fort *ponnistus; yritys;* with-out ~ *vaivatta*
effron'tery *julkeus*
effu'sive *ylitsevuotava*
e.g. (exempli gratia) *esim. (esi merkiksi)*
egg *muna;* ~-head *»intellek tuelli»*
eg'o [t. i:gou] *(oma) minä*
eg'oism *itsekkyys*
eg'oist *egoisti*
E'gypt [i:džipt] *Egypti*
Egyp'tian *egyptiläinen*
ei'der-down [ai] *untuvapeite*
eight [eit] *kahdeksan*
eightee'n *kahdeksantoista*
eighth *kahdeksas*
eight'y *kahdeksankymmentä*
ei'ther [aidhö, Am. i:dh-] *jompi-kumpi, kumpi hyvänsä;* on ~ side *kummallakin puolen;* ~ ... or *joko... tai;* ... I don't like this one ~ ... *en(kä) pi-dä tästäkään*
ejacula'tion *huudahdus*
ejec't *heittää ulos, purkaa; hää-tää*
e'ke out *lisätä (jllak)*
elab'orate a [-rit] *taidokas;* v [-reit] *valmistella huolellisesti, kehitellä, selittää tarkemmin*
elap'se *kulua*
elas'tic a *joustava;* s *kuminauha*
ela'ted *haltioitunut*
el'bow [ou] s *kyynärpää;* v ~ one's way *tunkea;* ~ room *liikkumatila*
el'der a *vanhempi;* s *selja*
el'derly *vanhahko, ikääntynyt*
elec't v *valita;* a *(vasta)valittu*
elec'tion *vaali;* general ~ *val-tiolliset vaalit*
elec'tor *valitsija(mies)*
elec'tric(al) *sähkö-*

electric'ity *sähkö*
elec'trify *sähkölstää*
elec'trocute *telolttaa (sähköllä)*
be ~d *m. kuolla sähköiskuun*
elec'troplate *hopeoida*
el'egance *aistikkuus*
el'egant *hieno, aistikas*
el'ement *alkuaine; luonnonvoima;* ~s *alkeet*
elemen'tary *alkeis-;* ~ school *kansakoulu*
el'ephant *norsu*
el'evate *kohottaa*
eleva'tion *korkeus, nousu*
el'evator *Am. hissi*
elev'en *yksitoista*
elev'enses *aamupäiväkahvi (kello 11 aikaan)*
elev'enth *yhdestoista*
elf (pl. elves) *keijukainen*
elic'it *saada esille*
el'igible *vaalikelpoinen*
elim'inate *poistaa, eliminoida*
elk *hirvi*
ellip'se *ellipsi*
elm *jalava*
elocu'tion *lausunta*
el'ongated *pitkänomainen*
elo'pe *karata*
el'oquence *kaunopuheisuus*
el'oquent *kaunopuheinen*
el'se *toinen, muu; muutoin;* somewhere ~ *jossain muualla*
el'sewhere *muualla, -lle*
elu'cidate *valaista*
elu'de (ovelasti) *välttää;* the answer ~s me *en keksi vastausta*
elu'sive *vaikeasti tavoitettava*
ema'ciated *laiha, kuihtunut*
em'anate *haihtua, huokua*
eman'cipate *vapauttaa*
emas'culate *heikentää*
embalm [-a:m] *palsamoida*
emban'kment *pengerrys*
embar'go *laivanpidätys, takavarikko*
embar'k *astua t. viedä laivaan*
embarka'tion *laivaannousu*
embar'rass *saattaa hämille;* ~ed *hämiliään, neuvoton*
embar'rassment *hämmennys tukala asema, pulma*
em'bassy *suurlähetystö*
embed' *upottaa*
embel'lish *kaunistaa*
em'bers *hiilos*

embez'zle *kavaltaa*
embit'ter *katkeroittaa*
em'blem *vertauskuva*
embod'y *ruumiillistaa, sisällyttää, ilmentää*
em'bolism *veritulppa(tauti)*
embra'ce ▼ *syleillä; käsittää;* s *syleily*
embroi'der *kirjailla*
embroi'dery *koruommel*
emenda'tion *korjaus*
em'erald *smaragdi*
emer'ge *sukeltaa esiin; käydä ilmi;* ~nt country *kehitysmaa*
emer'gency: in an ~ *hätätilassa;* ~ exit *varauloskäytävä;* state of ~ *poikkeustila;* ~ landing *pakkolasku*
em'ery *smirgeli*
em'igrant *siirtolainen*
em'igrate *muuttaa maasta*
emigra'tion *maastamuutto*
em'inence *korkea arvo; kukkula*
em'inent *huomattava, etevä*
emit' *levittää, säteillä*
emo'tion *mielenliikutus, tunne*
emo'tional *tunteellinen, tunteenomainen, tunneperäinen;* ~ life *tunne-elämä*
em'peror *keisari*
em'phasis *paino(kkuus)*
em'phasize *korostaa*
emphat'ic *korostettu, painokas*
em'pire *keisarikunta, imperiumi*
employ' *käyttää; antaa työtä työllistää*
employ'ee *työntekijä, virkailija*
employ'er *työnantaja*
employ'ment *toimi; full ~ täystyöllisyys;* in his ~ *hänen palveluksessaan*
empow'er *valtuuttaa*
em'press *keisarinna*
em'ptiness *tyhjyys*
em'pty [em(p)ti] a *tyhjä;* ▼ *tyhjentää*
em'ulate *kilpailla*
ena'ble *tehdä kykeneväksi*
enac't *säätää*
enam'el s *emalji;* ▼ *emaljoida*
enam'our *tenhota;* ~ed *rakastunut*
encam'p *leiriytyä*
enca'se *sulkea koteloon*
enchan't [a:] *lumota*
enchant'ment [a:] *lumous*
encir'cle *ympäröidä*

enclo'se *ympäröidä; ohelstaa*
enclo'sure *alta(us); liite (kirjeessä)*
encom'pass [a] *ympäröidä*
enco're *ylimääräinen numero*
encou'nter v *kohdata; s kohtaus; ottelu*
encour'age [a] *rohkaista*
encour'agement *rohkaisu*
encroa'ch [-outš]: ~ upon *väkisin tunkeutua jnnek*
encum'ber *rasittaa*
encum'brance *rasitus*
encyclope'dia *tietosanakirja*
end s *loppu, pää; tarkoitus- (perä);* v *loppua; at an ~ lopussa;* in the ~ *lopulta;* on ~ *pystyssä, ... yhtä mittaa;* no ~ of *valtavan paljon*
enda'nger *vaarantaa*
endea'r *tehdä rakkaaksi;* ~ing *herttainen*
endeav'our [dev] v *pyrkiä, s pyrkimys*
ending *pääte*
en'dive *endiivisalaatti*
en'dless *loputon*
en'docrine *umpieritys-*
endor'se *kirjoittaa nimi (esim. šekin selkäpuolelle); siirtää (vekseli); kannattaa*
endor'sement *siirto, hyväksyminen, ks. ed.*
endow' *tehdä lahjoitus (jllek), varustaa jllak*
endu'rance *kestävyys*
endu're *kestää, sietää*
en'ema *peräruiske*
en'emy *vihollinen*
energet'ic *tarmokas*
en'ergy *tarmo*
en'ervate *heikentää*
enfee'ble *heikontaa*
enfo'ld *ympäröidä*
enfor'ce *(pakolla) saattaa voimaan*
enfran'chise *antaa äänioikeus; vapauttaa*
enga'ge *sitoutua; ottaa palvelukseen; kiinnittää, varata, tilata;* ~ in, be ~d in *tehdä jtk;* ~d *kihloissa; varattu*
enga'gement *sitoumus; kihlaus*
engen'der *synnyttää*
en'gine *kone; veturi*
enginee'r *insinööri; koneenkäyt-*

täjä; pioneeri; *Am. veturinkuljettaja;* v *järjestää*
enginee'ring m. *tekniikka*
England *Englanti*
English *englantilainen; englanninkieli;* do you speak ~ *puhutteko englantia?*
Eng'lishman *englantilainen;* three Englishmen *kolme englantilaista*
Eng'lishwoman *englannitar*
engra've *kaivertaa*
engro'ss *kokonaan vallata*
enhan'ce [a:] *korottaa*
enig'ma *arvoitus*
enigmat'ic *arvoituksellinen*
enjoi'n *on teroittaa mieleen*
enjoy' *nauttia, iloita jstk;* ~ *o.s. pitää hauskaa*
enjoy'able *miellyttävä*
enjoy'ment *nautinto, ilo*
enlar'ge *suurentaa, -tua*
enlar'gement *suurentuminen, suurennus*
enli'ghten *valaista, valistaa;* ~ed *valistunut*
enlis't *pestautua mennä armeijaan*
enli'ven *elähdyttää*
en'mity *vihamielisyys*
enno'ble *aateloida*
enor'mity *hirvittävyys; kauhuteko*
enor'mous *suunnaton*
enough [af] *kylliksi;* willing ~ *varsin halukas;* big ~ *kyllin iso;* ~ *money tarpeeksi rahaa;* strangely ~ *kummallista kyllä*
enra'ge *raivostuttaa*
enrap'tured *iki-ihastunut*
enrich' *rikastuttaa*
enro'l(l) *merkitä luetteloihin t. jäseneksi; ilmoittautua (jäseneksi ym)*
enro'l(l)ment *rekisteröinti; oppilas- (t. jäsen) määrä*
en'sign *lippu; vänrikki (Am.)*
ensla've *orjuuttaa*
ensu'e *seurata*
ensu're *taata, varmistaa*
entai'l *tuoda mukanaan;* it ~s .. *siihen liittyy*
entan'gle *sotkea;* barbed wire ~ment *piikkilankaeste*
en'ter *astua, tulla, mennä sisään, merkitä (kirjaan ym); ryhtyä jhk:* ~ for *ilmoittautua jhk;*

(it) never ~ed my head *el päl-kähtänyt päähänikään*
enter'ic fever *lavantauti*
enteri'tis *suolitulehdus*
en'terprise *yritys, yrittelläisyys*
en'terprising *yritteliäs*
entertai'n *kestitä; huvittaa*
entertai'ner *kansanhuvittaja*
entertai'ning *hauska*
entertai'nment *huvitus;* ~ tax *huvivero*
enthu'siasm *innostus*
enthu'siast *intoilija*
enthusias'tic *innostunut, intou-tunut*
enti'ce *houkutella*
enti're *kokonainen, ehjä*
enti'rely *kokonaan, täysin*
enti'tle *oikeuttaa*
en'tity *suure*
en'trails *sisälmykset*
en'trance *sisääntulo, -käynti, ovi; sisäänpääsy*
entrea't *pyytää hartaasti*
entrea'ty (harras) *pyyntö*
entrus't *uskoa jklle*
en'try *sisäänkäynti, -käytävä; merkintä;* (book-keeping) by double entry *kahdenkertainen*
enu'merate *luetella*
enuncia'tion *ääntäminen*
envel'op *verhota; ympäröldä*
en'velope *kirjekuori, kotelo*
en'viable *kadehdittava*
en'vious *kateellinen*
envi'ronment *ympäristö;* ~al control *ympäristönsuojelu*
envis'age *nähdä silmäinsä edes-sä, kuvailla mielessään*
en'voy *lähettiläs*
en'vy *kateus*
ep'ic *kertova;* s *eepos*
epidem'ic s *kulkutauti*
ep'ilep|sy, -'tic *epilep|sia, -tikko*
ep'ilogue *loppusanat*
epis'copal *piispan*
ep'isode *episodi,* (toisarvoinen) *tapaus, sivutoiminta*
epis'tle [-sl] *epistola, kirje*
ep'itaph [a:] *hautakirjoitus*
e'poch [-k] *aikakausi*
e'poch-making *käänteentekevä*
e'qual a *yhtä suuri;* s *vertainen;* v *vetää vertoja, olla jnk veroi-nen;* ~ to jhk *kykenevä, jnk tasalla;* ~ pay *sama palkka*
equal'ity [o] *tasa-arvoisuus*

e'qualize *tasoittaa*
e'qually *yhtä*
equanim'ity *tyyneys*
equa'tion *yhtälö*
equa'tor *päiväntasaaja*
eques'trian *ratsastava*
equilib'rium *tasapaino*
e'quinox *päiväntasaus*
equip' *varustaa*
equip'ment *laitteet, laitteisto*
eq'uitable *oikeudenmukainen*
eq'uity *kohtuus*
equiv'alent (to jtk) *täysin vas-taava; samanarvoinen;* s *vasti-ne*
equiv'ocal *kaksimielinen*
e'ra *aikakausi, ajanlasku*
erad'icate *hävittää perinpohjin, juuria pois*
era'se *raaputtaa pois*
era'ser *pyyhekumi*
era'sure *raaputettu kohta*
erec't a *pysty; suora;* v *pystyttää*
er'mine *kärppä*
ero'de *syövyttää*
ero'sion *eroosio*
err *erehtyä; hairahtua*
er'rand *tehtävä, asia;* ~-boy *lähetti*
erra'tum (pl -a'ta) *painovirhe*
erro'neous *erheellinen*
er'ror *erehdys, virhe;* be in ~ *olla väärässä*
erudit'ion *oppi(neisuus)*
erup'tion *purkaus, puhkeami-nen; ihottuma*
es'calate *porrastaa, laajentaa*
escala'tion *eskalaatio kiihdyt-täminen*
es'calator *liukuportaat*
esca'pe v *päästä pakoon, vält-tää, välttyä jltk; virrata ulos;* s *pako, pelastus;* have a nar-row ~ *töin tuskin pelastua*
escor't s *saattue;* v *saattaa*
espec'ial *erikoinen*
espec'ially *erikoisesti, varsinkin*
espou'se (kuv.) *omaksua*
espy' *saada näkyviinsä*
Esq. = seur. herra
esqui're ks. squire
es'say s *essee, kirjoitelma, aine;* v [- -'] *koettaa*
es'sence *sisin (olemus), ydin mehuste*
essen'tial a *olennainen, ehdotto-man välttämätön;* s *perusedel-*

lytys, välttämätön tarvike ym;
~ly oleellisesti
estab'lish perustaa, vakiinnuttaa
estab'lishment laitos; the E~
perinteellinen valta(koneisto)
t. järjestelmä
esta'te maatila; (lak.) pesä;
sääty; real ~ kiinteimistö
estee'm v pitää arvossa; s arvon-
anto
es'timate [-mit] v arvio; [-meit]
v arvioida
estima'tion arviointi; kunnioitus
estra'nge vieroittaa
es'tuary (joen)suu
etc (= et cet'era) jne (ja niin
edespäin)
etch etsata
eter'nal ikuinen
eter'nity ikuisuus
e'ther eetteri
ethe'real eteerinen, yliaistillinen
eth'ics siveysoppi
Eu'rope Eurooppa
Europe'an eurooppalainen
euthana'sia armokuolema
evac'uate tyhjentää, evakuoida
eva'de välttää, karttaa
eval'uate arvioida
evap'orate haihtua, -duttaa
eva'sion veruke, kiertäminen
eva'sive välttelevä
e've aatto
e'ven a tasainen; parillinen;
tasoissa v tasoittaa; adv jopa,
vieläpä; not ~ ei edes; not
~ he ei hänkään; ~ if vaikka-
kin; ~ so siltäkin huolimatta
e'vening ilta; ~ dress juhla-
puku; in the ~ illalla; this ~
tänä iltana
even't tapahtuma; (urheilu)-
kilpailu (urheilu)laji; at all
~s joka tapauksessa
even'tful vaiheikas
even'tually lopulta
ev'er koskaan, milloinkaan; ~
so erittäin; ~ since aina siitä
alkaen; for ~ ikuisesti; ~last-
ing iankaikkinen
ev'ery jokainen; ~ other day
joka toinen päivä; ~ bit
aivan; ~ three days joka
kolmas päivä
ev'ery|body, -one jokainen
everyday arki-
everything kaikki

everywhere kaikkialla
evic't häätää
ev'idence s todistus; osoitus;
v osoittaa
ev'ident ilmeinen
e'vil a paha, ilkeä, huono; s
paha; epäkohta
evin'ce osoittaa
evo'ke manata esiin
evolu'tion kehitys
evol've kehittää, -tyä
ewe [ju:] emälammas
ewer [juə] (vesi)kannu
ex- entinen
exac't [igz-] a tarkka, täsmälli-
nen; v vaatia
exac'ting vaativainen
exac'tly täsmälleen, aivan; juuri
niin
exag'gerate liioitella
exaggera'tion liioittelu
exal't [o:] korottaa; ylistää
~ed korkea; haltioissaan
exalta'tion haltioituminen
exam'ine tutkia, kuulustella
examina'tion tutkimus; tutkin-
to, tentti
exam'ple [a:] esimerkki; for
~ esimerkiksi
exas'perate [a:] ärsyttää; ~d
suuttunut, kiukuissaan
exaspera'tion suuttumus
ex'cavate kovertaa; kaivaa esiin
excava'tion kaivaus
excee'd ylittää; ~ingly erin-
omaisen
excel' viedä voitto; ~ in olla
mestari jssk; ~ o.s. ylittää
itsensä
excep't prep. paitsi; v jättää
lukuunottamatta
excep'tion poikkeus; with the
~ of lukuunottamatta
excep'tional poikkeuksellinen;
~ly poikkeuksellisein, -sti;
harvinaisen
ex'cerpt s ote; v poimia
exces's liika(määrä), kohtuut-
tomuus; hurjastelu; ~ luggage
liikapaino
exces'sive ylenmääräinen
excha'nge v vaihtaa; s vaihto;
pörssi; puhelinkeskus; rate of
~ (vaihto)kurssi
excheq'uer valtiokonttori
exci'se s valmistevero; v leikata
(pois)

exci'table *helposti kiihottuva*
exci'te *kiihottaa, ärsyttää; he-rättää;* ~d *kiihtynyt, innostunut*
exciting *jännittävä*
exci'tement *kiihtymys*
exclai'm *huudahtaa*
exclama'tion *huudahdus*
exclu'de *sulkea pois*
exclu'sion *poissulkeminen*
exclu'sive *yksinomainen; hieno, mutta hyikivä*
excre'te *erittää*
excre'tion *eritys*
excru'ciating *tuskallinen*
excur'sion *(huvi)retki*
excur'sionist *huvimatkailija*
excu'se v [-z] *puolustaa; antaa anteeksi;* s [-s] *puolustus; anteeksipyyntö;* ~ *me suokaa anteeksi*
ex'ecrable *inhottava*
ex'ecute *suorittaa, panna täytäntöön; esittää; teloittaa*
execu'tion *täytäntöönpano; esitys, suoritus; teloitus*
exec'utive a *täytäntöönpaneva;* s *johtohenkilö*
exem'plary *mallikelpoinen*
exem'plify *olla esimerkkinä jstk*
exem'pt v *vapauttaa;* a *vapaa*
ex'ercise [-z] s *harjoitus; liikunta; kirjoitus(harjoitus);* v *harjoi\ttaa, -tella;* take ~ *jaloitella;* ~ *an effect on vaikuttaa jhk*
exer't *käyttää, ponnistaa*
exer'tion *rasitus*
exha'le *hengittää (ulos); huokua*
exhau'st [gz] *kuluttaa loppuun, uuvuttaa;* ~ fumes *pakokaasu;* ~ pipe *pakoputki;* ~ed *uupunut*
exhau'stion *uupumus*
exhau'stive *tyhjentävä*
exhib'it v *asettaa näytteille; osoittaa;* s *näyttelyesine*
exhibit'ion *näyttely*
exhil'arate *tehdä hilpeäksi*
exhor't *kehottaa*
exhorta'tion *kehotus*
ex'igency *pakottava tarve*
ex'ile v *ajaa maanpakoon, karkottaa;* s *maanpako, -lainen, -laisuus*
exis't *olla olemassa*
exis'tence *olemassaolo*

ex'it *poistuminen; ovi (ulos);* ... *poistuu näyttämöltä*
ex'odus *joukkolähtö;* E~ 2 *Mooseksen kirja*
exor'bitant *kohtuuton*
exot'ic *vierasmaalainen*
expan'd *laajentaa, -tua*
expan'se *lakeus, laaja ala*
expan'sion *laajeneminen*
expan'sive *laaja; avosydäminen*
expec't *odottaa; arvella;* yes, I ~ so *luulen(pa) niin, kyllä ka*
expec'tant *odottava*
expecta'tion *odotus, toive*
expectora'tion *yskös*
expe'diency *tarkoituksenmukaisuus*
expe'dient a *tarkoituksenmukainen, sopiva;* s *keino*
ex'pedite *jouduttaa*
expedit'ion *retki(kunta)*
expel' *karkottaa*
expen'd *kuluttaa*
expen'diture *kustannukset*
expen'se *kulunki, meno;* ~s *kustannukset;* at my ~ *minun kustannuksellani*
expen'sive *kallis*
expe'rience s *kokemus;* v *kokea;* ~d *kokenut;* from ~ *kokemuksesta*
exper'iment s *koe;* v *kokeilla*
experimen'tal *kokeellinen*
ex'pert a *asiantunteva;* s *asiantuntija*
ex'piate *sovittaa*
expira'tion *uloshengitys; umpeenkuluminen*
expi're *mennä umpeen; hengittää ulos; kuolla*
explai'n *selittää*
explana'tion *selitys*
explan'atory *selittävä*
ex'plicable *selitettävissä oleva*
explic'it *nimenomainen, selvä-(sanainen)*
explo'de *räjäh\tää, -dyttää*
exploi't s *urotyö;* v *käyttää hyväksi; riistää*
exploita'tion *riisto, hyväksikäyttö*
explora'tion *tutkimus*
explo're *tutkia*
explo'rer *tutkimusmatkailija*
explo'sion *räjähdys;* population ~ *räjähdysmäinen väestönkasvu*

E
F

explo'sive *räjähdysaine*
expo'nent *edustaja*
ex'port v *viedä (maasta);* s
vienti(tavara)
exporta'tion *vienti*
expo'se *panna alttiiksi, paljas-*
taa; (valok.) valottaa
expo'sure [-žö] *oleminen alttii-*
na, to *jllek; valotus*
expou'nd *selittää, tulkita*
expres's v *ilmaista, lausua;* a
nimenomainen; pika-; s *pika|-*
juna, -lähetti ym
expres'sion *ilmaus, ilme*
expres'sive *ilmeikäs*
expres'sly *varta vasten*
expro'pria'tion *pakko-otto*
expul'sion *karkotus*
ex'quisite *erittäin hieno t. kaunis*
ex-serviceman *rintamamies*
ex'tant *jäljellä oleva*
extem'pore *valmistamatta*
exten'd *ojentaa; pidentää, laa-*
jentaa; ulottua
exten'sion *laajennus, jatko(s),*
jatke; (puhelimen) alanumero
exten'sive *laaja*
exten't *laajuus; ala, määrä;* to a
certain ~ jossakin määrin
exten'uate *lieventää*
exte'rior *ulko(puoli)*
exter'minate *hävittää sukupuut-*
toon
exter'nal *ulkonainen*
extin'ct *sammunut, sukupuuttoon*
kuollut
extin'ction *sammuminen*
extin'guish *sammuttaa*
extin'guisher: fire ~ *sammutin*
ex'tirpate *poistaa (juurineen)*
extol' *ylistää*

extor'tion *kiristys*
ex'tra a *ylimääräinen, lisä-;*
erikoisen; s *ylimääräinen meno*
ym; stage ~ *statisti*
ex'trac't v *vetää ulos;* s *uute*
tiiviste; ote, poiminto
extrac'tion *syntyperä*
extradit'ion *luovuttaminen*
extra'neous *ulkoapäin tuleva*
extraor'dinary *tavaton; ylimää-*
räinen
extrav'agance *ylellisyys; koh-*
tuuttomuus, tuhlaavaisuus
extrav'agant *tuhlaavainen; koh-*
tuuton
extre'me a *äärimmäinen;* s *ää-*
rimmäisyys
extre'mity *äärimmäinen hätä;*
raaja (us. pl.); pakkotoimen-
pide
ex'tricate *vapauttaa, irrottaa*
exu'berance *ylenpalttisuus*
exu'berant *ylenpalttinen, uhkea*
rehevä
exu'de *kihota, tihkua*
exul't *riemuita*
exulta'tion *riemu*
eye [ai] s *silmä; silmukka; leh-*
tinen (hook and ~); v *silmätil-*
lä; with an ~ to *jk silmämää-*
ränä
eyeball *silmämuna*
eyebrows *kulmakarvat*
eye-glass *monokkeli*
eyelashes *silmäripset*
eyelid *silmäluomi*
eyeshot: within ~ *silmänkan-*
taman ulottuvissa
eyesight *näkö*
eyewash (*kuv.*) *humpuuk-*
eye-witness *silminnäkijä*

F

f [ef] *f-kirjain;* f = foot. F. Fel-
low
fa'ble (*opettava*) *eläinsatu*
fab'ric *kudos, kangas*
fab'ricate *sepittää, keksiä*
fab'ulous *tarunomainen, usko-*
maton
faca'de [a:] *julkisivu*
fa'ce s *kasvot; etusivu, pinta,*
(*kellon*) *taulu;* v *kohdata kas-*

voista kasvoihin, olla silmätys-
ten (jkn kanssa), olla jhk päin
uhmata; päällystää; have the
~ to *juljeta;* loss of ~ *arvo-*
valtatappio; make ~s *irvis-*
tellä; ~ value *nimellisarvo;*
on the ~ of it *päältäpäin kat-*
soen; ~ to ~ *kasvokkain;*
~ up to *kohdata pelotta;*
~ it out *ei antaa periksi*

fac'et *fasetti, viiste;* many-~ed *monitahoinen*

face'tious *leikkisä*

facil'itate *helpottaa*

facil'ity *helppous; pl (jhk tarvittavat) laitteet, mahdollisuudet*

fa'cing *päällyste, reunus, käänne*

facsim'ile *näköispainos*

fact *tosiasia, asianlaita;* in (point of) ~ *itse asiassa*

fac'tion *puolue, nurkkakunta*

factit'ious *keinotekoinen*

fac'tor *tekijä*

fac'tory *tehdas*

fac'ulty *(sielun) kyky; tiedekunta*

fad *»keppihevonen»*

fa'de *haalistua; kuihtua; häipyä;* ~ away *vaimentua*

fa'ded *haalistunut*

fa'ding *hälpyminen*

fag v *raataa;* s *ikävä työ; »passari» (Engl. koul.); savuke;* ~ for *palvella, passata*

fag'got *risukimppu*

fail *epäonnistua, saada reput, reputtaa; jättää tekemättä, pettää; loppua, riutua;* he ~ed to come *hän ei tullut;* I ~ to understand *en ymmärrä*

fai'ling *puute*

fai'lure *epäonnistuminen;* ~ of crops *kato;* heart ~ *sydänhalvaus*

faint a *heikko;* v *pyörtyä*

fair a *reilua (verinen); oikeudenmukainen; kohtalainen, melko hyvä, puhdas, siisti, kaunis;* s *markkinat, messut;* ~ copy *puhtaaksikirjoitettu teksti;* ~ play *reilu peli*

fair-ground *tivoli*

fair-haired *vaaleatukkainen*

fair'ly *melko; kohtalaisen*

fair'ness *oikeudenmukaisuus*

fair'y *keijukainen, haltijatar*

fairy-tale *satu*

faith *usko, -llisuus*

fai'thful *uskollinen*

fai'thless *uskoton*

fa'ke s *huijaus; väärennys; huijari;* a *väärennetty;* v *väärentää (m.* ~ up)

fal'con *[fo:(l)kn] haukka*

fall *[o:]* v *pudota, kaatua; laskea;* s *putoaminen; kukistuminen; lasku;* Am. *syksy; vesi-*

putous *(us.* ~s); the F~ *syntiinlankeemus;* ~ of snow *lumentulo;* ~ due *langeta maksettavaksi;* ~ ill *sairastua;* ~ in with *suostua;* ~ off *vähentyä;* ~ out *riitaantua;* ~ through *epäonnistua*

fal'lacy *erhe*

falla'cious *harhaanjohtava*

fallen *[o:] kaatunut, langennut*

fal'lible *erehtyväinen*

fall-out *radioaktiivinen saaste laskeuma*

fal'low *kesanto*

fallow-deer *kuusipeura*

fal'se *[o:] väärä; petollinen, teko-, vale-*

fal'sehood *valhe(ellisuus), petollisuus*

fal'sify *väärentää*

fal'ter *[o:] epäröidä, horjua, änkyttää*

fa'me *maine;* ~d *maineikas*

famil'iar *perektynyt, with; hyvin tuttu,* to *jklle; tuttavallinen*

familiar'ity *perehtyneisyys, tuttavallisuus*

famil'iarize *perehdyttää;* ~ o.s. *tutustua*

fam'ily *perhe, suku*

fam'ine *nälänhätä*

fam'ish *nähdä nälkää*

fa'mous *kuuluisa,* for *jstk*

fan s *viuhka; tuuletin; intoilija (elokuva- ym) hullu, ihailija;* v *leyhytellä; lietsoa*

fanat'ic *kiihkoilija*

fanat'icism [-sizm] *kiihkomielisyys*

fan'ciful *mielikuvituksellinen eriskummainen, epätodellinen*

fan'cy s *mielikuvitus, kuvitelma; päähänpisto; mieltymys;* v *kuvitella;* take a ~ *to mieltyä;* ~ articles *ylellisyystavarat;* ~ price *mieletön hinta;* ~ dress *naamiaispuku*

fang *tora-, myrkkyhammas*

fantas'tic *mielikuvituksellinen*

fan'tasy *mielikuvitus, kuvitelma*

far *kaukana, kauas; etäinen;* by ~ *paljon, verrattomasti;* ~ better *paljon parempi*

far-off' *kaukainen*

far-sighted *kaukonäköinen*

farce *iiveily*

fa're *ajomaksu, maksulipun hin-*

ta; ruoka; ~*well hyvästi!*
jäähyväis-
farm s *maa|talo -tila;* v *vil-*
jellä
far'mer *maanviljelijä*
far'ming *maanviljelys*
farm-yard *(maatalon) piha*
far'ther *kauem|pana, -mas*
far'thest *kauim|pana, -mas;*
kaukaisin
far'thing ¹/₄ *pennyn raha*
fasc'inate [si] *lumota, kiehtoa*
fash'ion s *kuosi, muoti; tapa;*
v *muodostaa;* fully ~*ed muo-*
toon neulottu
fash'ionable *muodikas, kuosikas*
fast [a:] a *nopea(sti), luja(sti);*
pysyvä (väri); kevytmielinen;
(kellosta) edeilä; v *paastota;*
~ *asleep sikeässä unessa*
fas'ten [fa:sn] *kiinnittää*
fas'tener [a:] *kiinnitin;* zip ~
vetoketju
fas'tening [a:] *kiinnityslaite*
fastid'ious *turhantarkka, nirso*
fasting *paastoaminen*
fas'tness [a:] *lujuus; linnoitus*
fat s *rasva;* a *rasvainen, lihava,*
paksu
fa'tal *kuolettava; tuhoisa*
fatal'ity *kuolemantapaus*
fa'te *kohtalo*
fa'teful *kohtalokas*
father [a:] *isä;* ~*-in-law appi*
fath'erless [a:] *isätön*
fath'om s *syli (syvyysmitta);* v
luodata
fath'omless *pohjaton*
fati'gue [-i:g] s *väsynyt;* v *vä-*
syttää
fatness *lihavuus*
fat'ten *lihottaa*
fat'ty *rasvainen*
fat'uous *älytön, typerä*
fau'cet *hana, tappi*
fault *virhe, vika;* whose ~ *was*
it? kenessä (t. kenen) oli syy?
fault-finding *moittimishaluinen*
fau'ltless *virheetön*
fau'lty *virheellinen*
fa'vour s *suosio, -nosoitus;* v
suosia; ~ *... with suoda;* be
in ~ *of kannattaa jtk;* do
sb. a ~ *tehdä jklle palvelus*
fa'vourable *suopea, suosiollinen,*
edullinen
fa'vourite *suosikki*

fawn *kuusipeuran vasikka; kel-*
taisenruskea; ~ *upon lieha-*
koida
fear s *pelko;* v *pelätä;* for ~
(that) peläten (että)
fea'rful *hirvittävä; pelokas*
fea'rless *peloton*
fea'sible *mahdollinen*
feast s *juhla; pidot;* v *juhlia*
kestiä
feat *urotyö*
feath'er [e] *höyhen;* ~*ed höy-*
henpeitteinen
fea'ture [fi:tšö] s *(luonteen-*
omainen) piirre; (ohjelma)-
numero; erikoisartikkeli ym;
~*s kasvonpiirteet;* v *esittää*
huomattavalla paikalla; ~
film pitkä elokuva; a *film*
featuring ... jossa on ...
pääosassa
Feb'ruary *helmikuu*
fecun'dity *hedelmällisyys*
fed imp. & pp. ks. **feed**
fed'eral *liitto-;* ~ *Germany*
Saksan Liittotasavalta
federa'tion *(valtio)liitto*
fee *palkkio, maksu*
fee'ble *heikko*
feed s *ruokkia, syöttää; syödä;*
s *ravinto, rehu; (koneen) syöt-*
tö; fed up *kyllästynyt*
feedback *takaisinkytkentä*
feel *tuntea;* I don't ~ like
..ing minua ei haluta (lähteä
ym); do you ~ up to coming
jaksaisitkohan tulla?
fee'ler *tuntosarvi*
fee'ling *tunto, tunne*
feet pl. (foot) *jalat*
feign [fein] *teeskennellä*
felic'ity *onni*
fell v *hakata, kaataa;* s *turkki;*
tunturi; imp. ks. **fall**
fel'low [ou] *toveri; mies, veik-*
ko; l. v. dosentti; ~*men kans-*
saihmiset
fellowship *toveruus, yhteys; do-*
sentin virka, stipendi
fellow-traveller *matkatoveri*
fellow-worker *työtoveri*
fel'ony *(törkeä) rikos*
felt *huopa;* imp. ks. **feel**
fe'male *naispuolinen, naaras*
fem'inine *naisellinen; femi-*
niini-
fen *räme, suo*

fence s aita(us); v aidata;
   miekkailla
fen'cing miekkailu
fend: ~ off torjua
fen'der takanristikko (pyö-
   rän)suojus
fer'men't s käytinaine; v käydä,
   panna käymään
fermenta'tion käyminen
fern saniainen
fero'cious villi, hurja
feroc'ity hurjuus, julmuus
fer'ret fretti; ~ out nuuskia
   ilmi
fer'ro-con'crete rautabetoni
fer'rule kenkäin
fer'ry s lautta; v kuljettaa lau-
   talla
fer'tile hedelmällinen
fertil'ity hedelmällisyys
fer'tilize lannoittaa; hedelmöit-
   tää
fer'tilizer lannoite
fer'vent kuuma; palava, harras
fer'vour hehku, palava into
fes'ter märkiä
fes'tival juhla
fes'tive juhla-, juhlava
festiv'ity juhlallisuus
festoo'n köynnös
fetch noutaa; tuottaa (hinta)
fête juhla
fet'id löyhkäävä
fet'ter pl. kahleet; v kahlehtia
feud (suku)vaino, riita
feu'dal läänitys-
fe'ver kuume
fe'verish kuumeinen
few harvat; a ~ muutamat; ~
   and far between kovin harvi-
   naisia
fiancé sulhanen
fiancée morsian
fib (pieni) valhe
fi'bre säie, syy
fibreglass lasikuitu
fick'le häilyväinen
fic'tion romaani(kirjallisuus)
ficti'tious keksitty, vale-, tuu-
   lesta temmattu
fid'dle (soittaa) viulu(a)
fidel'ity uskollisuus, ks. hi-fi
fid'get v liikehtiä levottomasti;
   s hermostunut levottomuus
fid'gety levoton
field pelto; kenttä; ala
field-glass kaukoputki

fierce [fiös] villi, raju, vihainen
fi'ery tulinen
fiftee'n viisitoista
fifth viides
fif'tieth viideskymmenes
fif'ty viisikymmentä
fig viikuna
fight [fait] v taistella; otella; s
   tappelu, taistelu; show ~
   tehdä vastarintaa
fi'ghter hävittäjä (lentok.)
fig'ure s hahmo, vartalo; ku-
   vio, kuva; numero; v laskea
   (~ out); kuvata, esiintyä;
   ~d kuviollinen; cuts a sorry
   ~ on surkean näköinen; ~
   skating taitoluistelu
fil'ament kuitu, säie
fi'le s viila; jono; kortisto, asia-
   kirjakokoelma, (kirje)kansio,
   mappi; v viilata; järjestää
   asiakirjakokoelmaan, arkistoi-
   da; on ~ kirjoissa
fil'ial pojan, tyttären
fi'ling arkistointi, rekisteröinti;
   ~s viilanlastut
fill v täyttää, -ttyä; paikata
   (hammas); ~ in, ~ out täy-
   dentää, täyttää (lomake)
fil'let (liha- ym) filee; piena
fil'ling (hampaan) täyte;
   ~-station huoltoasema
fil'ly tammavarsa
film s (ohut) kalvo; filmi; elo-
   kuva, sellofaani, kelmu; v
   elokuvata
fil'ter s suodatin; v suodattaa;
   tihkua
filth lika, saasta
fil'thy likainen
fin evä
fi'nal lopullinen; ~s loppuerät
finan'ce [ai] v rahoittaa; ~s
   raha-asiat
finan'cial [ai] raha-
fi'nd v löytää, havaita; ~ out
   saada t. ottaa selville
fi'nding löytäminen; tulos, löy-
   dös; päätös
fi'ne a hieno; kaunis, ihana; s
   sakko; v sakottaa; one of
   these ~ days jonakin kauniina
   päivänä; he cut it rather ~
   hänpä ehti viime hetkessä
fi'nery koristukset
fin'ger s sormi; v sormeilla
finger-post tienviitta

finger-print *sormenjälki*
finger-tip *sormenpää*
fin'ish v *lopettaa, päättää -ttyä;*
~ing touch *viimeistely*
Fin'land *Suomi*
Finn s *suomalainen*
Fin'nish a *suomalainen;* s *suo-
menkieli;* I can't speak ~
en puhu suomea
fir *havupuu, (jalo)kuusi;* Scotch
~ *mänty*
fi're s *tuli(palo), takkavalkea,*
v *sytyttää; laukaista; innos-
taa; erottaa;* on ~ *tulessa;*
under ~ *ammunnan alaisena;*
~ *away! annahan kuulua!*
fire-brigade *palokunta*
fire-engine *palo|ruisku, -auto*
fire-escape *palotikkaat*
fire-extinguisher *sammutin*
fire-insurance *palovakuutus*
fireplace *takka*
firewood *polttopuut*
fire-works *ilotulitus*
fi'ring *ammunta;* exchange of
~ *laukaustenvaihto*
firm a *luja;* s *toiminimi*
fir'mament *taivaankansi*
first a *ensimmäinen;* adv *en-
siksi, ensin; ensimmäisen ker-
ran;* at ~ *ensiksi;* ~ of all
kaikkein ensimmäiseksi; ~
thing (in the morning) *ensi
töikseni (aamulla)*
fir'stly *ensinnäkin*
first-rate *ensiluokkainen*
firth *vuono*
fish s *kala;* v *kalastaa*
fish'erman *kalastaja*
fish'ery *kalastusliike;* fisheries
kalavedet
fish'ing *kalastus*
fishy *kalamainen; epäilyttävä*
fis'sion [š] *halkeaminen*
fis'sure [š] *halkeama*
fist *nyrkki*
fit a *sopiva; hyvässä kunnossa,
-kelpoinen;* v *sopia, sovittaa
(m. ~ on);* varustaa *(m. ~
out);* s *kohtaus, puuska; (m. ~
up asentaa;* ~ for work
työkykyinen
fit'ful *puuskittainen*
fit'ness *sopivaisuus; ruumiilli-
nen kunto*
fit'ter *sovittaja; asentaja*
fit'ting *sopiva*

fit'tings *kalusteet, laitteet*
fi've *viisi*
fivefold *viisinkertainen*
fix v *kiinnittää; määrätä; jär-
jestää, panna kuntoon, korjata;*
in a ~ *pulassa;* ~ up *järjes-
tää;* ~ed *kiinteä;* ~ed idea
päähänplintymä
fix'tures *kalusteet, kiintosisus-
teet;* electric light ~ *valaisi-
met, valaistuslaitteet*
fizz *poreilla*
flab'bergast *ällistyttää*
flab'by, flaccid *vetelä, veltto
rento*
flag s *lippu; (~stone) kivilaat-
ta; kurjenmiekka;* v *laimeta;
liputtaa*
fla'grant *räikeä*
fla'ke *hiutale, liuska;* ~ off
liuskoilla, kesiä
fla'me s *liekki;* v *liekehtiä
loimua*
flank s *sivu(sta), kylki;* v *olla
jnk sivulla*
flan'nel *(villa)flanelli;* ~s *fla-
nelli|puku, -housut*
flap v *lepattaa, räpytellä, lä-
mäyttää;* s *liuska, läppä,
lätkä; (taskun) kansi, (pöy-
dän) laskulevy*
fla're s *loimu; valoraketti;* v
loimuta; ~ up *kuohahtaa*
flash v *leimahtaa, välähtää;* s
leimaus; ~ of hope *toivon ki-
pinä;* ~ of lightning *salama*
flashback *takautuma*
flash-light *vilkkuvalo; tasku-
lamppu; salamavalo*
flask [a:] *pullo*
flat *littteä; laakea; tasainen;
laimea; yhdenmukainen; ma-
talakorkoinen;* s *tasanko; huo-
neisto; (mus.) alennusmerkki;*
a ~ charge of ... *yhtenäismak-
su*
flatfoot *lättäjalka*
flat'let: one- (two-)room ~
yksiö, kaksio
flat'ten *tasoittaa*
flat'ter *imarrella*
flat'tery *imartelu*
flat'ulence *ilmavaivat*
flaunt *pöyhkeillä (jllak)*
fla'vour s *tuoksu, aromi;*
maustaa
flaw *vika, säró*

flax *pellava*
flay *nylkeä*
flea *kirppu*
fled *imp. & pp. ks.* flee
fled'gling *linnunpoika*
flee *paeta*
fleece s *(lampaan)villa;* v *keritä; nylkeä*
flee'cy *villava*
fleet s *laivasto, laivue;* v *kiitää (ohi);* a *nopea*
flee'ting *katoava*
flesh *liha*
flesh'ly *lihallinen*
flew *imp. ks.* fly
flex v *taivuttaa;* s *(liitäntä)-johto, johdin*
flex'ible *taipuisa, joustava*
flick s *näpäys;* v *lyödä sipaista; the ~s elokuvat; at the ~ of a finger yhdellä sormenliikkeellä*
flick-knife *linkkuveitsi*
flick'er v *lepattaa; välkkyä;* s *(kuvaruudun) välkyntä*
fli'er *lentäjä*
fli'ght *lento; lentue; pako; ~ of stairs porrasjakso*
fli'ghty *häälyväinen, hällyvä*
flim'sy *ohut, hatara*
flinch *peräytyä, sävähtää; without ~ing silmää räpäyttämättä*
fling v *singota, heittää, heitellä; (~ o.s.) heittäytyä;* s *heitto*
flint *piikivi*
flip s *näpsäys, sipaisu;* v *näpsäyttää; ~ up heittää kruunua ja klaavaa*
flip'pant *nenäkäs, epäkunnioittava*
flirt v *hakkailla, keimailla; leikitellä;* s *keimailija*
flirta'tion *flirttailu*
flit *lennellä, liihotella*
flitter *ks.* flutter
float [ou] v *kellua; leijailla; uittaa; panna alulle;* s *koho; lautta*
floating *ajelehtiva; liikkuva; vailla vakinaista asuinpaikkaa oleva; ~ bridge lauttasilta*
flock s *lauma;* v *kerääntyä*
flo'e [flou] *jäälautta*
flog *ruoskia*
flog'ging *selkäsauna*
flood [a] s *tulva;* v *tulvia (jnk yli);* the F~ *vedenpaisumus*

floodgate [a] *patoluukku*
floodlight(ing) *valonheittäjävalaistus*
floor [o:] s *lattia; kerros* v *panna lattia; lyödä maahan; on the first ~ ensimmäisessä kerroksessa*
flop *pudota mätkähtää*
flor'id *punakka; koristeltu*
flor'in = 2 *shillinkiä*
flor'ist *kukkakauppias*
flotil'la *laivue*
flot'sam *hylkytavara*
flou'nce *liehureunus*
flou'nder *kampela*
flour *(hieno, vehnä-)jauho*
flour'ish [a] v *kukoistaa, menestyä; heiluttaa;* s *kiemura; (torven)toitotus*
flout *pitää pilkkanaan*
flo'w v *virrata; aaltoilla;* s *virta; vuoksi*
flow'er s *kukka; kukoistus;* v *kukkia*
flo'wn *pp. ks.* fly
flu [flu:] = *influenssa*
fluc'tuate *vaihdella, heilahdella*
fluctua'tion *vaihtelu*
flue *savutorvi*
flu'ency *sujuvuus*
flu'ent *sujuva*
fluf'fy *untuvainen*
flu'id a *juokseva;* s *neste*
flu'ke *onnenkauppa*
flung *imp. & pp. ks.* fling
flunk *reputtaa*
fluoresc'ent light *loistevalo*
flur'ry s *(tuulen)puuska; hälinä;* v *hermostuttaa*
flush v *punastua; virrata; huuhtoa;* s *punastuminen; samaa maata olevat kortit;* a *runsas; ~ with jnk tasalla*
flus'ter *hämmentää*
flu'te s *huilu;* v *soittaa huilua*
flut'ter v *lepattaa, liehua;* s *lepatus; hätääntyminen*
flux *virta(us)*
fly' v *lentää;* s *kärpänen; (kalast.) perho;* a *sl. valpas, osaava; ~ into a passion vimmastua*
fly'er *lentäjä*
fly-flap *kärpäslätkä*
fly'ing *lento; ~ field lentokenttä; ~ start varaslähtö*
fly-over *ylikäytäväsilta*

foal [ou] s *varsa;* v *varsoa*

foam [ou] s *vaahto;* v *vaahdota*

f.o.b. (free on board) *vapaasti laivaan*

fo'cus s *polttopiste, pesäke; keskus;* v *tarkentaa; keskittää*

fod'der *rehu*

fo'e *vihamies*

f(o)e'tus *sikiö*

fog *sumu*

fog'gy *sumuinen*

foghorn *sumusireeni*

foible *heikkous*

foil v *tehdä tyhjäksi;* s *metalli-lehti foolio; floretti*

fo'ld v *taittaa, panna laskoksiin; sulkea syliin;* s *laskos; lammastarha;* ~ up *kääntää kokoon*

fo'lder *kansio; mainoslehtinen, esite*

fol'ding: ~ chair *telttatuoli*

fo'liage *lehdistö, lehvästö*

folk [fouk] *ihmiset;* my ~s *omaiset*

folk-dance *kansantanssi*

folk-dancer *tanhuaja*

fo'lklore *kansantietous*

folk-song *kansanlaulu*

fol'low *seurata;* do you ~ me *ymmärrätkö?*

fol'lower *kannattaja*

fol'lowing a *seuraava;* s *seurue*

fol'ly *hulluus*

fomen't *lietsoa*

fond *hellä;* be ~ of *pitää paljon jstk*

fon'dle *hyvällä*

fon'dness *kiintymys,* for

font *kastemalja*

food [u:] *ruoka, ravinto*

food-stuffs *elintarvikkeet*

fool [u:] s *hullu, hupsu, hölmö, narri; kiisseli;* v *hullutella; puljata*

foo'lhardy *tyhmänrohkea*

foo'lish *hupsu, hassu, järjetön;* how ~ of you to consent! *hullu olit kuin suostuit!*

fool'proof *idiootitvarma*

foot [fut] *(pl. feet) jalka; jalka-väki;* on ~ *jalkaisin;* set ~ on *astua jalallaan jnnek*

football *jalkapallo*

footing *jalansija;* -*kanta*

footlights *ramppivalot*

foot'ling *mitätön*

foot-note *alaviite*

foot-passenger *jalankulkija*

footprint *jalanjälki*

footstep *askel(ten ääni), jälki*

footwear *jalkineet*

fop *keikari*

for -*lle* (~ me *minulle,* ~ him *hänelle), jkn hyväksi, puo-lesta, sijasta, varten; sillä;* as ~ me *mitä minuun tulee;* ~ all that *siitä huolimatta;* ~ his age *ikäisekseen;* ~ a Finn *ollakseen suomalainen;* (the train) ~ London *Lontoo-seen menevä;* ~ two years *kaksi vuotta;* I haven't seen him ~ two years *en ole tavan-nut häntä kahteen vuoteen;* I am all ~ *kannatan kovasti;* make ~ *suunnata kulkunsa jnnek;* (weep) ~ joy *ilosta*

for'age *(hankkia) rehu(a)*

forbad'e [-äd] *imp. ks.* forbid

forbe'ar v *pidättyä;* s *pl. esi-vanhemmat*

forbe'arance *kärsivällsyys*

forbid' *kieltää;* ~den *kielletty*

force s *voima; (väki)valta; joukko;* v *pakottaa; hyötää;* .. is in ~ *on voimassa;* armed ~s *puolustusvoimat;* ~ open *murtaa auki;* ~d *väkinäinen,* ~d landing *pakkoiasku*

for'ceps *pihdit*

for'cible *voimakas*

ford *kahlaamo*

fore *etu-*

fo'rearm *kyynärvarsi*

forebo'de *ennustaa*

forebo'ding *aavistus*

fo'recast *ennustaa;* weather ~ *sää|tiedotus,* -*ennuste*

forefinger *etusormi*

for'eground: in the ~ *etualalla*

for'ehead [forid] *otsa*

for'eign [forin] *ulkomaalainen;* F ~ Office *ulkoministeriö;* ~ policy *ulkopolitikka;* ~ trade *ulkomaankauppa*

for'eigner [-inö] *ulkomaalainen*

fo'reman *työnjohtaja*

fo'remost *ensimmäinen, huo-mattavin;* head ~ *pää edellä*

fo'renoon *aamupäivä*

fo'rerunner *edelläkävijä*

foresee' *aavistaa;* ~able future *näkyvissä oleva tulevaisuus*

fo'resight *kaukokatselsuus,*
  harkltsevalsuus
fo'retaste *eslmaku*
for'est *metsä*
for'ester *metsänvartlja*
for'estry *metsänholto* *metsä-*
  tlede
for'feit [-fit] v *menettää;* a *me-*
  netetty; ~s *panttilelkkl*
forge [-dž] s *ahjo, paja;* v *takoa;*
  väärentää; ~ (ahead) *tunkeu-*
  tua
for'gery *väärennys*
forget' *unohtaa;* ~-me-not *lem-*
  mlkkl
forget'ful *mulstamaton*
forgiv'e *antaa anteeksl*
forgiv'eness *anteekslanto*
forgiv'ing *anteekslantavainen*
forgot' *imp. ks.* forget; ~ten
  unohdettu
fork s *haarukka; hanko;* v
  haarautua; ~ out »*pulittaa*»
form s *muoto; lomake, kaa-*
  vake; (koulun) luokka; v
  muodostaa, -tua; in ~ *hy-*
  vässä kunnossa; good ~ *hyvä*
  käytöstapa
for'mal *muodollinen*
forma'tion *muodost\uma, -elma*
formal'ity *muodollisuus*
for'mer *edellinen; entinen*
for'merly *ennen*
for'midable *pelottava*
for'mula *kaava*
for'mulation *sanamuoto*
forsa'ke *hylätä;* ~n *hylätty*
forsook' *imp. ks. ed.*
forswear [-eö] *valallisesti kieltää*
fort *linnake*
forth *eteenpäin, eslin*
forthcom'ing *plan ilmestyvä*
forthri'ght *suora(puheinen)*
for'tieth *neljäskymmenes*
for'tify *linnoittaa*
fortifica'tion *varustus*
for'titude *mielenlujuus*
for'tnight *kaksi vilkkoa*
for'tress *linnoitus*
fortu'itous *sattumanvarainen*
for'tunate *onnellinen, onnekas;*
  ~ly *onneksl*
for'tune *omalsuus, rikkaus;*
  onni; kohtalo; tell sb. his ~
  ennustaa jklle
for'ty *neljäkymmentä*
fo'rum *foorumi*

for'ward a *etu-; eteenpäin,*
  eslin; varhalskypsä; nenäkäs;
  v *lähettää edelleen;* s *(jalkap.)*
  hyökkääjä; look ~ to *odot-*
  taa jtk, ennakolta iloita jstk
fos'sil *kivettymä*
fos'ter *vaalla*
fos'ter-child *kasvattl*
fought [fo:t] *imp. & pp. ks.*
  fight
foul a *likainen, iljettävä, pa-*
  hanhajuinen; *säännönvastal-*
  nen; huono (sää); v *llata;*
  törmätä jhk; ~ language *kar-*
  kea(ta) puhe(tta)
found *perustaa; valaa; imp.*
  & pp. ks. find
founda'tion *perustus; säätlö*
fou'nder s *perustaja;* v *upota*
foun'dry *valimo*
fou'ntain *lähde; sulhkukalvo*
fou'ntain-pen *täytekynä*
four [fo:] *neljä*
four'fold *nelinkertainen*
fourposter *pylvässänky*
four'tee'n *neljätoista*
four'tee'nth *neljästoista*
fourth *neljäs*
fowl *lintu, silpikarja;* ~ing
  piece lintupyssy
fox *kettu*
fox'glove *sormustinkukka*
fox-hunt *ketunajo*
frac'tion *murto\-osa, -luku*
frac'ture s *luunmurtuma;* v
  murtaa, murtua
frag'ile *hauras*
fragil'ity *hauraus*
frag'ment *palanen;* ~ed *haja-*
  nainen
fra'grance *(sulo)tuoksu*
frail *hento, heikko*
frai'lty *heikkous*
fra'me s *runko, rakenne; kehys;*
  puutarhalava; v *muodostaa,*
  laatia; kehystää; laatia väärä
  syytös; ~ of mind *mielentila*
frame-up *juoni*
framework *runko*
France [a:] *Ranska*
fran'chise *äänloikeus*
frank *vilpitön, suora*
fran'tic *mieletön,* with *-sta*
frater'nal *veljellinen*
frater'nity *veljeys, veljeskunta;*
  (yli)oppilaskunta
fraud *petos; hular*

frau'dulent *petollinen*

fraught *täynnä*, with *jtk;* ~ with danger *vaarallinen*

fray s *tappelu;* v *kulu|a, -ttaa*

freak [i:] *(luonnon)oikku*

freckle *kesakko*

free a *vapaa; ilmainen; luonteva; (lilan) vapaa; antelias;* v *vapauttaa (m.* set ~)

free'dom *vapaus*

freemason *vapaamuurari*

free-spoken *suorasukainen*

freeze v *jäätyä, jäädyttää; palel|luttaa, -tua; pakastaa;* s: wage and price ~ *hinta- ja palkkasulku*

freezer *pakastin, pakastelokero*

free'zing-point *jäätymäpiste*

freight [-eit] s *rahti;* v *rahdata*

freight'er *rahtilaiva; kuljetuslentokone*

French a *ranskalainen;* s *ranskankieli;* the ~ *ranskalaiset*

Frenchman, -woman *ranska|lainen, -tar*

fren'zy *vimma, raivo*

fre'quency *lukuisuus taajuus; jaksoluku*

fre'quent *usein tapahtuva;* v [- -'] *ahkerasti käydä jssk;* ~ly *usein*

fresh *tuore, uusi; virkeä; raikas, raitis; kokematon; röyhkeä;* ~ water *suolaton vesi*

fresh'en *raitistaa, raikastaa*

freshman *keltanokka*

freshness *tuoreus, raikkaus*

fret v *olla levoton, harmitella; kiusata, ärsyttää;* s *kärtyisyys*

fret'ful *kärtyisä*

fret-saw *lehtisaha*

fri'able *mureneva*

fri'ar *munkki*

fric'tion *hankaus*

Fri'day *perjantai;* Good F~ *pitkäperjantai*

frid'ge = refrigerator

friend [frend] *ystävä, -tär*

friendly [e] *ystävällinen*

friend'ship [e] *ystävyys*

frieze *friisi, koristekaista*

frig'ate *fregatti*

fright [-ait] *pelästys;* I got a ~ *pelästyin*

fri'ghten *pelästyttää;* ~ed *pelästynyt*

fri'ghtful *kauhea*

frig'id *kylmä*

frill *röyhelö*

frin'ge *ripsu; otsatukka;* ~ benefits *lisäedut (palkan lisäksi);* ~ group *ääriryhmä;* ~ phenomena *lieveilmiöt*

frisk *hypellä*

friv'olous *kevytmielinen, joutava*

frivol'ity *kevytmielisyys*

fro': to and ~ *edestakaisin*

frock *(naisen) puku; kaapu*

frock-coat *pitkätakki, lievetakki*

frog *sammakko*

frol'ic s *kuje;* v *ilakoida*

frol'icsome *hilpeä*

from *-sta, -lta;* ~ him (her) *häneltä;* ~ them *heiltä;* protect ~ cold *suojata kylmältä;* ~ above *ylhäältä;* ~ behind *takaa*

front [a] s *etupuoli, julkisivu; rintama;* v *olla (julkisivu) jhk päin;* in ~ of *jnk edessä;* ~ door *pääovi*

fron'tal *otsa(n)-*

fron'tier [a] *raja*

front-page *etusivu(n-)*

frost s *pakkanen; halla; huurre;* v *kuorruttaa*

fros'tbite *paleltuma*

froth [o(:)] *vaahto*

fro'ward *uppiniskainen*

frown v *rypistää otsaansa, katsella vihaisesti;* s *otsan rypistys muljautus*

fro'ze *imp. ks.* freeze; ~n *jäätynyt; jäädytetty, pakaste-*

fru'gal *säästäväinen, niukka*

fruit [-u:t] *hedelmä(t)*

frui'terer [u:] *hedelmäkauppias*

frui'tful [u:] *hedelmällinen*

fruit'ion [uišn] *toteutuminen*

frui'tless [u:] *turha*

frustra'te *tehdä tyhjäksi, pettää;* frustrating *masentava*

frustra'tion *pettymys, turhauma*

fry' *paistaa;* small ~ *pikkuväki*

fry'ing-pan *paistinpannu;* out of the ~ into the fire *ojasta allikkoon*

fu'el s *polttoaine;* v *ottaa polttoainetta;* ~ oil *polttoöljy*

fu'gitive s *pakolainen;* a *pakeneva*

fulfil' *toteuttaa, täyttää*

F

G

fulfil'ment *täyttymys*

full [u] a *täysi; täydellinen; runsas; selkkaperäinen;* v *vanuttaa;* in ~ *kokonaisuudessa;* ~ of *täynnä jtk;* ~ dress *juhlapuku;* ~ stop *piste*

full-length *kokovartalo-*

ful'lness [u] *runsaus*

ful'ly [u] *täydellisesti, aivan*

fum'ble *kopeloida, haparoida*

fu'me s *(tav. ~s) savu, kaasu, höyry;* v *höyrytä; olla kiukuissaan*

fu'migate *savustaa, desinfioida*

fun *leikki pila;* make ~ of *pitää pilanaan;* it is ~ on *hauskaa*

func'tion s *toimi, -tus, -nta;* v *toimia*

func'tionary *virkailija*

fund *rahasto, pl. rahat;* the ~s *valtion arvopaperit*

fundamen'tal *perus-*

fu'neral *hautajaiset*

fun'gus *sieni*

funic'ular: ~ railway *köysirata*

funk s *pelko;* v *jänistää*

fun'nel *suppilo; savupiippu*

funnily *hauskasti*

fun'ny *lystikäs, hauska*

fur *turkki, turkis;* ~s *turkikset;* ~ coat *turkki*

fu'rious *raivoisa, vimmastunut*

fur'long *mitta (201 metriä)*

fur'lough [-lou] *loma, -uttaa*

fur'nace *sulatusuuni, tulipesä, keskuslämmityskattila*

fur'nish *varustaa, kalustaa*

fur'niture *huonekalut*

fur'red *tahmainen (kieli)*

fur'rier *turkkuri*

fur'row *vako*

fur'ther a *lisä-;* adv. *kauempana, kauemmas; edelleen; edistää*

fur'thermore *lisäksi*

fur'tive *salavihkainen*

fu'ry *raivo*

fu'se v *sula|ttaa, -utua yhteen* s *sulake; sytytin*

fu'selage *(lentokoneen) runko*

fu'sion *yhtyminen*

fuss s *touhu;* v *touhuta turhaan;* make a ~ *nostaa hälinä;* ~ over *huolehtia liikaa*

fus'sy *turhantouhukas*

fu'tile [-ail] *joutava, turha*

futil'ity *turhuus*

fu'ture s *tulevaisuus;* a *tuleva*

fuz'zy *epäselvä, sekava*

G

g [dži:] *g-kirjain*

gab *lörpötys;* gift of the ~ *hyvä puhelahja*

ga'ble *pääty*

gad (about) *juoksennella ympäri, maleksia*

gad-fly *paarma*

gad'get *vekotin, vehje*

gag s *suukapula; (näyttelijän) koominen lisäys, pila, heittovitsi;* v *tukkia suu*

ga'ge *taisteluhaaste, pantti;* = gauge

gag'gle *(hanhi)parvi*

gai'ety *ilo, hilpeys*

gai'ly *iloisesti*

gain v *saada, saavuttaa; ansaita saada hyötyä;* s *voitto, ansio; lisäys*

gai'nful *tuottava*

gainsay' *väittää vastaan*

gait *käynti*

gai'ter *säärystin*

ga'la *juhla-*

gal'axy *linnunrata*

ga'le *myrsky*

gall [o:] s *sappi; kasviäkämä; hankauma;* v *hangata*

gallbladder [o:] *sappirakko*

gal'lant *komea, urhea;* kohtelias naisille

gal'lantry *urheus; ritarillisuus*

gal'lery *parveke, (ylin) parvi; maanalainen käytävä*

gal'ley *kaleeri;* ~ proof *liuskavedos*

gallivant' *juoksennella*

gal'lon *galloni (4,54 l.)*

gal'lop *laukka;* v *nelistää*

gal'lows *hirsipuu*

galo're *runsain määrin*

galosh' *kalossi, päällyskenkä*

gam'ble *(pelata) uhkapeli(ä)*
gam'bler *peluri*
gam'bol *hyppelä*
ga'me *peli, leikki, kisa(ilu);
pila; riista;* ~s *kisat;* play
the ~ *noudattaa pelin sään-
töjä;* ~keeper *riistanvartija*
gam'ut *asteikko*
gan'der *(uros)hanhi*
gan'g *sakki, jengi*
gan'gling *hontelo*
gan'grene *kuolio*
gan'gster *roisto,˙gangsteri*
gan'gway *(laivan) laskuportaat*
gaol *[džeil] vankila*
gap *aukko*
ga'pe *ammottaa; töllistellä;* s
(the ~s) *haukotus*
gar'age *[-a:ž] s auto\halli, -talli;
huoltoasema, korjaamo;* v *pan-
na talliin*
garb *puku*
gar'bage *jätteet*
gar'den *puutarha*
gardener *puutarhuri*
gar'dening *puutarhanhoito*
gar'gle v *kurlata;* s *kurlausvesi*
gar'ish *[gär] korea*
gar'land *köynnös*
gar'lic *valkosipuli*
gar'ment *vaatekappale*
gar'ner s *(vilja-)aitta;* v *koota*
gar'net *granaatti(kivi)*
gar'nish *koristaa*
gar'ret *ullakko(huone)*
gar'rison *varuskunta*
gar'rulous *puhelias*
gar'ter *sukkanauha*
gas *kaasu; Am. bensiini;* step
on the ~ *lisätä kaasua*
gas'eous *kaasumainen*
gas'meter *kaasumittari*
gash *(ammottava) haava*
gas'o\line, -lene *[-li:n] Am. ben-
siini*
gasom'eter *kaasukello*
gasp *[a:] s huohotus;* v *huohot-
taa, haukkoa henkeä*
gas'tric *vatsa-, maha-*
ga'te *portti*
ga'teway *portti(käytävä)*
gath'er *koota, kerääntyä;* ~
from *päätellä jstk*
gauche *[ou] kömpelö*
gau'dy *korea, räikeä*
gauge *[geidž] s (normaali)mit-*

ta, mittari; raideväli;* v *mita-
ta; arvioida*
gaunt *laiha*
gau'ntlet *taisteluhansikas*
gauze *harsokangas*
ga've *imp. ks.* give
gay *iloinen, hilpeä*
ga'ze v *tuijottaa;* s *kiinteä katse*
gazel'le *gaselli*
gazet'te *sanomalehti*
G.C.E. = General Certificate
of Education
gear *[giö] hammaspyörä;
(auton) vaihde; steering* ~
ohjauskoneisto; change ~
vaihtaa; ~ ... *to sopeuttaa jhk*
geese *[g] pl. hanhet*
gem *jalokivi*
gen'der *suku; sukupuoli*
gen'eral a *yleinen, yleis-; yli-
pää-;* s *kenraali; in* ~ terms
yleismalkaisesti; ~ strike *yleis-
lakko*
gen'eralize *yleistää*
gen'erally *yleensä, tavallisesti*
genera'tion *sukupolvi*
generos'ity *anteliaisuus*
gen'erous *antelias, jalo(mieli-
nen)*
ge'nial *ystävällinen; suotuisa*
gen'itals *sukupuolielimet*
ge'nius *nero, nerokkuus; (pl.
genii) (suojelus)henki*
gen'ocide *[-said] kansanmurha*
gentee'l *hieno*
gen'tian *[š] katkero*
gen'tle *lempeä, vieno, lauhkea
pehmeä, ystävällinen, hellävä-
rainen, jalosukuinen*
gen'tleman *herrasmies*
gen'tleness *ystävällisyys, lem-
peys*
gen'tly *lempeästi, hellävaroen*
gen'try *säätyläiset, hienosto*
gen'uine *oikea, aito*
ge'nus *suku*
geograph'ical *maantieteellinen*
geog'raphy *maantiede*
geol'ogy *geologia*
geom'etry *geometria*
germ *itu, alhe; bakteeri*
Ger'man *saksalainen; saksan-
kieli*
Ger'many *Saksa*
gestic'ulate *viittoilla, elehtiä*
ges'ture *(käden)liike, ele*
get *[g] saada (m. tekemään*

*jtk); hankkia; saapua, jou-
tua, päästä jhk; tulla jksk;
ymmärtää;* ~ ill *sairastua;* ~
wet *kastua;* ~ to know *oppia
tuntemaan;* I have got ... *mi-
nulla on ...;* you have got to
sinun täytyy; how much mon-
ey have you got? *paljonko
rahaa sinulla on?* have you got
to ... *onko sinun pakko ...?* ~
along with *tulla toimeen;* ~
at *päästä käsiksi jhk, tarkoit-
taa;* ~ away *päästä pakoon;*
~ by *selvitä;* ~ in(to) *astua
jhk;* ~ off *laskeutua, poistua
jstk; selviytyä;* ~ on *edistyä;*
~ up *nousta*

geyser [gai-] *kuuma lähde*
ghastly [a:] *kamala*
gho'st *henki; aave*
G.I. [dži: ai] *(amerikkalainen)
sotamies, solttu*
gi'ant *jättiläinen*
gib'berish *siansaksa*
gib'bet *hirsipuu*
gi'be v *pilkata;* s *iva*
gib'lets *sisälmykset*
giddiness [g] *huimaus*
gid'dy [g]: I feel ~ *minua hui-
maa*
gift [g] *lahja;* ~ed *lahjakas*
gig [g] *kiesit*
gigan'tic [ai] *jättiläismäinen*
gig'gle [g] v *kikattaa;* s *kika-
tus, tirskunta*
gild [g] *kullata*
gill [g] *kidus*
gil'lyflower [dž-] *kultalakka*
gilt [g] *kullattu;* ~ -edged
kultareunainen, ensi luokan
gimmick [g] *(mainos)kikka*
gin *katajanmarjaviina*
gin'ger s *inkivääri;* v: ~ up
pirtstää
gin'gerbeer *inkiväärijuoma*
gingerbread *maustekakku*
gin'gerly *varovasti*
gingernut *piparpähkinä*
gip'sy *mustalainen*
giraf'fe [-a:f] *kirahvi*
gird [g] *vyöttää*
gir'dle *vyö, liivit*
girl [g] *tyttö;* ~ guide *partio-
tyttö*
gir'lhood *tyttöikä*
gir'lish *tyttömäinen*

girth [g] *ympärysmitta; satula-
vyö*
gist *ydin(kohta)*
give [g] *antaa, suoda;* ~ a cry
päästää huuto; ~ rise to
aiheuttaa; ~ way *väistyä, väis-
tää; antaa perään, murtua;*
~ away *ilmaista;* ~ in *myön-
tyä;* ~ off *huokua;* ~ out
loppua; ~ up *luopua*
given *pp.* ks. give; *tietty, mää-
rätty; kun oletetaan että;* ~ to
drink *viinaan menevä*
gla'cial [si] *jää-*
gla'cier [si] *jäätikkö*
glad *iloinen;* ~ to see you
hauska tavata; be ~ about
iloita jstk
glad'den *ilahduttaa*
glad'ly *mielihyvin*
gla'de *aukeama (metsässä)*
glam'orous *hemaiseva*
glam'our *lumous, tenho, hohde*
glan'ce [a:] v *silmäillä;* s *sil-
mäys;* take a ~ at *vilkaista*
gland *rauhanen*
glan'dular *rauhas-*
gla're s *häikäisevä valo; räikeys;*
v *olla räikeä;* ~ at *tuijottaa
vihaisesti*
glass [a:] *lasi; peili; kaukoputki
ilmapuntari;* ~es *silmälasit*
glassy [a:] *lasimainen*
gla'ze v *varustaa lasilla, lasit-
taa;* s *lasitus*
gla'zier *lasimestari*
gleam s *hohde; pilkahdus;* v
hohtaa
glean *poimia*
glee *ilo;* ~ club *lauluseura*
glen *(kapea) laakso*
glib *liukaskielinen*
gli'de *liukua*
gli'der *liitokone*
gli'ding *liitolento, purjelento*
glim'mer s *hohde;* v *hohtaa*
glim'pse *vilahdus, pilkahdus;*
catch a ~ of *nähdä vilaukselta*
glit'ter *kimallella, välkkyä*
gloa'ming [ou] *hämärä*
gloat over *ahmia silmillään*
glo'bal *maailmanlaajuinen*
glo'be *maapallo;* ~trotter
»maapallonkiertäjä»
glob'ular *pallonmuotoinen*
gloom *synkkyys, alakuloisuus*
gloo'my *synkkä, raskasmielinen*

glo'rify *kirkastaa; ylistää*
glorifica'tion *kirkastaminen*
glo'rious *loistava, ihana*
glo'ry *kunnia, loisto;* ~ **in** *ylpeillä jstk;* ~~**hole** *romukamari*
gloss's [o] *kiilto;* ~ **over** *kaunistella, peitellä*
glos'sary *sanasto*
glos'sy *kiiltävä; glossies juorulehdet*
glove [a] *hansikas*
glov'er *hansikaskauppias*
glo'w s *hehku;* v *hehkua*
glow'er *mulkoilla;* ~**ing** *vihainen*
glo'w-worm *kiiltomato*
glue s *liima;* v *liimata*
glum *nyrpeä*
glut v *täyttää (liiaksi);* s *yltäkylläisyys, kyllästys*
glut'ton *ahmatti*
G.M.T. = Greenwich Mean Time
gnarled [n-] *pahkainen*
gnash [n-] *kiristellä*
gnat [n-] *hyttynen, mäkärä*
gnaw [n-] *jyrsiä; jäytää*
go *mennä, matkustaa, kulkea; sujua, kulua; seurustella (*~ **steady with**)*; where did he* ~? *minne hän meni?* he went to England *hän matkusti Englantiin; has he gone? onko hän lähtenyt?* ~ **bad** *pilaantua;* ~ **mad** *tulla hulluksi;* ~ **un-noticed** *jäädä huomaamatta;* ~ **wrong** *joutua harhateille;* ~ **by** *kulkea ohi, kulua;* ~ **down (well with)** *saavuttaa jkn suosio;* ~ **in for** *ryhtyä jhk;* ~ **on** *jatkaa;* ~ **through** *kestää;* ~ **up** *nousta;* ~ **without** *olla ilman; let* ~ *päästää irti; have a* ~ **at** *yrittää*
goad [ou] *kiihottaa*
goal [ou] *maali*
goal-keeper *maalivahti*
goat [ou] *vuohi*
gob'ble *hotkia*
gob'bler *uroskalkkuna*
go-between *välittäjä*
gob'let *pikari*
gob'lin *haltija, peikko*
God *Jumala*
godchild *kummilapsi*

god'dess *jumalatar*
god'father, -mother *kummi*
god'less *jumalaton*
god'like *jumalallinen*
gog'gle *mulkoilla;* ~**s** *suojalasit*
go'ing: be ~ **to** *aikoa; keep* ~ *pitää käynnissä; set* ~ *panna käyntiin; what are you* ~ **to** do? *mitä aiot tehdä? we are* ~ **there** *lähdemme sinne*
goi'tre *struuma*
go'ld *kulta, -inen*
goldfinch *tikli*
goldsmith *kultaseppä*
golf *golf-peli*
gol'fer *golfinpelaaja*
golf-links *golf-kenttä*
gon'dola *gondoli*
gon'e pp. ks. **go**; *mennyt, poissa*
gong *gonggongi, kumistin*
good [u] a *(hyvä, kiltti; kelvollinen; taitava;* s *etu, (jkn) paras;* ~**s** *tavarat;* ~ **morning!** *hyvää huomenta (t. päivää);* ~ **day** *(harv.) hyvästi;* we had a ~ **time** *meillä oli hauskaa; he is* ~ **at** ... *hän on etevä ... ssa; for* ~ *ainiaaksi; is no* ~ *ei kannata, ei kelpaa mihinkään*
good-bye *hyvästi*
good-for-nothing *tyhjäntoimittaja*
good-natured *hyväntahtoinen*
good'ness *hyvyys;* ~ **(me)!** *hyvänen aika!*
goodwill *suopeus, goodwill, suosio*
goo'se *(pl. geese)* *hanhi*
goo'seberry *karviaismarja*
gore v *lävistää sarvella;* s *veri*
gorge s *kuilu, rotko;* v *ahmia*
gor'geous *upea, loistava*
gor'mandize *ahmia*
gorse *piikkiherne*
gos'pel *evankeliumi*
gos'samer *(hämähäkin)seitti*
gos'sip s *juoru(akka);* v *juoruta*
got imp. & pp. ks. **get**
gourd [guōd] *kurpitsa*
gou't *kihti, luuvalo*
gov'ern [a] *hallita; määrätä*
gov'erness [a] *kotiopettajatar*
gov'ernment [a] *hallitus, valtio(n)*

gov'ernor [a] *maaherra; johto-*
kunnan jäsen; isäukko
gow'n *(naisen) puku; kaapu,*
akateeminen puku
G.P.O. = General Post Office
grab *kahmaista, tarttua*
gra'ce *sulo; armo, pöytärukous*
gra'ceful *suloinen, viehkeä*
gra'cious [š] *ystävällinen; ar-*
mollinen, laupias
gra'de s *(koulun ym) luokka;*
arvosana; aste; v *luokitella;*
make the ~ *täyttää vaatimuk-*
set, läpäistä
gra'dient *nousu*
grad'ual *asteittainen;* ~ly *vähi-*
tellen
grad'uate v *saada (akateemi-*
nen) oppiarvo; jakaa asteisiin;
s [-juit] *loppututkinnon suorit-*
tanut
graft [a:] *oksastaa, (lääk.)*
siirtää; s *oksas; lahjonta*
grain *jyvä; vilja; (puun) syy*
gram'mar *kielioppi;* ~ school
l.v. lukio
gram'(me) *gramma*
gram'ophone *gramofoni*
gran'ary *vilja-aitta*
grand *suur-, pää-; suurenmoi-*
nen, komea; ~ *piano flyygeli*
gran'ddaughter *pojan-, tyttären-*
tytär
gran'deur *komeus*
gran'dfather *isoisä;* ~ clock
kaappikello
gran'dmother *isoäiti*
gran'dson *pojan-, tyttärenpoika*
gra'nge *kartano*
gran'ite *graniitti*
gran'ny *mummo, mummi*
grant [a:] v *suoda, myöntää;*
s *apuraha;* take ... for ~ed
edellyttää, pitää varmana
gran'ular *rakeinen*
gra'pe *viinirypäle*
grapefruit *greippi*
grape-vine *huhupuhe*
graph *diagrammi*
graph'ic *havainnollinen*
grap'ple *tarttua;* ~ with *painis-*
kella
grasp [a:] v *tarttua; käsittää;*
s *(luja) ote; käsityskyky*
grass [a:] *ruoho; sl. marihuana;*
~ *widow kesäleski*
grass'hopper [a:] *heinäsirkka*

gra'te s *arina;* v *raastaa; vihloa,*
kitistä
gra'teful *kiitollinen;* ~ly *kii-*
tollisena, kiitollisuudella
gra'ter *raastin*
grat'ify *ilahduttaa*
gra'ting s *ristikko*
grat'itude *kiitollisuus*
gratu'itous *ilmainen*
gratu'ity *juomaraha*
gra've a *vakava;* s *hauta*
grav'el *sora*
gravita'tion *painovoima*
grav'ity *painovoima; vakavuus;*
centre of ~ *painopiste;* specific
~ *ominaispaino*
gra'vy *(paistin)kastike*
gray = grey
gra'ze *olla laitumella, laiduntaa;*
sipaista
grease s *ihra, rasva;* v [-z]
voidella; ~ sb.'s palm *lahjoa*
grea'sy [-z] *rasvainen*
great [ei *suuri, suurenmoinen;*
huomattava; ~1 *hienoa!* a ~
friend of mine hyvä ystäväni;
G~ *Britain Iso-Britannia;* ~
grandfather isoisänisä
greatly [ei] *suuresti, paljon*
grea'tness [ei] *suuruus, tärkeys*
Greece *Kreikka*
greed *ahneus*
gree'dy *ahne*
Greek *kreikkalainen; kreikan-*
kieli
green *vihreä, kypsymätön, koke-*
maton; ~ *spaces viheralueet*
greengrocer *vihanneskauppias*
gree'nsward *nurmikko*
greet *tervehtiä*
greeting *tervehdys;* ~s *tervelse*
grega'rious *laumoissa elävä*
grena'de *käsikranaatti*
grew *imp. ks.* grow
grey *harmaa*
greyhound *vinttikoira*
grid *(sähk.) hila, johtoverkko*
grid'iron *halstari*
grief [i:] *suru*
grie'vance *valituksen aihe; kau-*
na(n aihe); air a ~ *purkaa*
murheensa
grie've *surra, surettaa*
grie'vous *katkera, tuskallinen*
grill s *paahdin, parila;* v *paahtaa;*
kiusata
grim *armoton tuikea; katkera*

grima'ce *irvistys*
gri'my *likainen*
grin v *virnistellä, virnistää;* s *hymyn virnistys;* ~ *and bear it kestää valittamatta*
gri'nd *jauhaa; hioa; raataa; kiristellä (hampaita);* s *raataminen*
gri'nder *poskihammas*
gri'ndstone *tahko*
grip s *luja ote; kahva;* v *tarttua lujasti;* get to ~s with *käydä käsiksi jhk*
gris'ly [z] *karmea*
grist *jauheet;* is ~ to the mill *tuottaa voittoa*
grit s *sora, pöly, hiekka, lika; sisu;* v *kiristellä (hampaita)*
griz'zly *harmaa (tukkainen);* ~ (bear) *harmaakarhu*
groan [ou] s *voihkina;* v *voihkia, huokailla*
gro'cer *siirtomaa\tavarakauppias;* ~ies *-tavarat*
groin *nivustaive*
groom s *tallirenki; sulhanen;* v *hoitaa, ruokota*
groove *uurre, koro, ura*
groo'vy sl. *hieno, loistogro'pe hapuilla*
gross a *kokonais-, brutto-; karkea, törkeä; iso, paksu;* s *grossi*
grotes'que *irvokas*
grot'to [-ou] *luola*
grou'nd s *maa; pohja, perusta, syy; kenttä;* v *perustaa; maadoittaa; imp. & pp. ks.* grind; ~s *(puisto)alue; porot, sakka;* he is well-~ed in *hänellä on hyvät pohjatiedot -ssa*
ground-floor *pohjakerros*
grou'ndless *aiheeton*
ground-rock *peruskallio*
group [u:] s *ryhmä;* v *ryhmittyä, -ittää*
grou'se s *pyy, teeri* (black ~); v *nurista, purnata*
gro've *lehto*
gro'vel *madella*
gro'w *kasvaa; tulla jksk; viljellä;* ~ angry *suuttua*
gro'wer *viljelijä*
grow'l *murista*
gro'wn pp. ks. grow; *kasvanut* ~-up *aikuinen*

gro'wth *kasvu, lisääntyminen; kasvain*
grub s *toukka; sl. sapuska;* v *tonkia*
grub'by *likainen*
grud'ge s *kauna;* v *kadehtia, ei suoda;* bear a ~ *kantaa kaunaa*
grud'gingly *vastahakoisesti*
gru'el *kauraliemi*
gru'elling *ankara*
grue'some [u:] *kaamea*
gruff *karkea, töykeä*
grum'ble v *nurista, nureksia* s; *nurina*
grunt v *röhkiä;* s *mörähdys*
guarantee' s *takuu, takeet;* v *taata*
guard [ga:d] v *suojella, vartioida; olla varuillaan (against);* s *vartija, vartio; junalllija; suojus*
guar'dian [a:] *holhooja*
guer(r)il'la [e] *sissi*
guess [e] v *arvata; arvella, luulla;* s *arvelu, arvaus*
guest [e] *vieras*
gui'dance [gai-] *opastus, ohjaus; neuvonta; johdatus;* consumer ~ *kuluttajan valistus*
guide [gaid] s *opastaa, ohjata;* s *opas;* v (book) *matkaopas;* ~-post *tienviitta*
guild [i] *kilta, ammattikunta*
gui'le *kavaluus*
guilt [i] *syyllisyys*
guil'ty [i] *syyllinen*
guin'ea [gini] = *21 shillinkiä* ~-pig *marsu;* »koekaniini»
gui'se *muoto, verho*
guitar' *kitara*
gulf *(meren)lahti; kuilu*
gull s *kalalokki;* v *puijata*
gul'let *ruokatorvi*
gul'lible *herkkäuskoinen*
gul'ly *rotko, uoma, oja*
gulp v *nielaista;* s *nielaisu, kulaus*
gum *iimä, kumi;* ~s *ikenet*
gun *kivääri, pyssy, tykki;* (arkik.) *revolveri*
gunboat *tykkivene*
gun'ner *tykkimies*
gunpowder *ruuti*
gunwale [ganl] *(laivan) varpelaita*
gur'gle *lorista, (vauvasta) lepertää*

gush v *pursuta;* ~ing *ylitse-
pursuava*
gust *(tuulen)puuska, vihuri*
gus'to *maku, nautinto*
gus'ty *puuskainen*
gut s *suoli;* v *perata, ottaa
sisukset pois; tuhota;* ~s *sisu*
gut'sy *sisukas*

gutter *katuoja*
guy *Am. mies, »kaveri», heppu*
gym [džim] *voimistelu,* – *seur.*
gymna'sium *voimistelusali*
gymnas'tics *voimistelu*
gyn(a)ecol'ogist [g] *gynekologi*
gypsum *kipsi*
gypsy *ks.* gipsy

H

h [eitš] *h-kirjain*
hab'erdashery *rihkama-, lyhyt-
tavara*
hab'it *tapa; puku;* be in the ~
of *olla tapana;* get into bad ~s
tottua pahoille tavoille;
break ... of a ~ *vieroittaa jstk
tavasta*
hab'itable *asuttava*
habita'tion *asunto*
habit'ual *tavaksi tullut, tavalli-
nen; piintynyt*
habit'uate *totuttaa*
hack v *hakata; köhiä;* s *vuokra-
hevonen, kaakki*
hack'neyed *kulunut*
had *imp. ks.* have; I ~ *minulla
oli;* he ~ ~ *hänellä oli ollut*
had'dock *kolja*
h(a)em'orrhage *verenvuoto*
hag *(noita-)akka*
hag'gard *riutunut*
hag'gle *tinkiä; kiistellä*
Ha'gue [heig]: The ~ *Haag*
hail s *rae(kuuro);* v *sataa ra-
keita; tervehtiä, kutsua (auto
ym)*
hail'stone *rae*
hair *hius, tukka, karva;* I must
do my ~ *minun täytyy kamma-
ta tukkani*
hair'breadth: ~ escape *täpärä
pelastus*
haircut *tukanleikkuu, leikkaus*
hairdo *kampaus*
hairdresser *kampaaja*
hairdryer *tukankuivauslaite*
hair-splitting *saivartelu*
hair-wash *tukanpesu*
hair'y *karvainen*
half [ha:f] *puoli, puolet, puoli-
kas;* ~ an hour *puoli tuntia;*
I'll take ~ of it (of the apple)

*otan siitä puolet (puolikkaan
omenaa):* cut in ~ *leikata
kahtia;* ~-breed *sekarotuinen*
half-hearted *laimea*
half-pay: on ~ *puolella palkalla*
half-penny [heipni] $^1/_2$ *pennyä*
halfway *puolitiessä*
hal'ibut *(Ruijan) pallas*
hall [o:] *sali, halli, eteinen*
hallmark [o:] *(kuv.) tunnus-
merkki*
hallo' *hei, terve*
hal'low *pyhittää*
hallucina'tion *aistiharha*
ha'lo *(säde)kehä*
halt [o:] v *pysäh\tyä, -dyttää;*
s *pysähdys, pysäkki;* come to
a ~ *pysähtyä;* ~ in one's
speech *kangerrella*
halter [o:] *riimu, hirttonuora*
halve [a:] *panna puoliksi*
ham *kinkku;* ~-handed *köm-
pelö*
ham'let *pieni kylä*
ham'mer s *vasara; (urh.)
moukari;* v *vasaroida, takoa*
ham'mock *riippumatto*
ham'per v *estää, olla vastuk-
sena;* s *(iso) kori*
hand s *käsi; (kellon) osoitin;
työläinen; käsiala;* v *ojentaa,
antaa;* change ~s *vaihtaa
omistajaa;* lend (t. give) a ~
auttaa; at ~ *käsillä, saatavis-
sa;* by ~ *käsin;* on ~ = at ~;
on the other ~ *toisaalta;*
come to ~ *saapua jklle;* ~ in
jättää jhk; ~ round *antaa
kiertää*
handbag *käsilaukku*
handcuffs *käsiraudat*
handful *kourallinen*
han'dicap *(urh.) tasoitus; hait-*

ta(aste); ~ped (person) vam-
mainen, invalidi
han'd(i)craft käsityö, askartelu,
kotiteollisuus
handkerchief [-nk-] nenällina
han'dle s kahva, varsi; v käsi-
tellä
handsome [-ns-] kaunis, komea
handwriting käslala
handy kätevä, näppärä
hang (imp. hung) ripustaa, riip-
pua; (imp. ~ed) hirttää; ~
about maleksia; ~ by a hair
olla hiuskarvan varassa; ~ on
kestää, olla luja; I don't care
a ~ en välitä hiukkaakaan
han'gar lentokonesuoja
han'ger koukku, ripustin
hangman pyöveli
han'gover »krapula»
hap'hazard sattumanvarainen;
at ~ umpimähkään
hap'pen tapahtua, sattua; I ~ed
to meet her satuin tapaamaan
hänet
hap'pily onneksi
hap'piness onni
hap'py onnellinen
har'ass rasittaa, ahdistaa
har'bour s satama; v majoittaa;
hautoa (mielessään)
hard kova, vaikea; kovasti;
work ~ tehdä työtä ahkerasti
it's raining ~ sataa kovasti;
~ up rahapulassa; (learn) the
~ way kovassa koulussa
hard-boiled kovaksikeitetty
hard-core piintynyt
hard-earned vaivalla ansaittu
har'den kovettaa, paaduttaa
hard-hearted kovasydäminen
har'dihood pelottomuus
har'dly tuskin
har'dness kovuus
hard-of-hearing huonokuuloinen
har'dship vaikeus, vastoinkäy-
minen
har'dware metallitavara
hardwood lehtipuu, jalopuu
har'dy karaistunut, kestävä;
hulmapäinen
ha're jänis
harebell kissankello
hare-brained ajattelematon
harelip ristthuuli
hark: ~! kuvlel
har'lot portto

harm s vahinko, paha; v vahin-
goittaa
har'mful vahingollinen
har'mless vaaraton
har'mony sopusointu
harmo'nious sopusointuinen
har'ness s valjaat; v valjastaa
harp harppu; ~ on jauhaa (sa-
maa asiaa)
harpoo'n harppuuna
harr'ow s äes; v äestää; ~ing
sydäntä repivä
har'ry ryöstää; ahdistaa
harsh karkea; kova, ankara
hart (koiras)hirvi, peura
har'vest s elonkorjuu, sato; v
korjata sato
har'vester elonleikkaaja; leik-
kuukone; leikkuupuimuri
hash s hakkelus; v hakata hie-
noksi
hashish hašis
hasp säppi, aspi
has'sock polvityyny
ha'ste kiire; make ~ joudu!
ha'sten kiiruhtaa
ha'stily kiireesti
ha'sty nopea, hätäinen; pika-
vihainen
hat hattu
hatch v hautoa; kuoriutua; s
(laivan) luukku
hat'chet kirves
hat'chway (ruuman) luukku
ha'te v vihata; s viha
ha'teful inhottava
ha'tred viha
hat'ter hattukauppias
hau'ghtiness ylpeys
hau'ghty [ho:ti] ylpeä, kopea
haul v hilata, vetää, kuljettaa
s apaja, saalis
hau'lage kuljetus(maksu)
haunch lonkka, reisi(liha)
haunt v ahdistaa käydä jssk,
kummitella; s olin-, pesäpaik-
ka
Havan'a havannasikari
hav'e olla (jklla), omistaa; he
has no work hänellä ei ole työ-
tä; they are having dinner
he syövät juuri päivällistä; we
~ tea at 4 juomme teetä kello
neljä; I ~ to ... minun täy-
tyy; did you ~ to oliko sinun
pakko ...; I wish to ~ my
hair done haluan kampauk-

sen; she had a new dress made *hän teetti uuden puvun*; ~ ... on *olla yllään*; ~ it out with *sopia riita*; not to be had *ei saatavissa*; ~ another cup ota vielä kupillinen

ha'ven *satama*

hav'oc *hävitys*; play ~ with *tuhota*

hawk s *haukka*; v *rykiä*; *kaupustella*

haw'ker *kulkukauppias*

haw'ser *touvi, köysi*

haw'thorn *orapihlaja*

hay *heinä*

haz'ard s *vaara; sattuma*; v *vaarantaa, uskaltaa*

haz'ardous *vaarallinen*

ha'ze *auer*

ha'zel-nut *pähkinä*

ha'zy *utuinen; epäselvä*

he [hi:] *hän (mask.); koiras*; he-goat *pukki*; ~ who *se, joka*

head [e] s *pää; johtaja; päällikkö, päämies; ylä-, etupää, pääpuoli; huippu; otsikko; (naulan) kanta, nuppi*; v *olla etunenässä, johtaa; suunnata (kulkunsa)*, for *innek; varustaa päällekirjoituksella; per ~ henkeä kohti*; make ~ or tail of *käsittää*; ~ over heels *suinpäin*

headache [hedeik] *päänsärky*

head-gear *päähine*

head|ing, -line [e] *otsikko*

headland [e] *niemi*

headlight [e] *(auton) valonheitin, etuvalo*

headlong *suinpäin*

headmaster *rehtori*

head-phone *kuuloke*

headquarters *päämaja*

headstrong *uppiniskainen*

headway: make ~ *edistyä, edetä*

heal *parantaa, -tua*

health [e] *terveys*; is in good ~ *on terve*

heal'thy [e] *terve(ellinen)*

heap s *kasa, läjä*; v *kasata*; ~ed *kukkurainen*

hear [hiö] *kuulla*; I didn't ~ en kuullut; she wouldn't ~ of it *hän ei halunnut kuulla puhuttavankaan siitä*

hea'ring *kuulo(matka)*; ~ aid *kuulokoje*

hear'ken [a:] *kuunnella*

hea'rsay *kuulopuhe*

hearse [ö:] *ruumisvaunut*

heart [a:] *sydän; rohkeus; ydin*; ~s *hertta*; by ~ *ulkoa*; I didn't have the ~ to *en hennonut*; take ~ *rohkaista mielensä*

heartbeat *sydämenlyönti*

heart-breaking *sydäntäsärkevä*

heartburn *närästys*

heart'en [a:] *rohkaista*

hearth [a:] *(koti)liesi*

heartily *sydämen pohjasta, sydämellisesti, halukkaasti*

heart'iness *sydämellisyys*; into heart'less *sydämetön*

heart'y *viipitön; lämmin; vahva; tukeva*

heat s *kuumuus, kiihko; (koe-) erä*; v *kuume|ntaa, -ta, lämmittää*

hea'ted *kiivas, kiihkeä*

heath *nummi*

hea'then *pakana*

heath'er [e] *kanerva*

heating *lämmitys*

heave *nostaa, kohota*; ~ a sigh *huoata raskaasti*

heav'en [e] *taivas*

heavenly *taivaallinen*

heavi'ness [e] *paino*

heav'y [e] *raskas, painava; tanakka; rankka, runsas, syvä*

He'brew *heprealainen; h-nkieli*

hec'tic *kuumeinen, kiihkeä*

hedge s *pensasaita*; v *aidata; vältellä (vaaraa)*

hed'gehog *siili*

heed v *ottaa vaarin; tarkata*; s *huomio*; take ~ *varoa*

hee'dful *varovainen*

hee'dless *ajattelematon*

heel s *kantapää; korko; sl. roisto*; take to one's ~s *pötkiä tiehensä*

heif'er [hefö] *hieho*

height [hait] *korkeus; pituus; kukkula*

hei'ghten [ai] *kohottaa; lisätä; kohota*

heir [eö] *perillinen*

heir'ess [eöris] *perijätär*

heir'loom *perhekalleus*

held *imp. & pp. ks.* hold

hell *helvetti;* like ~ *kuin vimmattu*
hel'lish *helvetillinen*
hello' *hei! terve!*
helm *peräsin, ruori*
hel'met *kypärä*
help v *auttaa, avustaa;* s *apulainen;* ~ *yourself olkaa hyvä ottakaa!* I could not ~ laughing *en voinut olla nauramatta;* it can't be ~ed *sille ei voi mitään;* could you ~ me (out)? *auttaisitteko minua?*
hel'per *avustaja*
hel'pful *avulias; hyödyllinen*
hel'ping *(ruoka-)annos*
hel'pless *avuton*
hel'ter-skelter *suin päin*
hem s *päärme;* v *päärmätä;* ~ in *ympäröidä, saartaa*
hem'isphere *pallonpuolisko*
hem'lock *katko; amerikkalainen kuusi*
hemp *hamppu; sl. hašis*
hem'stitch *reikäommel*
hen *kana;* ~pecked *tohvelisankari*
hence *täältä; tästä johtuen*
hen'ceforth *tästä lähtien*
her *hänen, hänet, -lle (fem);* to ~ *hänelle;* with ~ *hänen kanssaan*
her'ald s *sanansaattaja;* v *ilmoittaa jnk tulo, julistaa*
her'aldry *vaakunatiede*
herb *yrtti*
herd s *lauma;* v *elää laumoissa*
her'dsman *paimen*
he're *täällä, tässä, tänne;* look ~ *kuulehan;* ~ you are *olkaa hyvä, kas tässä;* ~ we are! *olemme perillä!*
he'reabouts *näillä tienoin*
hered'itary *perinnöllinen*
her'esy *harhaoppi*
her'etic *harhaoppinen*
he'rewith *täten*
her'itage *perintö*
her'mit *erakko*
her'nia *tyrä*
he'ro *sankari*
hero'ic *sankarillinen*
her'oin *heroiini*
he'roine *sankaritar*
he'roism *sankaruus*
her'on *haikara*

her'ring *silli*
herself *itse(ä)nsä, itse, ks.* him
hes'itate *epäröidä, empiä*
hesita'tion *epäröinti*
hew *hakata;* ~n pp.
hi' *Am. hei! terve!*
hi'bernate *olla talviunessa*
hic'cup s *nikotus;* v *nikotella*
hid *imp. & pp. ks. seur.*
hi'de s *vuota, nahka;* v *kätke|ä, -ytyä, piilottaa*
hid'den *pp.; salassa, piilossa oleva*
hid'eous *hirveä*
hi-fi (high fidelity) *suuri tarkkuus*
high [hai] *korkea; ylhäinen; kimeä;* adv. sl. *»pilvessä»;* s *korkeus, maksimi;* ~ tension *suurjännite;* in ~ spirits *iloisella tuulella;* a ~ old time *hurjan hauskaa!*
highbrows *älymystö*
high-coloured *punakka*
highlands *ylänkömaa*
highlight s *kohokohta;* v *korostaa*
highly *suuresti*
highness *korkeus*
highway *maantie*
highwayman *maantierosvo*
hi'jack *kaapata;* ~ing *(lentokoneiden) kaappaus, ilmarosvous*
hi'ke s *jalkamatka;* v *retkeillä; hiking tour patikkaretki*
hila'rious *hilpeä*
hill *mäki, kukkula, (pieni) vuori*
hil'lock *kumpu*
hil'ly *mäkinen*
hilt *kahva*
him *hänet, häntä, hänelle*
himsel'f *itse(ä)nsä, itse;* he said so ~ *hän itse sanoi niin;* did you see the manager ~? *tapasitko johtajan itsensä?* by ~ *yksin;* of ~ *itsestään*
hi'nd s *saksanhirven naaras;* a *taka-*
hi'ndmost *takimmainen*
hin'der *estää*
hin'drance *este*
hinge *sarana*
hint s *vihjaus, vihje;* v *vihjata;* take a ~ *ottaa vihjeestä vaarin*
hip s *lanne;* a sl. *tiedokas. mo-*

derni; with hands on ~s
kädet lanteilla; ~ bone *lonk-*
kaluu
hipp|**ie, -y** *hippi*
hip'po [-ou] s *(lyh.)* = *seur.*
hippopot'amus *virtahepo*
hi're v *vuokrata, palkata; an-*
taa vuokralle; s *vuokra;* ~
-*purchase vähittäismaksujär-*
jestelmä
his *hänen (mask.)*
hiss v *sihistä, viheltää;* s *si-*
hinä
his'tory *historia*
histo'rian *historioitsija*
histor'ic(al) *historiallinen*
hit v *lyödä; osua;* s *osuma;*
iskelmä; ~ on *tavata, keksiä*
sattumalta; ~ it *osua oikeaan;*
~ it off *sopia yhteen*
hitch v *vetäistä; kiinnittää*
(haalla ym); s *nykäisy; este,*
vastus
hitch-hike *matkustaa peukalo-*
kyydillä
hith'er *tänne*
hith'erto [-tu:] *tähän asti*
hi've *mehiläiskeko*
hoard [o:] s *varasto;* v *varas-*
toida; rohmuta
hoa'rding *lauta-aitaus, mainos-*
taulu; rohmuaminen
hoarfrost [o:] *huurre*
hoarse [o:] *käheä*
hoa'ry [o:] *harmaantunut, iki-*
vanha
ho'ax [houks] s *pila;* v *pitää*
pilkkanaan
hob'ble v *ontua;* s *ontuminen*
hob'by *mieliharrastus, harraste,*
»kärpänen»; hobbies *askar-*
telu
hock *reininviini*
hock'ey (ice- ~) *jääkiekkoilu*
hoe s *kuokka;* v *kuokkia*
hog *sika, karju*
hoi poll'oi *massat*
hoist v *nostaa;* s *nostokone*
ho'ld v *pitää, pidellä; hoitaa*
(virkaa); sisältää, vetää; pi-
dättää; s *ote; lastiruuma;*
lay (take) ~ of *tarttua jhk;* ~
sb. 's hand *pitää jkta kädestä;*
~ good *pitää paikkansa;* ~
forth *pitää pitkiä puheita; tar-*
jota; ~ on! ~ the line! *odot-*
takaa! ~ one's own *pitää puo-*

lensa; ~ out *kestää, pitää*
puoliaan; ojentaa, tarjota an-
taa (toivetta)
ho'lder *haltija; pidin*
ho'lding *vuokratila*
hold-up *(aseellinen) ryöstö*
ho'le s *reikä, aukko, kolo;*
kuoppa; pulma; v *tehdä reikä,*
lyödä ... kuoppaan, sl. pliles-
kellä
hol'iday *loma-, lupapäivä;* pl.
loma
ho'liness *pyhyys*
holler *Am. huutaa, hoilata*
hol'low a *ontto; kuopallaan*
oleva; s *onkalo, kolo; laakso;*
v *kovertaa*
hol'ly *piikkipaatsama*
ho'lster *pistoolinkotelo*
ho'ly *pyhä;* H~ week *piina-*
viikko
hom'age: pay ~ to *osoittaa*
kunnioitustaan jklle
ho'me s *koti; (urh.) pesä,*
maali; a *kotimainen;* adv.
kotiin; he left ~ *hän lähti*
kotoa; he went ~ *hän meni*
kotiin; at ~ *kotona,* (in) *jhk*
perehtynyt; H~ Office *sisä-*
asiainministeriö; bring ~ to
selvittää jklle; strike ~ *osua*
naulan kantaan; come ~ *tulla*
kotiin
ho'meless *koditon*
ho'mely *yksinkertainen; ruma*
home-made *kotitekoinen*
homesick: I am ~ *minulla on*
koti-ikävä
homesickness *koti-ikävä*
homeward(s) *kotiinpäin*
home-work *kotitehtävät*
hom'icide [-said] *miestappo*
hon'est [on-] *rehellinen*
hon'esty [on-] *rehellisyys*
hon'ey [a] *hunaja; kulta, kul-*
lanmuru
hon'eycomb [a] *kennokakku*
hon'eymoon [a] *kuherruskuu-*
kausi
hon'eysuckle [a] *kuusama*
honk s *törähdys;* v *töräyttää*
hon'orary [on-] *kunnia-*
honour [onö] s *kunnia;* v *kun-*
nioittaa; lunastaa (vekseli);
~s *kunnianosoitukset (aate-*
lisarvot ym); korkeimmin ar-

vosanoin suoritettu tutkinto;
Your H~ *Teidän Armonne*
hon'ourable *kunniallinen; jalo-*
sukuinen (arvonimi, lyh. Hon.)
hooch s *viina*
hood [u] *huppukaulus, hilkka;*
kuomi, (auton) konepelti
hoo'dlum *Am. huligaani*
hood'wink [u] *»pimittää»*
hoof *(pl ~s,* hooves) *kavio,*
sorkka
hook [u] s *haka, koukku;* v
saada koukkuunsa; by ~ or
by crook *keinolla millä hy-*
vänsä
hook'ed *koukistettu; konkka-,*
kyömy(nenä)
hoo'ligan *huligaani*
hoop *vanne*
hoot v *huutaa; töräyttää;* s
(iva)huuto; törähdys
hoo'ter *höyrypilli, sireeni*
hop s *humala; hyppäys; lento-*
matka; v *hypellä; poimia hu-*
maloita; ~ off *nousta ilmaan;*
~, step and jump *kolmiloikka*
ho'pe s *toivo;* v *toivoa*
ho'peful *toiveikas*
ho'peless *toivoton*
hor'de *lauma*
hori'zon *taivaanranta*
horizon'tal *vaakasuora*
horn *sarvi; sarveisaine; (auton)*
torvi; (mus.) käyrätorvi
hor'net *herhiläinen*
hor'r|ible -id *hirveä, hirvittävä,*
kauhea; -ibly *hirveän*
hor'rify *pöyristyttää;* I was
horrified *kauhistuin*
hor'ror *kauhistus, kauhu;* to
my ~ *kauhukseni*
horse *hevonen;* on ~back *rat-*
sain
horseman *ratsastaja*
horsemanship *ratsastustaito*
horse-power *hevosvoima*
horse-race *ratsastuskilpailut*
horseradish *piparjuuri*
ho'se *sukat; trikoot; letku*
ho'siery* [houžöri] *neule-, tri-*
kootavarat
hos'pitable *vieraanvarainen*
hos'pital *sairaala*
hospital'ity *vieraanvaraisuus*
ho~t *isäntä; joukko; ehtoollis-*
leipä
hos'tage *panttivanki*

hos'tel *ylioppilaskoti; yömaja;*
youth ~ *retkeilymaja*
ho'stess *emäntä*
hos'tile *vihamielinen*
hostil'ity *vihamielisyys, vihol-*
lisuus
hot a *kuuma;* v: ~ up *kuumen-*
taa, kiihtyä; ~ dog *nakki-*
sämpylä
hotbed *taimilava; pesäpaikka*
hotel' [ho(u)-] *hotelli*
hothead *huimapää, uskalikko*
hothouse *kasvihuone*
hotspur *huimapää*
hound *ajokoira*
hour [auö] *tunti;* for ~s *tunti-*
kausia; by the ~ *tunnilta*
tuntipalkalla; office ~s *toi-*
mistoaika
hour'ly *jokatuntinen*
house s *talo; (ylä-, ala-)-*
huone; katsomo; hallitsija-
suku; v *hankkia, rakentaa*
asuntoja jklle
housebreaker *murtovaras*
household *talous*
housekeeper *taloudenhoitaja*
house-trained *siistiksi opetettu*
(koira)
housewife *perheenemäntä, koti-*
rouva
housing *asunnot asunto(olot);*
~ estate *asumalähiö;* ~
shortage *asuntopula*
hov'el *hökkeli*
hov'er *leijailla*
hov'ercraft *pintaliitäjä*
how *kuinka? miten?* ~ do
you do *hauska tutustua, kyvää*
päivää; ~ are you *kuinka*
voit(te)? tell me ~ to do
it! *sano minulle, miten se on*
tehtävä!
howev'er *kuitenkin;* he didn't
go ~ *hän ei kuitenkaan men-*
nyt
howl v *ulvoa;* s *ulvonta*
HP, h.p. = horse-power
H.R.H. His (Her) Royal High-
ness
hub *(pyörän) napa*
hub'bub *hälinä*
huck'ster *kaupustelija*
hud'dle *sulloa yhteen, (ta-*
losta) kököttää; (~ to-
gether) *painautua toisiinsa;*

s sekamelska; (salainen) neu-
vottelu
hu'e värivivahdus
huff s vihanpuuska; v vihas-
tuttaa
huf'fy loukkaantunut
hug syleillä
hu'ge [-dž] suunnaton, valtava
hulk laiva(hylky); roikale
hull s laivanrunko; kuori, pal-
ko; v kuoria, silpiä
hullabaloo' hälinä
hul'lo' hei (hei)!
hum v surista, suhista, hyräillä;
s surina
hu'man inhimillinen, ihmis-
huma'ne [-ein) ihmisystävälli-
nen, inhimillinen
human'ity ihmiskunta, ihmisyys,
inhimillisyys; h-ities huma-
nistiset aineet, klassillinen kir-
jallisuus
hum'ble a nöyrä; v nöyryyttää
hum'bug humpuuki, huijaus,
huijari
hum'drum yksitoikkoinen
hu'mid kostea
humid'ifier ilmankostutin
humid'ity kosteus
humil'iate nöyryyttää
humilia'tion nöyryytys
humil'ity nöyryys
hum'ming-bird kolibri
hu'morist leikinlaskija
hu'morous leikkisä
hu'mour s tuuli; huumori; v
tehdä mieliksi
hump kyttyrä
hunch s = ed.; aavistus; v
köyristää
hunchback kyttyräselkä
hun'dred sata; two ~ and five
kaksisataaviisi; ~s of people
satoja ihmisiä; the (one) ~th
sadas
hun'dredweight sentneri (50,8
kg)
Hunga'rian unkarilainen; unka-
rinkieli
Hun'gary Unkari
hun'ger s nälkä; nähdä nälkää;
kiihkeästi haluta, for
hun'gry nälkäinen
hunt v metsästää; s metsästys

hun'ter metsästäjä
hun'ting: go ~ mennä metsälle
hur'dle aita
hurdle-race aitajuoksu
hurl paiskata, singota
hur'ricane hirmumyrsky
hur'ried hätäinen; ~ly kiireesti
hur'ry s kiire; v kiirehtiä; I am
in a ~ minun on kiire
hurt v loukata, vahingoittaa;
koskea; s vamma; (three
people) were seriously ~
kolme henkeä loukkaantui vai-
keasti
hur'tful vahingollinen
hus'band s (avio)mies; v sääs-
tää
hus'bandry tilanhoito
hush vaiti; v vaientaa; ~ up
painaa villaisella
husk s kuori, akana; v kuoria
hus'ky a kähea, karkea; s eski-
koira
hussar' [u] husaari
hus'sy letukka
hustle [sl] touhuta, pakottaa
(joku) kiireesti, into jhk;
tuuppia
hus'tler pyrkyri, huijari
hut mökki; parakki
hy'acinth hyasintti
hy'drant vesiposti
hy'drogen vety
hy'drofoil kantosiipi(alus)
hydrop'athy vesiholto
hydropho'bia vesikauhu
hye'na hyeena
hy'giene terveysoppi, hygienia
hymn (him) virsi
hy'perten'sion korkea verenpai-
ne
hy'phen s yhdysviiva; v kirjoit-
taa yhdysviivalla (m. ~ate)
hypno'sis hypnoosi
hypnot'ic hypnoottinen
hyp'notize hypnotisoida
hypochon'dria [hai-] luulotauti
hypoc'risy [hi-] teeskentely
hyp'ocrite (hipokrit) tekopyhä
hypoder'mic (hai-]: ~ syringe
pistoruisku
hypothet'ical [hai-] oletettu
hyste'ria hysteria
hyster'ical hysteerinen

i [ai] i-kirjain
I minä
i'ce s jää; jäätelö; v jäädyttää, peittää jäällä; kuorruttaa
icebreaker jäänmurtaja
ice-cream jäätelö
I'celand Islanti
i'cicle jääpuikko
i'cing sokerikuorrutus
i'cy [äinen] jäätävä
ide'a [ai-] ajatus, aate, idea
ide'al ihanne; a ihanteellinen
ide'alism aatteellisuus
ide'alize ihannoida
iden'tical [ai-] aivan sama, identtinen
iden'tify [-fai] samastaa; tunnistaa
iden'tity identtisyys; henkilöllisyys; ~ card henkilöllisyystodistus
ideol'ogy ideologia
id'iom idiomi (kielelle ominainen ilmaisu)
id'iot tylsämielinen, (arkik.) idiootti
idiot'ic = ed.; järjetön
i'dle a laiska, joutilas; hyödytön; v vetelehtiä; kuluttaa hukkaan, käydä tyhjäkäyntiä
i'dleness laiskuus; turhuus
i'dler tyhjäntoimittaja
i'dol epäjumala(nkuva)
idol'atry epäjumalanpalvelus
i'dolize jumaloida
i'dyll idylli
i.e. (id est) se on, toisin sanoen, nimittäin
if jos; -ko -kö? as ~ ikäänkuin; ~ only kunpa
igni'tion sytytys
igno'ble halpamainen; häpeällinen
ig'nominy häpeä
ig'norance tietämättömyys
ig'norant tietämätön
ignora'mus (oppimaton) tolvana
igno're [-no:] jättää huomioon ottamatta
ill sairas; paha, huono; ~s epäkohdat

ill-advised epäviisas
ill-fated huono-onninen
ille'gal laiton
illeg'ible mahdoton lukea
illegit'imate avioton
illic'it luvaton, laiton
illit'erate lukutaidoton
illness sairaus
ill-timed sopimattomaan aikaan sattuva
ill-treat kohdella huonosti
illu'minate valaista; ~d advertisement mainosvalo
illu'sion aistiharhaus; kuvitelma, haavekuva
illu'sive pettävä
il'lustrate kuvittaa, valaista
illustra'tion kuva
illus'trative valaiseva
illus'trious maineikas
im'age kuva
imag'inary kuviteltu
imagina'tion mielikuvitus
imag'ine kuvitella
im'becile vähämielinen
imbi'be imeä itseensä
imbu'e kyllästää; innoittaa
im'itate jäljitellä, matkia
imita'tion jäljittely; teko-
immac'ulate tahraton
immate'rial epäolennainen
immatu're kypsymätön
imme'diate välitön; ~ly heti
immemo'rial ikivanha
immen'se ääretön
immer'se upottaa
im'migrant maahanmuuttaja
immigra'tion maahan muutto
im'minence uhka, läheisyys
im'minent uhkaava, lähellä oleva
immo'bile liikkumaton
immod'erate kohtuuton
im'molate polttaa
immola'tion: self-~ by fire polttoitsemurha
immor'al siveetön
immor'tal kuolematon
immov'able liikkumaton; järkähtämätön
immu'ne immuuni, ei altis
immu'nity immuunius
imp pikku paholainen

im'pact s *isku; vaikutus*
impai'r *huonontaa*
impai'rment *huonontuminen, heikentyminen*
impar't *ilmoittaa*
impar'tial *puolueeton*
impas'sable *tietön*
impas'sive *tunteeton*
impa'tience *kärsimättömyys*
impa'tient *kärsimätön*
impea'ch *panna syytteeseen*
impec'ca|ble *virheetön;* -bly *moitteettomasti*
impe'de *estää, ehkäistä*
imped'iment *este; (puhe)vika*
impel' *pakottaa*
impen'ding *uhkaava*
impen'etrable *läpitunkematon*
imper'ative s *imperatiivi;* a *välttämätön*
impercep'tible *huomaamaton*
imper'fect *epätäydellinen*
impe'rial *keisarillinen*
impe'rious *käskevä*
imper'il *vaarantaa*
imper'meable *läpäisemätön*
imper'sonal *persoonaton*
imper'sonate *olennoida, esittää (osaa), matkia*
imper'tinent *nenäkäs, hävytön*
impertur'bable *järkkymättömän levollinen*
imper'vious *läpäisemätön;* ~ to *(kuv.) kuuro jllek*
impet'uous *kiivas, raju*
im'petus *liikevoima; yllyke*
impla'cable *leppymätön*
implan't *juurruttaa mieleen*
im'plement *työkalu, väline*
im'plicate *kietoa, sotkea*
implica'tion *epäsuora sisältö, vihjaus;* by ~ *epäsuorasti*
implic'it *ehdoton*
impli'ed *jhk sisältyvä, sanojen takana (t. alla) oleva*
implo're *rukoilla*
imply' *sisältää, tarkoittaa, vihjata, ilmaista,* ks. implied
impoli'te *epäkohtelias*
impon'derable *mahdoton punnita*
im'port v *tuoda maahan;* s *tuonti (us.* ~s)*; merkitys*
impor'tance *tärkeys, merkitys*
impor'tant *tärkeä*
impor'tunate *(kiusallisen) itpintainen*

impor'tune *(pyynnöillä) ahdistaa*
impo'se *määrätä;* ~ *(up)on pettää, käyttää hyväkseen jtk*
impo'sing *valtava, mahtava*
imposit'ion *päällepaneminen, määrääminen, vero; petos, petkutus*
impos'sible *mahdoton*
impossibil'ity *mahdottomuus*
impos'tor *petkuttaja*
im'potent *voimaton, kykenemätön*
impov'erish *köyhdyttää*
imprac'ticable *mahdoton (toteuttaa)*
impreg'nable *valloittamaton*
im'pregnate *hedelmöittää; kyllästää*
impres's v *painaa; tehdä syvä vaikutus jhk;* s [-'-] *leima;* he was very much ~ed by ... *(se) teki häneen syvän vaikutuksen*
impres'sion *vaikutus, vaikutelma; jälki; painos;* it's my ~ *that minusta tuntuu, että*
impres'sionable *vaikutuksille altis*
impres'sive *vaikuttava, tehoava, näyttävä*
im'print s *leima; jälki;* v *painaa (mieleen)*
impris'on *vangita*
impris'onment *vankeus*
improb'able *epätodennäköinen*
improp'er *sopimaton*
impro've [u:] *parantaa, -tua*
impro'vement *parannus; edistys*
im'provise *sepittää valmistelematta, improvisoida*
impru'dent *varomaton, epäviisas*
im'pudence *röyhkeys*
im'pudent *hävytön, röyhkeä*
im'pulse *kiihoke, heräte, virike; mielijohde*
impul'sive *hetken mielijohteesta toimiva, impulsiivinen*
impu'rity *epäpuhtaus*
in -ssa, -llä, -ssä, -llä; ilm. m. aikaa; sisällä; sisään; ~ (1960) *vuonna;* ~ the house *talossa;* ~ the street *kadulla;* ~ 5 minutes *viidessä minuutissa;* ~ that ... *koska;* ~ so far as *sikäli kuin;* we are ~ for it *joudumme vaikeuksiin*

inabil'ity *kykenemättömyys*
inacces'sible *vaikeapääsyinen*
inac'curate *epätarkka; virheellinen*
inac'tive *toimeton, veltto*
inad'equate *riittämätön*
inadver'tently *vahingossa*
ina'ne *joutava, järjetön*
inan'imate *eloton*
inap't *sopimaton*
inartic'ulate *epäselvä; mykkä*
inasmuch as *koska; sikäli kuin*
inatten'tion *tarkkaamattomuus*
inatten'tive *tarkkaamaton, huomaamaton*
inau'dible *kuulumaton*
inau'gurate *vihkiä, asettaa virkaan*
incal'culable *arvaamaton*
incandesc'ent *hehku-*
incanta'tion *loitsu*
inca'pable *kykenemätön*
incar'nate v *ruumiillistaa;* [-nit] *lihaksi tullut*
incen'diary *tuhopolttaja;* ~ bomb *palopommi*
in'cense s *suitsutus;* v [--'] *raivostuttaa*
incen'tive *kiihotin, yllyke*
inces'sant *lakkaamaton*
in'cest *sukurutsaus*
inch *tuuma* (lyh. in.)
in'cidence *esiintymistiheys*
in'cident *tapahtuma; välikohtaus*
inciden'tal *satunnainen;* ~ly *sattumalta, ohimennen sanoen;* ~ music *näytelmämusiikki*
incip'ient *alkava*
inci'se *viiltää*
incis'ion *viilto*
inci'te *yllyttää*
inci'tement *yllyke, kannustin*
inclem'ent *ankara, kolea*
inclina'tion *taipumus; mieltymys*
incli'ne v *olla taipuvainen, kallistua;* ~d *taipuvainen; kalteva*
inclu'de *käsittää, sisältää, laskea mukaan, sisällyttää;* ... ~d ... *mukaanluettuna*
inclu'ding *sisältäen*
inclu'sive *jk mukaan luettuna;* ~ tour *valmismatka*
incohe'rent *hajanainen*
in'come *tulo(t)*

incom'parable *verraton*
incompat'ible *yhteensopimaton*
incom'petent *epäpätevä*
incomple'te *epätäydellinen*
incomprehen'sible *käsittämätön*
inconcei'vable *ei ajateltavissa oleva*
incon'gruous *yhteensopimaton*
inconsid'erable *vähäpätöinen*
inconsid'erate *tahditon; harkitsematon*
inconsis'tent *epäjohdonmukainen*
inconso'lable *lohduton*
inconspic'uous *huomaamaton*
incon'stant *epävakainen*
incon'tinence *hillittömyys*
inconve'nience s *epämukavuus;* v *olla haitaksi*
inconve'nient *epämukava, hankala*
incor'porate *yhdistää (kokonaisuuteen), sisäl(lyt)tää*
incorrec't *väärä*
incor'rigible *parantumaton*
incorrup'tible *lahjomaton*
in'crea'se v *lisätä, lisääntyä, kasvaa, enetä;* s *lisäys, nousu*
incred'ible *uskomaton*
incred'ulous *epäuskoinen*
incrim'inate *syyttää, tehdä osasyylliseksi*
in'cubator *hautoma|kone, -kaappi*
incul'cate *teroittaa mieleen*
incum'bent (on) *jkn velvollisuutena oleva*
incu'rable *parantumaton*
incur'sion *maahanhyökkäys*
indebted [-det-] *kiitollisuuden velassa, to jklle;* I am ~ to him for *saan kiittää häntä ... -sta*
inde'cent *säädytön*
indecis'ion *epäröiminen*
indee'd *todella(kin), (totta) tosiaan; jopa; todellako?* yes ~ *onpa tosiaankin;* no, ~ ei *tosiaankaan*
indefat'igable *väsymätön*
indef'inite *epämääräinen*
indel'ible *häviämätön*
indem'nify *korvata*
indem'nity *vahingonkorvaus*
inden't *hammastaa;* s [-'-] *pykälä; tavaratilaus*
inden'ture *sopimuskirja*

indepen'dence *riippumattomuus,
itsenäisyys*

indepen'dent *riippumaton, itse-
näinen*

indescri'bable *sanoin kuvaama-
ton*

indestruc'tible *mahdoton hävit-
tää*

in'dex *(aakkosellinen) hake-
misto; osoitin, ilmaisin; etu-
sormi (m. ~ finger); indeksi-
(luku)*

In'dia *Intia; ~n intialainen;
(American) ~n intiaani; ~n
corn maissi*

indiarubber *(pyyhe)kumi*

in'dicate *osoittaa*

indica'tion *osoitus, ilmaus*

in'dicator *osoitin; (auton)vilkku*

indi'ct [-ait] *panna syytteeseen*

In'dies: the East ~ *Itä-Intia*

indif'ference *välinpitämättö-
myys*

indif'ferent *välinpitämätön; kes-
kinkertainen*

indig'enous: ~ to *jhk l uonnos-
taan kuuluva*

in'digent *puutteenalainen*

indiges'tion *ruoansulatushäiriö*

indig'nant *suuttunut*

indigna'tion *suuttumus*

indig'nity *loukkaus*

indirec't *välillinen, epäsuora*

indiscree't *harkitsematon, epä-
hieno*

indiscret'ion *tahdittomuus*

indiscrim'inate *valikoimaton;
~ly sikin sokin*

indispen'sable *välttämättömän
tarpeellinen*

indispo'sed *huonovointinen*

indispu'table *kiistämätön*

indissol'uble *purkamaton*

indistin'ct *epäselvä*

individ'ual s *yksilö; a yksilölli-
nen; yksityinen, yksittäis-*

indoc'trinate *istuttaa jtk oppia
jkh*

in'dolence *velttous*

in'dolent *veltto saamaton*

indom'itable *lannistumaton*

in'door *sisä-; ~ swimming-
baths uimahalli*

in'doors *sisällä*

indu'ce *taivuttaa jhk; aiheut-
taa*

indu'cement *kannustin, aihe*

indul'ge *hemmotella; suoda it-
selleen (nautintoja)*

indul'gence *(liika) lempeys; ane*

indus'trial *teollisuus- ; ~ re-
lations työmarkkinasuhteet*

indus'trialist *teollisuusmies*

indus'trious *ahkera*

in'dustry *teollisuus; ahkeruus*

ine'briate *päihdyttää*

ineffec'tive *tehoton*

ineffic'ient *kykenemätön*

inep't *typerä*

inequal'ity *ertarvoisuus, epä-
tasaisuus*

iner't *voimaton, veltto*

iner'tia [š] *hitaus*

inesca'pable — *seur.*

inev'itable *välttämätön; ~bly
välttämättömästi, varmasti*

inexac't *epätarkka*

inexcu'sable *anteeksiantamaton*

inexhau'stible *tyhjentymätön,
ehtymätön*

inex'orable *heltymätön*

inexpen'sive *halpa*

inexpe'rienced *kokematon*

inex'plicable *selittämätön*

inexpres'sible *sanomaton*

infal'lible *erehtymätön*

in'famous *kunniaton*

in'famy *häpeä(llinen teko)*

in'fancy *(varhais)lapsuus*

in'fant *(pieni) lapsi*

infan'ticide *lapsenmurha, -aja*

in'fantile *lapsen-; ~ paralysis
lapsihalvaus*

in'fantry *jalkaväki*

infar'ction: myocardial ~ *sy-
dänveritulppa*

infat'uate *sokaista; ~d hullaan-
tunut*

infec't *tartuttaa, infektoida*

infec'tion *tartunta, infektio*

infec'tious *tarttuva*

infer' *päätellä, from*

in'ference *päätelmä*

infe'rior *alempi, huonompi, to*

inferior'ity *alemmuus*

infer'nal *helvetillinen*

infer'tile *hedelmätön*

infes't: is ~ed with vermin
on *syöpäläisten saastuttama,
(jssk) kuhisee syöpäläisiä*

in'filtrate *tunkeutua läpi*

in'finite *ääretön*

infinites'imal *äärettömän pieni*

infin'ity *äärettömyys*

infir'm *heikko*
infir'mary *sairaala*
infir'mity *heikkous*
infla'me *tulehduttaa; sytyttää;* ~d *tulehtunut*
inflam'mable *tulenarka*
inflamma'tion *tulehdus*
infla'te *puhaltaa ilmaa täyteen*
infla'tion *inflaatio*
inflex'ible *taipumaton*
inflic't *tehdä, aiheuttaa (jtk pahaa),* on
in'fluence s *vaikutus(valta);* v *vaikuttaa*
influen'tial *vaikutusvaltainen*
influen'za *influenssa*
infor'm *ilmoittaa,* (against) *il-miantaa;* (well-) ~ed *asioista perillä oleva*
infor'mal *epävirallinen, arki-*
infor'mant *tiedonantaja*
informa'tion *tieto, tiedot, in-formaatto*
infor'mer *ilmiantaja*
infre'quent *harvinainen, epä-tavallinen;* ~ly *harvoin*
infrin'ge *rikkoa*
infu'riate *raivostuttaa*
infu'se *valaa; hautua*
inge'nious *kekseliäs, nerokas, taidokas*
ingenu'ity *kekseliäisyys*
ingen'uous *avomielinen; tees-kentelemätön*
ingra'tiate o.s. (with) *päästä jkn suosioon*
ingrat'itude *kiittämättömyys*
ingre'dient *aines*
inhab'it *asua jssk*
inhab'itant *asukas*
inha'le *hengittää (sisään)*
inhe'rent *luontainen*
inher'it *periä*
inher'itance *perintö*
inhib'it *ehkäistä*
inhibit'ion *esto*
inhu'man *epäinhimillinen*
inim'ical *vihamielinen*
inim'itable *jäljittelemätön*
iniq'uity *vääryys, paha teko*
init'ial a *alku-;* s: ~s *nimikir-jaimet;* ~ly *aluksi*
init'iate *aloittaa*
init'iative *aloite(kyky)*
inject' *ruiskuttaa (lääkettä)*
injec'tion *(lääke)ruiske, pistos, injektio*

injunc'tion *määräys*
in'jure *vahingoittaa*
inju'rious *vahingollinen*
in'jury *vamma; vääryys*
injus'tice *vääryys*
ink *muste;* ~ *pot m.-pullo*
inkstand *kirjoitusteline*
in'land *sisämaa(n); kotimaan*
in'lay *upottaa*
in'let *kapea lahti, suu*
in'mate *asukas; hoidokki*
in'most *sisin*
inn *majatalo*
in'nate *luontainen, synnynnäinen*
inner *sisäinen, sisällinen, sisä-*
in'nocence *viattomuus*
in'nocent *syytön, viaton*
innoc'uous *vaaraton*
innova'tion *uudistus*
innu'merable *lukematon*
inoc'ulate *rokottaa*
inor'dinate *kohtuuton*
in'quest *(kuolemansyyn) tutki-mus*
inqui're *tiedustella;* ~ into *tutkia*
inqui'ry *kysely*
inquis'itive *utelias*
in'road *hyökkäys*
insa'ne *mielenvikainen*
insan'ity *mielenvikaisuus*
insa'tiable *kyllästymätön, poh-jaton*
inscri'be *kaivertaa*
inscrip'tion *kaiverrus*
inscru'table *salaperäinen*
in'sect *hyönteinen*
insec'ticide *hyönteismyrkky*
insecu're *epävarma*
insemina'tion *keinosiemennys*
insen'sible *tajuton, tunnoton, tietämätön*
insen'sitive (to) *ei herkkä jllek*
insep'arable *erottamaton*
insert' *pistää, panna jhk*
in'set *liite; upotettu kuva ym.*
in'side *sisäpuoli, -ella;* ~ out *nurin;* ~r *asioista perillä oleva*
insid'ious *salakavala*
in'sight *oivallus; tuntemus*
insignif'icant *mitätön*
insince're *ei suora, vilpillinen, teeskentelevä*
insin'uate *vihjaista;* ~ o.s. *mielistellen päästä suosioon*
insip'id *mauton*
insis't *(itsepintaisesti) väittää,*

pitää kiinni, on *jstk; vaatimalla vaatia;* (but) I ~ (on it) *vaadin sitä ehdottomasti*
insis'tence *heilittämättömyys*
insis'tent *itsepintainen, hellittämätön;* ~ly *painokkaasti*
in'solence *röyhkeys*
in'solent *röyhkeä*
insol'vency *maksukyvyttömyys*
insol'vent *maksukyvytön*
insom'nia *unettomuus*
inspec't *tarkastaa*
inspec'tion *tarkastus*
inspec'tor *tarkastaja*
inspi're *innoittaa, elähdyttää; hengittää sisään*
inspira'tion *innoitus*
inst. = instant *t.k.*
install' [o:] *asettaa virkaan; asentaa jhk*
instal'ment [o:] *osamaksu; osa;* ~ plan *vähittäismaksujärjestelmä*
in'stance *esimerkki, tapaus;* for ~ *esimerkiksi*
in'stant s *hetki, silmänräpäys;* a *vilpymätön; pakottava;* the ~ that *heti kun;* ~ coffee *pikakahvi*
instanta'neous *silmänräpäyksellinen*
in'stantly *heti*
instead' of [e] *jnk sijasta*
in'step *jalan rinta*
in'stigate *yllyttää*
instil' *vähitellen juurruttaa; tiputtaa*
in'stinct *vaisto, vietti*
instin'ctive *vaistomainen*
in'stitute v *perustaa, toimeenpanna;* s (*opetus- ym) laitos, instituutti*
institu'tion *laitos;* ~al care *laitoshoito*
instruc't *opettaa*
instruc'tion *opetus;* ~al book *tietokirja*
instruc'tive *opettava*
in'strument *työase, välikappale, koje, instrumentti; soittokone, soitin; asiakirja*
insubor'dinate *uppiniskainen*
insuf'ferable *sietämätön*
insuffic'ient *riittämätön*
in'sular *saari-*
in'sulate *eristää*
in'sulator *eristin, eriste*

in'sult s *loukkaus;* v *loukata;* ~ing *loukkaava*
insu'perable *ylitsepääsemätön*
insuppor'table *sietämätön*
insu'rance *vakuutus*
insu're *vakuuttaa*
insur'gent *kapinallinen*
insurmou'ntable *ylipääsemätön*
insurrec'tion *kapina*
intac't *koskematon*
in'tegral *olennainen*
in'tegrate *yhdentää;* be ~d *yhdentyä*
integra'tion *yhden\täminen, -tyminen*
integ'rity *rehellisyys*
in'tellect *äly, ymmärrys*
intellec'tual *älyllinen;* s *intelektuelli, älyniekka, älypää*
intel'ligence *äly,* -kkyys; ~ department *tiedusteluosasto*
intel'ligent *älykäs*
intel'ligible *ymmärrettävä*
intem'perance *kohtuuttomuus juoppous*
intem'perate *kohtuuton*
intend' *aikoa*
inten'se *voimakas ankara kova, kiihkeä*
inten'sify *lisätä, vahvistaa,* -tua, *voimaperälstää*
inten'sity *voimakkuus; kiihkeys*
inten'sive *voimaperäinen, intensiivinen;* ~ care *tehostettu hoito*
inten't s *aikomus;* a *tarkkaavainen, vakava (katse); innokas, halukas,* on *jhk*
inten'tion *aikomus*
inten'tional *tahallinen*
in'ter- (*joidenkin) välinen;* -racial *rotujen välinen;* the ~-war years *sotien väliset vuodet*
inter' *haudata*
interac't *vaikuttaa toisiinsa*
interce'de *olla välittäjänä*
intercep't *siepata (matkalla)*
interces'sion *esirukous*
intercha'nge v *vaihtaa (keskenään),* s *vaihto*
intercha'ngeable *toistensa sijasta käytettävä, vaihdettava*
in'tercourse *kanssakäyminen, yhteys;* (sexual) ~ *sukupuoliyhteys*
in'terest s *mielenkiinto, harras-*

tus; osuus, etu; korko; v *kiinnostaa;* be ~ed (*t.* take an ~) in *olla kiinnostunut jstk;* ~ing *kiintoisa;* yield ~ *tuottaa korkoa;* it is in my ~ *on etujeni mukaista*
interfe're *sekaantua, puuttua jhk, häiritä,* with
interfe'rence *häiriö (rad.)*
in'terim: in the ~ *väliaikaisesti*
inte'rior *a sisä-; s sisäosa, sisämaa, -kuva; sisäasiat;* ~ decoration *sisustus(taide)*
interla'ce *kietoutua toisiinsa*
interloc'utor *puhetoveri*
in'terlude *väliaika*
interme'diary *välittäjä*
interme'diate *väli-*
inter'minable *loputon*
intermis'sion *keskeytys; väliaika*
intermit'tent *ajoittainen*
inter'n *internoida*
inter'nal *sisä(ll)inen, sisä-*
internat'ional *kansainvälinen*
interpo'se *asettaa väliin; ryhtyä välittäjäksi*
inter'pret *tulkita*
inter'preter *tulkki*
in'terrela'tion(ship) *keskinäinen suhde*
inter'rogate *kysyä, kuulustella*
interroga'tion *kuulustelu*
interrog'ative *kysyvä*
interrup't *keskeyttää*
interrup'tion *keskeytys*
intersec'tion *leikkauspiste, risteys*
in'terspace *väli*
intersper'se *sirotella (väliin)*
in'terval *väli(aika);* at ~s *ajoittain;* at two-hour ~s *kahden tunnin väliajoin*
interve'ne *tulla väliin*
interven'tion *välintulo*
in'terview s *haastattelu;* v *haastatella*
in'ter|weave: be -woven *punoutua toisiinsa*
intes'tine *suoli;* ~s *suolisto*
in'timacy *läheinen tuttavuus*
in'timate *a* [-it] *tuttavallinen, läheinen (ystävä); v* [-eit] *vihjaista*
intim'idate *säikähdyttää*
into *(ilm. suuntaa) johonkin (sisälle);* change ~ *muuttaa.*

muuttua jksk; ~ the house *taloon;* ~ my room *huoneeseeni;* translate ~ Finnish *kääntää suomeksi, suomen kielelle;* divide ~ parts *jakaa osiin*
intol'erable *sietämätön*
intona'tion *sävelkulku, intonaatio*
intox'icant: ~s *väkijuomat*
intox'icate *päihdyttää;* ~d *päihtynyt, humalassa*
intrac'table *vaikeasti käsiteltävä, uppiniskainen*
intrep'id *peloton*
in'tricate *sotkuinen, mutkikas*
intrig'ue [-i:g] s *vehkeily;* v *juonitella; kiihottaa utelaisuutta kiinnostaa*
intrin'sic *luontainen, olennainen*
introdu'ce *esitellä; saattaa käytäntöön; tehdä esitys, alustaa*
introduc'tion *johdanto; esittely;* letter of ~ *suosituskirje*
intru'de *tungetella*
intru'sion *tuppautuminen*
intu'itive *intuitiivinen*
intuit'ion *sisäinen näkemys, intuitio*
in'undate *peittää tulvaveden alle*
inu're *karaista*
inva'de *hyökätä (maahan)*
in'valid s *sairas henkilö; a* [-'-] *pätemätön*
inval'idate *kumota*
inval'uable *arvaamattoman kallis*
inva'ria|ble *muuttumaton;* -bly *poikkeuksetta*
inva'sion *maahanhyökkäys*
invec'tive *herjaus*
inveigh' [-vei] *haukkua, sättiä*
inven't *keksiä*
inven'tion *keksintö*
inven'tor *keksijä*
inven'tory *(varasto-, tavara) luettelo*
in'verse *päinvastainen;* ~ly proportional *kääntäen verrannollinen*
inver't *kääntää nurin*
inves't *sijoittaa (rahaa); verhota; asettaa virkaan*
inves'tigate *tutkia*
investiga'tion *tutkimus*
inves'titure *(jhk arvoon) asettaminen (kruunaaminen)*

inves'tment *sijoitus*
invet'erate *piintynyt*
invid'ious *loukkaava*
invig'ilate *olla (kokeiden) valvojana*
invig'orate *elähdyttää*
invin'cible *voittamaton*
invi'olable *loukkaamaton*
invis'ible *näkymätön*
invi'te *kutsua*
invi'ting *houkutteleva*
invita'tion *kutsu*
in'voice s *faktuura;* v *laskuttaa*
invo'ke *huutaa avuksi*
invol'untary *tahaton*
invol've *kietoa, sotkea; tuoda mukanaan, sisältää;* ~d *monimutkainen*
invul'nerable *haavoittumaton*
in'ward *sisä(ll)inen;* ~s *sisäänpäin;* ~ly *sisäisesti*
i'odine *jodi*
IOU = I owe you *velkakirja*
I.Q. = intelligence quotient
iras'cible [-sibl] *pikaivihainen*
I'reland *Irlanti*
I'rish *irlantilainen*
i'ris *kehäkalvo; kurjenmiekka*
irk *kyllästyttää*
i'ron s *rauta, silitysrauta;* v *silittää;* it ~s well *siitä on helppo silittää;* ~ out *tasoittaa*
iron-clad *panssarilaiva*
i'rony *iva, ironia*
iron'ic *ivallinen*
irra'diate *säteillä; säteilyttää*
irradia'tion *sädehoito*
irra'tional *järjenvastainen*
irreconci'lable *leppymätön, sovittamaton*
irreg'ular *säännötön*
irrel'evant *asiaankuulumaton*
irrep'arable *mahdoton korjata.*

korvaamaton
irresis'tible *vastustamaton*
irres'olute *epäröivä*
irrespec'tive of *jstk riippumatta, välittämättä*
irrev'erent *epäkunnioittava*
ir'rigate *kastella*
irriga'tion *kastelu*
ir'ritable *ärtyisä*
ir'ritate *ärsyttää, hermostuttaa*
Islam'ic *islamilainen*
i'sland [ail-] *saari; suojakoroke*
i'sle [ail] *saari*
i'slet [ail-] *pikku saari*
i'solate *eristää*
isola'tion *eristyneisyys*
i'sotope *isotooppi*
Is'rael [izrei-] *Israel*
Isra'eli a&s, *israelilainen*
is'sue v *laskea liikkeeseen; tulla ulos; julkaista;* s *setelinanti, osakeanti; (lehden) numero; ulosvirtaaminen; kiistakysymys; jälkeläiset;* at ~ *kyseessä (oleva), ratkaistavana, riidanalaisena*
isthmus [sm] *kannas*
it *se;* it's = it is; its *sen;* it is easy *on helppoa;* it is fine on *kaunis ilma;* it is warm on *lämmintä;* it is raining *sataa*
It'aly *Italia*
Ital'ian *italialainen; italiankieli*
ital'ics *vinokirjaimet*
itch s *syyhy, kutina;* v *syyhyä*
i'tem *erä*
itin'erant *kiertävä*
itin'erary *matka\reitti, -käsikirja, -suunnitelma*
itsel'f *itse;* in ~ *sinänsä*
i'vory *norsunluu*
i'vy *muratti*

J

j (dźei) *j-kirjain*
jab *töytäistä*
jab'ber *laverrella*
jack s *(laiva)mies, poika; (kortti)sotamies; nostovipu, tunkki;* v *nostaa väkivivulla (~ up);* ~-of-all-trades *tuhattaituri*

jack'al *sakaali*
jack'ass *tomppeli*
jack'daw *naakka*
jack'et *(lyhyt) takki, nuttu; suojakansi, irtopäällys; (tekn.) vaippa; (perunan)kuori*
ja'de *hevoskaakki; jade (kivi);* ~d *lopen väsynyt*

jag'ged [-ĭd] *rosoinen*
jail *vankila*
jai'ler *vanginvartija*
jam s *hillo; puristus; tukkeutu-*
minen, ruuhka, suma; v *tunkea,*
sulloa, tukkia; (rad.) häiritä;
be ~med *joutua epäkuntoon t.*
puristuksiin
jan'gle v *rämistä;* s *räminä*
jan'itor *ovenvartija*
Jan'uary *tammikuu*
Japan' *Japani;* j~ *lakata*
Japane'se *japanilainen; japanin*
kieli
jar s *ruukku;* v *rämistä; vihloa,*
on *jtk;* ~ring *epäsointuinen*
jar'gon *stansaksa; erikoiskieli*
jau'ndice *keltatauti*
jau'nt *huviretki*
jau'nty *huoleton, hilpeä*
jav'elin *(urh.) keihäs;* ~-throw
keihäänheitto
jaw *leuka*
jay *närhi*
jazz-band *jazz-orkesteri*
jeal'ous [el] *kateellinen*
jeal'ousy *kateus*
jeans *farmarihousut, haalarit*
jeep *maastovaunu*
jeer *(tehdä) pilkka(a)*
jel'ly *hyytelö*
jeop'ardize [ep] *panna vaaran-*
alaiseksi
jerk s *nykäys;* v *nykäistä, nykiä*
jer'ky *nytkähtelevä*
jerry *sl. yöastia;* J~ *sot.sl.*
saksmanni; ~-built *hatarasti*
rakennettu
jer'sey *neule|kangas, -pusero*
jest s *pila;* v *laskea leikkiä*
jet s *suihku; (kaasu)liekki;* v
suihkuta
jet-black *sysimusta*
jet-plane *suihku(lento)kone*
jet'tison *hylätä*
jet'ty *aallonmurtaja*
Jew, -ish *juutalainen*
Jew'ess *juutalaisnainen*
jew'el *jalokivi*
jew'eller *kultaseppä*
jew'ellery *jalokivet, korut*
jig *(vilkas) tanssi*
jig'saw *lehtisaha;* ~ *puzzle*
palapeli
jilt *pettää, hylätä*
jingle s *helinä;* v *helistä*
jin'go *sotaintoilija*

job *työpaikka, toimi;* by the ~
urakalla; good ~ *hyvä asia*
t. juttu; out of a ~ *työtön*
jock'ey *kilparatsastaja*
joc'ular *leikkisä*
joc'und *hilpeä*
jog *tuupata; hölkyttää;* ~ trot
hölkkä
jog'gle *täristellä*
join *yhdistää, -tyä; liittää, liit-*
tyä (jkn seuraan); ~ in ... *ot-*
taa osaa jhk; ~ up *mennä*
armeijaan; will you ~ me?
tulet(te)ko seurakseni? would
you care to ~ me for dinner?
tulisitko kanssani päivälliselle?
joi'ner *puuseppä*
joint s *nivel; liitos; palsti(pala) ;*
sl. marihuanasavuke, käprä;
sl. kapakka; a *yhteinen;* ~
~-stock company *osakeyhtiö*
jointly *yhteisesti, yhdessä*
jo'ke s *pila;* v *laskea leikkiä*
jo'ker *leikinlaskija; jokeri*
jol'lity *hauskuus*
jol'ly *iloinen, hauska; erittäin,*
sangen; a ~ good fellow
kunnon mies
jo'lt v *täristä;* v *tärinä*
Jor'dan *Jordania; Jordan-joki*
jos'tle [sl] *tyrkätä, tuupata*
jot *rahtunen;* ~ down *merkitä*
(äkkiä) muistiin; not a ~ *ei*
rahtuakaan
jour'nal [ö:n] *aikakaus|kirja*
-lehti, päiväkirja
jour'nalist *sanomalehtimies*
-nainen
jour'ney [ö:n] s *matka;* v *mat-*
kustaa
jour'neyman *kisälli*
jo'vial *rattoisa*
joy *ilo*
joy'ful, joy'ous *riemukas*
ju'bilant *riemuitseva*
ju'bilee *riemujuhla, (50-vuotis)-*
juhla; silver ~ *hopeahäät*
jud'ge s *tuomari;* v *tuomita;*
arvostella
jud'g(e)ment *tuomio*
judic'ial [džu:] *oikeus-, oikeu-*
dellinen
judic'ious [džu:-] *järkevä, ar-*
vostelukykyinen
ju'do [džu:dou] *judo*
jug *kannu, kaadin; ruukku*
jug'gle *tehdä taikatemppuja*

jug'gler *silmänkääntäjä, taikuri*
Jugoslavia [ju:- a:] *Jugoslavia*
ju'ice]-u:s] *mehu;* ~ extractor
mehulinko
ju'icy *mehukas*
juke-box *levysoittinautomaatti*
July' [dźulai] *heinäkuu*
jum'ble v *sotkea;* v *sekasotku;*
~-sale *»kirppütori»*
jump s *hyppy;* v *hypätä (jnk
yli), hyppiä;* ~ at *innokkaasti
suostua jhk*
jum'per *neulepusero*
jun'ction *yhtymäkohta, liitos,
(rautatie)risteys*
jun'cture *kriitinen vaihe*
Ju'ne [dźu:n] *kesäkuu*
jun'gle *viidakko*
ju'nior *nuorempi (lyh. Jr.)*
ju'niper *kataja*
junk *romu, roska; dśonkki (kiinal. vene); sl. huumausaine*
jun'ket *heravelli;* ~ing *kemut*

jun'kie *narkomaani (et. heroiinin käyttäjä)*
jun'ta (t. junto) *juntta*
jurisdic'tion *tuomiolvalta, -kunta*
ju'ror *valamies*
ju'ry *valamiehistö; palkintolautakunta, tuomaristo*
just a *oikeudenmukainen, oikea;*
adv. *juuri, aivan; nipin napin;
peikästään;* ~ in time *viime
hetkessä;* ~ you wait! *odotapa
vain!*
jus'tice *oikeus; tuomari*
jus'tify *osoittaa oikeutetuksi;
puhdistaa syystä*
justifi'able *puolustettavissa (oleva)*
justifica'tion *oikeutus*
justly *hyvällä syyllä*
jut (out) *pistää eslin*
ju'te *juutti (hamppu)*
ju'venile *nuorekas, nuoriso-*

K

k [kei] *k-kirjain*
kangaroo' *kenguru*
keel *köli*
keen *terävä; ankara;* ~ on
halukas, kärkäs
keep v *pitää; säilyttää; pysyä;
säilyä; ylläpitää; estää* (from);
s *elatus;* ~ ing *jatkuvasti
tehdä jtk;* ~ back *jättää kertomatta;* ~ sb. waiting *antaa
jkn odottaa;* ~ time *käydä
oikein (kellosta);* ~ sth. from
salata jklta; ~ to *pitää kiinni
jstk;* ~ up with *pysyä jkn
tasalla;* (she) kept (on) talking
puhui puhumistaan; ~ on at
jankuttaa
keeper *vartija, vahtimestari*
keeping *säilö,* in ~ with *sopusoinnussa jnk kanssa*
keepsake *muistoesine*
keg *lekkeri*
ken *näköpiiri*
ken'nel *koiralnkoppi -tarha*
kept *imp ks* keep
ker'chief *huivi*
ker'nel *sydän, siemen*
ker'osene *palaõliy*

ket'chup *(kirpeä) kastike*
ket'tle *vesipannu*
kettle-drum *patarumpu*
key [ki:] *avain; sävellaji; kosketin, näppäin*
keyboard *koskettimisto*
keyhole *avaimenreikä*
keynote *perussävel; pääajatus*
kick v *potkaista, potkia; s potku,
potkaisu; mielihyvä*
kid s *vohla; tenava;* v *kiusoitella, laskea leikkiä, narrata,
puijata*
kid'nap *ryöstää, siepata*
kid'ney *munuainen*
kill *tappaa, surmata*
killing *(arkit.) kerrassaan hauska*
kiln *kuivaussuuni*
kil'ogram(me) *kilo(gramma)*
kilt *skotl. miehen hame*
kin *suku,* next of ~ *lähisukulaiset;* ~sman, -sfolk *sukulai\nen, -set*
ki'nd s *laji, laatu;* a *ystävällinen;*
...in ~ *luonnossa;* what ~ of
minkälainen?

L

ki'ndness *hyvyys, ystävällinen teko, palvelus*
kin'dle *sytyttää*
kin'dred *sukulaiset; sukulais-*
king *kuningas*
kingdom *kuningaskunta*
kink'y *kähärä; kieroutunut*
kip *sl. sänky;* ~ down *mennä nukkumaan*
kip'per *savusilli*
kiss v *suudella;* s *suudelma;* the ~ of life *tekohengitys (suusta suuhun)*
kit *varusteet*
kit'chen *keittiö*
kitchenet'te *keittokomero*
ki'te *leija; haarahaukka*
kit'ten *kissanpoikanen*
knack [n-] *taito; temppu*
knapsack [n-] *selkäreppu*
kna've *lurjus*
knead [ni:d] *sotkea, alustaa*
knee [n-] *polvi*
knee-cap, ~-pan *polvilumpio*
kneel *polvistua*
knell [n-] *kellonsoitto*
knelt *imp. & pp. ks. ed.*
knew [nju:] *imp. ks.* know
knickers [n-] *(naisten, alus-) housut*
kni'fe [n-] *veitsi (pl.* knives)
knight [nait] s *ritari; ratsu*

(šakki); v *korottaa* knight* *arvoon*
knit [n-] *neuloa, kutoa;* ~ the brows *rypistää otsaansa*
knitting-needle *varras, puikko*
knob [n-] *nuppi*
knock [n-] v *iskeä, kolauttaa, kolkuttaa;* s *kolkutus;* ~ about *mukiloida; kierrellä;* ~ down *iskeä maahan;* ~ out *tyrmätä;* ~ over *kaataa kumoon*
knock'er *kolkutin*
knock-out *tyrmäys*
kno'll [n-] *kumpu*
knot [n-] *solmu; nauharuusuke; nystermä, oksankohta; solmu (nopeus);* v *solmia*
knot'ty *oksainen; visainen, pulmallinen*
kno'w [n-] *tietää, tuntea, osata;* did you ~ *tiesit(te)kö?* get to ~ *oppia tuntemaan;* ~ing *ovela; viisas*
know-how *taito*
knowl'edge [nol-] *tieto, tiedot;* to the best of my ~ *mikäli tiedän;* not to my ~ *ei minun tietääkseni*
knowl'edgeable *tietäväinen*
kno'wn *pp.;* make ~ *ilmoittaa, julkistaa;* well-~ *tunnettu*
knuck'le [n-] *rysty;* ~ under *alistua*

L

l [el] *l-kirja:n*
lab *lyh.* = laboratory
la'bel s *nimi-, osoitelippu;* v *varustaa nimilipulla; (kuv.) luokittaa (jhk kuuluvaksi)*
lab'oratory *laboratorio*
labo'rious *suurtöinen, työteliäs*
la'bour s *työ; työvoima; synnytys(poltot);* v *tehdä työtä;* L~ *(Party) työväenpuolue;* ~ dispute *työselkkaus;* ~ force *työvoima*
la'bourer *työntekijä, työläinen*
la'ce s *pitsi; nauha, paula;* v *nyörittää;* ~d boot *nauhakenkä*
lac'erate *raadella*

lack s *puute;* v *olla jnk puutteessa;* he ~s ... *häneltä puuttuu*
lack'ey *lakeija*
lacq'uer s *lakka;* v *lakata*
lac'tic *maito-*
lad *poika*
lad'der *tikapuut; silmäpako (sukassa); (stockings)* that won't ~ *joissa silmät eivät juokse*
la'den (with) *jnk painama*
la'ding *lastaaminen*
la'dle *kauha*
la'dy *(hieno) nainen; lady*
ladybird *leppäkerttu*
lag ~*jäädä jälkeen (*~ behind);

s jäl"jessä olo, viivytys, myöhäs-
tyminen (time~)
lag'gard vitkastelija
lagoo'n laguuni
laid imp. & pp. ks. lay
lain pp. ks. lie
lair (eläimen) pesä
lai'ty maallikot
la'ke järvi
lamb [-m] s karitsa; v vuonia
la'me a ontuva; v tehdä ram-
maksi
lamen't valittaa
lam'entable valitettava
lamenta'tion valitus(virsi)
lamp lamppu
lamp-post lyhtypylväs
lam'prey nahkiainen
lan'ce [a:] s keihäs; v puhkaista
lan'cet [a:] lansetti
land s maa; v nousta, laskea
maihin; laskeutua (maahan)
by ~ maitse; ~ o.s. in dif-
ficulties joutua ikävyyksiin
lan'ded maa-
landing maihinnousu; lasku;
lepotasanne (portaissa); ~
gear laskuteline; ~ stage lai-
turi
landlady vuokraemäntä
landlord isäntä
landmark maamerkki; virstan-
pylväs; rajapyykki (kuv.)
landscape maisema
landslide musertava tappio t.
voitto; = seur.
landslip maanvieremä
la'ne kuja, (ajo)kaista, rata
lang'uage [-gwidž] kieli; foreign
~s vieraat kielet; bad ~
säädytön puhe; (he) can speak
many ~s on kielitaitoinen
lan'guid voimaton, raukea
lan'guish käydä raukeaksi, riu-
tua; ikävöidä, for
lan'guor voimattomuus, raukeus
lank, -y hontelo
lan'tern lyhty
lap s sylt, helma; kierros; lois-
kina; v laikia
lapel' käänne, rinnusliepe
Lap'land Lappi
Lapp lappalainen
lapse s (pieni) virhe; hairahdus;
ajan kuluminen; v hairahtua;
luisua, into jhk
lar'ceny petty ~ näpistely

larch lehtikuusi
lard s silava; v silavoida; höys-
tää
lar'der ruokakomero
large suuri, iso, laaja; at ~
vapaana; yleensä; by and ~
yleisesti ottaen
largely suureksi osaksi
large-scale suur-
lark leivonen; kuje; v: ~ about
hullutella
lar'va (pl. ~e) toukka
lar'ynx kurkunpää
lash v sivaltaa; s piiskansiima;
silmäripsi
lass tyttö
las'situde väsymys
last [a:] a viimeinen; v kestää;
s lesti; at ~ vihdoin; ~ but
one viimeisen edellinen; ~
night ellen illalla; ~ing kes-
tävä, pysyvä
lastly [a:] lopuksi
latch säppi
latch-key ulko-oven avain
la'te myöhäinen; myöhään; vai-
naja; entinen; be ~ myöhäs-
tyä; of ~ viime aikoina; ~r
(on) myöhemmin
la'tely äskettäin
lat'eral sivu-
lath [a:] säle, piena
la'the sorvi
lather [a:] saippuavaahto
Lat'in latina, -lainen, romaani-
nen
lat'itude leveysaste; (toiminta)-
vapaus
lat'ter jälkimmäinen
lat'tice ristikko
lau'dable kiitettävä
laugh [la:f] v nauraa; s nauru
(esim. I had a good ~ nauroin
makeasti)
laugh'able [a:f] naurettava
laughing-stock pilanesine
laugh'ter [la:ftö] nauru
launch [o:] v singota, ampua
(avaruuteen), laukaista; laskea
vesille; aloittaa (hyökkäys) s
(iso) moottorivene; (~ing)
vesillelasku; ~ing-pad laukai-
sualusta
lau'nder [o:] pestä (ja silittää);
I must take this to be ~ed
minun on vietävä tämä pesu-
laan

L

lau'nderet'te *itsepalvelupesula*
lau'ndromat *automaattipesula*
laundry [o:] *pesulaitos*
laur'el [o] *laakeri*
lav'atory *pesuhuone, käymälä, WC*
lav'ender *lavendeli*
lav'ish v *tuhlata;* a *tuhlaavainen*
law *laki, oikeus(tiede)*
law-court *oikeus*
law'ful *laillinen*
lawn *ruohokenttä*
lawsuit *oikeudenkäynti*
law'yer *asianajaja, lakimies*
lax *leväperäinen, löyhä*
lax'ative *ulostusaine*
lax'ity *leväperäisyys*
lay v *asettaa, panna, laskea; kattaa (pöytä); munia; imp. ks.* lie; s *asema; laulu; maallikko-;* ~ aside, ~ by *panna säästöön;* ~ down *uhrata;* ~ out *suunnitella;* ~ up *varastoida;* laid up *vuoteen omana; teloilla*
lay'by *levähdyslaajennus (autotiellä)*
lay'er *kerros*
lay figure *mallinukke*
lay'man *maallikko*
lay'out *suunnittelu; taitto*
la'ziness *laiskuus*
la'zy *laiska*
lb. = *pound(s)*
lead [led] *lyijy; laskuluoti (mer.);* ~en *lyijyinen*
lead [i:] *johtaa, taluttaa; aloittaa (peli);* s *talutushihna, (sähkö)johto;* ~ (a life) *viettää;* ~ the way *olla etunenässä;* take the ~ *asettua johtoon*
lea'der *johtaja; pääkirjoitus*
lea'ding *johtava, huomattavin;* ~ article *pääkirjoitus;* ~ lady *naispääosien esittäjä*
leaf (pl *leaves*) *lehti; pöytälevy; (oven ym) puolisko*
lea'flet *lento-, mainoslehtinen, esite*
league [li:g] s *liitto; liiga; mitta (4,8 km),* v *liittoutua*
leak s *vuoto;* v *vuotaa*
lea'kage *vuoto*
lean a *laiha,* v *nojata; kallistua*
leant (lent) *imp. ks. ed.*
leap v *hypätä;* s *hyppy*
leapt (lept) *imp. ks. ed.*

leap-year *karkausvuosi*
learn [ö:] *oppia; saada kuulla;* ~ed [-id] *oppinut*
learning [ö:] *oppi*
learnt *imp. & pp. ks.* learn
lease s *vuokra|kirja, -aika;* v *vuokrata*
lease-holder *vuokraaja*
leash s *talutushihna;* v *kytkeä*
least *vähin, pienin; at* ~ *ainakin; not in the* ~ *ei vähintäkään; to say the* ~ *lievimmin sanoen*
leath'er [e] *nahka*
leave v *jättää; lähteä,* for *jnnek;* s *loma; take* ~ *jättää jäähyväiset;* ~ alone *jättää rauhaan;* ~ off *lakata*
leaves *lehdet*
leav'en [e] *hapatus*
Lebane'se *libanonilainen*
Leb'anon: the ~ *Libanon*
lec'tern *katederi (kirkossa)*
lec'ture s *luento;* v *luennoida; läksyttää*
lec'turer *luennoitsija*
lee *suojanpuoli*
leech *iilimato*
leek *purjolaukka*
leer *vilkuilla*
lees *pohjasakka*
left s *vasen (puoli);* v *imp. & pp. ks.* leave; *jäljellä; the* L ~ *vasemmisto; on my* ~ *vasemmalla puolellani;* ~overs *tähteet; (she) has left for Finland on lähtenyt Suomeen*
left-handed *vasenkätinen*
leg *sääri, jalka,* pull sb.'s ~ *hulputtaa; take to one's* ~s *lähteä käpälämäkeen,* he has not a ~ *to stand on hänellä ei ole mitään sanottavaa (mielipiteittensä) puolustukseksi*
leg'acy *testamenttilahjoitus; perintö*
le'gal *laillinen*
le'galize *laillistaa*
lega'tion *lähetystö*
leg'end *taru, legenda*
leg'endary *tarunomainen*
leg'gings *säärykset*
leg'ible *helposti luettava*
le'gion *legioona*
leg'islative *lakia säätävä*
legisla'tion *lainsäädäntö; lait*
legit'imacy *laillisuus*

legit'imate a [-mit] *laillinen*
leis'ure [leźö] *vapaa-aika*
leis'urely *verkkainen*
lem'on *sitruuna*
lemona'de *limonaati*
le'mur *puoliapina, maki*
lend *lainata (jklle)*; ~ a hand *auttaa*
length *pituus*; at ~ *laajasti; vihdoin*
len'gthen *pidentää, pidetä*
len'gthwise *pitkittäin*
len'gthy (*liian*) *pitkä*
le'nient *lempeä*
lens *linssi, mykiö*
lent *imp. ks.* lend
Lent *paastonaika*
len'til *virvilä*
leop'ard [lep-] *leopardi*
lep'er *lepratautinen*
lep'rosy *lepra*
le'sion *vamma, vika*
less *vähemmän, vähäisempi; miinus*
les'sen *vähetä, vähentää, pienentyä*
les'ser *vähempi, pienempi*
les'son *opetus; oppitunti, tehtävä; (raamatun) teksti*
lest *ettei, jottei*
let *antaa, sallia; päästää; vuokrata (pois)*; ~'s (~ us) go *menkäämme*; don't ~'s go *yet älkäämme vielä menkö*; ~ sb. down *tuottaa jklle pettymys, pettää*; ~ on *kieliä*; ~ up *tauota*; ~ go *hellittää*; ~ me know *ilmoita minulle*
let'ter *kirjain, kirje*; a man of ~s *kirjailija*
letter-box *postilaatikko*
let'tuce [letis] *lehtisalaatti*
lev'el a *tasainen, samalla tasolla (oleva)*; s *taso; vesivaaka*; v *tasoittaa; hajoittaa (maan tasalle); suunnata (ase)*; one's ~ best *parhaansa*; on a ~ with *samalla tasolla kuin*; ~ crossing *tasoylikäytävä*; ~-headed *maltillinen*
le'ver *vipu*; v *nostaa vivulla*
levi'athan *merihirviö*
lev'y v *kantaa (veroa), ottaa (sotaväkeä)*; s *sotaväkeenotto*
lewd *rivo, irstas*
liabil'ity *vastuuvelvollisuus; pl velat, vastattavat*

li'able *altis; vastuunalainen, vastuussa*; ~ to a fine *sakon alainen*
li'ar *valehtelija*
li'bel *herjaus, kunnianloukkaus*
lib'eral a *antelias, aulis; vapaamielinen*; s *liberaali*
lib'eralism *vapaamielisyys*
liberal'ity *anteliaisuus*
lib'erate *vapauttaa*
lib'erty *vapaus*
li'brary *kirjasto*
libra'rian *kirjastonhoitaja*
li'cence *lupa(kirja); vapaus; driving ~ ajokortti*
li'cense *myöntää lupa*
licen'tious *hillitön, irstaileva*
li'chen [k] *jäkälä*
lick *nuolla; löylyttää*
lick'ing *selkäsauna*
lid *kansi; (eye)~ silmäluomi*
li'e v *maata; sijaita, olla; valehdella*; s *vale*; ~ down *panna maata*; the snow lay thick *on the ground maassa oli paksulti lunta*; he ~'d to me *hän valehteli minulle*; he is lying *hän valehtelee*
liege [i:] *läänitysherra; vasalli*
lieu [lju:]: in ~ of *asemesta*
lieuten'ant [left-] *luutnantti*
life *elämä, henki (pl. lives); for ~ elinajaksi*
life-belt, ~-boat *pelastusvyö, -vene*
life-guard *henki|vartija, -vartio, vahti (uimarannalla)*
life-insurance *henkivakuutus*
li'feless *eloton*
life-size *luonnollista kokoa oleva*
lifetime *elinaika*
lift v *nostaa, kohottaa; hälvetä*; s *hissi; peukalokyyti*; give sb a ~ *ottaa kyytiin*; ~-off *(raketin ym) lähtö*
light [lait] s *valo; lamppu; tuli valaistus*; a *valoisa, vaalea; kevyt, keveä, heikko (tuuli)*; v *sytyttää, valaista; laskeutua*; come to ~ *tulla ilmi*; give sb. a ~ *antaa tulta*; (it's time to) ~ up *sytyttää lamput*; ~ (up)on *osua jhk, sattua löytämään*
li'ghten *valaista, kirkastua; salamoida; keventää*
li'ghter *sytytin; proomu*

lighthouse *majakka*
li'ghting *valaistus*
light'minded *kevytmielinen*
li'ghtness *keveys*
li'ghtning *salama;* ~ conductor *ukkosenjohdatin*
lightship *majakkalaiva*
li'ke a *kaltainen, näköinen; niinkuin, kuten;* v *pitää jstk; haluta;* ~ this *näin;* what is he ~ *millainen hän on?* don't talk ~ that *älä puhu tuollaista;* (it's) just ~ him *aivan hänen tapaistaan;* do you ~ this? *pidätkö tästä?* I didn't ~ to ... *en halunnut ...;* if you ~ *jos haluat(te);* I should ~ to *haluaisin*
li'k(e)able *miellyttävä*
li'kelihood *todennäköisyys*
li'kely *uskottava;* (he) is ~ to come *todennäköisesti tulee*
li'ken *verrata, to*
li'keness *yhdennäköisyys; muotokuva*
li'kewise *samoin*
li'king *mieltymys*
li'lac *sireeni; vaalean punasinervä*
lil'y *lilja;* ~ of the valley *kielo*
limb [lim] *raaja, jäsen; oksa*
lim'ber *notkea*
lime *kalkki; lehmus*
li'melight *parrasvalot; julkisuuden valokeila*
li'mestone *kalkkikivi*
lim'it s *raja;* v *rajoittaa;* that's the ~ *se on jo huippu!* within ~s *kohtuuden rajoissa*
limita'tion *rajoitus*
lim'ited company *yhtiö, jossa on rajoitettu vastuuvelvollisuus*
limp a *pehmeä, velito;* v *ontua;* s *nilkutus*
lim'pid *kirkas*
lin'den *lehmus*
li'ne s *nuora, siima; johto; viiva, linja; rivi, jono; rata; (toimi)-ala; pl suuntaviivat;* v *viivoittaa; vuorata;* a strong ~ *luja asenne;* not in my ~ *ei minun alaani;* ~ up *asettua riviin;* ~d with trees *puitten reunustama*
lin'eage *sukuperä*
lin'eaments *kasvojen piirteet*
lin'ear *pituus-*

lin'en *liina (vaatteet)*
li'ner *vuoro||laiva, -kone*
lin'ger *viipyä, viikastella*
li'ning *vuori*
link s (ketjun) *rengas; yhdysside;* v *yhdistää, liittää, liittyä* (m. ~ up); (cuff) ~s *kalvosinnapit;* ~s *golf-kenttä*
lin'net *hemppo*
lin'seed *pellavansiemen*
li'on *leijona*
li'oness *naarasleijona*
lip *huuli*
lip'stick *huuli||puikko, -puna*
liq'uefy [kw] *sulattaa*
liq'uid [kw] *nestemäinen;* s *neste*
liq'uidate [kw] *selvittää, suorittaa; likvidoida*
liq'uidizer *tehosekoitin*
liq'uor [likö] *väkijuoma*
liq'uorice [k] *lakritsi*
lisp *sammaltaa*
list s *luettelo, lista; (laivan) kallistuma;* v *luetteloida*
lis'ten [-sn] *kuunnella, to jtk*
lis'tener (radion) *kuuntelija*
lis'tless *haluton*
lit *imp. & pp. ks.* light
lit'eral *sananmukainen*
lit'erally *kirjaimellisesti*
lit'erary *kirjallinen*
lit'erature *kirjallisuus*
li'the *taipuisa, notkea*
litiga'tion *käräjöinti*
litre [i:] *litra*
lit'ter s *roskat, sotku; poikue; pahnat; paarit;* v *sotkea*
lit'tle a *pieni, pikku; vähän;* s *vähäinen määrä, ei juuri ollenkaan;* a ~ *hiukan, vähän, jonkin verran;* ~ by ~ *vähitellen*
live *elää, asua;* a (laiv) *elävä;* (rad., T.V.) *suora;* ~ on *saada toimeentulonsa jstk*
li'velihood *elatus*
li'veliness *vilkkaus*
li'vely *eloisa, vilkas*
liv'er *maksa*
liv'ery *livreepuku*
liv'estock *karja*
liv'id *lyijynharmaa*
liv'ing a *elävä;* s *elatus; pasto raatti;* ~ space *elintila;* ~ wage *toimeentuloon riittävä palkka*
living-room *olohuone*
liz'ard *sisilisko*

lo *katso!*
load s *lasti, kuorma; kuormitus;* ▼ *lastata, kuormittaa; ladata*
oaf (*pl* loaves) s *leipä, (sokeri)-keko;* ▼ *maleksia*
loafer *tyhjäntoimittaja*
loam *savi(maa)*
loan s *laina;* ▼ *antaa lainaksi, lainata*
loath [ou] *haluton*
loathe [loudh] *inhota*
loathing [-oudh-] *inho*
loathsome *inhottava*
lob'by *eteishalli, lämpiö; painostusryhmä*
lobe *lohko;* ~ of the ear *korvannipukka*
lob'ster *hummeri*
lo'cal *paikallinen*
local'ity *paikkakunta*
lo'calize *rajoittaa jhk paikkaan, paikallistaa*
loca'te *paikantaa, paikallistaa;* be ~d in *sijalta*
loca'tion *paikka; mustien asutusalue;* on ~ (elok.) *studion ulkopuolella*
lock s *lukko; sulku; kihara;* ▼ *lukita, teljetä;* ~ away *panna lukon taakse*
lock'er *kaappi, lokero*
lock'et *medaljonki*
lock'out *työnsulku*
lo'comotive s *veturi; a liike-*
lo'cust *heinäsirkka*
lo'de *(malmi)suoni*
lodge *asua (tilapäisesti); majoittaa; jäädä, tarttua jhk;* s *(portinvartijan) talo, (metsästys)maja*
lod'ger *vuokralainen*
lod'ging *asunto;* ~s *vuokrahuoneet; ks.* board
loft *ullakko; parveke*
lof'ty *korkea, ylevä; ylpeä*
log *tukki; laivan päiväkirja;* ~cabin *hirsimaja*
log'gerheads: at ~ *tukkanuottasilla*
log'ging *hakkuu*
log'ic *logiikka*
log'ical *looginen*
loin *kupeet; munuaispaisti;* ~cloth *lannevaate*
loi'ter *vetelehtiä, kuljeskella joutilaana*
lol'l *lotkoilla. kellehtiä*

lol'lipop *tikkukaramelli*
lo'nely *yksinäinen* (m. lo'ne)
long a *pitkä; kauan;* ▼ *ikävöidä,* for; be ~ *viipyä;* before ~ *ennen pitkää;* in the ~ run *ajan pitkään*
longer *pitempi; kauemmin;* no ~ *ei enää*
long-distance a *kauko-*
longev'ity [dž] *pitkäikäisyys*
lon'ging *kaipaus*
loo W.C., *vessa*
look [u] ▼ *katsoa, katsella; etsiä,* for; *näyttää (jltk);* s *silmäys, katse; pl ulkomuoto;* have a ~ *vilkaista;* ~ after *hoitaa, huolehtia;* what are you ~ing for? *mitä etsit(te)?* ~ forward to *odottaa (ilolla);* ~ in *käväistä;* ~ into *tutkia;* ~ out *varo!* ~ up *etsiä (kirjasta), käydä katsomassa;* ~ (up)on *pitää jnak;* let me have a ~ *annahan kun katson*
looker-on *katselija*
looking-glass *peili*
lookout *tähystys(paikka);* that's our ~ *se on meidän asiamme*
loo'm s *kutomakone;* ▼ *kangastaa, häämöttää*
loo'n *kuikka; tolvana*
loo'p *silmukka, polveke; surmansilmukka (ilm.)*
loophole *ampuma-aukko; »porsaanreikä», pakotie, veruke*
loo'se a *irtonainen, löyhä; kuohkea; kevytmielinen;* ▼ *irrottaa;* come (work) ~ *lähteä irti*
loo'sen *irrottaa, hellittää; irtautua*
loot s *saalis;* ▼ *ryöstää*
lop *katkoa, karsia*
lop-sided *vino*
loqua'cious *puhelias*
lord *herra;* L~'s prayer *Isämeidän;* L~'s Supper *ehtoollinen*
lor'dly *ylhäinen; mahtava*
lor'dship *lordin arvo*
lo're *oppi, tietous*
lor'ry *kuorma-auto*
lose [u:] *kadottaa, menettää, joutua tappiolle;* ~ one's way *eksyä;* (my watch) ~s *jätättää*
loss [o(:)] *menetys, (jnk) hukka, tappio;* at a ~ *ymmällä(än)*
lost *imp. & pp. ks.* lose: *kadon-*

L
M

nut, menetetty, eksynyt, huk-
kaan joutunut; get ~ eksyä
lot arpa, osa, kohtalo; palsta,
tontti; the ~ koko määrä(n),
kaikki; a ~ of, ~s of paljon
lo'tion kasvo-, hiusvesi
lot'tery arpajaiset
loud äänekäs; ääneen
loud-speaker kaiutin, kovaääninen (rad.)
lou'nge v vetelehtiä; s eteishalli;
~ suit (miehen) arkipuku
louse (pl lice) täi
lout moukka
lov'able rakastettava
love' [a] v rakastaa; s rakkaus;
fall in ~ with rakastua jkh;
make ~ to lempiä, rakastella;
my ~ to sydämelliset terveiseni
-lle
love-affair rakkausjuttu
love-making rakastelu
lov'er [a] rakastaja; ~s rakastavaiset
lo'w a matala; hiljainen; v ammua; in ~ spirits alakuloinen;
~ water laskuvesi
lo'wer a alempi; v alentaa, halventaa; aleta; [lauə] näyttää
synkältä
lo'wland alamaa
lo'wly nöyrä
low-necked avokaulainen
loy'al uskollinen
loy'alty uskollisuus
loz'enge pastilli
LSD = lysergic acid diethyl-
amide (huumausaine)
Ltd = limited
lu'bricate voidella
lu'cid kirkas; selvä
luck (hyvä) onni; bad ~
(olipa) huono onni(l)
luck'ily onneksi
luck'y onnekas

lu'crative tuottava
lu'dicrous naurettava
lug'gage matkatavarat; ~ rack
matkatavarahylly
lu'kewarm haalea
lull tuuditella; tyyntyä
lul'laby [-bai] kehtolaulu
lumba'go noidannuoli
lum'ber roju; puutavara
lum'bering s metsänhakkuu,
a kömpelö
lu'minous valoisa, loistava; ~
badge heijastin
lump s möykky, pala(nen); v
kasata yhteen; in the ~ sum-
makaupalla; ~ sugar pala-
sokeri
lu'nacy hulluus
lu'nar kuu(n)-
lu'natic mielenvikainen
lunch s lounas (m. ~eon); v
lounastaa
lung keuhko
lurch v kallistua; horjua; s
(laivan)kallistuminen; leave in
the ~ jättää pulaan
lu're v houkutella; s houkutus
lu'rid karmaiseva
lurk olla väljyksissä
lusc'ious [š] mehevä, herkullinen
lush rehevä
lust s himo; v himoita
lus'tre loisto, kiilto
lus'ty reipas, voimakas
luxu'riant rehevä
luxu'rious ylellinen, upea
lux'ury ylellisyys, -tavarat; lois-
toluokan
ly'e lipeä
lym'ph: ~ node imusolmuke
lyn'ch lynkata
lyn'x ilves
ly're lyyra
lyr'ic lyyrinen

M

m [em] m-kirjain
M.A. = Master of Arts
ma'am [ä] = madam
mac, mack lyh. = mackintosh
macad'am sepeli
macaro'ni makaronit

macaroo'n manteilleivos
ma'ce nuija, virkasauva
machina'tion [k] vehkeily
machin'e [-ši:n] kone; ~ gun
konekivääri; light ~ gun
pikakivääri

machin'ery [i:] *koneisto*
machin'ist [i:] *koneenhoitaja*
mack'erel *makrilli*
mack'intosh, mac *sadetakki*
mad *hullu, mieletön*; drive ...
~ *saattaa suunniltaan*; ~ on
hullaantunut; like ~ *kuin mieletön*
mad'am *arvoisa rouva*
mad'den *saattaa raivostumaan*
ma'de *imp. ks.* make; *valmistettu, tehty*; ~ up *»meikattu»;
tekaistu, of jstk muodostunut;
is* ~ up (of) *koostuu*
mad'man *mielipuoli*
mad'ness *hulluus*
magazin'e [i:] *aikakauslehti*
mag'got *toukka*
mag'ic *taika-* (*m.* ~al); *taikuus,
magia*
magic'ian *noita, taikuri*
mag'istrate *poliisituomari*
mag'nanim'ity *jalomielisyys*
magnan'imous *jalo- ylevämielinen*
mag'nate *pohatta*
mag'net *magneetti*
magnet'ic *magneettinen*
mag'netism *vetovoima*
magnif'icent *suurenmoinen,
upea, loistava, komea*
mag'nify *suurentaa*; ~ing glass
suurennuslasi
mag'nitude *suuruus (luokka)*
mag'pie *harakka*
mahog'any *mahonki*
maid (*palvelus*)*tyttö*
mai'den *imp, neito*; ~ name
tyttönimi; ~ voyage *neitsytmatka*; ~ly *neitseellinen*
mail *posti, -ttaa*; *panssari*; the
~ed fist *asevoima*
mail'boat *postilaiva*
maim *silpoa, ruhjoa*
main *a pää-, pääasiallinen*; *s
pääputki, pääjohto* (*us.* the ~s)
(*run.*) *ulappa*; in the ~ *pääasiassa*
mai'nland *mannermaa*
mai'nly *pääasiallisesti*
maintai'n *ylläpitää*; *välttää*
mai'ntenance *ylläpito, elatus;
huolto*
maisonet'te [-net] *huoneisto kahdessa tasossa*
maize *maissi*
maj'esty *majesteetti*

majes'tic *majesteettinen*
ma'jor *a suurempi*; *s majuri;
täysi-ikäinen; duuri* (*mus.*);
(*opiskella*) *pääaine*(*ena*)
major'ity *enemmistö; täysi-
ikäisyys*
ma'ke *v tehdä, valmistaa; ansaita (rahaa); lähteä, for
jnnek; s valmiste; teko, rakenne;* ~ love *rakastella;*
~ sure of *varmistautua;* ~
war *käydä sotaa;* ~ for
sännätä jnnek, käydä kimppuun, edistää jtk; ~ off *laittautua tiehensä;* ~ out *saada
selville, kirjoittaa (lasku ym);*
~ up *korvata, täyttää, muodostaa; sepittää; »meikata»,
ehostaa (kasvojaan); sopia
(riita);* ~ up for *kyvittää;*
~ up one's mind *päättää;* ~ it
onnistua aikeessaan
ma'ker *valmistaja*
ma'keshift *hätävara*
make-up *»meikkaus», kasvojen
ehostus; taitto (kirjap.)*
mal'ady *sairaus*
mal'content *tyytymätön*
ma'le *mies*(*puolinen*); *koiras-*
maledic'tion *kirous*
malefac'tor *pahantekijä*
malev'olent *pahansuopa*
malforma'tion *epämuodostuma*
mal'ice *ilkeys*
malic'ious [š] *pahansuopa, vahingoniloinen*
mali'gn [-ain] *parjata*
malig'nant *pahanlaatuinen*
mall'eable *takokelpoinen*
mal'let *nuija*
malt [o:] *mallas*
mamma' [-a:] *äiti*
mam'mal *nisäkäs*
man (*pl.* men) *s mies, ihminen;
v miehittää*
man'age *käsitellä, hoitaa, johtaa; suoriutua, onnistua, kyetä;
jaksaa (syödä)*
man'ageable *helppo käsitellä*
man'agement *holto; (liikkeen)
johto*
man'ager *johtaja*
man'date *mandaatti (alue)*
man'datory *pakollinen*
ma'ne *harja*
ma'nger *purtilo, seimi*

man'gle v *runnella; mankeloida;* s *mankeli*

manhood *miehuus(ikä)*

ma'nia *klihko, vimma*

man'icure *käsien hoito*

man'ifest a *ilmeinen;* v *selvästi osoittaa;* be ~ed *ilmetä*

manifesta'tion *osoitus.*

manifold [e] *moninainen*

manip'ulate *(taitavasti) käsitellä*

manki'nd *ihmiskunta*

man'ly *miehekäs*

man'nequin *mannekiini*

man'ner *tapa, pl. käytös, esiintymistapa;* in this ~ *tällä tavalla;* well-~ed *hyvätapainen*

man'nerism *maneeri*

manoeuvre [-nu:'-] s *manööveri, liike;* v *liikehtiä; menetellä ovelasti*

man-of-war *sotalaiva*

man'or *herraskartano*

man-power *miesvahvuus*

man'slaughter [o:] *kuolemantuottamus, miestappo*

man'sion *komea rakennus*

man'telpiece *takan reunus*

man'tle s *vaippa;* v *verhota*

man'ual *käsi(kirja);* ~ worker *ruumiillisen työn tekijä*

manufac'ture s *(tehdas)valmiste;* v *valmistaa*

manufac'turer *tehtailija*

man'uscript *käsikirjoitus*

manu're s *lanta;* v *lannoittaa*

Manx *Man-saaren (kieli)*

many [e] *moni, monta;* a great ~ *suuri joukko, sangen paljon*

map s *kartta;* v *kartoittaa, suunnitella* (~ out)

ma'ple *vaahtera*

mar *turmella*

marau'd *rosvoilla*

mar'ble *marmori, -nen; pieni pelikuula*

Mar'ch *maaliskuu*

mar'ch s *marssi;* v *marssia;* ~ past *ohimarssi*

mar'chioness *markiisitar*

ma're *tamma*

mar'garin'e [-dž-] *margariini*

mar'gin *reuna; marginaali, reunus; (tinkimä)vara;* by a narrow ~ *niukasti*

mar'igold *kehäkukka*

mar'ijua'na [-iwa:nö] *marihuana*

marin'e [i:] *meri-(sotilas); laivasto;* ~s *merijalkaväki*

mar'itime *meri-*

mar'ital *avio-* [m. -rai'tl]; ~ status *siviilisääty*

mar'joram *meirami*

mark s *merkki; jälki; maalitaulu, pilkka; arvosana;* v *merkitä; nimikoida; olla jnk merkkinä; panna merkille;* arvostella; below the ~ *ala-arvoinen*

marked *huomattava*

mar'ket s *tori markkinat;* v *markkinoida*

mar'ketable *kaupaksi menevä*

market-place *kauppatori*

mar'malade *appelsiinihillo*

mar'mot *murmelieläin*

maroo'n *jättää asumattomalle saarelle;* a *kastanjanruskea*

marque [ma:k] *merkki*

marquee' *iso teltta*

mar'qu|ess, -is *markiisi*

mar'riage *avioliitto; häät*

mar'riageable *naima|kelpoinen -ikäinen*

mar'ried *naimisissa oleva, avio-,* get ~ to *mennä naimisiin jkn kanssa*

mar'row *(luu)ydin*

mar'ry *naida, mennä naimisiin naittaa*

marsh *suo, räme;* ~-mallow *salkoruusu, eräänl. makeinen*

mar'shal s *marsalkka;* v *johdattaa*

marshy *rämeinen*

mar'ten *näätä*

mar'tial *sotainen, sota-;* court ~ *sotaoikeus*

mar'tin *pääskynen*

mar'tyr s *marttyyri;* v *kiduttaa*

mar'vel s *ihme;* v *ihmetellä*

mar'vellous *ihmeellinen*

marzipan' *marsipaani*

mas'cot *maskotti*

mas'culine [a:] *miespuolinen miehekäs*

mash *sose, sekoitus; ape, mäski;* ~ed potatoes *perunasose*

mask [a:] *naamio, -ida;* gas ~ *kaasunaamari*

ma'son *muurari; vapaamuurari*

ma'sonry *muuraus, kivityö*

mass' [ā] *s massa, joukko, paljous; messu;* v *kasa|ta, -utua;* ~ meeting *joukkokokous;* ~ media *joukkotiedotusvälineet*

mas'sacre s *verilöyly;* v *surmata joukoittain*

mas'sage [-a:ž] v *hieroa;* s *hieronta*

mas'sive *jykevä, valtava*

mast [a:] *masto*

mas'ter [a:] s *mestari, (nuori)-herra, opettaja isäntä, kapteeni;* v *perehtyä jhk;* M~ of Arts *maisteri*

mas'terful [a:] *käskevä*

master-key *yleisavain*

mas'terly [a:] *mestarillinen*

masterpiece *mestariteos*

mas'tery [a:] *herruus; mestaruus, täydellinen hallinta*

mas'ticate *pureskella*

mas'tiff *mastiffi*

mat s *(karkea) matto; alusta, aluslina, tabletti;* v *tehdä takkuiseksi;* a *himmeä*

match s *tulitikku; vertainen; ottelu, kilpailu; naimiskauppa;* v *vetää vertoja; sopia jhk;* be well ~ed *sopia hyvin yhteen;* meet one's ~ *tavata vertaisensa vastustaja*

match-box *tulitikkulaatikko*

mat'chless *verraton*

ma'te *(linnun ym) pari; puoliso; toveri, veikko; perämies;* v *pariutua*

mate'rial a *aineellinen, olennainen;* s *aine; kangas;* pl *tarvikkeet*

mate'rialize *toteutua*

mate'rially *olennaisesti*

mater'nal *äidillinen, äidin-*

mater'nity *äitiys;* ~ hospital *synnytyslaitos*

mathemat'ics *matematiikka*

mathematic'ian *matemaatikko*

mat'ins *aamusaarna*

matric'ulate *merkitä (yliopiston) kirjoihin*

mat'rimony *avlo|liitto, -sääty*

ma'tron *(arvokas) rouva; (sairaalan ym) johtajatar, ylihoitaja; emäntä*

mat'ter *aine, asia; aihe; märkä (lääk.);* v *olla tärkeä;* printed

~ *painotuote;* what's the ~ (with you)? *mitä nyt on (mikä sinua vaivaa)?* no ~ *ei sillä väliä;* no ~ who *yhdentekevää kuka;* it is a ~ of course *on itsestään selvää;* as a ~ of fact *oikeastaan*

matter-of-fact *asiallinen*

mat'tress *patja*

matu're a *kypsä;* v *kypsyä; erääntyä*

matu'rity *kypsyys*

maul *pidellä pahoin*

Mau'ndy Thursday *kiirastorstai*

mau've *(vaalean)sinipunainen*

max'im *perusohje*

max'imum *maksimi;* ~ price *enimmäishinta*

may *voi, saattaa; saa;* you might have known *sinun olisi pitänyt tietää;* ~ I ... *saanko salsinko ...; yes, you ~ saat kyllä*

may'be *ehkä*

May *toukokuu;* ~-day *vapunpäivä*

mayonnai'se *majoneesi*

mayor [meŏ] *pormestari*

ma'ze *sokkelo*

me [mi:] *minua, minut, minulle* come with ~ *tule kanssani!*

mead *sima*

mead'ow [e] *niitty*

mea'gre [i:] *niukka*

meal *ateria; jauhot*

mealtime *ruoka-aika*

mean a *alhainen, halpamainen, saita; keski(määräinen);* v *tarkoittaa, merkitä;* s *keskiarvo, keskitie;* ~s pl. *varat;* by all ~s *kaikin mokomin;* by no ~s *ei millään muotoa;* by ~s of *jnk avulla;* ~ temperature *keskilämpö*

meaning *merkitys*

meanness *halpamaisuus*

meant [e] *imp. & pp. ks.* mean; is it ~ for me? *onko se minulle?*

mean|time, -while *sillä välin*

mea'sles *tuhkarokko*

meas'urable *mitattavissa oleva*

meas'ure [ež] s *mitta; toimenpide; tahti;* v *mitata;* in some ~ *jossain määrin;* take ~s *ryhtyä toimenpiteisiin*

meas'urement *mitta(us)*
meat *liha;* roast ~ *paisti*
mechan'ic [k] *mekaanikko*
mechan'ical *koneellinen*
mechan'ics *mekaniikka*
mech'anism *koneisto*
mech'anize *koneistaa*
med'al *mitali*
med'dle *sekaantua*
med'dlesome *turhantouhukas*
me'dia *pl. ks.* medium; *välineet*
me'diate *välittää*
media'tion *välitys*
me'diator *välittäjä*
med'ical *lääkäri(n)-, lääketie-*
   teellinen; ~ student *lääketie-*
   teen ylioppilas
medic'inal *lääke-*
med'icine *lääke, -tiede*
medie'val *keskiaikainen*
medio'crity *keskinkertaisuus*
med'itate *miettiä, mietiskellä*
medita'tion *mietiskely*
Mediterra'nean (Sea) *Välimeri*
me'dium a *keski-(kokoinen),*
   keskinkertainen; s *keskilaatu;*
   väline, välikappale, meedio;
   through the ~ of *jnk avulla;*
   ~ of communication *tiedotus-*
   väline
med'ley *sekasotku*
meek *sävyisä, nöyrä*
meet *kohdata, tavata (toisen-*
   sa); mennä jkta vastaan; täyt-
   tää (vaatimus); kokoontua; ~
   with *kokea;* ~ with an acci-
   dent *joutua tapaturman uhriksi*
mee'ting *kokous; kilpailut*
mel'ancholy [k] s *surumielisyys;*
   a *surumielinen, alakuloinen*
mel'low a *kypsä, täyteläinen;*
   v *kypsyä*
mel'ody *sävel(mä)*
melo'dious *sointuisa*
mel'on *meloni*
melt *sulattaa, sulaa;* ~ away
   hälvetä
mem'ber *jäsen*
mem'bership *jäsenyys, jäsen-*
   määrä; ~ card *jäsenkortti*
mem'brane *kalvo*
mem'oirs [-wa:z] *muistelmat*
mem'orable *(lk)muistettava*
memoran'dum *muistio*
memo'rial *muisto-(merkki)*
mem'orize *oppia ulkoa*
mem'ory *muisti; muisto*

men *ihmiset, miehet*
men'ace s *uhka;* v *uhata*
mend v *korjata, paikata parsia;*
   parantaa; toipua; s *parsima-*
   paikka
menda'cious *valheellinen*
men'dicant *kerjäläis-*
me'nial *palvelus-*
men'tal *mielen, mielt-, henkinen;*
   mielisairas; ~ arithmetic *pääs-*
   sälasku; ~ deficiency *vajaa-*
   mielisyys; ~ hospital *mielisai-*
   raala
men'tion v *mainita;* s *maininta;*
   don't ~ it *ei kestä!* not to ~
   puhumattakaan
men'u [-ju:] *ruokalista*
mer'cantile *kauppa-*
mer'cenary a *omanvoitonpyyn-*
   töinen; s *palkkasoturi*
mer'cer *kangaskauppias*
mer'chandise *myyntitavarat*
mer'chant *kauppias*
mer'ciful *armelias*
mer'ciless *säälimätön*
mer'cy *armo, laupeus; sääli*
mer'cury *elohopea*
me're *pelkkä, paljas*
me'rely *pelkästään*
mer'ge *liittää yhteen, yhtyä, su-*
   lautua
mer'ger *yhtymä*
merid'ian *meridiaani*
mer'it s *ansio;* v *ansaita*
merito'rius *ansiokas*
mer'maid *merenneito*
mer'riment *iloisuus*
mer'ry *iloinen;* make ~ *pitää*
   hauskaa; ~ Christmas *hyvää*
   joulua
merry-go-round *karuselli*
merry-making *ilonpito*
mesh s *silmukka, silmä; pl.*
   verkko
mess s *sekasotku; pöytäkunta*
   messi; v *sotkea;* make a ~
   of *panna sekaisin, pilata*
mes'sage *sanoma, viesti*
mes'senger *sanansaattaja*
Messrs [mesöz] *herrat*
met *imp. & pp. ks.* meet
met'al *metalli*
metal'lic *metallinen*
met'aphor *kielikuva*
metamor'phosis *muodonvaihdos*
me'ter -mittari; *Am.* metri
me'teor *meteori*

meteorol'ogist *meteorologi*
meteorol'ogy *ilmatiede*
method [th] *menetelmä*
method'ical *metodin mukainen*
metic'ulous *erittäin tarkka*
me'tre *metri;* on 25 ~s 25 met-
rin aaltopituudella
metrop'olis *suuri pääkaupunki*
met'tle *rohkeus, tulisuus*
mew s *kalalokki;* v *naukua;* ~s
tallikuja
mewl *inistä*
mi'ca *kiille*
mi'crobe *mikrobi*
mi'crophone *mikrofoni*
mi'croscope *mikroskooppi*
mid'day *keskipäivä;* at ~
puolelta päivin
mid'dle *keski(kohta);* M~
Ages *keskiaika;* the M~ East
i.v. Lähi-itä; ~ classes *keski-
luokka;* in the ~ of *jnk keskel-
lä;* ~-aged *keski-ikäinen*
mid'dling *keskinkertainen*
mid'ge *hyttynen*
mid'get *kääpiö*
mid'night *keskiyö*
mid'shipman *merikadetti*
midst: in the ~ of *keskellä*
mid'summer *juhannus*
mid'way *puolitiessä*
mid'wife *kätilö*
miffed *loukkaantunut, äreä*
might [mait] *valta; saattaisi;*
that ~ have cured ... *olisi saat-
tanut parantaa ...*
mi'ghty *mahtava*
mi'grate *muuttaa*
migra'tion *muutto(liike), vael-
lus*
mi'gratory *muutto-*
mi'ld *lempeä, vieno; lievä; leuto*
mil'dew *viljanruoste; home*
mi'le *maili (1609 m)*
mi'leage *mailimäärä*
mi'lestone (*kuv.*) *virstanpylväs*
mil'itant *taisteleva*
mil'itary *sotilas-, sota-;* the ~
sotaväki
militia [-šö] *militsi*
milk s *maito;* v *lypsää*
mil'ker *lypsykone*
mil'kman *maitokauppias, mai-
dontuoja*

mill s *mylly; tehdas;* v *jauhaa,
rouhia*
mil'ler *mylläri*
millen'nium *vuosituhat; tuhat-
vuotinen valtakunta*
mil'let *hirssi*
mil'liard *miljardi*
mil'liner *hattukauppias, mo-
disti*
mil'linery *muotitavarat, hatut*
mil'lion *miljoona*
millstone *myllynkivi*
milt *malti*
mi'me *miiminen näytelmä*
mim'ic v (~ked) *matkia, jäl-
jitellä;* s *matkija*
min'ce *hakata hienoksi; kaunis-
tella;* ~d meat *jauheliha;* ~
pie i.v. hedelmätorttu
min'cemeat *rusinatäyte*
mi'nd s *mieli, sielu; halu;* v
varoa, pitää väliä, pitää huolta;
bear in ~ *pitää muistissa;* out
of one's ~ *järjiltään;* I have
a good ~ to *minun tekee ko-
vasti mieli;* in two ~s *kahden
vaiheilla;* make up one's ~
päättää; do you ~ my
smoking? *sallitteko, että poltan*
if you don't ~ *ellei Teillä ole
mitään sitä vastaan;* would
you ~ helping *olisitteko hyvä
ja auttaisitte*
mi'ndful *varova;* of *jtk muis-
tava*
mi'ne a *minun;* s *kaivos; miina;*
v *louhia (kaivoksesta); mi-
noittaa*
mi'ner *kaivosmies*
min'eral *kivennäinen, mineraali;*
~ water *kivennäisvesi*
min'gle *sekoittaa; seurustella*
min'gy *saita*
min'iature *pienois-(kuva)*
min'ibus *pienoisbussi*
min'imal *häviävän pieni*
min'imize *saattaa mahdollisim-
man pieneksi, minimoida*
min'imum *minimi, vähimmäis-*
mi'ning *kaivostoiminta, vuori-
työ*
min'ister s *ministeri; pappi;* v
palvella, huolehtia
min'istry *papinvirka; ministeriö,
ministeristö*
mink *minkki*
mi'nor a *vähäinen, pieni;* s *ala-*

ikäinen; molli (mus.) v opiskella sivuaineena
minor'ity vähemmistö; alaikäisyys
min'strel trubaduuri
mint s rahapaja; minttu; v lyödä rahaa
min'uet menuetti
mi'nus miinus; ilman jtk
min'ute minuutti; pl. pöytäkirja; a [mainju:'t] pienen pieni, yksityiskohtainen; ~ hand minuuttiosoitin
mir'acle ihme, -työ
mirac'ulous ihmeellinen
mirag'e [-a:ž] kangastus
mi're lleju, muta
mir'ror s kuvastin; v kuvastaa
mirth ilo, hilpeys
misadven'ture onnettomuus
misan'thropy ihmisviha
misapprehen'sion väärinkäsitys
miscal'culate arvioida väärin
miscar'riage keskenmeno
misca'st [a:] antaa (näyttelijälle) väärä osa
miscella'neous [-se-] sekalainen, monenlainen
mischan'ce epäonni
mis'chief kuje, ilkivalta; get into ~ joutua ikävyyksiin
mis'chievous vahingollinen; kujeileva
miscon'duct huono käytös
mis'creant roisto
misdee'd paha työ
misdemea'nour rikkomus
mi'ser saituri
mis'erable kurja, onneton
mis'ery surkeus, kurjuus
misfor'tune onnettomuus
misgiv'ing paha aavistus
misgui'ded harhautunut, väärä
mis'fit sopeutumaton
mis'hap onnettomuus
misinfor'm antaa vääriä tietoja
misinter'pret tulkita väärin
mislay' hukata
mislea'd johtaa harhaan
misman'age hoitaa huonosti
mispor'in't painovirhe
miss s neiti; harhaisku (ym); v el osua, el ymmärtää ym; menettää, laiminlyödä; kaivata; myöhästyä (junasta ym); ~ out jättää (välistä) pois: give

sth. a ~ jättää menemättä, luopua jstk
mis'sile [-ail] heittoase; ohjus; ~(-firing) base ohjustukikohta
mis'sing puuttuva
mis'sion lähetys, -työ (~s); lähetystö; tehtävä
mis'sionary lähetyssaarnaaja
mist sumu
mista'ke erehdys; ~ sb. for luula toiseksi; be ~n, make a ~ erehtyä
mist'letoe [sl] misteli
mistrea't pahoinpidellä
mis'tress talon emäntä; opettajatar; rakastajatar
mistrus't epäluottamus
mis'ty sumuinen
mis'understan'd käsittää väärin
mis'use [-s] väärinkäyttö
misu'se [-z] käyttää väärin
mi'te ropo, pienokainen; punkki
mit'igate lieventää
mi'tre (piispan) hiippa
mit'ten lapanen; puolihansikas (mitt »räpylä»)
mix sekoittaa, -tua; be ~ed up in sekaantua; ~ed marriage seka-avioliitto
mix'er: (food ~) vatkain, yleiskone, ruoanvalmistuskone; a good ~ hyvä seuraihminen
mix'ture sekoitus, seos
moan [ou] v valittaa; s valitus voihkina
moat [ou] vallihauta
mob s roskaväki; v käydä kimppuun
mo'bile [ai] liikkuva
mobil'ity liikkuvuus
mo'bilize asettaa liikekannalle
mock v pilkata; matkia; a valemock'ery pilkka
mo'de tapa
mod'el s malli, esikuva; mannekiini; v muovata; ~ aeroplane liidokki
mod'erate a [-rit] kohtuullinen; v hillitä, lieventää
mod'ern nyky-, uudenaikainen; uusi; ~ history uudenajan historia
mod'ernize tehdä ajanmukaiseksi
mod'est vaatimaton
mod'esty vaatimattomuus

modifica'tion *muunnos*
mod'ify *muuttaa, muuntaa; lleventää*
mod'ule: lunar ~ *kuuhunlaskualus;* service ~ *huolto-osa*
moist *kostea*
moist'en [-sn] *kostuttaa*
moisture [tš] *kosteus*
mo'lar *poskihammas*
molas'ses *siirappi*
mo'le *maamyyrä; aallonmurtaja; syntymämerkki*
mo'lehill *myyränkasa*
moles't *vaivata, hätyytellä*
mol'lusc *nilviäinen*
molly-coddle *lellitellä*
mo'lten *sula*
mo'ment *hetki, tuokio, silmänräpäys; tärkeys;* at the ~ *tällä hetkellä;* just a ~, please! *hetkinen, olkaa hyvä!* not for a ~ *ei hetkeäkään*
mo'mentary *hetkellinen*
momen'tous *tärkeä*
momen'tum *vauhti*
mon'arch [k] *hallitsija*
mon'archy *monarkia*
mon'astery *luostari*
Mon'day [a] *maanantai*
mon'etary *raha-*
mon'ey [a] *raha;* ready ~ *käteinen raha;* make ~ *ansaita rahaa, hankkia;* ~ order *postiosoitus*
mon'grel [a] *sekarotuinen (eläin), rakki*
mon'itor *järjestäjä (koulussa); (rad.) tarkkain*
monk *munkki*
mon'key [a] *apina*
mon'ogamy *yksiavioisuus*
mon'ogram *nimikuvio*
monop'oly *yksinoikeus*
monot'onous *yksitoikkoinen*
monot'ony *yksitoikkoisuus*
mon'ster *hirviö; epäsikiö*
mon'strous *suunnaton; hirveä; epämuotoinen*
month [a] *kuukausi*
mon'thly [a] *kuukausi(julkaisu); kuukausittain*
mon'ument *muistomerkki*
mood *mieli(ala); tapamuoto*
moo'dy *pahantuulinen, synkkä*
moon *kuu;* cry for the ~ *vaatia mahdottomia*
moo'nlight *kuutamo*

moonshine *joutava puhe; (salakuljetettu) alkoholi*
moonstruck *mielipuoli*
moor s *nummi;* v *kiinnittää (laiva);* M~ *mauri(lainen)*
moorland *kangasmaa*
moose *hirvi*
moot: ~ point *kiistanalainen kohta*
mop s *köysiluuta, moppi;* v *huosia, pyyhkiä*
mo'pe *jurottaa*
mo'ped *mopedi, mopo*
mor'al a *siveellinen;* s *opetus;* ~s *moraali, siveellisyys*
moral'e [-a:l] *taistelumieli, moraali*
moral'ity *siveysoppi*
moras's *suo, räme*
mor'bid *sairas, sairaalloinen*
mo're *enemmän, useampia;* ~ beautiful *kauniimpi;* once ~ *vielä kerran;* no ~ *ei enää;* would you like some ~ coffee? *haluaisitko vähän lisää kahvia?* may I have one ~? *saisinko vielä yhden?*
moreo'ver *lisäksi*
mor'ning *aamu;* in the ~ *aamulla;* good ~ *hyvää huomenta!* this ~ *tänä aamuna;* yesterday ~ *eilen aamulla;* one ~ *eräänä aamuna*
moro'se *kärtyisä, äreä*
mor'phine [-i:n] *morfiini*
mor'row *huominen*
mor'sel *(suu)pala*
mor'tal *kuolevainen; kuolin-*
mortal'ity *kuolleisuus*
mor'tar s *huhmar; muurilaasti; kranaatinheitin, (hist.) mörssäri;* v *rapata*
mor'tgage [o:g] *kiinnitys;* s *kiinnittää*
mortifica'tion *nöyryytys; lihankidutus; kuolio*
mor'tify *kiduttaa (lihaansa); nöyryyttää; kuoleutua;* ~ing *nöyryyttävä*
mor'tuary *ruumishuone*
mosa'ic *mosaiikki; Mooseksen*
Mos'cow [ou] *Moskova*
Mos'lem *muhamettilainen*
mos'que [mosk] *moskeija*
mosquit'o [i:] *moskiitto; sääski*
moss *(lehti)sammal*
mo'st *useimmat; eniten, enim-*

min; at (the) ~ *enintään;* the ~ beautiful *kaunein;* ~ interesting *erittäin kiintoisa;* ~ of us *useimmat meistä;* for the ~ part *enimmäkseen*
mo'stly *useimmiten*
moth *koi; yöperhonen;* ~-eaten *koinsyömä*
moth'er [a] *äiti;* Mother's day *äitienpäivä*
motherhood [a] *äitiys*
mother-in-law *anoppi*
moth'erly [a] *äidillinen*
mother-of-pearl *helmiäinen*
motif' [i:] *aihe*
mo'tion *s liike, käynti; esitys;* v *viitata*
mo'tionless *liikkumaton*
mo'tive *s vaikutin;* a *liike-*
mot'ley *kirjava*
mo'tor *s moottori;* v *ajaa autossa, autolla; autoilla*
motor-car *auto*
motor-cycle, ~ bike *moottoripyörä*
mo'toring *autoilu;* ~ offence *liikennerikkomus*
mo'torist *autoilija*
mo'torize *moottoroida*
mot'tled *täplikäs*
mot'to [-ou] *tunnuslause*
mo'uld *s muotti, kaava, vuoka; home; multa;* v *muovata*
mo'ulder *maatua*
mo'uldy *homeinen*
mo'ult *s sulkasato;* v *olla sulkasadossa*
mound *valli, kumpu*
mount *v nousta jhk (m. hevosen selkään); kohota; asentaa, kiinnittää alustalle; s vuori;* ~ed *ratsastava*
mou'ntain *vuori;* ~s *vuoristo*
mountainee'r *vuoristolainen, -kiipeilijä*
mou'ntainous *vuorinen*
mou'ntebank *huijari*
mourn [o:] *surra*
mour'ner *sureva*
mour'nful *valittava, murheellinen*
mourning *suru(puku)*
mouse *(pl mice) hiiri*
mousse [u:] *kermahyytelö*
moustach'e [mōsta:š] *viikset*
mouth *(pl. äänt -dhz) suu; aukko;* ~-to-~ resuscitation

tekohengitys *(suusta suuhun menetelmällä)*
mouthful *suuntäysi*
mouth-organ *huuliharppu*
mouthpiece *(kuv.) puhetorvi*
mov'able [u:] v *siirrettävä;* ~s *irtain omaisuus*
mov'e [u:] v *liikuttaa; siirtää; tehdä ehdotus; liikkua; muuttaa; s liike; siirto, veto;* on the ~ *liikkeellä;* get a ~ on *kiiruhtaa;* ~ house *muuttaa;* ~ in *muuttaa taloon;* ~ on *kulkea eteenpäin;* ~ out *muuttaa pois*
mov'ement [u:] *liike; (kellon) koneisto; (sävellyksen) osa; poljento*
mov'er [u:] *ehdotuksen tekijä*
mov'ies [u:] *elokuvat*
mov'ing [u:] *liikuttava*
mo'w v *niittää;* s *heinäsuova*
M.P. = Member of Parliament
Mr. [mistö] *herra*
Mrs. [misiz] *rouva*
much *paljon;* ~ the same *melkein sama(nlainen);* how ~ is ... ? *paljonko maksaa ...?* ~ better *paljon parempi;* ~ too big *aivan liian iso;* I thought as ~ *sitähän ajattelinkin;* three times as ~ *kolme kertaa niin paljon*
muck *s lika, törky, sonta;* v *liata*
mu'cous membrane *limakalvo*
mud *lieju, loka; savi*
mud'dle v *sotkea;* s *sotku;* ~d in the head *sekapäinen, höperö*
mud'dy a *liejuinen; sekava;* v *liata*
mud-guard *kurasuojus*
muff *s käsipuuhka, muhvi;* v *epäonnistua; pudottaa (pallo)*
muf'fin *teekakku*
muf'fle *käärlä; vaimentaa*
muf'fler *lämmin kaulahuivi; äänenvaimennin*
mug *s pikari, muki; sl. naama* v *sl. kolkata*
mug'gy *painostava*
mul'berry *silkkiäispuu*
mu'le *muuli*
mulled *~ wine hehkuviini*
mul'ti- *moni-, monen*
mul'tiple a *moninkertainen moni-; s. (mat.) jaettava*

multiplica'tion *kertolasku; li-sääntyminen*
mul'tiply *kertoa (mat.); li-sääntyä*
mul'titude *paljous*
mum: keep ~ *olla hiiskumatta*
mum *(t. ~my) äiti*
mum'ble v *mumista;* s *mumina*
mum'my *muumio*
mumps *sikotauti*
munch *rouskutella, mutustaa*
mun'dane *maailmallinen*
Mu'nich [k] *München*
municipal'ity *(kaupunki)kunta*
munit'ions *sotatarvikkeet*
mur'der s *murha;* v *murhata*
mur'derer *murhaaja*
mur'derous *murhaava*
mur'mur s *suhina, solina; so-rina;* v *solista, surista; mu-tista, napista*
musc'le [sl] *lihas*
mus'cular [kju] *lihas-; jän-tevä; lihaksekas*
mu'se v *miettiä;* M~ *runotar*
muse'um *museo*
mush *pehmeä massa, sose, tai-kina*
mush'room s *(herkku)sieni;* v *kasvaa äkkiä;* go ~ing *sie-nestää*
mu'sic *musiikki; soitto; nuotit*
mu'sical *musikaalinen, soittan-nollinen;* s *»musikaali»*
music-hall *varieteeteatteri*
music'ian [-šn] *soittotaiteilija*

musk *myski*
mus'ket *musketti(kivääri)*
Mus'lim *muhamettilainen*
mus'sel *simpukka*
must *täytyy;* he ~ *hänen täy-tyy;* I ~ not *en saa;* he ~ be *ill hän on varmaan sairas*
mus'tard *sinappi*
mus'ter s *katselmus;* v *tarkas-taa; koota (voimansa ym)*
mus'ty *homeinen, ummehtunut*
muta'tion *muunnos, mutaatio*
mu'te *mykkä;* the k is ~ *k ei äänny*
mu'tilate *silpoa, runnella*
mu'tinee'r *kapinallinen*
mu'tiny s *kapina;* v *kapinoida*
mut'ter v *mutista;* s *mutina*
mut'ton *lampaanliha;* ~ chop *lampaan kyljys*
mu'tual *keskinäinen*
muz'zle s *kuono(koppa); suu;* v *varustaa kuonokopalla*
my' *minun;* ~ book *kirjani;* ~ dear *rakkaani, ystäväiseni*
myr'iad *lukematon joukko*
myrrh [mö:] *mirhami, myrha*
myr'tle [ö:] *myrtti*
mysel'f *itse(ni), itseäni;* I am not ~ (today) *en ole oma itseni*
mys'tery *salaperäisyys, arvoitus*
myste'rious *salaperäinen*
mys'tic a *mystillinen, hämärä (m. ~al);* s *mystikko*
mys'tify *saattaa ymmälle*
myth *taru, myytti*

n [en] *n-kirjain*
nag v *nalkuttaa;* s *(pieni) he-vonen, koni*
nail s *kynsi, naula;* v *naulata*
naiv'e [a:i:] *(lapsellisen) yk-sinkertainen*
na'ked *alaston*
nam'by-pamby *hempeä*
na'me s *nimi;* v *nimittää, panna jklle nimeksi;* by ~ *nimeltä;* call ... ~s *haukkua*
na'meless *nimetön*
na'mely *nimittäin*
namesake *kaima*

nap s *nokkaunet; nukka;* v *torkahtaa*
na'pe (of the neck) *niska*
nap'kin *lautasliina; (vauvan) vaippa (m. nappy)*
Na'ples *Napoli*
narcot'ic s *huumausaine;* a *nar-koottinen*
narra'te *kertoa*
nar'rative s *kertomus;* a *kertova*
narra'tor *kertoja*
nar'row a *kapea, ahdas(mieli-nen);* v *kaventaa, -tua;* a ~ escape *täpärä pelastus*

narrow-gauge [-geidž] *kapearaiteinen*

narrow-minded *ahdasmielinen*

na'sal *nenä-*

nas'ty [a:] *likainen; ilkeä, paha*

na'tion *kansa, -kunta*

nat'ional a *kansallinen, kansan-;* s *kansalainen*

nat'ionalist *kansallis|kiihkoinen, -mielinen*

national'ity *kansallisuus*

nat'ionalize *kansallistaa, sosialisoida*

na'tive a *synnynnäinen; syntymä-, synnyin-;* s *alkuasukas;* a ~ of *syntyperäinen*

nat'ural *luonnollinen, luonnon-*

nat'uralist *luonnontutkija*

nat'uralize *antaa kansalaisoikeudet*

nat'urally *luonnollisesti*

na'ture *luonto; luonne, laatu*

naught [no:t] *ei mitään;* come to ~ *raueta tyhjiin*

naughty *paha, ilkeä, tuhma*

nau'sea *pahoinvointi*

nau'seous *kuvottava*

nau'tical *meri-*

na'val *laivasto-, meri-*

na've *(kirkon) (pää)laiva*

na'vel *napa*

nav'igable *purjehduskelpoinen*

nav'igate *purjehtia*

naviga'tion *merenkulku*

nav'igator *merenkulkija*

nav'vy *kanava-, ratatyöläinen*

na'vy *meri|voimat, -väki*

nay *jopa;* s *ei (-ääni)*

N.B. (nota bene) *huom(aa)*

N.C.O. = non-commissioned officer

neap tide *matalimman vuoksen aika*

near *lähellä (oleva), lähelle; läheinen; tarkka; täpärä;* v *lähestyä;* a ~ thing *täpärä paikka*

near'by *lähellä (oleva)*

near'ly *melkein;* not ~ *ei lähimainkaan*

near-sighted *likinäköinen*

neat a *soma, siro, silsti; sekoittamaton;* s *nauta*

neb'ula *tähtisumu*

nec'ess|ary *välttämätön;* -aries of life *elämän välttämättömät tarpeet;* -arily *välttämättä*

neces'sitate *tehdä välttämättömäksi*

neces'sity *välttämättömyys, pakko; puute, hätä*

neck s *kaula;* v *halailla;* nape of the ~ *niska*

neck'lace [-lis] *kaula|nauha -koriste*

nec'tar *mesi, nektari*

necktie *solmio*

née [nei] *omaa sukua*

need s *tarve; puute;* v *tarvita;* he ~ not *hänen ei tarvitse;* we did not ~ to go *meidän ei tarvinnut mennä*

needful *tarpeellinen*

needless *tarpeeton*

nee'dle *(silmä)neula*

needlework *käsityö*

needs *välttämättä*

needy *puutteenalainen*

neg'ative *kieltävä, kielto-;* in the ~ *kieltävästi*

nega'tion *kielto*

neglect't *laiminlyödä*

neglec'tful *huolimaton*

neg'ligence *laiminlyönti*

neg'ligent *välinpitämätön, leväperäinen*

nego'tiate *neuvotella; saada aikaan; ylittää (este)*

negotia'tion *neuvottelu*

ne'gress *neekerinainen*

ne'gro *(pl. ~es) neekeri*

neigh [nei] *hirnua*

neigh'bour [neibö] *naapuri; lähimmäinen*

neigh'bourhood *(lähi-)seutu, naapuristo, (asuma-)alue;* in the ~ of ... *noin*

neigh'bouring *naapuri*

nei'ther [ai] *ei kumpikaan;* ~ ... nor *ei ... eikä;* I'll take ~ *en ota kumpaakaan;* (if he doesn't go), ~ shall I *minäkään en mene*

neph'ew [nevju:] *veljen-, sisarenpoika*

ner've s *hermo; voima, lujuus;* v *vahvistaa;* ~ o.s. *jännittää voimansa;* (it) gets on my ~s *käy hermoilleni;* he had the ~ to ... *hän julkeni. uskalsi*

nerve-racking *hermoja vihlova*

ner'vous *hermostunut, hermo-* ~ system *hermosto*

nest s *pesä;* v *pesiä*
nestle [-sl] *levätä mukavasti,
painautua jtk vastaan*
net s *verkko; netto;* v *saada
puhdasta voittoa*
Neth'erlands *Alankomaat*
net'tle s *nokkonen;* v *ärsyttää*
nettle-rash *nokkoskuume*
network *verkosto; (rad.) verk-
koryhmä*
neurot'ic *neurootikko*
neu'tral *puolueeton*
neutral'ity *puolueettomuus*
neu'tralize *neutralisoida*
nev'er *ei koskaan;* ~ *once ei
kertaakaan*
nevertheless' *siltä huolimatta,
sittenkin*
new *uusi;* N~ Year's EVe
uuden vuoden aatto
new-born *vastasyntynyt*
newcomer *tulokas*
new'ly *äskettäin, vasta-*
news [z] *uutinen, uutiset*
newsagent *lehdenmyyjä*
newscast *uutiskatsaus*
newspaper [s] *sanomalehti*
newsprint *sanomalehtipaperi
(laatuna)*
newsreel *uutiskuva*
news-stand *sanomalehtikoju*
next *lähinnä; ensi, seuraava;
sitten, seuraavaksi;* ~ sum-
mer *ensi kesänä;*~ month
ensi kuussa; the ~ day *seuraa-
vana päivänä;* ~ to *lähinnä
jkta, melkein;* what ~ *se
vielä puuttui!* ~ door (to) *vie-
ressä*
nib *(kynän) kärki, teräskynä*
nib'ble *nakertaa; nykiä*
ni'ce *miellyttävä, kaunis, haus-
ka, mukava, hyvä, tarkka,
hieno*
ni'cety *tarkkuus*
niche [-š] *syvennys*
nick *lovi, rasti;* in the ~ of
time *oikealla hetkellä*
nick'el *nikkeli*
nick'name *lisänimi*
niece [i:] *veljen-, sisarentytär*
nig'gard *kitupiikki*
nig'gardly *kitsas, saita*
night [nait] *yö, ilta;* by ~,
at ~, in the ~ *yöllä;* last ~
m. eilen illalla; all ~ *koko
yön:* stay over ~ *yöpyä*

nightfall *illan hämärä*
nightgown, nighty *yöpaita*
ni'ghtingale *satakieli*
ni'ghtly *(joka)öinen; joka yö*
ni'ghtmare *painajainen*
nim'ble *ketterä, nopea*
ni'ne *yhdeksän*
ni'nepins *keilapeli*
ni'netee'n *yhdeksäntoista*
ninety *yhdeksänkymmentä*
nin'ny *tomppeli*
ni'nth *yhdeksäs*
nip v *nipistää; pinkaista;* s *ni-
pistys;* ~ in the bud *tukahdut-
taa alkuunsa*
nip'pers *pihdit*
nip'ple *nänni*
ni'tric: ~ acid *typpihappo*
ni'trogen *typpi*
ni'trous oxide *ilokaasu*
no *ei; ei mikään;* ~ one *ei
kukaan;* in ~ time *tuossa tuo-
kiossa;* ~ man's land *ei kenen-
kään maa*
no., nos., No., Nos. *numero, -t*
nob *kallo, pää*
nobil'ity *aatelisto; jalous*
no'ble *ylhäinen; jalo, ylevä;
uljas*
no'bleman *aatelismies*
no'bly *jalosti, uljaasti*
no'body *ei kukaan*
noctur'nal *yöllinen*
nod v *nyökäyttää päätään, nyö-
kätä; torkahtaa;* s *nyökkäys*
no'de *kyhmy, nivelsolmu*
noise *melu;* make a ~ *meluta*
noi'seless *äänetön*
noi'sy *äänekäs meluava*
no'mad *paimentolainen*
nomen'clature *nimistö*
nom'inal *nimellinen*
nom'inate *nimetä, panna ehdolle*
nomina'tion *ehdollepano; ni-
meäminen*
nominee' *ehdollepantu*
non'- *ei-, epä-, -ton, -tön;* ~
-aggres'sion pact *hyökkäämät-
tömyyssopimus*
non-atten'dance *poissaolo*
non-alcohol'ic *alkoholiton*
non-commis'sioned officer *ali-
upseeri*
non-commit'tal *pidättyväinen*
non'descript *epämääräinen*
none [nan] *ei kukaan, ei mi-
kään;* ~ the less *sittenkin*

nonexis'tent *olematon*

non-payment *maksun laiminlyöminen*

non'sense *mieletön puhe, hölynpöly;* ~! *pötyä! luruja!*

non-smoker *tupakoimalton, i-ttomien vaunu*

non-stop *tauoton; ilman välilaskua*

non-violent *väkivallaton*

nook [u] *soppi, kolkka*

noon *puolipäivä;* at ~ *puolenpäivän aikaan*

noose *vetosolmu, suopunki*

nor *eikä, ei myöskään*

Nor'dic *pohjoismainen*

norm *normi, sääntö*

nor'mal *säännöllinen, säännönmukainen*

nor'malize *normaalistaa*

nor'mally *tavallisesti*

Nor'man *normanni(lainen)*

Norse *muinaisskandinaavinen*

north *pohjoinen*

north-east *koillinen*

north|erly, -ern [dh] *pohjois-*

Nor'way *Norja*

Norwe'gian *norjalainen; norjan kieli*

no'se s *nenä, nokka;* v *vainuta, urkkia,* after, for

nose-dive *pystysyöksy*

no'segay *kukkavihko*

nostal'gia [dž] *koti-ikävä, menneiden aikojen kaipuu*

nos'tril *sierain*

not *ei;* ~ at all *ei lainkaan, ei kestä kiittää*

no'table a *huomattava;* s *arvohenkilö*

no'tably *varsinkin*

no'tary *notaari*

notch *(tehdä) lovi, pykälä*

note s *muistiinpano, huomautus, selitys, konsepti; (lyhyt) kirje; seteli; nuotti; (pol.) nootti;* v *merkitä muistiin (m.* ~ down); *panna merkille;* ~d for *kuuluisa jstk*

note-book *muistikirja*

note-case *lompakko*

note-paper *kirjepaperi*

noteworthy *huomattava*

nothing [ath] *ei mitään;* for ~ *ilmaiseksi;* come to ~ *mennä myttyyn;* to say ~ of *jstk puhumattakaan*

no'tice s *huomio; ilmoitus; varoitus;* v *huomata, panna merkille;* give ~ *sanoa (sanoutua) irti;* at a moment's ~ *viipymättä;* until further ~ *toistaiseksi*

no'ticeable *havaittava*

notice-board *ilmoitustaulu*

notifi'able *(viranomaisille) ilmoitettava*

notifica'tion *ilmoitus*

no'tify *ilmoittaa*

no'tion *käsitys, ajatus;* ~s Am. *pikkutavarat, ompelutarvikkeet*

noto'rious *huonossa huudossa oleva*

notori'ety *kuuluisuus (pah. merk.)*

notwithstan'ding *(jstk) huolimatta*

nought [no:t] *ei mitään; nolla*

noun *substantiivi*

nour'ish [a] *ravita*

nov'el a *uusi;* s *romaani*

nov'elist *romaanikirjailija*

nov'elty *uutuus*

Novem'ber *marraskuu*

nov'ice *noviisi, kokelas*

now *nyt;* by ~ *tähän mennessä;* for ~ *tällä kertaa, toistaiseksi;* just ~ *juuri äsken;* till ~ *tähän saakka;* ~ that .. *nyt kun ..*

now'adays *nykyään*

no'where *ei missään*

nox'ious *vahingollinen*

noz'zle *suukappale, suutin*

nu'clear *ydin-;* ~ weapons *ydinaseet;* ~ test ban *ydinkoekielto;* ~ non-proliferation treaty *ydinsulkusopimus*

nu'cleus *tuma; ydin*

nu'de *alaston*

nud'ge *tyrkätä, tökätä*

nug'get *kultakimpale*

nu'isance *vaiva, vastus, harmi;* commit no ~ *siivottomuus kielletty*

null: ~ and void *mitätön*

nul'lify *tehdä mitättömäksi*

numb [nam] a *puutunut, turta;* (~ with cold) *kohmettunut;* v *kohmettaa*

num'ber s *numero; luku(määrä); joukko;* v *numeroida*

olla lukumäärältään; lukea (among jhk joukkoon); a ~ of useita; they were ten in ~ heitä oli kymmenen
num'berless lukematon
nu'meral lukusana
nu'merator osoittaja (mat.)
numer'ical luku-(määräinen)
nu'merous lukuisa
nun nunna
nun'nery nunnaluostari
nup'tial hää-, avio-
nurse s sairaan-, lapsenhoitaja; v hoitaa, hoivata vaalia (m. kuv.); imettää

nur'sery lastenkamari, (day ~) päiväkoti; taimisto
nur'sing sairaanhoito; ~ home (yksityis)sairaala
nur'ture kasvattaa
nut pähkinä; mutteri; sl. pää; off one s ~ päästään vialla
nut'meg muskotti
nu'trient ravintoaine
nutrit'ion ravinto, ravitsemus
nutrit'ious, nu'tritive ravitseva
nutshell pähkinänkuori (m. kuv.)
N.Y. = New York
ny'lon nailon; ~s nylonsukat
nymph nymfi

O

o [ou] o-kirjain
oak [ouk] tammi
oar [o:] airo
oar'sman soutaja
oa'sis keidas
oats kaura; sow one's wild ~ viettää iloinen nuoruus, riehua
oath vala; take an ~ vannoa vala
ob'durate itsepintainen; paatunut
obe'dience tottelevaisuus
obe'dient tottelevainen
obe'isance [ei] (nöyrä) kumarrus
obe'se liikalihava
obe'sity liikalihavuus
obey' [ei] totella
obit'uary kuolin-; muistosanat
ob'ject s kappale, esine, kohde; tarkoitus; v väittää vastaan, vastustaa, to jtk
objec'tion vastaväite; I have no ~ minulla ei ole mitään sitä vastaan
objec'tionable moitittava; vastenmielinen
objec'tive s tavoite, kohde; objektiivi; a objektiivinen
object-lesson havainto-opetus
ob'ligatory pakollinen
obliga'tion velvoitus; under ~ velvollinen; kiitollisuudenvelassa

obli'ge velvoittaa, pakottaa; tehdä palvelus; much ~d paljon kiitoksia!
obli'ging suopea, avulias
oblique [-i:k] vino, viisto
oblit'erate pyyhkiä pois
obliv'ion unohdus
obliv'ious muistamaton
ob'long pitkulainen
obnox'ious vastenmielinen
o'boe [oubou] oboe (mus.)
obsce'ne ruokoton, rivo
obscen'ity [-sen-] säädyttömyys
obscu're a hämärä, epäselvä; tuntematon; v pimentää, peittää näkyvistä
obscu'rity hämäryys; huomaamaton asema
obse'quious liehittelevä
obser'vance noudattaminen
obser'vant tarkkaavainen
observa'tion huomio, havainto; huomautus; tarkkailu
obser've huomata, havaita, tarkata; huomauttaa
obser'ver huomioi(tsi)ja, tarkkailija
obses'sed: ~ by jnk (mieleen) vallassa
obses'sion pakkomielle
ob'solete vanhentunut
ob'stacle este
ob'stinacy uppiniskaisuus
ob'stinate itsepäinen

obstruc't *tukkia; jarruttaa*
obstruc'tion *este*
obtai'n *saada, saavuttaa; olla käytännössä t. vallalla*
obtru'de *tyrkyttää; tunkeutua, o.s. on jkn seuraan*
obtru'sive *tungetteleva*
obtu'se *tylppä*
ob'viate *torjua*
ob'vious *ilmeinen; ~ly ilmeisesti*
occa'sion s *tilaisuus; aihe;* v *aiheuttaa;* on ~ *silloin tällöin*
occa'sional *satunnainen, tilapäis-; ~ly joskus*
oc'ciden'tal *länsimainen*
occlu'de *tukkia*
occlu'sion *tukkeuma; purenta*
occul't *salainen, sala-*
oc'cupant *haltija*
occupa'tion *ammatti; miehitys*
occupa'tional *ammatti-*
oc'cup|y *asua (jssk) vledä, ottaa, täyttää (tila); askarruttaa; ottaa haltuunsa, miehittää; -ied varattu, asuttu; be -ied in puuhata jtk*
occur' *tapahtua; esiintyä; juolahtaa mieleen, to a p.*
occur'rence *esiintyminen; tapahtuma*
o'cean [š] *valtameri*
o'chre [k] *okra(nväri)*
o'clock: at five ~ *kello viisi*
oc'tave *oktaavi*
Octo'ber *lokakuu*
oc'ulist *silmälääkäri*
odd *pariton; liika-, ylimääräinen; tilapäis-; eriskummallinen; the ~ money (ylijääneet) pikkurahat; twenty ~ years kolmattakymmentä vuotta; ~ly enough ihme kyllä; vrt. ~s*
od'dity *omituisuus*
odds *erilaisuus; suurempi voitonmahdollisuus, ylivoima, etu; at ~ huonoissa väleissä*
o'de *oodi*
o'dious *vihattava*
o'dorous *tuoksuva*
o'dour *tuoksu*
(o)esoph'agus *ruokatorvi*
of *-sta, -stä; a glass ~ water lasillinen vettä; the room ~ the girls tyttöjen huone; the City ~ London Lontoon City*

off [o:f, of] *pois(sa), poikki, peruutettu; -sta, -stä, -lta, -ltä; ulkopuolella; etäisempi; ~ and on aika ajoin; a day ~ vapaapäivä; be ~ lähteä; I'm ~ nyt lähden; turn ... ~ sulkea (vesi- ym) hana; ~-hand suoralta kädeltä*
of'fal *jätteet*
offen'ce *loukkaus; rikkomus rike; take ~ pahastua*
offen'd *loukata; rikkoa, against jkta vastaan*
offen'sive a *loukkaava; vastenmielinen;* s *hyökkäys*
of'fer v *tarjo|ta, -utua; tehdä (vastarintaa);* s *tarjous;* on ~ *tarjolla*
of'fering *uhri*
of'fice *virka, toimi(sto), virasto; ministeriö*
of'ficer *upseeri; virkamies*
offic'ial a *virallinen;* s *virkailija*
offic'ious *turhantouhukas*
offset' v *korvata, olla vastapainona;* s *(juuri)vesa*
off'side *paitsio*
off'spring *jälkeläiset*
of'ten [o:fn] *usein; it ~ rains here täällä sataa usein*
oil s *öljy;* v *öljytä*
oilcloth *vahakangas*
oil-well *öljylähde*
oily *öljyinen, rasvainen*
oi'ntment *voide*
O.K., okay *oikein, hyvä, kunnossa*
o'ld *vanha; three years ~ kolmen vuoden ikäinen; she is ~er than I hän on minua vanhempi; ~ age vanhuus*
old-fashioned *vanhanaikainen*
ol'ive *öljypuu; oliivi*
Olym'pic games *olympiakisat*
om'elet(te) *munakas*
o'men *enne*
om'inous *huonoenteinen*
omis'sion *poisjättäminen; laiminlyönti*
omit' *jättää pois, jättää tekemättä*
om'nibus *bussi; kokooma-*
omnip'otent *kaikkivaltias*
omniv'orous *kaikkiruokainen*
on *-lla, -llä, -ile, -ssa, -ssä; yllä, ylle; eteenpäin; ~ Monday maanantaina; ~ the*

Thames *T:n varrella;* is ~
*on käynnissä, palaa (kaasu
ym), on auki* (hana ym), *on
ohjelmana;* ~ and off *alka
ajoittain;* ~ his advice *hänen
neuvostaan;* ~ my arrival
heti saavuttuani
once [wans] *kerran;* at ~
heti; all at ~ *yht'äkkiä;* not ~
ei kertaakaan; ~ *moie vielä
kerran*
one [wan] *yksi, eräs;* ~ by one
yksitellen; ~ day *eräänä päi-
vänä;* ~ ... the other ...
toinen ... toinen ...; ~ after
another *toinen toisensa jäl-
keen;* that's not the ~ I like
tuo ei ole se, josta pidän;
I for ~ *minä esimerkiksi*
on'erous *työläs*
oneself *itse; itseänsä;* defend
~ *puolustautua;* for ~ *itsel-
leen*
one-way (street) *yksisuuntainen*
on'ion [an-] *sipuli*
o'nly *ainoa, -staan, vain; vasta*
on'set *hyökkäys; alku*
onto *jnk päälle*
on'ward *eteenpäin; etenevä*
ooze v *tihkua;* s *muta*
o'pal *opaali*
opa'que *läpikuultamaton; samea*
o'pen *avonainen, avoin; auki,
avoinna; altis,* to *jllek; vapaa,
suojaton;* v *avata;* in the ~ air
taivasalla; with ~ arms *avosy-
lin;* ~ space *puistikko, vapaa
maasto;* ~ up *avata, raivata;*
~-handed *avokätinen*
o'pening *aukko*
op'era *ooppera;* ~ hat *(litis-
tettävä) silinteri;* ~-glasses
teatterikiikari
op'erate *toimia, käyttää (ko-
netta), vaikuttaa; leikata*
opera'tion *toiminta; leikkaus;
sotatoimi;* in ~ *käynnissä;
voimassa*
op'erative a *tehokas; käyttö-,
leikkaus-;* s *työläinen*
opin'ion *mielipide;* in my ~
minun mielestäni
opin'ionated *omapäinen*
oppo'nent *vastustaja*
op'portune *sopiva, otollinen*
opportu'nity *(sopiva) tilaisuus*
oppo'se *vastustaa*

op'posite *vastapäätä; päinvas-
tainen;* s *vastakohta*
opposi'tion *vastustus*
oppres's *sortaa; ahdistaa*
oppres'sion *sorto; ahdistus*
oppres'sive *painostava*
opt: ~ for *valita;* ~ out *kiel-
täytyä*
optic'ian *optikko*
op'timum *paras, suotuisin*
op'tion *valinnanvara*
op'tional *valinnainen*
op'ulence *rikkaus*
op'ulent *rikas, äveriäs*
or *tai, eli; vai;* ~ else *tai muu-
toin;* ... ~ so *noin*
or'acle *oraakkeli*
o'ral *suullinen*
or'ange *appelsiini*
ora'tion *puhe*
or'ator *puhuja*
or'atory *puhetaito*
or'b *pallo, taivaankappale*
or'bit *rata; silmäkuoppa;* go
into ~ *asettua radalleen (ava-
ruudessa)*
or'chard *hedelmätarha*
or'chestra [k] *orkesteri*
ordai'n *vihkiä papiksi; säätää*
or'deal *koettelemus, tulikoe*
or'der s *järjestys; käsky; tilaus;
(maksu)osoitus; luokka, arvo-
aste; ritari|kunta, -merkki;
(kasv. ym) lahko;* v *käskeä;
tilata;* alphabet'ical ~ *aak-
kosjärjestys;* in ~ *kunnossa,
järjestyksessä;* in ~ to *jotta,
(learn) oppiakseen;* on ~
tilattu, tilauksessa; on the ~s
of *jkn käskystä;* out of ~
epäkunnossa; made to ~
tilauksesta tehty
or'derly a *säännöllinen, hyvin
järjestetty;* s *lähetti*
or'dinal *järjestys(luku)*
or'dinance *määräys*
or'dinary *tavallinen*
or'dnance *tykistö*
o're *maimi*
or'gan *elin; urut*
organ'ic *elimellinen*
or'ganism *elimistö; eliö*
or'ganist *urkuri*
organiza'tion *järjestö*
or'ganize *järjestää*
or'gy [-dži] *juomingit,* orgia

o'rient: the O~ *itämaat;* ~ o.s. *orientoitua*
orien'tal *itämäinen*
o'rientate (o.s.) *määrätä asema(nsa), orientoitua;* ~d towards *suunnistunut jhk*
or'ifice *suu, aukko*
or'igin *alkuperä, synty*
orig'inal a *alkuperäinen;* s *alkuteos,* -kieli; *originaali*
orig'inate *saada aikaan, panna alulle; saada alkunsa,* in, from *jstk*
orig'inator *alkuunpanija*
or'nament s *koriste;* v *koristaa*
ornamen'tal *koristeellinen*
orna'te *koristeltu*
or'phan *orpo;* ~ed *orvoksi jäänyt*
or'phanage *orpokoti*
or'thodox *oikeaoppinen*
osc'illate [osil-] *heilahdella*
oscilla'tion *heilahdus*
o'sier *koripaju*
os'prey *kalasääksi*
os'sify *luutua, (kuv.) kangistua, piintyä*
osten'sible *näennäinen*
ostenta'tion *rehentely*
ostenta'tious *komeileva*
ostler [sl] *tallirenki*
os'trich *kamelikurki*
oth'er [a] *toinen, muu;* the ~ day *tässä eräänä päivänä;* (please, show me) some ~s *joitakin muita;* on the ~ side of *jnk toisella puolella;* the ~ way about *aivan päinvastoin;* oth'erwise [a] *muutoin*
ot'ter *saukko*
ought [o:t]: I ~ to *minun pitäisi*
ounce *unssi*
our, -s *meidän;* a friend of ~s *eräs ystävämme*
oursel'ves *itse; itse(ä)mme*
oust *karkottaa*
out *ulkona, ulos, pois(sa); ilmi; ilmestynyt; lopussa; sammunut;* ~ of *ulos jstk,* -sta, -stä; *ulkopuolella;* ~ of work *työtön;* ~ and away (the best) *verrattomasti;* be ~ for *tavoitella, pyrkiä jhk;* have it ~ with *selvittää asiansa jkn kanssa;* way ~ *ulospääsy*
outbid' *tarjota enemmän*
out'board *ulkolaita-*

outbreak *syttyminen; puhkeaminen*
outburst *purkaus*
outcast *hylkiö*
outcome *tulos*
outdis'tance *jättää jälkeensä*
outdo' *voittaa*
out'door't *ulkoilma-;* ~s *ulkona*
ou'ter *ulompi, ulko-*
outfit *varusteet*
outgro'w *kasvaa jtk suuremmaksi; päästä (jstk tavasta)*
ou'ting *huviretki*
outlaw *henkipatto*
outlay *kustannukset*
outlet *purkautumistie, ulospääsy*
outline s *ääriviiva(t);* v *hahmotella*
outliv'e *elää kauemmin kuin*
outlook *näköala; toiveet; katsomus*
outnum'ber *ylittää (jnk) lukumäärä*
outpost *etuvartio*
output *tuotanto*
ou'trage [ei] s *väkivalta;* v *törkeästi loukata*
outra'geous *törkeä*
outright *kerta kaikkiaan, kauttaaltaan, avoimesti, suorastaan; täydellinen*
outrun' *voittaa nopeudessa; ylittää*
outset *alku*
outside *ulkopuoli,* -puolella
outsider *sivullinen*
outsize *erikoisen suuri koko*
outskirts *laitaosa, liepeet*
outstan'ding *huomattava; maksamaton*
out'stay: ks. welcome
outstrip' *voittaa*
out'ward *ulko(inen), ulkonainen; (m. ~s) ulospäin*
outweigh' *pa naa enemmän kuin*
outwit' *voittaa viekkaudessa*
o'val *soikea*
o'vary *munasarja*
oven [avn] *(leivin)uuni*
o'ver *yläpuolella* -lle, *yli; läpi; ohi, lopussa; liikaksi;* ~ again *vielä kerran;* ~ and ~ again *kerran toisensa jälkeen;* all ~ the world, the world ~ *kaikkialla; maailmassa;* (that's) Brown all ~ *aivan Brown in kaltaista*

overall *suojapuku haalarit*
overbear'ing [eö] *käskevä*
overcast *pilvinen*
overcharge *vaatia liian suuri hinta, ylikuormittaa*
overcoat *päällystakki*
overcom'e *voittaa; vallata*
overcrow'd|ed *täpötäysi; -ing tilanahtaus*
overdo' *liioitella*
o'verdose *liika-annos*
o'verdraw' *ylittää (tili)*
o'verdu'e *myöhästynyt*
o'verea't *syödä liikaa*
o'veres'timate *yliarvioida*
o'verexpo'sure *liikavalotus*
overflo'w *tulvia (yli); ~ing ylitsevuotava*
overhau'l *tarkastaa perinpohjin*
o'verhead' costs *yleiskustannukset*
overhear' *sattua kuulemaan*
overlap' *peittää osittain; ~ping limittäin oleva*
overlook' *ei huomata; ... ~ing ... josta on näköala jnnek*
overpow'ering *musertava*
o'ver-produc'tion *liikatuotanto*
o'verri'ding *ensiarvoinen*
overrun' *levitä jnk yli*
o'versea's *merentakainen*

overseer *päällysmies*
oversight *erehdys*
oversleep *nukkua liikaa*
overta'ke *tavoittaa, ohittaa*
overthro'w *kukistaa*
o'verture *alkusoitto; aloite*
overturn *kaataa kumoon*
overweight *liikapaino*
overwhel'm *musertaa; ~ed with grief menehtymäisillään suruun; ~ing valtava, musertava*
o'verwor'k *tehdä liikaa työtä*
ovum (*pl. ova*) *muna*
o'we *olla velkaa, olla kiitollisuuden velassa*
o'wing to *jnk johdosta*
owl [aul] *pöllö*
o'wn a *oma; v omistaa; tunnustaa, myöntää; a house of my ~ oma talo; on one's ~ omin neuvoin, ilman apua*
o'wner *omistaja*
o'wnership *omistus (oikeus)*
ox (*pl. oxen*) *härkä*
Oxbridge = *Oxford* (*in*) *ja Cambridge* (*n*)
ox'ygen *happi*
oy'ster *osteri*
oz. = *ounce*

P

p [pi] *p-kirjain; p. = page; penny (uusi penni)*
pa [pa:] *isä, isi, pappa*
pa'ce s *askel; käynti; v astua; keep ~ with pysyä jkn rinnalla; set the ~ määrätä vauhti*
pa'cemaker (*urh.*) *vetäjä*
pacif'ic: the P~ (Ocean) *Tyyni Valtameri*
pac'ifist *pasifisti*
pac'ify *rauhoittaa*
pack s *mytty; pakka, pinkka, rasia; joukko, lauma, (ice ~) ahtojää; v pakata, sällöä tölkkeihin*
pack'age s *pakkaus, käärö; v pakata; käärlä; ~ deal pakettiratkaisu; ~d tour valmismatka*
pack'et (*pieni*) *käärö, paketti,*

rasia; ~-boat postilaiva
pact *sopimus*
pad s *pielus, pehmuste, (väri)-tyyny; lehtiö; v pehmustaa*
pad'ding (*vanu*) *täyte, pehmuste*
pad'dle s *mela; v meloa*
pad'dle-wheel *siipiratas*
pad'dock *hevoshaka, aitaus*
pad'lock *riippulukko*
p(a)ediatric'ian *lastenlääkäri*
pa'gan *pakana (llinen)*
pa'ge s (*kirjan*) *sivu; hotellipoika, hovipoika; v numeroida*
pag'eant *historiallinen kulkue loistava näytelmä*
paid *imp. & pp. ks. pay; well ~ hyvin palkattu*
pail *sanko, ämpäri*
pain s *kipu, tuska; v tuottaa*

tuskaa; take ~s nähdä vaiva
pai'nful tuskallinen
pai'nless kivuton
pain'staking erittäin huolellinen,
tunnollinen
paint v maalata; s väri, maali
pai'nter maalari; taidemaalari
pai'nting maalaus
pair s pari; v yhdistää (t. liittyä)
pariksi; a ~ of scissors sakset
pal toveri, kaveri
pal'ace palatsi, linna
pal'atable maukas
pal'ate kitalaki
pa'le a kalpea; vaalea; v kalveta; s paalu, (kuv.) raja
Pal'estine Palestiina
Palestin'ian palestiina ainen
palisa'de paaluvarustus
pall-bearer [o:] (paarivaatteen) kantaja
pal'liate lievittää
pal'lid kalpea
pal'lor kalpeus
palm [pa:m] kämmen; palmu
pal'pable kouraantuntuva; ilmeinen
pal'pitate tykyttää
palsy [o:] halvaantuminen; cerebral ~ aivovaurio
paltry [o:] mitätön
pam'per hemmotella
pam'phlet lentolehtinen
pan s pannu, (laakea) vuoka, allas, (WC) pönttö, vaakakuppi; v panoroida; ~ for gold huuhtoa kultaa
pancake pannukakku
pan'der v: ~ to kiihottaa, edistää
pa'ne ruutu
pan'el paneli, seinälaudoitus; ruutu, levy; valtion sairausvakuutuslääkärien luettelo; valamiesluettelo; ~ discussion korokekeskustelu; ~led paneloitu
pang tuska, kipu
pan'ic s pakokauhu; v (-ck-) joutua kauhun valtaan
pan'sy orvokki
pant v läähättää, huohottaa; s huohotus; ~s alushousut, Am housut
pan'ties (naisten pikku)housut
panti-hose sukkahousut
panti-waist housulilivit

pan'tomime elenäytelmä
pan'try ruokasäiliö
pap velli, pöperö
pa'pal paavillinen
pa'per s paperi; sanomalehti; esitelmä, tutkielma; pl. asiakirjat; v panna seinäpaperit
paperback tasku|kirja, -painos
paper-hanger tapetinpanija
paper-mill paperitehdas
par samanarvoisuus; nimellisarvo
par'able vertaus
par'achute laskuvarjo
para'de s komeilu; paraati v komeilla jilak
par'adise paratiisi
par'adox paradoksi
paradox'ical paradoksimainen
par'affin parafiini ~ oil paloöljy
par'agon esikuva
par'agraph kappale
par'allel a yhdensuuntainen; s rinnastus; v olla rinnastettavissa jhk; without a ~ vertaa vailla; ~ bars nojapuut
par'alyse halvata; lamauttaa
paral'ysis halvaus
par'amount ylin, korkein
par'apet rinta|varustus, -noja
par'aphrase v lausua toisin sanoin
par'asite loinen
par'asol päivänvarjo
par'atroops laskuvarjojoukot
par'boil kiehauttaa
par'cel s käärö, paketti; ~ out jakaa osiin; by ~ post postipakettina
parch paahtaa
par'chment pergamentti
par'don s armahdus; v antaa anteeksi; I beg your ~ anteeksi; mitä (sanoitte)? kuinka?
par'donable anteeksiannettava
pa're kuoria, leikata (kynsiä)
pa'rent isä, äiti; ~s vanhemmat
par'entage sukuperä
paren'the|sis (pl. -ses) sulkumerkki; in ~ (t. pl.) sulkeissa
par'ish seurakunta
parish'ioner seurakuntalainen
par'ity tasa-arvoisuus
park s puisto; luonnonpuisto; v pysäköidä; ~ing lot, car ~

paikoitusalue; ~ing place
pysäköimispaikka
par'liament parlamentti
parliamen'tary parlamentti-
parliamenta'rian parlamentaa-
rikko
parlor-car Am. salonkivaunu
par'lour sali; olohuone; beauty
~ kauneussalonki
parlour-maid sisäkkö
paro'chial [-k] seurakunnan
par'ody s tvamukailu; v parodi-
oida
paro'le kunniasana
par'oxysm puuska
par'quet [-kei] parketti
par'rot papukaija
par'ry väistää, torjua
parse jäsentää (lause)
parsimo'nious kitsas
par'sley persilja
par'snip palsternakka
par'son kirkkoherra
par'sonage pappila
part s osa; osuus; ääni (mus.)
pl. seutu, tienoo; v erottaa,
erota, from; luopua, with;
panna jakaukselle; ~s of
speech sanaluokat; in ~ osit-
tain; for my ~ omasta puo-
lestani; take ~ in ottaa osaa
parta'ke osallistua
par'tial osittainen; puolueelli-
nen; ~ly osittain
partic'ipate ottaa osaa, in jhk
par'ticiple partisiippi
par'ticle osanen
partic'ular a erityinen; yksi-
tyinen, -skohtainen, tarkka;
nirso; s yksityiskohta; full ~s
tarkat tiedot
partic'ularly erikoisesti, erikoi-
sen; varsinkin
parting eroaminen, jakaus,
(tien)haara
partisan' puoluemies; sissi
partit'ion s jako; väliseinä; v
jakaa, osittaa
par'tly osaksi, osittain
par'tner yhtiötoveri, osakas;
(peli-, tanssi)kumppani
partnership kumppanuus, yhtiö-
toveruus
part-payment osamaksu
part-time osapäivä-, osa-aika
par'tridge peltopyy

par'ty puolue; joukko, seurue;
kutsut, juhlat
pass [a:] v kulkea, mennä ohi;
kulua; tapahtua; läpäistä;
käydä, for. as, jstk; ylittää;
s hyväksyminen; lupalippu,
passi; sola; ~ away kuolla;
~ by sivuuttaa; ~ on jatkaa
matkaa, ojentaa (seuraaval-
le); ~ out menettää tajuntan-
sa; ~ over sivuuttaa; come to
~ tapahtua
passable [a:] kohtalainen
pas'sage läpikulku, ylimeno,
(meri)matka; käytävä; (kir-
jan) kohta, kappale
pas'senger matkustaja
passer-by [a:] ohikulkija
passing [a:] a ohimenevä; s
lähtö, kuolema; in ~ ohimen-
nen
pas'sion intohimo; vimma, rai-
vo; kärsimys
pas'sionate intohimoinen
pas'sive passiivi(nen)
pass'key [a:] yleisavain
passport [a:] passi
password [a:] tunnussana
past [a:] a kulunut, mennyt,
ohi, yli; s menneisyys; ~ tense
imperfekti; half ~ two (kello)
puoli kolme; it is 10 (minutes)
~ 8 kello on kymmentä yli
kahdeksan; (the pain is) ~
bearing sietämätöntä
pa'ste s taikina, tahna; liisteri,
v liisterö.dä
pa'steboard pahvi
pas'tel värillitu
pas'time [a:] ajanviete
pas'tor [a:] pastori
pas'toral paimen-
pa'stry leivos(taikina), leivon-
naiset
pas'ture [a:] laidun
pat v taputtaa; s taputus, (voi)-
nokare; adv empimättä, val-
miina; stand ~ pysyä kannal-
laan
patch s paikka, tilkku; v pai-
kata (m. ~ up)
pa'te pää, kallo
pa'tent s patentti; a ilmeinen,
avoin; ~ leather kiiltonahka
patentee' patentinhaltija
pater'nal isällinen
pater'nity isyys

path [a:], -way *polku*
pathet´ic *liikuttava*
pa´tience [š] *kärsivällisyys*
pa´tient a *kärsivällinen;* s *potilas*
patio [a:] *valopiha*
pa´triarch [k] *patriarkka*
patric´ian *ylimys*
pat´riot [m. pei-] *isänmaanystävä*
patriot´ic *isänmaallinen*
pa´triotism *isänmaanrakkaus*
patro´l s *kulkuvartio, partio;* v *partioida*
pa´tron suojelija; ~ saint *suojeluspyhimys*
pat´ronage *suojelus*
pat´ronize *suojella*
pat´ter v *rapista, kopista;* s *rapina; papatus, erikoiskieli*
pat´tern *malli, kaava; esikuva; näyte*
pat´ty *pasteija*
paunch *(ihra)maha*
pau´per *vaivai(shoitolai)nen*
pause s *tauko, keskeytys;* v *pysähtyä*
pa´ve *kivetä; kuv. tasoittaa*
pa´vement *jalkakäytävä*
pavil´ion *paviljonki, telttakatos*
paw s *käpälä, tassu;* v *kuopia (maata), kopeloida, läädppiä*
pawn s *pantti, (šakki)sotamies, -nappula;* v *pantata*
pawn-broker *panttilainaaja*
pay v *maksaa,* for *jstk;* kannattaa; s *palkka;* ~ attention to *kiinnittää huomiota jhk;* ~ a visit to *käydä vieraisilla jkn luona;* ~ its way *kannattaa*
pay´able *maksettava*
pay´ing *kannattava*
pay´ment *maksu*
P.A.Y.E. = pay as you earn *veronpidätys*
pea *herne*
peace *rauha*
peaceable *sopuisa*
peaceful *rauhallinen*
peach *persikka*
peacock *riikinkukko*
peanut *maapähkinä*
peak *huippu; lippa;* ~ load *huippukuormitus;* ~ed cap *lippalakki*
peal s *jyrähdys, remahdus; kellojensoitto;* v *soida*
pear [peö] *päärynä*

pearl [ö:] *helmi*
peas´ant [e] *talonpoika, maalainen*
peas´antry *maalaisväestö*
peat *polttoturve, turvepehku*
peb´ble *pikkukivi*
peck *nokkia, näykkiä*
pecu´liar *omituinen; erikoinen;* ~ to *jllek ominainen;* ~ly *erikoisen, erityisen*
peculiar´ity *omituisuus*
pecu´niary *raha-*
ped´al s *poljin;* v *polkea*
pedan´tic *turhantarkka*
ped´dle *harjoittaa kulkukauppaa; kaupustella, levitellä*
ped´estal *jalusta*
pedes´trian *jalankulkija*
ped´igree *suku\puu, -taulu;* ~(d) *kantakirja-*
ped´lar *kulkukauppias*
peek *tirkistää*
peel s *kuori;* v *kuoria; kesiä*
peep *tirkistää; pilpittää;* ~ out *kurkistaa*
peer s *vertainen; pääri;* v *katsella silmiään siristellen*
pee´rage *päärinarvo, päärit*
pee´rless *verraton*
peevish *kärtyinen, äreä*
peg *tappi, vaarna, (vaate)naula; pyykkipoika;* v *kiinnittää vaarnalla t. paalulla; vakauttaa;* take a p. down a ~ *(or two) ottaa jklta luulot pois;* ~ away *ahertaa;* ~ out *heittää henkensä*
pe´ke = Pekine´se *kiinanpalatsikoira*
pel´let (pieni) pallo
pelt v *heitellä, pommittaa; sataa rankasti;* s *turkki*
pel´vis *lantio*
pen s *kynä; karsina;* v *sulkea tarhaan;* ~ friend *kirjeenvaihtotoveri;* ~ name *kirjailijanimi;* play~ *leikkikehä*
pe´nal *rangaistus-, rikos-*
pen´alty *rangaistus; sakko*
pen´ance *katumus*
pen´cil *lyijykynä*
pen´dant *riipus; (vasta)pari*
pen´ding a *ratkaisematon;* prep *jnk kuluessa*
pen´dulum *heiluri*
pen´etrate *tunkeutua jnk läpi*

penetra'tion *terävyys; tunkeutuminen jhk*
penicil'lin *penisilliini*
penin'sula *niemimaa*
pen'itence *katumus*
pen'itent *katuva*
peniten'tiary *Am. vankila*
pen'niless *pennitön*
pen'ny (*pl.* pence) *penny(n raha)*
pen'sion s *eläke;* v *panna eläkkeelle*
pen'sive *mietiväinen*
pen'thouse *suojakatos; ullakko-, kattoasunto*
Pen'tecost *helluntai*
pent-up *tukahdutettu*
pen'ury *puutteenalaisuus*
pe'ony *pioni (kukka)*
people [i:] *ihmiset; kansa;* v *asuttaa;* ~s *kansat;* some ~ *jotkut ihmiset;* several ~ *were hurt useita henkilöitä loukkaantui*
pep *sisu;* ~ pill *piristyspilleri;* ~ talk *ryhdistävä puhe*
pep'per *pippuri*
pep'permint *piparminttu*
per: ~ annum *vuodessa;* ~ cent *prosentti(a);* ~ head *hengeltä*
peram'bulator *lapsenvaunut*
perce'ive [i:] *tajuta, oivaltaa*
percen'tage *prosentti -määrä*
percep'tible *havaittava*
percep'tion *oivallus, havaintokyky, käsityskyky*
percep'tive *huomiokykyinen*
perch s *orsi; ahven;* v *istua (kuin orrella) sijaita korkealla*
percus'sion *isku, lyönti(-); koputus (lääk.)*
perdi'tion *kadotus*
per'egrine *muutto(haukka)*
perem'ptory *ehdoton, jyrkkä*
peren'nial *monivuotinen, ikiper'fec't a täydellinen; virheetön moitteeton; present* ~ *perfekti;* v *kehittää täydelliseksi*
perfec'tion *täydellisyys*
per'fectly *erinomaisesti aivan, erinomaisen*
perfid'ious *petollinen*
per'forate *puhkaista; rei'ittää*

perfora'tion *reikä*
perfor'm *tehdä, suorittaa; esittää (laulaa, näytellä ym);* ~ing *temppuja tekevä, opetettu*
perfor'mance *esitys; suoritus-(kyky)*
per'fume *tuoksu; hajuvesi*
perfun'ctory *pintapuolinen, leväperäinen, huolimaton*
perhap's *ehkä*
per'il *vaara*
per'ilous *vaarallinen*
pe'riod *kausi, ajanjakso, aika, (opetus)tunti; piste; kuukautiset*
period'ical s *aikakauslehti;* a *ajoittainen;* ~ly *aika ajoin määräajoin*
periph'ery *kehä*
per'ish *tuhoutua; kuolla; mennä pilalle*
per'ishable *helposti pilaantuva*
peritoni'tis *vatsakalvon tulehdus*
per'jure *vannoa väärin*
per'jury *väärä vala*
perk (~ up) *piristyä, nostaa pystyyn; (kahvista) pulputa keittää aromikeittimessä*
perks ks. *perquisites*
per'ky *pirteä; nenäkäs*
perm — permanent wave
per'manence *pysyväisyys*
per'manent *pysyväinen;* ~ wave *permanentti*
per'meate *tunkeutua läpi*
permis'sion *lupa*
permis'sive *suvaitsevainen*
permit' *sallia;* s [-'-] *lupalippu*
pernic'ious *tuhoisa*
perpendic'ular *kohtisuora*
per'petrate *tehdä (rikos ym)*
perpet'ual *alituinen*
perpet'uate *ikuistaa*
perplex' *hämmentää;* ~ed *ym-mällään (oleva)*
perplex'ity *hämmennys; pulmallinen tilanne*
per'quisites *sivutulot*
per'secute *ajaa takaa*
persecu'tion *vaino.* ~ ma'nia *vainoharhaisuus*
perseve'rance *hellittämättömyys*
perseve're *pysyä lujana*
Per'sia [š] *Persia*
Per'sian [š] *persialainen*

persis't itsepintaisesti pitää kiinni, in jstk; pysyä järkähtämättömänä; jatkua, elää edelleen
persis'tence hellittämättömyys
persis'tent itsepintainen
per'son henkilö, persoona; in ~ henkilökohtaisesti
per'sonage (huomattava) henkilö
per'sonal henkilökohtainen
personal'ity persoonallisuus; luonne; henkilö
person'ify olennoida
personnel' henkilökunta
perspec'tive perspektiivi
perspira'tion hiki
perspi're hikoilla
persua'de taivuttaa, suostuttaa
persua'sion suostuttelu; vakaumus, uskomus
persua'sive vakuuttava
pert nenäkäs
pertai'n kuulua, liittyä, to
pertina'cious hellittämätön
per'tinent jhk kuuluva, asiaankuuluva; sattuva; ~ly m. asiallisesti
pertur'b hämmentää, tehdä levottomaksi
peru'se lukea (tarkkaavasti)
perva'de tunkeutua kaikkialle, täyttää kokonaan
per'verse pahantapainen
perver't v tehdä kieroksi, johtaa harhaan, turmella; s [-'-] kieroutunut henkilö
pes'simist pessimisti
pest maanvaiva; tuhohyönteinen
pes'ter kiusata
pes'ticide tuholaismyrkky
pes'tilence rutto
pestle [sl] s survin; v survoa
pet lemmikki(eläin); pahantuulen puuska; v hyvällä; ~ name lempinimi; ~ting rakastelu
pet'al terälehti
pe'ter: ~ out ehtyä
petit'ion v anoa; s anomus
pet'rel: stormy ~ ulappapääsky
pet'rify kivettää, -tyä, be -fied jähmettyä kauhusta
pet'rol bensiini
petro'leum petroli, paloöljy
pet'ticoat alushame
pet'ty pieni vähäpätöinen; officer aliupseeri (meriv.)

pet'ulant oikullinen
pew kirkonpenkki
pew'ter tina(-astiat)
phan'tom aave; harhakuva
phar'isee fariisealainen
phar'macy apteekki
pha'se vaihe, jakso
pheas'ant [fez-] fasaani
phenom'en|on (pl. -a) ilmiö
philan'thropist ihmisystävä
philan'thropy ihmisystävyys
philat'elist postimerkkeilijä
philol'ogist kielitieteilijä
philol'ogy kielitiede
philos'opher filosofi
philos'ophy filosofia
phlegmat'ic hidasluonteinen
pho'ne s puhelin; kuuloke; v soittaa puhelimella; he is on the ~ hänellä on puhelin; picture ~ näköpuhelin
phonet'ic foneettinen
pho'n(e)y vale-; s huijari
phon'ograph Am. gramofoni
pho'to valokuva
pho'tocopy valokopio(ida)
pho'tograph [a:] s valokuva v valokuvata
photog'rapher valokuvaaja
photog'raphy valokuvaus
phra'se lausetapa, sanonta
phys'ic: ~s fysiikka
phys'ical ruumiillinen, fysikaalinen; ~ exercise liikunta
physic'ian [s] lääkäri
phys'icist fyysikko
physiq'ue [i:] ruumiinrakenne
pian'o piano; grand ~ flyygeli
pick s kärkikuokka (m. -axe); v poimia, nokkia, nyppiä; (out) valikoida. ~ up nostaa (maasta), saada käsiinsä; oppia; ottaa mukaan (matkustaja); lisätä (nopeutta); toipua; the ~ of ... jnk paras osa, valio-
pick'et s selvas, paalu; vartioloukko, -mies; lakkovartija; v asettaa vartioon
pick'le s suola-, etikkaliemi; v säilöä suola- t. etikkaliemeen; ~s pikkelsi
pickpocket taskuvaras
pick'up (levysoittimen) äänivarsi; tilapäistuttava; (paketti- ym) auto

pic'nic *huvimatka;* v(-ck-) *teh-dä huviretki*

picto'rial *kuva-(lehti)*

picture s *kuva; muotokuva, maalaus;* v *kuvata; kuvitella;* the ~s *elokuvat;* ~ gallery *taidemuseo*

pictures'que *maalauksellinen*

pid'dling *mitätön*

pi'e *piiras;* a finger in the ~ *sormi pelissä*

piece [i:] s *palanen, pala, kappale;* v *panna kokoon;* ~ of advice *neuvo;* in ~s *sirpaleina;* go to ~s *mennä säpäleiksi;* give sb. a ~ of one's mind *sanoa jklle suorat sanat*

pier [piö] *aallonmurtaja*

pierce [piös] *tunkeutua jnk lävitse, lävistää*

pi'ety *hurskaus*

pig *sika, porsas; harkko;* buy a ~ in a poke *ostaa sika säkissä*

pig'eon [dž] *kyyhkynen*

pigeon-hole *lokero*

pig'ment *värlaine*

pigtail *niskapalmikko*

pi'ke s *keihäs; hauki*

pi'le s *pino, kasa; paalu;* v *pinota, kasata*

pi'les *peräpukamat*

pil'fer *näpistellä*

pil'grim *pyhiinvaeltaja*

pill *pilleri;* the ~ *ehkäisypilleri*

pill-box *pillerirasia; (sot.) (tuli)korsu, bunkkeri*

pil'lage v *ryöstää;* s *ryöstäminen*

pil'lar *pilari*

pillar-box *postilaatikko*

pil'lion *takasatula*

pil'lory *häpeäpaalu*

pil'low *päänalus, pielus*

pillow-case, ~-slip *tyynynpäällinen*

pi'lot s *luotsi; (lentok.) ohjaaja;* v *luotsata; ohjata*

pimp *parittaja*

pim'ple *näppylä*

pin s *nuppineula; nasta tappi;* v *kiinnittää (neulalla ym);* ~ money *taskurahat;* on ~s and needles *kuin tulisilla hiilillä*

pin'afore *(lapsen) esiliina*

pin'cers *pihdit*

pinch v *nipistää; puristaa;* »*napata*» *kiinni; kähveltää;* s

nipistys; hyppysellinen; pula; ~ed kireä; get ~ed joutua kiinni

pi'ne s *mänty;* v *riutua*

pi'neapple *ananas*

pin'ion *leikata siivet; sitoa kädet kylkiin*

pink s *neilikka;* a *vaaleanpunainen*

pin'nacle *huippu*

pin'ny *essu*

pi'nt *mitta (0,57 l)*

pionee'r [pai] s *uranuurtaja;* v *olla tienraivaajana*

pi'ous *hurskas*

pip *(omenan ym) siemen; tähti (upseerin kauluksessa); (rad.) äänimerkki*

pi'pe s *putki; piippu; ruokopilli, huilu;* v *soittaa pillillä; varustaa (talo) putkilla*

pipe-line *putkijohto*

pi'per *säkkipillin (ym) soittaja*

pi'ping *putkisto; teresauma;* ~ hot *sihisevän kuuma*

piqued (pi:kt) *loukkaantunut*

pi'rate *merirosvo*

pis'tol *pistooli*

pis'ton *mäntä*

pit *kuoppa; kaivos; takapermanto; (rokon)arpi;* ~ one's strength against *ryhtyä taisteluun;* ~ted *rokonarpinen*

pitch v *heittää; syöksyä; pystyttää (teltta);* s *aste: sävelkorkeus; piki;* ~-dark *pilkkopimeä;* high-~ed *korkea;* was ~ed out of the car *sinkoutui autosta*

pit'cher *kannu, kaadin*

pitchfork *heinähanko*

pit'jeous, -iable *säälittävä*

pitfall *salakuoppa; (pilievä) vaara*

pith *ydin*

pit head *kaivosaukko*

pit'iful *surkuteltava: säälivä*

pit'iless *säälimätön*

pity s *sääli.* v *säällä (m.* have ~ on): it is a ~ *on vahinko*

piv'ot s *kääntönasta, tappi;* v *kääntyä tapin varassa*

plac'ard *juliste*

placa'te *lepyttää*

pla'ce s *paikka;* v *asettaa;* at my ~ *kodissani;* in ~ of *jnk*

sijasta; out of ~ sopimaton;
take ~ tapahtua
plac'id tyyni, levollinen
pla'gue s rutto; maanvaiva; v
kiusata
plaice punakampela
plaid [-äd] (ruudukas) huopa
plain a selvä, yksi\nk\ertainen,
-värinen; ruma; tasainen; s
tasanko; ~ clothes siviilivaat-
teet; ~ speaking suorat sanat
plai'ntiff kantaja
plai'ntive valittava
plait [-ät, -eit] s palmikko; v
palmikoida
plan s suunnitella; v suunnitel-
ma, pohjapiirustus, asema-
kaava; as ~ned suunnitelman
mukaisesti
pla'ne s taso; höylä; lentokone;
v höylätä; ~-tree plataani
plan'et kiertotähti
plank lankku
plan'kton kellujaelosto
plan'ning suunnittelu
plant [a:] s kasvi; (teollisuus)-
laitos, tehdas(rakennukset
ym); v istuttaa
plan'tain ratamo
planta'tion (sokeri- ym) vilje-
lys, plantaasi
planter [a:] viljelijä
plaque [-a:k] muistolevyke
plas'ma [z] veriplasma
plas'ter [a:] s laastari; kipsi-
(laasti); v laastita, sivellä pak-
sulti; laastaroida; ~ cast kip-
siside
plas'tic muovi; plastiikka-
pla'te s lautanen; levy, laatta,
nimikilpi; (hopea)kalusto; v
peittää metallilevyllä; hopeoida
plateau' ylätasanko
plat'form koroke; asemasilta,
laituri
plat'inum platina
plat'itude lattea huomautus
platoo'n joukkue (sot.)
plat'ter iso vati
plau'sible uskottavalta näyttävä,
todennäköinen
play v leikkiä, pelata; näytellä,
esittää; soittaa; välkkyä; s
leikki, näytelmä; give full ~
to päästää valloilleen; ~ a
trick tehdä kepponen; ~ at
boxing olla nyrkkeilevinään;

~ed out uupunut, aikansa elä-
nyt
playbill teatterijuliste
playboy »rattopoika»
playful leikkisä, leikkimielinen
playground leikkikenttä
playing card pelikortti
plaything leikkikalu, lelu
playwright näytelmäkirjailija
plea vetoomus, puolustus
plead ajaa (jkn asiaa); ~
guilty tunnustaa syyllisyytensä
pleas'ant [e] miellyttävä, haus-
ka; (have a) ~ journey! hy-
vää matkaa!
please [i:] miellyttää, tehdä
(jklle) mieliksi; ole (olkaa)
hyvä! (... do) as you ~ kuten
haluat; yes, ~ kyllä, kiitos
pleased tyytyväinen, iloinen
pleasing miellyttävä
pleasure [ež] mielihyvä, ilo
huvi; halu
pleat laskos
pleb'iscite [-sit] kansanäänestys
pled'ge s pantti, vakuus; v antaa
pantiksi, sitoutua maksamaan
plen'tieous, -iful runsas, yltä-
kylläinen
plen'ty runsaus; ~ of paljon
pleu'risy [uö] keuhkopussintu-
lehdus
pli'able, -ant taipuva, notkea;
myöntyväinen
pli'ers (taivutus)pihdit
pli'ght [-ait] s huono (vaikea)
tila; v antaa (sanansa)
plod kulkea raskain askelin;
uurastaa
plonk viinakset
plot s salajuoni; (näytelmän
ym) juoni; (maa)palsta; v
vehkeillä
plough [-au] s aura; v kyntää
(Am. plow)
pluck v kyniä; nyhtäistä; reput-
taa; s rohkeus, sisu; ~ up
courage rohkaista mielensä
pluck'y sisukas
plug s tulppa; pistotulppa
(sähk.); v tukkia tulpalla; ~
in kytkeä pistorasiaan
plum luumu; ~ pudding joulu-
vanukas
plu'mage höyhenpeite
plumb [-am] s mittaluoti; a
luotisuora; v luodata, tutkia

plumb'er [-mö] *putkityöläinen, putkimies*

plumb'ing [-ming] *putkityöt;* modern ~ *uudenaikaiset saniteettilaitteet*

plu'me *sulka(töyhtö)*

plum'met *lyijy|luoti, -paino*

plump a *pullea, paksu;* v *pullistua, lihoa;* ~ *for antaa täysi kannatus jklle*

plun'der v *ryöstää;* s *saalis*

plun'ge *upottaa; syöksyä*

plun'ger *mäntä*

plu'ral *monikko*

plural'ity *enemmistö*

plus *ynnä*

plush *nukkakangas*

ply' *käyttää (ahkerasti); tyrkyttää; liikennöidä;* three- ~ *kolminkertainen*

plywood *vaneri*

p.m. = *post meridiem j.p.p.*

P.O. = *Post Office*

pneumat'ic [nju:-] *ilma-*

pneumo'nia [nju(:)-] *keuhkokuume*

poach *harjoittaa salametsästystä;* ~ed eggs *hyydytetyt munat*

poa'cher *salametsästäjä*

pock'et s *tasku;* v *pistää taskuun*

pod *palko*

pod'gy *lyhyt ja paksu*

po'em *runo*

po'et *runoilija*

poet'ic(al) *runollinen*

po'etry *runous*

poi'gnant [oin] *katkera, kirvelevä*

point s *kärki, piste, kohta; ydinkohta; tarkoitus; niemi; (kompassin) piiru;* v *osoittaa; teroittaa;* ~ of view *näkökohta;* make a ~ of *pitää välttämättömänä;* on the ~ of falling *putoamaisillaan;* to the ~ *asiallinen, sattuva;* the ~ is *tärkeintä on;* my ~ is *tarkoitan (että);* ~ out *huomauttaa*

pointed *terävä*

pointer *osoitin, karttakeppi; pointteri (koira)*

points: (main) ~ of the compass *(pää)ilmansuunnat*

poise *tasapaino*

poi'son *myrkky*

poi'sonous *myrkyllinen*

po'ke *sysätä, tönäistä; kohentaa (tulta)*

po'ker *hiilihanko; pokeri (peli);* ~ face *pokerinaama*

Po'land *Puola*

po'le *napa; selväs;* P~ *puolalainen;* ~ vault *seiväshyppy*

pole-cat *hilleri*

polem'ic *kynäsota*

polic'e [i:]: the ~ *poliisilaitos;* eight ~ *kahdeksan poliisia*

policeman *poliisi(konstaapeli)*

pol'icy *politiikka, (viisas) menettelytapa; vakuutuskirja*

po'lio(myeli'tis) *lapsihalvaus*

Po'lish *puolalainen; puolankieli*

pol'ish v *kiillottaa;* s *kiillote*

poli'te *kohtelias*

poli'teness *kohteliaisuus*

pol'itic *(viisas)*

polit'ical *poliittinen, valtiollinen;* ~ economy *kansantalous*

politic'ian [-ŝn] *poliitikko*

pol'itics *politiikka*

po'l s *äänestys; äänimäärä;* v *saada (ääniä), äänestää;* public-opinion ~ *mielipidetutkimus;* go to the ~s *mennä äänestämään*

pollu'tant *saastuke, saaste*

pol'len *siitepöly*

pollu'te *saastuttaa*

pollu'tion *saastuminen, saastunelsuus*

polyunsat'urates *monityydyttämättömät rasvahapot*

poiyg'amy *moniavioisuus*

Pomera'nian *pommerilainen; euroopanpystykorva*

pomp *loisto, upeus*

pom'pous *pramelleva, pöyhistelevä; mahtipontinen*

pond *lammikko*

pon'der *miettiä*

pon'derous *painava*

pontoo'n *ponttoni, lauttavene*

po'ny *pieni hevonen, poni*

poo'dle *villakoira*

pool s *lätäkkö; uima-allas; (yhteis)panos, liikeyhtymä;* v *kerätä yhteen, yhdistää;* football ~s *veikkaus,* do the ~s *veikata*

poop *perä(kansi)*

poor *köyhä, huono, kehno; raukka;* ~ health *huono terveys* poo'rly adv *huonosti;* a *huono-vointinen*

pop v *pamahtaa; pantata;* s *pamahdus; limonaati (ym); lyh.* = *popular;* ~ *concert vilhdekonsertti;* ~ *records suositut levyt;* ~ *tune iskelmä;* ~ *the question kosia;* ~ *in piipahtaa jssk;* in ~ *pantissa*

po'pe *paavi*

pop'lar *poppeli*

pop'py *unikko;* -cock *hölynpöly*

pop'ulace *rahvas*

pop'ular *kansan-, -tajuinen, -omainen; suosittu*

popular'ity *kansansuosio*

pop'ularize *tehdä yleiseksi*

pop'ulate *asuttaa*

popula'tion *väestö, asukasluku*

pop'ulous *runsasväestöinen*

por'celain [-slin] *posliini*

porch *kuisti, Am vilpola*

por'cupine *piikkisika*

po're s *huokonen;* v *miettiä, tutkia kiinteästi,* over

pork *sianliha*

pornog'raphy *porno*

po'rous *huokoinen*

por'poise *pyöriäinen delfiini*

por'ridge *(kaurajauho)puuro*

port *satama(kaupunki); port-viini; vaapuuri*

por'table *kannettava; matka-*

por'tal *portti*

porten'd *ennustaa*

porten'tous *pahaenteinen*

por'ter *kantaja; ovenvartija, portleeri*

port-hole *ikkuna; ampuma-aukko*

por'tion s *osa;* v (~ out) *jakaa*

por'tly *komea*

portman'teau *matkalaukku;* ~ *word yhdistesana*

por'trait *muotokuva*

portray' *kuvata, maalata*

po'se s *asento; vaikutuksen tavoittelu;* v *istua mallina,* (~ *as) esiintyä jnak: asettaa (kysymys)*

posit'ion *asema, tila; paikka;* I am not in a ~ *to ... en kykene, en voi*

pos'itive *(ehdottoman) varma; jyrkkä; positiivinen, myönteinen todellinen*

pos'itively *ehdottomasti*

posses's *omistaa;* ~ed *mieletön, jnk riivaama,* by

posses'sion *omistus; omaisuus*

posses'sor *omistaja*

possibil'ity *mahdollisuus*

pos'sible *mahdollinen*

pos'sibly *mahdollisesti, ehkä;* I cannot ~ *en mitenkään voi*

po'st s *pylväs, (oven)pieli; posti; vartiopaikka; toimi, virka;* v *panna postiin, asettaa (vartioon); kiinnittää (julisteita)*

po'stage *postimaksu;* ~ *stamp postimerkki*

po'stal *posti-*

postcard *postikortti*

po'ster *(mainos)juliste*

poste'rior *taka-, myöhemp*

poster'ity *jälkimaailma*

po'st-grad'uate *jatko-*

pos'thumous [tju] *jälkeenjäänyt*

postman *postinkantaja*

postmark *postileima*

post-mortem *ruumiinavaus*

post-office *postitoimisto;* **p.o.** box *postilokero*

postpo'ne *siirtää tuonnemmaksi, lykätä*

postpo'nement *lykkäys*

po'stscript *jälkikirjoitus*

pos'tulate *edellyttää*

pos'ture *asento*

post-war *sodanjälkeinen*

pot s *ruukku; pannu, pata; purkki; sl. marihuana;* v *säilöä*

pota'to *peruna (pl.* ~es)

po'tency *kykenevyys*

po'tent *voimakas*

poten'tial *mahdollinen*

pot-head *marihuanan polttaja*

pot-holer *luolantutkija*

pot-luck: take p.-l. with *syödä mitä talossa on suuhunpantavaa*

pot'ter *savenvalaja;* ~ *about puuhailla yhtä ja toista*

pot'tery *saviastiat*

pouch *pussi*

po'ultice *puurohaude*

po'ultry *siipikarja;* ~ *farm kanala*

pou'nce *syöksyä jnk kimppuun,* upon

pou'nd s *naula; punta;* v *jyskyttää, takoa; survoa*

pour [po:] *kaataa; virrata;*
~ out *kaataa (kuppelhin);*
it is ~ing (with rain) *sataa
kaatamalla*
pout v *nyrpistää huulet;* s *nyr-
pistys*
pov'erty [o] *köyhyys*
pow'der s *jauhe. pulveri; iho-
jauhe;* v *hienontaa (jauheeksi),
puuteroida;* ~-puff *puuteri-
huisku*
pow'er *voima, valta; valtuus;
(mat.) potenssi;* ~ *plant
voimalaitos;* (I'll do) all in my
~ *kaiken voltavani*
pow'erful *voimakas, mahtava*
pow'erless *voimaton*
pow'wow' *neuvottelu*
prac'ticable *käyttökelpoinen*
prac'tical *käytännöllinen;* ~ly
*oikeastaan, itse asiassa, mel-
kein*
prac'tice *käytäntö; harjoitus,
harjaannus; tapa; praktiikka*
prac'tise *harjoitella; harjoittaa
(ammattia), toimia (jnak)*
practit'ioner: general ~ *yleis-
lääkäri*
prai'rie *preerla*
prai'se v *ylistää;* s *ylistys*
praiseworthy *kiitettävä*
pram *lapsenvaunut*
pran'ce [a:] *hypähdellä*
prank *kuje*
pra'te v *jaaritella*
prat'tle v *lörpötellä, rupatella;* s
lörpötys
prawn *katkarapu*
pray *rukoilla*
pray'er [-eö] *rukous*
preach *saarnata*
prea'cher *saarnaaja*
preca'rious *epävarma*
precau'tion *varovaisuus, -toi-
menpide*
prece'de *olla, käydä edellä*
prece'dence *etusija*
prec'edent *ennakkotapaus*
prece'ding *edellinen*
precen'tor *kanttori*
pre'cept *ohje*
pre'cinct *alue, piiri*
prec'ious [š] *kallis(arvoinen);
jalo-*
prec'ipice *jyrkänne*
precip'itate *syöstä alas; jou-*

duttaa; [-tit] a *lilan kiireelli-
nen, hätäinen;* s *saoste*
precip'itous *äkkijyrkkä*
preci'se *tarkka;* ~ly *aivan niin
juuri*
precis'ion *tarkkuus*
preclu'de *estää*
preco'cious *varhaiskypsä*
preconcep'tion *ennakkokäsitys*
precondit'ion *ehto*
precur'sor *edelläkävijä, enne*
pred'ator *petoeläin*
pred'atory *rosvo-, peto-*
predeces'sor *edeltäjä*
predes'tined *ennakolta määrätty*
predic'ament *tukala tilanne*
predic't *ennustaa*
predilec'tion *mieltymys*
predisposit'ion *alttius*
predom'inance *ylivalta; -valtai-
suus*
predom'inant *vallitseva;* ~ly
pääasiassa, valtaosaltaan
predom'inate *olla enemmistönä*
pre-em'inence *etevämmyys*
prefab'ricated *standardiosista
koottava;* ~ unit *(rakennus)-
elementti*
pref'ace *esipuhe*
prefer' *pitää parempana,* to kuin
pref'era|ble *parempi,* to kuin;
-bly *mieluummin*
pref'erence *etusija*
prefer'ment *ylennys*
pre'fix *etuliite*
preg'nancy *raskaus*
preg'nant *raskaana (oleva)*
prehistor'ic *esihistoriallinen*
prej'udice *ennakkoluulo;* ~d
puolueellinen
prel'ate *prelaatti*
prelim'inary *valmistava, alus-
tava*
prel'ude *alkusoitto*
prematu're *ennenaikainen;* ~
baby *keskonen*
prem'ier *pääministeri*
prem'ises *rakennus (tonttei-
neen);* on the ~s *itse paikalla*
pre'mium *palkinto; vakuutus-
maksu*
premonit'ion *ennakkoaavistus*
preoc'cupy [-ai] *vallata (aja-
tukset), askarruttaa kiinteästi*
prepara'tion *valmistus, valmis-
telu; valmiste*
prepar'atory *valmistava*

prepa're *valmistaa;* ~d *valmis, halukas*
prepa'redness *valmius*
prepon'derate: ~ over *olla merkitsevämpi (kuin)*
preposses'sing *valloittava*
prepon'terous *nurinkurinen*
pre'recor'd *nauhoittaa*
prereq'uisite *ehto, edellytys*
prerog'ative *erioikeus*
pres'age *enne*
prescri'be *määrätä (lääke ym)*
prescrip'tion *määräys, resepti*
pres'ence *läsnäolo;* ~ of mind *mielenmaltti;* in her ~ *hänen läsnäollessaan*
pres'ent a *läsnäoleva; nykyinen;* s *nykyaika;* (~ tense) *preesens; lahja;* v [prizen't] *lahjoittaa; esittää;* at ~ *nyt, nykyään;* for the ~ *toistaiseksi;* ~ o.s. *saapua jnnek*
presenta'tion *esittäminen; lahjoittaminen*
presen'timent *ennakkoaavistus*
pres'ently *pian; Am. tällä hetkellä*
preserva'tion *säilyttäminen*
preser've v *varjella,* from *jltk säilyttää; säilöä;* s *(us. pl.) hillo; luonnonsuojelualue*
presi'de *johtaa (puhetta)*
pres'ident *presidentti; puheenjohtaja, esimies*
presiden'tial *presidentin*
press v *painaa, pusertaa; prässätä; vaatimalla vaatia, tiukata,* sb. for, *jklta jtk; tunkeutua eteenpäin; olla kiireellinen;* s *puristus, ahdinko; painin; painokone, kirjapaino-(taito); sanomalehdistö, kaappi;* ~ing *kiireellinen*
pres'sure *paine;* ~ cooker *painekattila;* ~ group *painostusryhmä*
prestig'e [-i:ž] *arvovalta*
presume'ble *luultava;* -bly *otaksuttavasti*
presu'me *edellyttää; rohjeta*
presu'ming *julkea*
presump'tion *olettamus; julkeus*
presump'tive *todennäköinen*
preten'ce *veruke, teeskentely*
preten'd *olla tekevinään t. olevinaan, teeskennellä; tavoitella (kruunua),* to

preten'sion *vaatimus*
preten'tious *vaativa, vaatelias*
pre'text *tekosyy*
pret'ty [i] *sievä; jotenkin, varsin melko*
prevai'l *vallita, olla yleinen; voittaa;* ~ upon *taivuttaa*
prev'alence *yleisyys*
prev'alent *vallitseva*
preven't *estää*
preven'tion *ehkäiseminen*
preven'tive *ehkäisevä*
pre'vious *aikaisempi, edellinen;* ~ to *ennen jtk;* ~ly *ennen*
pre'-war' *sodanedellinen*
prey s *saalis;* v ~ (up)on *ryöstää, (kuv.) kalvaa*
pri'ce *hinta;* at that ~ *sillä hinnalla;* ~ control *hintasäännöstely*
pri'celess *arvaamattoman kallis*
prick *pistää;* ~ up one's ears *höristää korviaan*
prick'ly *piikkinen*
pri'de s *ylpeys;* v: ~ o.s. upon *ylpeillä jstk*
priest [i:] *pappi*
prig *omahyväinen narri*
prim *sievistelevä, sovinnainen*
pri'marily *ensi sijassa*
pri'mary *alku-, aikeis-, pääasiallinen;* ~ school *kansakoulu*
pri'me a *ensi, tärkein, pää-;* s *kukoistus*
pri'mer *alkeiskirja*
prime'val forest *aarniometsä*
pri'ming *sytytyspanos*
prim'itive *alkukantainen*
prim'rose *esikko*
prin'ce *ruhtinas; prinssi*
prin'cely *ruhtinaallinen*
princess' *prinsessa, ruhtinatar*
prin'cipal a *pää-(asiallinen);* s *johtaja, esimies*
principal'ity *ruhtinaskunta*
prin'ciple *periaate;* on ~ *periaatteesta*
print v *painaa, painattaa; kopioida (valok.);* s *jälki; paino; jäljennös, kopio, vaskipiirros; painettu kangas;* out of ~ *loppuunmyyty*
prin'ter *kirjanpainaja;* ~'s ink *painomuste*
printing-press *painokone*
pri'or a *aikaisempi;* ~ to *ennen*

prio'rity *etuoikeus; etuajo-oikeus;* according to ~ *tärkeysjärjestyksessä*
prism *särmiö*
pris'on *vankila*
pris'oner *vanki;* ~ of war *sotavanki*
pri'vacy *oma rauha;* in strict ~ *salaa, hiljaisuudessa*
pri'vate a *yksityinen;* s *sotamies*
privatee'r *kaapparilaiva*
priva'tion *puute*
priv'et *tyrnäpensas*
priv'ilege *etuoikeus*
priv'y: P~ Council *valtakunnanneuvosto*
pri'ze s *palkinto; (arpajais)-voitto;* v ~ open *vääntää auki;* ~-fighter *nyrkkeilijä*
pro' *puolesta;* ~ -Arab *arabiystävällinen*
probabil'ity *todennäköisyys*
prob'able *todennäköinen*
prob'ably *luultavasti*
proba'tion *koeaika;* ~ officer *(nuoren rikollisen) valvoja*
pro'be v *tarkoin tutkia;* s *luotain; sondi (lääk.);* moon ~ *kuuluotain*
pro'bity *rehellisyys*
prob'lem *ongelma, probleema*
problemat'ic *pulmallinen*
proce'dure *menettely (tapa)*
procee'd *jatkaa, jatkua; ryhtyä,* to; *menetellä; nostaa syyte,* against; *aiheutua,* from; ~ings *oikeudenkäynti; (seuran) asiakirjat*
procee'ds *tulot, tuotto*
pro'cess s *kulku, prosessi;* v *käsitellä;* in ~ of construction *rakenteilla*
proces'sion *kulkue*
proclai'm *julistaa*
proclama'tion *julistus*
procu're *hankkia*
procu'r|er, -ess *parittaja*
prod *pistää*
prod'igal *tuhlaava;* the ~ son *tuhlaajapoika*
prod'igy *ihme;* infant ~ *ihmelapsi*
prodig'ious *suunnaton*
produ'ce v *tuottaa; saada aikaan; esittää;* s [prod'-] *tuote*
produ'cer *tuottaja*
prod'uct *tuote*

produc'tion *tuotanto*
produc'tive *tuottava, tuottelias*
profa'ne a *maallinen; jumalaton;* v *häväistä*
profes's *tunnustaa; väittää*
profes'sion *ammatti*
profes'sional *ammatti- (lainen)*
prof'fer *tarjota*
profic'iency *hyvä taito, etevyys*
profic'ient *perehtynyt, taitava*
pro'file [i:] *sivukuva*
prof'it *hyöty, voitto;* ~ by *hyötyä jstk*
prof'itable *tuottava*
profitee'r s *keinottelija;* v *keinotella*
prof'ligate *paheellinen*
profou'nd *syvä (llinen)*
profu'se *runsas, tuhlaava*
progen'itor *kantaisä*
prog'eny *jälkeläiset*
progno'sis *ennuste*
pro'gram(me) *ohjelma*
pro'gress s *edistys;* v [- -'] *edetä, edistyä*
progres'sive *edistyvä, edistyksellinen*
prohib'it *kieltää*
prohibit'ion *kielto (laki)*
proj'ec't s *suunnitelma;* v *suunnitella; pistää esiin*
projec'tor *kuvanheitin*
prolifera'tion *leviäminen*
prolif'ic *tuottelias*
pro'logue [-log] *johdanto*
prolon'g *pidentää*
promenad'e[a:] *kävely (paikka)*
prom'inent *huomattava, etevä; ulkoneva*
promis'cuously *sikin sokin, ilman erotusta*
prom'ise s *lupaus;* v *luvata*
prom'ising *lupaava*
promis'sory note *velkakirja*
prom'ontory *niemi*
promo'te *ylentää; edistää*
promo'tion *virkaylennys; edistäminen*
prom'pt a *nopea, pikainen; täsmällinen;* v *innoittaa, saada (tekemään); kulskata*
prom'pter *kuiskaaja (teatt.)*
prom'ptly *heti (paikalla)*
prom'ulgate *julistaa*
pro'ne *taipuvainen, altis,* to jhk; *(vatsallaan) makaava*
prong *haara piikki*

P

pro'noun *pronomini*
pronou'nce *ääntää*
pronuncia'tion *ääntäminen*
proof *todis|tus, -te; koetus;*
jtk läpäisemätön; ~ (sheet)
oikaisuvedos; bomb-~ *pom-*
minkestävä; sound-~ *ääni-*
eristetty
prop s *tuki, pönkkä;* v *(~* up)
tukea
prop'agate *levittää, lisätä (su-*
kuaan)
propel' *kuljettaa eteenpäin;*
jet-~led suihkukäyttöinen
propel'ler *potkuri*
propen'sity *taipumus*
prop'er *oikea, asianmukainen,*
sopiva; varsinainen; ~ noun
erisnimi
prop'erly *kunnollisesti; oikein,*
syystä; ~ speaking *oikeastaan*
prop'erty *omaisuus; ominaisuus*
proph'ecy *ennustus*
proph'esy [-sai] *ennustaa*
proph'et *profeetta*
prophylac'tic *ehkäisevä (hoito)*
propit'iate *lepyttää*
propit'ious *suotuisa, suopea*
propor'tion *suhde; osa;* out of
~ suhteeton
propor'tion|al *-ate suhteellinen*
propo'sal *ehdotus; kosinta*
propo'se *ehdottaa; kosia*
proposi'tion *ehdotus*
propri'etor *omistaja*
propri'ety *sopivaisuus, säädyl-*
linen käytös
propul'sion *työntö(voima)*
pro'se *proosa*
pros'ecute *asettaa syytteeseen*
prosecu'tion *haaste; kantaja-*
(puoli)
pros'ecutor *syyttäjä*
pros'pect s *näköala* pl. *tulevai-*
suuden toiveet v [- -'] *etsiä*
(mineraaleja); in *~ näkyvissä*
prospec'tive *tuleva*
prospec'tus *esite*
pros'per *menestyä*
prosper'ity *menestys*
pros'perous *menestyksellinen,*
kyvinvoipa, vauras
pros'tate *eturauhanen*
prosthe'|sis *(pl. -ses) proteesi*
pros'titute *ilotyttö, prostituoitu*
pros'trate *pitkällään (oleva);*

v [- -'] *uuvuttaa; ~* o.s. *heit-*
täytyä maahan
prostra'tion *uupumus*
protec't *suojella*
protec'tion *suojelus*
protec'tive *suoja-*
protec'tor *suojelija; suojus*
pro'tein *valkuaisaine*
pro'test v *vastalause;* v [- -']
vakuuttaa, panna vastalause
prot'estant *protestantti(nen)*
protrac't *pitkittää; ~ed pitkäl-*
linen
protru'de *työntää, työntyä esiin*
protu'berance *pullistuma*
proud *ylpeä;* be *~* of *ylpeillä*
jstk
prove [u:] *todistaa; osoittautua*
jksk; (his story) *~d false*
osoittautui valheelliseksi; ~
o.s. *(m.)* näyttää mihin pystyy
prov'erb *sananlasku; ~ial sa-*
nanparren tapainen
provi'de *hankkia; pitää huolta,*
for *jksta; ~d (that) edellyt-*
täen, että
prov'idence *sallimus*
prov'ident *huolehtiva*
prov'ince *maakunta; (toimi)ala*
provin'cial *maalais-, maakunta-*
provis'ion *määräys; ennalta-*
varaaminen, huolenpito; ~s
elintarvikkeet
provis'ional *väliaikainen*
provoca'tion *yllytys, provokaa-*
tio
provoc'ative *ärsyttävä*
provo'k|e *suututtaa, ärsyttää,*
aiheuttaa; -ing *harmillinen*
prow' *keula*
prow'l *vaania saalista*
proxim'ity *läheisyys*
prox'y *valtuutettu edustaja, val-*
takirja; by *~ valtakirjalla*
pru'de *turhankaino henkilö*
pru'dence *viisaus, varovaisuus*
pru'dent *viisas, harkitseva*
pru'ne s *kuivattu luumu;* v *kar-*
sia oksia
pru'ning-hook *puutarhaveitsi*
Prus'sia *Preussi*
pry' *nuuskia; ~* open *avata*
P.S. = postscript
psalm [sa:m] *psalmi*
psychi'atrist [saikai-] *psykiatri*
psychi'atry *mielitautioppi*
psycholog'ical *sieluticteellinen*

psychol'ogist *psykologi*
ptar'migan [ta:-] *kiiruna, riekko*
P.T.O. please turn over *käännä*
pub *kapakka, krouvi*
pu'berty *puberteetti*
pub'lic a *julkinen, valtion;* s
yleisö; ~ health *terveyden-*
huolto; ~ opinion *yleinen*
mielipide; ~ relations *suhde-*
toiminta; ~ school *yksityinen*
sisäoppilaitos; Am. kansakou-
lu; ~ spirit *kansalaismieli;*
the general ~ *suuri yleisö;*
make ~ *julkistaa*
publica'tion *julkaisu*
public-house *kapakka*
public'ity *julkisuus, mainonta*
pub'licize *mainostaa*
pub'lish *julkaista, julkistaa;*
kustantaa
pub'lisher *kustantaja*
puck *(jää)kiekko*
puck'ish *veitikkamainen*
puck'er v *rypistää;* s *poimu*
pud'ding [u] *vanukas*
pud'dle *lätäkkö*
pud'gy *lyhyt ja paksu*
pu'erile *lapsellinen*
puff s *tuulahdus, tuprahdus;*
(ihojauhe)huisku; mainostus;
v *puhaltaa, puhista; mainostaa;*
~y *pöhöttynyt*
pug *mopsi;* ~ nose *nykerönenä*
pugna'cious *taistelunhaluinen*
pull [u] v *vetää, kiskoa; soutaa;*
s *vetäisy, veto, tempaus; ripa;*
siemaus; ~ down *hajottaa;*
~ through *toipua, suoriutua,*
pelastaa (sairas ym); ~ o.s.
together *ryhdistäytyä;* ~ sb.'s
leg *petkuttaa*
pul'ley [u] *väkipyörä*
pul'monary *keuhko-*
pulp s *(hedelmän) sisus; massa,*
vanuke; möyhy; v *hienontaa*
massaksi
pul'pit [u] *saarnatuoli*
pulsa'te *tykyttää*
pulse *valtimo(nlyönti)*
pul'verize *jauhaa hienoksi*
pum'ice (stone) *hohkakivi*
pump s *pumppu; avokenkä;* v
pumputa
pum'pkin *kurpitsa*
pumproom *kaivohuone*
pun s *sanaleikki, -sutkaus*

Punch and Judy show *nukke-*
teatteri
punch v *iskeä nyrkillä; lävistää,*
meistää; s *isku; meisti, kara;*
~(ed) card *reikäkortti*
punctil'ious *pikkutarkka*
punc'tual *täsmällinen*
punctual'ity *täsmällisyys*
punc'tuate *varustaa välimer-*
keillä
punc'ture s *rengasrikko;* v
puhkaista, mennä puhki
pun'dit *asiantuntija*
pun'gent *kirpeä, pistävä*
pun'ish *rangaista*
pun'ishment *rangaistus*
punt s *ruuhi;* v *sauvoa*
pu'ny *hento, heiveröinen*
pu'pil *oppilas; silmäterä; hol-*
hokki (lak.)
pup'pet *nukke, marionetti*
pup(py) *pentu, penikka*
pur'chase v *ostaa;* s *ostos;*
-ing power *ostovoima*
pure *puhdas; pelkkä;* ~ly
pelkästään, yksinomaan
pur'gatory *kiirastuli*
purge v *puhdistaa; tyhjentää*
vatsa; s *puhdistus (pol.);*
ulostuslääke
pu'rify *puhdistaa*
pu'rity *puhtaus*
purl v *solista; neuloa nurjaa;* s
nurja (-neulonta)
pur'ple s *purppura;* a *punasi-*
nervä; v *purppuroida*
pur'port v *tarkoittaa, pyrkiä;*
s *tarkoitus*
pur'pose s *tarkoitus(perä);* v
aikoa; for the ~ of learning
oppiakseen; on ~ *tahallaan;*
to no ~ *turhaan*
pur'posely *ehdoin tahdoin*
purr *(kissasta) kehrätä*
purse s *kukkaro;* v (~ up)
nyrpistää
pursu'e *ajaa takaa; noudattaa,*
harjoittaa
pursu'it [-sju:t] *takaa-ajo;*
tavoittelu; harrastus
pu'rulent *märkivä*
purvey' *hankkia*
purvey'or *(muonan)hankkija*
pus *märkä*
push [u] v *työntää; tunkea,*
tunkeutua; s *työtäys, sysä*

yrittellälsyys; ~ sb. around
komennella; ~ on jatkaa mat-
kaa; ~ over työntää kumoon;
~-button war atomisota
pusher pyrkyri; (drug ~) huu-
mausaineiden kauppias
pushing häikälemätön
pus'sy [u] mirri
put [u] panna, asettaa; (sa-
noin) ilmaista; ~ across
saada onnistumaan; ~ away
luopua; lopettaa (eläin); ~ by
panna säästöön; ~ down mer-
kitä muistiin, kukistaa; ~ off
lykätä; ~ on pukea ylleen;
~ out sammuttaa, saattaa
ymmälle, harmittaa; lähettää
(radiossa); ~ up at majoittua

jhk; ~ up with sietää, tyytyä
jhk; where did you ~ it
minne sen panit(te)? how
would you ~ it in Finnish
miten sanoisit sen suomeksi?
pu'trefy [ju:] mädäntyä
pu'trid pilaantunut
put'tee (hihna)säärystin
put'ty kitti
put-up; a ~ job petkutus
puz'zle s pulma; arvoitus; v
saattaa ymmälle; vaivata pää-
tänsä, over
puz'zling arvoituksellinen
pyg'my kääpiö
pyja'mas [a:] yöpuku, pyjama
py're rovio

Q

q [kju:] q-kirjain
quack s kaakatus; puoskari; v
kaakattaa
quad'rangle [o] nelikulmio
quad'ruped nelijalkainen
quad'ruple nelinkertainen; ~ts
neloset
quail s viiriäinen; v vavahtaa
quaint (erikoisuutensa takia)
viehättävä, outo
qua'ke vavista
qua'ker kveekari
qualifica'tion [o] tarpeellinen
edellytys; ~s pätevyysehdot
qual'i|fy [o] tehdä päteväksi,
hankkia pätevyys; suorittaa
tutkinto; määrätä (kiel.);
-fied tutkinnon suorittanut
qual'ity [o] ominaisuus; laatu
qualm [a:] tunnonvaiva
quan'ti|ty [o] määrä; suure; in
great ~ties runsaasti
quarantine [o, i:n] karanteeni
quarrel [o] s riita; v riidellä
quar'relsome [o] riitaisa
quar'ry [o] s (kivi)louhos; saa-
lis; v louhia
quarter [o:] s neljäsosa, (vuosi)-
neljännes; kaupunginosa; taho,
ilmansuunta; v majoittaa; at a
~ to six neljännestä vailla
kuusi; from all ~s joka taholta
quar'terly (vuosi)neljänneksit-
täin

quar'termaster majoitusmestari;
aliperämies
quartz [o:] kvartsi
qua'si- [-sai] näennäis-, puoli-
qua'ver v värähdellä; s kahdek-
sannesnuotti
quay [ki:] satamalaituri
quea'sy kuvottava, herkkä(vat-
sainen)
queen kuningatar
queer omituinen, kummallinen
quell kukistaa
quench sammuttaa (jano); tu-
kahduttaa
quer'ulous valittava
que'ry s kysymys(merkki); v
kysellä, epäillä, varustaa kysy-
mysmerkillä
quest etsintä
ques'tion s kysymys; v kysellä,
kuulustella; asettaa kyseen-
alaiseksi (m. put in ~)
ques'tionable kyseenalainen
questionnai're kyselykaavake
queue [kju:] s jono; v ~ up
jonottaa
quib'ble s sanaleikki; veruke
quick nopea, pikainen; hieno,
terävä; be ~! joudu! cut to
the ~ loukata syvästi; ~ly
nopeasti
quick'en jouduttaa; elvyttää,
elpyä
quick'silver elohopea

quick-witted *terävä, nopeaälyi-*
nen
quiesc'ent [-esnt] *levossa oleva*
qui'et a *hiljainen, rauhallinen;*
s lepo, rauha; v *tyynnyttää;*
keep sth ~ *pitää salassa;* ~ly
hiljaa, rauhallisesti
qui'etness *hiljaisuus, rauha*
quill *siipisulka, piikki*
quilt s *(tikattu) vuodepeite;* v
(sisustaa vanulla ja) tikata
quinin'e [-ni:n] *kiniini*
quins *viitoset*
quin'sy *kurkkupaise*
quintes'sence *olennainen osa*
quin'tuple: ~ts *viitoset*
quip *pistosana*
quit v *jättää, lähteä pois;* a

vapaa, of *jksta;* we are ~s
olemme kuitit
qui'te *aivan; täysin; varsin;*
~ (so)! *aivan niin!*
quiv'er v *vavista;* s *vavistus,*
värähdys; (nuoli)viini
quiz v *kysellä tietoja; pitää*
pilkkanaan; s *tietokilpailu,*
visailu; ~-master *t.-kilpailun*
juontaja
quiz'zical *ilkikurinen*
quo'ta *osuus, kiintiö, määrä*
quota'tion *lainaus, sitaatti; hin-*
ta(ilmoitus). noteeraus
quo'te *lainata, siteerata; ilmoit-*
taa (hinta t. kurssi)
quo'tient [š] *osamäärä*
q.v. (which see) *katso tätä!*

R

r [a:] *r-kirjain*
R.A. = Royal Academy
rab'bi [-ai] *rabbi*
rab'bit *kaniini*
rab'ble *roskaväki*
rab'id *raivoisa*
ra'bies [-bii:z] *vesikauhu*
raccoo'n *pesukarhu*
ra'ce s *rotu; kilpa-ajot, -juoksu,*
-soutu, ratsastuskilpailut; kil-
pailu; v *juosta (ym) kilpaa*
jkn kanssa; kiitää
race-course *kilpa-(ajo)rata*
ra'cer *kilpa|hevonen, -auto, pi-*
kamoottori
ra'cial *rotu-*
ra'cing *kilpaurheilu;* ~ car
kilpa-auto; ~ driver *kilpa-*
autoilija
rack s *ristikko, (uunin ym)*
ritilä; teline, hylly, vaatenau-
lakko; piinapenkki; v *kidut-*
taa; ~ one's brains *vaivata*
päätänsä; ~ railway *hammas-*
rata
rack'et s *(tennis)maila; rahan-*
kiristys, huijaus
racketee'r *rahankiristäjä*
ra'cy *mehevä, ytimekäs, uskal-*
lettu
ra'dar *tutka*
ra'diant *säteilevä*
ra'diate *säteillä*

radia'tion *säteily; sädehoito*
ra'diator *lämpöpatteri; (auton)*
jäähdytin
rad'ical *perusteellinen, radikaa-*
li(nen)
rad'ically *täysin*
ra'dio s *radio;* v (~ed) *radioi-*
da, lähettää (radiosanoma);
by ~ *radioteitse;* on the ~
radiossa; ~ play *kuunnelma*
ra'diogram *levysoitinradio*
ra'dioloca'tion *tutka*
radiol'ogist *röntgenolog*
rad'ish *retiisi*
ra'dium *radiumi*
ra'dius *säde*
R.A.F. = Royal Air Force
raf'fle *myydä arpomalla*
raft [a:] *(tukki)lautta*
rafter [a:] *kattoparru*
rag s *repale; lumppu; meteli*
kepposet; v *kiusoitella*
rag'amuffin *resupekka*
ra'ge s *raivo;* v *raivota;* is all
the ~ *on viimeistä muotia*
rag'ged *ryysyinen, takkuinen,*
epätasainen; rosoinen
raid *(tehdä) ryöstöretki hyök-*
käys, ylläkköetsintä
rail s *kaide; kisko;* v *aidata;*
~ at *sättiä, »haukkua»;* by ~
rautateitse
rail'ing *kaide, aita*

rail'lery *kiusoittelu*
rail'road *(Am.)*, rail'way *rautatie*
rai'ment *puku, asu*
rain s *sade;* v *sataa;* the ~s *sadekausi*
rainbo'w *sateenkaari*
raincoat *sadetakki*
rainfall *sademäärä*
rainy *sateinen;* ~ day *(kuv.) paha päivä*
raise v *kohottaa, nostaa; korottaa; kasvattaa;* s *(palkan)korotus;* ~ *money hankkia rahaa;* ~ *a question esittää, herättää kysymys*
rai'sin *rusina*
ra'ke s *harava; elostelija;* v *haravoida*
ral'ly v *koota, kokoontua; toipua; kiusoitella;* s *(joukko)kokous, ralli*
ram s *oinas;* v *iskeä, puskea (mer.)*
ram'ble *kuljeskella, harhailla*
ram'bler *köynnösruusu*
ram'ify *haarautua*
ram'p *nousutie; ramppi*
ram'pant: be ~ *olla valloillaan*
ram'part *valli*
ran *imp. ks.* run; also ~ *palkinnotta jäänyt*
ranch *[a:]* *karjafarmi*
ran'cid *eltaantunut*
ran'corous *kiukkuinen*
ran'cour *kauna, kiivaus*
ran'dom: at ~ *umpimähkään*
rang *imp. ks.* ring
ra'nge s *rivi, jono; ala, laajuus, vaihteluväli; kantomatka, säde, ampumarata; liesi;* v *järjestää (riviin); vaeltaa, ulottua; at close* ~ *läheltä;* ~ *from ... to ... vaihdella jstk jhk*
ra'nger *metsänvartija; tarpoja*
rank s *rivi, jono; pirssi (taxi-~) arvo(aste);* v *järjestää riviin; lukea jhk, kuuluu jhk (luokkaan);* a *(liian) rehevä; eltaantunut; törkeä*
ran'kle *katkeroittaa mieltä*
ran'sack *tutkia tarkoin*
ran'som s *lunnaat*
rap s *lyönti; koputus;* v *koputtaa*
rapa'cious *saaliinhimoinen*

ra'pe v *raiskata;* s *raiskaus, ryöstö; lanttu, rapsi*
rap'id *nopea;* ~s *koski*
rapid'ity *nopeus*
rapt *hurmaantunut*
rap'ture *ihastus*
rap'turous *haltioitunut*
ra're *harvinainen; ohut;* ~ly *harvoin*
ra'rity *harvinaisuus*
ras'cal *[a:]* *roisto*
rash a *äkkipikainen, harkitsematon, uhkarohkea;* s *ihottuma*
rash'er *ohut viipale*
rasp *[a:]* v *rouhia; vihloa, ärsyttää;* s *rouhin*
ras'pberry *[a:zb]* *vadelma*
rat s *rotta;* v *kannella;* smell a ~ *aavistaa pahaa;* ~ *race häikälemätön kilpailu (elintasosta);* Rats! *pötyä! höpsis!*
ra'te s *määrä, aste, (korko)kanta, nopeus, hinta, tariffi; (kunnallinen kiinteistö)vero;* v *arvioida, lukea jhk (kuuluvaksi), pitää jnak; birth* ~ *syntyvyys; at a* ~ *of ... per hour ... -n tuntinopeudella; at any* ~ *joka tapauksessa*
rath'er *[a:]* *mieluummin; jotensakin;* I'd ~ *haluaisin mieluummin;* I ~ think ... *luulenpa, että ...;* ~ *good melko hyvä;* ~ *too much melko lailla liikaa*
rat'ify *vahvistaa*
ra'ting *läksytys; arvio(inti);* ~s *(merivoim.) alipäällystö ja miehistö*
ra'tio *suhde*
rat'ion s *annos;* v *säännöstellä;* ~ *card elintarvikekortti*
rat'ional *järkiperäinen*
rat'ionalize *rationalisoida, järkeistää*
rat'tle v *kalista; rämistää; päipättää, lasketella (runoa ym);* s *kalina; korina; kalistin;* ~ *snake kalkkarokäärme*
rau'cous *karhea*
rav'age v *hävittää;* s *tuho*
ra've *houraila; (about) olla haltioissaan;* raving mad *päähänhullu*
ra'ven *korppi*
rav'enous: I am ~ *minulla on valtava nälkä*

ravin'e [i:] *rotko, kuilu*
rav'ish *hurmata; (vanh.) rais-
   kata;* ~ing *hurmaava*
raw *raaka; kokematon; kolea;*
   ~ materials *raaka-aineet;* ~
   recruit *alokas*
ray *(valon)säde; rausku*
ray'on *raion(silkki)*
ra'ze *hävittää (maan tasalle)*
ra'zor *partaveitsi; parranajo-
   kone*
re- [ri:] *jälleen, uudelleen*
reach v *saavuttaa, saapua; ojen-
   taa; ulottua;* s *ulottuma,
   kantomatka:* out of ~ *saa-
   vuttamaton; can you* ~ ...
   ulotutko ...? *(his voice) did
   not* ~ ... *ei kantanut* ...
reac't *reagoida; kohdistua ta-
   kaisin jkh*
reac'tion *reaktio, vastavaiku-
   tus; taantumus*
reac'tionary *taantumuksellinen*
read *lukea; imp. & pp.* [red];
   ~ a paper *pitää esitelmä;*
   well-~ *paljon lukenut*
read'able *lukemisen arvoinen*
rea'der *lukija; luennoitsija;
   lukukirja*
readily [e] *nopeasti, helposti,
   halukkaasti*
read'iness *alttius, ripeys;* in ~
   valmiina
reading *lukeminen; lukenet-
   suus; lukema; käsittely*
readjus't *panna jälleen kuntoon*
read'y [e] *valmis; altis; nopea;
   saatavissa oleva;* get ~ *val-
   mistautua;* ~-made *valmiina
   ostettu (puku)*
real [riöl] *todellinen; aito;* ~
   property *kiinteimistö*
real'ity *todellisuus*
real'ities *tosiasiat*
realiza'tion *toteutuminen*
re'alize *toteuttaa; käsittää,
   oivaltaa; muuttaa rahaksi*
re'ally *todella(ko?)*
realm [el] *valtakunta*
reap *leikata, korjata (sato)*
re'appe'ar *jälleen ilmestyä*
rear v *kasvattaa; kohottaa;
   (hevonen) karahtaa pystyyn;* s
   *takaosa; jälkijoukko, selusta
   taka-*

re'ar'mament *jälleenvarustautu
   minen*
rea'son s *järki; syy, aihe;* v
   *ajatella järkevästi, puhua jär-
   keä,* with *jkle; päätellä, poh-
   tia; by* ~ of *jnk johdosta;
   without* ~ *ilman syytä*
rea'sona|ble *järkevä, kohtuulli-
   nen; -bly melko, kohtalaisen*
reassu're *saada rauhoittumaan*
reb'el' s *kapinallinen;* v *kapi-
   noida, nousta kapinaan*
rebel'lion *kapina*
rebel'lious *kapinoiva*
rebou'nd *ponnahtaa, kimmah-
   taa takaisin, pompata*
rebuf'f s *ynseä vastaus;* v *torjua*
re'buil'd *rakentaa uudelleen*
rebu'ke s *nuhde;* v *nuhdella*
recal'citrant *uppiniskainen*
recal'l v *palauttaa muistiinsa
   muistaa; kutsua takaisin; pe-
   ruuttaa;* s *takaisinkutsu, pe-
   ruutus*
recapit'ulate *kerrata (pääkoh-
   dittain)*
rece'de *vetäytyä takaisin, alen-
   tua*
rece'ipt [-i:t] s *vastaanottami-
   nen; kuitti;* v *merkitä kuita-
   tuksi;* ~s *maksu, tulot*
rece'ive [i:] *ottaa vastaan, saada
   (osakseen)*
recei'ver *(radio)vastaanotin.
   (puhelimen) torvi*
re'cent *tuore, veres, äskeinen;*
   in ~ years *viime vuosina;* ~ly
   äskettäin
recep'tacle *sällilö, astia*
recep'tion *vastaanotto*
recep'tive *vastaanottavainen, al-
   tis*
reces's *tauko, loma; syvennys,
   sopukka*
rec'ipe [-pi] *resepti, ohje*
recip'ient *vastaanottaja*
recip'rocal *molemminpuolinen*
recip'rocate *vastata (tunteeseen
   ym)*
reci'tal *selonteko, kertomus,
   konsertti*
reci'te *lausua, lukea ääneen*
reck'less *huoleton, piittaamaton
   hulmapäinen*
reck'on *laskea, ottaa lukuun,
   huomioon,* with; *pitää jnak,* as;
   ~ on *luottaa jhk*

reck'oning *lasku; tilinteko*
reclai'm *voittaa takaisin (villelykselle)*
recli'ne *nojata. levätä*
reclu'se *erakko*
recognit'ion *tunteminen; tunnustus; tiedostaminen*
rec'ognize *tuntea (jku jksk); myöntää, tunnustaa; tiedostaa*
recoi'l *kavahtaa from jtk, ponnahtaa takaisin, (tekn.) potkaista*
recollec't *muistaa*
recollec'tion *muisto*
recommen'd *suositella*
recommenda'tion *suositus*
rec'ompense v *palkita, korvata; s palkka (kuv.)*
rec'oncile *sovittaa*
reconcilia'tion *sovinto*
reconnoi'tre *tiedustella*
reconstruc't *jälleenrakentaa*
rec'or'd v *merkitä (muistiin), tallettaa, äänittää, nauhoittaa, levyttää; rekisteröidä; kertoa; s muistiinmerkitty tieto, asiakirja, aikakirja; äänilevy; ennätys; ... with a good ~ hyvämaineinen; break a ~ lyödä ennätys*
rec'ord-player *levysoitin*
recor'der *nokkahuilu; tape ~ magnetofoni, nauhoitin*
recor'ding *äänite, äänitys*
recou'nt *kertoa*
recours'e [o:]: have ~ to *turvautua*
recov'er [a] *saada takaisin; toipua; ~ consciousness palata tajuihinsa*
recov'ery *paraneminen, toipuminen*
recrea'tion *virkistys; ~ ground urheilu|kenttä, -puisto*
recru'it s *alokas; v värvätä (lisävoimaa); voimistua*
recru'itment *värväys*
rec'tangle *suorakulmio*
rec'tify *oikaista*
rec'titude *rehellisyys*
rec'tor *kirkkoherra*
rec'tory *pappila*
recum'bent *nojaava*
recu'perate *toipua*
recur' *uusiutua*
recur'rence *uusiutuminen*
recur'rent *(usein) uusiutuva*

red *punainen;* see ~ *raivostua;* in the ~ *velkaantunut;* ~ tape *virkavaltaisuus;* Red-brick *punatiili-, uusi(yliopisto)*
red'den *punalta, -stua*
red'dish *punertava*
redec'orate *kunnostaa (huoneisto)*
redee'm *lunastaa*
redee'mer: R ~ *Lunastaja*
redem'ption *lunastus*
re'devel'opment *saneeraus*
red-handed: catch ~ *tavata verekseltään*
red-hot *hehkuvan punainen*
redoub'le [a] *lisätä*
redres's v *korjata; s hyvitys*
redu'ce *alentaa, vähentää, supistaa; saattaa jhk tilaan*
reduc'tion *vähennys. alennus*
redun'dancy *työvoiman vapautuminen*
redun'dant *liikanainen, tarpeeton*
reed *ruoko. kaisla*
reef *riutta, särkkä*
reek *löyhkätä, savuta*
reel s *kela, rulla (m. filmi-) puola; (skottilais-)tanhu; v kelata; hoiperrella; pyöriä pyörryttää; news ~ uutiskatsaus; ~ off lasketella (kuv.)*
re-elec't *valita uudelleen*
refer' (to) *viitata jhk. mainita tarkoittaa; lähettää (jkn luo) alistaa (jkn ratkaistavaksi); etsiä (tietoja jstk); katsoa jnk johtuvan, to jstk*
referee' *erotuomari*
ref'erence *viittaus, viite; ~s suositukset; make ~ to mainita; ~ book hakuteos*
referen'dum *kansanäänestys*
re'fill' v *täyttää; s (esim. kynän) varasäiliö*
refi'ne *puhdistaa, jalostaa; ~d hienostunut*
refi'nement *hienostus, hieno käytös*
refi'nery: sugar ~ *sokeritehdas*
reflec't *heijastaa, kuvastaa; tuumia; ~ on m. saattaa epäedulliseen valoon*
reflec'tion *heijastus, peilikuva; miete*
reflec'tor *heijastuspeili*
re'flex *heijastus heijaste*

reflex'ion = reflection

refor'm v *uudistaa;* s *uudistus, parannus*

reforma'tion *uskonpuhdistus*

refor'matory *kasvatuslaitos*

refor'mer *uudistaja*

refrac't *taittaa*

refrac'tion *taittuminen*

refrac'tory *vastahakoinen*

refrai'n *pidättyä* from *jstk;* s *kertosäe*

refresh' *virkistää, virvoittaa*

refresh'er; ~ course *kertauskurssi*

refresh'ment: ~s *virvokkeet*

refrig'erate *jäähdyttää*

refrig'erator *jääkaappi*

refu'el *ottaa polttoainetta;* ~ling *polttoainetäydennys*

ref'uge *pakopaikka;* street-~ *suojakoroke*

refugee' *pakolainen*

refun'd *maksaa takaisin*

refu'sal *kielto*

refu'se[-z] v *kieltää, evätä; kieltäytyä;* s [ref'ju:s] *jätteet;* ~ disposal *jätehuolto;* ~ d. chute *roskakuilu*

refu'te *kumota*

regai'n *saavuttaa jälleen*

re'gal *kuninkaallinen*

rega'le *kestitä, herkutella*

rega'lia *kuninkaalliset arvomerkit, kruununkalleudet*

regar'd v *katsella, pitää jnak, as;* s *kunnioitus, huomio(on otto);* in ~ to, as ~s *mitä jhk tulee, jnk (asian) suhteen;* with kind ~s *parhain terveisin*

regar'ding *jhk katsoen; -sta*

regar'dless of *jstk välittämättä, huolimatta*

regen'erate *uudistua*

regenera'tion *uudestisyntyminen*

re'gent *(sijais)hallitsija*

regim'e [i:] *(hallitus)järjestelmä*

reg'imen *(ruoka)järjestys*

reg'iment *rykmentti*

re'gion *seutu, alue, ala*

reg'ister s *luettelo, rekisteri; (luokan) päiväkirja; ääniala; äänikerta;* v *merkitä kirjoihin, kirjata, rekisteröidä*

registra'tion *rekisteröinti*

reg'istry *rekisteritoimisto;* (was) married at a ~ office *vihittiin siviiliavioliittoon*

regret' s *mielipaha, suru;* v *olla pahoillaan, valittaa*

regret'table *valitettava*

reg'ular a *säännöllinen; vakinainen (armeija); oikea;* s *vakinaisen armeijan sotilas*

reg'ulate *säätää*

regula'tion *säännös;* traffic ~s *liikennesäännöt*

rehabil'itate *palauttaa jkn kunnia; kuntouttaa*

rehabilita'tion *kuntouttaminen, kuntoutus*

rehear'sal [ö:] *harjoitus*

rehear'se [ö:] *harjoitella (teatt.)*

reign [rein] s *hallitus(aika);* v *hallita*

reimbur'se *korvata*

rein [ei] *ohjas;* ~ in *hillitä*

rei'ndeer *poro*

reinfor'ce [ri:in-] *vahvistaa;* ~d concrete *rautabetoni;* ~ments *(sot.) vahvennus*

reit'erate *toistaa (alinomaa)*

rejec't *hylätä, torjua*

rejec'tion *hylkääminen*

rejoi'ce *iloita;* -ing *ilo, riemu*

rejoi'n [ri:] *liittyä jälleen (jkn seuraan);* [ri] *vastata*

rejoi'nder *vastaus*

relap'se *(taudin) uusiutuminen*

rela'te *kertoa; koskea, to;* ~d to *jkile sukua oleva, jhk liittyvä*

rela'tion *suhde; sukulainen;* public ~s *suhdetoiminta*

rela'tionship *suhde*

rel'ative s *sukulainen; relatiivipronomini;* a *suhteellinen;* his ~s *hänen sukulaisensa;* ~ to *jtk koskeva;* ~ly *suhteellisen*

relax' *hellittää; höltyä; rentou|ttaa, -tua*

relaxa'tion *virkistys rentoutuminen*

re'lay' s *vaihto(miehet); rele;* v *(rad.) releoida;* work in ~s *tehdä vuorotyötä*

relay-race *viestinjuoksu*

relea'se v *vapauttaa; julkistaa,* s *vapauttaminen*

rel'egate *karkottaa*

relen't *taipua, heltyä*

relen'tless *taipumaton säälimätön*

rel'evant *asiaan kuuluva*

reli'able *luotettava*

reli'ance *luottamus*

rel'ic *(pyhäin)jäännös, jäänne*

relie'f [i:] *helpotus, huojennus; (hätä)apu, avustus; korkokuva;* ~ *works työttömyystyöt*

relie've *huojentaa, lieventää; auttaa, vapauttaa; vaihtaa;* ~ *o.s. tyhjentää rakkonsa (ym)*

relig'ion *uskonto*

relig'ious *uskonnollinen*

relin'quish *luopua jstk*

rel'ish s *maku, höyste; nautinto;* v *pitää jstk*

reluc'tance *vastahakoisuus*

reluc'tant *haluton*

rely' on *luottaa jhk*

remai'n *jäädä, pysyä;* ~s *jäännökset*

remai'nder *jäännös*

reman'd [a:] *palauttaa vankilaan;* ~ *home l.v. koulukoti*

remar'k *huomau|ttaa, -tus*

remar'ka|ble *huomattava, -bly harvinaisen, erinomaisen*

re'mar'ry *mennä uusiin naimisiin*

rem'edy s *parannuskeino, lääke;* v *korjata, parantaa*

remem'ber *muistaa;* ~ *me to terveisiä - - -lle; I* ~ed *to post it muistin panna sen postiin; I* ~ *posting it muistan panneeni sen postiin*

remem'brance *muisto*

remi'nd *muistuttaa*

remi'nder *muistutus*

reminisc'ence *muisto*

reminisc'ent:* ~ *of jtk muistuttava*

remiss' *huolimaton*

remis'sion *lievennys; anteeksianto*

remit' *lähettää (rahaa); antaa anteeksi; vähentää*

remit'tance *rahalähetys*

rem'nant *jäännös;* ~s *tähteet*

remon'strate *väittää vastaan, nuhdella, with jkta*

remor'se *katumus*

remor'seful *katuva*

remor'seless *tunnoton*

remo'te *kaukainen, etäinen*

remo'val [u:] *muutto*

remove [u:] *ottaa pois, poistaa; muuttaa; siirtää, -tyä (pois); panna viralta;* first cousin once ~d *serkun lapsi (ym)*

remu'nerate *palkita*

remunera'tion *korvaus*

remu'nerative *tuottava*

rend *repiä (rikki)*

ren'der *tehdä jksk; antaa osoittaa; esittää, tulkita; kääntää*

ren'egade *luopio*

renew' *uudistaa; elvyttää*

renew'al *uudistus, uusiminen*

renou'nce *luopua*

ren'ovate *uusia, korjata*

renow'n *maine;* ~ed *kuuluisa*

rent s *vuokra; repeämä;* v *vuokrata;* imp. & pp. ks. rend

renuncia'tion *luopuminen*

re'or'ganize *järjestää uudelleen*

repai'r *korjata; hyvittää;* ~s *korjaus(työt), kunnostaminen;* in bad ~ *huonossa kunnossa*

repara'tion *korvaus;* ~s *sotakorvaus*

repartee' *sukkela vastaus*

repas't [a:] *ateria*

repat'riate *palauttaa kotimaahansa*

repay' *maksaa takaisin; korvata*

repay'ment *takaisinmaksu*

repea'l *kumota*

repea't v *toistaa;* s *(rad.) uusinta;* ~edly *yhä uudelleen toistuvasti*

repel' *työntää takaisin, torjua; olla vastenmielinen*

repel'lent a *luotaan työntävä; (esim. hyttys)voide*

repen't *katua*

repen'tance *katumus*

repercus'sion *kajahdus; seuraus, vaikutus*

repetit'ion *toist|aminen, -uminen*

repi'ne *nurista, valittaa*

repla'ce *korvata*

replen'ish *täydentää*

reple'te *täpötäysi*

reply' v *vastata;* s *vastaus*

report' v *ilmoitt|aa, -autua; kertoa, selostaa;* s *kertomus, lausunto, selostus; huhu; (koulu)todistus; laukaus*

repor'ter *uutistenhankkija; selostaja*

repo'se v *levätä;* s *lepo*

reprehen'd *nuhdella*

reprehen'sible *moitittava*

represen't *esittää; edustaa*

representa'tion *kuvaus; edustus*

represen'tative s *edustaja;* ~ of *jtk kuvaava, edustava*
repres's *tukahduttaa, torjua*
repres'sion *torjunta*
reprie've *lykkäys, armonaika*
repriman'd [a:] s *ankara nuhde;* v *nuhdella*
reprin't *uusi (korjaamaton) painos; eripainos*
repri'sal *kostotoimenpide*
reproa'ch [ou] v *soimata; moite;* beyond ~ *moitteeton*
reprodu'ce *toisintaa jäljentää; lisääntyä*
reproduc'tion: sound ~ *äänentoisto*
reproo'f *moite, nuhde*
reprov'e [u:] *nuhdella*
rep'tile *matelija*
repub'lic *tasavalta*
repub'lican *republikaani*
repu'diate *hylätä*
repug'nance *vastenmielisyys*
repug'nant *vastenmielinen*
repul'se *torjua (luotaan)*
repul'sive *vastenmielinen*
rep'utable *hyvämaineinen*
reputa'tion *maine*
repu'te s *maine;* v *pitää jnak*
reques't s *pyyntö;* v *pyytää;* at his ~ *hänen pyynnöstään*
req'uiem *sielumessu*
requi're *vaatia, tarvita;* if ~d *tarvittaessa*
requi'rement *vaatimus, tarve;* ~s m. *edellytykset*
req'uisite a *tarvittava;* s: ~s *tarvikkeet, varusteet*
requisit'ion *hankkia pakko-otolla*
requi'te *palkita*
res'cue v *pelastaa;* s *apu; (hengen)pelastus*
resear'ch [ö:] s *tieteellinen tutkimus;* v *tutkia*
resem'blance *yhdennäköisyys*
resem'ble *muistuttaa, olla jkn näköinen*
resen't *panna pahaksen*
resen'tful *harmistunut*
resen'tment *mielipaha; katkera mieli, kauna (isuus)*
reserva'tion *varaus, ehto; reservaatti*
reser've v *varata;* s *vara, -rahasto, varanto;* pl. *reservi;* ~d *pidättyväinen varautunut;*

game ~ *riistansuojelualue;* in ~ *varalla*
reser'voir *säiliö*
resi'de *asua*
res'idence *asuinpaikka, (virka-) asunto;* hall of ~ *(ylioppilas)-asuntola*
res'ident *(jssk) asuva*
res'idue *jäännös*
resi'gn [-ain] *erota; luopua jstk*
resigna'tion [ign] *(virasta) eroaminen, erohakemus; (kohtaloonsa) alistuminen*
resil'ient *kimmoisa, joustava*
res'in *pihka*
resis't *vastustaa*
resis'tance *vastarinta, vastustus, -kyky;* R~ *vastarintaliike*
res'olute *päättäväinen*
resolu'tion *päätös (lause); päättäväisyys*
resol've v *päättää; hajottaa, hajota, liueta;* s *päätös*
res'onant *kaikuva, soinnukas*
resor't v: ~ to *turvautua jhk; mennä (usein);* s *oleskelupaikka;* holiday ~ *lomanviettopaikka;* in the last ~ *viimeisenä keinona*
resou'nd *kajahtaa, raikua*
resou'rce [o:] *(apu)neuvo; neuvokkuus;* ~s *varat;* natural ~s *luonnonvarat*
resou'rceful *neuvokas*
respec't s *kunnioitus;* v *kunnioittaa;* in this ~ *tässä suhteessa;* in ~ of *jnk suhteen;* ~s *kunnioittava tervehdys*
respec'table *kunniallinen, arvossa pidetty; säädyllinen*
respec'tful *kunnioittava*
respec'tive *kullekin kuuluva;* ~ly *mainitussa järjestyksessä*
respira'tion *hengitys*
res'pirator *hengityslaite*
res'pite [-ait] *lykkäys, respiitti*
resplen'dent *loistava, hohtava*
respon'd *vastata; reagoida,* to *jhk*
respon'se *vastaus*
responsibil'ity *vastuu (nalaisuus); tehtävä, velvollisuus*
respon'sible *vastuunalainen, vastuussa,* for *jstk*
respon'sive *herkkä, altis*
rest s *lepo; tauko; noja;* v *levätä, lepuuttaa; nojata; olla*

jnk varassa, on; day of ∼
lepopäivä; set your mind at ∼
älä ole huolissasi
res'taurant *ravintola*
res'tful *rauhallinen*
restitu'tion *hyvitys*
res'tive *äksy*
res'tless *levoton*
restora'tion *palauttaminen; en-
tistäminen*
resto're *palauttaa (entiselleen),
antaa takaisin; parantaa; en-
tistää*
restrai'n *pidättää, hillitä*
restrai'nt *pidättyväisyys, pidäke;
rajoitus, pakko*
restric't *rajoittaa*
restric'tion *rajoitus*
resul't s *tulos;* v *olla seurauk-
sena,* from *jstk;* ∼ in *viedä
johtaa jhk*
resu'me *ottaa takaisin, ryhtyä
jälleen jhk*
resur'gence *elpyminen*
resurrec'tion *ylösnousemus*
resus'citate [si] *palauttaa hen-
kiin*
resuscita'tion *henkiinherätys;
ks.* mouth
re'tail *vähittäismyynti*
retai'ler *vähittäiskauppias*
retai'n *pidättää, säilyttää*
retai'iate *maksaa takaisin*
retar'd *viivyttää, hidastaa;* men-
tally ∼ed *kehitysvammainen*
reten'tion *(lääk.)* umpi
ret'icent *vaitelias, pidättyvä*
ret'ina *verkkokalvo*
ret'inue *seurue, saattue*
reti're *vetäytyä takaisin, peräy-
tyä; erota (virasta), asettua
eläkkeelle* (on a pension)
reti'rement *vetäytyminen syr-
jään, ero; yksinäisyys*
retor't v *vastata (terävästi);* s
*(sukkela) vastaus; tislaus-
pullo*
retra'ce: ∼ one's steps *palata
samaa tietä*
retrac't *vetää takaisin; peruut-
taa*
retrea't v *peräytyä;* s *peräyty-
minen*
retren'ch *supistaa (menoja)*
retribu'tion *kosto, palkka*
retrie've *saada takaisin; noutaa
(riistaa)*

ret'rograde *taaksepäin kulkeva,
taantuva*
retrogres'sion *taantumus*
ret'rospect *silmäys taaksepäin;*
in ∼ *muistellessa*
retur'n v *palata, palauttaa;
vastata (jhk);* s *paluu, palaut-
taminen, uusiutuminen; voitto;*
∼s *tiedot, tulokset;* by ∼
(of post) *paluupostissa;* in ∼
jnk sijaan, palkaksi; many
happy ∼s *onnea (syntymä-
päivän johdosta);* ∼-ticket
(meno- ja) paluulippu
reunifica'tion *jälleenyhdistämi-
nen*
reu'nion *kokous* (school ∼)
Rev. = Reverend
revalue *revalvoida*
revea'l *paljastaa*
rev'el *juhlia;* ∼ler *mässääjä*
revela'tion *(jumalallinen) ilmoi-
tus;* the R∼ *Ilmestyskirja*
rev'elry *meluisa juhliminen*
reven'ge s *kosto;* v *kostaa*
reven'geful *kostonhimoinen*
rev'enue *(valtion) tulot*
rever'berate *kaikua, heijastua*
reve're *kunnioittaa*
rev'erence s *kunnioitus; ku-
marrus;* v *kunnioittaa*
rev'erend s *pastori* (tav. The
Rev. + *nimi*)
rev'erie *haaveilu*
rever'sal *muuttuminen vastak-
kaiseksi, (täydellinen) muutos*
rever'se s *vastakohta; kääntö-
puoli; vastoinkäyminen;* a *päin-
vastainen;* v *kääntää takaisin
(nurin t. ylösalaisin); kumota;
peräyttää;* ∼ (gear) *peräytys-
vaihde;* in ∼ order *päinvastai-
sessa järjestyksessä*
rever't *joutua takaisin, palautua*
review' v *tarkastella, silmätä
taaksepäin; arvostella;* s *kat-
saus, tarkastelu; katselmus;
arvostelu*
review'er *arvostelija*
revi'le *solvata*
revi'se v *tarkistaa, korjata;* s
tarkistusarkki
revis'ion *tarkastus; tarkistettu
painos*
revi'val *elpyminen; herätys;
uusintaesitys (teatt.)*

revi've *herättää henkiin, elvyt-
tää; toirtua, elpyä;* the flowers
~d ... *kukat virkosivat ...*
revo'ke *peruuttaa*
revol't *(nousta) kapina(an)*
revol'ting *inhottava*
revolu'tion *vallankumous; kier-
ros*
revolu'tionary *vallankumouksel-
linen*
revolu'tionize *mullistaa*
revol'v|e *kiertää;* -ing *pyörivä*
revul'sion *inho*
rewar'd s *palkinto, palkka;* v
palkita
rheumat'ic *reumaattinen*
rheu'matoid *ks.* arthritis
Rhine: the ~ *Rein*
rhi'no *lyh.* ⚊ *seur.*
rhinoc'eros *sarvikuono*
rhu'barb *raparperi*
rhy'me *loppusointu*
rhyth'm *poljento, rytmi*
rib *kylkiluu; ruode;* ~s *kylki-
pala*
rib'bed *kohojuovainen*
rib'bon *nauha; värinauha*
ri'ce *riisi(suurimot)*
rich *rikas; runsas, uhkea, voi-
makas, täyteläinen; täyttävä,
rasvapitoinen*
rich'es *rikkaus*
rich'ly *runsaasti*
rick *suova*
rick'ets *riisitauti*
rick'shaw *[-o:] rikša*
rid *vapauttaa;* get ~ of *päästä
jstk*
rid'dle *arvoitus*
ri'de v *ratsastaa; ajaa;* s *rat-
sastusmatka, ajelu, ratsastus-
tie;* go for a ~ *lähteä ajelulle*
ri'der *ratsastaja*
rid'ge *harja, vuorenharjanne*
rid'icule v *pilkata, tehdä nau-
rettavaksi;* s *pilkka*
ridic'ulous *naurettava*
ri'fe (~ with) *täynnä jtk*
ri'fle s *kivääri;* v *ryöstää*
rift *halkeama*
rig s *asu;* v *varustaa* (out),
kyhätä kokoon| (up); ~ged
election *vaalipetos*
rig'ging *köyisistö, takila*
ri'ght [rait] a *suora, oikea;* s
oikeus; oikea puoli, oikeisto;
v *oikaista;* ~l *oikein;* be ~

olla oikeassa; you were quite
~ to ... *teit oikein kun ...;*
that's ~ *pitää paikkansa;* ~
about! *käännös oikeaan!* ~
away *heti;* ~ on *suoraan
eteenpäin;* in one's own ~
omasta takaa; put ~ *oikaista*
ri'ghteous *vanhurskas*
rightful *oikea, laillinen*
rig'id [dʒ] *jäykkä, tiukka*
rig'orous *ankara*
rig'our *ankaruus*
ri'le *suututtaa*
rim *reuna, (pyörän) vanne
(silmälasin) kehys*
ri'me *huurre*
ri'nd *kuori; kaarna*
ring s *piiri, rengas, sormus;
soitto;* v *soida, soittaa;* the
~ *nyrkkeilykehä;* ~ up *soit-
taa jklle (puhelimella);* give
me a ~! *soita minulle!*
ring-finger *nimetön sormi*
ring-leader *(koplan) johtaja*
rink *luistinrata*
rinse v *huuhtoa;* s *huuhtelu*
ri'ot s *mellakka, meteli, kahina;*
v *mellakoida;* run ~ *olla hilli-
tön*
ri'oter *mellakoitsija*
rip v *repäistä, viiltää auki;
elostella*
ri'pe *kypsä*
ri'pen *kypsyä, kypsyttää*
rip'ple s *väre;* v *väreillä*
ri'se v *nousta, kohota;* s *nousu;
kukkula; synty;* give ~ to
aiheuttaa
ris'en *pp. ks.* ed
risk s *vaara;* v *vaarantaa, uskal-
taa;* at the ~ of his life
henkensä kaupalla
ri'te *(kirkon)meno*
ri'val s *kilpailija;* v *kilpailla
vetää vertoja jllek*
ri'valry *kilpailu*
riv'er *joki, virta*
riv'et s *niitti;* v *niiltata; (kuv.)
naulita*
R.N. = Royal Navy
road [ou] *tie; katu;* (-stead)
ankkuripaikka; ~ accident
liikennetapaturma; ~ hog
(auto)hurjastelija
roadside *tiepuoli*
roadway *ajotie*

roam [ou] *kuljeskella*
roan [ou] *kimo*
roar [o:] v *ulvoa; kohista;* s *ulvonta, pauhu, remahdus*
roast [ou] v *paahtaa;* s *paisti*
rob *ryöstää*
rob'ber *rosvo, ryöväri*
rob'bery *ryöstö*
ro'be *viitta, kaapu, (virka)puku, -asu*
rob'in *punarintasatakieli*
ro'bot *robotti*
robus't *roteva, vankka*
rock s *kallio; vuorilaji; karl;* v *keinu|a, -ttaa*
rock-bottom *alin mahdollinen (hinta)*
rock'et *jalas*
rock'ery *kivikko(istutus)*
rock'et s *raketti, ohjus;* v *kohota äkkiä*
rocking chair *keinutuoli*
rock'y *kallioinen; huojuva*
rod *tanko, sauva; vitsa, ongen-vapa*
ro'de *imp. ks. ride*
ro'dent *jyrsijä*
roe *metsäkauris; mäti*
roentgen'ogram *röntgenkuva*
ro'gue [roug] *roisto, (leik.) vei-jari*
ro'guish *roistomainen*
ro'le *osa, rooli*
ro'll v *vieri|ä, -ttää, kieri|ä, -ttää; pyöriä; kääriä; vyöryä; keinua; kaulia;* s *käärö, rulla; sämpylä; luettelo;* ~ on *vetää ylleen;* ~ out *kaulia;* ~ up *kääriä kokoon*
roll-call *nimenhuuto*
ro'ller *tela, valssi, jyrä*
roller-skates *rullaluistimet*
rolling-pin *kaulin*
rolling-stock *liikkuva kalusto*
Ro'man *roomalainen*
roman'ce *romanttinen kerto-mus, romanssi*
roman'tic *romanttinen*
Rom'any *romaani; mustalais-kieli*
Ro'me *Rooma*
rom'p v *telmiä, mellastaa;* s *rasavilli*
rom'pers *(lapsen) leikkipuku*
roo'f s *katto;* v *kattaa*
roofing *kattoainekset*

rook [u] *mustavaris; (šakkl)-torni*
room [u] *huone; tila, sija*
roo'my *tilava*
roo'st *orsi;* ~er *kukko*
roo't s *juuri; juurikas; (kiel.) kanta;* v *juur|ruttaa, -tua; tonkia, penkoa (~ about);* ~ out *hävittää juurineen*
rootle [u] *penkoa*
ro'pe *köysi;* v *köyttää;* knows the ~s *on perillä asioista*
rope-dancer *nuorallatanssija*
rope-ladder *köysitikkaat*
ro'sary *rukousnauha*
ro'se *ruusu; ruusunpunainen* v *imp. ks.* rise
ros'in *hartsi*
ro'ster *(nimi)luettelo*
ros'trum *puhujalava*
ro'sy *ruusunpunainen*
rot v *mädätä, lahota;* s *laho*
ro'tary *pyörivä*
rota'te *pyörlä*
rota'tion *kiertäminen, kierros*
ro'te: by ~ *ulkoa*
rot'ten *mädännyt, mätä*
rotun'd *pyöreä*
roué [ru:e] *irstailija*
rouge [u:] *poskipuna*
rough [raf] a *karkea, epätasai-nen, rosoinen, hiomaton; töy-keä, ankara; myrskyinen; sum-mittainen;* s *hullgaani;* ~ it *elää vaikeissa oloissa;* ~ copy *konsepti;* ~ly (speaking) *suun-nilleen, arviolta*
rough-and-tumble a *säännötön, raju;* s *nujakka*
roughneck, *rähinöitsijä*
roughness *karkeus*
rou'nd a *pyöreä;* s *kierros; vuoro, erä;* prep *ympäri, -llä;* v *kiertää jnk ympäri;* ~ trip *klertomatka;* ~ off *pyöristää;* look ~ *katsella ympärilleen t. taaksensa;* not enough to go ~ *el tarpeeksi kaikille (seurassa)*
rou'ndabout way *kiertotie*
round-up *Am. ratsia*
rou'se *herättää, innostaa*
rou't s *kurja pako;* v *ajaa pakosalle; tonkia*
route [u:] *tie, reitti;* en ~ [onru:t] *matkalla jnnek,* to t. *for*

R
S

routin'e [u:,i:] s *(jokapäiväi-nen) työjärjestys;* a *rutiini-*
ro've *harhailla, samota*
ro'w s *rivi;* v *soutaa; soutu-matka;* [rau] *metell; riita;*
kick up a ~ *nostaa hälinä*
row'an tree *pihlaja*
row'dy *tappelupukari*
roy'al *kuninkaallinen*
roy'alty *kuninkaalliset; tekijä-palkkio*
rub *hieroa, hangata;* ~ off *hangata pois*
rub'ber *kumi;* ~s *kalossit*
rub'berneck *nähtävyyksien katselija, utelias turisti*
rub'bish *roska;* ~! *pötyä!*
rub'ble *kivimurska*
ru'by *rubiini*
rud'der *peräsin*
rud'dy *punakka*
ru'de *karkea, tyly, epäkohtelias, töykeä; hiomaton*
ru'diments *alkeet*
ru'e *katua*
ruff *poimukaulus*
ruf'fian *roisto*
ruf'fle v *panna väreilemään, pöyhistää; häiritä (rauhaa), hermostuttaa;* s *röyhelö*
rug *matto, huopa*
rug'ged *epätasainen, karkea; karski, karu*
rug'ger = rugby-peli
ru'in s *tuho, perikato; raunio (us. pl.);* v *saattaa turmioon, tuhota;* in ~s *raunioina*
ru'inous *tuhoisa*
ru'le s *sääntö, ohje; hallitus-valta;* v *hallita; määrätä; viivoittaa;* as a ~ *yleensä*
ru'ler *hallitsija; viivoitin*
rum *rommi*
Ruma'nia *Romania*
rum'ble s *jyrinä;* v *jyristä*
ru'minant *märehtijä*
rum'mage v *penkoa;* s *rihkama;* ~ sale *»kirpputori»*

ru'mour s *huhu;* v *huhuta*
rump *takapuoli, reisi-*
rum'pus *metell, hälinä*
run v *juosta; kulkea, käyṡä, olla käynnissä, olla ohjelmistossa; virrata; pitää käynnissä, hoitaa (liikettä);* s *juoksu, kulku, matka; ryntäys;* the common ~ *tavalliset ihmiset;* in the long ~ *aikaa myöten;* ~ away *karata;* ~ sb. down *ajaa ku-moon; parjata;* has ~ down *on kulunut loppuun, pysähty-nyt;* (is) ~ down *huonossa kunnossa;* ~ for ... *asettua ehdokkaaksi;* I have ~ out of ... *on lopussa;* ~ over *vuotaa vli;* ~ to *nousta jhk*
run'away *karkuri*
run-down *rasittunut*
rung *(tikapuun) puola; pp. ks.* ring
run-in *kiista*
run'ner *juoksija; jalas; rönsy;* ~-up *toiseksi tullut*
run'way *kiitorata*
rup'ture s *repeämä, välien rik-koutuminen;* v *murtua, ratketa; revetä*
ru'ral *maalais-*
rush v *rynnätä, syöksyä; hoput-taa;* s *ryntäys, kiire; kaisla;* ~ hours *ruuhka-aika;* ~ at *hyökätä jkn kimppuun*
Russia [š] *Venäjä*
Rus'sian *venäläinen; venäjän-kieli*
rust s *home;* v *homehtua*
rus'tic *maalais-*
rus'tle [sl] *kahista*
rus'ty *ruosteinen*
rut *pyöränjälki*
ru'thless *säälimätön, julma*
rut'ted *pyöränjälkiä täynnä oleva*
ry'e *ruis*

S

s [es] *s-kirjain; s.* = shilling
shillings; S. = South
sab'bath *lepopäivä*
sa'ble *soopeli*

sab'otage *sabotaaši*
sa'bre *sapeli*
sac *pussi*
sacch'arin [k] *sakariini*

sack s **säkki;** v **ryöstää; antaa potkut** (m. give the ~)
sa'cred pyhitetty, pyhä
sac'rifice [-ais] v uhrata; s uhraus; uhri
sac'rilege [-lidž] pyhyyden loukkaus
sad surullinen, alakuloinen
sad'den tehdä murheelliseksi
sad'ness surullisuus
sad'dle s satula; v satuloida
sad'ly surullisesti; kipeästi
sa'fe a varma, turvallinen; eheä; s kassakaappi; to be on the ~ side varmuuden vuoksi
safeguard s suoja; v suojella
sa'fely onnellisesti, turvallisesti
sa'fety turvallisuus, varmuus; ~-pin lukkoneula; ~-razor parranajokone
saf'fron sahrami
sag painua, notkua
saga'cious terävä(-älyinen)
sagac'ity teräväjärkisyys
sa'ge s viisas; salvia; (~ brush) marunapensas
said imp.&pp. ks. say
sail s purje; v purjehtia
sai'lor merimies; I am a bad ~ tulen helposti merikipeäksi
saint pyhimys; (lyh. St) pyhä
sa'ke: for the ~ of jnk vuoksi; for my ~ minun tähteni
sal'ad salaatti
sal'ary (kuukausi)palkka
sa'le myynti; loppuunmyynti; the ~s alennusmyynti; for ~ myytävänä; on ~ kaupan
sa'leable kaupaksi menevä
sa'lesman, sa'leswoman myyjä, -tär
sa'lient esiinpistävä
sa'line [ai] a suola-(pitoinen); s suolaliuos
sali'va sylki
sal'low kalpea, kalvakka
sal'ly s (ulos)hyökkäys; sanasutkaus; v hyökätä
sal'mon [sämn] lohi
saloo'n kapakka; (laivan) salonki
salt [o:] suola; ~-cellar s-astia
sal'ty [o:] suolainen
saltpetre salpietari
salu'brious terveellinen
sal'utary hyödyllinen; terveellinen

salu'te v tehdä kunniaa; tervehtiä; s kunnia\nteko, -laukaus; tervehdys; take the ~ ottaa vastaan paraati
sal'vage s (meri)pelastus; v pelastaa
salva'tion pelastus; S~ Army pelastusarmeija
sal've s voide
sal'ver tarjotin
sal'vo yhteislaukaus
sa'me sama; all the ~ siitä huolimatta; it is all the ~ to me se on minulle samantekevää; at the ~ time samalla (kertaa), yhtäaikaa; kuitenkin; ~ to you samoin!
sam'ple [a:] s (tavara)näyte, malli; v ottaa näyte; maistaa; (random) ~ otos; pistokoe
san'ctify pyhittää
sanctimo'nious tekopyhä
san'ction s hyväksyminen; pakote; v hyväksyä, vahvistaa
san'ctity pyhyys
san'ctuary pyhäkkö; turvapaikka, suojelualue
sand s hiekka, hieta; v hiekoittaa; ~s hiekkaranta, -särkkä
san'dal sandaali, sannikas
san'dman nukkumatti
san'dwich (kaksinkertainen) voileipä; ~-man mainostaulujen kantaja (selässä ja rinnalla)
san'dy hiekkainen
sa'ne täysjärkinen, järkevä
sang imp. ks. sing
san'guinary verenhimoinen
san'guine luottavainen, toiveikas
san'itary terveydenhoidollinen, hygieeninen; ~ towel (pad) terveysside
sanita'tion saniteetti-, viemärilaitteet, viemäröinti; indoor ~ W.C.
san'ity tervejärkisyys
sank imp. ks. sink
Santa Claus joulupukki
sap s mehu, mahla; v heikentää (voimat); kaivaa perustukset (jnk alta)
sap'per pioneeri
sapph'ire [f] safiiri
sar'casm katkera iva
sarcas'tic pisteliäs
sardin'e [i:] sardiini
sash (leveä) vyö, olkanauha;

ikkunankehys; ~ window
liuku-, nostoikkuna
sat *imp. & pp. ks.* sit
Sa'tan *saatana*
sat'chel *(kirja)laukku*
sa'te v *tyydyttää*
sat'ellite *satelliitti, kiertolainen,
tekokuu; seurailija(valtio)*
sa'tiate [š] *tyydyttää;* ~d *kyl-
lääntynyt*
sati'ety [tai'] *kyllästys*
sat'in *atlassilkki*
sat'ire *satiiri, iva*
satisfac'tion *tyydytys; mieli-
hyvä, ilo; hyvitys*
satisfac'tory *tyydyttävä*
sat'isify *tyydyttää; täyttää, vas-
tata (jtk); saada vakuuttu-
neeksi;* -fied *tyytyväinen; kyl-
läinen*
sat'urate *kyllästää*
Sat'urday *lauantai;* on ~
lauantaina; on ~s *lauantaisin*
sauce *kastike; (arkik.) nenäk-
kyys* (= sauciness)
sau'cepan *kasari*
sau'cer *teevati;* flying ~ *len-
tävä lautanen*
sau'cy *nenäkäs; sl. tyylikäs*
sau'nter *kuljestella, maleksia*
sau'sage [o] *makkara*
sav'age *villi(-ihminen)*
sa've v *pelastaa; säästää; va-
pahtaa;* prep *paitsi*
sa'ving; ~s *säästöt*
savings-bank *säästöpankki*
Sa'viour *Vapahtaja*
sa'vour s *maku; tuntu;* v: ~ of
maistua (kuv. haiskahtaa) jltk
sa'voury a *maukas;* s *höyste-
pala, suolapala*
saw [o:] s *saha;* v *sahata;
imp. ks.* see; ~n *pp. sahattu*
saw'dust *sahajauhot*
saw'mill *saha(laitos)*
Sax'on *(anglo)saksilainen*
say v *sanoa;* I ~ *kuulehan;
(let us)* ~ ... *sanokaamme ...,
esimerkiksi ...;* he is said to be
hänen sanotaan olevan; that
is to ~ *toisin sanoen;* to ~
nothing of *jstk puhumattakaan;*
have a ~ in *olla sananvaltaa
(asiassa);* ~ing *sanonta, sa-
nanparsi*
scab *rupi, kapi, lakonrikkuri*
scab'bard *miekan tuppi*

scaf'fold *mestauslava;* ~ing
rakennustelineet
scald [o:] v *polttaa (kuumalla
vedellä ym); kuumentaa;* s
palohaava
sca'le s *asteikko, mittakaava;
vaakakuppi (~s vaaka); suo-
mus;* v *kiivetä; suomustaa,
kesiä;* ~ (down, up) *porras-
taa, m. alentaa, korottaa*
scal'lop [o] s *kampasimpukka
simpukankuori;* v *gratinoida;*
~ing *pykäläreunus*
scal'p *päänahka*
scamp *lurjus, vintiö*
scam'per *juosta, kipittää*
scan *tarkoin tutkia*
scan'dal *häväistys, -juttu*
scan'dalize *herättää pahennusta*
scandalmonger *juorutäti*
scan'dalous *häpeällinen*
Scandina'vian *skandinaavi,* -nen
scan't, -y *niukka*
sca'pegoat *syntipukki*
sca'pegrace *hulivili*
scar s *arpi;* v *arpeutua*
sca'rce *niukka;* food is ~
ruoasta on puute; make o.s. ~
»häipyä»
sca'rcely *tuskin*
sca'rcity *niukkuus, jnk puute,* of
sca're v *pelästyttää;* s *säikähdys;
I was* ~d *pelästyin, pelkäsin*
sca'recrow *linnunpelätin*
scarf *kaulaliina, huivi*
scar'let *helakanpuna(inen);* ~
fever *tulirokko*
scar'red [a:] *arpinen*
scat'ter *siroteIla, hajottaa, hajo-
ta;* ~ed *hajallaan oleva*
scav'enger *haaskaeläin, kadun-
lakaisija*
sce'ne [s] *tapahtumapaikka,
näyttämö; kohtaus;* ~s *kulissit*
sce'nery *maisema; näyttämö-
koristeet*
scent [s] s *tuoksu; hajuvesi;
vainu;* v *vainuta;* ~ed *parfy-
moitu;* keen--~ed *tarkkaval-
nuinen*
scep'tic [sk] *epäilijä*
scep'tre [s] *valtikka*
sched'ule [š] s *luettelo; aika-
taulu;* v *merkitä luetteloon;*
on ~ *määräaikana*
sche'me [sk] s *suunnitelma;
juoni; kaava;* v *vehkeillä*

schis'm [sizm] *(uskon)riita*

schol'ar [sk] *oppinut;* luku-
mies; *(vanh.) oppilas*

schol'arship *stipendi; oppinei-
suus*

school *koulu; kalaparvi;* v
opettaa, pitää kurissa; at ~
koulussa

schoolfellow *koulutoveri*

schoo'ling *koulusivistys*

schoo'ner [sk] *kuunari*

sciat'ica [sai-] *iskias*

sci'ence [sai-] *tiede;* ~ fiction
tieteisromaani(t)

scientif'ic *tieteellinen*

sci'entist *tiedemies, luonnontie-
teilijä*

scin'tillate [s] *säkenöidä*

sci'on [s] *vesa*

scis'sors [s] *sakset*

scoff *pilkata,* at

sco'ld *torua*

sco'lding *torumiset*

sco'ne [m. skon] engl. *teeleipä*

scoop s *kauha;* (m. kuv.)
apaja; v *ammentaa, kaivaa*

scoo'ter *potkulauta;* (motor)
~ *skootteri*

sco'pe *ala, alue; liikkumatila,
-vara;* within the ~ of *jnk
rajoissa, puitteissa*

scor'ch *kärventää; ajaa hurjaa
vauhtia;* ~er *vauhtihirmu*

sco're s *uurre, lovi; pistemäärä;
kaksikymmentä, tiu; parti-
tuuri;* v *uurtaa, piirtää; saada
pisteitä, voittaa;* what is the
~? *mikä on (maali-, piste)
tilanne?* ~s of *joukoittain;* ~ a
success *saavuttaa menestys*

scorn s *ylenkatse;* v *ylenkatsoa*

scor'nful *halveksiva*

Scot, -ch *skotlantilainen*

Scot'land *Skotlanti*

scou'ndrel *roisto, konna*

scou'r v *hangata, puhdistaa;
samoilla, etsiä*

scour'ge [ö:] s *vitsaus; ruoska;*
v *kurittaa*

scou't s *tiedustelija;* v *tiedus-
tella;* boy ~ *partiopoika*

scou'ting *partioliike*

scoutmaster *partiojohtaja*

scow'l *katsoa tuimasti, rypistää
kulmiaan*

scram'ble v *kavuta;* s *jnk ta-*

voittelu, for; ~d eggs *muna-
kokkeli*

scrap s *pala;* pl *tähteet; riita;*
v *romuttaa;* ~-book *leike-
kokoelma;* ~ iron *romurauta*

scra'pe v *raapia, kaapia; kitkut-
taa;* s *pula, kiipeli;* ~ through
läpäistä töin tuskin

scrat'ch v *kynsiä;* s *naarmu,
raaputus; lähtöviiva;* from ~
tyhjästä

scrawl *töhertää*

scream v *kirkua;* s *kirkaisu,
parkaisu*

screech *huutaa, kirkua*

screen s *varjostin, suojus(tin);
valkokangas; (TV) kuvaruutu;*
v *peittää, suojata; seuloa*

screw s *ruuvi;* v *ruuvata, kiertää;
ahdistaa, kiristää;* ~ up one's
courage *rohkaista mielensä;*
~ propeller *potkuri;* ~ed
sl. *kännissä*

screw'driver *ruuvitaltta*

scrib'ble *töhertää, kyhätä ko-
koon;* ~r *kynäilijä*

scri'be *kirjuri; kirjanoppinut*

script *käsikirjoitus;* ~ girl
kuvaussihteeri

scrip'ture: S~(s) *raamattu*

scro'll *(pergamentti)käärö*

scrub s *pensaikko;* v *hangata
puhdistaa*

scru'ple s *(omantunnon) epäi-
lys;* v *häikäillä;* (a man) of no
~s *häikäilemätön*

scru'pulous *(tunnon)tarkka*

scru'tinize *tarkoin tutkia*

scru'tiny *tarkka tutkimus*

scud *kiitää, villettää*

scuf'fle s *tappelu;* v *tapella*

scull s *mela, airo;* v *meloa*

scul'lery *astiainpesuhuone*

scul'pt|or, -ress *kuvanveistäjä*

scul'pture *kuvanveistotaide, veis-
tos;* v *veistää*

scum *kuohu; roskaväki*

scurf *rupi, hilse*

scur'ry v *juosta;* s *hoppu*

scur'vy s *keripukki;* a *katala*

scut'tle s *luukku; hiilisanko;* v
*upottaa (päästämällä vettä lai-
vaan)*

scy'the [sai-] *viikate*

sea *meri; aallokko;* at ~ *me-
rellä; ymmällä;* a heavy ~
ankara merenkäynti

sea-board *merenranta*
seal s *sinetti, leima(sin); hylje;*
  v *sinetöidä; sulkea (tiiviisti)*
sea-level: above ~ *merenpinnan*
  yläpuolella
sealing-wax *sinettilakka*
seam *sauma; liitos; juonne*
seaman *merimies*
seam'stress [sem-] *ompelija*
seaplane *vesitaso*
seaport *satama(kaupunki)*
scar *kärventää*
search [ö:] v *etsiä tarkoin,*
  tarkastaa; s *etsintä; (ruumiin-,*
  koti)tarkastus
searchlight [ö:] *valonheittäjä*
seasick *merisairas*
seasickness *meritauti*
seaside *merenrannikko;* ~
  resort kylpypaikka
sea'son s *vuodenaika; kausi;*
  huvikausi; v *maustaa; kuivata*
  (puutavaraa); karaista, totut-
  taa, to jhk; in ~ ajallansa
sea'sonable *sopivaan aikaan*
  tapahtuva
sea'sonal *vuodenajan mukainen,*
  kausiluontoinen
sea'soning *mauste*
season-ticket *kausilippu*
seat s *istuin, (istuma)paikka;*
  edustajanpaikka; (kuv.) tyys-
  sija; v *asettaa istumaan;* be
  ~ed *istuutua;* country ~ *kar-*
  tano; take a ~ *please olkaa*
  hyvä istukaa
seat-belt *turvavyö*
seaweed *merilevä*
sea-worthy *purjehduskelpoinen*
sece'de *erota, luopua*
seclu'de *sulkea pois;* ~d *yk-*
  sinäinen, syrjälnen
seclu'sion *eristyneisyys*
sec'ond a *toinen;* s *sekunti;* v
  kannattaa, puoltaa; ~ *best*
  lähinnä paras; on ~ *thoughts*
  asiaa harkittu\ani, -aan
sec'ondary *toisarvoinen;* ~
  school oppikoulu
second-hand: buy s.-h. *ostaa*
  käytettynä t. antikvariaatista
sec'ondly *toiseksi*
second-rate *toisen luokan*
se'crecy *salaperäisyys;* bound
  to ~ *vaitiolovelvollinen*
se'cret a *salainen;* s *salaisuus;*
  ~ *service salainen tiedustelu-*

palvelu; in ~ *salaa;* keep ...
  ~ *pitää salassa*
sec'retary *sihteeri;* S~ of
  State *ministeri, Am. ulkominis-*
  teri
secre'te *erittää*
secre'tion *eritys, erite*
sect *lahko*
sec'tion s *osa; osasto, jaosto;*
  (poikki)leikkaus; v *leikata*
  poikki
sec'tor *lohko, sektori*
sec'ular *maallinen*
sec'ularized *maallistunut*
secu're a *turvallinen, varma,*
  v *varmistaa, turvata; kiinnit-*
  tää (lujasti); hankkia (itsel-
  leen), saada
secu'rlity *turvallisuus, varmuus*
  takuu; -ities *arvopaperit*
sedan' *iso umpinainen auto*
  (~ chair) *kantotuoli*
seda'te *tyyni*
sed'ative *rauhoittava (lääke)*
sed'entary *istuma-*
sed'ge *sara*
sed'iment *sakka*
sedit'ion *kapina*
sedu'ce *vietellä*
seduc'tive *viettelevä*
see v *nähdä; havaita; ymmär-*
  tää; s *piispanistuin;* I ~ *ym-*
  märrän; you ~ *näetkös;* go
  and ~ sb. *mennä tervehti-*
  mään; ~ sb. off *saattaa (ase-*
  malle ym); ~ out *saattaa ovel-*
  le; ~ to it *huolehtia;* ~ a
  doctor *käydä lääkärin luona;*
  ~ you soon *tapaamme taas*
  plan; näkemiin; ~ sth. *for*
  oneself nähdä omin silmin;
  let me ~ *annahan kun katson*
seed *siemen, (kuv); kylvösiemen;*
  ~ *bed taimitarha*
see'dling *taimi*
see'dy *nukkavieru, rapistunut*
seeing: worth ~ *näkemisen ar-*
  voinen; ~ *that koska*
seek *hakea, etsiä; tavoitella;* ~
  out etsiä käsiinsä
seem *näyttää, tuntua;* it ~s to
  me (that) *minusta näyttää siltä*
  (että)
see'ming *näennäinen*
see'mly *sopiva, säädyllinen*
see'r *tietäjä, ennustaja*
see'saw v *keinua;* s *keinulauto*

seethe *kuohua, klehua*
seg'regate *erottaa, eristää*
segrega'tion *erottelu*
seine [ei] *nuotta*
seize [i:] *tarttua; vallata; taka-varikoida*
sei'zure *(taudin) kohtaus; val-taus*
sel'dom *harvoin*
selec't v *valikoida, valita;* a *va-lio-*
selec'tion *valikoima*
self *(oma) itse*
self-centred *itsekeskeinen*
self-con'scious *ujo, vaivaantunut*
self-contained *erillinen*
self-contro'l *itsehillintä*
self-fulfilment *itsensä toteut-taminen*
self-gov'ernment *itsehallinto*
sel'fish *itsekäs*
self-posses'sed *rauhallinen*
sel'fsame *aivan sama*
self-satisfied *omahyväinen*
self-suppor'ting *itsensä elättävä*
self-willed *itsepäinen*
sell *myydä; mennä kaupaksi;* ~ off, ~ out *myydä loppuun*
sel'ler *myyjä*
sem'blance *hahmo, muoto*
sem'ester Am. *lukukausi*
semi- *puoli-;* ~colon *puolipiste*
sem'icircle *puoliympyrä*
semi-detached *kahden perheen (talo)*
sem'i-final *välierä*
sem'i-manufac'tured product *puolivalmiste*
semolin'a [i:] *mannasuurimot*
sen'ate *senaatti*
send *lähettää,* for *noutamaan;* ~ forth *levittää;* ~ in *jättää*
sen'der *lähettäjä*
se'nile [ai] *vanhuuden(höperö)*
senil'ity *vanhuudenheikkous*
se'nior *vanhempi*
sensa'tion *aistimus, tunne; sen-saatio, kohu*
sensa'tional *sensaatiomainen, kohu-, jymy-*
sense s *aisti, taju, tunto; järki; merkitys;* v *aistia;* in a ~ *eräässä mielessä;* it makes ~ *on mielekästä;* it doesn't make ~ *siinä ei ole mitään järkeä*
sen'seless *tajuton; järjetön*

sensibil'ity *herkkyys*
sen'sible *järkevä, ymmärtäväi-nen; aistimin havaittava; tie-toinen,* of *jstk*
sen'sitive *herkkä, arka.* about *sen'sual aistillinen*
sent *imp. & pp.* ks. send
sen'tence s *lause; tuomio;* v *tuomita*
sen'timent *tunne*
sentimen'tal *tunteellinen, tunne-*
sen'tinel *vartiomies*
sen'try *vartiomies;* ~-box *var-tiokoju*
sep'arate v *erottaa, irrottaa; erota;* a [-rit] *erillinen*
separa'tion *eroaminen, (asu-mus)ero*
Septem'ber *syyskuu*
sep'ulchre *hauta(kammio)*
se'quel *jatko, seuraus*
se'quence *jakso, järjestys*
seques'ter *eristää; takavarikoi-da;* ~ed *yksinäinen*
sequoi'a *mammuttipetäjä*
sere'ne *tyyni, kirkas*
serf *maaorja*
serge *sarssi(kangas)*
ser'geant [sa:dž-] *kersantti*
se'rial a *sarja-;* s *jatkokertomus sarjafilmi*
se'rialize *esittää jaksoina*
se'ries (pl =!sg) *sarja, jakso*
se'rious *vakava; vaarallinen*
ser'mon *saarna*
ser'pent *käärme*
se'rum *verihera; seerumi*
ser'vant *palvelija; -virkamies*
serve *palvella; tarjoilla; kelva-ta; toimia,* as *jnak; syöttää (tennis);* that ~s him right *se on hänelle parahiksi;* ~ the purpose *vastata tarkoitusta*
ser'vice s *palvelu(s); huolto; jumalanpalvelus, sotapalvelus; kulkuvuoro(t);astiasto;* v *huol-taa;* fit for ~ *asekuntoinen;* ~ industries *palveluelinkeinot;* be of ~ to *olla avuksi* t. *hyö-dyksi jklle;* ~ flat *huoneisto palvelutalossa*
ser'viceable *käyttökelpoinen*
ser'vile [-ail] *nöyristelevä*
ser'vitude *orjuus*
ses'sion *istunto*

set v *panna, asettaa; sovittaa;*
  määrätä; kehystää; hyytyä;
  (auringosta) laskea; a *mää-*
  rätty, kiinteä; s *sarja, kalusto,*
  pukinesarja ym; (seura)piiri;
  istukas; ~ *books kurssikirjat;*
  ~ decorations *lavasteet;* wire-
  less ~ *radiovastaanotin;* ~ at
  ease *rauhoittaa;* ~ forth *esit-*
  tää, kuvata; lähteä liikkeelle;
  ~ in *alkaa;* ~ off *lähteä, te-*
  hostaa; ~ out *lähteä;* ~ to
  ryhtyä; have one's hair ~
  kampauttaa tukkansa; at the
  ~ time *määräaikana*
set-back *takaisku*
settee' *(pieni) sohva*
set'ing *kehys; ympäristö*
set'tle v *asettaa; määrätä, jär-*
  jestää; sovittaa, suorittaa;
  asettua asumaan, vakiintua;
  ~d *määrätty, vakiintunut;*
  ~ down *asettua aloilleen*
set'tlement *suoritus; sopimus;*
  (uudis)asutus; jklle määrätty
  rahasumma
set'tler *siirtolainen*
sev'en *seitsemän*
sev'enth *seitsemäs*
sev'en|tee'n -ty *seitsemäntoista,*
  -kymmentä
sev'er *erottaa, katkaista*
sev'eral *usea(t), monet*
seve're *ankara*
sever'ity *ankaruus*
sew [sou] *ommella;* ~ing
  machine *ompelukone*
sew'age [sju(:)-] *viemärivesi;* ~
  worker *puhtaanapitolaitoksen*
  työntekijä
sew'er [sju-] *likaviemäri*
sex *sukupuoli; seksi*
sex'ton *suntio*
sex'ual *sukupuoli-;* ~ drive
  s-vietti
sexual'ity *sukupuolisuus*
sex'y *seksikäs*
shab'by *nukkavieru*
shack *hökkeli; röttelö*
shackle s *käsi- t. jalkarauta;*
  pl. kahleet; v *kahlehtia*
sha'de *varjo, -stin; hivenen*
  verta
shad'ow s *varjo;* v *varjostaa*
shad'owy *varjoisa; hämärä*
sha'dy *varjoisa; epäilyttävä*

shaft [a:] *varsi; nuoli (m. kuv.);*
  aisa; aksell; kalvoskullu
shag'gy *takkuinen, tuuhea*
sha'ke v *pudistaa, ravista ,*
  järkyttää; vapista, täristä; s
  pudistus; tärinä; ~ hands
  with *puristaa jkn kättä*
shakedown *tilapäisvuode*
sha'ken pp. *ks.* shake
sha'ker *sekoitin*
sha'ky *vapiseva; horjuva*
shall *apuv. (fut.);* I ~ soon be
  50 täytän pian 50 vuotta; you
  ~ not *et saa*
shal'low a *matala; pintapuoli-*
  nen; s *matalikko*
sham v *teeskennellä, olla olevi-*
  naan; a *teko-;* s *väärennys,*
  jäljennös; ~ illness *tekeytyä*
  sairaaksi
sham'ble *laahustaa*
sham'bles *verilöyly*
sha'me s *häpeä;* v *saattaa hä-*
  peämään, tuottaa häpeää; what
  a ~! *mikä vahinko;* ~faced
  häpeilevä
shampoo' v *pestä (tukka);* s
  tukanpesu; ~ and set *pesu ja*
  kampaus
sham'rock *apilanlehti*
shank *sääri*
shan't [a:] = shall not
shan'ty *hökkeli, röttelö*
sha'pe s *muoto, hahmo;* v
  muovata; in bad ~ *huonossa*
  tilassa; take ~ *hahmottua.*
  muotoutua
sha'peless *muodoton*
sha'pely *kaunismuotoinen*
sha're s *osa, osuus; osake;* v
  jakaa; have a ~ in *olla osalli-*
  sena jssk; go ~s *panna tasan*
shareholder *osakkeenomistaja*
shark *hai; huijari*
sharp *terävä; jyrkkä; pureva;*
  ovela; s *huijari;* at 10 o'clock
  ~ *täsmälleen kello 10;* look ~
  pidä varasi! C ~ *cis*
shar'pen *teroittaa*
shar'pener *teroitin*
sharp-sighted *tarkkanäköinen*
sharp-witted *teräväpäinen*
shat'ter *murskata, pirstoa; men-*
  nä pirstaleiksi; ~ed health
  murtunut terveys
sha've v *ajaa (parta); hipais-*
  ta; s *parranajo*

sha'ver: electric ~ *sähköpar-*
ranajokone
sha'ving: ~s *lastut;* ~-cream
partavaahdoke
shawl *hartiahuivi*
she *hän (fem.);* ~(-cat *ym)*
naaras-
sheaf *lyhde (pl. sheaves)*
shear *keritä;* ~s *isot sakset*
sheath *tuppi, huotra*
shed v *vuodattaa; luoda; levit-*
tää; s *vaja, katos*
sheen *kiilto*
sheep *lammas, lampaat*
shee'pish *lammasmainen*
sheer *pelkkä, silkka; ohut;*
kohtisuora(an)
sheet *lakana; (paperi)arkki,*
(ohut) levy; pinta; ~ iron
rautalevy
sheet-lightning *kalevantuli*
shelf *hylly (pl. shelves)*
shell s *kuori; simpukankuori;*
(tykin)ammus, kranaatti; v
kuoria; pommittaa tykeillä
shellfish *kuoriaiseläin*
shel'ter s *suoja, turva(paikka),*
väestönsuoja; v *suojata*
shel've *panna hyllyile; jättää*
sikseen
sheph'erd [-pöd] *paimen*
sher'iff *šeriffi*
shield [i:] *kilpi; suojus(tin);* v
suojella
shift v *muuttaa, -tua, siirtää,*
-tyä; s *siirtyminen; (työ)-*
vuoro; keino, juoni; ~ for
oneself *suoriutua omin neu-*
voin; make ~ *tulla toimeen jo-*
tenkuten; in three ~s *kolmessa*
vuorossa
shif'ty *ovela*
shil'ling *šillinki*
shilly-shally *soutaa ja huovata*
shim'mer v *kimmeltää;* s *kim-*
mellys
shin(bone) *sääriluu*
shin'dy *meteli, riita*
shi'ne v *loistaa, paistaa;* s
loisto, kiilto
shin'gle s *kattopäre, paanu;*
rantasora, somerikko; v *lei-*
kata (tukka) lyhyeksi; ~s
vyöruusu
shi'ny *kiiltävä*
ship s *laiva;* v *laivata*
ship'ment *laivaus*

shipowner *laivanvarustaja*
ship'per *laivaaja*
ship'ping *laivat, tonnisto; laiva-*
liikenne
ship'shape *hyvässä järjestyk-*
sessä
ship-way *aluslava, telat*
ship'wreck [-pr-] *haaksirikko*
shipyard *laivanveistämö*
shi're *kreivikunta* (m. *-šiö)*
shirk *kaihtaa, pakoilla,* »pin-
nata»
shirt *palta*
shiv'er s *pirstale, siru; väristys;*
v *väristä, vapista*
shoal *matalikko, kalaparvi*
shock s *tärähdys, isku; järky-*
tys; kuhilas; v *kauhistuttaa;* be
~ed at *kauhistua jstk;* elec-
tric ~ *sähköisku;* ~ of hair
kuontalo
shock-absorber *iskunvaimennin*
shock'ing *loukkaava, pahennus-*
ta herättävä, järkyttävä
shocktroops *iskujoukot*
shod'dy *kehno, arvoton*
shoe [u:] s *kenkä;* v *kengittää*
shoeblack *kengänkiillottaja*
shoehorn *kenkälusta*
shoemaker *suutari*
shon'e *imp. & pp. ks.* shine
shook [u] *imp. ks.* shake
shoo't v *ampua; kiitää; laskea*
(koskea); versoa; näpätä (va-
lokuva), kuvata; s *vesa; kouru*
shoo'ting s *ammunta;* a *viil-*
tävä; ~ star *tähdenlento*
shop s *myymälä; työpaja, vers-*
tas; v *käydä ostoksilla* (go
~ping); talk ~ *puhua am-*
mattiasioista
shopkeeper *kauppias*
shop-lifter *myymälävaras*
shopping *ostokset;* go ~ *tehdä*
ostoksia
shop-steward *pääluottamusmies*
shopwalker *(tavaratalon) opas*
sho're s *ranta;* in~ *lähellä ran-*
taa; go on ~ *mennä maihin*
short a *lyhyt; puuttuva, niuk-*
ka; töykeä; s: ~s *šortsit;* in
~ *lyhyesti;* run ~ *olla lop-*
pumassa; stop ~ *pysähtyä*
äkkiä; ~ of *(m.) paitsi*
shor'tage *puute, niukkuus*
shortbread *muroleivos*
shortcoming *vajavaisuus, puute*

shor'ten *lyhentää*
shor'tening *rasva (leipomiseen)*
shorthand *pikakirjoitus*
shor'tly *pian; lyhyesti*
shor'tness *lyhyys*
short-sighted *likinäköinen;*
(kuv.) *lyhytnäköinen*
shot *laukaus; heitto; hauli(t);
ampuja; (valo)kuva; imp. ks.*
shoot; put the ~ *työntää kuu-
laa;* ~ put *kuulantyöntö*
should [šud] you ~ not *sinun
ei pitäisi;* (I told him) I ~
be there *että olisin siellä;* how
~ I know? *miten minä voisin
tietää?*
sho'ulder s *hartia, olkapää;* v
*ottaa kantaakseen; viedä olal-
le;* ~-strap *olkain*
shout v *huutaa;* s *huuto*
shove [a] v *sysätä;* s *tyrkkäys,
tönäys*
shov'el [a] *lapio;* v *lapioida*
sho'w v *näyttää, osoittaa;
näkyä, näyttäytyä;* s *näytel-
mä (m. revyy ym); näyttely;
komeilu;* ~ off *komeilla;* ~
business *huviala*
show-case *lasikko*
sho'wdow'n *vällenselvitys;* call
for a ~ *vaatia jkta paljasta-
maan korttinsa*
show'er s *sadekuuro;* (~ bath)
suihku; v *jaella runsaasti, syy-
tää; ryöpytä*
show'ery *kuuroinen*
sho'wn pp. ks. *show*
showpiece *loistokappale*
sho'w-window *näyteikkuna*
sho'wy *korea*
shrank *imp. ks.* shrink
hred *palanen, riekale*
shrew *äkäpussi*
shrewd *ovela, terävä*
shriek [i:] v *kirkua;* s *kirkaisu*
shrill *kimeä, kimakka*
shrimp *katkarapu*
shri'ne *pyhäinjäännöslipas; py-
häkkö*
shrink *kutis|tua, -taa; kavahtaa,
väistellä,* from *jtk*
shrin'kage *kutistuminen*
shrin'k(er) *si. psykiatri*
shriv'el *kuihduttaa, mennä kurt-
tuun*
shroud s *käärinliina(t);* v *ver-
hota*

Shro've Tuesday *laskiaistiistai*
shrub *pensas*
shrub'bery *pensaikko*
shrug v *kohauttaa olkapäitään;*
s *olankohautus*
shrunk(en) pp. *kutistunut*
shud'der v *väristä;* s *väristys
pulstatus*
shuf'fle v *laahustaa; sekoittaa
(kortteja); etsiä verukkeita;*
s *veruke, metku*
shun *karttaa, kaihtaa*
shunt v *vaihtaa (sivuvaihteelle);*
s *sivukytkentä (sähk.)*
shut *sulke|a, -utua;* ~ up *tel-
jetä;* ~ up! *suu tukkoon!*
shut-down *työnseisaus*
shut'ter *ikkunaluukku; (va-
lok.) suljin*
shut'tle *sukkula*
shuttlecock *sulkapallo*
shy' a *arka, ujo;* v *säikkyä*
Sic'ily *Sisilia*
sick *sairas, pahoinvoipa;* be ~
of *olla kyllästynyt, tympäänty-
nyt jhk*
sick'en *inhottaa*
sick-fund *sairaskassa*
sick'le *sirppi*
sick'ly *sairaalloinen*
sick'ness *sairaus*
si'de *sivu, syrjä; kylki; puoli;*
v: ~ with *pitää jkn puolta;*
change ~s *vaihtaa puolta;* on
each ~ of *kummallakin puo-
len;* ~ by ~ *vierekkäin;* ~
line *sivuansio*
si'deboard *tarjoilupöytä*
sideburns *pulisongit*
side-car *sivuvaunu*
sidelong *syrjä-; syrjästä*
sidewalk Am. *jalkakäytävä*
si'deways *sivulle, syrjittäin*
si'ding *pistoraide*
siege [i:] *piiritys*
sieve [i:] *seula, sihti*
sift *seuloa; tutkia*
sigh [sai] v *huoata;* s *huokaus*
si'ght [sait] *näkö; näky, näh-
tävyys; tähtäin;* v *saada nä-
kyviinsä (m. catch ~ of);*
at first ~ *ensi näkemältä;*
by ~ *ulkonäöltä;* out of ~
poissa näkyvistä
si'ghtseeing: go ~ *katsella näh-
tävyyksiä*
si'gn [sain] s *merkki; oire;*

viittaus; kyltti, kilpi; v alle-kirjoittaa, kirjoittaa nimensä jhk; antaa merkki

sig'nal s merkki, merkinanto; a huomattava; v antaa merkki, viestittää; S~ Corps viesti-joukot

sig'nature alle-, nimikirjoitus; etumerkintö; ~ tune (TV-oh-jelman) tunnussävel

sign-board kilpi, kyltti

signif'icance merkitys

signif'icant merkitsevä, tärkeä

sig'nify merkitä

sign-post tienviitta

si'lence s äänettömyys; v valen-taa; ~! vaiti! in ~ ääneti

si'lent äänetön; valtelias; be ~ olla hiljaa, valeta

silk silkki; a silkki(nen)-

sil'ky silkinhieno, -pehmeä

sill ikkunalauta; kynnys

sil'ly typerä, ymmärtämätön, hassu; how ~! kuinka hassua

silt liete

sil'ver s hopea; v hopeolda

sim'ilar samanlainen, jnk kal-tainen, to

similar'ity yhtäläisyys

sim'ilarly samalla tavoin samoin

sim'ile vertaus

sim'mer hiljalleen kiehua

sim'per s (typerä, teeskennelty) hymy; v hymyillä

sim'ple yksinkertainen, vaati-maton, vilpitön, herkkäuskoi-nen

sim'pleton tollo, hölmö

simplic'ity yksinkertaisuus

sim'plify yksinkertaistaa

sim'ply yksinkertaisesti; vain; suorastaan

sim'ulate teeskennellä, tekeytyä jksk

simulta'neous samanaikainen; ~ly yht'aikaa, samanaikai-sesti, with kuin

sin s synti; v tehdä syntiä

sin'ful syntinen

sin'ce jstk asti, alkaen; sen-jälkeen, sittemmin; koska; ever ~ aina siltä alkaen

since're vilpitön, suora

since'rely vilpittömästi; ~ yours Teidän, Sinun

sincer'ity vilpittömyys

sin'ew jänne; voima

sing laulaa

sin'ge [-dž] kärventää

singer laulaja, -tar

singing laulu, laulaminen

sin'gle a ainoa; yksinkertainen; naimaton; s kaksinpeli; v: ~ out valita; ~ file jono; ~ room yhden hengen huone

single-breasted yksirivinen

single-entry yhdenkertainen

single-handed ilman apua

sin'gly yksitellen, erikseen

sin'gular a tavaton, merkillinen, s yksikkö; ~ly harvinaisen, erityisen

sin'ister pahaenteinen, synkkä

sink v upota, vajota; laskea; upottaa; kaivaa (kaivo); s vie-märi(allas)

sin'king-fund kuoletusrahasto

sip v maistella; s pieni kulaus

si'phon s sifoni(pullo); v: ~ of johtaa muualle

sir herra; Sir -arvonimi

si're (eläimen) isä

si'ren tenhotar; (sumu- ym) sireeni

sir'loin (naudan) lannepaisti

sis'ter sisar; ~-in-law käly

sit istua; ~ down istuutua; ~ up nousta istumaan, (for a p.) valvoa jkta odottaen; ~ for an examination olla tentissä

sit-down strike istumalakko

si'te paikka, sijainti; tontti

sit'ting istunto; at one ~ yhteen menoon

sitting-room olohuone

sit'uated: is ~ (in) sijaitsee

situa'tion asema; tila(nne) toimi

six kuusi

sixth kuudes

six'|tee'n -ty kuusitoista, -kym-mentä

si'ze koko, suuruus; (kengän ym) numero

si'zeable suurehko

siz'zle kāristä, pihistä

ska't|e s luistin; v luistella; -ing rink luistinrata

skedad'dle livistää

skein [ei] pasma, kaar to; vyyhti

skel'eton luuranko; runko; ~ key tiirikka

sketch s luonnos; lyhyt näytel-mä sketsi; v luonnostella

skew *viisto*

skew'er *paistinvarras*

ski [ski:, ši:] s *suksi;* v *hiihtää (imp.* ski'd*);* ~-jump *mäki-hyppy;* ~-lift *hiihtohissi*

skid v *luisua, liukua; (autosta) heittelehtiä;* s *jarrukenkä*

ski-ing ski'ing *hiihto*

skil'ful *taitava*

skill *taito;* ~ed *taitava; ammatti-*

skim v *kuoria, kermoa; lukea hätäisesti lävitse*

skin s *iho, nahka;* v *nylkeä*

skin-deep *pinnallinen*

skin'-di'ving *urheilusukellus*

skinflint *saituri*

skip v *hyppiä, hypätä yli;* s *hyppy*

skip'per *laivuri, kippari*

skip'ping-rope *hyppynuora*

skir'mish s *kahakka;* v *kahakoida*

skirt s *hame; reuna;* v *reunustaa, sivuta*

skit'tish *vauhko; keimaileva*

skit'tles *keilapeli*

skulk *piileskellä; hiipiä*

skull *kallo;* ~-cap *kalotti*

skunk *haisunäätä*

sky *taivas;* in the ~ *taivaalla;* ~-blue *taivaansininen*

sky'lark s *leivo, kiuru;* v *kujeilla*

sky'light *kattoikkuna*

skyline *(kaupungin) siluetti*

sky'scraper *pilvenpiirtäjä*

slab *laatta, levy*

slack a *höllä, veltto; laimea;* v *olla vetelä, rentoutua (m.* have a ~); ~ up *hidastaa vauhtia*

slack'en *hidastaa, -tua, laimentua; hellittää, höltyä*

slack'er »*pinnari*», *vetelehtijä*

slacks *väljät housut*

slag *kuona*

sla'in pp. *surmattu*

sla'ke *sammuttaa (kalkkia)*

slam v *läjähdyttää, paiskata (kiinni);* s *paukahdus*

slan'der [a:] s *kunnianloukkaus, panettelu;* v *panetella*

slang *slangi, erikoiskieli*

slant [a:] a *olla kallellaan, viettää;* s *näkökohta;* ~ing *vino, viisto*

slap s *läimäys;* v *läimäyttää*

slapdash *hutiloitu*

slash v *viiltää (auki); kultoa;* s *isku, viillos*

slat *rima;* ~ted *säle-*

sla'te s *liuskakivi, liuskelaatta; kivitaulu;* ~ pencil *kivikynä*

slat'tern *homssu*

slaughter [o:t] s *teurastus;* v *teurastaa*

slaughter-house *teurastuslaitos*

sla've s *orja;* v *raataa*

slav'er *kuolata*

sla'very *orjuus*

slay *lyödä kuolliaksi, surmata*

sled, sled'ge *kelkka, reki*

sled'ge(-hammer) *moukari*

sleek a *sileä, kiiltävä;* v *silittää*

sleep s *uni;* v *nukkua;* ~ ... off *nukkumalla parantaa;* go to ~ *nukahtaa;* I can't get to ~ *en saa unta*

slee'per *ratapölkky; makuuvaunu*

sleeping-bag *makuupussi*

sleeping-car *makuuvaunu*

sleeping-pill *unilääke*

sleeping-sickness *unitauti*

slee'pless *uneton*

slee'py *uninen*

sleet *lumiräntä, -sohju*

sleeve *hiha;* ~less *hihaton*

sleigh [-ei] *reki*

slei'ght-of-hand [ai] *silmänkääntäjän temppu*

slen'der *hoikka; vähäinen*

slept *imp. & pp. ks.* **sleep**

slew *imp. ks.* **slay**

sli'ce *viipale; (kala-)lapio*

slick a *kiiltävä; nokkela, ovela; adv suoraan*

slid *imp. & pp. ks. seur.*

sli'de v *liukua; luisua; pujahtaa, -duttaa;* s *liukurata; (maan)vieremä; kuultokuva, diakuva; mikroskooppinen valmiste*

slide-rule *laskupuikko*

sli'ding *liukuva työntö-*

sli'ght [-ait] a *vähäinen, lievä; hento;* v *vähäksyä;* s *loukkaus*

sli'ghtly *hiukan*

slim *solakka, vähäinen;* be ~ming *laihduttautua*

sli'me *lieju; lima*

sling s *linko; käsivarsiside;* v *lingota, heittää*

slink *livahtaa, hiipiä*

slip v *liukua, luistaa, luiskah-*

taa; pujahtaa; sujauttaa; s
erehdys; lipsahdus; lluska;
alushame; (pieluksen ym)
päällinen; a ~ of a girl hin-
telä tyttö; let ... ~ tulla sano-
neeksi, päästää käsistään; ~
on heittää ylleen; ~ped disk
selkärangan välilevytyrä
slip'per tohveli; avokenkä
slip'pery liukas
slips (laivan)telat, telapohja
(m. slipway)
slip'shod huolimaton
slit v viiltää, leikata; s viillos;
rako
slith'er luisua
slob'ber kuola, -ta
slog iskeä lujaa; ~ away uuras-
taa
slo'gan iskulause
sloop pursi
slop v läikyttää, tuhria; s (~s)
likavesi
slop-basin huuhdekuppi
slo'pe v viettää; s rinne; kalte-
vuus
slop'py latkuinen
slot rako (kapea) aukko; ~
machine automaatti
slo'th laiskuus; laiskiainen
slouch v olla riipuksissa, kä-
vellä veltosti; s lerpallaan olo
slough [-af] v luoda nahkansa;
s käärmeennahka; [-au] räme
slov'enly [a] huolimaton epä-
siisti, homssuinen
slo'w a hidas; v (~ up, ~
down) hidastaa, -tua; hiljen-
tää vauhtia; (my watch is)
10 minutes ~ kymmenen mi-
nuuttia jäljessä
slow-motion a hidastettu
slud'ge muta; lietteet; törky
slug s etana; Am. iskeä
slug'gish hidas, laiska
slu'ice sulku; ~ gate s-portti
slum; the ~s slummi; ~ clear
ance saneeraus
slum'ber s uinahdus; v uinailla
slump v laskea (äkkiä), ro-
mahtaa; s (hintojen) romahdus
slung imp. & pp. ks. sling
slunk imp. & pp. ks. slink
slur v ääntää epäselvästi; s (hä-
peä)tahra; sidekaari (mus.)
slush lumisohju; lieju
slut homssu; letukka, lutka

sly' ovela viekas; on the ~ sa-
laa
smack v maiskuttaa; läimäyt-
tää; (~ of) maistua jltk; s
muisku; läimäys; vivahdus
small [o:] pieni, vähäinen; pik-
kumainen; feel ~ tuntea it-
sensä noloksi; ~-arms käsi-
tullaseet; ~ change pikkura-
hat; ~ talk rupattelu
smallpox isorokko
smart v tuntea tuskaa, koskea
kipeästi; a sukkela, älykäs;
hieno, tyylikäs; ~ing pain
kirvelevä kipu; the ~ set (hie-
not) piirit
smart'en: ~ o.s. up siistiytyä
smash v murskata; törmätä
into jhk; s jysähdys, kolari,
romahdus
smat'tering: a ~ of vähäiset tie-
dot
smear v voidella; töhriä; s
(rasva)tahra; sivellinvalmiste
smell v haistaa; haista, tuoksua;
s haju tuoksu
smelt sulattaa; imp. & pp. ks.
ed.; ~ing works sulatto
smi'le s hymy; v hymyillä
smirk (itserakas) hymy
smi'te lyödä; smitten (with)
jnk valtaama, ihastunut jkh
smith' seppä
smitheree'ns säpäleet
smithy [dh] paja
smock työpusero, -takki; ~ing
poimukoristelu
smog savusumu
smo'ke s savu; v savuta; tupa-
koida, polttaa; have a ~
panna tupakaksi
smo'ker tupakoitsija; tupakka-
vaunu
smoke-stack savupiippu
smo'king: no ~ tupakanpoltto
kielletty! ~-compartment tu-
pakkaosasto
smo'ky savuinen
smooth [-dh] a tasainen, sileä;
tyven; helppo, mukava; v
silittää, tasoittaa; tyyntyä (m.
~ down)
smo'te imp. ks. smite
smoth'er [a] tukehduttaa tukah-
duttaa
smo'ulder kyteä
smud'ge tahra, -ta

smug *omahyväinen*
smug'gle *salakuljettaa*
smug'gler *salakuljettaja*
smut *(noki-, lika)tahra*
snack *välipala, eväs;* ~ bar *pikabaari*
snag *vastus, hankaluus*
snail *etana*
sna'ke *käärme*
snap v *naksauttaa, näpsäyttää; näykätä; katketa;* s *näykkäys, naksahdus;* (~ fastener) *painonappi;* a cold ~ *äkillinen pakkanen*
snap'pish *äreä*
snapshot *silmänräpäyskuva*
sna're *ansa*
snarl *murista, äristä*
snatch *siepata, temmata;* s *tempaus; pätkä;* ~ at *tarttua;* a ~ of sleep *torkahdus*
sneak *hiiplä, hiiviskellä; (koul) kannella, kiellä; sl. kähveltää*
snea'ky *luihu*
sneer v *pilkata, ilkkua;* s *halveksiva katse, ivahymy*
snee'ze *aivastaa, -tus*
sniff *nuuskia; haistella, tuhahtaa (halveksivasti),* at *jilek*
snig'ger (= snicker) *nauraa partaansa, hihittää*
snip v *leikata;* s *leike, pala*
sni'pe *kurppa*
sni'per *tarkka-ampuja*
sniv'el *tillittää*
snob *hienostelija, snobi*
snob'bery *snobismi*
snob'bish *hienosteleva*
snooze s *torkahdus, nokoset;* v *torkahtaa*
sno're v *kuorsata;* s *kuorsaus*
snort v *korskua, pärskyä*
snot'ty *räkäinen*
snout *kärsä, kuono; nokka*
sno'w s *lumi;* v *sataa lunta*
snow-drop *lumikello*
snow-line *lumenraja*
snub v *kohdella yliolkaisesti, nolata;* s *nolaus;* were you ~ bed? *saitko nenällesi?* ~-nose *nykerönenä*
snuff s *nuuska;* v *nuuskia; niistää (kynttilä)*
snug *suojaisa, mukava*
snug'gle *painautua (jkta lähelle), asettua mukavasti*
so *niin, siten; joten;* ~ far

*toistaiseksi; (*Is he coming? —) No, I don't think ~ *Enpä luule; (*He speaks English well. —) So he does *Puhuu kyllä; (*you are tired), and ~ am I ... *ja minäkin olen;* so-called *niin sanottu*
soak s [ou] *liottaa, liota, imeytyä;* ~ed *läpimärkä*
soap [ou] *saippua*
soar [o:] *kohota korkealle, liidellä*
sob *nyyhkyttää;* s *nyyhkytys;* ~ stuff *nyyhky(filmi ym.)*
so'ber a *raitis; järkevä;* v *saada selviämään; vakavoittaa;* ~ up *selvitä;* ~sides *tosikko*
sobri'ety *raittius; kohtuullisuus*
so'ciable *seurallinen*
so'cial *yhteiskunnallinen, sosiaalinen, seura-;* ~ gathering *illanvietto;* ~ intercourse *kanssakäyminen, seurustelu;* ~ service(s) *huolto(muodot)*
so'cialist *sosialisti(nen)*
soci'ety *yhteiskunta; yhdistys, seura; seura|elämä, -piirit*
sock *(lyhyt) sukka; sl. iskeä*
sock'et *(silmä- ym) kuoppa; (lampun)pidin; (*wall)~ *pistorasia*
sod *turve. nurmi*
so'da *sooda(vesi)*
so'dium *natrium*
so'fa *sohva*
soft [o, o:] *pehmeä; vieno lempeä; hiljainen, hiljaa;* alkoholiton
soft-hearted *helläsydäminen*
sof'ten [sofn] *pehmittää, lieventää; pehmetä*
softly *pehmeästi, hiljaa*
softness *pehmeys*
soil s *maa(perä);* v *tahrata*
soj'ourn [-džö:n] v *oleskella;* s *oleskelu*
sol'ace *lohdutus, lohtu*
so'lar *aurinko-*
so'ld *imp. & pp. ks. *sell
sol'der *(m. sod-)* s *juote;* v *juottaa*
so'ldier [-džö] *sotilas*
so'le a *ainoa;* s *jalkapohja, antura; meriantura;* v *pohjata*
so'lely *yksinomaan*
sol'emn [-m] *juhlallinen*
solem'nity [mn] *juhlallisuus*

solic'it (kiihkeästi) pyytää, ko-
ettaa hankkia; pyydystellä
solic'itor asianajaja
solic'itous huolestunut; innokas
sol'id klinteä (aine), jähmeä;
luja, vankka, vakavarainen
solidar'ity yhteistunto
solid'ity klinteys, lujuus
sol'itary yksinäinen
sol'itude yksinäisyys
so'lo' soolo-osa; yksin-
so'loist solisti
sol'stice päivänseisaus
sol'uble liukeneva
solu'tion liuos; ratkaisu
sol've ratkaista
sol'vency maksukyky
sol'vent a maksukykyinen; s
liuotin
som'bre synkkä
some [a] joku, jokin; jotkut;
vähän, hiukan; noin; ~ day
jonakin päivänä; ~ time jon-
kin aikaa, joskus (tulevaisuu-
dessa); will you have ~ tea?
haluatteko teetä?
somebody, some one joku
somehow jollakin tapaa
som'ersault kuperkeikka
something jotakin; ~ like noin;
~ of a ... eräänlainen
sometime entinen, vrt. some
sometimes välistä, joskus
somewhat jonkin verran, hiukan
somewhere jossakin, jonnekin
som'nolent unelias
son [a] poika; ~-in-law vävy
song laulu; for a ~ pilkkahin-
nasta
sono'rous sointuva, soinnukas
soon pian; as ~ as ... heti kun;
(just) as ~ yhtä kernaasti
sooner pikemmin; mieluummin;
no ~ ... than tuskin ... kun;
~ or later ennemmin tai myö-
hemmin
soot [u] noki
sooty [u] nokinen
soo'the [dh] rauhoittaa; lievittää
sophis'ticated maailmaa tunteva,
sofistikoitu; hyvin uudenaikai-
nen, monimutkainen, hieno
sopra'no [a:] sopraano
sor'cerer noita, velho (m. -ess)
sor'cery noituus
sor'did likainen, kurja
so're a kipeä arka; ärtynyt;

s (märkä-)haava; ~ throat
kaulakipu
so'rely tuskallisesti; kovasti
sor'rel suolaheinä; raudikko
sor'row suru
sor'rowful murheellinen
sorry pahoillaan (oleva); kurja;
(I am so) ~! anteeksi; be ~
for sääliä
sort s laji; v lajitella, (~ out)
panna järjestykseen; a ~ of ...
jonkinlainen; ~ of ... niin
sanoakseni; he's a good ~
kelpo mies
S.O.S. (laivan) hätämerkki
sou'gh v suhista; s humina
sought [o:] imp. & pp. ks. seek
so'ul sielu; not a ~ ei ristin-
sielua
so'ulless sieluton
sou'nd a terve, vahingoittuma-
ton; hyvin perusteltu, oikea;
syvä (uni); s ääni, äänne
sointu; koetinpuikko; salmi;
v soida, kuulua; soittaa;
(mer.) luodata; tutkia, tun-
nustella (jkn mielipidettä);
~ barrier äänivalli; ~ broad-
casting ääniradio
sound(ing-)board kaikutausta
sou'ndly perusteellisesti
sound-proof äänieristetty
sound-track ääniraita (elok.)
soup [u:] keitto, liemi
sour hapan, -tua
source [so:s] lähde, alkulähde
south etelä; ~-east kaakko
south'erly, -ern [sadh-] eteläinen
southerner [a] Am. Eteläval-
tioiden asukas
south-west lounas
south-wester lounaistuuli; öljy-
lakki
sou'venir [u:] muisto (esine)
sov'ereign (sovrin) a ylin; itse-
näinen, yksinvaltias; s hallit-
sija; punnan kultaraha
sov'ereignty (ylin) valta; riip-
pumattomuus
So'viet Neuvosto-; the ~ Union
Neuvostoliitto
so'w v kylvää; s (sau) emäsika
soy(-bean) soijapapu
spa [a:] terveyskylpylä
spa'ce avaruus; tila, väli, välike;
välimatka, aika; ~ (out) har-

venaa; living ~ *e intila;* open
~s: *auklot*
pac e-craft *avaruusalus -alukset*
pa'cious *tilava*
pa'de *lapio; pata (korttip.)*
Spain *Espanja*
span s *vaaksa; jänneväli, siipi-*
väli; siltakaari; (elin)aika;
v *ulottua jnk yli*
span'gle *hely*
Span'iard, *espanjalainen*
Span'ish = *ed.; espanjankieli*
spank *lyödä läimäyttää;* ~ing
selkäsauna
span'ner *ruuviavain*
spar s *parru;* v *olla nyrkkisillä*
spa're v *säästää, armahtaa; tulla*
toimeen ilman; a *ylimääräinen,*
vapaa, vara-; ~ room *vieras-*
huone; ~ time *joutoaika;*
... (no) time to ~ *vapaata,*
liikenevää aikaa; can you ~
me ... *liikeneekö sinulta mi-*
nulle ...? ~ly built *hoikka*
spark *kipinä*
spark(ing)-plug *sytytystulppa*
sparkle *sälhkyä, välkkyä; hel-*
meillä
spar'row *varpunen*
sparse [a:] *harva;* ~ly *harvaan*
spasm *lihaskouristus*
spat *imp. & pp. ks* spit
spa'te *tulva, kuohut*
spa'tial *avaruus-*
spats *nilkkaimet*
spat'ter *roiskuttaa*
spawn s *mäti;* v *kutea*
speak *puhua, to jkn kanssa;*
puhutella; ~ out *(t. up) puhua*
ääneen, korottaa äänensä; ~
out *sanoa suorat sanat;* so to
~ *niin sanoakseni*
spea'ker *puhemies*
spea'king *puhuva, puhe-;* not
on ~ terms *huonoissa väleissä;*
Brown ~ *täällä B. (puheli-*
messa)
spear s *keihäs;* v *lävistää*
spec'ial *erityinen, erikoinen*
ylimääräinen (juna ym); lisä-
lehti; ~ly *vartavasten*
spec'ialist *erikois|tuntija -lää-*
käri
special'ity *erikoisala*
spec'ialize *erikoistua*
spe'cies [-šiz] *laji*

specif'ic *erityinen, ominainen;*
~ gravity *ominaispaino*
specifica'tion *erittely*
spec'ify *luetella yksityiskohtai-*
sesti, eritellä, yksilöidä
spec'imen *näyte; kappale*
speck *piikku, täplä*
speck'led *täplikäs*
spec'tacle *näky, näytelmä;* (a
pair of) ~s *silmälasit*
spectac'ular *huomiota herättävä,*
komea
specs = spectacles
specta'tor *katselija*
spec'tre *aave*
spec'ulate *miettiä, pohtia,* (up)-
on *jtk; keinotella*
specula'tion *tuumiskelu, poh-*
diskelu; keinottelu
sped *imp. & pp. ks.* speed
speech *puhe -kyky;* ~ disorder
puhevika
spee'chless *sanaton*
speed s *vauhti, nopeus; sl.*
amfetamiini; v *kiiruhtaa; ajaa*
liian nopeasti; ~ up *lisätä*
nopeutta
spee'der *vauhtihirmu*
speeding *ylinopeus*
speed-limit *nopeusraja*
speedom'eter *nopeusmittari*
spee'dy *nopea*
spell s *rupeama, hetki; työvuoro;*
loitsu, lumous; v *tavata, kir-*
joittaa
spellbound *lumottu*
spelling *oikeinkirjoitus*
spelt = spelled
spend *kuluttaa, käyttää; viettää*
spendthrift *tuhlaaja*
spent *imp. & pp. ks.* spend
sperm *siemenneste*
sphe're *pallo; piiri, ala*
spher'ical *pallomainen*
spi'ce s *mauste;* v *maustaa*
spi'cy *maustettu; hiukan sopi-*
maton
spi'der *hämähäkki*
spi'ke s *naula, piikki; tähkä;*
v *naulata, varustaa piikeillä*
spill *kaataa, läikyttää, läikkyä*
(maahan)
spillover *liika-*
spilt *imp. & pp. ks.* spill
spin v *kehrätä; pyöri|ä, -ttää;*
s *syöksykierre (ilm.); nopea*
ajelu ym; ~ dryer *kuivaus-*

linko; ~ning-wheel rukki;
~ a yarn tarinoida
spin'ach pinaatti
spi'nal: ~ column selkäranka;
~ cord selkäydin
spin'dle värttinä, kara
spi'ne selkäranka; piikki
spin'ster ikäneito
spi'ral kierukka
spi're torninhuippu
spir'it s henki; aave; rohkeus,
eloisuus; pl. mieliala; sprit,
väkijuomat; v loihtia, away
pois; in high ~s hyvällä tuu-
lella
spir'ited rohkea, tulinen
spir'itual hengellinen, henki-
spir'itualism spiritismi
spirt ruiskahtaa, ruiskuta
spit v sylkeä; s palstinvarras;
sylki; is the ~ of ... on ilmetty
(isänsä ym)
spitfire kiukkupussi
spit-roast paahtaa vartaassa
spi'te s pahanilkisyys; kauna;
v suututtaa; in ~ of jst huoli-
matta
spi'teful ilkeä
spit'tle sylki
spittoo'n sylkiastia
spiv työnkarttaja (keikari)
splash v räiskyttää, roiskua;
julkaista suurin otsikoin; s
läiskä, roiske; make a ~
herättää huomiota
splashdown (avaruuskapselin)
lasku (mereen)
spleen perna; huono tuuli
splen'did loistava, komea; mai-
nio
splen'dour loisto, komeus
spli'ce pujoa; liittää yhteen
splint lasta
splin'ter lastu siru, sirpale
split v halkaista, lohkaista;
haljeta; jakaa; s hajaannus,
epäsopu; halkeama, rako; ~
hairs saivarrella; ~ one's
sides nauraa haljetakseen;
~ting ankara
splut'ter pärskyä, puhua (kiih-
dyksissään) epäselvästi
spoil turmella, pilata; hemmo-
tella; ~s saalis
spoilt imp. ks. ed; hemmoteltu
spo'ke (pyörän)puola; imp. ks.
speak; ~n pp.

spo'kesman edustaja
spon'ge [a] s (pesu)sieni; v
pyyhkiä; ~ on elää jkn kus-
tannuksella; ~ cake sokeri-
kakku
spon'sor s kummi; takaaja; v
olla kummina; tukea, kustantaa
spontane'ity välittömyys
sponta'neous spontaaninen, it-
sestään syntyvä, itse-
spook aave, kummitus
spool s puola, kela; v puolata
spoon lusikka; ~ful lusikalli-
nen
sporad'ic satunnaisena ilmenevä
sport s urheilu, kisa; (a good
~) reilu toveri; v kisailla;
komeilla jillak; make ~ of
pitää pilanaan
sporting urheilua harrastava;
reilu; (~ chance) vähäinen
spor'tive leikkisä
sports|man, -woman urheilija
sportsmanship reilu urheilu-
henki
sportswear urheiluasu (steet)
spot s pilkku, tährä; paikka
v tahrata; huomata; in a ~
pulassa; on the ~ (heti)
paikalla
spotless tahraton
spotlight valokeila, valonheitin
spou'se puoliso
spout v suihkuta; s suihku;
kouru, ränni, syöksytorvi;
(pannun) nokka
sprain v nyrjäyttää; s nyrjähdys
sprang imp. & pp. ks. spring
sprat kilohaili
sprawl loikoa, lojua
spray s kukkaoksa, lehvä; rois-
ke; suihkutin; v ruiskuttaa,
suihkuttaa; ~gun ruisku
sprayer suihkutin
spread [e] levittää, levitä; s
leviäminen; laajuus, ulottuval-
suus; kestit; (voileipä)tahna;
(bed~) vuodepeite; wing ~
siipienväli
spree riehakka ilonpito; juomin-
git
sprig pieni oksa, lehvä
spri'ghtly [ait] vilkas
spring v hypätä, loikata; saada
alkunsa, from jstk; s hyppäys;
joustavuus; jousi; kevät; lähde

~ a question *(yllättäen)* esit-
tää
springboard *ponnahduslauta*
spring-mattress *jousipatja*
spring tide *tulvavuoksen aika*
springtime *kevät*
sprinkle *suihkuttaa, ruiskuttaa*
sprin'kler *suihkutin*
sprint v *juosta (pikamatkoja);*
s *pikajuoksu*
sprin'ter *pikajuoksija, sprintteri*
sprout v *versoa, orastaa, itää;*
s *oras*
spru'ce *kuusi;* ~ o.s. up *lait-*
tautua hienoksi
sprung *pp. ks.* spring
spry *nopsa, virkeä*
spun *imp. & pp. ks.* spin
spunk *rohkeus, sisu*
spur s *kannus, kannustin;* v *kan-*
nustaa
spu'rious *väärennetty*
spurn *hylätä halveksien*
spurt v *ruiskahtaa, ruiskuta;*
kiriä; s *suihku; (loppu)kiri*
sput'ter *pärskyä, käristä, poris-*
ta; puhua pöpertää; = splutter
spu'tum *yskökset*
spy' s *vakoilija;* v *vakoilla*
squab'ble [o] *kina, -ta*
squad [o] *ryhmä, harjoitus-*
osasto
squad'ron *eskadroona; laivue*
squal'id [o] *likainen*
squall [o:] s *vihuri; (sade)-*
puuska; kirkuna; v *kirkua*
squal'or [o] *kurjuus, saasta*
squan'der [o] *tuhlata*
squa're a *nelönmuotoinen, ne-*
liö-; *nelikulmainen; tanakka;*
järjestyksessä oleva, tasoitettu
(tili); rehellinen; tukeva; jyrk-
kä; s *neliö, nelikulmio; aukio;*
v *tasoittaa, selvittää; korottaa*
neliöön; ~-built *leveäharteinen*
squash [o] *musertaa, litistää,*
ahtautua; s *tungos; (puserret-*
tu) juoma; squash-peli
squat [o] v *istua kyykkysillään,*
kyykkiä, kököttää; a *vanttera*
squat'ter *(luvaton) uudisasukas,*
lammasfarmari
squaw [o:] *intiaanivaimo*
squeak s *vikinä;* v *vikistä,*
narista; sl. ilmiantaa
squeal s *kiljahdus;* v *kiljua*
squea'mish *turhantarkka*

squeeze v *pusertaa, tunkea;* v
puserrus, likistys; kireys
squint v *katsoa kieroon;* s *kiero-*
silmäisyys
squi're *kartanonherra; Am.*
(rauhan)tuomari; aseenkanta-
ja
squirm *kiemurrella, vääntelehtiä*
(m. kuv.)
squir'rel *orava*
squirt *suihku, -ta, -ttaa*
S.S. = steamship
St. [sn, snt] *pyhä*
stab s *pisto;* v *iskeä, puukottaa*
stabil'ity *vakavuus*
stab'ilize *vakaannuttaa, vakaut-*
taa
sta'ble s *talli;* a *vakava, vankka,*
vakaa, luja, vakaantunut
stack s *auma, suova; pino;*
savupiippu(ryhmä); v *kasata*
sta'dium *stadion*
staff [a:] *sauva; henkilökunta,*
-kunta; esikunta
stag s *uroshirvi;* a *miesten*
sta'ge s *lava, näyttämö; aste,*
vaihe; etappi, kyytiväli; v *la-*
vastaa; ~ designer *lavastaja;*
~ directions *näyttämöohjeet;*
~ fright *ramppikuume*
stag'ger *horjua; saattaa (aivan)*
ymmälle; porrastaa; ~ing
tyrmistyttävä
sta'ging *näyttämölepano*
stag'nant *seisova; lamaantunut*
stagna'tion *pysähdys*
staid *vakava, maltillinen*
stain s *tahra;* v *tahrata; värjätä;*
~-ed glass *lasimaalaus*
stainless *ruostumaton*
stair *porras; pl. portaat*
stair'case, -way *portaikko*
sta'ke s *seiväs; polttorovio;*
(peli)panos; v *panna pelin*
(t. alttiiksi); be at ~ *olla*
kysymyksessä
sta'le *vanha, väljähtänyt*
stalk [-o:k] s *varsi; (korkea)*
savupiippu; v *astua ylväästi;*
deer ~ing *hirvenmetsästys*
stall [o:] s *pilttuu; kauppakoju;*
etupermantopaikka; v *(len-*
tok.) joutua kuolioon
stal'lion *ori*
stal'wart [o:] *tukeva, luja*
stam'mer *änkyttää*
stamp s *leima, -sin; posti-*

merkkt; v polkea; leimata,
varustaa postimerkillä; ~ out
tukahduttaa
stampe'de hurja pako
stan'ce asento, asenne
stanch [a:] tyrehdyttää; ks.
staunch
stand v seisoa, olla; kestää,
sietää; maksaa jkn puolesta;
s seisahdus, vastarinta; asema,
asenne; lava, koroke; teline;
I cannot ~ him en voi sietää
häntä; ~ one's ground pitää
puoliaan; ~ by tukea; ~ out
erottautua; ~ to pitää kiinni
jstk; he ~s to win hän melko
varmasti voittaa; ~ up nousta
seisomaan; ~ up for puolus-
taa
stan'dard   normaali(mitta);
malli, normi; taso; mittapuu;
lippu; ~ of living elintaso;
~ lamp jalkalamppu; below
~ alamittainen
stan'dardize standardoida
stand-in sijainen
standing: of long ~ pitkäaikai-
nen; ~ joke aina toistuva pila
standpoint näkökanta
standstill: come to a ~ seisah-
tua
stan'za säkeistö
sta'ple pää(tuote)-
sta'pler nitomakoje
star s tähti; v näytellä pääosaa;
~s and stripes U.S.A:n tähti-
lippu
starboard (aluksen) oikea puoli,
tyyrpuuri
starch s tärkkelys, tärkki
sta're v tuijottaa, at; s tuijotus
stark täydellinen, pähkä-
star'ling kottarainen
starry [a:] tähtikirkas
start v aloittaa, alkaa, lähteä;
käynnistää; säpsähtää, syök-
syä; s alku, lähtö(viiva), start-
ti; etumatka; ~ out lähteä;
~ up kavahtaa pystyyn
star'ter lähtijä; käynnistin
star'ting point lähtökohta
star'tle säikähdyttää
star'tling hätkähdyttävä
starva'tion nälkä
star've nähdä nälkää, näännyttää
nälkään; ~ to death kuolla
nälkään

sta'te s tila; valtio; komeus;
v ilmoittaa, esittää, sanoa;
määrätä
sta'tely komea
sta'tement esitys, ilmoitus, lau-
suma, lausunto, väite; ~ of
account tiliote
stateroom (ensi luokan) hytti
statesman valtiomies
sta'tion s asema; sääty; v
määrätä jhk asemapaikkaan
sta'tionary kiinteä, muuttuma-
ton, asema-
sta'tioner paperikauppias
sta'tionery paperitavara, kirjoi-
tustarvikkeet
station-wagon farmariauto
statis'tics tilasto, -tiede
stat'ue kuvapatsas
stat'ure (ruumiin)koko, vartalo
stat'ute laki, asetus
sta'tus asema; tila
staunch luotettava, uskollinen
ks. stanch
sta've (tynnyrin) laidas; ~ off
torjua
stay v jäädä, viipyä; oleskella,
s oleskelu; ~s kureiliivit; ~at-
home (kuv.) kotikissa; ~ on
jäädä edelleen; ~ up valvoa;
~ one's hand hillitä itsensä
staying-power kestävyys
stead [e]: in his ~ hänen sijas-
taan
steadfast [e, a:] luja, järkky-
mätön
stead'y [e] a vakava, horjuma-
ton; luja; säännöllinen, luotet-
tava, vakaantunut; v vakaan|-
nuttaa, -tua; go ~ (with)
seurustella vakituisesti
steak [ei] (paistettava) liha-
viipale; pihvi
steal [i:] varastaa; hiipiä
steal'thily [e] salavihkaa
stealthy [e] sala|inen, -vihkainen
steam s höyry, huuru; v höyrytä
stea'm|er, -ship höyrylaiva
steed (sota)ratsu
steel s teräs; v terästää
steep a jyrkkä; v kastaa, liuot-
taa; hautua; ~ed in jhk
vajonnut, syvästi perehtynyt
stee'ple kirkontorni
steeplechase este|ratsastus,
-juoksu
steer v ohjata; s nuori härkä

stee'rage *välikansi*
steering-gear *ohjauslaite*
stem s *runko, varsi; (sanan) kanta; keula;* v *estää; ~ from saada aikunsa jstk*
stench *löyhkä*
sten'cil *malline, luotta; vahas, vahapaperi*
stenog'rapher *pikakirjoittaja*
step s *askel; toimenpide; porras;* v *astua; ~s (ulko)portaat, tikkaat; ~ by ~ askel askeleelta*
step'father, -mother *isä-, äitipuoli*
step'pe [-p] *aro*
ste'reo: ~ disk *s. levy;* ~typed *kaavoittunut*
ster'ile *hedelmätön*
steril'ity *hedelmättömyys*
ster'ilize *steriloida*
ster'ling *aito;* pound ~ *sterlinkipunta; ~ area puntablokki*
stern a *ankara;* s *(laivan) perä*
ste'vedore *ahtaaja*
stew v *muhentaa;* s *muhennos*
stew'ard *tilanhoitaja; (laivan) tarjoilija; (juhlan) marsalkka*
stew'ardess *(laivan) siivooja; lentoemäntä*
stick s *keppi, tikku, puikko;* v *pistää, kiinnittää; takertua, tarttua, pitää kiinni, to jstk; ~ing-plaster kiinnelaastari; ~ by pysyä uskollisena jklle*
stick'er *tarra|kuva, -lipuke; uurastaja*
stick'y *tahmea; mutainen*
stiff *kankea, jäykkä; ankara, kova;* I was scared ~ *pelästyin puolikuoliaaksi*
stif'fen *jäykis|tää, -tyä, kangistua*
sti'fle *tukahduttaa*
stig'ma *häpeämerkki*
sti'le *jalkaporras*
stilet'to *stiletti; ~ heels piikkikorot*
still a *hiljainen, hiljaa; vielä; kuitenkin;* v *hiljentää, tyynnyttää;* s *tislauslaite; liikkumaton kuva, yksittäiskuva; ~ life asetelma*
still-born *kuolleena syntynyt*
stillness *hiljaisuus*
stilt: ~s *puujalat*
stim'ulant *kiihotusaine*

stim'ulate *kiihottaa, piristää, stimuloida*
stim'ulus *kiihoke, yllyke, virike, ärsyke*
sting v *pistää;* s *pistin, piikki; pisto(s)*
stin'gy [-dži] *saita*
stink s *löyhkä;* v *löyhkätä*
stint v *rajoittaa, suoda niukasti;* s *rajoitus; daily ~ päivän »urakka»*
stip'ulate *panna ehdoksi*
stipula'tion *välipuhe; ehto*
stir v *liik|kua, -ahtaa, -uttaa; sekoittaa;* s *liike; hälinä; ~ up yllyttää*
stir'rup *jalustin*
stitch s *pisto(s); silmä;* v *ommella, nitoa*
stoat [ou] *kärppä*
stock s *varasto; karja; suku; (m. ~s) osakkeet, arvopaperit; lihaliemi; runko, tukki, juurakko;* v *varastoida, pitää varastossa;* a *vakio-; in ~ varastossa;* S~ Exchange *arvopaperipörssi; ~ in hand varat*
stocka'de *paaluvarustus*
stock-broker *osakevälittäjä*
stockholder *osakkeenomistaja*
stockinet' *trikoo*
stock'ing *sukka*
stockpiling *varastointi*
stock-raising *karjanjalostus*
stocks *telapohja; jalkapuu*
stock-taking *inventointi*
stocky *tanakka*
sto'ic *stoalainen*
sto'ke *lämmittää (kattilaa)*
sto'ker *lämmittäjä*
sto'le *stoola, pitkä puuhka; imp. ks. steal; ~n pp. varastettu*
stol'id *hidas, tylsä*
stom'ach, [a, -k] s *maha(laukku); vatsa;* v *(kuv.) sulattaa*
sto'ne s *kivi; siemen; 14 naulaa (6,35 kg);* v *kivittää; poistaa kivet; ~ deaf umpikuuro*
stone-mason *kivenhakkaaja*
sto'ny *kivinen, kivenkova*
stood [u] *imp. & pp. ks. stand*
stooge *käskyläinen, hantlankari*
stool *jakkara; ~s ulostus*
stoop *kumartua; alentua*
stop v *pysäh|dyttää, -tyä; la-*

kata; keskeyttää; tukkia, sulkea; **s** pysähdys, seisahdus; pysäkki; paussi; este; full ~ piste; (she) has ~ped smoking on lopettanut tupakanpolton

stopgap hätävara

stop'page tukkeutuminen, lakkauttaminen, seisahdus

stop'per tulppa

stop-watch sekuntikello

sto'rage varastoiminen; varaston vuokra; ~ battery akku

sto're **s** varasto; (et. Am.) kauppapuoti; tavaratalo; **v** koota varastoon, varastoida

storehouse (kuv.) aarrealtta

sto'rey kerros; three-~(ed) kolmikerroksinen

stork (katto)haikara

storm **s** myrsky; rynnäkkö; **v** raivata, vallata väkirynnäköllä

stor'my myrskyinen

sto'ry kertomus, tarina; = storey; short ~ novelli

stout **a** lihava; tukeva, vahva; **s** portteri

stout-hearted rohkea

stoutness lihavuus

sto've uuni, kamiina, liesi

sto'w sulloa

sto'waway salamatkustaja

strad'dle seisoa t. istua hajareisin

strag'gle harhailla; jäädä jälkeen; rönsyillä

straight [-eit] suora, suoraan, suorassa; ~ away heti; keep ~ pysyä oikealla (ei rikoksen) tiellä; put ... ~ panna järjestykseen

strai'ghten suoristaa, -tua; järjestää (~ out, ~ up)

straightfor'ward suora, vilpitön

strain **v** jännittää, ponnistaa, rasittaa; siivilöidä; **s** ponnistus, rasitus; suku, laji; (perinnäinen) piirre; ~s sävelet

strained jännitetty, kireä

strai'ner siivilä

strait salmi; pl. ahdinko, pula

straiten: in ~ed circumstances niukoissa oloissa

strait-jacket pakkopaita

strand **v** ajautua rantaan; **s** (run.) ranta; säle

stra'nge vieras, outo; omituinen; ~ly enough kumma kyllä

stra'nger vieras, muukalainen

stran'gle kuristaa

strap **s** hihna, remmi; raksi; **v** kiinnittää hihnalla

strap'ping roteva

strata pl. ks. stratum

strat'agem sotajuoni

strate'gic strateginen

strat'egy sodanjohtotaito

stra'tum [a:] kerros(tuma)

straw [o:] oljet; korsi, pilli; ~ hat olkihattu; catch at a ~ tarttua oljenkorteen

strawberry (hyöty)mansikka

stray **v** joutua harhaan, eksyä; harhailla; **a** eksynyt; ~ bullet harhaluoti

streak **s** · viiru, juova; (luonteen) piirre

streak|**ed**, -**y** juovikas, raitainen

stream **s** puro, pieni joki; virta; **v** virrata; ~lined virtaviivainen

strea'mer viiri; paper ~ serpentiini

street katu; the man in the ~ kadun mies

street-car Am. raitiovaunu

strength voima; (mies)vahvuus; on the ~ of jnk nojalla

stren'gthen vahvistaa, -tua

stren'uous rasittava, uuttera

stress **s** paino; henkinen paine stressi; **v** painottaa, korostaa; lay ~ on tähdentää

stretch **v** venyttää, venyä; ojentaa; ulottua; **s** pingotus; laajuus, ala; matka; ~ o.s. out heittäytyä pitkälleen; at a ~ yhteen menoon

stret'cher paarit

strew sirotella, ripotella

strick'en (with) jnk kohtaama valtaama

strict tarkka, ankara

stri'de **v** astua pitkin askelin; **s** pitkä askel; make great ~s edistyä nopeasti

stri'fe epäsopu, kiista

stri'ke **v** lyödä, iskeä; osua, juolahtaa mieleen, tuntua (jksta, as jltk); löytää; ryhtyä lakkoon, lakkoilla; laskea purkaa (teltta); sytyttää (tulitikku); **s** lakko; ~ home osua nau'lan kantaan; ~ out pyyhkiä pois; ~ up virittää; on ~ lakossa

strike-breaker *rikkuri*
stri'ker *lakkolainen*
stri'king *huomiota herättävä, silmäänpistävä;* ~ly *huomiota herättävän*
string s *nyöri, naru, nuora; kieli (mus.);* v *varustaa kielillä t. jänteillä, pujottaa rihmaan;* the ~s *jouset*
strin'gent [dž] *ankara*
strip s *kaistale, liuska;* (~ cartoon) *sarjakuva;* v *riisua -utua;* ~ of *riistää*
stri'pe *juova, raita;* ~d *raitainen*
strip'ling *pojanhuiskale*
stri've *pyrkiä, ponnistella*
striv'en *pp. ks. ed.*
stro'de *imp. ks.* stride
stro'ke s *isku, lyönti (kynän ym) veto; halvaus; peräairon soutaja;* v *sivellä;* a ~ of luck *onnenpotkaus*
stro'll v *kuljeskella;* s *kävely*
strong *vahva, voimakas;* ~ly *kovasti*
strong-box *kassakaappi*
stronghold *linnoitus*
stro've *imp. ks.* strive
struck *imp. & pp. ks.* strike
struc'ture *rakenne*
strug'gle v *ponnistella, kamppailla;* s *taistelu,* for *jstk*
strum *rimputtaa*
strung *imp. & pp. ks.* string; ~ up *jännittynyt*
strut *pöyhistellä*
stub *pätkä, kanta; kanto;* ~ out *sammuttaa (savuke)*
stub'ble *sänki*
stub'born *itsepäinen*
stuc'co *stukki (työ)*
stuck *imp. & pp. ks.* stick; get ~ *juuttua kiinni*
stuck-up *itserakas*
stud *(paidan)nappi; koristenasta; hevossiittola;* v *koristaa, petttää,* with
stu'dent *opiskelija, ylioppilas*
stud'ied *harkittu*
stu'dio *ateljee, studio*
stu'dious *ahkera, opinhaluinen*
stud'y [a] v *opiskella, tutkia;* s *opiskelu, opinnot; tutkimus; harjoitelma; työhuone*
stuff s *aine; asia(t), tavara(t);* v *ahtaa täyteen täyttää;* ~

and nonsense *roskaa!* ~ed *(murekkeella) täytetty*
stuf'fing *täyte*
stuf'fy *ummehtunut*
stum'ble *kompastua;* ~ upon *äkkiarvaamatta kohdata*
stumbling-block *kompastuskivi*
stump s *tynkä, kanto* v *pitää poliittisia puheita jssk; kompuroida;* ~ up *pulittaa*
stum'py *lyhyenläntä*
stun *(iskulla) huumata; ällistyttää;* ~ning *hemaiseva*
stung *imp. & pp. ks.* sting
stunt s *temppu;* v *ehkäistä;* ~ed *kitukasvuinen;* ~ flying *taitolento*
stupefac'tion *tyrmistys*
stu'pefy *ällistyttää*
stupen'dous *hämmästyttävä*
stu'pid *typerä, tyhmä*
stupid'ity *typeryys*
stu'por *horros; tylsyys*
stur'dy *vankka, tukeva*
stur'geon *sampi*
stut'ter v *änkyttää;* s *änkytys*
sty' *sikolätti; näärännäppy*
sty'le *tyyli, -kkyys;* v *nimittää;* in ~ *hienosti, komeasti;* is bad ~ *on mautonta*
sty'lish *tyylikäs*
suave [-a:] *rakastettava*
sub- *ala-, ali-*
sub'altern *kapteenia alempi upseeri*
subcon'scious(ness) *alitajunta*
subdivi'de *jakaa alaryhmiin*
subdu'e *kukistaa; hillitä*
sub'head(ing) *alaotsake*
sub'ject a (to *jnk) alainen, ehdolla t. edellyttäen että;* s *alamainen; subjekti; aine, aihe;* v [- -'] *alistaa;* be ~ed to *joutua jnk alaiseksi*
subjec'tive *omakohtainen*
sub'jugate *alistaa*
subjun'ctive *konjunktiivi*
sub'let *vuokrata alivuokralaiselle*
subli'me *ylevä*
submachin'e gun *konepistooli*
submarin'e [i:] a *vedenalainen;* s *sukellusvene*
submer'ge *(laivasta) sukeltaa*
submis'sion *alistuminen*
submis'sive *alistuvainen*
submit' *alistua, -taa, taipua:*

jättää (tarkastettavaksi ym)
subor'dinate s (jnk) alainen;
 v alistaa
subscri'be merkitä (jhk jk
 summa), avustaa; tilata (to);
 allekirjoittaa
subscrip'tion tilaus; avustus
sub'sequent seuraava; ~ly
 myöhemmin
subser'vient jtk edistävä
subsi'de asettua, tyyntyä
subsid'iary apu-, lisä-
sub'sidize tukea, avustaa
sub'sidy avustus; tukipalkkio
subsis't olla olemassa; ~ on
 saada elatuksensa jstk
subsis'tence toimeentulo
sub'stance aine; (perus)olemus,
 pääsisällys, ydin; the ~ of
 jnk pääkohdat
substan'tial olennainen, paina-
 va; tukeva
sub'stitute v asettaa, for jnk
 sijaan; s sijainen; korvike
subten'ant alivuokralainen
sub'terfuge veruke
subterra'nean maanalainen
subtitles (elok.) teksti(tys)
subtle [satl] hienon hieno,
 aavistuksellinen; terävä
subtlety [satl-] terävyys
subtrac't vähentää
subtrac'tion vähennyslasku
sub'urb esikaupunki
subven'tion tukipalkkio
subver'sive kumouksellinen
subver't kumota
sub'way jalankulkutunneli;
 maanalainen rautatie (Am.)
succee'd [ks] seurata; onnistua
 (in... -ing)
succes's [ks] menestys
succes'sful menestyksellinen;
 ~ly menestyksellä, hyvin
succes'sion [ks] sarja; vallanpe-
 rimys(järjestys); in ~ peräk-
 käin
succes'sive [ks] peräkkäinen
succes'sor [ks] seuraaja
succin'ct [ks] suppea
suc'cour s apu; v auttaa
suc'culent mehevä, mehi(kasvi)
succum'b [-m] menehtyä, to jhk
such sellainen; ..., ~ as ... ku-
 ten esimerkiksi; no ~ thing ei
 sinne päinkään
suck v imeä

suck"le imettää
suc'tion imu
sud'den äkillinen; all of a ~
 yhtäkkiä
sud'denly äkkiä
suds saippuavaahto
su'e haastaa oikeuteen
suède [sweid] mokkanahka
su'et (naudan- t. lampaan) mu-
 nuaisrasva
suf'fer kärsiä; sairastaa (from
 jtk)
suf'fering kärsimys
suffi'ce riittää
suffic'ient [š] riittävä; ~ly kyl-
 lin
suf'focate tukeh|duttaa, -tua
 läkähtyä
suffoca'tion tukehtuminen
suf'frage äänioikeus
sug'ar [šu-] sokeri
sugges't [dž] ehdottaa; johdat-
 taa mieleen
sugges'tion ehdotus; suggestio
sugges'tive herätteitä antava
su'icide [-aid] itsemurha, itse-
 murhaaja
su'it [sju:t] s (miehen)puku,
 kävelypuku; maa (korttip.);
 syyte oikeusjuttu; v sopia,
 pukea; follow ~ noudattaa esi-
 merkkiä; does it ~ you so-
 piiko teille? ~ yourself tee
 kuten haluat!
sui'table sopiva
su'itcase matkalaukku
suite [swi:t] kalusto; huoneisto
su'ited omiaan, sopiva
su'itor kosija, (lak.) kantaja
sulk jöröttää
sul'ky pahantuulinen
sul'len äreä, juro
sul'ly tahrata
sul'phur rikki
sul'triness helle, painostavuus
sul'try helteinen, hiostava
sum s summa; laskuesimerkki;
 v (~ up) laskea yhteen, ly-
 hyesti esittää
sum'marize tehdä yhteenveto
sum'mary s supistelma; a yli-
 malkainen
sum'mer kesä; in ~ kesällä
summing-up yhteenveto
sum'mit huippu; ~ talks huip-
 putason neuvottelut

sum'mon *kutsua; haastaa oikeu-*
teen; koota; ~s *haaste*
sum'ptuous *upea, loistellas*
sun *aurinko;* ~ o.s. *paistattaa*
päivää
sunbeam *auringonsäde*
sunburn *päivetys*
sunburnt *päivettynyt*
Sun'day *sunnuntai*
sun'dries *sekalaiset erät (ku-*
lut ym)
sun'dry *kaikenlaiiset, -sia*
sung *pp. ks.* sing
sun-glasses *aurinkolasit*
sun-helmet *hellekypärä*
sunk *pp. ks.* sink; ~en *veden-*
alainen; kuopalla oleva
sunlight *auringonvalo*
sun'ny *aurinkoinen*
sunrise *auringonnousu*
sunset *auringonlasku*
sunshade *päivänvarjo, markiisi*
sunshine *auringonpaiste*
sunstroke *auringonpisto*
su'per [sju:-] *yli-, super-*
superabun'dant *ylitäkylläinen*
superan'nuated *yli-ikäinen;*
eläkkeellä oleva
super'b *erinomainen*
supercil'ious *ylimielinen*
superfic'ial *pinnallinen, pintapuo-*
linen
super'fluous *tarpeeton*
superinten'd *valvoa*
superinten'dence *(yll)valvonta*
superinten'dent *tarkastaja*
supe'rior a *ylempi: parempi,*
etevämpi, to *jkta; erittäin*
hyvä; ylimielinen; s *esimies*
superior'ity *paremmuus*
super'lative *superlatiivi(nen)*
su'permarket iso *valintamyy-*
mälä
supernu'merary a *ylimääräinen;*
s *statisti*
superse'de *syrjäyttää, astua jnk*
sijaan
superson'ic *ääntä nopeampi, yli-*
ääni-
superstit'ion *taikausko*
superstit'ious *taikauskoinen*
superve'ne *tulla väliin*
supervi'se *valvoa; ohjata*
supervi'sion *valvonta*
supervi'sor *tarkastaja*
supi'ne *selällään makaava*
sup'per *illallinen*

supplan't *syrjäyttää*
sup'ple *taipuisa, notkea*
sup'plement s *täydennysosa* v.
[-men't] *täydentää;* ~ary *liite-,*
täydentävä
sup'pliant *anoja*
suppli'er *hankkija*
supply' v *varustaa, hankkia,*
toimittaa; s *varasto; tarjonta;*
pl. m. *tarvikkeet, muonavarat;*
water ~ *vesihuolto*
suppor't v *tukea; elättää, huol-*
taa; s *tuki*
suppor'ter *kannattaja*
suppo'se *otaksua;* I ~ it is ...
on varmaankin ...; I ~ so
luultavasti, kyllä kai
supposit'ion *otaksuma*
suppos'itory *peräpuikko*
suppo'sing *edellyttäen, että*
entä, jos
suppres's *tukahduttaa*
suppres'sion *tukahduttaminen*
sup'purate *märkiä*
suprem'acy *yliherruus*
supre'me *ylin, korkein*
sur'charge *lisämaksu*
su're [šuö] a *varma; adv. totta*
kai! ~ enough *aivan varmasti;*
make ~ *varmistautua;* he is
~ to ... *hän varmasti ...*
su'rely *varmasti; totta kai;* ~
you don't ... *et kai ...*
su'rety *takuu, takaaja*
surf *tyrsky*
sur'face s *pinta;* v *päällystää;* ~
mail *pintaposti*
sur'feit s *ylensyöminen;* v *ahtaa*
täyteen
sur'fing board *lainelauta*
sur'ge s *aallokko;* v *aaltoilla*
sur'geon *kirurgi*
sur'gery *kirurgia*
sur'ly *äreä, tyly, töykeä*
surmi'se *otaksua, arvella*
surmou'nt *kohota yli*
sur'name *sukunimi*
surpas's [a:] *ylittää*
sur'plice *messupaita*
sur'plus *ylijäämä, liika-*
surpri'se s *yllätys;* v *yllättää,*
hämmästyttää; I was ~d to
hear ... *ihmettelin kun kuulin*
...; to my ~ *hämmästyksekseni*
surren'der v *luovuttaa; antau-*
tua; s *luovutus, antautuminen*

surreptit'ious *salainen*
surrou'nd *ympäröidä*
surrou'ndings *ympäristö*
sur'tax *lisävero*
survey' [-ei] v *silmäillä, tarkastaa; mitata;* s [-'-] *yleiskatsaus*
survey'or *maanmittari*
survi'val *eloonjääminen*
survi've *jäädä eloon, säilyä hengissä, elää kauemmin kuin*
survi'vor *eloonjäänyt*
suscep'tible to *vastaanottavainen, altis, herkkä to* jllek
suspec't v *epäillä;* s [-'-] *epäilyksenalainen*
suspen'd *ripustaa; lakkauttaa (määräajaksi); lykätä*
suspen'ders *sukkanauhat; Am. housunkannattimet*
suspen'se *epätietoisuus, (tuskallinen) odotus; jännitys*
suspen'sion: ~ bridge *riippusilta*
suspic'ion *epäluulo, epäily(s)*
suspic'ious *epäluuloinen; epäilyttävä*
sustai'n *pitää yllä, tukea; kärsiä (menetys), saada (vamma); ~ed jatkuva, sitkeä*
sus'tenance *ravinto*
su'ture s *ommel;* v *ommella*
swab [o] *köysiluuta; (pumpulit. harso)tukko,-tuppo*
swad'dle [o] *kapaloida*
swag'ger *kävellä rehennellen, rehvastella*
swal'low [o] *niellä;* s *pääskynen;* ~-tail(ed coat) *hännystakki*
swam *imp. ks.* swim
swamp [o] s *suo, räme;* v *(kuv.) hukuttaa*
swan [o] *joutsen*
swan'ky *komeileva*
swap [o] *vaihtaa*
swarm [o:] s *parvi;* v *parveilla, viliistä*
swar'thy [o:] *tummaverinen*
swas'tika [ä t. o] *hakaristi*
sway v *huojua, heiluttaa; horjuttaa;* s *valta*
swear *vannoa; kirotilla,* ~ in *vannottaa* jklla *virkavala*
sweat [e] s *hiki;* v *hikoilla; cold* ~ *tuskanhiki;* ~ing system *nälkäpalkkajärjestelmä*
sweat'er *neule|pusero -takki*

Swe'de s *ruotsalainen*
Swe'den *Ruotsi*
Swe'dish *ruotsi|alainen, -inkieli*
sweep v *lakaista, pyyhkäistä;* s *pyyhkäisy; laaja näkymä, ala; nuohooja;* ~ the board *voittaa kaikki panokset*
swee'per *lakaisija (m. kone)*
swee'ping *laaja, yleistävä;* ~s *rikat*
sweepstakes *eräänl. veikkaus*
sweet s *makea; suloinen;* s *jälkiruoka; pl. makeiset;* has a ~ tooth *on herkkusuu;* ~ pea *hajuherne*
sweetbread *kateenkorva*
swee'ten *makeuttaa; sulostuttaa*
sweetheart *mielitietty, kulta*
swell v *paisua, ajettua;* s *aaltoilu; tyylikäs (mies, nainen); (hienon)hieno*
swel'ling *ajettuma, turpoama*
swel'tering *tukahduttava*
swept *imp. & pp. ks.* sweep
swer've v *poiketa (suunnasta) heitellä;* s *äkillinen käännös*
swift *nopea*
swill *juoda (ahnaasti)*
swim v *uida;* s *uinti;* go for a ~ *mennä uimaan*
swim'ming *uiminen;* ~ baths *uimahalli;* ~ pool *uima-allas*
swin'dle v *petkuttaa;* s *huijaus*
swi'ne *(et. kuv.) sika*
swing v *heilu|a, -ttaa, keinu|a -ttaa;* s *keinu; vauhti*
swin'ging *heilahteleva, svengaava*
swirl v *tupruta;* s *pyörre*
swish v *viuhua;* s *havina*
Swiss *sveitsiläinen*
switch *(rautat.) vaihde; (sähk.) kytkin, katkaisija;* v *vaihtaa; kääntää toisaalle;* ~ off *katkaista (virta), sammuttaa;* ~ on *avata, sytyttää (valo)*
switchback *vuoristorata*
switchboard *kytkintaulu*
Swit'zerland *Sveitsi*
swiv'el chair *kääntötuoli*
swo'llen *turvonnut*
swoon v *pyörtyä;* s *tainnostila*
swoop *syöksyä (kimppuun)*
swop *vaihtaa*
sword [so:d] *miekka*
swore *imp. ks.* swear

sworn *valantehnyt*
swum *pp. ks.* swim
swung *imp. & pp. ks.* swing
syl'lable *tavu*
syl'labus *opinto-ohjelma*
sym'bol *vertauskuva; merkki; merkintä*
symbol'ic(al) *vertauskuvallinen*
sym'bolize *symbolisoida*
sym'metry *tasasuhtaisuus*
sympathet'ic *myötämielinen -tuntoinen*
sym'pathize *tuntea t. ilmaista myötätuntо(a)*
sym'pathy *myötätunto, osanotto*
sym'phony *sinfonia*

sym'pton *oire*
syn'agogue* [-gog] *synagooga*
syn'chronous *samanaikainen*
syn'drome *oireyhtymä*
synon'ymous *samamerkityksi-nen*
syn'thesis *synteesi*
synthet'ic *synteettinen*
Syr'ian [i] *syyrialainen*
syr'inge *(lääke)ruisku*
syr'up *siirappi*
sys'tem *järjestelmä; elimistö; nervous ~ hermosto;* solar ~ *aurinkokunta*
systemat'ic *järjestelmällinen*

T

t [ti:] *t-kirjain*
tab *(veto)liuska, nipukka, rak-si;* keep ~(s) on *pitää kirjaa jstk*
ta'ble *pöytä; taulukko; at ~ ruokapöydässä*
tablecloth *pöytäliina*
tableland *ylätasanko*
tablespoon *ruokalusikka*
tab'let *levy, laatta, muistotaulu; tabletti; (saippua)pala*
taboo' *a tabu;* v *kieltää mainit-semasta*
tac'it *sanaton*
tac'iturn *harvapuheinen*
tack *s nasta, nupi;* v *kiinnittää nupinauloilla; harsia; luovia*
tack'le *s välineet; takila;* v *käy-dä käsiksi jhk*
tact *tahdikkuus*
tac'tful *tahdikas*
tac'tical *taktinen*
tac'tics *taktiikka*
'tad'pole *sammakonpoikanen*
taf'feta *tafti (kangas)*
tag *s (hinta-, osoite)lippu; pät-kä, (kengännauhan) vedin; hippaleikki;* v *lisätä (koristuk-seksi), varustaa lipulla; ques-tion ~ loppuun liitetty kysy-mys (,isn't it?)*
tail *häntä pyrstö; ~ coat hän-nystakki; heads or ~s kruunu vai klaava*
tail-light *takavalo*

tai'lor *räätäli; ~-made (r-n tekemä) kävelypuku*
taint *s tahra;* v *tahrata*
ta'ke *ottaa; viedä; vaatia, kes-tää; pitää, for jnak; ~ off riisua, (lentok.) nousta il-maan; ~ on ottaa tehdäkseen; ~ over ottaa haltuunsa; ~ to drink ratketa juomaan; ~ up viedä (tilaa ym.), ryhtyä jhk, (with) ruveta suhteisiin jkn kanssa; ~ it upon o.s. ottaa asiakseen*
ta'ken *pp.;* was ~ ill *sairastui*
take|-off *(lentokoneen) lähtö; ponnistus; ~-over valtaan-pääsy*
tal'cum *talkkijauhe*
ta'le *kertomus, tarina;* tell ~s *kieliä*
tal'ent *kyky; ~ed lahjakas*
tal'isman *taikakalu*
talk [to:k] v *puhua, puhella; s keskustelu; neuvottelu; esi-telmä*
talk'ative [o:k] *puhelias*
talk'ie [to:ki] *äänielokuva*
tall [o:] *pitkä, korkea*
tal'low *tali*
tal'ly *vastata,* with *jtk*
tal'ons *kynnet*
ta'me *a kesy; laimea;* v *kesyt-tää*
tam'per (with) *peukaloida (oma-valtaisesti), kopeloida*

tan s *keltaisenruskea; rus-*
ketus; v *parkita:* ~ned *päi-*
vettynyt
tan'gible *kouraantuntuva*
tan'gle s *sotku;* v *sotkea*
tank s *säiliö; panssarivaunu;*
v *täyttää tankki, tankata*
tan'kard *haarikka*
tan'ker *säiliöalus*
tan'talize *kiusata*
tan'trum *pahantuulen puuska*
tap s *hana, tappi; naputus;*
v *naputtaa; laskea, juoksuttaa;*
kuunnella salaa (puhelinta)
ta'pe *(reuna-, mitta-, maali-)*
nauha; teippi; magnetofoni-
nauha, ääninauha; adhesive ~
laastarinauha; ~ measure
mittanauha; ~ recorder *mag-*
netofoni, nauhuri
ta'per *sulpeta*
tap'estry *gobeliini, seinävaate*
ta'peworm *heisimato;* broad ~
lapamato
tar s *terva;* v *tervata;* ~red m.
asfaltoitu
tar'dy *hidas*
tar'get [g] *maalitaulu; tavoite*
tar'iff (tulli) *tariffi*
tar'nish *himmentää, tahrata;*
mustua
tarpau'lin *presenninki, pressu*
tar'ry v *viipyä;* a [a:] *tervainen*
tart s *(hedelmä)torttu; letukka*
tar'tan *skotlantil. (ruudullinen)*
villakangas, ruutumalli
tar'tar *viinikivi*
task [a:] *tehtävä;* take to ~
vaatia tilille
tas'sel *tupsu*
ta'ste s *maku;* v *maistaa, -tua;*
not to my ~ *ei minun ma-*
kuuni
ta'steful *maukas; aistikas*
ta'steless *mauton*
ta'sty *maukas, maittava*
tat'ter: ~s *ryysyt;* ~ed *repa-*
leinen
tattoo' s *iltasoitto;* v *tatuoida*
taught *imp. & pp.* ks. teach
taunt s *pilkka;* v *ivata*
taut *tiukka, kireä*
tav'ern *kapakka*
taw'dry *räikeä, korellva*
taw'ny *ruskeankeltainen*
tax s *vero;* v *verottaa; rasittaa;*
~ dodging *veropakoilu*

taxa'tion *verotus*
tax'i *vuokra-auto, taksi*
taximan *vuokra-autoilija*
taxistand *pirssi*
tea *tee;* a cup of ~ *kupillinen*
teetä; ~ pot *teekannu*
teach *opettaa*
tea'cher *opettaja*
teacup *teekuppi;* a storm in a ~
myrsky vesilasissa
teak *teak-puu*
team *valjakko; (urh.) joukkue*
teamwork *(ryhmän) yhteistyö*
tear [teð] v *repiä, revetä;* s *re-*
peämä; [tiö] *kyynel;* ~ up
repiä palasiksi
tease *kiusoitella, härnätä; kars-*
tata (villaa)
teat *nänni*
tech'nical [k] *teknillinen*
tech'nics *tekniikka*
techniq'ue [-i:k] *tekni(lli)nen*
taito, tekniikka
technolog'ical *tekninen*
technol'ogy *tekniikka*
teddy-boy *lättähattu*
te'dious *ikävä, pitkästyttävä*
teem with *vilistä, kuhista*
teen-ager *13—19-vuotias, teini-*
ikäinen
teens *ikävuodet 13—19*
teeth *hampaat;*i in the ~ of
jnk uhalla; by the skin of
one's ~ *täpärästi*
teeto'taller *absolutisti*
tel'egram *sähke*
tel'egraph s *sähkölennätin;* v
sähköttää
tel'ephone s *puhelin;* v *soittaa*
(puhelimella)
tel'ephoto *lennätinkuva*
tel'eprinter *kaukokirjoitin*
tel'escope *kaukoputki*
tel'eviewer *television katselija*
tel'evise *televisioida*
tel'evision *näköradio;* ~ set
televisio(vastaanotin); ~
screen *kuvaruutu*
tell *kertoa, sanoa, ilmoittaa;*
käskeä; erottaa; I have been
told *olen kuullut kerrottavan*
tel'ling *tehokas*
telltale s *kielikello;* a *kielivä*
tel'ly *telkkari, televisio*
temer'ity *uhkarohkeus*
tem'per s *luonto, tuuli; kiukku;*

v *karkaista; lieventää;* lose
one's ~ *menettää malttinsa*
tem'perament *luonteenlaatu*
tem'perance *kohtuullisuus*
tem'perate *kohtuullinen; lauh-
kea*
tem'perature *lämpömäärä;* take
sb.'s ~ *mitata jkn kuume*
tem'pest *myrsky*
tempes'tuous *myrskyinen, raju*
tem'ple *temppeli; ohimo*
tem'po *aikamitta; tahti*
tem'poral *ajallinen*
tem'porary *väliaikainen, tila-
päinen*
tem'porize *pitkittää asiaa*
tempt *kiusata; houkutella;*
~ing *houkutteleva*
tempta'tion *kiusaus*
tem'pter *kiusaaja*
ten *kymmenen*
ten'able *luja paikkansa pitävä*
tena'cious *hellittämätön; sitkeä*
tenac'ity *sitkeys*
ten'ant *vuokraaja, vuokralainen*
tend (~ to) *olla taipuvainen,
suuntautua, pyrkiä; hoitaa,
paimentaa*
ten'dency *taipumus, suunta*
ten'der a *murea, pehmeä; hellä;
hento, arka;* v *tarjota;* s *tar-
jous; apulaiva, hiilivaunu; legal
~ laillinen maksuväline*
ten'derly *hellästi*
ten'derness *hellyys*
ten'don *jänne*
tend'ril *kärhi, kierre*
ten'ement *huoneisto;* ~ house
(halpa) vuokratalo
tenfold *kymmenkertainen*
ten'nis *tennispeli;* ~ court *t-
kenttä*
ten'or *kulku, suunta, perusaja-
tus; tenori*
tense s *aikamuoto;* a *jännitetty,
pingottunut, kireä*
ten'sile *venyvä*
ten'sion *jännitys; jännite*
tent *teltta*
ten'tacle *tuntosarvi*
ten'tative *kokeilu-, alustava*
ten'tatively *alustavasti*
ten'terhooks: on ~ *kuin tulisilla
hiilillä*
tenth *kymmenes(osa)*
ten'uous *ohut, hatara*

ten'ure *omistus;* ~ of office
toimiaika
tep'id *haalea*
term s *määräaika; lukukausi;
oppisana, termi; pl. ehdot;
välit;* v *nimittää;* come to ~s
sopia; on good ~s *hyvissä vä-
leissä;* in flattering ~s *imar-
televin sanoin*
ter'minal *pääte-(asema)*
ter'minate (in) *päättyä jhk; lo-
pettaa*
terminol'ogy *ammattisanasto*
ter'minus *pääte\asema, -pysäkki*
ter'mite *termiitti*
ter'race *penger, terassi*
terres'trial *maallinen, maan*
ter'rible *hirmuinen, kauhea*
ter'ribly *kauhean, hirveä\n -sti*
terrif'ic *kauhistuttava*
ter'rify *kauhistuttaa*
territo'rial *alueellinen, alue-*
ter'ritory *alue*
ter'ror *kauhu;* balance of ~
kauhun tasapaino; reign of ~
hirmuvalta
ter'rorise *terrorisoida*
terry cloth *frotee*
terse *suppea, täsmällinen*
test s *koe; testi;* v *koetella
testata;* ~ tube *koeputki*
tes'tament *testamentti*
tes'tator *testamentintekijä*
tes'tify *todistaa*
testimo'nial *(maine)todistus*
tes'timony *todistus*
tes'ty *ärtyisä, kärsimätön* (m
tet'chy)
tet'anus *jäykkäkouristus*
teth'er *(panna) lieka(an)*
text *teksti*
textbook *oppikirja*
tex'tile *kutoma-, tekstiili-;* ~s
kutomatuotteet
tex'ture *kudos, rakenne*
Thames [temz] *Thames-joki*
than [dh] *kuin*
thank *kiittää;* ~s *kiitos;* ~
you very much *paljon kiittok-
sia;* ~s to *jnk ansiosta*
thank'ful *kiitollinen*
thank'less *kiittämätön*
Thanksgiving Day *yleinen kii-
tospäivä*
that [dh] *tuo, se; joka; että;*
all ~ *kaikki mikä;* the house
~ we saw *talo, jonka näimme;*

now ~ nyt kun; ... at ~
päälle päätteeksi; is ~ all
siinäkö kaikki? ~'s ~l se
siitä!
thatched olki-
thaw s suojasää; v sulaa, olla
leuto
the [dh] määr. art.; ~ ... ~
mitä ... sitä
the'atre teatteri; ~-goer teat-
terissa kävijä
thee [dh] sinu|t, -a, -lle (vanh.)
theft varkaus
their, -s [dh] heidän, -nsa, -nsä
niiden
them [dh] heidät, heitä, heille;
niitä jne.
themsel'ves itse, -(ä)nsä; they
defended ~ he puolustautuivat
the'me aine, aihe; teema; ~
song tunnussävel
then [dh] silloin, sitten; sis;
silloinen; by ~ siihen mennes-
sä; now ~ no niin, kas niin;
now and ~ silloin tällöin
thence [dh] sieltä
theol'ogy jumaluusoppi
theolo'gian jumaluusoppinut
theoret'ical tietopuolinen
the'ory teoria
ther'apist terapeutti
ther'apy hoito, terapia
there [dh] siellä, sinne; ~ is,
~ are (-ssa, -lla) on; ~ were
two people in the car autossa
oli kaksi henkeä; ~ and back
edestakaisin; ~ ~l kas niin!
(she) is not all ~ on hieman
päästään vialla
ther'eabouts niillä main
ther'efore sen vuoksi
ther'eupon' sen jälkeen
ther'mal lämpö-
thermom'eter lämpömittari
ther'mos (flask) termospullo
the'se [dh] nämä; ~ days
nykyään; one of ~ days
jonakin (lähi)päivänä
the'sis väitöskirja; teesi
they [dh] he, ne
thick paksu, tiheä, sakea; suu-
rustettu (keitto); they are
very ~ he ovat henkiystäviä;
a bit ~l tuo on jo vähän lii-
kaa!
thick'en tehdä paksuksi jne;
taajeta, tihetä

thick'et tiheikkö
thick'ness paksuus
thick'set tanakka
thief [i:] varas (pl. thieves)
thie've varastaa
thigh [-ai] reisi
thimble sormustin
thin a ohut, hieno; laiha; harva;
v ohentaa, oheta
thi'ne [dh] sinun (run.)
thing esine, asia; olento; pl.
tavarat, kapineet, (päällys)-
vaatteet; for one ~ ensiksikin;
such a ~ sellaista; not the ~
ei (ole) sopivaa
think ajatella (about); arvella
luulla; Yes, I ~ so kyllä kai;
No, I ~ not enpä usko; I
didn't ~ of it en tullut sitä
ajatelleeksi; I can't ~ of his
name en muista hänen ni-
meään; ~ it over harkita
miettiä asiaa; what do you ~
of it mitä arvelet siitä?
third kolmas; kolmannes; ~ly
kolmanneksi
thirst s jano; v janota
thir'sty janoinen; I am ~
minun on jano
thir't|ee'n, -y kolme|toista
-kymmentä
this [dh] tämä; like ~ näin
thistle [-sl] ohdake
thith'er sinne
tho, tho' = though
thong hihna, piiskansiima
tho'rax rintakehä
thorn piikki
thor'ny okainen
thor'ough [-arö] perinpohjainen
täydellinen
thor'oughbred puhdasrotuinen
thor'oughfare liikeväylä, valta-
tie
thor'oughly perin pohjin, täydel-
lisesti
tho'se [dh] nuo, ne; ~ who ne
jotka
thou [dh] sinä (run. & vanh.)
tho'ugh [dhou] vaikka
thought [-o:t] ajatus; imp. &
pp. ks. think; I ~ as much
sitä arvelinkin
thoughtful miettiväinen; hieno-
tunteinen
thoughtless ajattelematon; kuo-
maamaton

thou'sand *tuhat;* ~s of *tuhan-sittain, tuhansia ...*

thrall [o:] *orja*

thrash *piestä, löylyttää; vrt. thresh*

thrash'ing *selkäsauna*

thread [-ed] s *lanka;* v *pujottaa*

thread'bare *nukkavieru*

threat [-et] *uhkaus*

threat'en [e] *uhata*

three *kolme;* ~fold *kolminker-tainen*

threepence [-epns] *kolmen pen-nyn raha*

thresh *puida*

thresh'old *kynnys*

threw *imp. ks.* throw

thrift *säästäväisyys*

thrif'ty *taloudellinen*

thrill s *väristys, sävähdys; jän-nittävä elämys;* v *värisyttää, sävähdyttää, vavahtaa*

thri've *menestyä, kukoistaa*

throat *kurkku*

throb v *tykyttää, sykkiä jys-kyttää;* s *tykytys*

throes *tuska(t)*

thrombo'sis *verisuonitukos veritulppa*

thro'ne *valtaistuin*

throng s *väentungos;* v *tun-geksia*

throt'tle v *kuristaa;* s *kuristus-läppä;* ~ down *vähentää kaa-sua*

through [-u:] *läpi, kautta; kauttakulku-;* ~ the glass *lasin läpi;* ~ him *hänen kaut-taan;* go ~ *läpikäydä, kokea*

throughou't *kauttaaltaan; läpi (t. kautta) koko*

thro've *imp. ks.* thrive

thro'w v *heittää;* s *heitto;* ~ over *hylätä;* ~ up the cards *vetäytyä pelistä*

thrush *rastas*

thrust v *työntää, iskeä;* s *isku*

thud s *tömähdys;* v *mätkähtää, jymähtää, jysähtää*

thug *kuristaja, roisto*

thumb [-am] *peukalo;* a ~ed ride *peukalokyyti;* ~ a lift *pyytää peukalokyytiä*

thumbtack *piirustusnasta*

thump v *jyskyttää, takoa;* s *tö-mähdys*

thun'der s *ukkonen, jyrinä;* v *jyristä*

thunderbolt: like a ~ *kuin sa-lama kirkkaalta taivaalta*

thunderstorm *ukonilma*

thunderstruck *tyrmistynyt*

Thur'sday *torstai*

thus [dh] *täten, siten; siis;* ~ far *tähän asti*

thwart [o:] *tehdä tyhjäksi, eh-käistä;* s *tuhto;* be ~ed *pettyä*

thy [dh] *sinun (vanh.)*

thy'me *ajuruoho*

thy'roid gland *kilpirauhanen*

tick v *tikittää;* s *tikitys, raksu-tus; punkki; patjanpäällys;* ~ off *merkitä rastilla;* keep ... ~ing over *pitää toiminnassa*

ticker-tape *serpentiinit*

tick'et (*pääsy-, hinta- ym*) *lip-pu*

ticket-office *lippuluukku*

tick'le *kutittaa;* I was ~d to death ... *minua huvitti sano-mattomasti ...*

tick'lish *kutiava; arkaluontoi-nen*

ti'de *vuorovesi;* ~ over *auttaa ensi hätään*

ti'dings *viesti*

ti'dy a *siisti;* v *siistiä*

ti'e v *sitoa, solmia;* s *solmio; side (kuv.); tasapeli; black* ~ *iltapuku (smokki)*

tier (tiö]: ~s of seats *porrastu-vat penkkirivit*

ti'ger *tiikeri, Am. jaguaari*

ti'ght [-ait] *tiivis; tiukka, ahdas; kireä; sl. päissään;* ~s *tri-koot, sukkahousut*

ti'ghten *tiivistää, tiukentaa, ki-ristää*

tight-fisted *saita*

tight-rope performer *nuoralla-tanssija*

ti'gress *naarastiikeri*

ti'le s (*katto*)*tiili; kaakeli;* v *peittää t. kattaa tiilillä*

till *jhk asti; kunnes;* v *viljellä muokata;* not ~ *ei ennenkuin vasta*

til'lage (*maan*) *viljely*

tilt v *kallis|tua, -taa;* s *kallistu-minen, kaltevuus;* full ~ *täyttä vauhtia*

tim'ber *puutavara, hirsi;* ~ed *hirsi-*

ti'me s *aika; kerta; tahti;* v *ajoittaa, tehdä, esittää (esim. sopivaan) aikaan;* what ~ is it? *mitä kello on?* at ~s *joskus;* at a ~ *kerrallaan;* at the ~ *silloin;* at the same ~ *samalla; kuitenkin;* by that ~ *siihen mennessä;* in ~ *ajoissa;* for the ~ being *tällä haavaa;* have a good ~ *pitää hauskaa*

ti'mely *oikeaan aikaan tapahtuva, ajankohtainen*

timepiece *kello*

time-signal *aikamerkki*

time-table *aikataulu; lukujärjestys*

tim'id *arka, pelokas*

tin s *tina; säilykerasia;* v *tinata;* ~ned meat *lihasäilykkeet*

tin'cture s *tinktuura; (väri)-sävy;* v *sävyttää*

tin'der *taula*

tin'foil *tinapaperi*

tin'ge v *värittää, sävyttää;* s *vivahdus*

tin'gle v *pistellä, kihelmöidä;* s *pistely*

tin'ker s *kattilanpaikkaaja;* v *näpertää*

tin'kle v *helistä;* s *helinä*

tin-opener *säilykerasian avaaja*

tin-plate *läkkilevy*

tin'sel *korurihkama*

tint s *värisävy;* v *värjätä*

ti'ny *pienen pieni*

tip *kärki, pää; (antaa) juomaraha(a), (antaa) vihje;* ~ (over) *kaataa, ketkahtaa;* ~ the scale *(kuv.) kallistaa vaakakuppi*

tip'sy *päihtynyt*

tiptoe: on ~ *varpaisillaan*

tira'de [tai-] *sanatulva*

ti're v *väsyttää, -ä;* s *pyörän rengas;* ~d *väsynyt,* ~d out *lopen uupunut*

ti'reless *väsymätön*

ti'resome *väsyttävä*

tis'sue *kudos;* ~ (paper) *silkkipaperi;* toilet ~ *WC paperi*

tit *tiainen;* give ~ for tat *maksaa samalla mitalla*

titbit *makupala* (Am. *tidbit*)

ti'thes *kymmenykset*

ti'tle *(arvo)nimi, otsake;* ~d *aatelinen;* ~ page *nimilehti;* ~ role *nimiosa*

tit'ter v *tirskua;* s *tirskunta*

T.O. turn over *käännä*

to *luo, -lle;* to London *Lontooseen;* to school *kouluun;* to the station *asemalle;* to whom ... *kenelle;* from 1 to 2 *yhdestä kahteen;* learn to speak *oppia puhumaan* I'll try to learn *koetan oppia*

toad [ou] *rupisammakko*

toadstool *helttasieni*

toady *liehakoitsija*

toast [ou] s *paahtoleipä; jkn malja;* v *paahtaa; esittää malja*

toaster *leivän paahdin*

tobac'co *tupakka*

tobac'conist *tupakkakauppias*

tobog'gan s *kelkka;* v *laskea mäkeä;* ~ing *kelkkailu*

today' *tänään*

tod'dle *lyllertää*

tod'dler *pallero*

to'e *varvas;* ~-nail *varpaan kynsi*

togeth'er *yhdessä*

togs *vaatteet, pukineet*

toil s *raadanta;* v *raataa;* ~s *verkko, ansa*

toi'let *pukeutuminen; W.C.;* ~ things *siistiytymistarvikkeet*

to'ken *merkki; muisto;* ~ resistance *(vain) näennäinen vastarinta*

to'ld *imp. & pp.;* I ~ you so *sanoinhan sen;* all ~ *yhteensä*

tol'era|ble *siedettävä;* -bly *kohtalaisen, melko*

tol'erance *suvaitsevaisuus*

tol'erant *suvaitsevainen*

tol'erate *suvaita, sietää*

to'll s *(tie-, silta)maksu;* v *soittaa, kumahtaa;* take a ~ of *verottaa (kuv.);* ~ on the roads *maantiekuolema;* ~ call *kaukopuhelu*

toma'to [a:] *tomaatti*

tomb [tu:m] *hauta, -holvi*

tom'boy *rasavilli*

tom'cat *uroskissa*

tomfoo'lery *hupsuttelu*

tom'my *brittiläinen sotamies*

tomor'row *huomenna*

ton *tonni* (Am. 2000 *naulaa*)

to'ne *ääni, sävel, sävy;* ~ down *lieventää*

tongs *pihdit*

tongue [tang] *kieli*

ton'ic *vahvistava lääke*
toni'ght *tänä iltana (yönä)*
ton'nage *vetoisuus; tonnisto*
ton'sil *nielurisa*
tonsili'tis l.v. *angiina*
too *liian; myöskin, -kin*
took [u] *imp. ks. take*
tool *työkalu, välikappale*
toot *töräyttää, toitottaa*
tooth *hammas (pl. teeth)*
tooth'ache, -brush, -pick *hammas|särky, -harja, -tikku*
top s *huippu, latva, ylä|osa, -pää; hyrrä;* a *ylin, etevin;* v *olla ensimmäisenä jssk; at the ~ of one's voice täyttä kurkkua; on ~ (jnk) päällä, päälle; ~ dog kärkimies, pomo; ~ hat silinteri; ~ secret erittäin salainen*
topee' *hellekypärä*
to'per *juoppo*
top'ic *aihe*
top'ical *ajankohtainen*
top'less *yläosaton*
top|-notch, -ping *loisto-*
top'ple over *keikahtaa kumoon*
top'sy-turvy *mullin mallin*
to'que *(pieni) hattu*
torch *soihtu;* electric ~ *taskulamppu*
tore *imp. ks.* tear
tor'ment s *tuska;* v *kiduttaa, kiusata*
torn *repeytynyt*
torna'do *pyörremyrsky*
torpe'do s *torpedo;* v *torpedoida*
tor'pid *tylsä, hidas; turtunut*
tor'por *horrostila*
tor'rent *virta; ryöppy*
tor'rid *kuuma*
tor'toise *kilpikonna*
tor'tuous *kiemurteleva*
tor'ture s *kidutus;* v *kiduttaa*
toss v *heittää, keikahtaa; (~ up) heittää arpaa;* s *heitto*
tot *pallero; ~ up laskea yhteen*
to'tal *kokonai|nen, -smäärä;* v *tehdä yhteensä; laskea yhteen (~ up)*
totalita'rian *totalitaarinen*
total'ity *kokonaisuus*
to'tally *kokonaan*
to'te *kuljettaa kantaa; ~ bag kanto|laukku, -kassi*
tot'ter *horjua*
touch [a] v *koske|a -ttaa; lii-*

kuttaa; s *kosketus; tunto; vivahdus, häive; ~ down laskeutua maahan; ~ off laukaista; ~ (up)on kosketella (jtk asiaa); get in ~ with asettua yhteyteen jkn kanssa; keep in ~ with sällyttää kosketus jkh;* ~ing *liikuttava*
touch-and-go *hiuskarvan varassa*
touch'y [a] *herkkä pahastumaan*
tough [taf] a *sitkeä; valkea, vaativa;* s *roisto, huligani*
tour [tuō] s *matka;* v *matkustella;* ~ing company *kiertue*
tour'ism *matkailu*
tour'ist *matkailija;* ~ office *matkailutoimisto*
tour'nament *kilpailut*
tou'sled *pörröinen*
tout *pyydystellä (asiakkaita)*
to'w v *hinata;* s *rohtimet;* take in ~ *ottaa hinattavakseen*
towar'ds *jtk kohti, jhk päin; jkta kohtaan; jnk varalle;* ~ evening *illansuussa*
tow'el *pyyhe(liina)*
tow'er s *torni;* v *kohota korkealle;* ~ing *hyvin korkea, valtava*
town *kaupunki; ~ council kaupunginvaltuusto; ~ hall raatihuone, kaupungintalo*
township *piiri(kunta), kaupunki, (et. mustien) esikaupunki*
townspeople *kaupunkilaiset*
tox'ic *myrkyllinen*
toy s *lelu;* v *leikitellä*
tra'ce s *jälki;* v *seurata jälkiä löytää; piirtää, kalkioida*
track s *raide, rata; jälki, jäljet; polku, tie;* v *seurata jälkiä, jäljittää;* leave the ~ *suistua kiskoilta;* make ~s *livistää*
tract *ala, seutu; elimet; lentolehtinen*
trac'table *sävyisä*
trac'tion *veto*
trac'tor *traktori*
tra'de s *kauppa; ammatti;* v *käydä kauppaa; ~ in (a car) antaa ... osamaksuna; ~ mark tavaramerkki; ~ union ammattiyhdistys;* ~-wind *pasaatituuli*
tra'der *kauppias, kauppalaivo*
tradit'ion *perimätieto; perinne*

tradit'ional *perinteellinen*

traf'fic s *liikenne; kauppa;* v (-cked) *käydä (et. luvatonta) kauppaa;* ~ jam *liikenneruuhka;* ~ light *liikennevalo*

trag'edy *murhenäytelmä*

trag'ic *traaginen*

trail v *laahata (perässään);* s *jälki; polku*

trai'ler *perä-, asuntovaunu*

train s *juna; laahustin; seurue;* v *harjoittaa, valmentaa, valmentautua*

trainee' *oppilas*

trai'ner *valmentaja; kouluttaja*

training *valmennus; koulutus;* ~ college *opettajaseminaari;* physical ~ *liikuntakasvatus*

trait *(luonteen)piirre*

trai'tor *kavaltaja*

traitorous *petollinen*

tram (-car) *raitiovaunu*

tramp v *astua raskaasti, taivaltaa;* s *askelten ääni; jalkamatka; maankiertäjä*

tram'ple *tallata*

trance [a:] *unitila*

tran'quil *tyyni*

tranquil'lity *rauha, tyyneys*

tran'quilizer *rauhoituspilleri, rauhoite*

transac't *toimittaa*

transac'tion *liiketoimi*

transcen'd [-send] *ylittää*

transfer' *siirtää;* s [-'-] *siirto, -lippu*

transfigura'tion *kirkastus*

transfor'm *muuttaa, muuntaa*

transforma'tion *muodonmuutos*

transfor'mer *muuntaja*

transfu'sion *verensii..to*

transgres's *rikkoa*

transgres'sion *rikkomus*

transient [z] *ohimenevä*

tran'sit *kauttakulku*

transit'ion *ylimeno, siirtymä-*

transis'tor *transistori*

tran'sitory *ohimenevä*

transla'te *kääntää (kielestä toiseen)*

transla'tion *käännös*

transla'tor *kielenkääntäjä*

translu'cent *läpikuultava*

transmis'sion *siirtäminen, välitys; (radio)lähetys*

transmit' *lähettää; siirtää viedä edelleen*

transmit'ter *(radio)lähetin*

transpa'rent *läpikuultava*

transpi're *haihtua; tulla tietoon*

transplan't [a:] v *siirtää;* s *siirrännäinen*

transplanta'tion: cardiac ~ *sydämensiirto*

transport' *kuljettaa;* s [-'-] *kuljetus (m. -laiva, -lentokone); public ~ yleiset kulkuneuvot;* ~ed with joy *suunniltaan ilosta*

transver'se *poikittainen*

trap s *ansa, loukku;* v *pyydystää satimeen;* be ~ed (in) *jäädä sulkeuksiin*

trap-door *lattia-, kattoluukku*

trap'per *turkismetsästäjä*

trap'pings *satulaloimi; koristeet*

trape'ze *trapetsi*

trash *roska törky*

trau'ma [o:] *vamma*

trav'el v *matkustaa; edetä;* s *matkustus;* ~ bureau *matkatoimisto*

trav'eller *matkustaja*

trav'elling *matkustus;* ~ salesman *kauppamatkustaja*

trav'elogue [-log] *matkafilmi*

trav'erse *kulkea (jnk läpi poikki)*

trawl *laahusnuotta*

trawl'er *troolari*

tray *tarjotin, alusta*

treach'erous *(että) petollinen*

treach'ery [e] *petos*

treacle *siirappi*

tread [-ed] v *astua, polkea;* v *astunta*

treadle [e] *poljin*

treadmill *(kuv.) yksitoikkoinen raadanta*

trea'son *maanpetos*

treas'ure [treźö] s *aarre;* v *pitää suuressa arvossa*

treas'urer *rahastonhoitaja*

treas'ury *aarreaitta;* T ~ *(Am.* ~ Department) *valtiovarainministeriö*

treat v *kohdella, käsitellä,* of *jtk; hoitaa; kestitä; neuvotella;* s *(erikoinen) ilo, juhla, kestitys*

trea'tise [-iz] *tutkielma*

treat'ment *kohtelu; hoito*

trea'ty *sopimus*

treb'le *kolminkertainen; dis-
kantti(-)*

tree *puu*

trek v *matkustaa (härkävank-
kurella); s (vaivalloinen)
retki*

trel'lis *sälelkkö*

trem'ble *vapista*

tremen'dous *kauhea; suunna-
ton, valtava*

trem'or *vavistus, täråhtely*

trem'ulous *värisevä*

trench *ampumahauta; ∼-coat
sadetakki*

tren'chant *terävä*

trend *suunta, suuntaus, ten-
denssi*

tres'pass *rikkoa; ∼ on luvatta
tunkeutua jhk*

tress *suortuva, kutri*

trestle [-sl] *pukki, jalusta*

tri'al *koetus, koe(aJo); koette-
lemus; oikeudenkäynti; ∼ trip
koematka*

tri'angle *kolmio*

tri'be *heimo*

tribula'tion *ahdistus*

tribu'nal *tuomioistuin*

trib'utary *sivujoki*

trib'ute *kunnioituksenosoitus;
vero; floral ∼s kukkasterveh-
dykset*

trick s *kepponen, temppu;
trikki; v pe:kuttaa; do the ∼
tepsiä; play a ∼ on tehdä
jklle kepponen*

trickle *valua (hitaasti)*

trick'y *taitoa kysyvä, visainen*

tri'cycle *kolmipyöräinen polku-
pyörä*

tried *imp. & rp. ks. try*

tri'fle s *joutava asia; eräänl.
kakku; leikitellä; a ∼ ... hiu-
kan; ∼ away kuluttaa tur-
haan*

tri'fling *mitätön*

trig'ger *liipaisin*

trill *livertää; s liverrys, trilli*

trim v *siistiä, tasoittaa; koris-
taa; a siisti; s asu, kunto*

trimming *koristus*

Trin'ity *kolminaisuus*

trin'ket *heiy*

trip s *matka; v kompastua;
kampata (∼ up); sipsuttaa*

tri'pe *sisälmykset; roska pöty*

tri'ple *kolminkertainen*

trip'let: *∼s kolmoset*

trip'licate *kolmoiskappale*

tri'pod *kolmijalka*

tri'te *kulunut*

tri'umph s *loistava voitto;
saavuttaa voitto*

trium'phant *voltonriemuinen*

triv'ial *mitätön*

trod *imp. ks tread; ∼den pp.*

tro'll *rallattaa; ∼ing spoon
uistin*

trol'ley *johdinauto (∼-bus),
(tea ∼) tarjoilupöytä*

trom'bone *vetopasuuna*

troop s *joukko; pl. joukot; v
kokoontua*

troo'per *ratsumies*

tro'phy *voitonmerkki palkinto*

tropic *kääntöpiiri; ∼s tropiikki*

trop'ical *trooppinen*

trot v *ravata; s ravi*

trot'ters *(sian ym) sorkat*

trouble [a] v *huolestuttaa, val-
va|ta, -utua; s huoli, häiriö
valva karmi; don't ∼ to ...
älkää vaivautuko ...; it will
be no ∼ siitä ei vähääkään
vaivaa*

troublesome *kiusallinen val-
valoinen*

trough [-of] *kaukalo*

trou'sers *housut*

trou'sseau [u:] *kapiot*

trout: brown *∼ purotaimen;
rainbow ∼ kirjolohi*

trow'el *muurausiasta*

tru'ant *(koulu)pinnari; play
∼ jäädä luvatta pois koulusta*

tru'ce *aselepo, välirauha*

truck *kuorma-auto (Am.); tela-
vaunu, trukki; (avoin) tavara-
vaunu; ∼ farm kauppapuutar-
ha*

trud'ge *tallustella, talsia*

true [-u:] *tosi; oikea todelli-
nen; uskollinen; come ∼
toteutua*

tru'ism *selvlö*

truf'fle *multasieni*

tru'ly *todellakin*

trump s *valtti; v lyödä valtti
pöytään; ∼ up keksiä*

trum'pet *torvi; trumpetti*

trum'peter *torvensoittaja*

trun'cheon *patukka*

trun'dle *työntää, kierittää*

trunk *runko; matka-arkku; var-*

talo; kärsä; *Am. (auton)* t a-
varatila; ~ call *kaukopuhelu;*
~ line *päärata*
trunks *lyhyet (urheilu)housut*
truss s *tuklansas;* ~ up *sitoa*
(esim. kananpoika)
trust s *luottamus; holhous;*
trusti; v *luottaa,* in *jhk;*
uskoa jkn haltuun; on ~
velaksi; in ~ *säilytettävänä*
trustee' *uskottu mies, holhooja;*
~s *hallitus*
trus'ting *luottavainen*
trustworthy *luotettava*
truth [u:] *totuus*
tru'thful *totuudenmukainen*
try' v *koettaa, yrittää; koetella;*
tutkia, kuulustella; s *koetus.*
yritys; ~ on *sovittaa (ylleen);*
~ing *rasittava;* tried *koeteltu*
T.U. Trade Union; TUC *Engl.*
ammattiliittojen keskusjärjestö
tub *saavi,* (bath-~) *kylpyamme*
tu'be *putki (Am. m. radio~),*
torvi; putki(lo), tuubi; maan-
alainen rautatie
tu'ber *juurimukula*
tuber'culous *tuberkuloottinen*
tuberculo'sis *tuberkuloosi*
tuck v *pistää, kääntää, peitellä*
(~ up); s *laskos; namuset*
Tu'esday *tilstai;* on ~ *tilstaina*
tuft *töyhtö*
tug v *kiskoa; hinata;* s *tempaus;*
hinaajalaiva; ~ of war *köy-*
denveto
tuit'ion *opetus*
tu'lip *tulppaani*
tum'ble v *pudota; rynnätä,*
plehtaroida; s *kaatuminen;*
kuperkeikka
tum'bledown *rappeutunut*
tum'bler *juomalasi*
tum'my *masu, vatsa*
tu'mour *kasvain*
tu'mult *metell*
tumul'tuous *meiskeinen*
tu'ne s *sävel, -mä;* v *virittää;*
~ in (to) *virittää (radio jnk*
kohdalle); out of ~ *epä-*
vireessä
tu'neful *sointuva*
tuning-fork *ääntirauta*
tu'nic *pitkä pusero*
tun'nel *tunneli*
tun'ny *tonnikala*

tur'bid *samea*
tur'bine *turbiini*
tur'bot *piikkikampela*
tur'bulent *myrskyinen*
turee'n *liemikulho*
turf *turve;* the ~ *hevosurheilu*
Turk. -ish *turkkilainen*
Tur'key *Turkki*
tur'key *kalkkuna*
Tur'kish *turkkilainen; turkin-*
kieli; ~ towel *froteepyyhe*
tur'moil *meiske, sekasorto*
turn v *kääntää -tyä, kiertää;*
suunnata; muuttaa, tua jksk;
sorvata; s *kierros; käänne,*
-kohta; vuoro; a good ~
palvelus; ~ down *hylätä;*
~ in *mennä maata;* ~ off (on)
sulkea (avata) hana; ~ out
tuottaa; osoittautua; ~ over
kääntää, kaataa kumoon;
kääntyä (toiselle kyljelle); ~
up *ilmestyä;* take ~s *vuoro-*
tella
turncoat *luopio*
tur'ner *sorvari*
tur'ning *kadunkulma;* ~ point
käännekohta
tur'nip *nau-is, turnipsi*
turn-out *tuotanto*
tur'nover *liikevaihto*
turnpike *tullipuomi*
turnstile *pyöröovi*
turn-table *(levysoittimen) levy-*
lautanen
tur'pentine *tärpätti*
tur'quoise [-koiz] *turkoosi*
tur'ret (pleni) *torni*
tur'tle *merikilpikonna*
tusk *syöksyhammas*
tus'sle *käsikähmä*
tu'tor *yksityisopettaja; opinto-*
jen ohjaaja
tuxe'do *smokki (Am.)*
TV [ti:'vi:'] *televisio*
twaddle [o] *pötypuhe*
twain *(run.) kaksi*
twang s *näppäys, helähdys*
tweed *tweedi(kangas)*
twee'zers *atulat, pinsetti*
twelfth *kahdestoista;* ~ Night
loppiaisaatto
twel've *kaksitoista*
twen'tieth *kahdeskymmenes*
twen'ty *kaksikymmentä*
twi'ce *kaksi kertaa*
twid'dle *hypistellä, pyöritellä*

twig *(hento) oksa; sl. hoksata*
twi'light *(ilta-, aamu)hämärä*
twin *kaksonen, kaksois-;* they
are ~s *he ovat kaksosia*
twi'ne s *nyöri;* v *kiertää, kietoa*
twin'ge *viiltävä kipu, vihlaisu*
twin'kle *tuikkia, välkkyä*
twin'kling: in a ~ *silmänräpä-yksessä*
twirl v *kiertää;* s *pyörähdys*
twist v *kiertää, punoa, vääntää,
-tyä; kiemurrella;* s *väännö,
mutka; kierous*
twitch v *nytkähtää; nykäistä;*
s *nytkähdys, nykiminen*
twit'ter v *visertää;* s *viserrys*
two [tu:] *kaksi;* in a day or ~
parissa päivässä; in ~ *kahtia*
twofold *kaksinkertainen*
twop'ence [tap-] *kaksi pennyä*

two-seater *kahden hengen auto*
two-way *kaksisuuntainen*
tycoo'n [tai-] *(teollisuus)pomo,
rahamies*
type s *tyyppi; kirjasin;* v *kir-joittaa koneella*
typescript: in ~ *koneella kir-joitettu(na)*
type-setter *latoja*
ty'pewriter *kirjoituskone*
ty'phoid *lavantauti*
typhoo'n *pyörremyrsky*
typ'ical *tyypillinen, luonteen-omainen*
ty'pist *konekirjoittaja*
tyr'anny *sortovalta*
tyran'nical *sortovaltainen*
ty'rant *tyranni, sortovaltias*
ty're *pyörän (kumi)rengas*
ty'ro, ti'ro *vasta-alkaja*

U

u [ju:] *u-kirjain.* U. = United
ubiq'uitous *kaikkialla läsnä-oleva*
ud'der *utare*
UFO = unidentified flying
object
ugliness *rumuus*
ug'ly *ruma*
U.K. = United Kingdom *Iso-Britannia ja Pohj.-Irlanti*
ul'cer *märkähaava;* (gastric,
peptic) ~ *mahahaava*
ul'cerate *märkiä*
ulte'rior *salainen, taka-*
ul'timate *lopullinen;* ~ly *lo-puksi, viime kädessä*
ultima'tum *uhkavaatimus*
umbil'ical *napa-*
umbrel'la *sateenvarjo*
um'pire *erotuomari*
U.N. = United Nations *Yhdis-tyneet Kansakunnat*
un'abash'ed *ujostelematon*
una'ble *kykenemätön;* I am
~ *en voi*
unaccep'table *mahdoton hyväk-syä*
unaccus'tomed *tottumaton*
unaffec'ted *teeskentelemätön*
unambig'uous *yksiselitteinen*
unanim'ity *yksimielisyys*

nnan'imous [ju:] *yksimielinen*
unar'med *aseeton*
unassu'ming *vaatimaton*
unavoi'dable *välistämätön*
unawa're *tietämätön,* of *jstk;*
~s *äkkiarvaamatta*
unbal'anced *tasapainoton*
unbea'rable *sietämätön*
unben'd *oikaista; rentouttaa;*
~ing *taipumaton*
unbi'ased *puolueeton*
unbid'den *kutsumaton*
unbro'ken *murtumaton; katkea-maton*
unbur'den o.s. *purkaa (sydä-mensä)*
unbut'ton *aukaista napeista*
uncalled-for *tarpeeton*
uncan'ny *salaperäinen, outo*
uncea'sing *lakkaamaton*
uncer'tain *epävarma*
uncha'nged *muuttumaton, enti-sellään*
uncheck'ed *hillitön; esteettä*
un'cle *setä, eno*
uncom'fortable [a] *epämukava;
levoton*
uncommit'ted *sitoutumaton*
uncom'mon *harvinainen*
uncommu'nicative *harvapuhei-nen*

uncom'promising *taipumaton*
unconcer'ned *huoleton*
unconge'nial *epämieluinen, yhteensopimaton*
uncon'scious *tajuton;* ~ of *tietämätön jstk;* the ~ *piilotajunta*
uncork' *poistaa korkki*
uncov'er *paljastaa*
unc'tion *voitelu*
undaunt'ed *peloton*
undeci'ded *ratkaisematon; epävarma*
undeliv'ered *perilletoimittamaton*
undeni'able *epäämätön*
un'der *aila alle; ali-;* ~ consideration *harkittavana;* ~ repair *korjauksen alaisena*
un'derclo'thing *alusvaatteet*
underdevel'oped *alikehittynyt*
un'derdone *puolikypsä*
underes'timate *aliarvioida*
underexpo'sed *alivalotettu*
undergo' *kokea, joutua jnk alaiseksi*
undergrad'uate *ylioppilas*
un'derground *maanalainen (rautatie)*
un'derhand *salakähmäinen*
underli'ne *alleviivata*
un'derling *käskyläinen*
underly'ing *perustana oleva*
undermi'ne *kaivaa perustukset alta*
undernea'th *alapuolella, -lle*
underpay' *maksaa liian vähän*
underpin' *pönkittää*
underpriv'ileged *vähäväkinen*
undersi'gned *allekirjoittanut*
undersi'zed *lyhytkasvuinen*
understan'd *ymmärtää, käsittää;* ~able *ymmärrettävä*
understan'ding *ymmär|rys -tämys;* come to an ~ *päästä sopimukseen, sopia*
understatement *alisanoien käyttö, vähentelevä sanonta*
underta'ke *ottaa tehdäkseen; ryhtyä*
un'dertaker's *hautaustoimisto*
underta'king *yritys*
un'dertone:* in an ~ *hiljtyllä äänellä*
un'derwear *alusvaatteet*
undesi'rable *ei suotava*
undevel'oped *kehittymätön*

undistur'bed *häiritsemätön*
undo' [u:] *tehdä tekemättömäksi; avata; tuhota*
undo'ing *tuho, turmio*
undon'e [a] *tuhottu;* leave ~ *jättää tekemättä*
undou'btedly [dautid] *epäilemättä*
undres's *riisua, riisuutua*
undu'e *asiaton, kohtuuton*
un'dulate *aaltoilla*
undu'ly *kohtuuttoman*
unea'siness *levottomuus*
unea'sy *levoton*
unearth'ly *ylimaallinen; kammottava*
uned'ucated *koulua käymätön, sivistymätön*
unemploy'ed *työtön*
unemploy'ment *työttömyys;* ~ benefit *t-avustus*
unen'terprising *saamaton*
une'qual *eriäinen;* is ~ to *ei pysty, ei ole jnk tasalla*
uner'ring *erehtymätön*
une'ven *epätasainen*
unexcep'tionable *moitteeton*
unexpec'ted *odottamaton*
unfai'ling *ehtymätön*
un'fai'r *epäoikeudenmukainen, kohtuuton*
unfamil'iar *outo*
unfas'ten [-a:sn] *irrottaa*
unfa'vourable *epäedullinen*
unfin'ished *keskeneräinen*
unfit' *sopimaton, kelpaamaton;* ~ting *sopimaton*
unflag'ging *väsymätön*
unflin'ching *horjumaton*
unfo'ld *käärid auki, levittää levittäytyä; esittää*
unforesee'n *aavistamaton*
unforget'table *unohtumaton*
unfor'tunate *onneton;* ~ly *valitettavasti; ikävä kyllä*
unfou'nded *perätön*
unfriendly *epäystävällinen*
unfur'l *käärid auki, levittää*
unfur'nished *kalustamaton*
ungra'teful *kiittämätön*
unguarded *varomaton*
unhap'pily *pahaksi onneksi*
unhap'piness *onnettomuus*
unhap'py *onneton*
unheard-of *ennenkuulumaton*
unheal'thy *epäterveellinen*
unhurt' *vahingoittumaton*

u'niform a *yhdenmukainen, samanlainen*; s *virkapuku*
unifor'mity *yhdenmukaisuus*
u'nify *yhdistää*
unimpor'tant *vähäpätöinen*
uninhab'ited *asumaton*
unintel'ligible *käsittämätön*
uninten'tional *tahaton*
u'nion *liitto; unioni*; (trade ~) *ammatti|liitto t. -yhdistys;* U ~ Jack *Britannian lippu*
u'nionist *ammattiyhdistyksen jäsen*
uniq'ue [-i:k] *ainutlaatuinen*
u'nison *yhteis-, sopusoinnin*
u'nit *yksikkö; osa, osasto*
uni'te *yhdistää; yhtyä;* the U ~d States *Yhdysvallat*
u'nity *yhteys, yksimielisyys*
univer'sal *yleis- (maailmallinen), maailman-*
u'niverse *maailmankaikkeus, universumi*
univer'sity *yliopisto*
unjus't *epäoikeudenmukainen*
unjus'tified *epäoikeutettu*
un'justly *vääryydellä*
unki'nd *epäystävällinen*
unkno'wn *tuntematon*
unla'ce *avata (kengän nauhat)*
unlawful *laiton*
unlear'ned *oppimaton*
unleash *päästää valloilleen*
unles's *ellei, jollei*
unli'ke *erilainen; toisin kuin*
unli'kely *epätodennäköinen*
unlim'ited *rajaton*
unloa'd *purkaa*
unlock' *avata (lukko);* ~ed *lukitsematon*
unlook'ed-for *odottamaton*
unluck'y *onneton*
unman'ageable *valkea käsitellä, kuriton*
unman'ly *epämiehekäs*
unman'nerly *huonokäytöksinen*
unmas'k [a:] *paljastaa*
unmat'ched *verraton*
unmer'ited *ansaitsematon*
unmista'kable *ilmeinen*
unmo'ved [u:] *järkkymätön, heltymätön; liikuttumatta*
unnat'ural *luonnoton*
unnec'essary *tarpeeton*
unner've *lamaannuttaa*
unno'ticed *huomaamatta (jäänyt)*

unobjec'tionable *harmiton*
unocc'upied *vapaa; asumaton*
unpack' *purkaa*
unpar'alleled *vertaa vailla*
unpleas'ant *epämiellyttävä*
unpop'ular *epäsuosiossa oleva*
unprec'edented *ennenkuulumaton*
unprepa'red *valmistumaton*
un|preten'ding, -preten'tious *vaatimaton*
unprof'itable *kannattamaton*
unqual'ified *ehdoton;* ~ for *epäpätevä jhk*
unques'tionable *kiistaton*
unrav'el *selvittää*
unre'al *epätodellinen, kuvite'tu*
unrea'sonable *kohtuuton*
unrec'ognized *tiedostamaton*
unrelen'ting *heltymätön*
unreli'able *epäluotettava*
un'rest *levottomuus*
unri'valled *vertaa vailla oleva*
unro'll *levittää auki*
unru'ly *raju niskoitteleva*
unsa'fe *epävarma, vaarallinen*
unsatisfac'tory *epätyydyttävä*
unsat'urates: poly-~ *monityydyttämättömät rasvahapot*
unsca'thed *vahingoittumaton*
unscrew' *kiertää auki*
unscru'pulous *häikäilemätön*
unsea'l *avata*
unsea'sonable *vuodenajalle harvinainen*
unsee'n *näkemätön, näkymätön*
unsel'fish *epäitsekäs*
unset'tle *järkyttää;* ~d *epävakainen, ratkaisematon*
unsi'ghtly [ait] *ruma*
unskil'led *ammatiltaidoton;* ~ worker *sekatyöläinen*
unso'ciable *seuraa vierova*
unsol'ved *ratkaisematon*
unsou'nd *epäterve*
unsta'ble *epävakainen*
unstead'y [e] *horjuva*
unsuccess'ful: be ~ *epäonnistua*
unsu'itable *sopimaton*
unsuspec'ting *pahaa aavistamaton*
unthin'kable *mahdoton ajatella*
unti'dy *epäsiisti*
unti'e *irrottaa*
until' *jhk asti, kunnes;* not ~ *vasta*
unti'mely *ennenaikainen*

unti'ring *väsymätön*
un'to *(vanh)* = to
unto'ld *lukematon*
untouch'ed *koskematon*
untrai'ned *harjaantumaton*
untru'e *valheellinen*
untru'th *valhe*
unu'sed [z] *käyttämätön;* [-st] *tottumaton,* to *jhk*
unu'sual *harvinainen*
unva'ried *yksitoikkoinen*
unvei'l [ei] *paljastaa*
unwan'ted *ei toivottu*
unwel'l *sairas*
unwho'lesome *epäterveellinen*
unwie'ldy [i:] *kömpelö*
unwil'ling *haluton*
unwi'nd *keriä auki*
unwi'se'*epäviisas*
unwit'tingly *tietämättä(än)*
unwo'nted *harvinainen*
unwor'thy [-ö:dhi] *arvoton*
unwrap [nr] *aukaista*
unyie'lding *taipumaton*
up *ylös, ylhäällä; jalkeilla, pystyyn; esillä, esiin; lopussa; ~ and down* (the country) *edestakaisin; ~* to *jhk asti;* be *~* to *kyetä jhk;* it's *~* to me to do it *minun on se tehtävä;* what are you *~* to *mitä (juonia) teillä on mielessä?* what's *~? mikä hätänä?* it's all *~* with him *hän on mennyttä miestä;* we are *~* against it *saamme ikävyyksiä*
upbrai'd *moittia*
upbringing *kasvatus*
up-date *saattaa ajan tasalle*
up-grade *korottaa, parantaa*
uphea'val *mullistus*
uphil'l *ylämäkeä;* [-'-] *vaivalloinen*
upho'ld *kannattaa, tukea*
upho'lster *pehmustaa, verhoilla*
upho'lstery *verhoilu (työ)*
up'keep *kunnossapito*
up'land *ylämaa*
uplif't *kohottaa;* [-'-] *(mielen)ylennys*
upon' *-lla, -lle; =* on
up'per *ylempi, ylä-;* s *päällysnahka; ~* hand *yliote; ~ case isot kirjaimet*
up'permost *ylin*
up'right *pysty(ssä, -yn); rehellinen*

upri'sing *kansannousu*
up'roar *meteli, hälinä*
uproo't *kiskoa juurineen*
upset' *kaataa; järkyttää, tehdä tyhjäksi*
up'shot *lopputulos*
up'side down *ylösalaisin*
upstai'rs *yläkerrassa, -kertaan*
up'start *nousukas*
up-to-date *ajanmukainen*
up'ward *ylöspäin suunnattu, =* seur.
up'wards *ylöspäin ylös; enemmän;* and *~ ja siitä yli*
ur'ban *kaupunki-*
urba'ne *kohtelias*
urbaniza'tion *kaupungistuminen*
ur'banize *kaupunkilaistaa;* become *~d kaupungistua, kaupunkilaistua*
ur'chin *poikaviikari*
ur'ge v *vakavasti kehottaa, kannustaa (~* on); s *pakottava halu; vietti*
ur'gency *kiireellinen tarve pakko, kiireellisyys*
ur'gent *kiireellinen*
u'rinate *virtsata*
u'rine *virtsa*
urn *uurna, (tee)keitin*
us *meitä, meidät, meille;* with *~ meidän kanssamme*
U.S.(A.) = United States (of America)
u'sage *(kielen)käyttö; kohtelu käsittely*
u'se [z] v *käyttää; kohdella,* s [ju:s] *käyttö; hyöty; ~d* [ju:st] to *tottunut jhk; oli tapana;* he *~d* to live here *hän asui ennen täällä;* it's no *~* trying *ei kannata yrittää; ~* up *kuluttaa loppuun*
u'seful [-s] *hyödyllinen;* come in *~ olla hyvään tarpeeseen*
u'seless [s] *hyödytön*
ush'er s *vahtimestari, paikannäyttäjä; marsalkka;* v *opastaa (sisään), ilmoittaa (vieras); ~* in m. *edeltää*
u'sual [ž] *tavallinen;* as *~ kuten tavallisesti; ~ly tavallisesti*
u'surer [ž] *koronkiskuri*
u'sury [ž] *koronkiskonta*
usur'p *anastaa (valta)*
uten'sil *talouskalu*
u'terus *kohtu*

util'ity *hyödyllisyys, käyttöarvo;*
~ *goods halpa käyttötavara;*
public utilities *yleishyödylliset
laitokset*
u'tilize *käyttää (hyödykseen)*
ut'most *äärimmäinen;* do one's

~ *tehdä kaikkensa*
ut'ter *v lausua;* a *täydellinen*
ut'terance *ilmaus, sanat*
ut'terly *täysin*
ut'termost (*kuv.*) *äärimmäinen*
u'vula *kitakieleke*

V

v[-vi:] *vkirjain;* v (versus) *vastaan;* (vide) *katso*
vac *ks.* vacation
va'cancy *tyhjyys; avoin virka*
va'cant *tyhjä, avoin; vapaa*
vaca'te *jättää (tyhjäksi)*
vaca'tion *loma*
vac'cinate [ks] *rokottaa*
vaccina'tion *rokotus*
vac'illate *horjua, häilyä*
vac'uum *tyhjiö;* v *imuroida;* ~
cleaner *pölynimuri;* ~ pitcher
termoskaadin
vag'abond *kulkuri*
vagar'y (*omituinen*) *päähänpisto*
va'grancy *irtolaisuus*
va'grant *irtolainen*
va'gue [-g] *epämääräinen*
vain *turha, -mainen;* in ~
turhaan (*m.* ~ly)
va'le (run.) *laakso*
val'et (*kamari*) palvelija
val'iant *urhoollinen*
val'id (*laillisesti*) *pätevä*
valid'ity *pätevyys*
valis'e [i:] *matkalaukku*
val'ley *laakso*
val'our *urhoollisuus*
val'uable *arvokas;* ~s *arvoesineet*
val'ue [-ju:] s *arvo;* v *arvioida;*
pitää arvossa
val've *venttiili, läppä; radioputki*
vamp *»vamppi», viettelijätär*
vam'pire *verenimijä*
van *pakettiauto, (umpinainen)*
kuljetusauto, tavaravaunu
van'dal *vandaali*
va'ne *tuulivjiri; (myllyn ym)*
siipi, lapa
van'guard *kärkijoukko*
vanil'la *vanilja*
van'ish *kadota, hävitä*
van'ity *turhuus; turhamaisuus*

van'quish *voittaa*
van'tage *etu;* ~ ground *edullinen asema*
vap'id *hengetön, lattea*
va'pour *höyry*
va'riable *vaihteleva*
va'riance *epäsopu*
varia'tion *vaihtelu*
var'icose vein(s) *suonikohju*
va'riegated *kirjava*
vari'ety *vaihtelu; laji;* a great ~
of *paljon erilaisia ...;* ~
(show) *varietee*
va'rious *eri (lainen) monenlainen*
var'nish s *vernissa;* v *vernissata*
va'ry *muuttaa; vaihdella; olla
erilainen*
vase [va:z] *maljakko*
vast [a:] *suunnattoman suuri*
vastness (*suunnaton*) *laajuus*
vat *iso astia, sammio*
vault s (*hauta- ym*)-*holvi;
hyppy;* v *holvata; hypätä, loikata;* ~ing horse *pliintti*
vaunt *kerskata*
veal *vasikanliha*
veer *muuttaa (suuntaa)*
veg'etable *kasvi(s)*-; ~s *vihannekset*
vegeta'rian *kasvissyöjä*
vegeta'tion *kasvillisuus*
ve'hemence [vi:i-] *kiihko*
ve'hement *kiivas, raju*
ve'hicle [vi:ikl] *ajoneuvot; ilmaisukeino, väline, raju*
veil [ei] s *huntu, harso;* v *verhota*
vein *laskimo; suoni*
veloc'ity *nopeus*
vel'vet *sametti*
velvetee'n *pumpulisametti*
vending machine *automaatti*
vendor *myyjä*
venee'r v *päällystää (jalom-*

malla puulla); s (kuv.) pinta-
kiilto
ven'erable kunnianarvoisa
ven'erate kunnioittaa
venera'tion kunnioitus
vene'real sukupuoli-
Vene'tian blind sälekaihdin
ven'geance kosto
Ven'ice Venetsia
ven'ison kauriin (ym) liha
ven'om myrkky, ilkeys
ven'omous myrkyllinen
vent s ilmareikä; v purkaa (m
give ~ to)
ven'tilate tuulettaa; käsitellä
(julkisesti)
ventila'tion tuuletus
ven'tilator tuuletin
ven'tricle (sydän)kammio
ven'ture s (uskalias) yritys,
uhkapeli; v uskaltaa, uskaltau-
tua, vaarantaa
ven'turesome uskalias
ven'ue [-ju:] tapahtumapaikka
verac'ity totuudenmukaisuus
veran'da(h) kuisti
verb verbi
ver'bal sana(llinen), suullinen;
~ly suullisesti
verba'tim sanasta sanaan
verbo'se monisanainen
ver'dant viherlöivä
ver'dict tuomio
ver'dure vehreys
ver'ge s reuna, parras; v kal-
listua, lähestyä, on jtk
ver'ger kirkonpalvelija, suntio
ver'ify varmistaa; tarkistaa
ver'ily totisesti
ver'itable todellinen
ver'ity totuus
vermicel'li lankamakaronit
ver'min syöpäläiset
vermouth [-mu:t'] vermutti
vernac'ular kansankieli
ver'nal kevät-
ver'satile monipuolinen
ver'se säe, runo(us), jae
ver'sed in perehtynyt jhk
ver'sion tulkinta; (raamatun)-
käännös
ver'sus vastaan
ver'tebra selkänikama
ver'tebrate selkärankainen
ver'tical pystysuora
ver've into, vauhti
ver'y hyvin sangen, erittäin;

juuri (sama); the ~ best
kaikkein paras; in the ~ act
itse teossa; the ~ thought
pelkkä ajatus(kin)
ves'pers iltajumalanpalvelus
ves'sel astia; alus; blood ~
verisuoni
vest s ihokas, paita; Am. liivit;
be ~ed in olla jkn hallussa
(käsissä)
ves'ted laillisesti saatu
ves'tibule eteinen; käytävä
ves'tige jälki
ves'tment (messu)puku
ves'try sakaristo
vet ks. veterinary
vet'eran veteraani
vet' erinary surgeon eläinlääkäri
ve'to s veto(oikeus); v (~ed)
estää, kieltää (käyttämällä v-
oikeutta)
vex harmittaa, kiusata
vexa'tion harmi, kiusa
vi'a kautta
vi'aduct viadukti
vi'brate värähdellä
vibra'tion väräh|dys, -tely
vic'ar kirkkoherra
vic'arage pappila
vi'ce pahe; ruuvipuristin, vara
~ versa [vaisi] päinvastoin -
vi'ce-chan'cellor rehtori
vi'ceroy varakuningas
vicin'ity lähiseutu, ympäristö
vic'ious paha, paheellinen; ~
circle noidankehä
vicis'situde vaihe
vic'tim uhri
vic'tor voittaja
victo'rious voittoisa
vic'tory voitto
victuals [vitiz] muona
videotape (T.V.) kuvanauha; v
nauhoittaa
vi'e kilpailla
Vien'na Wien
Vietnames'e [-i:z] vietnamilai|-
nen, -set
vie'w [vju:] näky, näkö(ala), nä-
kymä; mielipide, käsitys; v
katsella; in ~ näkyvissä; in
~ of huomioonottaen; in my
~ mielestäni; with a ~ to
jssk tarkoituksessa; have in ~
aikoa
view'er (TV:n ym) katselija;
katselulaite

viewfinder *etsin (valok.)*
viewpoint *näkökanta*
vig'ilance *valppaus*
vig'ilant *valpas, tarkkaavainen*
vig'orous *voimakas*
vig'our *voima, pontevuus*
vi'le *kehno inhottava, alhainen*
vil'la *huvila*
vil'lage *kylä*
vil'lager *kyläläinen*
vil'lain *konna*
vil'lainy *roistomaisuus*
vin'dicate *puolustaa*
vindic'tive *kostonhimoinen*
vi'ne *(viini)köynnös*
vin'egar *etikka*
vin'eyard *viinitarha*
vin'tage *viinisato*
vi'olate *rikkoa; häpäistä; tehdä
väkivaltaa*
vi'olence *väkivalta*
vi'olent *väkivaltainen, raju, voi-
makas*
vi'olet s *orvokki;* a *sinipunainen*
vi'ol:n *viulu*
vi'olinist *viulunsoittaja*
vi'oloncel'lo *sello*
V.I.P. = very important per-
son *erittäin tärkeä henkilö*
vi'per *kyykäärme*
vir'gin s *neitsyt;* (~al) *neitseel-
linen*
virgin'ity *neitsyys*
vir'tual *tosiasiallinen*
vir'tually *todellisuudessa itse
asiassa*
vir'tue *hyve;* by ~ of *jnk nojalla*
virtuo'so *taituri*
vir'tuous *hyveellinen; siveä*
vir'ulent *myrkyllinen katkera;
virulentti*
vi'rus *virus*
visa [i:] s *viisumi;* v (visaed)
viseerata
vi'scount [vaik-] *varakreivi*
vis'cous *tahmea*
vise' [vi:sei] = visa
vis'ible *näkyvä;* be ~ *olla nä-
kyvissä*
visibil'ity *näkyvyys*
vis'ion [ʒ] *näkö(kyky); näky*
vis'ionary *näkyjen näkijä*
vis'it v *käydä jssk* t. *jkn luona,
vierailla; s käynti, vierailu*
vis'itor *vieras*
vi'sor *(kypärän) silmikko; lippa*
vis'ta *näköala*

vis'ual [sj] *näkö-*
vis'ualize *nähdä edessään (sie-
lunsa silmillä) muodostaa
mielikuva*
vi'tal *elin-, elintärkeä*
vital'ity *elinvoima*
vitamin [vai- t. vi-] *vitamiini*
viva'cious *vilkas*
vivac'ity *vilkkaus*
viv'id *eloisa, elävä*
viv'idness *elokkuus, elävyys*
vix'en *(kuv.) äkäpussi*
viz. (= namely) *nimittäin*
vocab'ulary *sanasto*
vo'cal *ääni- laulu-*
vo'calist *laulaja*
voca'tion *kutsumus*
voca'tional *ammatti-;* ~guid-
ance *ammattineuvonta*
vo'gue [-g] *muoti, suosio*
voice a *ääni; sanavalta;* v *il-
maista;* ~d *soinnillinen;* ~less
soinniton
void a *tyhjä,* (~ of *jtk) puuttu-
va; mitätön; s tyhjyys, tyhjä
paikka*
vol'atile *haihtuva*
volcan'ic *tuliperäinen*
volca'no *tulivuori*
vo'le *peltomyyrä*
voli'tion *tahdonvoima, tahto*
vol'ley *yhteislaukaus; ryöppy
lentolyönti (tenn:s)*
volleyball *lentopallo*
vo'ltage *jännite*
vol'uble *kielevä, suulas*
vol'ume *nidos, osa; paljous
tilavuus; äänen voimakkuus*
vol'untary *vapaaehtoinen*
voluntee'r s *vapaaehtoinen;* v
*ilmoittautua v-ehtoiseksi, tar-
joutua v-ehtoisesti*
volup'tuous *hekumallinen*
vom'it *oksentaa*
voo'doo *noituus*
vora'cious *ahnas*
vor'tex *pyörre*
vo'te s *ääni(oikeus); äänestys,*
v *äänestää;* by ten ~s to three
*kymmenellä äänellä kolmea
vastaan*
vo'ter *äänestäjä*
vou'ch: ~ for *taata*
vou'cher *tosite; gift* ~ *lahja-
kortti*
vouchsa'fe *suvaita*

vow' s *lupaus;* v *(juhlallisesti)*
luvata, vannoa
vow'el *vokaali*
voy'age *(meri)matka*
vul'canite *kovakumi*

vul'gar *rahvaanomainen, karkea*
vulgar'ity *raakuus, karkeus*
vul'nerable *helposti haavoittuva*
vul'ture *korppikotka*

W

w [dablju:] *w-kirjain*
wad [o] s *tukko (esim. seteli-);*
~ding *vanutäyte*
wad'dle *taapertaa, lyllertää*
wa'de *kahlata*
wa'der *kahlaaja(lintu)*
wa'fer *vohveli(keksi);* öylätti
waf'fle *vohveli*
waft [a:] *lennättää*
wag v *heiluttaa, hellua;* s *hei-
lautus; velikulta*
wa'ge s *palkka (tav.* ~s*);* v:
~ war *käydä sotaa;* ~-earner
palkkatyöläinen
wa'ger [dž] s *veto;* v *lyödä vetoa*
waggish *kujeileva*
wag'(g)on *vaunu(t);* on the ~
raitis, vesipolkka»
waif *koditon lapsi*
wail v *valittaa;* s *valitus*
wai'nscot(ing) *seinälaudoitus
paneeli*
waist *vyötäiset*
waistcoat [wes'köt] *liivit*
wait *odottaa,* for *jkta; palvella,
tarjoilla,* on *jkle;* keep a p.
~ing *antaa jkn odottaa;* ~
a bit! *odotahan hiukan!* please
~ a minute *hetkinen, olkaa
hyvä!* lie in ~ for *väijyä jkta*
wai'ter *tarjoilija*
waiting-room *odotushuone*
wai'tress *tarjoilija(tar)*
waive *luopua*
wa'ke v *herälttää, -tä (us.* ~
up);* s *vanavesi*
wa'keful *uneton*
wa'ken *herättää*
walk [wo:k] v *kävellä, kulkea
(jalan); kävelyttää;* s *kävely;*
~ about *kuljeskella;* ~ away
from *voittaa helposti;* ~ out
ryhtyä lakkoon
walk'er *kävelijä*
walkie-talkie *kevyt radiopuhelin*

walking: ~ tour *jalkamatka;*
~-stick *kävelykeppi*
walkout *lakko*
walko'ver *helppo voitto*
wall [o:] s *seinä; muuri;* v
(~ in) *rakentaa muuri jnk
ympäri;* ~ up *muurata um-
peen;* ~board *rakennuslevy*
wall'et [o] *lompakko*
wallflower *kultalakka; »seinä-
koriste» (tansseissa)*
wal'lop [o] *löylyttää*
wal'low [o] *kieriskellä* ryped
wall-to-wall: ~ carpet(ing)
koko(lattia)matto
walnut [o:] *saksanpähkinä*
wallpaper *seinäpaperi, tapetti*
wall-socket *pistorasia*
walrus [o:] *mursu*
waltz [o] *(tanssia)* valssi(a)
wan [o] *kalpea*
wand [o] *(taika)sauva*
wan'der [o] *vaeltaa, harhailla*
wa'ne *vähetä, aleta*
want [o] v *haluta, tahtoa; olla
jtk vailla, tarvita;* s *tarve,
puute;* for ~ of *jnk puutteessa;*
~ed *palvelukseen halutaan,*
(by the police) *etsintäkuulutet-
tu;* you're ~ed *sinua kysytään*
wan'ton [o] *vallaton; kevytmie-
linen*
war [o:] s *sota;* v *sotia;* W ~
Office *sotaministeriö;* at ~
sodassa; make ~ upon *käydä
sotaa jkta vastaan*
war'ble v *liverrellä;* s *liverrys*
warbler *laululintu;* garden ~
lehtokerttu
ward s *holhokki; (kaupungin)
piiri; (sairaalan) vuodeosasto;*
v: ~ off *torjua*
war'den *valvoja; johtaja;* pääl-
likkö
war'der *(vangin)vartija*
war'drobe *vaatekaappi*

wa're *tavara(t)* (*us.* ~s);
china ~ *posliini*
wa'rehouse s *makasiini;* v *pan-
na varastoon*
war'fare [o:] *sodankäynti*
war'head: nuclear ~ *(ohjuk-
sen) ydinkärki*
war'like *sotaisa*
warm [o:] a *lämmin;* v *lämmit-
tää;* warmly *lämpimästi*
war'monger [a] *sodanlietsoja*
warmth *lämpö*
warn [o:] *varoittaa*
war'ning *varoitus; irtisanomi-
nen;* give ~ *sano(utu)a irti*
warp [o:] v *käyristyä, tehdä
kieroksi;* s *loimi*
war'rant [o] *valtuutus, valta-
kirja, (vangitsemis)määräys;*
v *taata; oikeuttaa*
war'rior [o] *soturi*
wart [o:] *syylä*
wa'ry *varovainen*
was [woz] *oli;* ~n't *ei ollut;* I
~ to go there (but ...) *minun
piti mennä sinne ...*
wash [o] *pestä, peseytyä; huuh-
toa;* s *pesu -vaatteet;* ~ up
pestä astioita; it won't ~ *se
ei siedä pesua;* give the car a
~(-down) *pestä auto;* ~ed
out *uupunut*
wash'able *pesunkestävä*
wash-basin *pesuallas*
wash'er *pesukone; tiivistysren-
gas*
wash'ing *pesu- -vaatteet;* ~
day *pyykkipäivä;* ~ machine
pesukone; ~-up *astiainpesu*
wash'out »*pannukakku*»
wasp [o] *ampiainen*
wa'ste a *autio; viljelemätön;
hylky-, jäte-;* v *tuhlata; riu-
duttaa, riutua;* s *tuhlaus; jät-
teet, jäteaineet; autio maa;*
lay ~ *hävittää, autioittaa;* be
~d *mennä hukkaan*
wa'steful *tuhlaavainen*
waste-paper basket *paperikori*
waste-pipe *poistoputki*
wa'strel *hylkiö*
watch [o] *(ranne- tasku)kel-
lo; vartiointi; vartiovuoro;*
v *katsella; pitää silmällä, tar-
kata; valvoa;* keep ~ *var-
tioida;* ~ your step! *ole va-
ruillasi!*

watch-dog *vahtikoira*
watchful *valpas*
watchmaker *kelloseppä*
watchman *(yö)vartija*
watchword *tunnussana*
water [o:] s *vesi;* v *kastella
juottaa; vettyä;* high (low) ~
nousu-(lasku)vesi; it made
my mouth ~ *vesi kihahti kie-
lelleni*
water-colour *vesiväri(maalaus)*
water-cress *vesikrassi*
waterfall *vesiputous*
watering-can *ruiskukannu*
watering-place *kylpypaikka*
water-lily *lumme*
water-melon *arbuusi*
waterproof *sadetakki*
water-supply *vesihuolto*
watertight *vedenpitävä*
waterworks *vesijohtolaitos*
wa'tery [o:] *vetinen*
wa've s *aalto laine; huisku-
tus; kampaus;* v *aaltoilla, lie-
hua; heiluttaa, huiskuttaa; olla
kihura kähertää;* on short ~
lyhyillä aaltoilla
wa'ver *horjua, epäröidä*
wa'vy *aaltoileva*
wax [ä] s *vaha;* v *vahata; (kuus-
ta) enetä; tulla jksk*
wax-works *vahakabinetti*
way *tie, matka; suunta; tapa,
keino;* by the ~ *sivumennen
sanoen;* by ~ of *kautta, -na,
-ksi;* in a ~ *tavallaan;* in this
~ *tällä tavalla;* out of the ~
*syrjäinen, harvinainen; pois
tieltä;* have one's ~ *päästä
tahtonsa perille;* the ~ I like
niinkuin haluan; give ~ *to
antaa tietä, väistää;* it's my
right of ~ *minulla on etuajo-
oikeus;* she has a ~ with ...
hän osaa käsitellä (lapsia ym)
waylay' *olla väijyksissä*
way'side *tienvieri*
way'ward *oikullinen*
we [wi:] *me*
weak *heikko; laimea*
wea'ken *heiken'tää, -tyä*
wea'kly *sairaalloinen, neikko;*
adv *heikosti*
wea'kness *heikkous*
weal: public ~ *yhteinen hyvä*
wealth [e] *varallisuus, rikkaus*
weal'thy *rikas*

wean *vieroittaa*

weap'on [e] *ase*

wear [weö] v *käyttää. olla yllä;
kuluttaa, kulua; kestää;* s *ku-
lu'tus, käyttö; puku, asu;* ~
down *uuvuttaa, murtaa;* ~
off *kulua pois, hävitä;* ~
out *kulua loppuun, uuvuttaa*

wea'riness [iö] *väsymys*

wea'ry a *väsy|nyt, -ttävä;* v
väsy|ä, -ttää

wea'sel *lumikko, Am. m. kärppä*

weath'er [e] s *ilma, sää;* v *ra-
pauttaa; kestää (myrsky ym)*

weather-beaten *tuulenpieksämä,
ahavoitunut*

weathercock *tuuliviiri*

weather-forecast *säätiedotus*

wea've *kutoa*

wea'ver *kutoja*

web *kudos seitti;* ~bed foot
räpyläjalka

wed *naida, naittaa liittää yh-
teen;* ~ded *avio-*

wed'ding *häät vihkiäiset;* ~
dress *morstuspuku;* ~ ring
vihkisormus

wedge s *kiila;* v *kiilata*

Wedn'esday [wenzdi] *keskiviik-
ko*

wee *pikkuruinen*

weed s *rikkaruoho;* v *kitkeä*

week *viikko; this* ~ *tällä vii-
kolla; £ 10 a* ~ *kymmenen
puntaa viikossa*

weekday *arkipäivä*

week'end *viikonloppu*

wee'kly *viikko-(julkaisu);
(kerran) viikossa*

weep *itkeä*

weft *kude, kuteet*

weigh [wei] *punnita, painaa;
harkita; nostaa (ankkuri);*
~ing-machine *vaaka;* ~
(up)on *olla taakkana*

weight [ei] *paino; punnus; (urh.
m.) kuula; gain (t. put on)* ~
lihoa

wei'ghty *painava, tärkeä*

weir [wiö] *pato*

weird [iö] *yliluonnollinen*

wel'come a *tervetullut;* v *toi-
vottaa t-tulleeksi ottaa ilolla
vastaan; you are* ~l *ei kestä
kiittää;* outstay one's ~ *viipyä
(vierailulla) lilan kauan*

weld *hitsata*

wel'fare *jkn hyvä, paras; huolto;*
~ state *hyvinvointivaltio;* ~
work *huoltotyö*

well adv *hyvin;* a *(predik.)
terve; no (niin)! entä sitten!*
s *kaivo; lähde; hissikuilu;* v
pulputa, forth *esille; ... as* ~
myöskin; as ~ *as sekä että;*
~ off, ~-to-do *varakas;* ~
over two hours *runsaat kaksi
tuntia*

well-bred *sivistynyt hyväkäy-
töksinen*

well-groomed *huoliteltu*

well-informed *asioista perillä
oleva*

well-known *tunnettu*

well-timed *oikeaan aikaan teh-
ty t. sanottu*

Welsh *walesilainen*

wel'ter *piehtaroida rypeä;* ~
-weight *välisarja*

wench *tyttö*

went *imp ks. go*

wept *imp. & pp ks. weep*

were *oli; you* ~ *(sinä) olit;
we you, they* ~ *oli|mme, -tte
-vat;* as it ~ *ikäänkuin*

west *länsi*

wes'tern a *läntinen;* s *villin län-
nen elokuva (ym)*

west'ward(s) *länteen päin*

wet a *märkä;* s *kosteus, sade-
sää;* v *kostuttaa kastella;* get
~ *kastua*

weth'er *oinas*

whack *läimäyttää*

wha'le *valas;* ~ oil *traani*

wha'lebone *(valas)kalanluu*

wham v *iskeä;* s *pauke*

whang v *iskeä;* s *läimähdys*

wharf [o:] *lastaussilta, laituri*

what [o] *mikä, mitä; se mitä;*
~ about ... entä ...; ~ about
going there? *mitä arvelet, me-
nisimmekö sinne?* ~ is she
like? *minkälainen (t. minkä
näköinen) hän on?* (at) ~
time *mihin aikaan?* ~ a pity!
kuinka ikävää

whatev'er *mitä tahansa;* noth-
ing ~ *ei yhtään mitään*

wheat *vehnä*

whee'dle *houkutella*

wheel s *pyörä (m. ohjaus-);* v
*pyörittää, työntää; kääntyä
(ympäri); ajaa polkupyörällä;*

the man at the ~ *mies ratissa*
wheelbarrow *työntökärryt*
wheel-chair *pyörätuoli*
wheeze *vinkua;* s *vinkuna*
whelp *penik|ka, -oida*
when *milloin? koska? jolloin;
kun;* ~ speaking *puhuessaan*
whence *mistä*
whenev'er *milloin hyvänsä*
where *missä? mihin? jossa jo-
hon:* is this ~ ... *tässäkö ...;*
~ are you going? *minne me-
net?*
wher'eabouts s *olinpaikka*
whereas' *kun taas*
whereupon' *jonka jälkeen*
wherev'er *missä (t. mihin) hy-
vänsä*
whet *teroittaa, hioa*
wheth'er *-ko?, -kö?;* ~ ... *or -ko
(-kö)* ... *vai, jos ... tai*
whey *hera*
which *mikä? kumpi? joka,
mikä;* ~ of them *kuka (kum-
pi) heistä*
whichev'er *mikä hyvänsä*
whiff *henkäys, tuprahdus haiku*
whig *whig-puolueen jäsen*
whi'le s *tuokio, hetki(nen);*
konj. *sillä aikaa kun (m.
whilst), kun taas;* v: ~ away
kuluttaa (aikaa), for a ~
hetkeksi, vähän aikaa
whim *oikku*
whim'per *vikistä; vikinä, uiku-
tus*
whim'sical *eriskummainen,
oikullinen*
whi'ne *vikistä; valittaa*
whin'ny *hirnahdella*
whip s *piiska, ruoska; piiskuri;*
v *piiskata, antaa selkään; vat-
kata; kiittää;* ~ round *toimit-
taa keräys*
whip'ping *selkäsauna*
whir(r) s *hyrinä;* v *hyristä*
whirl *pyöriä, -ttää*
whirlpool *pyörre*
whirlwind *pyörretuuli*
whisk v *pyyhkäistä, huiskuttaa;
vatkata;* s *huisku*
whis'ker *vatkain; kuonokarva;*
~s *pulisongit*
whis'per v *kuiskata;* s *kuiskaus*
whistl'e [-sl] v *viheltää; vinkua;*
s *vihellys, -pilli*
whit *rahtunen;* W~ Sunday

helluntaipäivä;* W~ Monday
toinen h.
whi'te *valkoinen; valkuainen;*
~-collar worker *henkisen työn
tekijä;* ~ lie *hätävalhe;* ~
lead *lyijyvalkoinen;* ~ tie
iltapuku (frakki)
white-hot *valkohehkuinen*
whi'ten *valkaista, vaaleta*
whitewash v *kalkita valkaista;*
s *kalkkiväri*
whith'er *minne*
Whit'sun, -tide *helluntai*
whit'tle *veistellä, vuolla*
whiz(z) *viuhua, suhista*
who [hu:] *kuka? joka; pl.
ketkä?* ~(m) did you meet
kenet tapasit; with ~m *kenen
kanssa;* ~ did you give it to?
kenelle sen annoit?
whodun'it *jännäri, dekkari*
whoev'er *kuka tahansa joka,
jokainen joka*
who'le [houl] a *koko -nainen
ehjä; vahingoittumaton;* s *ko-
konaisuus;* on the ~ *yleensä;*
~ meal *lesemätön jauho*
who'lesale *tukku-; tukuttain;*
~ trade *tukkukauppa*
who'lesome *terveellinen*
whole-time *päätoiminen*
who'lly *kokonaan*
whoo'ping-cough [h-] *hinkuyskä*
whoo'pee:* make ~ *remuta*
who're [ho:] *portto*
whop'ping *aikamoinen*
whose [hu:z] *kenen? jonka,
joiden*
why' *miksi? minkätähden? ky-
vänen aika! no (niin) !*
wick *(kynttilän) sydän*
wick'ed [-id] *paha, ilkeä*
wick'edness *pahuus*
wick'er *kori-*
wick'et *portti;* ~-keeper *maali-
vahti*
wi'de *laaja avara väljä, leveä;*
~ awake *täysin hereillä; val-
pas*
wi'dely *laajalti; suuresti*
wi'den *laajentaa, -tua*
wi'despread *laaja(lle levinnyt)*
wid'ow *leski;* ~ed *leskeksi jää-
nyt*
wid'ower *leskimies*
wid'th *laajuus leveys*
wield [i:] *käsitellä käyttää*

wi'fe *vaimo* (pl. **wives**)

wig *peruukki*

wi'ld a *villi; hurja, raju; mieletön; run* ~ *villiintyä*

wi'ldcat: ~ **strike** *korpilakko*

wil'derness [wil-] *erämaa korpi*

wi'ldfire: like ~ *kuin kulovalkea*

wildlife *villieläimistö*

wi'le: ~**s** *juonet, vehkeily*

wil'ful *tahallinen*

will s *tahto; testamentti;* v *(käyt. futuurla muod.; 1 pers. ilm. alkomusta, lupausta ym);* he ~ **recover** *hän paranee (fut.);* **pass the salt** ~ **you?** *olkaa hyvä ojentakaa suola!* **at** ~ *vapaasti mielensä mukaan*

wil'ling *halukas, suostuvainen*

wil'lingly *kernaasti, mielellään*

wil'low *paju, raita*

wilt v *kuihtua*

wi'ly *kavala juonikas*

win *voittaa; saavuttaa*

win'ce *vavahtaa, sävähtää*

win'd s *tuuli; henki; puhkutsuus; pl. puhaltimet (mus.);* **ge** ~ **of** *saada vihiä;* **get the** ~ **up** *olla peloissaan;* **in the** ~ *tekeillä;* v [waind] *vääntää, kiertää; mutkitella;* ~ **up** *(m.) vetää (kello); selvittää (liike);* ~ **up in** *päätyä jhk*

win'dbag *suunpieksijä*

win'dfall *(kuv.) onnenpotku*

wi'nding-stairs *kierreportaat*

win'dlass *vintturi*

win'dow *ikkuna;* ~ **dressing** *näyteikkunan somistus; mainostus;* ~ **sill** *ikkunalauta*

win'dpipe *henkitorvi*

windscreen *tuulilasi;* ~ **wiper** *t-n pyyhkijä;* **wind-shield** *Am.* = *ed.*

win'dward *tuulen\puoli, -puolella*

win'dy *tuulinen*

wi'ne *viini;* ~ **card** *v.-lista*

wing s *siipi; siipirakennus;* v *lentää, antaa siivet;* **left** ~ *vasemmisto(-)*

wing-spread *siipiväli*

wink v *iskeä silmää;* s *vilkutus;* ~ **at** *ummistaa silmänsä jltk;* **I didn't sleep a** ~ **en** *ummista-*

---

nut silmäni; ~**ing lights** *vilkut, vilkkuvalot*

win'ner *voittaja*

win'ning *viehättävä;* ~ **post** *maalipylväs*

win'ter s *talvi;* v *talvehtia;* **in (the)** ~ *talvella*

win'try *talvinen*

wi'pe *pyyhkiä; kuivata;* ~ **one's nose** *niistää nenäänsä;* ~ **out** *(kuv.) tuhota*

wi're s *metallilanka; (sähk.) johdin, puhelinlanka; sähkösanoma;* v *sähköttää;* ~ **gauze** *seulaverkko;* ~ **netting** *aitaverkko*

wire-haired *karkeakarvainen*

wi'reless a *langaton;* s *radio;* ~ **operator** *radiosähköttäjä;* ~ **set** *radiovastaanotin*

wi'ry *sitkeä, jäntevä*

wis'dom [z] *viisaus*

wi'se *viisas;* **-wise** ... *tavoin,* ... *suuntaan;* **put sb.** ~ **to** *valistaa*

wi'secrack *sutkaus*

wish v *toivo\a, -ttaa, haluta* **for** *jtk;* s *toivomus, toive; toivotus;* **I** ~ **I were** *kunpa olisin;* **best** ~**es!** *onnea, onnittelunl* **best** ~ **for a happy Christmas!** *hyvää joulua*

wishful: ~ **thinking** *toiveajattelu*

wisp *nippu, haituva, suortuva*

wis'tful *kaiholsa, haikea*

wit *äly; älynlekka;* **be at one's** ~'**s end** *olla aivan ymmällään*

witch *noita(-akka)*

witchcraft *noituus*

with [-dh] *kanssa, kera; luona; avulla, -lla, -llä;* **(a girl)** ~ **blue eyes** *sinisilmäinen;* ~ **you** *sinun kanssasi*

withdraw' *vetää takaisin, peruuttaa, lakkauttaa, poistua*

withdraw'al *takaisinvetä(yty)-minen*

with'er *lakastua, kuih\tua -duttaa*

withho'ld *olla antamatta, evätä; pidättää*

within' *sisäpuolella, -lle; sisällä, -lle; jnk kuluessa puitteissa;* ~ **one's income** *varojensa mukaan;* ~ **hearing** *kuuluvissa*

without' *ilman;* ~ **knowing** *tie-*

tämättä(än); go ~ olla jtk
vailla

withstan'd vastustaa kestää,
pitää puollaan jtk vastaan

wit'ness s todistaja; v olla (jnk)
silminnäkijänä, todistaa; s to-
distus; ~-box todistajan aitio

wiz'ard noita, velho

wo'e voi! s suru, murhe

wo'ke imp. ks. wake; ~n pp.
herännyt

wolf [u] susi (pl. wolves)

wom'an [u], pl. wom'en [wimin]
nainen; ~ doctor naislääkäri

womankind naisväki

womanly naisellinen

womb [wu:m] kohtu

won [wan] imp. & pp. ks. win

won'der [a] s ihme; kummas-
tus; v ihmetellä; I ~ ...
haluaisinpa tietää; I ~ if
he will come mahtaakohan hän
tulla? I ~ if I could ... saisin-
kohan ... I ~ who he is kuka-
han hän lienee? no ~ eipä
ihme

won'derful [a] ihmeellinen

won't [ou] = will not

wo'nt a tottunut; s tottumus

woo kosia, kosiskella

wood [u] metsä (us. ~s); puu-
(aine)

woodcut puupiirros

wood'ed metsäinen

wood'en puinen

woodpecker tikka

wood-pulp puuhioke

woodwork puutyö; veisto

wool [u] villa, villat

woolly villainen; epäselvä; epä-
määräinen

word [ö:] s sana; viesti; be as
good as one's ~ pysyä sanas-
saan; have ~s with kinastella;
take a p. at his ~ luottaa jkn
sanoihin; by ~ of mouth suul-
lisesti; ~ for ~ sanasta sa-
naan

wor'ding [ö:] sanamuoto

wor'dy [ö:] monisanainen

wore [o:] imp. ks. wear

work [ö:] s työ; teos; pl. teh-
das, laitos; v tehdä työtä;
olla (t. pitää) käynnissä, toi-
mia; vaikuttaa, tepsiä; käyt-
tää, hoitaa; at ~ työssä; out
of ~ työttömänä; ~ out rat-

kaista, laskea, nousta, at jhk
summaan; ~ up kiihdyttää

workday arkipäivä

wor'ker työntekijä

wor'king työtä tekevä; in ~
order käyttökunnossa; ~ cap-
ital käyttöpääoma

workman työmies

workmanship ammattitaito,
suoritetun työn laatu; (of)
good ~ erinomaista työtä

Works Council tuotantokomitea

world [wö:ld] maailma; not
for the (whole) ~ ei mistään
hinnasta; who in the ~
... kuka ihmeessä ...

world'ly [ö:] maailmallinen
maallinen

world-power maailmanvalta

world-wide maailman-, yleis
maailmallinen

worm [ö:] s mato; ruuvikierre;
v luikerrella

worm-ea'en madonsyömä

worn [o:] kulunut

worn-out lopen kulunut t. uupu-
nut

worry [a] olla huolissaan saat-
taa levottomaksi; kiusata, vai-
vata; s huoli, harmi; don't ~!
älä ole levoton

worried huolestunut

worse [ö:] huonompi, pahempi
pahemmin, huonommin

wor'ship [ö:] s palvonta, har-
taushetki, jumalanpalvelus; v
palvella; palvoa, jumaloida

worst [ö:] pahin, huonoin;
pahimmin, huonoimmin; get
the ~ of it joutua alakynteen;
at ~ pahimmassa tapauksessa

worsted [wus-] kampalanka

worth [ö:] arvo, -inen; s an-
siokkuus; be ~ while kannat-
taa

worthy [ö:dh] arvokas; ~ o
jtk ansaitseva

would [wud] tahtoi, -si; (apuv.
kondit. muod.) -isi; oli tapana;
~ be olisi; ~ come tulisi;
~ -be poet runoilijan mainetta
havitteleva

wound [u:] s haava; v haavoit-
taa; ~ed haavoittunut; ~ing
loukkaava

W
X
Y

wou'nd *imp. & pp. ks.* wind
wo've *imp. ks.* weave
wo'ven *pp. kutonut, kudottu*
wow' *Am ohhoh! voi veljet!*
wran'gle [r-] *kina, -stella*
wrap [r-] *käärié (us. ~ up): verhota; s (ilta)viitta; ~ped up in jhk uppoutunut käpertynyt (itseensä)*
wrap'per *(paperi)kääre; (postal ~) ristiside*
wrath [ro:th] *viha*
wreath [r-] *seppele, köynnös*
wreathe [-dh] *kieto|a, -utua, punoa*
wreck [r-] *s haaksirikko tuho; hylky; (ihmisestä) raunio; v tuhota; be ~ed haaksirikkoutua, kariutua*
wreck'age *pirstaleet, jäännökset*
wren [r-] *peukalotnen*
wrench [r-] *s vääntö, kiskaisu; jakoavain; v vääntää*
wrest [r-] *kiskaista vääntää; kiristää (pakolla)*
wrestle [resl] *painia*
wrestler *painija*
wretch [r-] *raukka, kurja olento; kylkiö; ~ed [-id] kurja*
wrig'gle [r-] *kiemurrella, luikerrella*

wring [r-] *vääntää, pusertaa; ~ out vääntää kuivaksi*
wrin'kle [r-] *s ryppy; v rypistää, -tyä; ~d kurttuinen*
wrist [r-] *ranne; ~ watch r-kello; ~band kalvosin*
writ [r-] *(oikeuden) päätös, määräys, haaste; Holy W~ Raamattu*
wri'te [r-] *kirjoittaa; ~ down merkitä muistiin; ~ off poistaa (tileistä)*
wri'ter *kirjailija, kirjoittaja*
wri'ting *kirjoitus, kästala*
writ'ten *pp. kirjoittanut; kirjoitettu, kirjallinen*
wrong [r-] *a väärä; väärin; s vääryys; v tehdä vääryyttä; be ~ olla väärässä; my watch is ~ kelloni käy väärin; what's ~ with him? mikä häntä vaivaa? on the ~ side of 40 40:n huonommalla puolella*
wrong'ful [r-] *väärä, laiton*
wrong-headed *jääräpäinen*
wro'te *imp. ks.* write
wrought [ro:t] *taottu; ~ iron takorauta; ~up kiihtynyt*
wrung *imp. & pp. ks.* wring; *~ out uupunut*
wry [rai] *kiero*

X

x[eks] *x-kirjain*
Xmas = = Christmas

X-ray: *~s röntgensäteet*

Y

y [wai] *y-kirjain*
yacht [jot] *s purjevene; v purjehtia; luxury ~ huvipursi; ~ing purjehdus*
yan'k *tempaista*
Yan'kee *jenkki*
yard *jardi (0,914 m); piha, tarha*
yardstick *mittapuu*
yarn *lanka; merimiesjuttu*
yawn *haukotella; ammottaa*
ye [ji:] *(vanh.) te teitä*

yea [jei] *kyllä(-ääni), jaa-ääni*
year [jiö] *vuosi; this ~ tänä vuonna; for ~s vuosikausia, -kausiin; at 50 ~s of age viisikymmenvuotiaana*
yearly *vuotuinen; vuosittainen, joka vuosi*
yearn [ö:] *ikävöidä, for jtk*
yeast *hiiva*
yell *v kirkua, kiljua; s kirkaisu kiljaisu*
yel'low *keltainen*

yel'lowish *kellertävä*
yelp *haukahtaa luskuttaa*
yeo'man: yeomen of the guard *henkivartiokaarti*
yes *kyllä*
yes'terday *eilen; eilispäivä;* the day before ~ *toissapäivänä*
yet *vielä; kultenkin, mutta;* not ~ *ei vielä;* as ~ *toistaiseksi;* has he come ~ *onko hän jo tullut?*
yew *marjakuusi*
yield [i:] v *tuottaa; antaa myöten, taipua; alistua; myöntää; suoda;* s *tuotto;* ~ing *myöntyvä*
yoga *jooga*
yo'gh(o)urt [iougö:t] *jogurtti*
yo'ke s *ies; kaarroke;* v *iestää; kytkeä yhteen*

yolk [iouk] *munanruskuainen*
yon(der) *tuo, tuolla*
you [ju:] *sinä, te; sinua, teitä ym;* (this is) for ~ *sinulle;* ~ never know *ei voi koskaan tietää*
young [a] a *nuori;* s *poikaset pennut;* ~ people *nuoriso*
youn'gster [a] *poika, nuorukainen;* ~s *nuoret, nuoriso*
your [jo:, juö], ~s *sinun, teidän;* a friend of ~s *eräs ystäväsi*
yoursel'f *(sinä) itse, itsesi;* did you hurt ~? *loukkaannuitko?*
yoursel'ves *(te) itse, itsenne*
youth [u:] *nuoruus; nuorukainen, nuoriso;* ~ hostel *retkeilymaja*
youthful *nuori, nuorekas*
yo'wl *vonkua, kiljua*
Yu'goslav'ia [a:] *Jugoslavia*

Z

z [zed] *z-kirjain*
zeal *into*
zeal'ot [zel] *kiihkoilija*
zeal'ous *innokas, harras, uuttera*
ze'bra *seepra;* ~ crossing *suojatie*
zen'ith *(taivaan) lakipiste; huippukohta*
ze'ro *nolla;* ~ hour *H-hetki*
zest *halu, innostus, antaumus*
zig'zag *ristiinrastiin;* s *vinkkuravitva;* v *polveilla* inc *sinkk*

zip s *vetoketju;* v *sulkea, avata* v (~ down. ~ up. ~ open)
zo'diac *eläinrata*
zom'bie *hölmö, ääliö*
zo'nal *vyöhyke-*
zo'ne s *vyöhyke;* v *jakaa vyöhykkeisiin*
zoo *eläintarha*
zool'ogist [zo(u)ol'-] *eläintieteilijä*
zoom s *suhahdus; zoom- objektiivi (valok.);* v *zoomata*

SÄÄNNÖTTÖMIEN VERBIEN LUETTELO

Perusmuoto	Imperfekti	Partisiipin perfekti
abi'de	abo'de, abided	abo'de, abided
ari'se	aro'se	aris'en
awa'ke	awo'ke	awa'ked, awo'ke
be [bi:]	was [woz] were [weö]	been
bear	bore	borne, born
beat	beat	beaten
becom'e	beca'me	becom'e
begin'	began'	begun'
beho'ld	behel'd	behel'd
bend	bent	bent
berea've	berea'ved beref't	berea'ved, beref''
beseech	besought [-:ot]	besought
bet	bet, betted	bet betted
bid	ba'de [t. bäd], bid	bidden, bid
bi'nd	bou'nd	bound
bi'te	bit	bitten, bit
bleed	bied	bled
blo'w	blew	blo'wn
break [ei]	bro'ke	bro'ken
breed	bred	bred
bring	brought [-o:t]	brought
build [bild]	built [bilt]	built
burn	burnt, burned	burnt, burned
burst	burst	burst
buy [bai]	bought [bo:t]	bought
can	could [kud]	
cast [ka:st]	cast	cast
catch	caught [ko:t]	caught
choose	cho'se	cho'sen
cleave	clo've cleft	clo'ven, cleft
cling	clung	clung
come [a]	ca'me	come
cost	cost	cost
creep	crept	crep⁺
cut	cut	cut
dare	dared, durst	dared
deal	dealt [delt]	dealt
dig	dug	dug
do [du:] (he does [daz])	did	done [a
draw	drew	drawn
dream	dreamed, dreamt [dremt]	dreamed, dreamt
drink	drank	drunk

Perusmuoto	Imperfekti	Partisiipin perfekti
dri've	dro've	driv'en
dwell	dwelt	dwelt
eat	ate [et]	eaten
fall	fell	fallen
feed	fed	fed
feel	felt	felt
fight [fa't	fought [fo:t]	fought
fi'nd	fou'nd	found
flee	fled	fled
fling	flung	flung
fly'	flew [-u:]	flo'wn
forbid'	forba'de, forbad'	forbid'den
forget'	forgot'	forgot'ten
forgiv'e	forga've	forgiv'en
forsa'ke	forsook'	forsa'ken
freeze	fro'ze	fro'zen
get	got	got *(Am.* gotten)
giv'e	ga've	giv'en
go (he goes)	went	gon'e
gri'nd	grou'nd	ground
gro'w	grew [-u:]	gro'wn
hang	hung	hung
(hirttää)	hanged	hanged
have (he has)	had	had
hear	heard [hö:d]	heard
hew [hju:]	hewed	hewed, hewn
hi'de	hid	hidden, hid
hit	hit	hit
ho'ld	held	held
hurt	hurt	hurt
keep	kept	kept
kneel [n-]	knelt [nelt]	knelt
knit [nit]	knitted, knit	knitted knit
know [nou]	knew [nju:]	known
la'de	la'ded	la'den
lay	laid	laid
lead	led	led
lean	leant [lent], leaned	leant, leaned
leap	leapt [lept], leaped	leapt, leaped
earn [lö:n]	learnt [lö:nt], learned	learnt, learned
leave	left	left
lend	lent	lent
let	let	let
lie [lai]	lay [lei]	lain
light [lait]	lighted, lit	lighted, lit
lose [lu:z]	lost [lost]	lost
ma'ke	ma'de	ma'de
may	might [mait]	
mean	meant [ment]	meant
meet	met	met
mow	mo'wed	mo'wn
ought [o:t]	ought	
partake	partoo'k	parta'ken
pay	paid	paid

Perusmuoto	*Imperfekti*	*Partisiipin perfekti*
put [put]	put	put
read	read [red]	read [red]
rend	rent	rent
rid	ridded, rid	rid, ridded
ri'de	ro'de	rid'den
ring	rang rung	rung
ri'se	ro'se	ris'en
run	ran	run
saw	sawed	sawn, sawed
say (he says [sez])	said [sed]	said
see	saw	seen
seek	sought [so:t]	sought
sell	so'ld	so'ld
send	sent	sent
set	set	set
sew [sou]	sewed	sewn, sewed
sha'ke	shook [u]	sha'ken
shall	should [šud]	
shear	sheared	shorn, sheared
shed	shed	shed
shi'ne	shon'e	shon'e
shoe [šu:]	shod	shod
shoot	shot	shot
sho'w	sho'wed	sho'wn
shrink	shrank	shrunk
shut	shut	shut
sing	sang	sung
sink	sank	sunk
sit	sat	sat
slay	slew [slu:	slain
sleep	slept	slept
sli'de	slid	slid
sling	slung	slung
slink	slunk	slunk
slit	slit	slit
smell	smelt smelled	smelt, smelled
smi'te	smo'te	smitten
so'w	sowed	sown, sowed
speak	spo'ke	spo'ken
speed	sped, speeded	sped, speeded
spell	spelt, spelled	spelt, spelled
spend	spent	spent
spill	spilt, spilled	spilt, spilled
spin	spun	spun
spit	spat	spat
split	split	split
spoil	spoilt, spoiled	spoilt, spoiled
spread [e]	spread	spread
spring	sprang	sprung
stand	stood [u]	stood
steal	sto'le	sto'len
stick	stuck	stuck
sting	stung	stung
stink	stank, stunk	stunk
strew [-u:]	strewed	strewn, strewed

Perusmuoto	*Imperfekti*	*Partisiipin perfekti*
stri'de	stro'de	stridden, strid
stri'ke	struck	struck, stricken
string	strung	strung
stri've	stro've	striv'en
swear	swore [o:]	sworn
sweep	swept	swept
swell	swelled	swo'llen, swelled
swim	swam	swum
swing	swung	swung
ta'ke	took [tuk]	ta'ken
teach	taught [to:t]	taught
tear [teŏ]	tore	torn
tell	to'ld	to'ld
think	thought [-o:t]	thought
thri've	thro've, thrived	thriv'en thrived
thro'w	threw	thro'wn
thrust	thrust	thrust
tread [e]	trod	trodden, trod
understan'd	understood'	understood'
underta'ke	undertook'	underta'ken
wa'ke	wo'ke, wa'ked	wa'ked, wo'ken, wo'ke
wear	wore [wo:]	worn [wo:n]
weave	wo've	wo'ven, wo've
weep	wept	wept
wet	wet, wetted	wet, wetted
will	would [wud]	
win	won [a]	won
wi'nd	winded, wound [au	wi'nded wound
wring [r-]	wrung	wrung
wri'te [r-]	wro'te	writ'ten

Useful Terms

MENU TERMS

allspice *·maustepippuri*
almond, almond nut *manteli*
almond paste *mantelimassa*
anchovy *anjovis*
angel food cake *vuokaleivonnainen, jossa munanvalkuaisia ja sokeria*
appetizer *alkupala*
apple *omena*
apple charlotte *omenasosetäytteinen kakku, omenacharlotte*
apple dumpling *omenamunkki*
apple fritter *omenamunkki*
apple pan dowdy *fariinisokerilla ja siirapilla maustetut paistetut omenaviipaleet*
apple pie *omenapiirakka, -paistos, -hyve*
apple pudding *omenavanukas*
apple sauce *·omenasose*
apple snow *omenoista ja vatkatuista keltuaisista tehty sose, omenalumi*
apple tart *omenapiiras*
apple turnover *omenatorttu, keikauskakku*
apricot *aprikoosi*
arbroath smokies *skottilainen savustettu kolja*
arctic berry *mesimarja*
artichoke *latva-artisokka*
asparagus *parsa*
asparagus soup *parsakeitto*

aspic *(kala-, liha)hyytelö*
aubergine *aubergiini, munakoiso*
au gratin *(juusto)kuorrutteinen*
avocado·, avocado pear *avokado*
bacon *pekoni, savustettu sian·kylki*
bacon and eggs *paistettua pekonia ja munia*
bacon chop *pekonikyljys*
bacon fat *sianrasva, silava*
bagel *rinkelinmuotoinen sämpylä*
baked *uunissa paistettu tai kypsennetty, leivottu*
baked apples *uunissa paistetut omenat*
baked beans *valkoiset pavut tomaattikastikkeessa*
baked egg custard *uunimunakas*
baked eggs *uunissa paistetut munat*
baked ham *paistettu kinkku*
baked potatoes *uunissa paistetut perunat, uuniperunat*
bakewell tart *manteleista, munista, jauhoista ja hillosta valmistettu kakku*
baking soda *leivinsooda*
Baltic herring *silakka*
banana *banaani*
banana split *halkaistuista banaaneista, pähkinöistä, ker-*

mavaahdosta ja jäätelöstä
tehty jälkiruoka
bannock *litteä kaura- tai ohra-*
kakku
barbecue *kokonaisena paistet-*
tu härkä; paistaa kokonai-
sena
barbecued spare rib *grillattu,*
eri tavoin maustettu siankyl-
kiluu
barbecue sauce *voimakkaasti*
maustettu grillikastike
barley *ohra*
barley bread *.ohraleipä*
barley porridge *ohrapuuro*
barley sugar *rintasokeri*
basil *basilika*
bass *meriahven*
batter *(ohukais)taikina*
bay leaf *laakerinlehti*
bean *papu*
béchamel sauce *valkokastike*
beef *häränliha; syöttöhärkä*
beefburger *kokolihasämpylä*
beef collar *lihakääryle*
beef fillet *naudanfilee*
beef olive *naudanlihapyö-*
rykkä
beefsteak *pihvi, pihvipaisti*
beetroot *punajuuri*
beetroot salad *punajuurisa-*
laatti
biscuit *keksi, korppu; aa-*
miaisvehnänen, *pyöreä*
sämpylä
bisque *äyriäisistä valmistettu*
keitto
blackberry *karhunvatukka*
blackcurrant *musta viinimar-*
ja, mustaherukka
black grouse *teeri*
black pepper *mustapippuri*
black pudding *verimakkara,*
(veri)palttu, verivanukas

black radish *retikka*
blancmange *kermahyytelö*
bloated *savustettu*
bloated herring *savusilli*
bloater *suola-, savusilli, sa-*
vustettu haili tai makrilli
blood pudding *veripalttu*
blueberry *mustikka*
blueberry pie *mustikkapii-*
rakka
boiled *keitetty*
boiled bacon *keitetty pekoni*
boiled cod *keitetty turska*
boiled egg *keitetty muna*
boiled ham *keittokinkku*
boiled potatoes *keitetyt*
perunat
boletus mushroom *herkku-,*
kivitatti
Bologna, Bologna sausage
eräs mortadellamakkara
bone *luu*
boned *luuton*
bortsch(t) *borssi(keitto)*
bouillon *kirkas lihaliemi*
brains *aivot*
braised *haudutettu, muhen-*
nettu
braised beef *patapaisti*
braised celery *haudutettu*
selleri
brandy snap *pieni piparkak-*
ku, inkiväärikeksi
brawn *painosyltty*
Brazil nut *parapähkinä*
bread *leipä*
bread and butter *leipää ja*
voita
bread and butter pudding *lei-*
päviipaleista, hedelmistä ja
kermasta tehty, uunissa pais-
tettu jälkiruoka
bread pudding *leipävanukas,*
jossa sokeria, rusinoita ja mu-

namaitoa
bread roll *vehnänen, vehnä-
pulla*
bread sauce *korppujauhokas-
tike, jossa maitoa, sipulia ja
mausteita*
bream *lahna*
breast *rinta*
breast of chicken *kananrinta*
breast of lamb *karitsanrinta*
brill *silokampela*
brisket *rinta, -liha, -pala*
broad bean *härkäpapu*
broccoli *parsakaali*
brochan *skottilainen puuro*
broth *kirkas liemi, lihaliemi*
brown bread *tumma leipä,
ruisleipä*
brownie *pähkinäsuklaaleivos*
brown pudding *hedelmistä,
manteleista, fariinisokerista,
kanelista ym. tehty vanukas*
brown sauce *ruskea kastike*
brown sugar *fariinisokeri*
brown trout *järvitaimen*
Brussels sprouts *brysselin-,
ruusukaali*
bubble and squeak *lihamu-
hennos*
bun *pikku-, rusina-, korintti-
pulla, sämpylä*
burbot *made*
burbot steak *paistettu made*
burgoo *kaurapuuro*
butter *voi*
butter cookie *voikeksi*
buttered *voideltu, voin kera*
buttered toast *paahtoleipää ja
voita*
buttermilk *(kirnu)piimä*
butterscotch *kermatoffee*
button mushroom *herkkusieni*
cabbage *kaali*
cabbage roll *kaalikääryle*

caerphilly *mieto, valkea juusto*
cake *(kuiva-, täyte)kakku,
leivos; leipä; pannukakku;
pyörykkä*
calf *vasikka*
calf brains *vasikanaivot*
calf feet, calf trotters *vasikan-
sorkat*
candied *sokerikuorrutteinen,
sokeroitu*
candied fruit *säilykehedelmät*
candied peel *sokeroitu appel-
siinin- tai sitruunankuori*
candy *makeinen, karamelli*
candy kisses *pienet suklaama-
keiset*
cantaloupe *kantalupmeloni*
capers *kapris*
caramel *paahdettu sokeri, ka-
ramelli; makeinen*
caramel custard *karamelliva-
nukas*
caraway *kumina*
cardamom *kardemumma*
carp *karppi*
carrot *porkkana*
casserole *pata, kattila; laatik-
ko(-), pata(-), vuoka(ruoka)*
castle pudding *eräänl. pieni
vanukas*
castor sugar *hieno sokeri, siro-
tesokeri*
catfish *merikissa*
catsup *tomaattikastike*
cauliflower *kukkakaali*
cauliflower soufflé *kukkakaa-
likohokas*
cayenne *cayennenpippuri*
celeriac *juuriselleri*
celery *lehtiselleri*
cereal *aamiais-, maissihiuta-
leet, (aamiais)suurimot*
char *nieriä*
charlotte *hyytelötäytteinen jäl-*

kiruoka
Cheddar (cheese) *cheddar(in) juusto, mieto juustolaji*
cheese *juusto*
cheese biscuit *juustokeksi*
cheeseburger *kuuma juustosämpylä, juustohampurilainen*
cheese cake *juustokakku*
cheese omelet *juustomunakas*
cheese soup *juustokeitto*
cheese straws *juustotangot*
cherry *kirsikka*
cherry tart *kirsikkapiiras*
chervil *kirveli*
Cheshire cheese *chesterinjuusto, pehmeä, miedonmakuinen juustolaji*
chestnut *kastanja*
chewing gum *purukumi*
chicken *kana, kananpoika*
chicken curry *kanaa currykastikkeessa*
chicken leg *kanankoipi*
chicken soup *kanakeitto*
chicory *(lehti)sikuri, endivia*
chili con carne *chilipippurilla maustettua lihaa, papuja ja riisiä*
chili pepper *chilipippuri*
chipped potatoes *perunalastut; rasvassa paistetut perunansuikaleet, ranskalaiset perunat*
chips *perunalastut; ranskalaiset perunat*
chitterlings, chittlin(g)s *(sian) sisälmykset, sisälmyssyltty*
chive *ruohosipuli, -laukka*
chocolate *suklaa*
chocolate cake *suklaakakku*
chocolate éclair *suklaaleivos*
chocolate ice-cream *suklaajäätelö*

chocolate kisses *puuterisokerista, kaakaosta, munanvalkuaisista ja vaniljasta tehdyt pienet suklaamakeiset*
chocolate velvet *suklaa-, samettikiisseli*
chop *kyljys*
chopped *paloiteltu, hienonnettu*
chop suey *naudanlihasta, riisistä ja vihanneksista tehty kiinalainen ruokalaji*
chowder *kala- ja vihanneskeitto, äyriäiskeitto*
Christmas cake *joulukakku, eräänl. täytekakku, jossa hedelmiä, pähkinöitä ym.*
Christmas pudding *jouluvanukas, jossa säilykehedelmiä, rusinoita, manteleita, toisinaan alkoholilla maustettu*
cinnamon *kaneli*
clam *simpukka*
clear soup *kirkas, suurustamaton liemi tai keitto*
cloudberry *lakka, (suo)muurain, hilla*
clove *(mauste)neilikka*
cob *(maissin)tähkä; pyöreä leipä*
cobbler *taikinakuoressa paistettu kuuma hedelmähilloke*
cock *kukko*
cock-a-leekie (broth, soup) *kanaliemeen tehty skottilainen purjokeitto, jossa kananlihaa*
cockle *sydänsimpukka*
cocoa *kaakao(jauhe)*
coconut *kookospähkinä*
cod, codfish *turska*
cod's roe *turskanmäti*
coffee cake *kahvikakku*
cold cuts *leikkeleet*

cold dishes *kylmät ruoat*
cold meat *kylmänä tarjottava liha*
coleslaw *valkokaalisalaatti, jossa rusinoita, pähkinöitä ja kirpeäksi maustettu majoneesikastike*
collar *(liha)kääryle, (-)rulla; kääresyltty*
collop *(liha)viipale; raaka hakattu liha*
compote *kompotti, hedelmähilloke*
consommé *kirkas liemi, lihaliemi*
cooked *keitetty*
cookie, cooky *pikkuleipä, leivonnainen; pulla (Skotlannissa)*
corn *vehnä (Englannissa), kaura (Skotlannissa, Irlannissa), maissi (Amerikassa), jyvät, vilja*
corn bread *maissileipä, -kakku*
corned *suolattu*
corned beef *suolattu häränliha*
corn flakes *maissihiutaleet*
corn flour *maissijauhot*
corn fritter *maissipiiras, munkki*
Cornish pasty *lihapasteija, keitinpiiras, jossa perunoita, sipulia ja lihaa*
corn oil *maissiöljy*
corn on the cob *(keitetty) maissintähkä*
cottage cheese *maalais-, maitojuusto*
cottage pie *jauhelihapaistos, jossa perunasosetta ja sipulia*
Cottenham cheese *kiinteä, sinijuovainen kermajuusto*

crab *taskurapu*
crab apple *villi-, metsäomena*
cracker *suolakeksi, voileipäkeksi, ohut ja hauras keksi*
crackling *(paistettu) kinkunkuori, -kamara*
cranberry *karpalo*
crawfish, crayfish *rapu, jokiäyriäinen*
cream *kerma; suurustettu keitto, sosekeitto; jälkiruoka; suklaakonvehti, täytesuklaa*
cream cake *kermakakku*
cream cheese *kermajuusto*
cream dressing *kermakastike*
creamed *kermalla suurustettu; muhennettu*
creamed potatoes *perunasose, kermaan muhennetut perunat*
cream of asparagus *suurustettu parsakeitto*
cream of celery soup *suurustettu sellerikeitto*
cream of tomato soup *suurustettu tomaattikeitto*
cream puff *tuulihattu*
creamy *kermainen, kermatäytteinen*
crème brûlée *paahtovanukas*
crème caramel *lämmin paahtosokerivanukas*
Creole salad *kreolilaissalaatti, jossa vihreätä paprikaa, banaania ym.*
crepe, crêpe *kreppi, ohukainen*
cress *krassi*
crisps *perunalastut*
croquette *kroketti, kuorukka*
crumpet *murea teeleipä*
cucumber *kurkku*
cupcake *pieni, pyöreä jäätelöleivos*
curd milk *viili*

currant *viinimarja, herukka; korintti*

currant bread, currant loaf *rusinaleipä*

curried *currylla maustettu*

curry *curry*

custard *makea munakastike, vaniljakastikkeen tapainen jälkiruokakastike*

cutlet *kyljys*

cutlet stew *kyljysmuhennos*

dab *hietakampela*

dace *säyne*

damson *damaskonluumu*

Danish pastry, Danish roll *wienerleipä, wieninleipä*

date *taateli*

deer *hirvi; metsäkauris*

Delmonico steak *fileeselkä*

Derby cheese *eräänl. pikantti juusto*

dessert *jälkiruoka*

devilled *eggs voimakkaasti maustetut munat*

devilled kidneys *pippurilla ja sinapilla maustetut halkaistut munuaiset*

Devonshire cream *paksu kerma*

dill *tilli*

donut *donitsi*

double cream *paksu kerma*

dough *taikina*

doughnut *donitsi, reikämunkki, munkkirinkilä*

Dover sole *doverinkampela*

dressing *kastike, salaattikastike, höyste; (lintupaistin) täyte*

dripping *paistinliemi*

drop scone *pieni teeleipä*

dry *kuiva*

dry toast *paahtoleipä ilman voita*

duck *ankka*

duckling *ankanpoika*

dumpling *kokkare, myky, vedessä tai liemessä keitetty taikinapallero*

Dutch apple pie *voilla ja fariinisokerilla päällystetty omenapiiras*

Easter biscuit *viinimarjatäytteinen keksi*

éclair *kermaleivos, suklaatäytteinen leivos, tuulihattu*

eel *ankerias*

egg *muna*

egg custard *muna-kermakastike*

egg dressing *suolainen munakastike*

eggplant *aubergiini, munakoiso*

egg sunny side up *paistettu muna, jossa ehjä keltuainen*

endive *endiivia, sikurisalaatti*

English muffin *pieni, pyöreä leipä*

entrecôte *kylkipihvi, -liha, välikyljys*

entrée *väli-, eturuoka*

escalop *kalopsi*

Eve's pudding *uunissa paistetuista omenaviipaleista tehty jälkiruoka*

Exeter stew *naudanlihamuhennos, jossa sipulia ja porkkanoita*

extract *ekstrakti, uute, tiiviste*

fat *rasva, ihra*

fat back *siansatula, -selkä*

fennel *fenkoli, saksankumina*

fig *viikuna*

fillet *filee, luuton seläke, selkäliha*

fillet of fish *ruodoton kalanseläke*

fillet steak *selkäpaisti, härän-*

seläke

finnan, finnan haddie, finnan
haddock *skottilainen savus-
tettu kolja*

Finn crisp *hapankorppu*

fish *kala*

fish and chips *kalaa ja rans-
kalaisia perunoita*

fish cake *kalapyörykkä, -pulla*

fish chowder *kalakeitto*

fish salad *kalasalaatti*

fish soup *kalakeitto*

fish steak *paistettu kala*

flaky pastry *voi-, murotaikina*

flan *hedelmä- tai siirappitäyt-
teinen kakku, hedelmätorttu;
vanukas*

flapjack *suuri pannukakku,
joskus kauraleivos*

flounder *kampela*

flour *jauhot*

fool *kiisseli, hedelmäsoseesta,
hillosta, kermasta ja maus-
teista tehty jälkiruoka*

forcemeat *(jauhe)lihatäyte,
(liha)mureke*

forcemeat ball *keitetty liha-
pyörykkä*

fowl *linnut, siipikarja*

frankfurter *frankfurtinmak-
kara*

French bean *leikkopapu*

French bread *patonki, vaalea
ranskanleipä*

French dressing *ranskalainen
kastike*

French fries *ranskalaiset
perunat.*

French omelet *täytteetön
munakas*

French toast *köyhät ritarit*

fresh *tuore*

fresh butter *tuore voi*

fricassee *viilokki, keitetty liha-*

ruoka

fried *paistettu*

fried egg *paistettu muna*

fritter *munkki, omenamunk-
ki; hedelmäpiirakka; keitin-
piiras*

froglegs *sammakonreidet*

frosting *(sokeri)kuorrutus*

fruit *hedelmä(t)*

fruit bavarois *kylmä hedelmä-
vanukas*

fruit cake *hedelmäkakku*

fruit pastry *hedelmäleivos*

fruit salad *hedelmäsalaatti*

fry *paistettu liha t. kala; pais-
tetut sisäelimet*

fudge *pehmeä kermakaramel-
li, appelsiinilla tai kahvilla
maustettu suklaamakeinen*

galantine *hieno, hyytelöity li-
hamureke, liha-aladobi*

game *riista*

game soup *riistakeitto*

gammon *savustettu kinkku tai
sianpotka*

garfish *nokkakala*

garlic *valkosipuli, kynsi-
laukka*

garnish *höyste, lisäke*

gherkin *(suola-, etikka-, pik-
ku)kurkku*

giblets *(linnun) sisälmykset*

ginger *inkivääri*

ginger biscuit *inkiväärikeksi,
-piparkakku*

gingerbread *(inkiväärinma-
kuinen) piparkakku*

ginger marmalade *inkivääri-
marmeladi*

girdle scone *pyöreä, makea
teeleipä*

glazed *sokerikuorrutteinen*

globe artichoke *maa-arti-
sokka*

golden syrup *vaalea siirappi*
goose *hanhi*
gooseberry *karviaismarja*
grape *viinirypäle*
grapefruit *greippi*
grated *raastettu*
gratin, au gratin, gratinéed *gratinoitu*
gråvy *paistinliemi, -kastike*
grayling *harjus*
great grouse *metso, koppelo, metsäkana*
green *(vihreät) vihannekset*
green bean *vihreä papu*
greengage *viherluumu*
green olive *vihreä oliivi*
green pepper *vihreä paprika*
green salad *vihreä salaatti*
griddle-cake *(ohut) pannukakku, ohukainen*
grilled *grillattu, pariloitu, paahdettu*
grilled mackerel *grillattu makrilli*
grilled salmon *grillattu lohi*
grilse *nuori lohi*
grits *karkeat (maissi)jauhot, ryynit, suurimot*
ground meat *jauheliha*
gruel *(kaura)velli*
guinea fowl *helmikana*
haddock *kolja*
haggis *skottilainen lampaan sisälmyksistä, sipuleista ja mausteista valmistettu makkara*
hake *kummeliturska*
halibut *ruijanpallas*
halibut en papillote *paperissa paistettu ruijanpallas*
ham *kinkku, sianlihakinkku*
ham and eggs *kinkkua ja munia*
hamburger *naudanjauheliha,*

jauheliha(pihvi); *hampurilainen, jauhelihasämpylä*
ham omelet *kinkkumunakas*
ham roll *kinkkurulla*
hard *kova*
hard-boiled egg *kovaksi keitetty muna*
hare *jänis*
haricot bean *leikkopapu*
hash *paloiteltua lihaa perunoiden ja vihannesten kera; höystö*
hazelnut *hasselpähkinä*
heart *sydän*
herb omelet *yrttimunakas*
herring *silli*
hollandaise sauce *hollantilaiskastike*
hominy grits *maissiryynit*
honey *hunaja*
honey dew melon *hunajameloni*
hors-d'oeuvre *alkupalat; pikkulämpimät*
horseradish *piparjuuri*
hot *kuuma*
hotch potch *skottilainen lampaanliha- ja vihanneskeitto*
hot cross bun *sokerikuorutteinen, ristikoristeinen pitkäperjantaipulla, jossa rusinoita*
hot dish *tulisesti maustettu ruokalaji*
hot dog *kuuma nakkisämpylä*
hot pot *lampaanliha-vihanneskeitto; lihalaatikko*
huckleberry *mustikka*
ice *jää; jäätelö*
ice-cream *jäätelö*
iced *jäädytetty, jää-; sokerikuorutteinen*
ice pudding *jäätelövanukas*
icing *sokerikuorrutus*
Irish stew *irlantilainen lam-*

masmuhennos, jossa vihanneksia ja perunoita

Italian dressing *yrteistä ja mausteista tehty salaattikastike*

jam *(hedelmä-, marja)hillo, marmeladi, sose*

jam roll *hillotäytteinen kääretorttu, hillotorttu*

jellied *hyytelöity*

jelly *(liha-, kala-, vihannes-, hedelmä-, jälkiruoka)hyytelö; hillo*

jelly doughnut *hillomunkki*

Jerusalem artichoke *maa-, mukula-artisokka*

joint (of meat) *paisti(pala), reisipala*

jugged hare *jänismuhennos*

juice *mehu*

juicy *mehukas*

juniper berry *katajanmarja*

kale *skottilainen kaalikeitto*

kedgeree *intialaisperäinen kalaruoka, jossa riisiä, munia ja mausteita*

ketchup *kirpeä tomaattikastike, tomaattisose*

kidney *munuainen*

kidney bean *salkopapu; ruusupapu*

kidney omelet *munuaismunakas*

kipper *savusilli*

knuckle *potka, reisipaisti*

ladyfinger *pitkä, litteä keksi*

lamb *karitsa, lampaanliha*

lamb chop *karitsan-, lampaankyljys*

lamb cutlet *karitsankyljys*

lamb roast *karitsanpaisti*

lamb shank, lamb shoulder *karitsanlapa*

lamprey *nahkiainen*

lard *sianihra, -rasva, laardi*

larded *silavassa paistettu*

laurel *laakerinlehti*

lean bacon *vähärasvainen pekoni*

leek *purjo(sipuli)*

leg *koipi, potka, reisi(paisti), takapaisti*

leg of lamb *karitsankoipi*

leg of veal *vasikanpotka*

lemon *sitruuna*

lemon bun *sitruunapulla*

lemon cream *sitruunavaahto*

lemon curd *sitruunakastike*

lemon meringue pie *sitruunamarenkipiiras*

lemon mousse *sitruunahyytelö*

lemon pudding *sitruunavanukas*

lemon sole *meriantura, kielikampela*

lentil *linssi*

lentil soup *linssikeitto*

lettuce *(lehti)salaatti*

light *pehmeä, kevyt, vaalea*

lime *limetti*

liver *maksa*

liver sausage *maksamakkara*

loaf *leipä, limppu, vuokaleipä, -kakku; lihamureke, -vuoka*

lobster *hummeri*

lobster soup *hummerikeitto*

loganberry *villivadelma, musta vadelma*

loin *munuaispaisti; takaselkä; kylkipaisti*

loin of lamb *karitsan etuselkä*

loin of pork *porsaankylkipaisti*

lollipop *tikkunekku*

long john *pitkulainen, sokerikuorrutteinen leivonnainen*

lox *savulohi*

lump sugar *palasokeri*

macaroni *makaroni*
macaroon *mantelileivos*
mackerel *makrilli*
maize *maissi*
malt *mallas*
mandarin *mandariini*
maple syrup *vaahterasiirappi*
margarine *margariini*
marinade *marinadi, mauste-,
höysteliemi, säilöntäliemi*
marinated *marinoitu*
marjoram *meirami*
marmalade *(appelsiini)mar-
meladi*
marrow *(luu)ydin; kurpitsa*
marrowbone *ydinluu*
marshmallow *sokerista, siira-
pista ja munanvalkuaisesta
tehty pehmeä makeinen*
marzipan *marsipaani, mante-
limassa*
mashed *muhennettu*
mashed potatoes *perunamu-
hennos*
mayonnaise *majoneesi*
meat *liha*
meat ball *lihapyörykkä*
meat casserole *lihalaatikko;
lihapata*
meat loaf *lihamureke*
meat pasty *lihapasteija*
meat pâté *lihapasteija, -lei-
vonnainen*
meat pie *lihapiirakka*
meat stew *lihamuhennos*
medaillon *medaljonki, pieni,
soikea fileepihvi*
medium (done) *puolikypsä(k-
si paistettu)*
melon *meloni*
meringue *marenki*
milk *maito*
milk pudding *riisivanukas*
minced meat *jauheliha; liha-*

hakkelus
mincemeat *omena- ja rusina-
täyte; hedelmistä, rusinoista,
sokerista ja mausteista tehty
seos*
mincemeat pie *säilykehedel-
millä ja omenilla täytetty
kakku*
mincepie *hedelmäpiiras, täy-
tetorttu, joulutorttu*
mint *minttu*
mint sauce *minttukastike*
minute steak *minuuttipihvi*
mixed *sekalainen*
mixed grill *grillattua makka-
raa, pekonia, munuaisia,
maksaa ja muuta lihaa sekä
muna ja tomaatteja*
mixed salad *sekavihannessa-
laatti*
mixed vegetables *sekavihan-
nekset, vihannessekoitus*
mock turtle soup *valekilpi-
konnakeitto, naudanpotka-
keitto*
molasses *(tumma) siirappi*
morel *korva-, huhtasieni*
mousse *hyytelö*
muffin *manteleilla, appelsii-
ninkuorella tai korinteilla
maustettu pieni leivonnainen*
mulberry *silkkiäismarja*
mullet *keltti,   meriharjus;
mullo*
mulligatawny (soup) *intialais-
peräinen höysteliemi, jossa
porkkanoita, sipulia, chutney-
ta, currya ja naudanlihaa*
mushroom *(herkku)sieni*
mushroom omelet *herkkusie-
nimunakas*
mushroom soup *herkkusieni-
keitto*
mussel *simpukka*

mustard *sinappi*
mutton *lammas, lampaanliha*
mutton broth *lampaanliha-keitto*
mutton chop, mutton cutlet *lampaankyljys*
mutton stew *lammasmuhennos*
napoleon *tuhatlehtinen, eräänl. kermatorttu*
nectarin *nektariini*
new potatoes *uudet perunat*
noodle *nauhamakaroni*
nut *pähkinä*
nutmeg *muskottipähkinä*
oatcake *kaurakeksi, -kakku*
oatmeal *kaurapuuro; kaurahiutaleet, -ryynit*
oatmeal porridge *kaurapuuro*
oats *kaura*
octopus *mustekala*
offal *sisälmykset, sisäelimet, teurasjätteet*
oil *(ruoka)öljy*
olive *oliivi*
olive oil *oliiviöljy*
omelet(te) *omeletti, munakas*
onion *sipuli*
orange *appelsiini*
orange marmalade *appelsiini-marmeladi*
oven-browned *gratinoitu*
oxtail *häränhäntä*
oxtail soup *häränhäntäliemi*
ox tongue *häränkieli*
oyster *osteri*
pain perdu *köyhät ritarit*
pancake *ohukainen, räiskäle, (ohut) pannukakku*
papillote: en papillote *paperissa tai foliossa paistettu*
parfait *parfee, jäädyke*
parkin *inkiväärillä ja siirapilla maustettu kaurakakku*

Parmesan (cheese) *parmesaani(-), parmanjuusto*
parsley *persilja*
parsley sauce *persiljakastike*
parsnip *palsternakka*
partridge *peltopyy*
paste *taikina, tahdas, tahna, pasta*
pastry *leivos, leivonnaiset, konditoriatuotteet; (torttu-, muro)taikina*
pasty *piirakka, pasteija*
pâté *pasteija, piiras*
patty *pyöreä piiras, pasteija; pieni voileipä; (jauheliha-, kalamureke)pihvi*
pea *herne*
peach *persikka*
peach cobbler *persikkahillokkeella täytetty piiras*
peanut *maapähkinä*
peanut butter *maapähkinävoi*
peanut butter cookie *maapähkinäpikkuleipä*
peanut oil *maapähkinäöljy*
pear *päärynä*
pearl barley *helmisuurimot*
pease pudding *hernemuhennos, -sose, jossa sipulia ja mausteita*
pea soup *hernekeitto*
peel *hedelmänkuori*
pepper *pippuri*
peppermint *piparminttu*
peppermint creams *piparminttumakeiset*
perch *ahven*
persimmon *persimoni*
pheasant *fasaani*
pickerel *nuori hauki*
pickled *etikkaliemeen säilötty*
pickled gherkins *pienet etikkakurkut*
pickles *pikkelsi, kirpeä vihan-*

nessalaatti
pie *piirakka, piiras, liha-, kala-, hedelmäpiirakka*
pigeon *kyyhkynen*
pig in a blanket *paistettua makkaraa, juustoa ja pekonia*
pig's knuckle *sianpotka*
pike *hauki*
pike-perch *kuha*
pike steak *paistettu hauki*
pilchard *sardiini*
pim(i)ento *jamaikanpippuri*
pineapple *ananas*
pistachio *pistaasi(manteli)*
pizza pie *pizza*
plaice *punakampela*
plain omelet *täytteetön munakas*
plate *lautanen, annos*
plover *kurmitsa*
plum *luumu; rusina (kakussa)*
plum cake *hedelmä-, rusinakakku*
plum duff *rusina-, korinttivanukas*
plum pudding *englantilainen jouluvanukas, luumu-, rusinavanukas*
poached *hyydytetty*
poached egg *hyydytetty muna, uppomuna*
pomegranate *granaattiomena*
poor knights *köyhät ritarit*
popcorn *paahdettu maissi*
pork *sianliha, porsas*
pork chop *sian-, porsaankyljys*
pork cutlet *porsaanleike*
pork fillet *porsaanfilee*
pork pie *sianlihapiiras*
pork sausage *sianmakkara*
porridge *(kaura)puuro*
porterhouse steak *suuri hieno pihvi, häränkyljys*

potato *peruna*
potato casserole *perunalaatikko*
potato chips *perunalastut*
potato croquette *perunapallo, -kuorukka*
potato pancake *perunaohukainen, -pannukakku*
potato salad *perunasalaatti*
potato soup *perunakeitto*
pot pie *uunipaistos*
pot roast *patapaisti*
pottage *soppa, rokka*
potted *säilötty, suolattu*
poult *kananpoika*
powdered sugar *puuterisokeri*
prawn *katkarapu*
prawn cocktail *katkarapucocktail*
prune *kuivattu luumu*
prune pudding *luumuvanukas*
ptarmigan *kiiruna*
pudding *(liha-, kala-, vihannes-, hedelmä)vanukas*
puff pastry *voitaikina*
pumpernickel bread *ohut viipaloitu ruisleipä*
pumpkin *kurpitsa*
purée *sose*
quail *viiriäinen*
queen of puddings *jälkiruoka: munia, maitoa, korppujauhoja, sokeria, sitruunaa ja hilloa*
quince *kvitteni*
rabbit *kani*
rabbit casserole *kanipata*
rabbit stew *kanimuhennos*
rack *(sian-, lampaan-, naudan)niska*
radish *retiisi*
ragout *raguu, liha-, sekamuhennos, höystö*
rainbow trout *kirjolohi*
raisin *rusina*

rare *puoliraaka, verinen, erittäin vähän paistettu*
rasher *pekonin-, kinkkuviipale*
raspberry *vadelma*
raspberry bun *vadelmapulla*
raw *raaka*
redbeet *punajuuri*
red cabbage *punakaali*
redcurrant *punainen viinimarja, punaherukka*
red grouse *kangasriekko*
red pepper *(punainen) paprika*
reindeer *poro*
relish *suolakurkuista tehty kirpeä mauste*
rhubarb *raparperi*
rib (of beef) *grillikylki*
rice *riisi*
rice creole *riisiä, vihreätä paprikaa, jamaikanpippuria ja sahramia sisältävä pataruoka*
rice porridge *riisipuuro*
rice pudding *riisivanukas*
rissole *liha-, kalapiiras, rasvassa keitetty pikkupiiras*
roach *särki*
roast *paisti*
roast beef *paahtopaisti*
roast chicken *kanapaisti*
roasted *uunissa paahdettu*
roast goose *hanhenpaisti*
roast grouse *metsäkanapaisti*
roast lamb *karitsanpaisti*
roast partridge *peltopyypaisti*
roast pheasant *fasaanipaisti*
roast pork *porsaanpaisti*
roast potatoes *paistetut perunat, uuniperunat*
roast turkey *kalkkunapaisti*
roast veal *vasikanpaisti*
roe *mäti*
roll *sämpylä, pikkupulla; kää-*

retorttu; *(liha)kääryle, pyörykkä*
rolled beef *lihakääryleet*
rollmop (herring) *sillikääryle*
roly-poly pudding *hillotäytteinen kääretorttu*
roots *juurekset*
roquefort (cheese) *roquefort, roquefort(in)-, sinihome-/juusto*
roquefort dressing *roquefortilla maustettu salaattikastike*
roquefort steak *entrecôte ja roquefortilla maustettua voita*
rosemary *rosmariini*
round steak *naudanpotka-, reisipaisti, reisipihvi*
rudd *sorva*
rump *reisi-, takapaisti, ulkopaisti*
runner bean *leikkopapu*
rusk *korppu, keksi, pulla*
Russian salad *italiansalaatti*
rutabaga *lanttu*
rye *ruis*
rye bread *ruisleipä*
saddle of lamb, saddle of mutton *lampaansatula*
saffron *sahrami*
sage *salvia*
sage and onion stuffing *sipulija salviahöyste, jota tarjotaan lihan kera*
sago *saagosuurimot*
salad *salaatti*
salad cream, salad dressing *salaattikastike*
salami *salamimakkara*
salmon *lohi*
salmon fillet, salmon steak *lohifilee*
salmon trout *taimen*
salt *suola*
salted almonds *suolamantelit*

saltwater fish *suolaisen veden kala, merikala*
salty *suolainen*
sandwich *kaksois-, kerros/voileipä*
sandwich spread *voileipätahna*
sardine *sardiini*
sauce *kastike*
sauerkraut *hapankaali*
sausage *makkara*
sausage and mash *makkaraa ja perunasosetta*
sausage roll *makkarapasteija, -piiras*
sauté *ruskistettu, kevyesti paistettu*
sautéed *ruskistettu, käristetty, voissa paistettu*
sautéed potatoes *voissa paistetut perunat*
savory *mausteminttu*
savoury *kirpeä tai suolainen alkupala; maustettu väliruoka; makea ruokalaji, joka tarjoillaan juuston jälkeen*
savoury biscuits *maustetut keksit*
savoury omelet *maustettu munakas*
savoy *savoijin-, kurttukaali*
scallop *kampasimpukka*
scone *teeleipä, vehnä- tai kaurakakku*
Scotch broth *skottilainen lihakeitto, jossa nautaa tai lammasta, porkkanaa, kaalia, purjoa, sipulia ja nauriita sekä ohrasuurimoita*
Scotch collops *skottilainen kalopsi*
Scotch egg *kovaksi keitetty muna lihamurekkeessa*
Scotch mutton broth *lammas-*

keitto
Scotch woodcock *muna-anjovisvoileipä*
scrambled eggs *munakokkeli*
sea bass *meriahven*
seafood *meren antimet, kalat ja äyriäiset*
seasoning *mauste, höyste*
seedcake *kuminakakku, -sämpylä*
semolina *mannasuurimot*
semolina pudding *mannavanukas*
shad *pilkku-, täpläsilli*
shallot *salottisipuli*
shank *reisi*
shell *simpukankuori*
shellfish *äyriäinen, kuoriaiseläin, rapu, simpukka, kotilo*
shepherd's pie *liha- ja perunasoselaatikko: jauhelihaa, perunamuhennosta, sipulia ja porkkanoita*
sherbet *sorbetti, mehujäätelö, hyydyke*
shoofly pie *hunaja- ja siirappitorttu, joka peitetty fariinisokerilla, mausteilla ja voilla*
shortbread *murokakku, -leivonnainen*
shortcake *murokakku, -leivonnainen, pyöreä sämpylä*
short pastry *murotaikina*
shoulder *lapa*
Shrewsbury cake *pikkuleipä, jossa munia ja sitruunankuorta*
shrimp *katkarapu*
shrimp cocktail, shrimp salad *katkarapusalaatti*
silverside (of beef) *reisipala, naudanpotkaviipale, luuton häränpaisti*
simnel cake *kakku, jossa kui-*

*vattuja hedelmiä, kirsikoita,
sitruunan- ja appelsiininkuor-
ta ja mantelimassaa*
sirloin *ranskanpaisti, paras
härän selkäliha*
sirloin of beef *häränpaisti;
munuaispaisti*
sirloin steak *paras naudan sel-
kälihapaisti, pihvi*
skate *rausku*
skewered *vartaassa paistettu*
slice *viipale, pala*
small pancake *ohukainen*
smelt *kuore*
smoked ham *savukinkku*
smoked pork loin *savustettu
sianniska*
smoked salmon *savustettu lohi*
snickerdoodles *kanelikeksit*
snipe *kurppa*
soda *jäätelösooda*
soft-boiled egg *pehmeäksi kei-
tetty muna*
sole *kielikampela, meriantura*
soufflé *kohokas*
soup *keitto*
sour *hapan*
sour cream *hapankerma*
sour milk *hapan maito; piimä*
souse *suolaliha, siansyltty;
suolavesi*
soused *suola- tai maustelie-
messä valmistettu*
soused herring *etikkaliemessä
keitetty tai siihen säilötty silli,
marinoitu silli*
spare rib *sian tai porsaan kyl-
kipaisti*
spice *mauste*
spinach *pinaatti*
spinach soup *pinaattikeitto*
spit *varras;*
on a spit *vartaassa*
sponge cake *sokerikakku, sie-*

nikakku
sprat *kilohaili*
squab pie *piirakka, jossa li-
haa, sipulia ja omenia*
squash *mantelikurpitsa, kesä-
kurpitsa*
squid *kalmari, mustekala*
steak *pihvi, paisti, (kala)filee*
steak and kidney pie *naudan-
liha- ja munuaispiiras*
steak pudding *lihavanukas*
steamed *höyrytetty, höyryttäen
kypsennetty*
stew *muhennos; (marja-, he-
delmä)sose*
stewed *muhennettu*
stewed prunes *luumuhilloke*
Stilton cheese *stilton, stilto-
n(in)juusto*
stock *liha-, kasvisliemi*
strawberry *mansikka*
strawberry ice-cream *mansik-
kajäätelö*
straw potatoes *lankaperunat,
öljyssä keitetyt, ohuiksi suika-
leiksi leikatut perunat*
string bean *tarhapapu*
stuffed *täytetty*
stuffed egg *täytetty muna*
stuffed mackerel *täytetty
makrilli*
stuffed olives *täytetyt oliivit*
stuffed pepper *riisi- tai liha-
täytteinen vihreä paprika*
stuffed potatoes *täytetyt
perunat*
stuffing *täyte*
sturgeon *sampi*
submarine sandwich *patonki,
jossa erilaisia täytteitä*
sucking pig *maitoporsas*
suet *ihra, rasva, munuais-
rasva*
sugar *sokeri*

sultana *sulttaanirusina*
summer sausage *kestomakkara*
sundae *jäätelöä, hedelmiä, pähkinöitä, kermavaahtoa ja /tai hedelmämehua* .
sunshine eggs *juustokuorrutteiset uunissa paistetut munat*
swede *lanttu, ruotsinnauris*
sweet *makea; jälkiruoka*
sweet biscuit *makea keksi*
sweetbread *kateenkorva*
sweet corn *sokerimaissi*
sweeting *makea omenalaji*
sweet marjoram *meirami*
sweetmeat *makeiset, konvehdit; sokeroitu hedelmä, makea jälkiruoka*
sweet pepper *paprika*
sweet potato *bataatti*
sweets *makeiset*
Swiss roll *hillotäytteinen kääretorttu*
swordfish *miekkakala*
syrup *siirappi; sokeriliemi, sakea hedelmämehu*
taffy *toffee*
taffy apple *toffeeliemeen kastettu omena*
tangerine *mandariini*
tapioca *tapioka(suurimot)*
tapioca pudding *tapiokavanukas*
tarragon *rakuuna*
tart *(hedelmä)torttu, piirakka, hilloleivos*
tartare sauce *tartarikastike*
T-bone steak *ohut ranskanpaisti, T-luupihvi*
teabread *teeleipä, iso pyöreä vehnänen*
tea cake, teacake *teeleipä, -kakku; pikkuleipä, pieni kakkunen*

teal *tavi*
tench *suutari*
tender *murea*
tenderloin *sisäfilee, -selkäliha, pehmeä kuvepala*
thick *paksu, sakea*
thick soup *suurustettu keitto*
thin *ohut, vetelä*
thyme *timjami, tarha-ajuruoho*
tinned meat *säilykeliha*
toad-in-the-hole *lihapasteija, pikkumakkaroilla tai lihalla täytetty pannukakku*
toast *paahtoleipä*
toast and butter *paahtoleipää ja voita*
toast and jam *paahtoleipää ja hilloa*
toast and marmalade *paahtoleipää ja (appelsiini)marmeladia*
toasted cheese *paahtoleipää ja sulatettua juustoa*
tomato *tomaatti*
tomato omelet *tomaattimunakas*
tomato sauce *tomaattikastike*
tomato soup *tomaattikeitto*
tongue *kieli*
tournedos *häränseläkepihvi*
treacle *(tumma) siirappi*
treacle tart *siirappitorttu*
trifle *jälkiruokatorttu, valkoviinillä, sherryllä tai konjakilla kostutettu täytekakku, jossa manteleita, hilloa ja kermavaahtoa tai vaniljakastiketta*
tripe *häränvatsa(syltty, -höystö), sisälmykset, sisälmysmuhennos*
trotter *sorkka*
trout *taimen*

truffle *tryffeli*
tuna, tunny *tonnikala*
turbot *(piikki)kampela*
turkey *kalkkuna*
Turkish delight *itämaisperäinen nelikulmainen makeinen, joka kuorrutettu puuterisokerilla*
turnip *turnipsi, nauris*
turnover *puolikuun muotoinen hedelmätorttu*
turtle *kilpikonna*
turtle soup *kilpikonnakeitto*
undercut *selkäliha, seläke, filee*
underdone *raaka, verinen, vähän paistettu*
vanilla *vanilja*
vanilla ice-cream *vaniljajäätelö*
veal *vasikanliha, vasikka*
veal and ham pie *piirakka, jossa vasikanlihaa ja kinkkua*
veal birds *vasikanlihapyörykät*
veal chop, veal cutlet *vasikankyljys*
veal fillet *vasikanfilee*
veal fricassee *vasikanviilokki, keitetty vasikanliha*
vegetable *vihannes*
vegetable oil *kasviöljy*
vegetable soup *vihanneskeitto*
venison *(metsän)riista, kauriin-, hirvenpaisti, hirvenliha*
Vichysoisse *kylmä perunapurjokeitto*
vinegar *(viini)etikka*
Virginia ham *kinkku, jonka pinnalla kirsikoita, ananasta ja mausteneilikoita ja eräänl. hyytelöä*
vol-au-vent *vannike, piirakkapaistos, vuokapiiras, jossa*

täytteenä *lihaa, kalaa ja sieniä*
wafer *vohveli(keksi)*
waffle *vohveli, joka tarjoillaan voin, siirapin ja hunajan kera*
walnut *saksanpähkinä*
watercress *vesikrassi*
water ice *mehujäätelö*
watermelon *vesimeloni, arbuusi*
well-done *hyvin, läpi, kypsäksi paistettu tai keitetty*
Welsh rabbit, Welsh rarebit *paahtoleipää ja kuumennetusta juustosta, maidosta tai oluesta, munista ja sinapista tehtyä tahnaa*
wheat *vehnä*
whelk *torvisimpukka*
whey cheese *hera-, meesjuusto*
whipped cream *kermavaahto, vispikerma*
whitebait *pikkusilli*
white bread *valkoinen leipä, vehnäleipä*
white cabbage *valkokaali*
white grouse *kiiruna*
white meat *valkoinen liha*
white pepper *valkopippuri*
white sauce *valkokastike*
whiting *valkoturska*
wholemeal bread *kokojyväleipä*
wholemeal flour *kokojyväjauhot*
whole-wheat bread *kokojyväleipä*
wild duck *sorsa*
wild strawberry *metsämansikka*
winkle *rantakotilo*
woodcock *lehtokurppa*
Worcestershire sauce *etikkasoijakastike*

yam *jamssi*
yeast *hiiva*
yoghurt *jogurtti*
York ham *ohuina viipaleina*

tarjoiltava erityisen hieno
kinkku
zwieback *kahvikorppu*

DRINKS

alcoholic drink *alkoholijuoma*
ale *olut, vaalea mallasolut*
appetizer *ruokaryyppy*
appleade *alkoholiton omena-
mehu*
barley wine *vahvasti alkoholi-
pitoinen olut*
beer *olut*
beverage *(virvoitus)juoma*
bitter (beer) *kitkerä t. karvas
olut*
bitters *karvasvesi*
black coffee *musta kahvi,
kahvi ilman kermaa*
bottle *pullo*
bottled beer *pullo-olut*
bourbon *(maissi-, ruis)viski*
brandy *brandy; konjakki*
brown ale *vaaleahko olut*
burgundy *bourgogne(viini),
burgundi*
café au lait *maitokahvi*
champagne *samppanja, kuo-
huviini*
cherry brandy *kirsikkalikööri,
-viina*
China tea *kiinalainen tee*
chocolate *kaakao(-), suklaa-
juoma*
cider *siideri, omenaviini*
claret *punaviini*
cobbler *sitruunalla, sokerilla
ja joskus viinillä maustettu
jääjuoma*
cocoa *kaakao*
coffee *kahvi*

coffee with cream *kahvi ker-
man kera*
cognac *konjakki*
cold milk *kylmä maito*
cup *booli; kuppi, kupillinen*
double *tuplaviski*
draft beer, draught beer *tyn-
nyriolut*
drink *juoma*
dry wine *kuiva viini*
eggnog *munatoti*
fresh water *suolaton, makea
vesi*
fruit nog *hedelmä-maito-
juoma*
gin *gini, katajanmarjaviina*
gin and tonic *giniä ja tonicia*
gingerade *inkiväärijuoma*
ginger ale *alkoholiton inki-
väärijuoma, -olut*
ginger beer *inkivääriolut,
-juoma*
ginger brandy *inkivääriviina*
ginger wine *inkivääriviini*
glass *lasi*
glass of milk *lasi maitoa*
glass of water *lasi vettä*
grapefruit juice *greippimehu*
Guinness *tumma, voimakas,
musta, makeahko dublinilai-
nen olut*
half *n. 2,5 dl*
highball *viskigrogi*
hot chocolate *kuuma kaakao*
hot milk *kuuma maito*
ice coffee *jääkahvi*

iced coffee *jääkahvi*
ice tea *jäätee*
ice water *jäävesi*
Indian tea *intialainen tee*
Irish 'coffee *irlantilainen kahvi: kahvia, sokeria, viskiä ja vispikermaa*
Irish whiskey *irlantilainen viski, sisältää ohraa, ruista, kauraa ja vehnää*
juice *mehu, tuoremehu*
lager *vaalea saksalaistyyppinen olut, varasto-olut, pilsneri*
lemonade *limonadi; sitruunajuoma, -mehu*
lemon juice *sitruunamehu*
lemon squash *(hiilihappopitoinen) sitruunajuoma*
light ale *erittäin vaalea olut*
light beer *vähähumalainen olut*
lime juice *limettimehu*
liqueur *likööri*
liquor *väkijuoma, alkoholi*
malmsey *malvoisie, tumma, makea madeira*
malt liquor *mallasjuoma*
mead *sima*
mild *vaalea, kevyt olut(tyyppi)*
mild ale *mieto, tavallista makeampi olut*
mild and bitter (beer) *sekoitus, jossa sama määrä vähän ja runsaasti humaloita sisältävää olutta*
mild beer *mieto olut*
milk *maito*
milk drink *maitojuoma, jossa hedelmiä, jäätelöä ym.*
milk punch *maitopunssi*
milk shake *pirtelö*
mineral water *kivennäisvesi*
mocha (coffee) *mokkakahvi*
mulled ale *kuuma, maustettu*

olut
mulled wine *kuuma, maustettu viini, glögi*
neat *ilman jäitä tai vettä nautittava*
nightcap *iltaryyppy, yömyssy*
nog(g) *väkevä olut, sahti*
noggin *n. 1,5 dl*
non-alcoholic drink *alkoholiton juoma*
old beer *väkevä olut*
on the rocks *jäiden kera*
orangeade *hiilihapoton appelsiinijuoma, laimennettu appelsiinimehu*
orange juice *appelsiinimehu*
orange squash *(hiilihappopitoinen) appelsiinijuoma*
pale ale *hyvin vaalea olut*
pale beer *hyvin vähähumalainen olut*
pineapple juice *ananasmehu*
pink wine *rosé-viini*
pint *0,57 l*
port (wine) *portviini*
porter *portteri, väkevä, tumma olut*
pot(h)een *pontikka, kotipolttoviski*
punch *punssi*
quart *n. 1,13 l*
ratafia *ratafia, manteleilla maustettu hedelmälikööri*
red wine *punaviini*
rosé *rosé-viini*
rum *rommi*
rye (whiskey) *ruisviski*
Scotch *ohrasta tislattu skottilainen viski*
short drink *vedellä laimentamaton alkoholijuoma*
shot *ryyppy, naukku, tuikku, paukku*
soda water *soodavesi*

soft drink *alkoholiton juoma, virvoitusjuoma*
sparkling *kuohuva, poreileva*
sparkling wine *kuohuviini*
special beer *erikoisolut*
spirit *viina*
spirits *väkijuomat, alkoholijuomat, väkevät, terävät*
stout (beer) *väkevä, tumma, portterityyppinen olut; jossa runsaasti humaloita*
straight *kuivana nautittava, sekoittamaton*
sweet water *suolaton, makea vesi*
sweet wine *makea viini, jälkiruokaviini*

tea *tee*
tea with lemon *tee sitruunan kera*
tea with milk *tee maidon kera*
toddy *toti*
tomato juice *tomaattimehu*
tonic (water) *tonic, kivennäisvesi, hiilihappopitoinen mineraalivesi*
vermouth *vermutti*
vodka *votka*
water *vesi*
whiskey, whisky *viski*
white coffee *maitokahvi*
white wine *valkoviini*
wine *viini*

DAYS OF WEEK

maanantai *Monday*
tiistai *Tuesday*
keskiviikko *Wednesday*
torstai *Thursday*
perjantai *Friday*
lauantai *Saturday*
sunnuntai *Sunday*

MONTHS

tammikuu *January*
helmikuu *February*
maaliskuu *March*
huhtikuu *April*
toukokuu *May*
kesäkuu *June*
heinäkuu *July*
elokuu *August*
syyskuu *September*
lokakuu *October*
marraskuu *November*
joulukuu *December*

TIME

mitä kello on? *what time is it?*
kello on yksi *it is one o'clock*
kello on kuusi *it is six o'clock*
puoli kolme *half past two*
puoli yhdeksän *half past eight*
viittä vaille kymmenen *five to ten*
kymmentä yli yksitoista *ten (minutes) past eleven*
neljännestä yli kaksitoista *a quarter past twelve*
25 minuuttia yli kolme *twenty-five past three*
20 minuuttia vailla kuusi *twenty to six*

Other Hippocrene Dictionaries and Language Books of Interest . . .

DANISH-ENGLISH/ENGLISH-DANISH PRACTICAL DICTIONARY
601 pages 4⅜ x 7 32,000 entries 0-7818-0823-8 $14.95pb (198)

ESTONIAN-ENGLISH/ENGLISH-ESTONIAN CONCISE DICTIONARY
300 pages 3⅝ x 5⅜ 6,500 entries 0-87052-081-4 $11.95pb (379)

FINNISH-ENGLISH COMPREHENSIVE DICTIONARY
793 pages 5½ x 8½ 80,000 entries 0-7818-0380-2 $24.95 (467)

MASTERING FINNISH
278 pages 5½ x 8½ 0-7818-0233-4 $14.95pb (184)
2 Cassettes: 0-7818-0265-2 $12.95 (231)

HUNGARIAN-ENGLISH/ENGLISH-HUNGARIAN CONCISE DICTIONARY
282 pages 4 x 6 7,000 entries 0-7818-0317-9 $14.95pb (40)

HUNGARIAN-ENGLISH STANDARD DICTIONARY
650 pages 4½ x 8½ 40,000 entries 0-7818-0390-X $40.00pb (43)

ENGLISH-HUNGARIAN STANDARD DICTIONARY
541 pages 4½ x 8½ 40,000 entries 0-7818-0391-8 $40.00pb (48)

BEGINNER'S HUNGARIAN
200 pages 5½ x 7 0-7818-0209-1 $7.95pb (68)

HUNGARIAN BASIC COURSE
266 pages 5½ x 8½ 0-87052-817-3 $14.95pb (131)

HUNGARIAN HANDY EXTRA DICTIONARY
209 pages 5 x 7¾ 0-7818-0164-8 $8.95pb (2)

ICELANDIC-ENGLISH/ENGLISH-ICELANDIC CONCISE DICTIONARY
Revised Edition
384 pages 4 x 6 10,000 entries 0-87052-801-7 $8.95pb (147)

ICELANDIC-ENGLISH COMPREHENSIVE DICTIONARY
942 pages 6 x 9 72,000 entries 0-7818-0464-7 $60.00hc (444)

ENGLISH-ICELANDIC COMPREHENSIVE DICTIONARY
862 pages 6 x 9 33,000 entries 0-7818-0465-5 $60.00hc (449)

LATVIAN-ENGLISH/ENGLISH-LATVIAN PRACTICAL DICTIONARY
474 pages 4⅜ x 7 16,000 entries 0-7818-0059-5 $16.95pb (194)

LITHUANIAN-ENGLISH/ENGLISH LITHUANIAN CONCISE DICTIONARY
382 pages 4 x 6 10,000 entries 0-7818-0151-6 $14.95pb (489)

LITHUANIAN-ENGLISH/ENGLISH LITHUANIAN COMPACT DICTIONARY
400 pages 3½ x 4¾ 10,000 entries 0-7818-0536-8 $8.95pb (624)

NORWEGIAN-ENGLISH/ENGLISH-NORWEGIAN CONCISE DICTIONARY
600 pages 3⅝ x 5⅜ 5,000 entries 0-7818-0199-0 $14.95pb (202)

MASTERING NORWEGIAN
183 pages 5½ x 8½ 0-7818-0320-9 $14.95pb (472)

ENGLISH-NEW NORWEGIAN PRACTICAL DICTIONARY
422 pages 5½ x 8½ 0-7818-0466-3 $29.95hc (654)

NORWEGIAN-ENGLISH/ENGLISH-NORWEGIAN
COMPREHENSIVE DICTIONARY
1400 pages 6 x 9 100,000 entries 0-7818-0544-9 $45.00hc

SWEDISH-ENGLISH/ENGLISH-SWEDISH STANDARD DICTIONARY
Revised Edition
804 pages 5½ x 8½ 70,000 entries 0-7818-0379-9 $19.95pb
(242)

SWEDISH HANDY DICTIONARY
120 pages 5 x 7¾ 0-87052-054-7 $8.95pb (345)

SWEDISH-ENGLISH COMPREHENSIVE DICTIONARY
888 pages 6 x 9 75,000 entries 0-7818-0462-0 $60.00hc (437)
0-7818-0474-4 $39.50pb (553)

ENGLISH-SWEDISH COMPREHENSIVE DICTIONARY
957 pages 6 x 9 75,000 entries 0-7818-0463-9 $60.00hc (439)
0-7818-0475-2 $39.50pb (552)

All prices subject to change. **TO PURCHASE HIPPOCRENE
BOOKS** contact your local bookstore, call (718) 454-2366, or write
to: HIPPOCRENE BOOKS, 171 Madison Avenue, New York, NY
10016. Please enclose check or money order, adding $5.00 shipping
(UPS) for the first book and $.50 for each additional book.